新编21世纪公共管理系列教材

当代中国政府与政治

第二版

主　编　景跃进　陈明明　肖　滨
副主编　谈火生　于晓虹

Government and Politics in Contemporary China

中国人民大学出版社
· 北京 ·

内容简介

由景跃进、陈明明和肖滨三位教授联合主编的《当代中国政府与政治》一书，致力于从经验层面分析当代中国政府与政治的组织原理、基本结构、主要特征、运行机制及历史发展。本书从理解当代中国政府与政治的关键——中国共产党领导的政治体制及中国共产党入手，在横向维度上分别阐述作为国家权力机关和立法机关的人民代表大会、作为统一战线重要内容的人民政协制度、作为最高国家行政机关的中央人民政府，旨在实现“自我监督”的纪检监察系统、实现“党管干部”的组织系统、实现“精英吸纳”的统战系统，以及作为“笔杆子”的宣传系统、作为“刀把子”的政法系统和作为“枪杆子”的军事系统；在纵向维度上分析中央与地方关系、民族区域自治制度及基层治理三大议题；最后，从群众与公民的角度探讨当代中国国家与社会关系的变迁和发展。

本书是一部由清华大学、复旦大学、中山大学、中国人民大学、中央民族大学、中国政法大学、华中师范大学、华东政法大学等8所高校的11位学者组成的作者团队倾力打造的精品力作。全书具有两个方面的鲜明特色：第一，将中国共产党作为理解中国政府与政治的钥匙，将“党政体制”作为理解中国政府与政治的关键词，认为只有深刻把握宪法与党章、法律与党规、国家机构与党的组织、正式制度与政治惯例之间的互补关系，才能更好地认识和理解中国政府与政治；第二，强调历史脉络对于理解中国政府与政治的重要性，并主张应以内生演化的眼光来看待中国政府与政治的变化和发展。

与第一版相比，本书第二版进行了大幅的修订和更新，旨在系统反映近年来中国政治所发生的重大变化，以帮助读者更好地认识和理解新时代的中国政治。具体而言，本书第二版强化了党政体制的“系统”维度，增加了纪检监察系统、组织系统和统战系统三章，重写或大幅改写了宣传系统、军事系统、群众与公民等多章，将原有的中央与地方关系、地方政府两章合并为中央与地方关系一章，其余章节也尽可能地进行了数据或材料更新、结构完善等方面的修订工作。

作者简介

景跃进 清华大学社会科学学院政治学系教授；曾在杭州大学（现浙江大学）、中国人民大学任教，并曾担任中国人民大学公共管理硕士（MPA）“政治学”课程首席教授。主要研究领域为政治科学理论与方法、中国政治、比较政治学等。著（编）有《当代中国农村“两委关系”的微观解析与宏观透视》《政治空间的转换：制度变迁与技术操作》《理解中国政治：关键词的方法》《政治学原理》《当代中国政府与政治》等专著和教材。2004年获得北京市优秀教师称号。

陈明明 复旦大学国际关系与公共事务学院政治学系教授。主要研究领域为政治学理论、当代中国政府与政治、比较政党制度、当代中国政治史等。著（编）有《当代中国政治参与》《在革命与现代化之间：关于党治国家的一个观察与讨论》《马克思主义政府原理的中国逻辑》《比较政治制度》《当代中国政府与政治》等专著和教材。多次获得上海市哲学社会科学优秀成果奖。

肖　滨 中山大学政治与公共事务管理学院政治科学系教授，中山大学社会科学学部主任；教育部“长江学者”特聘教授，国务院学位委员会第八届公共管理学科评议组成员。主要研究领域为当代政治理论、中国政府与政治、地方治理等。著（编）有《理解中国治理的广东样本：广东经验的理论分析》《现代政治中的公民身份》《政治学导论》《当代中国政府与政治》等专著和教材。2018年作为项目成果第一完成人获得国家级教学成果奖。

谈火生 清华大学社会科学学院政治学系长聘副教授，清华大学社会科学学院治理技术研究中心主任。主要研究领域为政治思想史、协商民主理论、中国政治等。

于晓虹 清华大学社会科学学院政治学系副主任、长聘副教授。主要研究领域为中国政府与政治、比较司法政治、法律实证研究、司法大数据等。

出版说明

现代意义上的公共行政与公共管理研究和教育始于 20 世纪初。时至今日，随着公共管理职业化的发展，公共行政与公共管理的研究和教育事业在许多国家方兴未艾。自 20 世纪 80 年代起，为了适应政府改革与公共管理人才培养的需要，我国的公共行政与公共管理研究和教育在经历了发展的挫折之后，开始了恢复和重建的工作。经过多年的发展，特别是公共管理一级学科的设置和我国公共管理硕士（MPA）教育的启动以及高校公共管理类本科专业的大量开设，公共管理已成为当代中国社会科学和管理科学领域的一个充满生机活力、具有远大发展前景的学科。

为了满足广大高校公共管理类专业的教学需要，在历届教育部高等学校公共管理类学科专业教学指导委员会的指导和支持下，中国人民大学出版社自 1999 年起，陆续出版了“21 世纪公共行政系列教材”“21 世纪公共管理系列教材”“21 世纪公共事业管理系列教材”“公共管理系列教材”“公共管理核心课程系列教材”等多个系列教材。这些教材被国内高校公共管理类专业广泛选用，并得到了公共管理学界的支持和认可，数十种教材被评为“十五”“十一五”“十二五”国家级规划教材、普通高等教育精品教材，以及各省市精品教材、规划教材，为我国公共管理学科发展和人才培养做出了积极的贡献。

我国高等教育改革的进一步深化，以及新技术和新媒体的不断发展，对高校教材提出了更高的要求。为了回应这种要求，我们在广泛调研的基础上，对上述系列教材进行整合和提升，推出“新编 21 世纪公共管理系列教材”，以满足国内高校公共管理一级学科下设的行政管理、公共事业管理、劳动与社会保障、土地资源管理、城市管理、海关管理、交通管理、海事管理、公共关系学、健康服务与管理等专业的教学需要。

“新编 21 世纪公共管理系列教材”将秉承中国人民大学出版社“出教材学术精品，育人文社科英才”的宗旨，从公共管理教育的特点出发，为广大高校公共管理类专业师生提供一套高质量的教材。在教材编写和内容安排上，“新编 21 世纪公共管理系列教材”强调基础知识、基本理论和基本技能，同时，也尽可能地体现创新性和前沿性，反映相关领域理论与实践的最新发展情况。

“新编 21 世纪公共管理系列教材”由中国人民大学、中山大学、北京大学、清华大学、复旦大学、厦门大学、武汉大学、浙江大学、吉林大学、东北大学、北京师范大学、山东大学、四川大学、暨南大学、西北大学等著名高校的知名学者领衔著述。我们期望通过这种强强联合、优势互补、资源共享的方式，为公共管理学界奉上一套体现系统性、权威性、通用性，并兼具创新性、前沿性、启发性的精品教材。

公共管理的实践是不断发展和变化的。随着公共管理实践的不断发展，公共管理学科研究的范围、主题和内容也在不断地发展和变化。我们将紧跟公共管理学科的发展，与所有作者一起，不断对本套教材进行修订和完善。望广大读者给我们反馈信息，对本套教材提出批评和建议，以使我们能够在所有读者和作者的帮助下，与中国公共管理学科共同成长。

中国人民大学出版社

前言

本教材自第一版以来，其发行量和获得的肯定性反馈超出了我们的预期；与此同时，来自不同领域的读者——不但包括使用这本教材的老师和学生，也包括党政及实务部门的工作人员，通过不同的方式和渠道，指出了教材存在的问题，更为重要的是，他们提出了相关的修改建议。对此，我们深感荣幸，也表示由衷的谢意。在这个注意力稀缺的信息时代，还有什么比“关注”更加珍贵的东西呢？对于每位作者来说，这些意见和建议既是教材修订的压力，也是重新启程的动力。在第二版中，我们充分考虑并吸纳了许多意见和建议。

关于教材修订的设想在第一版出版一年之后就开始酝酿了。2016 年 12 月 5 日，部分作者在清华明斋开会，商议启动教材的修订工作。在某种程度上，这反映了我们在编写这本教材时所感受到的困惑与所面临的挑战，以及对既有版本不足的一种自觉。转眼七年已逝，在漫长的等待和反复的研磨中，我们终于抵达了此次修订工作的终点。以下是对修订过程的一个交代。

一、国内政治的重要变化

自本教材第一版以来，国内政治发生了一些令人瞩目的重要变化，包括：

● 确立了中国共产党的新一代领导核心。“两个确立”——确立习近平同志党中央的核心、全党的核心地位，确立习近平新时代中国特色社会主义思想的指导地位；“两个维护”——坚决维护习近平总书记党中央的核心、全党的核心地位，坚决维护党中央权威和集中统一领导。

● 通过修宪，成立中华人民共和国国家监察委员会，作为最高监察机关，与中共中央纪律检查委员会合署办公，人们熟知的“一府两院”演化为“一府一委两院”。

● 作为党的全面领导的制度保障，领导小组（委员会）体制进一步健全和完善。

● 在党政统合的思路下谋划机构改革方案，根据功能性质和工作需要，统筹安排和调整党的机构和国家机构。设置新的职能部门（如中央社会工作部）的同时，一些传统的政府机构被划归到相应的党的部门。

● 撤销解放军四总部和传统军区的设置，贯彻新形势下政治建军的要求，强化军委主席负责制，推进领导掌握部队和高效指挥部队的有机统一，形成军委管总、战区主战、军种主建的领导指挥体制。

与“系统性重塑、整体性重构”同时发生的，是中国共产党执政话语的与时俱进。进入新时代以来，中国共产党在意识形态和文化领域提出了许多重要观念和富有创新性的话语符号：

● 2016 年 5 月 17 日，习近平总书记在哲学社会科学工作座谈会上指出，“着力构建中国特色哲学社会科学，在指导思想、学科体系、学术体系、话语体系等方面充分体现中国特色、中国风格、中国气派”，“只有以我国实际为研究起点，提出具有主体性、原创性的理论观点，构建具有自身特质的学科体系、学术体系、话语体系，我国哲学社会科学才能形成自己的特色和优势”。

● 2017 年 10 月，党的十九大报告作出了“中国特色社会主义进入了新时代”的重大判断，提出了“新时代中国特色社会主义思想”；党的十九大把习近平新时代中国特色社会主义思想确立为党必须长期坚持的指导思想并写入《中国共产党章程》。

● 2021 年 7 月 1 日，习近平总书记在庆祝中国共产党成立 100 周年大会上的重要讲话中首次提出“两个结合”的概念，“坚持把马克思主义基本原理同中国具体实际相结合、同中华优秀传统文化相结合”。

● 2021 年 11 月，党的十九届六中全会审议通过了《中共中央关于党的百年奋斗重大成就和历史经验的决议》，将“坚持自我革命”列为党百年奋斗的历史经验之一。“自我革命”也是中国共产党人对于如何跳出历史周期率的第二个答案。

● 2022 年 10 月，党的二十大报告提出了“中国式现代化”的重要概念，并强调要“加快构建中国特色哲学社会科学学科体系、学术体系、话语体系”。

…………

对于教材的修订工作而言，这些重要而深刻的变化具有双重意义：一方面给修订工作带来了巨大的挑战，变化越大意味着需要修改的幅度或程度就越大；另一方面也为修订工作提供了丰富的经验素材和现实案例。我们先后在上海、广州、北京、南京等地举行了不同形式的研讨会，就教材如何修订进行会商，并提出了不同版本的修订方案。在整个过程中，我们不时感受到时代脉动的节奏，因而必须耐心等待，等待新的改革举措的出台，等待新的话语符号的出场。在一定程度上，教材的修订工作就是跟踪时事之变，理解变化之义。党的二十大的召开、习近平总书记所作的二十大报告提供了凝聚共识、进入实操的契机，报告提出的“中国式现代化”概念则为我们框定了教材修订的知识边界。

二、教材的主要修订工作

如何将教材第一版以来中国政治所发生的重大变化反映在教材的第二版之中？这是本次修订工作要回答的问题。经过多年的努力，我们给出了自己的回答。各章作者以认真的态度、专业的精神对待修订工作，较好地完成了相关的修改任务。与第一版相比，本教材第二版的变化主要体现在以下四个方面。

1. 为适应党政关系的新变化，强化党政体制的“系统”维度

第二版增设了纪检监察系统、组织系统和统战系统，它们与第一版中的宣传系统、政法系统和军事系统一起，构成了党政体制的六大系统。组织和统战工作是中国共产党履行其政治使命的必备工作，也是常规性工作（中国共产党设有组织部和统战部），增补这两大系统的必要性和合理性自不待言。需要说明的是纪检监察系统——为什么不设置独立一章讲国家监察委，而将其归入纪检监察系统？这一安排主要基于以下考量：中央纪委和国家监察委虽然是两个不同性质的机构——前者是党内最高纪律检查机关，后者是具有宪法地位的国家最高监察机关，但它们合署办公，国家监察委主任同时也是中央纪委的副书记；检索两个机构的官方网站，也可以发现中央纪委和国家监察委共用一个网站。这一制度体现了党的十八大以来的基本趋势——在加强党的全面领导的原则下，统筹安排党的机构与国家/政府机构。在这种情况下，将党的纪检与国家监察整合起来，放在纪检监察系统中加以考察，既有助于我们认识中国政治的特点，也有利于我们理解中国的反腐败事业。

2. 根据现实政治的变化，做出与时俱进的相应修改

除新增章节外，其余章节也有不同程度的修改。其中有的章节因为现实变化之大而几乎全部改写，如军事系统一章；有的章节因政策走势的变化而重点修改，如民族区域自治制度一章；其他章节则与时俱进，或更新相关的数据和材料，或完善章节的内部结构，尽可能以理性的方式全面反映第一版以来中国政治所发生的重要变化。

3. 因写作思路变化而做出的调整

本次教材修订是作者对中国政治的认识不断深化的过程，这不仅反映在相关章节的内容中，也体现在章节标题的修改上。如第一版中的“社会与公民”一章在第二版中调整为“群众与公民”。将“群众”带进来，是因为在中国政治中，除了国家/政府与公民关系之外，还有一组重要的政治关系，即政党与（人民）群众的关系。我们所熟知的“群众路线”便是在这一关系的脉络中生成的。在讨论中国的国家与社会关系时，“将群众带进来”也意味着“将政党带进来”，唯其如此，关于中国国家与社会关系的分析才可能是完整而全面的。

4. 部分章节的合并

在增加章节的同时，第二版也做了一点“减法”，删除了“地方政府”一章，将相关内容融于“中央与地方关系”一章之中。

经过增补、修改、调整和合并，本教材由第一版的 13 章发展为 15 章，篇幅增加。对于教材修订而言，上述变化不可谓小。尽管有上述调整和变化，但教材的写作初心保持不变：实事求是，按照中国政治的本来面貌讲述中国政治。我们深信，讲好中国故事的前提是讲清中国故事——这是中国社会科学创新研究和自主知识生产的逻辑起点。“客观认识中国政治现象，理性把握我们生活的世界”，是当初编撰这本教材的出发点，也是本次修订工作恪守的基本原则。

三、教材的逻辑结构

对于本教材而言，无论是第一版，还是第二版，都是在特定的编写框架中进行的。这一框架可以用“横纵内外”四个字来表达。所谓“横”，是指围绕中国共产党这一中轴在国家层次建立起来的政治制度；所谓“纵”是指这一制度自上而下的贯穿。“横”“纵”交织，讲述的是党政体制的政治结构，属于“内”的维度；而“外”指的是党/国家/政府与社会的关系。在我们看来，“横纵内外”四个维度基本上覆盖了中国政治的经验世界（“横向到边、纵向到底”是一种形象的说法）。当然，这一编排设计只是方便写作的脚手架，并不代表中国政治的实际逻辑。“党政体制”的一个基本特征是，党不但存在于政府中，也存在于社会中，因此对于执政党而言，“内外”的区分只具有相对的意义。

本教材共 15 章。开篇之章从党政体制的历史起源说起，揭示了党的“一元化领导”的基本特征及八大运作机制，勾勒了党政体制内的若干重要关系，包括党与人大、党与政府、党与司法、党与军队、党与民主党派、党与社会、党与媒体等不同维度的关系。在叙述了党政体制的一般框架之后，第 2 章从四个方面对中国共产党进行了系统的描述，分别涉及中国共产党的历史发展，意识形态及其变迁，组织特性、组织原则与政治功能，以及组织体系。读者不难发现，在夺取全国政权后，中国共产党的组织原则和层级结构被作为基因移植到国家机构和其他组织中。在这一意义上，可以说党政体制的模本存在于中国共产党的组织中。用一个形象的说法来比喻，党之于中国政治，一如轴毂之于雨伞。经由开篇两章的叙述，我们希望读者对于中国政治结构有一个初步而大致的认知完形，理解为什么说共产党是中国政治体制的中轴以及党政体制是描述和分析中国政治的关键词。在某种意义上，其他各章可以视为这两章的逻辑展现和经验丰富。

第 3 章至第 5 章主要从“政”的维度介绍党政体制的横向构成，包括作为国家政权组织形式的人民代表大会制度、作为统一战线重要内容的人民政协制度、作为最高国家行政机关的中央人民政府。党政体制中“政”的维度所涉及的内容当然不止体现在这三个方面，由于党政体制的“复合”特征，它们以不同的方式呈现于本书之中。第 6 章至第 11 章尝试将党政体制中的“党”与“政”结合起来，概要叙述了六大系统：实现“自我监督”的纪检监察系统、实现“党管干部”的组织系统、作为“笔杆子”的宣传系统、实现“精英吸纳”的统战系统、作为“刀把子”的政法系统、作为“枪杆子”的军事系统。

第 12 章至第 14 章致力于对党政体制纵向维度的描述，包括中央与地方关系、民族区域自治制度以及基层治理。前两个主题是中国政治教材共同关注的内容，不复赘言。之所以设置“基层治理”这一章是考虑到这个问题对于当代中国政治的重要性，以及正在中国大地上发生的、史无前例的城市化和城乡融合发展进程。传统中国皇权设置的官僚衙门止于县，县以下是乡绅和宗族的势力范围。现代化的一个重要任务就是打通“最后一公里”，使国家与公民在市场经济和民主法治的基础上发生直接的联系，这一过程已逾百年，至今仍在艰难地进行着。与以往不同的是，街道、乡镇尤其是城乡社区已构成当代中国政治的神经末梢，政府管理与社会治理的大量问题皆堆积于此，因此它也成为政策试验和治理创新的涌现之地。

第 15 章讨论了“群众”与“公民”，在比较政治学的框架中，它们被归入国家与社会关系的范畴。在中国党政体制的语境下，一般意义上的国家与社会关系具化为政党、国家、社会三者之间的关系（第 4 章“人民政协制度”和第 9 章“统战系统”所讨论的内容便是很好的例证）。在计划经济时期，国家掌控了全部资源，通过城市的单位制与街居制以及农村的人民公社体制将所有人员纳入计划体系和相应的行政-政治等级之中。在这种高度集权的结构中，国家与社会的边界消失了，政府与市场关系则压根不存在。1978 年以来，随着家庭联产承包责任制的推行、外资的进入、民企的发展、产权结构的变化，以及收入来源的多样化，中国社会结构在两个维度上同时发生了巨大的变化：一是新社会阶层的出现；二是新社会组织的兴起。与这些变化同时发生的是大规模的人员流动——“单位人”变成“社会人”，以及个体化趋势和公民意识的兴起。与此同时，政党与群众的关系虽然在逻辑上和理论上保持稳定，但在实践中却因为社会结构变迁和社会流动加剧而遭遇前所未有的挑战（诸如基层党组织软弱涣散、“口袋党员”的出现、群众基础的流失、组织空白等）。基于市场经济转型而发生的这些变化，在全球化背景下对党政体制提出了严峻的治理挑战。如何应对这种挑战，以及能否成功应对这种挑战，关系到中国政治的未来走向，可谓兹事体大。

总体而言，本教材的重心放在党政体制的结构分析方面，而在过程维度上有所缺失。原计划增设专章“政策过程”，因篇幅的考虑而没有实施，但每一章的写作尽量兼顾历史背景和改革开放以来所经历的变化，希望今后有机会能够真正弥补这一缺憾。

四、致谢与说明

在本次修订工作结束之际，我们要感谢支持本教材修订工作的诸多学界朋友，人员名单很长，在此只能列举部分：桑玉成、周光辉、余逊达、张凤阳、间小波、孔繁斌、李里峰、王海洲、肖唐镖、汪仕凯、唐朗诗等老师。他们以参加讨论、提出建议、资助会议等不同的方式为本教材的修订提供了热心帮助。也要感谢中国人民大学出版社朱海燕女士，自本教材出版以来，她在推广、营销方面做了大量出色的工作。在本教材修订过程中，她多次参与我们的内部研讨，及时反馈市场信息，在技术方面也给予了专业指导。她的耐心等待和激励、督促是此次教材修订工作最终得以顺利完成的重要变量。此外，还要感谢中国人民大学出版社管理分社的编辑，她们高效精准地处理了大量的技术问题，为本书的质量把关和顺利出版做出了令人赞赏的贡献。

虽然我们以认真的态度从事本次修订工作，并为此付出了不少的努力，但与第一版交稿时的心情一样，“我们还在路上”。教材的写作和修订有定稿的时刻，但对于现实政治来说，那只是断水之分，水依然在流，大江东去，浩浩荡荡。就此而言，教材修订工作的结束只是按下了一个暂停键，对于中国政治的演化而言是如此，对于我们的认识过程来说亦是如此。当然，“我们还在路上”不只是一种过程的表达，也隐含着一种指向，即“行进有方向”，这个方向就是“中国式现代化”。“中国式现代化”的构词方式非常巧妙，它将普遍性（现代化）与特殊性（中国式）结合起来，并将我们的注意力导向二者结合的具体方式，而不是将二者对立起来。在这个意义上，党的二十大报告提出的这个关键词不仅是中国政治学研究的指导纲领，也意味着对中国政治的研究必须引入比较分析的视野。中国政治仍在发展，许多议题需要我们进一步探索和研究。就此而言，我们编写的这本教材是记载这一历史进程的一个特殊符号，反映了迭代学人的知识努力和认识变迁。

最后，需要说明的是教材写作成员内部发生的一些变化。自教材第一版以来，有的作者因工作调动，服务单位发生了变化，不过多数作者仍然在原先的岗位上辛勤工作。第一版的作者之一、我们的朋友和同行、华中师范大学的项继权教授因病于 2023 年 5 月不幸去世，留下了无法弥补的遗憾。此外，此次修订也为本书的作者队伍注入了新鲜血液。

本次修订具体分工情况如下：导论，景跃进（清华大学社会科学学院政治学系）；第 1 章，陈明明（复旦大学国际关系与公共事务学院政治学系）；第 2 章，陈明明；第 3 章，谈火生（清华大学社会科学学院政治学系）；第 4 章，谈火生；第 5 章，刘鹏（中国人民大学公共管理学院行政管理学系）；第 6 章，于晓虹（清华大学社会科学学院政治学系）；第 7 章，李月军（华东政法大学政府管理学院政治学系）；第 8 章，尹钛（中国政法大学政治与公共管理学院政治学系）；第 9 章，谈火生；第 10 章，于晓虹；第 11 章，李月军；第 12 章，黄冬娅（中山大学政治与公共事务管理学院政治科学系）；第 13 章，关凯（中央民族大学社会学与民族学学院民族学系）；第 14 章，袁方成（华中师范大学政治与国际关系学院政治学系）；第 15 章，肖滨（中山大学政治与公共事务管理学院政治科学系）。

编者

目录

第 4 章　人民政协制度

第 5 章　中央人民政府

第 6 章　纪检监察系统

第 7 章　组织系统

第 8 章 宣传系统

第 9 章 统战系统

第 10 章 政法系统

第 11 章 军事系统

第 12 章 中央与地方关系

导　论

这是一本关于当代中国政治的教科书。

与规范叙述和文本阐释不同，本书致力于从经验层面分析中国政治，以回答一个基本但不那么简单的问题：中国政治是什么？

在改革开放 40 多年后的今天，在一个中国已发生并还在经历深刻变化的全球化时代，撰写这样一本教科书显然需要面对智慧和情感的双重挑战。

本书作者甘愿承受这一压力，并非因为对中国政治的了解已胸有成竹，而是愿意将写作本身视为一个学习和理解中国政治的机会。在某种意义上，我们与读者站在同一条起跑线上。希望他们以理性审视的眼光阅读和使用这本教材，并参与到“重新认识中国政治”的事业中来。

作为导论，本章的任务是向读者简要交代一下教材的设计理念。在某种程度上，这一理念体现了本教材所秉持的分析中国政治的方法论立场和叙述思路。它可以表述为以下几个方面：第一，历史-空间维度（时空因素）对于理解当代中国政治具有非常重要的意义；第二，中国共产党是理解当代中国政治的钥匙；第三，“党政体制”是理解当代中国政治的关键词；第四，“党政体制”概念具有重要的认识（论）意义；第五，用内生发展和演化的眼光来看待中国政治。

一、历史-空间维度的重要性

下面所引之言分别出自两位著名的人物，一位是以他个人姓氏命名的学说创始人之一、第一国际的组织者和领导者、被尊为全世界无产阶级和劳动人民的伟大导师的马克思，另一位是美国的开国元勋、宪法起草人之一、第一任财政部长汉密尔顿。两人的思想和实践在人类历史上都留下了深刻的烙印。

> 人们自己创造自己的历史，但是他们并不是随心所欲地创造，并不是在他们自

己选定的条件下创造，而是在直接碰到的、既定的、从过去承继下来的条件下创造。①

人类社会是否真正能够通过深思熟虑和自由选择来建立一个良好的政府，还是他们永远注定要靠机遇和强力来决定他们的政治组织？②

如何看待这两段著名的引言？显而易见的是，它们都摆脱了宿命论的立场，承认人的主动性和能动性，强调历史是可以选择和创造的；所不同的是，人的这种主动性和创造性是否受到制约、是否存在边界，以及如何认识和表达两者之间的辩证关系。在某种意义上，马克思和汉密尔顿以张力的方式揭示了人类社会发展的复杂性。

现代政治学用更为抽象的术语来表达这种张力，诸如“结构与能动”“制度与行为”“理性选择与路径依赖”“设计与演化”等。这些范畴以对子的方式呈现，其中彼此关联的二元要素分别强调了不同的侧面。时至今日，这种分野依然存在于不同的学派或研究取向之中，成为学术争论的基本来源。

必须承认，在方法论层面产生的分歧是很难通过逻辑分析和经验证据来加以解决的，因为它们各有道理，并能从经验世界找到相关的证据。打一个比喻，太阳为地球送来了光明，同时以黑暗作为赠品，光明和黑暗如影随形。研究者强调的是光明还是黑暗，取决于看问题的角度和立场。

这种道理也适用于如何看待人的创造性和历史制约性之间的关系。处置两者之间的张力并不存在某种普遍有效的方法。但是，承认这一点并不意味着我们只能在两者之间摇摆，“公说公有理，婆说婆有理”。一个实用的解决问题的办法是从抽象的方法论思考沉降到经验世界，在具体的历史语境和问题脉络中寻找出路。一个显而易见的事实是，一个社会所拥有的历史越长，文明越悠久，传统越深厚，那么“路径依赖”的作用就越大，人们创造历史所受到的环境制约也就越大。也许这正是马克思生活的“旧欧洲”与汉密尔顿所处的“新大陆”之间的一个重要区别。

用这种眼光来看待中国，想必读者已经有了自己的答案。中国是一个具有悠久的历史传统的文明国家，也是一个幅员辽阔、族群众多的大国。撇开远古传说和不断更新的考古发现不说，就政治制度而言，公元前 221 年秦始皇统一中国，奠定了中央集权和大一统的基本格局。这一战略性选择影响了此后两千多年中华文明的演化轨迹。在漫长的历史中，中国虽经历磨难，内忧外患，分合数度，但终究得以保留和延续至今。与人类历史上先后出现但最终消散的其他文明大国相比，中国的命运是独特的。这种历史延绵的意义超越了时空维度，体现了中华文明的广博与深邃。即使近代以来中国经历了翻天覆地的变化，中华文明的连续性依然明显地体现于日常生活之中，并为人们所感知。这种特定的发展方式，意味着传统的因素常常在新形式的包裹下得以存续，显示出颇为强劲的路径依赖效应。

对于当代中国政治来说，历史-空间维度的重要性更是显而易见。近代以来，西学东渐，引发了千古未有之大变局。如何将一个传统文明古国转化为一个现代民族国家？如

① 马克思，恩格斯．马克思恩格斯选集：第 1 卷．3 版．北京：人民出版社，2012：669.

② 汉密尔顿，杰伊，麦迪逊．联邦党人文集．北京：商务印书馆，1980.

何将生活在这片土地上的不同人群凝聚为一个中华民族？这是近代以来中华民族共同体面临的一个基本任务。清朝皇权被推翻之后，于内中央权威衰落，地方割据，军阀混战，民不聊生；于外强敌四伺，瓜分之剑高悬；中国社会呈现出一种总体性危机的格局。在应对内部崩溃和外部威胁的双重危机中，组织起来、克服一盘散沙，重塑权威，维护国家领土完整和统一，成为最有力的政治逻辑。在历史竞争和制度选择中，用马克思主义武装起来、实行民主集中制原则的中国共产党最终战胜了国民党，统一了中国，重建了中央权威。只有在这一特定的历史脉络内，我们才能理解，为什么“没有共产党，就没有新中国”。

新中国成立之后，以毛泽东同志为核心的党的第一代中央领导集体，积极探索符合中国国情的社会主义建设道路，留下了丰富的遗产，其中既包括成功的经验，也包括失败的惨痛教训。正是在认真反思和系统总结经验和教训的基础上，以邓小平同志为核心的党的第二代中央领导集体走上了改革开放的道路。改革开放的前后数十年既体现了某种重要的转折，又保持了内在的延续性，构成了一个完整阶段的两个环节。在某种意义上，对于党的十八大以来中国政治所发生的变化，也可以作出同样的判断。

尽管人们将改革比喻为一场革命，但改革毕竟不是革命。改革以接受并利用当下的基本秩序为前提，在此基础上进行改良。就此而言，改革是对国情制约的一种承认。人们无法摧毁旧的世界，然后在一张白纸上描绘美丽的图画，因为人们无法摆脱历史和传统，一如无法抓着自己的头发使自己脱离地面。改革实践是这样，认识活动亦是如此。理解中国现实政治，必须理解中国的文明史，理解近代以来中华民族的抗争史和革命斗争史，理解新中国成立以来，中国共产党人对于中国特色社会主义道路的探索史，以及中国作为其中一部分的世界文明的发展史。

二、中国共产党是理解当代中国政治的钥匙

一旦我们将研究的立足点放在经验世界，那么关于中国政治的第一个事实，也是最为显著的事实就是，中国共产党是当代中国的领导核心，是当代中国政治体制的中轴。

中国共产党的政治地位是在历史中形成的。在革命战争年代，党以军事斗争的方式，发展和巩固根据地，建立人民政权，并通过各种外围组织渗透和动员社会力量。统一战线、武装斗争和党的建设成为取得中国革命胜利的“三大法宝”。1949 年中华人民共和国成立之后，根据地时期和解放区政权建设的历史经验被嵌入新中国的建国实践之中。已故的著名政治学者邹谠先生曾将中国政治结构比喻为一个由不同层级的同心圆组成的金字塔，中国共产党居于这个同心圆的中央，在纵向维度上，自上而下一以贯之；在横向维度上，具有强大的向心控制力。① 这种结构的雏形便形成于抗战时期的延安政权。

新中国成立 70 多年来，在探索中国特色社会主义的道路上，中国共产党不断地汲取历史教训，丰富执政经验。从邓小平时期的“坚持四项基本原则”、江泽民时期的“三个

① 邹谠. 二十世纪中国政治. 香港：牛津大学出版社，1994：160.

代表”、胡锦涛时期的“加强党的执政能力建设”，到习近平总书记的“全面从严治党”；从当年的“党的一元化领导”，经由“党政分开”，到现在的“党统领全局”；词汇表达虽有变化，但中国共产党的自我定位始终未变。一如《中国共产党章程》开篇第一句话所示：“中国共产党是中国工人阶级的先锋队，同时是中国人民和中华民族的先锋队，是中国特色社会主义事业的领导核心”。在新时代，中国共产党又提出了一个重要的论断：中国共产党领导是中国特色社会主义最本质的特征。可以说，自诞生以来，中国共产党一直是贯穿中国政治的一条红线。离开了党，我们就无法理解将近百年的中国政治，无论是历史，还是现实；无论是革命，还是建设；无论是改革，还是开放。

随着中国改革开放的成功和对外影响的扩大，中国共产党人也开始自觉地向全世界传达这一信息。2014 年 6 月 11 日，中共中央政治局常委、中央书记处书记刘云山在丹麦出席了“欧洲学者眼中的中国共产党”国际研讨会，发表了题为《认识中国共产党的几个维度》的讲话。刘云山指出：“中国的崛起是当今世界的大事件，中国的快速发展和展现出的生机活力吸引了全世界的目光，也吸引了越来越多的学者投入对中国的研究中。还有的学者谈到，要研究好中国，就应该研究好中国共产党。为什么？答案很简单。因为中国共产党是中国的执政党，是中国革命、建设、改革事业的领导核心。当今中国的发展成就是在中国共产党领导下取得的，中国特色社会主义最本质的特征就是中国共产党领导。没有中国共产党，就没有新中国，也没有中国特色社会主义。研究中国，当然要研究中国共产党；研究中国特色社会主义，当然也要研究中国共产党。研究好中国共产党，实际上就抓住了研究中国的核心，就找到了解答当代中国从哪里来、向哪里去的‘钥匙’。”①

三、“党政体制”是理解当代中国政治的关键词

语词是思想之光。对于这本致力于从经验层面描述中国政治的教材，我们需要寻找一个关键词，它的功能是以最简练的方式凸显中国政治的基本特征，帮助人们认识和理解中国现实政治。

由于诸种原因，我们认为，比较政治学用来描述中国政治的既有术语不能令人满意，无论是“极权主义”“威权主义”，还是“党国体制”，都被赋予了过多的负面色彩②，而国内政治学中的“国体”和“政体”范畴（或同一层次的类似概念）基本上属于规范层面的抽象叙事，无法满足经验层面的需求。

当既有概念或术语不能满足本书设定的目标时，我们有必要回归现实本身，从经验现象中来观察和思考，从而形成恰当的概念。一个好的术语应当既能如实反映中国政治的经验事实，又具有最大限度的简洁性。在目前的情况下，能够同时满足这两个条件的概念或术语，只能来自对中国政治经验的提炼和概括，而且在方法上必定是归纳的。因此，我们邀请读者一起来作这样的尝试。

下面三段文字分别引自官方媒体的报道和重要领导人的文选，是我们耳熟能详的案

① 刘云山．认识中国共产党的几个维度．（2014－07－10）．中国共产党新闻网．

② 我们曾考虑对“党国体制”（party-state system）一词进行改造，使其“脱敏”，一如马克斯・韦伯对“官僚制”一词所作的处理。但考虑到各种条件的制约，这是一个很难完成的任务，至少眼下如此，因而改变思路，决定另选它词。

例。(1) 2015年春节前夕，中共中央总书记、国家主席、中央军委主席习近平等党和国家领导人分别看望或委托有关方面负责同志看望了江泽民、胡锦涛等老同志。(2) 2014年12月13日，我国迎来首个国家公祭日，在南京举行国家公祭仪式，党和国家领导人出席活动。(3) 1980年8月18日，邓小平在中共中央政治局扩大会议上作题为《党和国家领导制度的改革》的讲话。

上述三例，有的术语表达是“党和国家领导人”[①]，有的采用“党和国家领导制度”，其共同特点是“党和国家”的并列搭配，且词语的组合次序是“党”字在前。

我们所要枚举的第二类案例相对程式化一些，它们与官方文件联系在一起。(1) 中共中央、国务院发出《关于进一步加强和改进大学生思想政治教育的意见》。(2) 中共中央办公厅、国务院办公厅印发《关于加强中国特色新型智库建设的意见》。(3) 中共中央宣传部、教育部发布《关于进一步加强和改进高等学校思想政治理论课的意见》。

三个文件的印发单位虽有名称和地位的区别，但都是党和政府机构的联合发文[②]，体现的是“党和政府”的搭配，学界则用“党政关系”来描述这一现象。在中国政治生活中，这种搭配的出现频率甚或高于“党和国家”。

从上述两类案例中，能得出哪些有启发意义的结论呢？在我们看来，“党和国家”“党和政府”的表述在中国政治生活中的出现频率如此之高，既不是随意的，也不是偶然的，它折射出了术语指称对象——中国政治体制——的某种结构性特征。

一个简单的对照，可以帮助我们理解这一点。在西方政治生活中，类似的现象并不存在。多党制和轮流执政意味着执政党是一个变量，而不是常量。执政党的作用主要体现在将党的纲领和竞选许诺转化为法律和政策，以及为政府机构输送人才，而党组织本身只是一个选举工具。显然，中国共产党不是一般意义上的西方执政党，甚至不是一般意义上的政党。中国共产党是以马克思主义为指导思想，承担着某种历史使命的无产阶级先锋队。在中国政治的结构中，它是一个常量，而不是变量。所谓常量有两个含义：第一，在当代中国的政治制度设置中，它是一个长期执政的党，其他民主党派是参政党，不存在轮流执政的问题；第二，与长期执政相联系，中国共产党本身已成为一个嵌入政治结构的等级组织，具有与国家机构相对应的科层制结构。

在这个意义上，“党和国家”或“党和政府”的表述乃是中国现实政治经验的反映。在这种并列表达中，将“党”置于前面的构造方式，承载了这个国家的历史。对此，我国《宪法》有明确的表述：“一九四九年，以毛泽东主席为领袖的中国共产党领导中国各族人民，在经历了长期的艰难曲折的武装斗争和其他形式的斗争以后，终于推翻了帝国主义、封建主义和官僚资本主义的统治，取得了新民主主义革命的伟大胜利，建立了中华人民共和国。”按照同样的逻辑，经由1949—1954年的摸索，中国共产党确立了我国

① “党和国家领导人”是中国政治中的一个特有术语，一般为中央层面的高级领导人的统称，常见于媒体报道和政府公文。其范围包括中共中央、国家机构、全国政协的领导人，一般以中共中央总书记为首，至全国政协副主席为止。

② 按发文主体的标准，中国的官方文件可以分为三类：(1) 党的文件；(2) 政府文件；(3) 党和政府联合发布的文件。一般而言，党中央的文件具有高度的政治性和统领性，涉及战略、路线、方针和基本政策；政府文件更具操作性，与执行层面联系更紧；党和政府联合发布的文件介于两者之间。

的基本政治制度（政府形式）。

中国共产党领导人民建立了中华人民共和国，确立了中国的基本政治制度，并在这一过程中，将自身嵌入政权结构之中。因此，作为描述中国政治的关键词，其基本要素既离不开党，也离不开党所建立的政治制度（国家和政府是其最高表现形式）。

在想到的诸多可能选项中——“中国共产党领导的政治体制”“党和国家领导制度”“党的一元化领导体制”“政党国家”“党政体制”等，本书倾向于“党政体制”。之所以做出这一选择，是因为“党政体制”一词兼具以下五个优点：（1）包含了“党”与“政”的要素，满足了作为核心概念的基本要求；（2）反映了中国政治的结构性特征，也映衬了特定的历史脉络；（3）四字组合符合汉语使用的习惯，易于交流和沟通；（4）可以理解为“中国共产党领导的政治体制”的简称，具有较大的包容性；（5）比较客观和中立，没有既有词汇的价值负载，有利于发挥描述功能。

四、“党政体制”概念的认识（论）意义

作为一个关键词，“党政体制”源于对中国政治经验现实的归纳和概括。一旦形成，它便获得了自身的生命，对于研究中国政治具有很强的认识（论）意义。正所谓源于生活，又高于生活。

顾名思义，“党政体制”意味着一种复合结构。按马克斯·韦伯的官僚制概念，党政体制中存在着双重层级组织。除了政府官僚制之外，执政党本身也是一个巨大的等级体系。从中央到地方，不同层级的党组织与政府组织相依并存，与此匹配的是两套官员队伍（国家公务员与参照公务员管理的党务干部）。

党政体制中存在的双重官僚制是否意味着某种二元性？答案是否定的。就组织属性而言，政党组织的逻辑与政府组织的逻辑是不同的。党政体制的奥秘在于，作为一个复合体，它既超越了政党组织的逻辑，也超越了政府组织的逻辑。它以一种特有的方式将两者整合在一起，自我生成了一种新的逻辑。理解这一奥秘的一个实用方法，就是观察一下作为官僚制的政党结构是如何“嵌入”及“重组”国家/政府结构的。大致而言，我们可以区分出以下六种主要的方式：

1. 领导小组（委员会）

新中国成立之后，需要回答的一个问题是：中国共产党如何领导自己建立的国家，如何驾驭国家机器的运作？1958 年 6 月 10 日，中共中央发出《关于成立财经、政法、外事、科学、文教各小组的通知》，通知明确指出，领导小组“是党中央的，直属中央政治局和书记处，向它们直接作报告”。自 20 世纪 50 年代末，领导小组经历了设置与取消，机构的变化留下了复杂的轨迹。改革开放尤其是党的十八大以来，领导小组的设置趋于制度化。《中国共产党中央委员会工作条例》第十三条第一款规定：“党中央设立若干决策议事协调机构，在党中央领导下，负责相关重大工作的顶层设计、统筹协调、整体推进、督促落实。”《关于深化党和国家机构改革的决定》要求，“优化党中央决策议事协调机构，负责重大工作的顶层设计、总体布局、统筹协调、整体推进。加强和优化党对深化改革、依法治国、经济、农业农村、纪检监察、组织、宣传思想文化、国家安全、

政法、统战、民族宗教、教育、科技、网信、外交、审计等工作的领导”。

从理论上说，党中央可以根据工作需要，设置相关的领导小组（委员会），做到工作全覆盖。然而，具体设置哪些领导小组（委员会）要根据实际情况来决定。目前，党中央决策议事协调机构主要有中央全面深化改革委员会、中央全面依法治国委员会、中央国家安全委员会、中央财经委员会、中央金融委员会、中央科技委员会、中央审计委员会、中央外事工作委员会、中央机构编制委员会、中央网络安全和信息化委员会、中央教育工作领导小组、中央港澳工作领导小组等。

由于领导小组（委员会）是高层的决策议事协调机构，在治国理政中居于中枢地位，因此领导小组（委员会）的领导人通常是党内领导人（总书记、政治局常委、政治局委员），领导小组成员来自党政工作部门的领导人。值得注意的是，领导小组（委员会）的地位和人员构成赋予其一定的超脱性，具有政治控制和驾驭党政官僚制的意义（有的领导小组直接与“归口管理”制度联系在一起）。

2. “口”或“系统”

以党中央的某个直属部门为主导，整合部分政府机构，建构一个局部性的复合体，通常称为“口”（亦称“系统”），故有“归口管理”之说。例如，中宣部是党中央的直属机构，通过“宣传系统”的方式领导着相关的政府机构，包括文化和旅游部、教育部、国家广播电视总局、国家新闻出版署、国务院新闻办公室、新华通讯社、人民日报社、中国社会科学院等。中央政法委也是如此，它是党中央领导和管理全国政法机关工作的职能部门，由它牵头的政法系统包括法院、检察院、公安部门、国家安全部门、司法行政部门等机构。在结构维度上，归口管理是对政府官僚制的重组，将党政体制下的双重官僚制形成一个整体，它是中国政治中实际运行着的官僚体系。

3. 党组

《中国共产党章程》第九章规定，在中央和地方国家机关、人民团体、经济组织、文化组织和其他非党组织的领导机关中，可以成立党组。党组必须服从批准它成立的党组织领导。2015 年 1 月 16 日，中共中央政治局常务委员会召开会议，专门听取全国人大常委会、国务院、全国政协、最高人民法院、最高人民检察院党组汇报工作。党中央对全国人大常委会、国务院、全国政协、最高人民法院、最高人民检察院的统一领导，很重要的一个制度就是在这些机构成立党组。①《中国共产党党组工作条例》第二条规定，党组是党在中央和地方国家机关、人民团体、经济组织、文化组织和其他非党组织的领导机关中设立的领导机构，在本单位发挥领导作用，是党对非党组织实施领导的重要组织形式。

4. “一个机构，两块牌子”

俗称“一套人马，两块牌子”。② 党的组织和机构承担着国家和政府的实际职能，但

---

① 政治局常委会全天听取人大常委会等党组工作汇报.（2015-01-16）. 观察者网.

② 中央编办针对事业单位的情况做出过政策解释，所谓“一个机构”，就是一个法人代表、一个财务账号、一套领导班子和一个队伍。所谓“两块牌子”，是机构有两个名称，根据工作需要，以不同的名义对外使用相应的名称。“一个机构，两块牌子”不是两个机构，如果将两块牌子变成两个机构，则属于违规行为。

又没有进入或完全进入政府体系。在这种情况下，党的机构就需要以国家和政府的名义来做事，“两块牌子”刚好满足了这种需要。目前，在中央层面存在着不少这样的机构套牌，例如，中国共产党中央军事委员会与中华人民共和国中央军事委员会、中共中央对外宣传办公室与国务院新闻办公室、中共中央台湾工作办公室与国务院台湾事务办公室、中央档案馆与国家档案局、中央保密委员会办公室与国家保密局、中央网络安全和信息化领导小组办公室与国家互联网信息办公室等。“一套人马，两块牌子”这样的现象意味着，党政体制中的政府系统的职能是不完整的。宪法和法律所规定的政府职权与实际得到行使的政府职权之间存在差距，而党的组织和机构是解释这一差距的关键变量。

5. 党政合署办公

合署办公是中国党政机构内一种特定的编制组织形式，由于两个机构的工作性质相近、任务相似或关系密切而在同一地点办公。在组织技术上，合署办公既可以在党内机构之间进行，如中央金融委员会办公室作为中央金融委员会的办事机构列入党中央机构序列，中央金融工作委员会作为党中央派出机关同中央金融委员会办公室合署办公；也可以在党政（国家）机构之间进行，如中共中央纪律检查委员会与中华人民共和国国家监察委员会合署办公。在党政合署办公的情况下，党的组织或机构是当然的主角。

6. 交叉任职

新中国成立伊始，作为中共中央主席的毛泽东同志同时担任中央人民政府主席，1954 年担任国家主席；党内其他领导同志也分别在新成立的中央人民政府中担任重要职务。改革开放以来，党的总书记、中央军委主席/国家军委主席、国家主席由一人担任，这已成为中国高层政治的一个惯例。与此同时，国务院总理、全国人大常委会委员长、全国政协主席分别由中共中央政治局常委来担任。

经由这些方式，中国共产党建构了一个以自身为核心和中轴的国家政权结构。这一结构具有两个特点：一方面，执政党全面进入了国家系统，占据了核心位置，履行着重要的政治和行政功能。可以说，无论是结构方面，还是运作机制，党与政两者已经紧密地结合在一起了。党的十三大正式提出的“党政分开”主张在随后的政治改革实践中被搁置，除了环境变化因素之外，确实也有体制方面的原因。另一方面，政党在进入国家结构的同时，又保留了自身的相对独立性。中国共产党的重要政治决策机构（如中央政治局、中央政治局常委会以及中央书记处）并没有进入国家系统，中共中央也拥有独立设置的职能机构（包括直属机构和事业单位）。

类似地，党政体制在法律规范方面的双重性意味着以宪法为中心的国家法律体系无法全面覆盖党政体制的关系、结构与过程。例如，在《宪法》以及相关组织法——《中华人民共和国全国人民代表大会组织法》《中华人民共和国国务院组织法》《中华人民共和国人民法院组织法》《中华人民共和国人民检察院组织法》《中华人民共和国地方各级人民代表大会和地方各级人民政府组织法》中，既找不到“口”，也发现不了“党组”或“领导小组”。因此，认识中国政治不但要读宪法，也要看党章；不但要了解国家法律和行政法规，也要了解党内法规和党委文件；不但要考察国家机构和政府系统，也要认识党的组织机构及其运行。如果我们不了解五年一度的党代会报告，不了解中央全会的重要决定，何以理解中国政府的政策走向？如果我们不了解党中央设置的各种领导小组，以及党委部门领导的“口”，何以理解政府机构的实际运作？只有将两者合在一起，我们才能得到一幅关于当代中国政治的比较完整的认识图景。

在这个意义上，“党政体制”这一关键词为我们建构了一个认识中国政治的整体性分析框架。它提醒我们，在分析中国政治时，要将党与政、文本与实践、前台与后台综合考虑进来。这一方法论立场同时也意味着，对于比较政治学的一般术语和理论应当采取一种反思的立场，并根据中国的国情作出一些必要的调整。例如，用“政法”而不是一般教科书中的“司法”作为关键词。在我们看来，西方意义上的司法概念无法充分反映中国党政体制的特征。相反，只有在纪检监察系统和政法系统的脉络中，才能理解中国的司法体制及司法体制改革。

五、中国政治的内生演化

改革开放以来，中国完成了从计划经济向市场经济的转型，在短短 40 多年的时间里实现了经济发展的腾飞，成为世界第二大经济实体。与经济领域的巨变相比，中国的政治体制维持了自身结构的稳定性。这意味着，改革开放带来的巨变是在既有政治体制的框架内发生的。在人类现代化的历史上，共产党政权与市场经济相结合，而且取得了成功，这种现象还是第一次发生。无论是中外的专家学者，还是媒体记者和官员，谁都没有预料到。苏联解体、东欧剧变以及世界范围内发生的第三波民主化浪潮，使得这一成功显得更加令人瞩目。

这一现象引发了学术界的激烈争论，其中一种观点认为，中国在政治体制改革方面基本上没有任何进展，并因此推论，中国的成功是暂时的，走不远。这一看起来颇为明了的观点涉及了非常重要的方法论问题。简单地说，在如何看待中国政治的问题上，存在着两种不同的认识方法。第一种方法设定了一个明确目标甚或结构，以此作为衡量标准，审视历史，拷问现实。在这种方法中，对未来的想象是一个核心的变量，它不但影响人们对历史的看法，也影响人们对现实的评价，以及基于这种评价而提出的诸种政策主张。与之形成对比，第二种方法偏向于从历史出发，基于现实矛盾的分析来预测未来。这种方法对未来的想象只框定了一个大致的方向，强调具体脉络和路径的多元性与开放性。

上述两种方法的区别虽有过分简单之嫌，但抓住了关键的差异。本书的撰写倾向于第二种方法，即在承认和坚持基本方向的前提下，注重考察过程的内生性和复杂性。因此，对于中国政治结构进行详细的经验分析，并在此基础上考察其演化趋势是本书强调的一个重点。

由此，我们关注的是经验维度的问题：在过去的 40 多年里，中国政治有没有发生变化？这些变化是否具有重要的价值和意义？它们是否值得我们进行认真的考察？对于这些问题，本书给出的回答是肯定的。“如果纯粹按照西方的政治标准，如一党制还是多党制，三权分立还是三权合一等，可以说中国的政治体制基本上没有变化。但政治评价的标准不应当只有这一种，如果从中国的政治分析标准来看，如政治的内容、领导体制、党与国家的关系等，这种看法就是不正确的。”①

事实上，中国共产党人对这个问题已经给出了自己的解答。在庆祝全国人民代表大会成立60周年大会上，习近平总书记指出：“评价一个国家政治制度是不是民主的、有效的，主要看国家领导层能否依法有序更替，全体人民能否依法管理国家事务和社会事务、管理经济和文化事业，人民群众能否畅通表达利益要求，社会各方面能否有效参与国家政治生活，国家决策能否实现科学化、民主化，各方面人才能否通过公平竞争进入国家领导和管理体系，执政党能否依照宪法法律规定实现对国家事务的领导，权力运用能否得到有效制约和监督。”② 从中国改革进程的内在逻辑来看，这“八个能否”体现了中国共产党人对于政治体制改革目标的认识，以及判断自身改革是否取得成功的标准。在中国政治的语境下，“八个能否”的命题与当年邓小平提出的“三个有利于”标准是等值的。区别在于，邓小平提出的标准针对的是经济改革的举措，而习近平提出的标准适用于政治改革领域。

据此标准，习近平总书记得出了如下结论：“经过长期努力，我们在解决这些重点问题上都取得了决定性进展。我们废除了实际上存在的领导干部职务终身制，普遍实行领导干部任期制度，实现了国家机关和领导层的有序更替。我们不断扩大人民有序政治参与，人民实现了内容广泛、层次丰富的当家作主。我们坚持发展最广泛的爱国统一战线，发展独具特色的社会主义协商民主，有效凝聚了各党派、各团体、各民族、各阶层、各界人士的智慧和力量。我们努力建设了解民情、反映民意、集中民智、珍惜民力的决策机制，增强决策透明度和公众参与度，保证了决策符合人民利益和愿望。我们积极发展广纳群贤、充满活力的选人用人机制，广泛把各方面优秀人才集聚到党和国家各项事业中来。我们坚持依法治国、依法执政、依法行政共同推进，坚持法治国家、法治政府、法治社会一体建设，全社会法治水平不断提高。我们建立健全多层次监督体系，完善各类公开办事制度，保证党和国家领导机关和人员按照法定权限和程序行使权力。”③

可见，从不同的价值立场出发，基于不同的标准，人们对于相同的经验现象可以得出相去甚远的结论。每一种立场都像一盏探照灯，在照亮和凸显某些现象的同时，也遮蔽了其他的方面。在判断中国政治是否变化以及变化多少的问题上，本书采用了一种内在的视角，将改革开放前的党政体制作为衡量中国政治变化的原始参照。在这种视角下，我们看到的是40多年来党政体制的“内生演化”过程：一方面，从实际问题出发，根据环境和资源的约束，选择解决问题的方法；当旧办法不再适用时，勇于借鉴和创造新的手段；只要问题存在或不断产生，这一演化过程就会持续下去，改革的动力就始终存在；另一方面，这一演化过程不是机会主义式的，脚踩西瓜皮，滑到哪里算哪里。在改革开放之初，邓小平就明确指出要坚持四项基本原则，其中最为重要的是坚持党的领导。党的十八大以来，中国共产党的领导被界定为中国特色社会主义最本质的特征。中国改革开放事业的这一特点可以概括为“体制逻辑制约着改革逻辑”。这种逻辑制约性意味着，

---

① 俞可平．增量民主与善治．北京：社会科学文献出版社，2003：153．

② 习近平．在庆祝全国人民代表大会成立60周年大会上的讲话．人民日报，2014－09－06．

③ 同②．

在改革策略的选择中，某些选项在事先就被排除了。[①] 无论是前期的“政治体制改革”，还是党的十八大之后的“国家治理体系和治理能力现代化”，中国政治发展的目标都不是“体制转型”，而是既有体制的自我完善。在这个意义上，党的二十大报告深刻阐释的“中国式现代化”是中国改革开放历史进程的内生成果，也是党政体制自我认知的思维结晶。因此，本教材倾向于用“体制演化”来客观描述中国的政治变化，中国政治一方面是稳中有变，另一方面是变中有常。如何认识中国政治演化的这种“变”与“常”是学术研究的一大挑战，也是研究中国政治的乐趣之所在。

在这样一个迅速变化的时代，认识中国政治不是一件容易之事。中国有句成语，叫作“盲人摸象”。中国现在就是这头大象，而且还在奔走，学者一如盲人，跌跌撞撞，赶着追着去摸这样一头大象，有时还不一定能跟得上。如何将摸到的片段整合起来？其难度可想而知。在这种情况下，考察中国政治的内生演化或许有助于我们把不可避免的“偏见”降到最低，这也有助于我们对中国政治的发展趋势做出比较客观的判断。

在互联网编织的全球化时代，各种传统的或既有的合法性叙事需要在新环境和新挑战中不断重构自身，封闭的自我循环将无法应对来自外部世界的全方位冲击。理解中国，必须理解世界；建构中国话语，必须了解对应的话语体系。在这种语境下，我们必须考虑教材写作方式的多样性，并尝试以一种开放的心态和比较的视角来编撰本教材，用相对客观的学术语言，理性地表达我们对中国政治的看法。对于中国政治教科书的写作来说，这是一个来自技术层面的不小的挑战，但我们认为这一努力值得尝试，因为在很大程度上这项工作是讲好中国故事的知识基础和逻辑前提。就此而言，本教材的使用对象有可能超越中国学生，对于那些关心中国政治的外国读者而言，我们也希望他们能够从中获得有价值的信息。

在众多的关于中国政治的教科书中，本书是一个小小的、但略有不同的尝试。我们希望通过这样的安排，为读者提供一个观察和理解中国政治的不同视角。透过这一视角，能够领略一幅关于中国政治的新图景。这一目标能否实现以及在多大程度上实现，依赖读者的选择与教学实践的检验。

---

① 例如，胡锦涛在党的十八大报告中指出，“积极借鉴人类政治文明有益成果，绝不照搬西方政治制度模式”。

第1章
中国共产党领导的政治体制

中国共产党是最高政治领导力量，党的领导既是全方位的，也是全过程的。中国共产党从中央到地方及至基层都建有严密的组织体系，对国家机关、武装力量和社会团体实行统一而有分工的领导，在国家和社会政治生活中拥有不容挑战的政治权威，由此形成一个完整而独特的党政体制。在这个体制中，党是核心组成部分，党的领导原则被表述为“统揽全局，协调各方”，正如江泽民同志在庆祝中国共产党成立 80 周年大会上指出的：“要按照总揽全局、协调各方的原则，进一步加强和完善党的领导体制，改进党的领导方式和执政方式，既保证党委的领导核心作用，又充分发挥人大、政府、政协以及人民团体和其他方面的职能作用。”① 党的“领导核心作用”和国家机关社会政治团体各方的“职能作用”，是这个党政体制运行的关键所在。

本章简要分析中国党政体制源起的历史逻辑、这一体制的基本特征及运作机制，以及它所包含的若干基本关系。

1.1 中国党政体制源起的历史逻辑

在欧美工业化国家，现代意义的政党是伴随着代议民主制而出现的，是为了适应阶级和阶层利益的表达和综合，最大限度地进行选票动员，进而获得组织政府的权力而存在的。② 政党由此被视为介于国家和市民社会之间的政治组织③，政党的权利不过是宪法规定的公民权利的组织化的延伸，政党只有进入国家，并通过既定的程序和方式以国家

① 江泽民. 论“三个代表”. 北京：中央文献出版社，2001：171.

② KATZ R S，CROTTY W J. Handbook of party politics. London：Sage Publications，2006.

③ 萨托利认为，“政党是社会和政府之间的核心中介组织”。参见：萨托利. 政党与政党体制. 北京：商务印书馆，2006：2.

的名义说话和行事，才能成为政治生活中与国家机关具有某种同等分量的因素。但在中国现代政治史上，政党的存在及其与国家的关系同欧美国家不可等量齐观，最明显的区别是，政党无法在体制内依靠既存的机制从事政治动员，并由此获得国家权力，这迫使它不得不从体制外谋求社会改造和推动政治发展。20世纪的中国政治进程表明，政党最初是旧国家的敌人，经过规模、性质和暴烈程度不等的革命取得国家权力，进而变成新国家的支柱。孙中山的以党建国、以党治国是如此，共产党的社会革命、开国建政亦是如此。经由这种方式立国主政，政党就成为国家特殊的支配性的组织和力量，因而可以把政党的组织、制度和价值输入国家，从而决定国家的命脉、形构、方向、进程和特征。这样一种融政党于国家并与国家权力高度结合的政治形态，构成了当代中国党政体制的内在规定和根本特征。

中国的党政体制的政治特征有三重面相：(1) 作为一种动员型政治，政党是国家和社会政治运行和变革的发动机，政党的意识形态充当了"启蒙"和"唤醒"国民、推动现代政治进程的工具，并由此获得了统摄、规划和引领人们的观念和行为规范的地位。(2) 作为一种整合型政治，政党的各级组织机构遍布全国，按照中央制定的路线方针政策，自上而下将地方机构、社会团体和政治人口"整编"纳入既定的政治框架中，形成具有行政性的组织化的政治社会。(3) 作为一种全控型政治，政党通过垄断全部暴力资源和大部分人力、组织资源，主导国家的政治方向，规定国家的政治过程，决定政治价值的配置，政党由此成为国家和社会政治体系的核心结构，使整个社会政治生活具有浓厚的政党、国家与社会三者边界彼此重合、功能高度重叠的总体化色彩。如前所述，支撑这种党政体制的核心组织力量是政党，以及适应政党意志及其活动的政党制度。当然，不是所有的政党都具有建构这种党政体制的意愿和能力。建构这种党政体制的政党至少需要具备以下几个条件或特质：(1) 有一套精致而系统的理论学说作为思想基础；(2) 有一个关于未来社会远景的构想作为奋斗目标；(3) 有精心设计的并获得理论支持的战略和策略作为实现目标的手段；(4) 有严密完备的中央、地方和基层组织网络作为行动支撑；(5) 有成熟而富有经验和激情的职业化政治精英集团作为协调行动的"总参谋部"；(6) 有倡导为主义不惜献身的精神教育作为党员的道德律令。这样一种政党又被称为"使命型政党"、"动员型政党"或"意识形态型政党"。[①] 在中国现代政治史上，具备这些特质的政党屈指可数——孙中山效仿苏俄方式改组后的国民党可算一个，它曾试图按此方向建设和提升党的品质，但最终只是在一定形式上获得了其中的某几项特征。相比之下，完全符合以上条件或特质，而且一直坚持将其作为党建任务和目标的政党是中国共产党。

理解当代中国党政体制的发生和发展，需要注意两点：其一，要把中国共产主义革命置于20世纪中国现代化的世界历史场景之中。一方面，要看到中国与外部世界接触后出现的结构性的总体危机，这种总体危机集中表现在政治领域，但其根源在于社会和经

① 刘建军，周建勇，严海兵．创新与修复：政治发展的中国逻辑．北京：中国大百科全书出版社，2011：208；唐亚林．使命型政党：从概念到理论范式的生成过程．开放时代，2023 (1)：12-23，5；金观涛，刘青峰．开放中的变迁．香港：香港中文大学出版社，1993．SCHURMANN F，Ideology and organization in communist China．California：University of California Press，1971．

济，在于内部结构受到国际环境的强烈影响——包括中国在国际权力结构中地位的变化，发达国家提出的挑战与提供的模式，资本主义世界经济和政治的输入和入侵。这是一个基本的结构约束。另一方面，要看到结构的约束不是机械的、静止的、线性的，结构本身不过是人们集体行动的产物，因此行为主体在结构中仍然拥有选择的自由，在一定条件下能够随着宏观历史与行为主体的交互作用而改变这种结构。[①] 其二，要有一个能把中国共产主义革命和中国现代国家建设联系起来的中观视角（“中层理论”），通过这样的中观视角来使宏观历史场景成为一个有理论假设和经验事实支持的“具体的宏观和具体的抽象”，这一视角并不排斥关于中国可以和西方社会分享现代性因素发生和建构中的历史方式的论证，所需要的只是将此置于逻辑和证据有机关联的基础上，通过比较中国国家建设和西欧国家建设的异同来揭示革命与现代化在中国的特殊历程。例如，精英如何对大众动员，建立一个强有力的政党，用它的政治力量、组织方法，深入和控制每一个阶层、每一个领域，建立改造或重建社会、国家和各领域的组织制度，以最终克服结构性的总体危机。这种中观视角的旨趣之一就是 20 世纪初中国社会的组织化状态及其理论解释。下文将简要叙述这种组织化状态与中国党政体制兴起的历史关联。

一般认为，起源于西欧的现代化在政治上就是民族国家建立的过程。[②] 民族国家的建立伴随着三个现象：(1) 原来属于封建贵族和地方精英集团的权力（立法、司法、行政、税收、铸币等）逐渐收归国家，国家的法律、政令通过政治统一、功能分化的官僚体制和官僚队伍贯彻到基层，中央权威在封建贵族和地方精英被翦灭或被收编的过程中确立起来；(2) 国家在对内统治和对外战争中组建起受控于中央政府的常备武装力量和用以维持日常统治秩序的警察体制，国家对这种军事性和警备性设施的独占，是国家法律和政令统一贯彻的强制性的基础，是国家区别于“领地”“城邦”“帝国”以及常备军区别于雇佣军、地方军阀的根本所在；(3) 中央集权的建立除了设计新的政府形式来有效管理人口及其事务外，还创造出新的机制来获取人口对政治共同体的效忠和认同，这就是以自由、人权、法治为内核的公民文化及其社会化的机构和制度，它们成为打破旧的地域共同体、建构新的政治身份和形成集体归属感的国家意识形态。

西欧民族国家的建构实际上是现代化对传统国家的重新组织化。按照经典现代化理论，传统国家的重新组织化的动力来自市民社会的资本及其相关组织的扩张要求，如城市自治组织，契约观念塑造的市民团体与制度，与财产、能力、才智及职业活动紧密相关的“中产阶级”，采用资本主义原则经营投资与放贷的商人集团、银行、企业、运输系统等私人机构等，正是这些初步自我组织化的资本的力量（“现代性的因素”）逐步构成了布莱克所说的“现代化的领导”，从而开启了“经济和社会的转型”——从乡村和农业的生活方式转变为城市和工业的生活方式，表现在政治上，其标志性事件就是法国大革命，最终达成“社会的一体化”——社会结构的根本性改组。[③] 换句话说，在西欧民族国家的成长过程中，中世纪后期出现的市民社会组织为经济和社会的转型以及现代国家的

---

① 邹谠．中国革命再阐释．香港：牛津大学出版社，2002：117－148.

② 钱乘旦．世界现代化历程：总论卷．南京：江苏人民出版社，2010：174.

③ 布莱克．比较现代化．上海：上海译文出版社，1996：238－269；布莱克．现代化的动力．成都：四川人民出版社，1988.

到来提供了不可或缺的组织资源。传统国家的重新组织化本质上是资本主义性质的市民社会动用自己在封建专制母腹中日趋壮大的组织力量对国家进行扬弃和重建的过程。没有市民社会的自组织，很难想象有民族国家的再组织。

西欧的国家建设经验表明，社会自组织的存在是传统国家向现代国家转型的动力和基础。在这方面，中国的民族国家建设和它是非常不同的。19世纪中叶以后，中国在外强入侵和内部危机频发的环境下开始了自己的现代国家建设，但它可资利用的组织资源是相当匮乏的，主要表现在三个方面：第一，在（州）县以下不设职能性官员和机构的乡村地区，中央集权政府办理治安、赋役、诉讼等地方事务主要依靠里甲、里社等乡里组织。清朝末年，这种组织弊端丛生、腐败不堪，早已成为“新政”革除的目标之一，所以基层社会的治理很大程度上只能靠地方士绅集团。① 但是，1905年科举制废除前后，作为“乡村组织的基石”的士绅集团急速分化解体，科举时代对于收拢农民起过重大社会作用的乡绅向城市不断单向迁移，滞留于乡村的士绅日益沦为“土豪劣绅”，地方精英集团的品质迅速恶化，导致了地方社会秩序的紊乱。② 第二，在社会团体相对集中的通商口岸，各种商业组织既缺乏严密的专业分工，也缺乏市场竞争性的自主交往性质，业缘性的城市组织（如行会）被地缘性和血缘性的同乡组织所覆盖，凭借宗族和乡籍关系，这些组织成功地在异地环境中保住了自己的利益，也保持了与整个城市社区的距离。③ 在某些民用工业领域，由于一开始就采取了“官督商办”的办法，结果导致了“商人”、“士绅”、“买办”和“官吏”之间身份角色的模糊不清④，对行业帮会的依赖和对官府的依赖限制了这些组织的正常发育。第三，晚清官僚机构在开创治局和维系社会秩序方面，更多的是依靠伦理纲常而不是正规组织，更多的是专注于基层政治安全而不是地方、区域和全国性整合的统治目标，由于其治理方式是伦理性的而非行政性的，官僚录用是诗文性的而非技术性的，统治取向是维持性的而非变革性的，主导社会的组织原则是分治性的而不是动员性的，因此极大地抑制了统治者创造各种有效组织手段的动力，也极大地限制了统治者开发各种组织资源的能力。罗兹曼在把中国同日本、俄国的现代化做比较后说：“概言之，中国的组织状况看上去大不同于日本和俄国……中国人有时能在重大问题上成功地动员起来，但国家却从未认真地建立起组织构架，以便持久地积聚资源。组织的延续性是与缓慢演进的（甚至在地方上是繁荣而自由发展的）前现代社会相适应的，但这个社会并非广泛动员起来的社会，因而无法对现代变革作出进一步的有力反应，更谈不上能应付现代化势力的挑战了。”⑤

中国社会这种组织状态，一言以蔽之，即低组织化状态，是中国现代化失败的主要原因，这在当时已为大多数先进的中国人所认识。例如孙中山的“宗族团体论”、梁启超的“新民团体论”、梁漱溟的“集团生活论”、毛泽东的“民众大联合论”等，都是针对这种低组织化状态开出的“组织革命”的药方。他们都认识到“团体”“组织”这些社会政治要件

---

① 魏光奇．官治与自治：20世纪上半期的中国县制．北京：商务印书馆，2004：7-55.

② 王先明．近代绅士．天津：天津人民出版社，1997：343-346.

③ 罗兹曼．中国的现代化．南京：江苏人民出版社，1988：220-224.

④ 罗荣渠，牛大勇．中国现代化历程的探索．北京：北京大学出版社，1992：89.

⑤ 同③228.

对于中国现代国家建设的决定性作用，中国人唯有通过组织，才能激活民族的“机能”，振奋民族的精神，而在一个缺乏“组织”的国度，“组织起来”天然具有一种“根本解决”①、“急进革命”②、“刻不容缓”③ 的性质——这是来自西方的个人主义在20世纪的中国迅速屈从于同样来自西方的团体主义、社会主义的根本原因。总之，中国不发动一场组织化运动，就不能摆脱后发现代化国家面临的内外困境。

组织化的途径曾有不同的构想（如合宗族为民族、联职业团体为国家），但是比较而言，最直接、最有效、最能代表中国人学习西方民族国家建设经验的努力、最具“现代化”的方式就是组党——组织政党。当时的舆论认为：“欧西各国政治，皆操之于政党。政党者，聚全国爱国之士，以参与一国之政；聚全国舌辩之士，以议论一国之政者也。凡设立内阁，则内阁之大臣，皆政党之魁首。召集会议，则议会之议员，皆政党之名士。用以抵抗暴政，则暴政绝迹而不行；用以代表民情，则民情无微而弗达……故吾国国民而坐视吾国之亡则亡，苟不忍吾国之亡，则必大声疾呼，号召国之志士，联为大群，不论为士为农为工为商，苟痛心疾首以四万万之水深火热为己忧者，皆听其入会，立一中国三千年来所未有之大党，其而后中国之元气，乃聚而不散，一而不纷，风霜不能侮，刀火不能侵，暴君民贼不能制，异国异族不能灭，非中国历史上一大盛事乎？”④ 这种主张采行西方议会政治、政党政治，以政党形式把中国人“联为大群”“合为大党”的呼声表明，中国的政党时代到来了。随着西方政治观念的不断传入，政党对于民族国家建设的重要作用逐渐成为共识。

民国初年是政党组织纷呈迭出，即多党政治的黄金时代，几乎所有的西方政党类型都可以在中国找到。孙中山这样的革命党人也一度认可多党竞争的必要性与合理性。不过人们很快发现，多党竞争的必要性与合理性只能停留在西方政治的理论层面，而在中国政治土壤中却发生了橘枳之变。随着袁世凯称帝运动的表面化，议会政治、政党政治的乐观情绪很快便被冷峻的利益较量和严酷的武力政治所湮没。政党的引入本来是为了组织社会进而组织国家，但在一个民族资本发展缓慢、专制势力强大、缺乏自主参政和政治妥协传统、内外危机日益深重的国家，其结果却加剧了社会和国家的非组织化。人们注意到，民国初期的政党政治败于政治强人，但政治强人不是凭空而出的，政治强人之所以能够运用非法律、非程序的强力左右政治的进程，恰恰说明这个社会在性质上存在着一种集权政治的逻辑：分散的社会需要强有力的政治才能整合，强大的专制需要更强大的力量才能制服，在政党来临的时代，要形成更强大的力量，只能组织更强大的政党。适合这样一个强大政党的活动及其诉求的政治条件，必定是一个更有效的政党体制，它不能是原来的多党体制，因为“在任何进行现代化的国家里，多党体系都是软弱无力的政党体系”，更不能回到无党体制的时代，因为作为无党体制基础的传统君主政体已经

① 李大钊文集：第3卷. 北京：人民出版社，1999：6.

② 陈独秀. 复东荪先生的信. 新青年，1920，8（4）.

③ 中共中央文献研究室，中共湖南省委《毛泽东早期文稿》编辑组. 毛泽东早期文稿. 长沙：湖南出版社，1990：338，390.

④ 清议报报馆. 清议报：第78册. 北京：中华书局，1991：4908－4909.

被打破。[1] 事实表明，多党体制和无党体制都不能改变中国的低组织化和非组织化的现状，都不能完成现代民族国家建设的使命。于是，组织化的话语便转化为社会革命的话语，政党政治的话语便转化为党建国家、党治国家的话语。

1921 年，在共产国际的扶持下，中国出现了马克思列宁主义的共产党。三年以后，在多党政治的失败中饱经创痛的国民党，在苏俄和中国共产党的帮助下，开始了“以俄为师”的党务革新。国民党的改组，奠定了“党治国家”的思想和组织基础，在成功北伐之后，形成了“党国体制”的政治形态；共产党在其后与国民党的战争中摧毁了国民党的党国结构，并依托在革命动员过程中积聚起来的强大的政治权威，以一种更为有力的方式，刷新和重建了“党治国家”赖以存在的社会组织网络。正如邹谠所言：“在 20 世纪初极度无组织的中国社会，传统秩序已经崩溃，对取而代之的基本原则并未形成共识，政治权力不得不以一种明确的意识形态为基础，并以新的组织结构为中心建立起来……马列主义和列宁式政党结构被一群激进的异化知识分子接受。然后他们根据这种意识形态寻求中国社会的全面改造……随着 1949 年内战的最后胜利，它成为列宁式政党国家的执政党。党外不存在任何抗衡力量对其权力进行制衡。在实施改造社会分层制度和建立社会主义的纲领中，政党国家对市民社会的渗透更加深入，对各种社会团体和个人的控制日益严厉……”[2] 无论是国民党还是共产党，按照列宁式而非西方式政党结构，实行党治国家战略，建构一个融政党于国家并与国家权力高度结合的党政体制，本质上都是 20 世纪中国在现代化压力之下，欲采取革命动员方式摆脱中国社会“低组织化状态”约束，进行现代国家建设的一种选择。

1.2　中国党政体制的基本特征及运作机制

1.2.1　基本特征：一元化领导

如前所述，中国共产党是 20 世纪中国在世界资本主义全面扩张的条件下，采用共产主义革命方式解决现代化危机和建设现代民族国家的产物。在严酷的战争和革命环境中，中国共产党逐步形成了权力集中、职责分明、纪律严格、思想统一的领导体制。支撑这个领导体制的是党内自上而下的垂直化组织结构，以及党作为领导核心同外部环境互动而形成的一体化动员结构，通常被称为“一元化领导”。

新中国成立以后，一元化领导主要是作为处理党政关系的一项原则继续得到加强。一元化领导的主要特征是：（1）权力中心的唯一性。党中央是最高的决策中心，只有一个“政治设计院”，不允许有两个“政治设计院”。（2）权力结构的集中性。政府所有主要和重要事项均须请示中央，并经过中央讨论批准后才能执行。（3）权力形态的统合性。政府内党组有权参与政府具体政策的制定，与政府共同履行政府职能，政府不仅受其内

① 亨廷顿．变动社会的政治秩序．上海：上海译文出版社，1989：434 - 435，456．
② 邹谠．中国革命再阐释．香港：牛津大学出版社，2002：69 - 70．

部党组领导，而且受其外部同级党委领导，政府完全成为党的组织体系的组成部分。[①] 在计划体制时期，一元化领导逐渐发展成覆盖社会、政治、生活方方面面的普遍规范，导致党在国家和社会领域的高度集权和全面集权：其一是以党的组织网络整合社会，党的组织触角渗透到社会各个领域和各个层面，由此使整个社会形成一个有机整体，从而为实现党的领导意志提供强有力的组织保证。其二是以党的领导代行国家管理社会的功能，政党和国家的界限日益模糊，党的领导权力和领导范围逐步膨胀，使革命年代延续下来的以党代政的局面日趋强化。其三是党的权力超越了国家法律，党的决定和政策甚至代替了国家法律，直接成为国家制度和社会管理的决定力量。[②]

一元化领导的要义是党权至上，其典型表现是党政合一。党在国家和社会领域的高度集权和全面集权在计划经济和赶超战略的推动下日益加强，在"文化大革命"中发展到极致状态。邓小平对此有过尖锐的批评："权力过分集中的现象，就是在加强党的一元化领导的口号下，不适当地、不加分析地把一切权力集中于党委，党委的权力又往往集中于几个书记，特别是集中于第一书记，什么事都要第一书记挂帅、拍板。党的一元化领导，往往因此而变成了个人领导。"[③] 改革开放以后，"一元化领导"被视为一个带有计划集权色彩的名词退出官方文献。但是，作为党和国家一体化内在要求的一元化领导，其所包含的政党集权、政党主导的取向实际上并没有改变，无论是实施赶超型现代化的战略目标，解决超大国家规模和人均资源贫弱的尖锐矛盾，还是打破市场条件下的地方主义壁垒，排除利益集团对深化改革的阻碍，都在客观上存在着对于中央集权即"党中央集中统一领导"的强烈需求。[④] 事实上，邓小平的批评重点只是指出权力"不适当""不加分析"地全面和高度集中于党委几个人乃至集中于个人而导致个人专断的后果，并不是简单地否定一元化领导本身。当然，在国家和社会关系出现调整、中央向地方放权让利、市场和社会逐渐发育成长的趋势下，一元化领导的范围、形式和强度也在发生变化，这种变化主要表现为：其一，权力的集中不再是专断性地集中于少数个人，而是明确要求在民主的基础上集中于领导集体，集体领导与个人负责取得了某种平衡；其二，权力的形态不再是粗放式的强制性的功能重叠与结构统合，而是按照现代政府原理科学地划分结构与功能，因而党政不分、以党代政的局面有了不同程度的改观；其三，权力的作用范围不再是不加区分地覆盖整个社会领域，而是主要以合乎程序的方式施加于国

---

① 一元化领导的加强和毛泽东对政府工作"存在脱离中央领导的倾向"的两个批评意见及批示直接相关。一个是1953年1月毛泽东针对政务院未经中央同意而批准财政部的税制修正案写信提出的批评，另一个是1958年1月南宁会议上毛泽东对国务院和经济工作部门的"分散主义"的批评，以及同年6月毛泽东关于中共中央决定成立财经、政法、外事、科学和文教小组以具体领导政府职能机构的批示。参见：中共中央文献研究室. 建国以来重要文献选编：第4册. 北京：中央文献出版社，1993：67－71；中共中央文献研究室. 建国以来重要文献选编：第7册. 北京：中央文献出版社，1993：268. 薄一波. 若干重大决策与事件的回顾：上卷. 北京：中共中央党校出版社，1991：231－234.

② 林尚立. 中国共产党与国家建设. 天津：天津人民出版社，2017：35.

③ 邓小平. 邓小平文选：第2卷. 2版. 北京：人民出版社，1994：328－329.

④ 党的十八届三中全会以来，党中央的集中统一领导越来越被提到事关全面深化改革成败的高度来认识。2015年1月16日，习近平主持召开中共中央政治局常务委员会会议，听取全国人大常委会、国务院、全国政协、最高人民法院、最高人民检察院党组汇报工作，会议指出："中国共产党是执政党，党的领导是中国特色社会主义最本质的特征，是做好党和国家各项工作的根本保证。坚持党的领导，首先是要坚持党中央的集中统一领导，这是一条根本的政治规矩。"参见：坚持党中央集中统一领导是根本政治规矩.（2015－01－17）. 新华网.

家公权系统，即使是涉及社会政治性事务，也并非诉诸直接的、命令的方式，而是采取间接的、引导的方式；其四，最重要的是，权力的行使开始纳入宪法和法律的轨道，依法治国、依法执政、依法行政作为新的领导方式被明确提出，表明了一元化领导受到法治国家建设目标的约束，因而在一定程度上开始了一元化权力的法律化和制度化进程。

中国共产党在探索社会主义现代化发展道路的同时，努力探索如何发展和改善党的领导体制和领导方式，这始终是中国共产党治国理政所要解决的重大课题。党的领导体制和领导方式最核心的问题是处理党与国家、党与社会的关系。党与国家的关系涉及党的执政方式，即党权如何与政权发生关联，如何在国家活动中贯彻党的路线、方针和政策。党与社会的关系则集中表现为党如何动员、组织和整合社会，如何巩固和扩大党的社会群众基础。随着市场化改革的启动和演进，中国的社会、经济、政治生活逐步摆脱了计划体制的束缚，出现了许多深刻的变化，其中在国家与社会关系领域，一方面是国家与社会发生了一定程度的分离，不再是过去国家高度覆盖社会的状态，另一方面是社会组织在迅速发育成长，社会自主性的发展对国家建设的推动作用越来越明显。在此过程中，党如何依据现实社会的发展逻辑，平衡和调适国家与社会的关系，引导和保持政治与经济的良性互动，建立党领导国家和组织社会的有效体制，是中国共产党在新时期面临的重要挑战。

1980年8月18日，邓小平在中共中央政治局扩大会议上发表了《党和国家领导制度的改革》重要讲话，这个讲话通常被视为中国政治体制改革的纲领性宣言。这个讲话把基于计划经济体制的制度缺陷归结为“权力过分集中”，提出必须解决高度集权所导致的党政不分、以党代政的问题，以及提出建立退休制度，实现干部队伍革命化、年轻化、知识化和专业化的战略措施，其主旨是改善党的领导，发扬人民民主，使民主制度化和法律化。① 1987年10月召开的党的十三大，是贯彻邓小平关于政治体制改革思想的里程碑。党的十三大报告对党的领导作了一个重要界定：“党的领导是政治领导，即政治原则、政治方向、重大决策的领导和向国家政权机关推荐重要干部。党对国家事务实行政治领导的主要方式是：使党的主张经过法定程序变成国家意志，通过党组织的活动和党员的模范作用带动广大人民群众，实现党的路线、方针、政策。”② 值得注意的是，在党的十三大通过的党章修正案中，党的领导仍然沿用过去的提法，即“政治领导、思想领导和组织领导”的三位一体，而党的十三大报告只提“政治领导”，并没有把“思想领导”和“组织领导”纳入其中。人们当时倾向于认为，要改变党政不分、以党代政的局面，党就需要从行政和社会事务中超脱出来，党的领导应主要体现为掌控大政方针及向国家机关推荐党的重要干部（由此摆脱以往党权直接运作或指挥政权的权力模式），以及在公共生活中诉诸党员的模范作用和感召力（由此代替过去意识形态思想动员的灌输模式）。

毋庸讳言，改革开放以来，以中国共产党为轴心的领导体制所延续的仍然是具有强

---

① 邓小平．邓小平文选：第2卷．2版．北京：人民出版社，1994：321.

② 中共中央党校教务部．十一届三中全会以来党和国家重要文献选编：上．北京：中共中央党校出版社，2003：234.

大传统的党和国家一体化的政治形态。无论是立法机关、行政机关、司法机关、军事机关，还是人民团体、群众组织，国家一切政治组织的活动都围绕着坚持党的领导来进行，都必须同党的战略目标保持一致。中国共产党的领导在国家政治生活中起主导作用，国家的实际权力核心是政党而不是政府。这样一种政治体制弥补了传统中国“治国”资源的匮乏（尤其是组织资源严重不足），实现了在落后的、分散的、低组织化的社会里开始现代国家建设的可能性。完成这一过程包含两个重要的方面：一是中国共产党自身具有高度的组织性和纪律性，是一个严格实行民主集中制的政党；二是中国共产党将自身的组织方法通过党和国家体制拓展到整个社会，形成党治国家的格局。就党的十三大报告所提的“政治领导”的内涵而言，“政治原则、政治方向、重大决策的领导和向国家政权机关推荐重要干部”没有改变市场经济条件下党和国家关系的基本特征，而“使党的主张经过法定程序变成国家意志，通过党组织的活动和党员的模范作用带动广大人民群众，实现党的路线、方针、政策”的法治化和制度化的途径，也与现代政府原理相契合，但在中国现代化对党和国家一体化仍存有极大需求的情况下，设想让党从实际控制的政府部门和社会基层中退出来（如党的十三大报告中关于取消政府内部的党组设置、把基层党组织的作用由“领导核心”转为“保证监督”等提法），在政治实践中很可能导致“政治领导”失去组织和意识形态的依托。

1989 年政治风波发生后，中国共产党中央领导集体对政治体制改革中党的领导、党政分开及其在基层的实践等问题进行了反思。在当年 8 月召开的全国组织部长会议上，中共中央总书记江泽民说：“党的领导作用只提政治领导不够，还应该有思想领导和组织领导。”“党组织还是要管干部。党是政治领导核心，离开了组织领导、思想领导，那个核心就是空的！这一点在思想上要明确。”[①] 在同年 12 月中央举办的党建理论研讨班上，江泽民提出：“按照我国宪法的规定，各级政权组织，包括人大、政府和司法机关，都必须接受共产党的领导。凡属方针政策的重大问题，都要经过党委讨论，然后分头执行。这些政权机构中的党组，应该对同级党委负责；在这些政权机构中任职的党员，应该执行党的决议，接受党的监督。”他再次重申党的领导不仅仅是政治领导，而是全面领导：“政治领导与思想领导、组织领导又是统一的、不可分的。思想领导是政治领导、组织领导的重要前提和基础，组织领导是政治领导、思想领导的重要保证。我们要善于把三者很好地统一起来，在政治、经济、文化等各个领域中，更好地坚持社会主义方向，充分发挥党对各项改革和建设的领导作用。”对于政治体制改革，江泽民认为：“应该明确，这种改革不是要削弱、更不是要取消党的领导，而是要加强和改善党的领导。首先，必须处理好党政职能分开和发挥党的领导作用的关系，在党的统一领导下，根据各级党组织和政权机关、企事业单位行政组织的不同职能，进一步明确各自的职权和责任。其次，要在坚持党的自上而下统一领导的前提下，体现不同层次、不同领域党组织的具体职能，充分发挥基层党组织的政治核心作用与战斗堡垒作用。第三，要坚持党管干部的原则，同时注意改进管理干部的方法，

① 中共中央文献研究室. 毛泽东 邓小平 江泽民论党的建设. 北京：中央文献出版社，中共中央党校出版社，1998：523 - 524.

继续推进干部制度改革。党管干部，是实现党的领导的组织保证。”①

需要指出的是，中央领导集体并不反对“政治领导”这个提法的内涵，同样也认识到现代民主政治中政党与国家的区别、党权运作和政权运作的差异。事实上江泽民同志不止一次主张，“党与政权机关性质不同，职能不同，组织形式和工作方式也不同，党不能代替人大行使国家权力”，“建设社会主义民主政治，最重要的是坚持和完善人民代表大会制度”，“党中央关于国家事务的重大决策，凡是应该由全国人大决定的事项，都要提交全国人大经过法定程序成为国家意志。地方也应该如此。我们要坚持党管干部的原则，同时支持人大及其常委会依法履行人事任免权。各级党组织推荐需经人大选举、任免的干部时，要重视人大的意见。推荐的人选确定之后，人大党组应该努力做好工作，使党的决定得到实现，并严格按照法律程序办事”。② 他在表达这种“政治领导”内涵的同时，是充分意识到政党与国家关系的内在法则的，因而强调党对国家政权的统一领导（政治、思想和组织的领导），以避免党治的削弱；强调党管干部和党管思想的原则，以避免党权的虚化；强调党的基层组织的领导核心作用而不仅仅是保证监督作用，以避免党力的衰颓。

在这种认识基础上，从 20 世纪 90 年代开始，中国共产党关于政治体制改革的思路发生了重大调整。在改革的方向上，明确重申政治体制改革是“中国社会主义政治制度的自我发展和完善”，而不是推倒重来，其中最重要的内容是发展和完善包括人民代表大会制度、中国共产党领导的多党合作和政治协商制度、民族区域自治制度和基层群众自治制度在内的中国特色社会主义政治制度。在改革的目标上，明确指出政治体制改革“必须有利于增强党和国家的活力，保持和发挥社会主义制度的特点和优势，维护国家统一、民族团结和社会稳定，充分发挥人民群众的积极性，促进生产力发展和社会进步”③。在改革的指导原则上，明确要求政治体制改革必须“把坚持党的领导、人民当家作主和依法治国有机统一起来”，三者的有机统一被视为中国特色社会主义政治发展道路的特色和优势。其中，由于中国一切问题的关键都“在于党的领导”④，探索党的领导和执政的新方式，创造和积累党在新时期执政的合法性资源，实现执政党的现代化转型，成为世纪之交前后十余年政治改革的重要内容。

2002 年 11 月，党的十六大报告对党的领导方式和执政方式作了新的概括：“党的领导主要是政治、思想和组织领导，通过制定大政方针，提出立法建议，推荐重要干部，进行思想宣传，发挥党组织和党员的作用，坚持依法执政，实施党对国家和社会的领导。党委在同级各种组织中发挥领导核心作用，集中精力抓好大事，支持各方独立负责、步调一致地开展工作。进一步改革和完善党的工作机构和工作机制。按照党总揽全局、协调各方的原则，规范党委与人大、政府、政协以及人民团体的关系，支持人大依法履行

---

① 江泽民．江泽民文选：第 1 卷．北京：人民出版社，2006：92－93．

② 同①113．

③ 江泽民．江泽民文选：第 2 卷．北京：人民出版社，2006：29．

④ 这个思想，邓小平在他的不同讲话中多次表达过，如 1975 年关于各方面都要整顿的讲话、1989 年对第三代中央领导集体的讲话、1992 年视察南方期间的讲话。参见：邓小平．邓小平文选：第 1 卷．2 版．北京：人民出版社，1994：264．

国家权力机关的职能，经过法定程序，使党的主张成为国家意志，使党组织推荐的人选成为国家政权机关的领导人员，并对他们进行监督；支持政府履行法定职能，依法行政；支持政协围绕团结和民主两大主题履行职能。加强对工会、共青团和妇联等人民团体的领导，支持他们依照法律和各自章程开展工作，更好地成为党联系广大人民群众的桥梁和纽带。”① 此后，党的历次代表大会都接受并不断重申了这个重大表述，在党的重要文件和领导人的讲话中，甚至连文字都几乎没有变动。② 显然，这个表述较之党的十三大报告关于党的领导的界定和表述更为完整和系统，也更能体现党和国家在新的历史条件下发展改革的内在需要和制度精髓。

总而言之，中国共产党对国家和社会的领导是政治、思想和组织的全面领导，在同级各种国家机关和社会组织中，党委居于轴心地位，总揽全局，协调各方。这是中国共产党领导的党政体制的基本框架和基本要求。

1.2.2 运作机制

当然，党的领导不是直接用党的命令来指挥政府、军队和群众团体，也不是用党自身的组织来替代它们，党的领导是在宪法和法律的范围内，通过运用一系列政治的、组织的制度和机制来实现的。这一系列制度、机制并非改革开放的产物，其形成历史可追溯至革命的年代，但改革开放无疑为这些制度、机制提供了新的物质、通信、技术以及思想资源，使其发展得更为成熟和有力。它们主要可以归结为以下几项（见图 1－1）：

1. 作为权力轴心机制的“党委（党组）领导”

党委（党组）制度是中国共产党领导国家政治生活的基本制度形式，党在国家机关、军队、人民团体和企事业单位内部普遍建立的组织通称为党委（支部），党委的根本职能是发挥“领导核心”作用，即“统揽全局，协调各方”。新中国成立以后，党委（党组）制度的确立一般以 1949 年 11 月中共中央政治局通过的《关于在中央人民政府内组织中国共产党党委会的决定》和《关于在中央人民政府内建立中国共产党党组的决定》这两个文件为标志。这两个文件规定了党在国家机关内设立党委（党组），在这些单位的下属单位设立分党委或党小组，在最基层设立党总支或党支部。凡是在这些单位工作的党员，都要参加党的支部组织活动，过组织生活，从而使包括政务院总理在内的全体党员在行使行政职权时都要受到党内民主集中制的约束，并通过党的组织对他们的领导而实现党对这些部门工作的领导。就职能而言，党委与党组并无多少区别，都是所在部门或组织的领导机构，差异仅在于党委由所在单位的全体党员选举而产生，而党组是党的各级委员会在非党组织中的派出机关，党组的组成不需要经过相应单位内部的党员选举。

---

① 江泽民．江泽民文选：第 3 卷．北京：人民出版社，2006：555－556.

② 胡锦涛．在庆祝中国共产党成立 90 周年大会上的讲话．人民日报，2011－07－02；习近平．在首都各界纪念现行宪法公布实施 30 周年大会上的讲话．(2012－12－04)．共产党员网；中共中央文献研究室．十八大以来重要文献选编：上．北京：中央文献出版社，2014：91－92；习近平．在庆祝全国人民代表大会成立 60 周年大会上的讲话．(2014－09－05)．求是网；中共中央文献研究室．十八大以来重要文献选编：中．北京：中央文献出版社，2016：54；关于全面推进依法治国若干重大问题的决定．人民日报，2014－10－28.

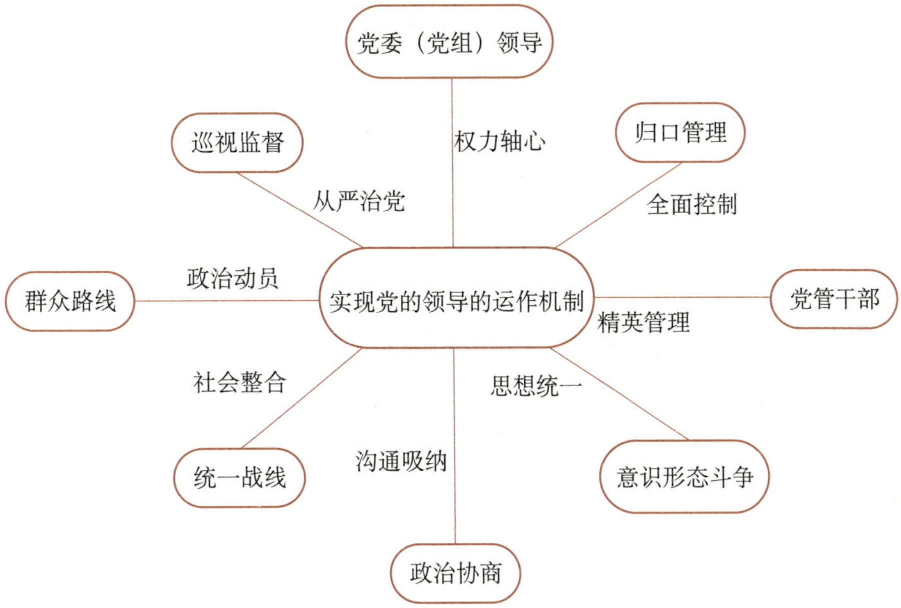

图 1-1　中国共产党领导国家和社会的运作机制

2. 作为全面控制机制的“归口管理”

归口管理之“口”是指按照工作性质所划分的国家政治生活中的特定领域和各个组成部分。归口管理和以上提到的中共中央的两个决定有关。新中国成立初期，在中央人民政府党委领导下，按照党员人数和工作部门性质设立的分党委，分别有政法委员会分党委、财经委员会分党委、文教委员会分党委、中央人民政府委员会直属机关最高人民法院和最高人民检察署分党委、政务院直属机关及人民监察委员会分党委、中国人民大学分党委等，这些分党委是归口管理制度的一个雏形。1958 年 6 月，中共中央发布《关于成立财经、政法、外事、科学、文教各小组的通知》，这些具有专业性质的“领导小组”位高权重，不仅管理各“口”的干部，也管理各“口”的具体行政事务，归口管理遂发展成为一种极具中国特色的党通过党内职能部门对国家和社会事务实行有效控制和管理的制度。“文化大革命”时期，归口管理制度受到严重破坏。改革开放以来，归口管理制度得到恢复和发展。通过党的归口管理制度的具体运行，中共中央政治局及其常委会的决策部署和中央书记处的执行得以实现，因此在一般情况下，政治局常委是各个口或重要口的主要负责人，政治局委员或书记处书记也可担任其他口的负责人。

3. 作为精英管理机制的“党管干部”

广义的干部包括国家机关、军队、人民团体和企事业单位等各种组织的工作人员，狭义的干部则指在这些组织不同层级中居于支配地位、负有特定职权并被纳入法定人事职务体系的政治的、行政的、技术的管理精英。党管干部的含义是，凡涉及干部管理及相关事务必须由党的各级委员会及其职能部门掌理和处置，任何其他组织均无管理干部的权力。干部管理及相关事务包括干部的考察、推荐、任免、调配和使用等，在这些方面，党管干部的核心在于管理主体的排他性，即察人、选人、用人之权专属于党。这是为了保证向国家机关和社会部门输送的管理精英符合党的要求、服从党的意志、执行党的决定，从而通过他们的工作实现党对国家和社会的领导权。[①] 党管干部有一系列内容、程序和体制予以支持。党管干部首先是制定和执行党的干部路线及政策，党的干部路线是党的组织路线的体现，而组织路线是政治路线得以贯彻的保证。党管干部要求各级党委按照干部管理权限和范围进行具体工作，包括按级管理一定层次的领导干部，分类管理党和非党干部；监督和控制干部工作的贯彻落实情况；执行干部考察、审批、任命的一般程序；按此程序在党内经党委讨论决定任免党的干部，在党外向国家机关推荐重要干部人选并使其进入人大或政府的任免程序；等等。

4. 作为思想统一机制的“意识形态斗争”

意识形态在哲学上是指关于客观世界与行动主体之间关系的知识、观念体系，在政治学上是指统治阶级关于政治统治合法性（正当性）的一套有机论证，通常以学说、理论和战略阐释为表现形式。中国共产党是一个使命型政党，为完成其宏大的改造社会与国家结构的使命，对历史与未来、阶级与政治、国家与革命、领袖与群众、执政与治理、战略目标与行动策略等都有相对完整而精致的理论建构，这种理论建构对于形成高度的思想统一以达成高度的一致行动是不可或缺的，因而中国共产党也是一个具有强烈意识形态色彩的政党。这种强烈的意识形态色彩主要体现为三个方面：第一，意识形态构成了党的路线方针政策的依据，党在不同历史时期工作重心的转移首先是通过意识形态的再阐释来开道的，无论是发动“文化大革命”还是结束“文化大革命”以开启改革开放，都经历了意识形态的斗争（前者表现为“以阶级斗争为纲”，后者表现为“思想解放运动”），形成了不同的理论阐释系统（如“无产阶级专政下继续革命”理论和“社会主义初级阶段”理论）。第二，意识形态和党的政治纪律紧密联系在一起，党内允许有不同意见的存在和争论，但不允许逾越意识形态的底线，尤其在党的大政方针确定之后，不允许党员公开发表有违于此的言论，全体党员特别是党的高层的思想统一是党追求的目标，党的政治纪律则是维持思想统一的重要保证之一。第三，党的意识形态扩展和渗透到社会生活的各个方面，成为约束和规范社会思想和行为的“主流意识形态”，为了实现意识形态的这一主导功能，“社会主义核心价值观”的提出和传播、新闻出版网络的监控、思想文化舆论的引导，以及关于意识形态“阵地意识”的强化、对异端意识形态的批判抵制、意识形态主管部门工作的持续加强等，都发挥着极为重要的作用。

5. 作为沟通吸纳机制的“政治协商”

政治协商是指中国共产党同各民主党派、各方面爱国人士就国家大政方针和重要事

---

① 刘少奇在中国共产党第一次全国组织工作会议上就对规范干部组织生活做过较为全面的描述。他说：“从原则上说，担负最重要职务的干部，应集中由中央管理，地方组织加以协助。担负次要职务的干部，由各中央局、分局和省委、区党委分别管理，下级组织加以协助。担负初级组织职务的干部（乡村和基层组织的干部），则由县委和市委管理。总之，从最初级到最高级的每一个干部，都要有一定的机关来管理，不应有任何一个干部而没有地方管理他的。我们党除开管理我们党的干部外，对于非党干部的任免调配及其他问题，也必须发表肯定的意见，因此，对于非党干部也需要间接地或直接地予以管理。”参见：中共中央文献研究室. 建国以来重要文献选编：第 2 册. 北京：中央文献出版社，1992：166.

务、执政党与参政党的合作共事关系和统一战线内部关系等重要问题进行讨论协商，以形成共识，从而推动党和国家重大决策贯彻执行的政治过程。政治协商主要有两种方式：一是中共中央主要领导人或有关方面负责人邀请民主党派主要领导人和无党派代表人士，举行民主协商会或座谈会，共商国是；二是利用人民政协，在中央国家层面召开政协全国委员会的各种会议，或在地方层面由地方各级政协召开各种会议，进行政治协商。作为一种沟通机制，政治协商的制度化组织是人民政协，人民政协的功能有三种：首先是政治协商，即各党派、各人民团体、各界爱国人士对国家和地方大政方针及政治、经济、文化和社会生活中的重要问题在决策前进行商议，在决策执行过程中进行协调，以反映民情，集中民智，凝聚民意。其次是民主监督，即对国家宪法、法律和法规的实施、重大方针政策的贯彻、国家机关及其工作人员的工作，提出建议和批评。民主监督的形式有：政协全国委员会的全体会议、全国政协常务委员会议或主席会议向中共中央、全国人大常委会、国务院提出建议案，各专门委员会提出建议或报告，以委员视察、委员提案、委员举报或以其他形式提出批评和建议，参加中共中央、国务院有关部门组织的调查和检查活动。最后是参政议政，如各级人民政协委员参与国家政权，并在各级国家机关、人民政协担任领导职务；参与大政方针的协商和决策；参与国家事务的管理；参与对国家方针、政策、法律、法规执行情况的检查和监督。政治协商机制的存在使中国共产党保持了执政的活力、弹性和韧性。

6. 作为社会整合机制的“统一战线”

统一战线在历史上是中国共产党克敌制胜的重要战略之一，通过这个战略，共产党扩大了自己的社会基础，解决了革命的同盟军问题，革命的成功使得党把这个原来用于对敌斗争的战略转化为党坚持和发展领导权的一项重要制度。“文化大革命”时期，这项制度遭受严重破坏。在新的历史条件下，由于市场化改革带来社会结构的分化和利益格局的重组，统一战线制度的重建，不仅在于制度形式的恢复，而且在于工作机制的形成，即统一战线成为执政党谋求长期执政的内在需求和执政党政治行为的重要规范之一。统一战线的工作面向，从制度方面说，主要有政党制度、民族区域自治制度、宗教制度、海外华人统战工作制度，统一战线的运用在前两者中较为成熟和完善，在后两者中仍有重要的创新空间。从社会结构方面说，统一战线的工作近些年来越来越重视社会结构分化和市场体制催发产生的新的社会阶层和新的社会团体。一方面，整合社会组织资源，发挥这些团体在聚集精英、联系群众、参与社会、服务社会方面的特殊作用，做好联合和团结的工作，是统一战线工作的重要内容。另一方面，统一战线工作也已经不像以往那样单纯局限于对少数旗帜性人物的团结，而是把重心下移到基层，体现出更具包容性的特点。建立更广泛的联盟，从而把各种力量吸纳进中国特色社会主义建设事业中，正是中国共产党新时期为扩大和巩固执政基础而提出的“三个代表”重要思想的题中应有之义。

7. 作为政治动员机制的“群众路线”

和统一战线一样，群众路线也形成于中国共产党领导新民主主义革命时期的实践，是共产党作为一个动员型的“群众党”[①] 的必然要求。1934 年 1 月，毛泽东指出，“革命

---

① 中央档案馆，中共中央文献研究室. 中共中央文件选集：第 1 册. 北京：人民出版社，2013：90.

战争是群众的战争，只有动员群众才能进行战争，只有依靠群众才能进行战争”①。1945年党的七大的召开标志着党的群众路线的确立。党的七大报告和刘少奇的《关于修改党章的报告》都把坚持群众路线提到了战略高度：“应该使每一个同志懂得，只要我们依靠人民，坚决地相信人民群众的创造力是无穷无尽的，因而信任人民，和人民打成一片，那就任何困难也能克服，任何敌人也不能压倒我们，而只会被我们所压倒。”② 群众路线有三种含义：其一是政治含义，即“党的群众路线，是我们党的根本的政治路线，也是我们党的根本的组织路线”③。其二是方法论含义，“从群众中集中起来又到群众中坚持下去，以形成正确的领导意见，这是基本的领导方法”④。其三是作风含义，即密切联系群众是党的优良作风。三者都深刻反映了政党成功与群众动员的相互依赖关系。无论是政治路线、领导方法还是工作作风，就党的行动所欲达到的目标而言，其要义在于要求党“不是高踞于群众之上，而是深入于群众之中；根据群众的觉悟程度，去启发和提高群众的觉悟，在群众出于内心自愿的原则之下，帮助群众逐步地组织起来，逐步地展开为当时当地内外环境所许可的一切必要的斗争”⑤。在新的历史时期，尤其在党的十八大以来，中国共产党对群众路线的重申和强调，反映了执政党通过激活群众路线机制，巩固党的执政地位的强烈需求。贯彻群众路线被认为是修复党和群众的信任基础，维护党的路线、方针、政策的公信力，加强群众对党的领导的政治认同，提高党的科学决策、民主决策能力的重要步骤。

8. 作为从严治党机制的“巡视监督”

中国共产党对国家和社会的全面领导，有赖于党组织及其成员自身的信仰坚定、组织坚强、行动有力、作风清廉、纪律严明，所谓“打铁必须自身硬”。为此，中国共产党制定了一系列着眼于“全面从严治党”的党内法规，巡视组和巡视工作就是贯彻落实党内法规，严肃党内政治生活，净化党内政治生态，加强党内监督的重要机构和实践。巡视作为一种自上而下的动态监督，在中国政治中有悠久的历史。中国共产党在领导革命战争初期，党内巡视制度已提上议事日程，1927年中央临时政治局通过了《最近组织问题的重要任务议决案》决定“应当开始建立各级党部的巡视指导制度”⑥，1938年中共六届六中全会制定了三个单项党内法规，其中《关于各级党部的工作规则与纪律的决定》提出“上级党委得向下级党委派遣巡视员，传达上级党委的意见，考察下面的情形报告上级党委”⑦。在长期的革命、建设和改革过程中，巡视的机构名称有变化，巡视内容和重点也有所不同，但巡视工作作为党的建设的组成部分、作为党为领导国家与社会而进行“自我革命”的机制发挥了重要的作用。2009年7月中共中央印发了《中国共产党巡

---

① 毛泽东选集：第1卷．2版．北京：人民出版社，2006：136.

② 毛泽东选集：第3卷．2版．北京：人民出版社，2006：1096.

③ 刘少奇选集：上卷．北京：人民出版社，1981：342.

④ 同②900.

⑤ 同②1095.

⑥ 中央档案馆，中共中央党史和文献研究室．中国共产党重要文献汇编：第12卷．北京：人民出版社，2022：276.

⑦ 郭兴全，杨伟宏．延安精神与全面从严治党．北京：人民出版社，2021：68.

视工作条例（试行）》，2015 年 8 月中共中央宣布正式施行《中国共产党巡视工作条例》，2017 年 7 月中共中央对《中国共产党巡视工作条例》进行修改，2024 年 2 月中共中央印发修订后的《中国共产党巡视工作条例》。新的巡视工作条例针对新时代可能存在或出现的诸如党的领导弱化、党的建设缺失、全面从严治党不力、党的观念淡漠、组织涣散、纪律松弛、管党治党宽松软等现象，在立法宗旨、指导思想、机构设置、制度安排、主体责任、巡视对象内容重点等方面作了重大修改，这是过去不曾有过的富有深意的新发展。党的十八大以后，党中央把巡视监督与纪检、监察、组织、审计等监督贯通起来，对地方、部门、企事业单位共 277 个单位党组织进行了巡视，在党的历史上首次实现了一届任期内中央巡视全覆盖。党的十九大以来，中央和地方巡视组履行党章职责，把“两个维护”① 作为根本任务，坚持发现问题和整改落实并重，巡视整改成为日常监督机制，巡视工作日渐规范化，形成了常态化、长效化的巡视巡察格局。

1.3　中国党政体制的基本关系

20 世纪中国革命最伟大的成果之一是以毛泽东同志为主要代表的中国共产党人，团结带领全党全国各族人民建立了人民当家作主的中华人民共和国，由此形成了党和国家、党和人民（社会）的政治关系，这种政治关系必定要以宪法为核心的法权关系加以确定，正所谓“在现代条件下，立国就是立宪”②。革命缔造了国家，革命重组了社会，革命成果的宪法化确立了以下两个原则，一是宪法序言所宣告的“中国共产党领导各族人民”，即党的领导原则；二是宪法序言所载入的“中国人民成为国家主人”，即人民主权原则。③这两个原则历经五四宪法、七五宪法、七八宪法和八二宪法，表述和修辞有所不同，但根本宗旨和精神内核一以贯之，它们构成了中国党政体制的政治基石和法理支撑。

宪法原则和宪制结构没有改变，并不意味着中国共产党与国家政权及社会结构的关系一成不变，事实上，中国党政体制的发展同经济、政治和社会的变革联系在一起。在邓小平和江泽民时代，中国共产党已经开始了如何从以革命方法管理国家转变为用法治方法治理国家的探索。进入 21 世纪以来，中国共产党把提高党的执政能力确定为新时期党建工作的核心议题，形成了党关于国家治理体系和治理能力现代化的总体思路。这是党和国家现代化战略的一个根本性转变。就党和国家的关系而言，一元化领导仍然是党主导国家和社会政治进程的基本形式，仍然是党执掌国家政权和调控社会关系的基本法则，但是，党的一元化领导必须通过“科学执政、民主执政、依法执政”来实现。这意味着执政党对国家政权和社会生活的领导将逐步过渡到以制定和实施法律进行领导的阶段，组织和领导国家的立法和执法活动将成为或者已经成为当前中国共产党实施领导国家政权和社会生活的重要内容。这正是国家治理体系现代化的必然要求，也是政党与国

① “两个维护”指坚决维护习近平总书记党中央的核心、全党的核心地位，坚决维护党中央权威和集中统一领导。坚决做到“两个维护”，既是根本政治任务，也是根本政治纪律和政治规矩。

② 阿伦特．论革命．上海：译文出版社，2007：108．

③ 翟志勇．宪法何以中国．香港：香港城市大学出版社，2017．

家关系调整和发展的必然选择。总而言之，中国共产党的一元化领导仍然是政党和国家关系的基本规定和中国政治的基本现实（党掌控国家领导权的独一无二性和排他性），同时中国共产党已经认识到，只有通过遵循和运作立法、行政、司法等一系列国家制度（即党作为建基于国家体制内的一个结构性和制度性的力量），才能保障和维系自己的领导权。这是理解新时期中国共产党与国家政权及社会结构关系的关键所在。

1.3.1 依法治国：中国共产党与国家政权机关

1. 人民代表大会

人民代表大会制度是当代中国的根本政治制度，国家机关的组成、权力的分配和政府的组织运作都是在人民代表大会制度的框架内依照宪法和法律进行的。在国家制度和政府组织层面，中国共产党和国家机关的关系，首先是党与人大的关系，党执掌国家政权，依法治国、依法执政，是通过对人大工作的领导实现的。其中，最重要的途径有两个。第一个途径是通过人大的立法程序把党的路线方针政策转变为国家的法律。人民代表大会是国家的权力机关，同时也是国家的立法机关。中国共产党领导国家政权和社会生活，有赖于将党的路线方针政策上升为对整个国家和社会具有普遍约束力的行为规范，在这个意义上，人大是党的意志转换的制度平台。第二个途径是通过人大的制度安排，按照法定程序使党推荐的重要干部成为国家政权的领导人。这个过程包括人大的选举、决定、罢免和其他方式，实际上体现了党对出任国家公职的合适人选的考虑及荐举权同人大及其常委会的人事任免权的相互结合。当然，党组织作出的决策、推荐的干部，对同级人大及其常委会来说只是一种建议。人大按照法定程序经过审议获得通过后，党的建议和主张才能转变为国家的法律；经过人大选举或决定后，党所推荐的重要干部才能成为国家政权的领导人。

2. 政府

自 1949 年新中国成立以来，中国共产党就一直致力于在党政体制的框架内建设一个理性化的现代官僚体系。虽然在改革开放以前，由于长期的以党代政、党政不分导致官僚体系的发展在一定程度上出现过于政治化、形式主义以及效率低下等问题，进而引发政治领袖通过发动群众政治运动的方式来打破官僚体系，但由于这种策略的破坏作用远高于其建设作用，致使官僚机构处于瓦解和瘫痪状态，最后反过来又削弱了党的执政基础，因此又不得不重建官僚体系。改革开放以来，执政党通过强调党政分开，开展国务院机构改革、建立现代公务员制度、树立依法行政原则、构建服务型政府、开展行政监督和反腐败等多方面行政改革举措，进入 21 世纪之后则更加强调如何使党政关系有利于党的有效执政，试图在坚持党的领导的前提下恢复和重建一套兼顾政治性与专业性的现代官僚体系。从现实的党与中央政府的关系特征来分析，中国特色的党政体制是包括政治领导、功能协调、人事管理、内部控制以及外部监督“五位一体”的综合体系，而从党与地方政府的关系特征来看，则主要表现为执政党通过对社会、经济事务的管理以及其自身的组织制度，以期实现地方政府的权力在横向上集中于政党，在纵向上向上负责。由此可见，党政体制下的现代行政国家在本质上是有效实现了执政党的政治领导权与政府机构的行政权平衡的一种现代政体，一方面能够避免以党代政、党政不分的弊端，另一方面也能够避免行政脱离政治、技术官僚占据统治地位等问题的发生，其建构是一个充满政治智慧与行政技巧的历史过程。

3. 司法

中国共产党对司法的领导主要表现在党为司法工作原则和司法制度改革确定方向、制定方针和提出实施方案。实际上，党通过领导国家的立法过程已经决定和影响了司法活动的基本方向，只要党通过人大立法形成了基本的法律规范，检察权和审判权就具有了一切行为的依据和准则，司法活动行使的范围就被确定了下来。

在组织制度上，党对司法机关和司法工作的领导有一个从中央到地方的重要职能机构，即党委政法委员会（政法委）。这个机构是按照中国共产党的“归口管理”制度而设置的。在 20 世纪 80 年代党政关系改革的背景下，中央政法委一度被撤销（1988 年 5 月），代之以中央政法领导小组。1990 年 3 月，中共中央决定恢复中央政法委，各级政法委被赋予较多的职能和任务，其中包括：协助落实党委对政法工作作出的重大决策和部署；负责对“政法口”各组成部门的工作实施全面监督（监督的重心主要是各组成部门的执法工作）；研究、协调“政法口”各部门有争议的重大疑难案件；协助党委管理“政法口”各组成部门的领导干部；领导和推动司法体制改革的工作；组织、协调、指导社会治安综合治理工作[①]；组织、协调、指导、维护社会稳定工作。党的十八届四中全会通过的《关于全面推进依法治国若干重大问题的决定》提出，政法委员会是党委领导政法工作的组织形式，必须长期坚持。各级党委政法委员会要把工作着力点放在把握政治方向、协调各方职能、统筹政法工作、建设政法队伍、督促依法履职、创造公正司法环境上，带头依法办事，保障宪法法律正确统一实施。根据宪法，人民法院、人民检察院作为独立行使审判权和检察权的国家机关，不受其他行政机关、社会团体和个人的干涉。因此，党委政法委员会对司法机关进行直接领导以及介入案件审查批准过程的传统做法正在逐渐调整和变革。当前，中国共产党对司法机关的领导主要是方针政策和政治思想的领导，党委越来越不介入具体案件的审查批准过程。

4. 监察

监察在词义上有监视、辨析、检举与督察的意思，现在多指依法对国家公职人员的行政行为进行监督检查，以及对其违法犯罪行为进行问责查办的一种方式。改革开放以来，在向社会主义市场经济转型的过程中，利益集团的产生和政府改革的滞后，造成了广泛的寻租活动，导致不少腐败现象出现。中国共产党集中了极大的力量进行反腐败的斗争，中央纪委是反腐败最重要的责任主体。1993 年，党中央、国务院根据当时的形势作出决定，中央纪委和监察部合署办公，意在把分散的反腐败力量集合起来，由中央纪委行使党的纪律检查和政府的行政监察两项职能，中央纪委对党中央全面负责。虽然党的机构在某种程度上代行了政府和司法的某些职能（如对涉嫌违法犯罪的党员干部的讯问调查

---

① 2014 年中共中央将中央社会管理综合治理委员会恢复为中央社会治安综合治理委员会，“以集中精力抓好平安建设”。2018 年不再设立中央社会治安综合治理委员会，有关职责交由中央政法委承担。

和限制其自由的“双规”）受到了一些质疑，但（党）执纪与（国家）执法有机贯通的做法被证明对于解决反腐败的问题不仅非常有必要，而且十分有效。因此，为了使党的纪律检查工作同国家的司法实践实现有效衔接，也为了把分散的行政监察、预防腐败以及检察机关的反贪、反渎力量整合起来，党中央开始酝酿和思考国家监察体制的改革。

2016 年 11 月，国家监察体制改革的大幕正式拉开，北京、山西、浙江三省市为首批试点地区。2017 年 10 月，党的十九大召开，对深化国家监察体制改革作出战略部署。习近平总书记在党的十九大报告中指出：“深化国家监察体制改革，将试点工作在全国推开，组建国家、省、市、县监察委员会，同党的纪律检查机关合署办公，实现对所有行使公权力的公职人员监察全覆盖。”① 2018 年 3 月，第十三届全国人大一次会议审议通过的宪法修正案中专门增写了监察委员会一节，确立监察委员会作为国家机构的法律地位。同时，会议审议通过了国务院机构改革方案，将中华人民共和国监察部和中华人民共和国国家预防腐败局并入国家监察委员会。同年 3 月 23 日，中华人民共和国国家监察委员会在北京正式揭牌。

国家监察委员会由全国人民代表大会产生，负责全国监察工作，对全国人民代表大会及其常务委员会负责，并接受其监督。地方各级监察委员会由本级人民代表大会产生，对本级人民代表大会及其常务委员会和上一级监察委员会负责，并接受其监督。监察委员会是深入开展反腐败的机关。监察委员会依法行使的监察权，不是行政监察、反贪反渎、预防腐败职能的简单叠加，而是在党的直接领导下，依托纪检、拓展监察、衔接司法，代表党和国家对所有行使公权力的公职人员进行监督，既调查职务违法行为，也调查职务犯罪行为，实质上是实现党和国家自我监督的政治机关，不是行政机关和司法机关。中国共产党从全面从严治党出发，将国家监察体制纳入全面深化改革总体部署，必将有力地推动反腐败斗争的深入发展。

1.3.2 绝对领导：中国共产党与军队

党对军队实行绝对领导，是中国共产党军事领导体制的鲜明特色和根本原则。长期以来，在军事领导体制上，中共中央军委是领导全国武装力量的最高军事领导机关。改革开放后，1982 年，根据新宪法，设立中华人民共和国中央军事委员会，简称国家中央军委，这是中国共产党在新的历史条件下把党的军事机关纳入国家政权体系、把军队建设纳入国防现代化建设的重大战略举措。国家中央军委成立后，中共中央军委仍然作为党的最高军事领导机关直接领导全国武装力量。中共中央军委和国家中央军委虽为两块牌子实为一个机构，中共中央军委的组成人员和国家中央军委的组成人员重合，领导职能完全一致。

党对军队的绝对领导首先表现为军队的最高领导权和指挥权集中在中共中央、中共中央军委，国防建设、军队建设和军事斗争的大政方针由中共中央和中共中央军委制定。中共中央军委实行军委主席负责制。未经中共中央、中共中央军委授权，任何组织或个

① 习近平. 习近平著作选读：第 2 卷. 北京：人民出版社，2023：55.

人不得插手、过问或处理军队问题，更不允许擅自调动和指挥军队。在国家军事制度上，国家中央军委组成人选按法律程序由全国人大选举和决定：国家中央军委主席由全国人大选举产生，副主席和委员由全国人大根据国家中央军委主席提名决定；在全国人大闭会期间，全国人大可根据国家中央军委主席的提名，决定国家中央军委其他组成人员的人选。在实际上，国家中央军委的组成人选是由中共中央决定的。只有担任中共中央军委的领导职务，才可能经由法律程序出任国家中央军委的领导职务。

其次，中国共产党在军队中全面系统地建立了各级组织，是党对武装力量实行绝对领导的组织保证。军队各级党委对所属部队的一切组织、部门、人员和工作实行统一领导，部队的一切重大问题都必须先由党委讨论决定，紧急情况下可以由首长临机处理，但事后必须及时向党委报告，并接受检查。实行党委统一的集体领导下的首长分工负责制，是党领导军队的根本制度。军政首长必须服从党的委员会领导，执行党的委员会决议，积极主动履行职责，密切配合，互相支持。党的委员会设置在团级以上军事单位，在营和相当于营的单位设立党的基层委员会，连队一级单位设立党的支部委员会，班排则设有党小组。涉及军队人事安排方面的党的领导体制主要表现为政治委员制度。通常，在军队团级以上单位，以及根据需要在独立执行任务的营级单位设立政治委员，在普通营级单位设立政治教导员，在连级单位设立政治指导员。政治委员在军内行政职务上与同级军事主官同为所在部队首长，通常在上级首长、上级政治机关和同级党委领导下，作为党委书记主持所在部队党的日常工作和政治工作。

中国共产党禁止除共青团之外的其他任何党派、政治团体、政治组织在军队中建立组织和发展成员；其他组织和团体的成员如果参加军队，必须与原来的组织脱离关系；未经党组织的批准，军队中不允许建立任何性质和形式的小团体、小组织；只有中国共产党才能委派军队中的各级领导干部，其他任何组织和个人都不允许向军队委派干部。

政治工作是军队的生命线。为了保证党对军队的绝对领导，中国共产党在军队团级以上单位设立了政治工作的领导机关，即政治机关，在上级政治机关、同级党委和政治委员的领导下，负责管理所属部队与单位党的工作和进行政治思想工作。在很长一段时期内，中央军委的政治工作机关是中国人民解放军总政治部，总政治部在各大军区、省军区、军分区及师以上单位（包括军队院校和医院等）设立政治部，团级单位设政治处。政治机关通常下设组织、干部、宣传、保卫、文化、群众工作、联络工作、秘书等业务部门或相应的工作人员。2016年国防和军队改革后，中国人民解放军总政治部改革组建成中央军委政治工作部，是中央军委的职能部门，在党中央、中央军委领导下，主要履行全军党的建设、组织工作、政治教育和军事人力资源管理等职能。新组建的五大战区和海军、空军、陆军、火箭军、战略支援部队①等军种，以及各军种分部、舰队、集团军、武警总队设政治工作部。中央军委联合参谋部、后勤保障部、装备发展部、训练管理部、国防动员部设政治工作局。

按照2021年的《军队政治工作条例》，军队政治工作实质上是党领导和掌握军队的

---

① 2024年4月，根据中央军委决定，撤销战略支援部队番号，新组建的信息支援部队由中央军委直接领导和指挥，同时，军事航天部队和网络空间部队的领导管理关系进行相应调整。

工作，根本的政治要求是坚决维护党中央权威和集中统一领导，全面深入贯彻军委主席负责制。该条例明确了中央军委和各级党委对政治工作的领导职责，规定中央军委负责军队政治工作，对政治工作实施全面领导，及时向党中央请示报告工作；规定军队各级党委领导本单位的政治工作，贯彻落实党中央、中央军委以及上级党委关于政治工作的决策部署和指示要求，决定本单位政治工作的重要事项。如上所述，党对军队政治工作领导的制度支撑是党委制、政治委员制、政治机关制。新体制下的政治机关包括政治工作部门、纪委监委工作机构、党委政法委员会，分别在上级相应部门的指导、同级部队党委的领导下开展工作，其中，纪委监委工作机构还要接受同级部队纪委监委的领导。同时，改变此前“一条线”逐级规范政治部（处）工作的方式，区分不同层级，按照政治工作部门、纪委监委工作机构、党委政法委员会三条链路，紧贴各自职能定位规范其主要工作任务。按照军委机关部门突出战略谋划和宏观管理职能、战区突出作战指挥职能、军兵种和武警部队突出建设管理职能、战区军种突出“战建结合”特点、军级以下单位突出“战建合一”要求的思路，各有侧重规范政治机关的主要工作。针对兵种军级以下单位、省军区（卫戍区、警备区）和军分区（警备区）、院校、科研（试验）单位、预备役部队等类型单位职能任务特点，该条例对其政治机关工作任务也作了补充规范。总之，政治机关在上级政治机关、同级党委和政治委员的领导下，管理所属部队党的工作和政治思想工作，并在上级政治机关、军队与地方同级党委的领导下开展民兵政治工作、兵役政治工作。可见，军改以后，横向上加强了各级党委对政治委员和政治机关的领导，纵向上明确了上级政治机关指导下级政治机关、下级政治机关服从上级政治机关的指导，由此形成了横向协调、纵向贯通的规范体系，从制度上保证党对军队政治工作的领导。

1.3.3 多党合作和政治协商：中国共产党与民主党派

中国共产党领导的多党合作和政治协商制度是我国基本政治制度之一。从历史上看，这一制度是共产党建立革命统一战线，共同反对国民党独裁统治的结果。按照毛泽东的解释：“国事是国家的公事，不是一党一派的私事。因此，共产党员只有对党外人士实行民主合作的义务，而无排斥别人、垄断一切的权利。”①因此，中国共产党执政后允许各民主党派继续活动，各民主党派也自愿接受共产党的领导，积极参与国家的政治生活，成为中国共产党的“亲密友党”。

中国政党制度的实行基于两个根本的政治前提：一个是中国共产党采取与各民主党派长期合作的方针，承认各民主党派参与政治的权利；另一个是各民主党派认同和接受中国共产党的领导，把中国共产党作为执政党，自身作为参政党。八个民主党派各自在自己的政治纲领中明确表示接受中国共产党的领导，拥护中国共产党的执政地位，这是中国民主党派区别于一般政党组织的显著特征。长期以来，中国共产党负责领导民主党派的主管部门是中共中央统一战线工作部，这一部门设置于从中央到县级的各级党委中。

① 毛泽东选集：第3卷.2版. 北京：人民出版社，2006：809.

通过统战部，中国共产党可以把各种各类的社会力量和成员组织起来管理，一方面使他们成为中国共产党实现自身目标的同盟者，另一方面也为他们提供了适当的参政渠道。

中国人民政治协商会议作为中国共产党领导下的统一战线组织、中国共产党领导的多党合作和政治协商的重要机构、人民民主的重要实现形式，发挥着社会主义协商民主的渠道功能和专门协商作用，构成了国家治理体系的重要组成部分，是具有中国特色的制度安排。人民政协不是国家机关，不能行使任何政府权力；它的章程也不具备法律性，对社会成员没有普遍的约束力。但宪法明确了中国人民政治协商会议的法律地位和政治地位。

中国共产党与民主党派进行政治协商有多种途径和形式。“民主协商会”是中共中央就国家大政方针与各民主党派中央主要领导人和无党派代表进行协商的一种形式。“谈心会”是中共中央主要领导人根据形势需要，不定期邀请民主党派主要领导人和无党派人士参加的会议。“座谈会”是中国共产党向各民主党派通报或交流重要情况的会议，同时中国共产党也需要在座谈会上听取民主党派、无党派人士提出的政策性建议。“书面建议”是各民主党派除了直接面对面交换意见外的一种有效的民主协商形式。各民主党派和无党派人士可就国家大政方针和现代化建设中的重大问题灵活地向中共中央提出书面的政策性建议，也可与中共中央负责人交谈。

各民主党派参政议政还主要通过他们在全国和地方各级人大、各级政府中的合作来实现。《中共中央关于坚持和完善中国共产党领导的多党合作和政治协商制度的意见》提出：要保证民主党派成员、无党派人士在全国人大代表、人大常委会委员和人大常设专门委员会中占有适当比例，并可聘请有相应专长的民主党派成员、无党派人士担任专门委员会顾问。人大、人大常委会在组织关于特定问题的调查委员会、人大各专门委员会在组织有关问题的调查研究时，吸收人大代表中的民主党派成员和无党派人士参加，并可聘请民主党派、无党派的专家。在省、自治区、直辖市的人大中应保证民主党派成员、无党派人士占适当比例。在有民主党派组织的市、州、县应保证民主党派成员在人大中占适当比例。当然，无论是中国共产党还是民主党派、无党派人士都是以人民代表、以个人的身份参加区域代表团的活动，依照《中华人民共和国宪法》《中华人民共和国全国人民代表大会组织法》《中华人民共和国全国人民代表大会议事规则》等法律进行活动，而不是由党派委任，不代表党派利益。

发扬民主党派的监督作用是社会主义民主的一种途径和手段。民主监督的主要内容包括国家宪法和法律的执行情况，中共中央与国家机关制定的方针政策的实施情况，国民经济和社会发展计划与财政预算执行情况，国家机关及其工作人员遵守法律履行职责和廉洁奉公的情况，参加政协的各单位和个人遵守政协章程和执行政协决议的有关情况等。各民主党派通过各种渠道参观、视察，进行调查研究，然后写出调查报告，使中共中央与国家机关获知有关信息，以便有针对性地制定国家政策和措施。

改革开放以来，中国共产党领导的多党合作和政治协商制度在整合社会利益、消除社会冲突方面起了重要作用。市场经济在打破过去结构的同时，也释放了体制长期束缚的社会力量，催生了大量新生的社会群体，形成了利益多元的格局。各民主党派作为“各自所联系的一部分社会主义劳动者、一部分社会主义事业建设者和一部分拥护社会主义的爱国者的政治联盟”，代表着不同利益群体的要求，反映着不同利益群体的意见。这个利益要求和利益表达的过程首先要依赖于执政党对这些群体的整合和统一，其次意味着民主党派通过参政议政、民主监督，将社情民意和政治诉求传递到国家的政治体制。与此同时，各民主党派又积极协助执政党和政府对其组织内部成员，对其所联系的群众展开工作，处理和解决后者的内部冲突和矛盾。

1.3.4 发动机与传送带：中国共产党与社会团体及群众

中国共产党拥有众多的基层组织和广大党员，基本上做到了“哪里有群众，哪里就有党员；哪里有党员，哪里就有党支部”的组织格局。通过这些基层组织和广大党员，党得以实现联系群众、组织群众和动员群众的政治目标。党与社会团体及群众的关系主要表现为两个方面的相互结合：一方面是党通过党的组织体系对广大党员的直接领导，主要依靠党的纪律约束，要求个人服从组织，全党服从中央；另一方面是通过建立在社会团体中的党组织来领导群众进而领导整个社会，主要方式是在社会团体中巩固和健全党的核心组织、物色和培养党的干部、抓好党的思想作风建设、发挥党员的模范作用和密切党和群众的关系。

党在社会团体内部建立组织，便符合党员标准的社会成员自愿入党，是中国共产党组织社会和领导群众的重要方式。在社会交往和活动的过程中，不同职业身份、阶层属性和利益诉求的群众被吸纳进不同的社会团体，成为某个特定社会团体的成员，党正是借由社会团体的组织平台，以团体自主活动的形式，把自己的政治意图传输给每个社会团体成员，规范他们的行为，影响他们的态度和情感。这是一个社会组织化的过程，这些组织起来的群众是社会团体中的有机个体，而不是与国家缺乏组织关联的离散个人。

在这些社会团体当中，历史来源、组织规模、担负的政治功能、与党和国家的特殊联系以及成员的特殊身份决定了它们彼此间政治地位的差异。其中，中华全国总工会及其属下的各级工会组织、中国共产主义青年团及其属下的地方基层团组织和中华全国妇女联合会及其属下的各级妇联组织（通称“工青妇”）作为中国共产党联系人民群众的“传动装置”，是中国社会中三个高度政治化和组织化的社会团体（亦称“人民团体”）。这三个人民团体和其他社会团体的不同之处，在于它们具有鲜明的国家和社团的“双重属性”，即一方面既要代表国家整合社会、联系群众，另一方面又要代表群众利益、反映群众需求。它们的根本任务是接受和服从中国共产党的领导，服务于中国共产党社会整合和政治动员的国家目标。

此外，国家通过统一由各级民政部门登记管理的方法，将各社会团体纳入国家管理的组织结构当中，使其存在的合法性建立于政治法律的基础之上。在这种集中组织与管理体制下，在一个特定区域只能有一个相同性质的社团；在全国范围内，相同性质的社团联合组成一个全国性社团的各个分支或地方社团。由此形成的各社会团体在一定程度上构成了国家政权机构的延伸，充当了党和政府的助手，履行了一定的社会管理职能。通过工会、共青团、妇联及其他社会团体内党组织的活动和共产党员的模范作用，党的主张经过社会团体的民主程序，变成各自组织的决议和广大职工、青年、妇女的自觉行动，从而得到贯彻落实。

“工青妇”之外的社会团体源于改革开放以来的社会变化，反映传统体制之外的全新社会成分和社会问题。中国共产党通过同上述类似的群众工作将这些社会团体纳入自身的管理体系之中，使之弥补了原有体制包容性的不足。这些新形成的社会团体（包括个体经营者协会、私营企业协会、各行业协会等）将大量脱离于原有工作单位、没有行政隶属部门的组织和个人纳入国家一体化管理的轨道。它们或者完全由官方主导，或者具有半官半民的色彩，或者偏重民间主导，其中半官半民型社团所占比重最大。这些社团同样都要接受挂靠和主管单位的指导，区别更多表现在经费的筹集方面。这些新形成的社会团体和“工青妇”承担起了协调、管理多元利益和多元利益群体的重要责任，帮助中国共产党实现统一领导社会、全面推进现代化建设的历史任务。

1.3.5　“喉舌”与公共舆论：中国共产党与传播媒体

“喉舌”是党和政府对于新闻媒体的一个比喻，相当准确而又形象地描述出党和政府对新闻媒体角色和作用的期待——新闻媒体必须把“忠实地”替党和政府发出声音当成自己的第一本职，新闻媒体必须成为党和国家实现其预定政治目标不可或缺的工具。坚持党对新闻工作的领导，重视媒体宣传的党性原则，是长期以来中国共产党宣传战线工作的基本要求。媒体行业的活动要体现党的思想意志、政治要求和组织原则，这不但要求报刊、广播、电视等媒体无条件地宣传党的方针政策，还要求从事媒体宣传行业的工作人员无条件地执行党的纪律。这是因为，新闻、出版、广播、电视既有一般行业的属性，又有意识形态的属性；既是大众媒体，又是党的思想宣传阵地。从这个意义上说，媒体宣传行业事关国家的安全和政治稳定，具有自身的特殊性和重要性。媒体宣传工作必须要考虑其对国内外的影响，注意其产生的社会效应。

基于上述原因，中国共产党对新闻媒体的管理实行党政双重管理体制。在二者的许可权限上，党的宣传部门大于政府的新闻出版广电部门，因此实际操作上表现为以党为核心的一元主从结构。从具体分工来看，中国共产党的各级党委宣传部对新闻媒体实行思想政治上的领导，引导新闻媒体对国家方针、政策的宣传，并对新闻媒体进行跟踪管理与监察工作；政府部门负责传媒行业的行政管理工作（诸如审批等业务管理）。在某种意义上，中国新闻媒体管理的基本制度安排是“准入制度”，基本指导思想是“政治家办报”。它们从“外”（制度）到“内”（观念）安排着新闻生产的基本要素，设置了新闻活动的基本前提。这种制度安排的最终目的在于，确保新闻媒体被体制化为党和政府的宣传机构。

党和政府领导和控制媒体的方法主要有四种：一是建立对媒体的批准登记制度；二是对媒体报道的跟踪审查制度；三是由政府宣传部门适时确定媒体报道的重要内容，并随时对媒体报道进行规范；四是将媒体行业纳入国家政治等级序列，赋予媒体负责人与政府官员同等政治待遇。党和政府通过业务授权、组织人事、财政控制、思想准则等安排，形成一套控制机制以保证对言论传播的绝对权威。

20 世纪 90 年代以来，为了进一步确保媒体宣传在工作中贯彻党的方针、政策，中共中央宣传部与有关部门制定了审读（审听、审看）的规章制度。从中央、省（自治区、直辖市）直至办有媒体的市、县等各级宣传部门，都成立了专职“审读小组”，按照级别负责审查其辖区内的媒体。由中共中央宣传部传达的各种成文或不成文的规定，不是“法律”“法规”，而是传媒工作的“新闻政策”或“宣传纪律”。由于媒体行业往往会形成社会舆论的引导和各种思潮的汇集之地，因此，党对其领导的宗旨是“言论有自由，宣传有纪律”。除正式发文之外，中共中央宣传部还经常通过电话、小范围会议等“内部传达”的形式来管理媒体。出版社有时为了让编辑记住这些规定，也会将这些上级精神印成内部文件进行传达。一般来说，新闻出版部门定期会有例行的“总编办公扩大会议”，各业务主管都必须参加。这种会议的重要内容之一是传达中共中央宣传部（包括省、市一级宣传部）的最新精神，通报犯错误的媒体与人士，以及发布各种禁载规定等。

“社会效益”是中国共产党对境内的新闻出版机构传媒活动的基本要求。对党和国家而言，社会效益真正的内容是安定团结所表达的政治秩序、政治权力和政治价值的稳定性，为此必须排除一切和党的大政方针相违的思想干扰，欲达此目的则必须掌握公共舆论和思想传播的主导权。邓小平指出，“思想文化教育卫生部门，都要以社会效益为一切活动的唯一准则，它们所属的企业也要以社会效益为最高准则。思想文化界要多出好的精神产品，要坚决制止坏产品的生产、进口和流传。资产阶级自由化的宣传，也就是走资本主义道路的宣传，一定要坚决反对”①。“宣传”是媒体的主要功能，同时媒体也需要顾及“传播资讯”和“舆论监督”的功能。

21 世纪以来，随着信息技术的进一步深入发展，媒体的种类已经从报刊、广播、电视等传统媒体发展到了网络等新型媒体（即“新媒体”），媒体的影响范围已经由一个国家、地区扩展到全球几乎每一个角落，媒体的功能也从单向的一元化，即传统的信息制作者和发布者，转变为互动式的多元化，即受众与政府社会信息传播的互动者与沟通者。中国互联网络信息中心发布的数据表明，截至 2023 年 6 月底，中国网民规模达 10.79 亿人，互联网普及率达 76.4%，农村地区互联网普及率为 60.5%；中国累计建成开通 5G 基站超过 293.7 万个，5G 移动电话用户数达 6.76 亿；IPv6 的活跃用户达到 7.67 亿，占互联网网民总数的 71%。随着各类互联网应用持续发展，多类应用用户规模迅速增长，如即时通信、网络视频、短视频用户规模已分别达 10.47 亿人、10.44 亿人和 10.26 亿人，用户使用率分别为 97.1%、96.8%和 95.2%。② 这些巨量的网络用户，从根本上改变了人们对媒体的认识，颠覆了往日“记者”、“编辑”和“读者”的身份印象。

在手机等掌上媒体日益普及并且功能逐渐完善的今天，这种“来自业余新闻工作者的第一手新闻报道”更为常见。特别是在突发新闻事件中，现场群众可以方便地利用个人通信工具，向社会发布最具时效性、最朴素的信息，形成“群众书写”和“大众自我传播”的趋势。互联网等新媒体的出现，使得党原有的对新闻媒体的管理模式面临着新的挑战。随着媒体日益走向市场化、开放化、全球化，如何有效地管理和调控媒体，引导话语、整合社会和进行思想教育，处理好“喉舌”和公共舆论的关系，是目前中国共

---

① 邓小平. 邓小平文选：第 3 卷. 北京：人民出版社，1993：145.

② 第 52 次《中国互联网络发展状况统计报告》.（2023－08－28）. 中国互联网络信息中心网站.

产党执政能力建设所面临的重要课题之一。

本章小结

理解当代中国政治有两个切入点，一是中国近现代历史的发展逻辑，二是中国共产党的政治角色，党政体制可以说是两者结合的历史产物。本章第一节基于历史脉络，简要叙述了中国当代党政体制的逻辑起源，第二节从特征和机制的角度解析了党政体制的“一元化领导”及其八大运作机制，在此基础上，第三节考察了党政体制的五种基本关系。通过本章，我们希望读者对于当代中国政治制度有一个总体性的把握和了解。

关键术语

国家建设　　党政体制　　一元化领导　　运作机制　　群众路线

复习思考题

1. 如何理解融政党于国家并与国家权力高度结合的中国党政体制，本质上是 20 世纪中国在现代化压力之下，采取革命动员方式摆脱中国社会“低组织化状态”约束，进行现代国家建设的一种选择？

2. 中国共产党对国家和社会的全面领导是通过运用一系列政治的、组织的、思想的制度和机制来实现的，这些制度和机制的基本逻辑、彼此关联及主要特征是什么？

3. 在推进国家治理体系和治理能力现代化的总体思路下，中国党政体制的基本关系面临着新的挑战和机遇。请从政党、国家与社会关系的视角出发，试述中国党政体制改革在国家治理现代化中的意义、问题和方向。

第2章

中国共产党

2011 年 7 月 1 日，在纪念中国共产党成立 90 周年的大会上，胡锦涛发表重要讲话，把中国共产党在不同历史时期所完成和继续推进的工作概括为三件大事：一是完成了新民主主义革命，实现了民族独立、人民解放；二是完成了社会主义革命，确立了社会主义基本制度；三是进行了改革开放新的伟大革命，开创、坚持、发展了中国特色社会主义。这三件大事——也可以概括为“革命”、“建设”和“改革”——是中国共产党改造中国社会和推动中国现代国家建设的历史写照。

本章分别从历史发展、意识形态和组织三个维度来分析中国共产党。

2.1 中国共产党的历史发展

中国共产党诞生之初，正值世界资本主义体系经历第一次世界大战重创后，列强重新划分势力范围、加紧资本向全球输出的历史时刻。中国的国家和社会状况不仅没有任何实质性的改善，反而延续和加剧了 19 世纪中叶以来列强环伺、中央空虚、地方割据的局面。此前十年发生的辛亥革命是中国人试图克服危局走向现代国家的第一个尝试，但随后的军阀混战、外交失败、社会动荡，使国运衰颓、民生凋敝的情况更加严重。中国酝酿着新的社会变革，探寻新的救亡之道。面对日趋深重的主权危机、权威危机和文化危机，自下而上的寻求总体解决的激进革命便成为中国共产主义者的选择。由于中国的人口绝大多数是农民和城市小资产阶级，产业工人占人口总数不足 1%，即使加上城乡各种非产业工人，其总数也只有全国人口的 10%左右①，因此，中国的共产主义革命实质上是以农民为主体的革命，这是中国革命与西欧及俄国的工人革命的重大区别。

---

① 刘明逵，唐玉良. 中国工人运动史：第 1 卷. 广州：广东人民出版社，1998：134.

从20世纪20年代初到40年代末，是新民主主义革命时期，这个时期中国共产党先后经历了四个阶段：国共两党合作推动的国民革命与北伐战争阶段（1924—1927年）、共产党在南方数省创建反国民党政府的苏维埃政权的土地革命战争阶段（1927—1937年）、国共两党第二次合作的全民族抗日战争阶段（1937—1945年）和国共两党围绕中国命运展开全面决战的解放战争阶段（1946—1949年）。其间，中国共产党经受过1927年和1934年两次最为严重的失败考验。第一次失败主要源于它尚处幼年时期，缺乏经验和过于依赖国民党，未能真正认识到在中国这样严酷的环境下独立掌控武装力量对于推进革命的极端重要性；第二次失败则主要和党内占主导地位的教条主义在实力悬殊的条件下仍坚持“御敌于国门之外”的拼消耗的军事战略有关。① 以毛泽东同志为主要代表的中国共产党人，经过艰苦探索，终于找到了适合中国特点的革命道路，在长期的武装斗争和其他各种形式斗争中创造性地形成了一套指导中国革命的理论、战略与政策。这些理论、战略与政策主要包括：（1）“中国革命两重任务论”。中国革命的两重任务包含资产阶级民主革命性质的革命和无产阶级社会主义性质的革命。民主主义革命是社会主义革命的必要准备，社会主义革命是民主主义革命的必然趋势。中国共产党只有在完成资产阶级民主革命（新民主主义革命）之后，才能在一切必要条件具备的时候把它转变到社会主义革命的阶段上去。②（2）“枪杆子里出政权”的武装革命。民主主义革命的主要对象是侵略中国的帝国主义和压迫农民的封建地主阶级，这两个“中国革命的敌人是异常强大的”，故“中国革命的主要形式，不能是和平的，而必须是武装的”，“是武装的革命反对武装的反革命”③，“我们党从前的错误，就是忽略了军事，现在应以百分之六十的精力注意军事运动，实行在枪杆上夺取政权，建设政权”④。（3）“农村包围城市”的夺权道路。中国是以农业人口为主的国家，经济发展不平衡，农村幅员广大，统治集团因内部矛盾尖锐等因素，导致统治阶级在农村地区的统治是薄弱的，“中国革命有在农村区域首先胜利的可能”⑤，因此中国共产党必须走“农村包围城市”的夺权道路，把工作重心由城市转移到农村。（4）“创造模范党军”⑥ 的新型军队。由于中国革命的基本形式是武装革命，党的组织必须建在军队基层单位（“支部建在连上”），才能保证党对武装力量的控制与对暴力资源的垄断，又由于“中国的红军是一个执行革命的政治任务的武装集团”，党必须用“无产阶级思想”反对和改造军队的“非无产阶级思想”，使军队绝对服从党的领导。（5）推行“三大作风”的党建方针。中国共产党的主要活动区域在农村，绝大多数党员出身于农民和小资产阶级，为凝聚党力、统一思想、纯洁组织，党必须注意增加党的工人成分，同时特别注意在思想上对党员进行教育，为此提出了着重从思想上建设党的原则。这套原则在长期的思想、组织和政治路线斗争与教育中，被概括为

---

① 金冲及. 二十世纪中国史纲：第1卷. 北京：社会科学文献出版社，2009；金冲及. 二十世纪中国史纲：第2卷. 北京：社会科学文献出版社，2009.

② 毛泽东选集：第2卷. 2版. 北京：人民出版社，2006：651.

③ 同②634-635.

④ 毛泽东军事文集：第1卷. 北京：军事科学出版社，中央文献出版社，1993：7.

⑤ 同②635.

⑥ “创造模范党军”是八路军120师在党的七大召开时献给大会的一面锦旗中的贺词文字，这面锦旗至今仍悬挂在延安七大会址的墙壁上。

“理论与实践相结合、密切联系群众、开展批评与自我批评”的三大作风，并成为指导党的建设的指针。（6）形成团结一切积极力量的统一战线。中国无产阶级要取得胜利，必须团结一切可能的革命阶级和阶层，建立最广泛的统一战线。统一战线以工农联盟为基础，以“发展进步势力、争取中间势力、反对顽固势力”为策略，党在统一战线中必须坚持自己的纲领、路线和战略目标，坚持独立自主的原则，采取又联合又斗争，以斗争求团结的政策，率领同盟者前进并取得胜利，同时也要照顾同盟者的利益和要求。

中国共产党领导的新民主主义革命经过28年的奋斗，以1949年的开国建政为标志而告结束。新民主主义革命的胜利，是一个使命型政党通过党内思想、组织建设高度一体化，党外成功争取最大民意支持，正确顺应和利用国际局势，积极实践新民主主义理论、战略与政策的结果。毛泽东在总结新民主主义革命的经验时指出：“一个有纪律的，有马克思列宁主义的理论武装的，采取自我批评方法的，联系人民群众的党。一个由这样的党领导的军队。一个由这样的党领导的各革命阶级各革命派别的统一战线。这三件是我们战胜敌人的主要武器。”①

中华人民共和国的成立，揭开了中国历史新的一页，领导和组织这场革命取得胜利的中国共产党成为在全国范围执掌政权的政党。经过短暂的过渡时期②，以1956年完成三大改造为标志，中国建立起社会主义基本制度，随后开始了大规模的社会主义工业化建设。从1956年到1966年“文化大革命”爆发时止，在经济发展的主要指标上，社会主义建设取得了重要的成就。然而，在此期间，在关于中国社会主义工业化、现代化发展的路线方针上，中共高层出现了分歧，这些分歧与国际局势的变化和对国内社会矛盾性质与形势的判断以及党内多年形成的理论思维和政策思想有关。1956年党的八大通过的《关于政治报告的决议》认为，国内的主要矛盾是“人民对于建立先进的工业国的要求同落后的农业国的现实之间的矛盾”和“人民对于经济文化迅速发展的需要同当前经济文化不能满足人民需要的状况之间的矛盾”，矛盾的实质是“先进的社会主义制度同落后的社会生产力之间的矛盾”③。但是不久，1958年党的八大二次会议接受了党的最高领导人在反右运动期间和在党的八届三中全会扩大会议上关于“社会主义和资本主义之间谁胜谁负的问题还没有真正解决”的观点，提出“在整个过渡时期，也就是说，在社会主义社会建成以前，无产阶级同资产阶级的斗争，社会主义道路同资本主义道路的斗争，始终是我国内部的主要矛盾”④ 的论断，从而正式改变了党的八大关于中国社会主要矛盾的决议。“左”倾思想在党内逐渐形成主流。在经济建设上，党内关于经济工作的理性稳健的意见被上升为政治问题而受到批判，结果使得以追求高指标为特征的“大跃进”给国民经济造成巨大损失；在生产关系变革上，以追求组织规模大和公有化程度高（“一大

---

① 毛泽东选集：第4卷. 2版. 北京：人民出版社，2006：1480.

② “过渡时期”，即“从中华人民共和国成立，到社会主义改造基本完成”的时期，“党在这个过渡时期的总路线和总任务，是要在一个相当长的时期内，逐步实现国家的社会主义工业化，并逐步实现国家对农业、对手工业和对资本主义工商业的社会主义改造”。参见：中共中央文献研究室. 建国以来重要文献选编：第4册. 北京：中央文献出版社，1993：700-701. 所谓“一个相当长的时期内”，当时的估计是10～15年。事实上只用了6年。

③ 中共中央文献研究室. 建国以来重要文献选编：第9册. 北京：中央文献出版社，1994：341.

④ 中共中央文献研究室. 建国以来重要文献选编：第11册. 北京：中央文献出版社，1995：288.

二公”）为目标的人民公社化运动完全排斥社会分工和商品经济，给农村生产力带来严重破坏；在政治上，为纠正“大跃进”和人民公社化运动的偏差而召开的庐山会议，不期然变成了对党内持不同意见者的严厉整肃，从此阶级斗争的话语和手段从社会延伸至党内，个人专断和个人崇拜的现象在党内日益加剧，从中央到基层的民主生活名存实亡。1966—1976年发生的“文化大革命”则是这一趋势发展的极端形式。虽然十年建设时期和“文化大革命”时期国家的重大建设项目仍然取得进展，但社会进步的过程相当艰难曲折。

“文化大革命”结束以后，1978年党的十一届三中全会把党的工作重心转移到经济建设上，不仅提出了“实现四个现代化”的新时期的总任务，而且开始了被视为中国共产党人领导的“第二次革命”的改革开放进程。以邓小平同志为主要代表的中国共产党人重新确立了解放思想、实事求是的思想路线，根据马克思主义基本原理同中国具体实际相结合的原则，在总结历史和实践经验的基础上，作出了中国仍然处于社会主义初级阶段的论断，形成了以经济建设为中心、坚持四项基本原则、坚持改革开放的基本路线，以及一系列相关的方针政策。从党的十一届三中全会至今，中国共产党一共召开九次全国代表大会，除党的十二大，后面八次代表大会的报告均以“中国特色社会主义”为主题并写入报告标题。① 强调社会主义的“中国特色”，坚持中国特色的“社会主义”，是中国共产党改革开放以来的基本理论实践。中国特色社会主义，其实是关于全球化背景下中国目前社会形态的历史定位、中国发展道路的现实逻辑和中国经验的时代意义的总结，其核心是阐明作为不发达国家的中国走向现代化进程中出现的社会主义的特殊性。党的十七大报告中关于中国特色社会主义道路及其理论的表述是：“中国特色社会主义道路，就是在中国共产党的领导下，立足基本国情，以经济建设为中心，坚持四项基本原则，坚持改革开放，解放和发展社会生产力，巩固和完善社会主义制度，建设社会主义市场经济、社会主义民主政治、社会主义先进文化、社会主义和谐社会，建设富强民主文明和谐的社会主义现代化国家。”② 作为中国特色社会主义道路的理论支撑，中国特色社会主义形成了自己的理论体系，即“包括邓小平理论、‘三个代表’重要思想以及科学发展观等重大战略思想在内的科学理论体系”。中国共产党认为，“这个理论体系，坚持和发展了马克思列宁主义、毛泽东思想，凝结了几代中国共产党人带领人民不懈探索实践的智慧和心血，是马克思主义中国化最新成果，是党最可宝贵的政治和精神财富，是全国

---

① 党的十二大报告的标题是：《全面开创社会主义现代化建设的新局面》（1982年9月1日）；从党的十三大开始，各次全国代表大会报告的标题依次是：《沿着有中国特色的社会主义道路前进》（党的十三大，1987年10月25日）、《加快改革开放和现代化建设步伐　夺取有中国特色社会主义事业的更大胜利》（党的十四大，1992年10月12日）、《高举邓小平理论伟大旗帜　把建设有中国特色社会主义事业全面推向二十一世纪》（党的十五大，1997年9月12日）、《全面建设小康社会　开创中国特色社会主义事业新局面》（党的十六大，2002年11月8日）、《高举中国特色社会主义伟大旗帜　为夺取全面建设小康社会新胜利而奋斗》（党的十七大，2007年10月15日）、《坚定不移沿着中国特色社会主义道路前进　为全面建成小康社会而奋斗》（党的十八大，2012年11月8日）、《决胜全面建成小康社会　夺取新时代中国特色社会主义伟大胜利》（党的十九大，2017年10月18日）、《高举中国特色社会主义伟大旗帜 为全面建设社会主义现代化国家而团结奋斗》（党的二十大，2022年10月16日）。

② 此后在党的十八大报告中首次提出“把生态文明建设放在突出地位”，和社会主义“经济建设、政治建设、文化建设、社会建设”相提并论，形成“五位一体”的中国特色社会主义建设的总布局。

各族人民团结奋斗的共同思想基础”[1]。

党的十八大以来，中国共产党在新的历史条件下，作出全面深化改革的战略部署，积极推进各项改革事业，不断拓展中国特色社会主义理论、制度和道路的内涵，沿着习近平新时代中国特色社会主义思想指引的方向，为实现“两个一百年”奋斗目标——到建党一百年时全面建成小康社会和到新中国成立一百年时全面建成社会主义现代化强国——而继续前行。

2.2 中国共产党的意识形态及其变迁

中国共产党是按照马克思列宁主义基本原理组建的政党，马克思列宁主义基本原理由一整套理论学说构成，通常被称为共产党人的意识形态。意识形态被认为是由体现一定社会阶级利益的各种具体的意识形式构成的有机的思想理论体系，在现代社会分裂为资产阶级和无产阶级以后，则形成了资产阶级的意识形态和无产阶级的意识形态。对无产阶级政党来说，意识形态是关于历史与未来、国家与革命、阶级与党派及其利益诉求和行动方略的世界观和方法论，它以解释、分析和评价现存秩序的方式来动员、组织和指导社会政治世界的改造和重建，并在解决社会冲突和维护新的统治秩序过程中具有重要的功能。中国共产党是一个意识形态特征鲜明的政党，不仅因为它向来高度重视和强调意识形态领域无产阶级和资产阶级的斗争，而且因为意识形态以上这些特质和功能深刻主导和影响了它的组织建设、行动纲领和行为规范。

舒曼在《共产主义中国的意识形态与组织》中把中国共产党的意识形态区分为“纯粹的意识形态”（pure ideology）和“实践的意识形态”（practical ideology），前者旨在赋予成员以统一和自觉的世界观，表现为一个理论（theory）体系；后者为成员的行动（方法）提供了合理性的论证，表现为一种思想（thought）形式。[2] 其实理论和思想并无实质差异，世界观和方法论也紧密相连，但从结构上把意识形态做一个区分，对于认识和理解中国共产党的意识形态是有一定启发意义的。我们可以在结构上把意识形态分为三个相互关联和彼此支持的部分：(1) 价值-信仰部分，即关于生存意义和终极价值的关怀和主张。在意识形态的运动过程中，意识形态通常倾向于以直接的必然的方式把自己和世界历史的“本质”等同起来，并因“本质”与“价值”的内在的关联而建立起公义良善的“意义世界”，从而能够唤起人们为之执着奋斗的使命感和激情。(2) 认知-阐释部分，表现为世界观和方法论，以及在此基础上形成的关于“必然规律”的理论学说。它们提供了对于现实世界和现实社会的基本知识、基本判断和基本观点，使思想的逻辑转变为科学的逻辑，科学的逻辑支撑统治的逻辑。(3) 行动-策略部分，即建立在特定价值-信仰基础上的意识形态，可经由对历史与现实进行认知-阐释的方法，来形成动员、

---

① 胡锦涛. 高举中国特色社会主义伟大旗帜　为夺取全面建设小康社会新胜利而奋斗. 北京：人民出版社，2007：11-12.

② SCHURMANN F. Ideology and organization in communist China. California：University of California Press，1971：21-22.

指导和组织一定行为模式的过程。

2.2.1 改革开放前党的意识形态的主要取向

1949年，中国共产党摧毁了旧国家的社会政治结构，建立起相对完备的国家政治与行政体系，改变了过去国家无力深入渗透社会、中央政府政令无以贯彻基层的局面，为中国的现代化和现代国家建设奠定了坚实的政治基础。在这个过程中，中国共产党的组织及其所掌控的巨大的政治权力成为重组中国社会、推进工业化和现代化的决定性因素。党的意识形态成为国家的主流意识形态。这种意识形态本质上是关于中国国家建设的现代化方案的阐释，这个现代化方案是建立在马克思列宁主义对资本主义现代性的批判的基础上的，因此，对西方资本主义现代性的批评和抵制贯穿新中国主流意识形态的三个部分。①

在价值-信仰上，中国共产党的意识形态强调共产主义的平等、自由和互助的社会理想，坚信这一理想必将随着共产主义革命的社会运动而实现。它的基本取向来自马克思对以往剥削制度，尤其是作为这一剥削制度的最终发展形式——资本主义制度——的批判立场。在马克思看来，资本主义和失业、贫困化和社会对抗是联系在一起的，资本主义造成了强烈的社会不平等状态，纵容私人消费及私人欲望的满足，却忽视了公共物品和真正的人类需求，鼓励物质生产中不顾一切地追逐利润，却破坏了生产过程中人的主体地位和劳动乐趣，导致人的异化和社会的两极化。与单纯从道德上谴责资本主义不同，马克思是从政治经济学上看到劳动者和生产资料相分离的制度是社会不平等问题的真正根源，因而提出必须从根本上改变生产社会化和生产资料私人占有的基本矛盾的口号。中国共产党人不完全是从马克思的共产主义理论中接受共产主义的自由、平等理想的，中国传统文化的"均贫富""等贵贱""大同世界"等观念一直有深厚的土壤，中国也不是一个资本主义经济有相当发展的国家，但19世纪以来世界资本主义向中国的输入及其与中国落后经济关系的畸形结合所造成的社会衰败，都使马克思对资本主义的批判和对未来理想社会的揭示在中国共产主义革命中产生了深刻的反响。在中国共产党的意识形态中，反对私有财产制度、阶级剥削和社会压迫、作为"资产阶级法权"基础的个人主义、脱离群众的官僚主义、专家治国论，乃至反对市场主义和利润挂帅的思想路线，同鼓励旨在缩小与消灭三大差别的共产主义"新公社"运动、作为道德规范的集体主义精神和"社会主义新人"风尚、强调群众路线、群众首创性、群众政治参与和革命无私奉献精神的思想取向，一起构成了意识形态的价值-信仰部分的正反两个方面。

在认知-阐释上，中国共产党坚持辩证唯物论与历史唯物论的世界观和方法论，运用阶级分析的观点阐述中国革命的性质、主体、目标和任务，以及中国社会发展前后阶段（新民主主义和社会主义）的逻辑关系，提出社会主义形态相对于资本主义形态的体系对立论、历史方位论、借鉴吸收论、辩证超越论和制度优越论等一系列观点，并据此阐明党的领导和无产阶级专政对于完成向共产主义社会过渡的必要性和必然性。中国共产党

① 汪晖．去政治化的政治．北京：生活·读书·新知三联书店，2008：68.

意识形态的认知-阐释部分是意识形态的内核，它通常被称为“理论”或“学说”，是意识形态中承接价值-信仰部分和行动-策略部分的极为重要的部分。它的重要性表现在，借由理论和学说的支持，价值和信仰才不至于沦为“虚幻”的观念，意识形态才摆脱了马克思所批评过的只是对现存秩序本质的掩饰和辩护的语义。此外，理论和学说又为行动-策略提供合法性和合理性的论证，使得中国共产党领导的革命、建设成为科学和自觉的过程。在中国共产党的意识形态工作中，坚持马克思主义在意识形态领域的指导地位，坚持马克思主义的批判性思维，坚持马克思主义对世界、时代和现实的认知-阐释，以此来认识中国、理解中国和改造中国，是一项长期的基本的要求。

在行动-策略上，中国共产党通过国家宣传、党团组织和其他社会机构，在相当长一个时期内广泛传播和灌输阶级斗争、群众运动、思想革命化等政治信息和象征符号，以配合中央集权、赶超战略、社会重建、国民训练、跨越式过渡等国家政治目标的施行。其中，阶级斗争和群众运动是这个时期意识形态的行动-策略层面的最鲜明的特征，它们通过排除一般的公民权所隐含的抽象的法律权利平等观念，以阶级身份的归属和由此承载的具体的经济社会权利的享有，实现了国家与社会的联系，形成了一种不同于西方国家建设的政治、社会和经济发展模式及国家重构模式。① 在这个时期，意识形态的行动策略既满足了新中国政治统一、民族整合、边疆稳定、社会动员、国家经济起飞和大规模群众政治参与的需要，又满足了党和国家一体化条件下通过社会主义改造建立公有制经济、建立独立的工业化和国民经济体系，进而建立社会主义基本制度的需要。

但是，意识形态在规划、解释和干预中国国家建设的过程中也显示了它对西方现代性批评和抵制所具有的某些悖论性特点：一方面以高度集权的方式建立起相对完备的国家制度体系，改变了传统中国国家无力深入社会的局面，另一方面又以“文化大革命”的方式对这个制度体系进行破坏，削弱了中央集权国家法律行政管治能力的有效性；一方面以公有化的方式把社会生活纳入国家工业化目标和计划体制之中，搁置了公民个人的政治自主权，另一方面又对官僚制国家机器压抑人民主权的现实展开频繁的攻击；一方面以政治动员的方式推动中国经济的发展，力图避免资本主义现代化导致的社会不平等，另一方面又以革命的名义限制个人财产权利和身份变换的自由权利，导致了经济发展的低效与困顿。在新中国成立后的 30 年，意识形态领域的频繁斗争沿着这样一条主线展开：改造旧时代的思想文化遗产（20 世纪 50 年代初的思想教育批判运动），为重建社会政治秩序清理地基；剪除旧时代的思想文化精英（50 年代中期的反右派斗争），为确立全能政治体制奠定基础；整肃党内外的“黑暗风”、“单干风”、“翻案风”②（60 年代前期的社会主义教育运动），为推行民粹式的社会主义扫除障碍；批判党内的“反革命修正主

---

① 邹谠. 中国革命再阐释. 香港：牛津大学出版社，2002：14-15.

② “黑暗风”是指刘少奇、周恩来、陈云等人对经济形势严重困难的估计，包括陈云提出的“争取快，准备慢”的应对之策；“单干风”是指陈云、邓子恢、田家英对农村一些地区实行“包产到户”或“分田到户”做法的鼓励和支持；“翻案风”则是指彭德怀等一些被打成“右倾机会主义分子”的人要求中央对自己的历史进行重新审查，去掉不实之词的申诉。这“三风”都和当时主流意识形态对中国社会主义建设规律的表述、对 20 世纪 60 年代中国所处形势的判断以及毛泽东由来已久的治国理念形成尖锐的冲突。

义路线”（60 年代中期至 70 年代中期的“文化大革命”），为“无产阶级专政下继续革命”开辟道路。到“文化大革命”行将结束之时，主流意识形态的行动-策略已经发生严重问题，反过来又影响到它的认知-阐释，表现为理论与现实逻辑的脱节、表达结构与客观结构的冲突，结果导致“虚无主义”、“信仰危机”、怀疑论盛行，从而使价值-信仰日益陷入困境。

2.2.2 改革开放后党的意识形态的调适性变迁

改革开放后，中国共产党的意识形态在国家的工作重心由阶级斗争转向经济建设的背景下开始发生变化。最明显的变化是在行动-策略层面，其次是在价值-信仰层面，认知-阐释层面则相对稳定，但在与时俱进的口号下也有所调整。例如，在行动-策略层面，“以阶级斗争为纲”和“大搞群众运动”的行动逻辑被彻底放弃，代之以发展经济、解放生产力和科教兴国的发展战略。调动一切积极因素，缓和各种社会矛盾，团结各种社会力量以服务经济建设大局，成为意识形态行动-策略的中心内容。在价值-信仰层面，把“建设有中国特色的社会主义”、建设“高度民主、高度文明的社会主义现代化国家”、“实现中华民族的伟大复兴”作为人民的共同理想，把以法律和制度为支撑的人民民主、以共产主义思想道德为基础的精神文明和以避免两极分化为前提的共同富裕作为中国社会发展的奋斗目标。在肯定这些理想价值的同时，也强调“物质鼓励”的不可或缺；在重提“人是要有一点精神的”[①] 的同时，也承认市场经济的逻辑，主张把生产者和经营者的物质利益与他们的经济活动绩效联系起来。意识形态的价值取向显示出某种世俗化的特征。在认知-阐释层面，辩证唯物主义与历史唯物主义的世界观和方法论仍然得以坚持，阶级分析的观点仍然受到尊重，但是关于当代中国社会的性质和主体、所处阶段和时代、目标任务的表达已经纳入了“社会主义初级阶段论”的阐释范式。社会主义初级阶段，即不发达的社会主义阶段，其主要矛盾是日益增长的物质文化需要和落后的社会生产之间的矛盾，这被视为事关全局的基本国情。“为了摆脱贫穷和落后，尤其要把发展生产力作为全部工作的中心。是否有利于发展生产力，应当成为我们考虑一切问题的出发点和检验一切工作的根本标准。”[②]

随着社会主义市场经济体制的逐步构建，社会组织与公共领域的逐步成长，政治调控战略由一元统治转向多中心治理，政党行为从革命运动方式转向依法执政方式，意识形态的三个部分出现了一些新的特点。在价值-信仰方面，党的十六届三中全会提出“以人为本”是一个意义深远的突破，虽然关于“人”的界定仍然存在一些争议，但是，“以每个人的全面而自由的发展为基本原则的社会形式”则越来越为大多数人所认同。“以人为本”观念既接续了作为执政党指导思想的马克思主义的传统，也反映了西方文化中具有人类文明价值的优秀成果，同时还可以看作对中国传统政治思想精华的批判性继承[③]，

① 邓小平．邓小平文选：第 2 卷．2 版．北京：人民出版社，1994：367．
② 中共中央文献研究室．十三大以来重要文献选编：上．北京：人民出版社，1991：13．
③ 林尚立．政治建设与国家成长．北京：中国大百科全书出版社，2008：255．

正是在这一点上，主流意识形态和非主流意识形态（社会其他思想意识）取得了价值上的某种共识。在认知-阐释方面，“科学发展观”和“和谐社会”的提出是另一个具有重大意义的命题。“科学发展观”是根据“以人为本”的价值观念对中国国家建设的发展内涵、发展本质、发展方式、发展难题的重新认识，谋求和落实全面的、协调的和可持续的发展已经成为主流意识形态在新时期的认知-阐释系统的重要维度。同样，“和谐社会”也标志着执政党对“中国特色社会主义规律”认识发生的新发展，把中国国家建设的总体布局由经济建设（市场经济）、政治建设（民主政治）、文化建设（“先进文化”）的三位一体，扩展为包括社会建设（“和谐社会”）和生态文明建设在内的五位一体，体现了当代社会不同群体与成员追求平等和幸福生活的共同要求，也反映了改革开放以来主流意识形态关于治国理念和施政方略的深刻转折。作为行动-策略部分的主流意识形态也开始逐步转变自己的灌输、传播方式。由于中国的改革开放是从松动国家对社会的控制、促成中国社会自主性成长开始的，所以主流意识形态需要保持自己与社会领域的有效互动，既要努力从社会实践与行动领域检验、修正和发展自己的义理、话语和论证机制，也要从价值-信仰、认知-阐释出发对社会实践与行动领域保持其指导、规范和引领作用。在这些方面，人们可以看到主流意识形态对公民政治参与、基层和社区自治、协商民主、民意表达、民间维权行动、地方治理、民生幸福乃至以“突发事件”出现的社会抗议等，所表现出来的某种包容性、调适性、对话性、吸纳性等特点。

可以说，改革开放40余年，从话语特征来看，中国共产党的意识形态大致显现了从超越性（脱离生产力发展制约的生产关系革命）到世俗性（以经济建设和社会建设为中心，重视民生发展和共同富裕目标）、从排斥性（“以阶级斗争为纲”的非此即彼的思想斗争）到包容性（人类优秀文化的“兼容并蓄”和社会主义核心价值观的“共建共享”）的变迁轨迹。美国学者沈大伟把中国共产党的意识形态的变迁描述为“收缩与调适”① 的过程。在某种意义上，“收缩”主要是指扬弃原来超越性目标中的乌托邦成分，撤出或减弱对一些领域的控制，放下身段以适应世俗化的要求和品味；而“调适”则可以看作是批判性地学习和利用市场、商业规则与资源，汲取传统文化和外来文化的精华，运用传统媒体和新媒体的传播手段，通过话语与意义的创造性转换来修复或重建中国共产党的使命性基础。这些都意味着中国主流意识形态在新的历史时期正在经历着探索和创新。

2.2.3 中国共产党在意识形态建设上的创新与坚持

中国共产党在意识形态上的创新，最显著的特征表现在三个方面：

1. 意识形态开辟了新的世界视野

1978年启动的改革开放结束了中国的封闭状态，开始了中国全面而有选择地加入全球化的过程。全球化最大的特征是信息技术革命带来的贸易、投资和金融的大规模跨国

---

① 沈大伟. 中国共产党：收缩与调适. 北京：中央编译出版社，2011.

流动，以及资讯传播、网络社会和公共领域的超常规发展，这对大众政治参与和国家治理模式的现代化产生了巨大影响。中国共产党深刻地感受到了这个变化世界的压力和挑战，认识到“社会主义要赢得与资本主义相比较的优势，就必须大胆吸收和借鉴人类社会创造的一切文明成果，吸收和借鉴当今世界各国包括资本主义发达国家的一切反映现代社会化生产规律的先进经营方式、管理方法”①。从党的十一届三中全会以来，主流意识形态逐步形成了一种放眼世界、海纳百川、与时俱进的品质，正如邓小平指出，“现在我们干的是中国几千年来从未干过的事。这场改革不仅影响中国，而且会影响世界”，“我们的改革不仅在中国，而且在国际范围内也是一种试验，我们相信会成功。如果成功了，可以对世界上的社会主义事业和不发达国家的发展提供某些经验”。② 或如有的学者所表述的，这是一种新的全球主义的心态，因此领导人把中国有选择地融入全球体系看作中国成为强大民族国家的必经之路，调整了中国的政治秩序以适应正在兴起的以利益为基础的经济秩序，重建了国家官僚系统和经济制度以推动经济发展和培育新生的市场经济。③ 这种具备世界视野的意识形态越来越重视理论的创新，并把理论创新作为制度创新、科技创新、文化创新以及其他各方面创新的前提和关键，由此创造性地形成了邓小平理论、“三个代表”重要思想、科学发展观和习近平新时代中国特色社会主义思想。其中，作为中国共产党意识形态创新范例的“三个代表”重要思想和习近平新时代中国特色社会主义思想具有里程碑式的意义，它们是中国共产党对全球化条件下信息技术革命、市场化改革、中国式现代化以及国际关系民主化趋势的重大回应。

2. 意识形态融入了新的时代内涵

每个时代都有特定的主题，特定的主题则构成特定的时代特征和时代背景。邓小平在 20 世纪 80 年代指出：“现在世界上真正大的问题，带全球性的战略问题，一个是和平问题，一个是经济问题或者说发展问题。”④ 党的十三大以后，“和平与发展”被概括为新的时代主题，也构成了意识形态变革的新的时代背景。面对社会主义与资本主义两种制度长期并存竞争与世界科技革命不断深入的历史大势，中国共产党站在时代的高度，全面、正确把握时代特征和时代主题，合理制定正确的路线、方针、政策，抓住机遇谋求发展，形成了新时期中国共产党的意识形态，即中国特色社会主义理论体系。中国特色社会主义理论体系具有的鲜明时代性，既是指它对传统的社会主义模式的革故鼎新，也是指它对当代国外发展经验的借鉴升华。“中国模式”“北京共识”等概念的提出均表明，中国特色社会主义理论体系与中国道路、中国经验已经引起了整个世界的关注。中国特色社会主义理论体系之所以具有这种时代性的普遍意义，究其根本，不仅是因为它所回答和解决的问题，是当前发展中国家尤其是各个社会主义国家所普遍面临的问题，而且也是因为它反映了以人为本、注重自主创新和追求和平发展、公平正义的时代发展潮流。这种问题的普遍性以及对时代发展趋势的反映，决定了它本身所具有的价值和意义必然

---

① 邓小平．邓小平文选：第 3 卷．北京：人民出版社，1993：373.

② 同①118，135.

③ 郑永年．全球化与中国国家转型．杭州：浙江人民出版社，2009：187.

④ 同①105.

具有时代的普遍性。

3. 意识形态形成了新的中国特色

坚持马克思主义的基本原理，从中国国情出发推动马克思主义的中国化，这在改革开放前就是中国共产党意识形态建设的指导方针。但就社会主义建设而言，它基本没有突破苏联式社会主义的范畴。它的“特色”是在传统体制内有限修补所形成的一些特点。改革开放以后，在全球化信息技术革命和世界历史变化的条件下，它遇到的问题是当代中国发展进程中的时代性和结构性问题，这些问题的解决有赖于经济、政治体制的“第二次革命”。为解决这些问题，它必须积极吸收工业文明国家的现代理论成果，如现代化理论、比较优势发展理论、市场经济理论、国家建设理论、社会建设理论、民主法治理论等理论资源，同时着眼于中国的实际，经由理论和实际的结合，并通过实践的检验，形成一系列不同于以往时代的旨在回答“什么是社会主义、怎样建设社会主义”的理论观点，这些理论观点充满了“中国意义”“中国意识”“中国元素”“中国风格”，一言以蔽之，即具有新的“中国特色”，其内容包括中国特色社会主义本质论、中国特色社会主义改革开放论、中国特色社会主义市场经济论、中国特色社会主义民主政治论、中国特色社会主义先进文化论、中国特色社会主义和谐社会论、中国特色社会主义生态文明建设论、中国特色社会主义国家统一论、中国特色社会主义和平外交论、中国特色社会主义政党建设论等等。当然，中国特色社会主义理论体系是不断发展的开放的理论体系，它是在当代中国改革开放和现代化建设的实践中逐步形成和发展起来的，也必将随着中国改革开放和现代化建设实践的不断推进而日益深化和完善。

总而言之，中国共产党的意识形态发生了很大的变化，不过需要指出，就中国改革开放本质上是社会主义的自我更新和自我完善而言，这些变化应被理解为意识形态在坚持马克思主义前提下的发展和创新的过程，换言之，意识形态的内核并没有发生改变，改变的只是边层，内核是由基本原理和基本符号构成的，边层则由基本原理及基本符号的具体化和灵活化的叙事表达构成。边层的变化会对内核构成某种压力，从而影响到内核的变化，但因后者涉及意识形态的基本规定，其变化是相对缓慢的。从根本上说，意识形态有两条底线是不能逾越的，那就是马克思列宁主义语境中的社会主义道路与共产党领导，它们构成意识形态的核心符号，前者指涉国家走向（方向）问题，后者指涉国家性质问题。显然，这是意识形态的“重大问题”。虽然社会主义道路不再是简单地作为资本主义的对立面，但是，在中国这样一个发展中国家，既要充分吸纳资本主义的文明成果，又要避免资本主义的两极分化，既要“集中力量办大事”，快速地发展综合国力，又要达致平等、和谐、共同富裕的目标，社会主义的方向是不可偏离的。同理，虽然共产党领导这样一个极具政治本质的“根本问题”不再是从“阶级”“阶级斗争”“国家与革命”的总体性决战的对抗性思维来理解它对历史、现实和未来的意义，党的领导也不再像以往所表达的那样具有以党代政、凌驾于宪法和法律之上的特殊含义，而是强调它同人民民主与依法治国的“有机结合”，但在一个规模超大、人均资源贫弱且正处于现代化转型的国家，党的领导对于确保国家的社会主义方向、对于现代化的平稳过渡、对于公共政策的合理制定、对于人力资源的持续供给、对于国家政权建设和国家治理的推动、对于社会和人心的维系等，仍然是不可摆脱、不容颠覆的。

意识形态的这些本质规定对国家的政治生态构成了内在的制约，对政党的组织结构和特性提供了深层的文化支持。

2.3　中国共产党的组织特性、组织原则与政治功能

2.3.1　中国共产党的组织特性

政党的组织特性是政党建构方式、内部权力配置、行动逻辑、行为规范和行事风格的集中表现。政党依其组织特性大体可分为三种类型：第一种是组织特性极度松散的政党，既缺乏清晰可辨的政治纲领，也缺乏规范稳定的组织结构，政党只是作为选举的工具而存在，大选期间显形，大选过后休眠；第二种是组织特性极为严整的政党，党的政治纲领明确有力，党的中央、地方和基层组织健全，党的内部信息传递贯通无阻，党的整体行动步调一致，党不允许党员的行为背离既定路线、方针和政策，并对违纪者施以制裁；第三种则介于前两种之间，有组织未必有严厉约束，有上层未必有坚实基础，有战略却疏于坚决贯彻，有动员却常常训练不力。在政党世界的光谱中，共产党无疑属于组织特性最为严整的政党类型，其中，中国共产党的组织严整性尤为突出，无论是最初作为共产国际的一个支部，还是后来作为独立自主发展的一个力量，在长期领导中国革命的岁月里，都鲜明地显现出区别于其他政党的组织特性。中国共产党的组织特性主要表现在如下几个方面：

1. 严明的组织边界

中国共产党是按照马克思列宁主义原理组建起来的政党。在关于共产党的组织性质方面，马克思恩格斯表达过两个文字上似乎矛盾但精神实质完全一致的重要观点：其一，“共产党人不是同其他工人政党相对立的特殊政党”，这是因为“他们没有任何同整个无产阶级的利益不同的利益”①；其二，“无产阶级要在决定关头强大到足以取得胜利，就必须（马克思和我从 1847 年以来就坚持这种立场）组成一个不同于其他所有政党并与它们对立的特殊政党”②，这是因为，只有共产党才代表整个无产阶级运动的根本利益。显然，共产党的非特殊性是就党从属于无产阶级的整体利益而言的，这也是中国共产党强调“党除了工人阶级和最广大人民群众的利益，没有自己特殊的利益”③ 的思想来源。而共产党的特殊性则是指相对于所有的阶级政党而言，“过去的一切运动都是少数人的，或者为少数人谋利益的运动”，而它所领导的“无产阶级的运动是绝大多数人的，为绝大多数人谋利益的独立的运动”④；相对于无产阶级运动内部其他工人政党而言，它是一个真正的具有阶级自觉的政党，它的学说和纲领、目标和政策被认为始终体现着无产阶级争取

---

① 马克思，恩格斯．马克思恩格斯选集：第 1 卷．3 版．北京：人民出版社，2012：413.

② 马克思，恩格斯．马克思恩格斯选集：第 4 卷．3 版．北京：人民出版社，2012：592.

③ 从党的十二大起，历次党章的“总纲”中均保留这个宣示。参见：本书编委会．中国共产党历次党章汇编（1921—2012）．北京：中国方正出版社，2012.

④ 马克思，恩格斯．马克思恩格斯选集：第 1 卷．3 版．北京：人民出版社，2012：411.

解放的方向，是工人政党中最坚决的、始终推动运动前进的部分。因此，在马克思列宁主义建党学说中，是否承认并履行党的纲领、加入党的一个组织，即维持党的严明的组织边界，便成为重大的原则问题。这和西方政党尤其是选举型政党的政党俱乐部化、党员可跨党或进出自由的边界模糊状况是不同的。中国共产党的章程对党员的权利、义务、入党程序等作了详尽规定，努力保持党员对党的强烈的组织意识和身份认同，维护党作为一个组织的凝聚力和存在价值，这也是马克思主义政党性质的要求所在。

2. 严密的组织体系

在革命和建设中，党的组织既是社会政治改造运动的策源中心，其本身也随着社会政治改造过程而不断扩张。中国共产党现今在全国范围内，无论是立法、行政、司法、军事等国家系统，还是工厂、农村、学校、街道、社团等社会单位，都已建有相应层级的发达的组织网络，其特征可以概括为“纵向到底，横向到边”[①]，这是“使我们党的组织基础放在社会组织的细胞中”[②] 的建制要求。组织的严密性使得组织的渗透无远弗届，组织的力量无所不在，从根本上说是为了确保党对国家和社会的全面领导，以实现党的历史使命和现实责任。在中国共产党内部，组织的严密性表现为结构与功能的高度体系化：中央组织、地方组织和基层组织相当完备，组织间的职能分工有明确规定。中央组织多由久经考验、享有崇高权威的职业政治家和领袖人物组成，主持和领导党的全面工作。中央组织是全党的最高决策机关，按照党的纲领和任务，对形势和阶级力量的对比进行战略性分析和预测，确立党的长期和近期目标。地方组织根据党中央的路线、方针和政策，制定实施方案，动员和组织社会政治资源，完成党的工作任务，并在此过程中对下级组织进行领导和监督。基层组织则从实际出发，向党员和群众宣传党的决定，贯彻执行党的主张，同时反映群众要求，管理教育党员，成为党和群众、党员和上级党组织的纽带。

3. 严肃的组织生活

中国共产党把自己的宗旨规定为“为人民服务”，党的十五大以后又提出“立党为公、执政为民”，这其实是“先锋队”型政党的基本要求。“先锋队”的要义有三：其一，代表了所属阶级和人民的最高利益；其二，把握了历史运动和潮流的根本方向；其三，构成了所有从事社会进步事业的主体中最具有远见卓识和献身精神的精英力量。“先锋队”在政治上的领导地位，势必要求在知识、战略、经验、伦理、道德上提供证明，在这个意义上，共产党比任何政党都要承受着更沉重的压力、更严苛的责任，这是共产党内对思想建设、理论建设、作风建设和民主生活极其强调的主要原因。这种严肃的组织生活在政党世界是罕见的，它对这个组织的要求是“党要管党，从严治党”，即党不能仅仅作为对国家和社会实行治理的主体，本身也要成为治理的对象，按照党的宗旨自我约束，以更好地服务于人民。为了达到这个目的，它对党员的要求是，抱持解放思想、实

---

① 这是近年来各地关于新时期“两新”组织（新经济组织、新社会组织）党建工作的方针，其重点在于实现党组织在社会领域的“全覆盖”。事实上，就精神而言，这不是一个新的方针，在不同的历史阶段早已如此，区别只在于组织扩张的强弱和程度的不同。

② 本书编委会．中国共产党历次党章汇编（1921—2012）．北京：中国方正出版社，2012：193.

事求是的态度，善于理论联系实际，研究新情况，总结新经验，解决新问题；尊重群众的首创精神，践行群众路线，一切为了群众，一切依靠群众，从群众中来，到群众中去，建立党和群众的密切联系；勇于批评与自我批评，坚持真理，修正错误，摒弃私心杂念，戒除浮华骄奢之风。中国共产党的严肃的组织生活，是其保持理性、节制、务实、亲民的重要机制。

4. 严格的组织纪律

一般而言，任何政党都有纪律，只是严格程度不同而已。西方议会制中的某些自由主义政党虽然总体上内部约束松弛，但在内阁决策和议会关于议案表决上对违反党内决定者仍有纪律制裁，这种制裁是政治性的，包括党在下次选举中撤回对该违纪者的政治支持。与此不同，作为组织特性最为严整的政党，中国共产党的组织纪律是极其严格的。党的七大通过的党章规定：中国共产党“是以自觉要履行的纪律联结起来的统一的战斗组织。中国共产党的力量，在于自己的坚强团结、意志统一、行动一致。在党内不容许有离开党的纲领和党章的行为，不能容许有破坏党纪、向党闹独立性、小组活动及阳奉阴违的两面行为。中国共产党必须经常注意清除自己队伍中破坏党的纲领和党章、党纪而不能改正的人出党”①。革命时期党对党纪的强调一直延续到建设时期和改革时期。在党的十八大通过的党章中，关于党的纪律有更为具体的规定，如明确重申“党的纪律是党的各级组织和全体党员必须遵守的行为规则……党组织必须严格执行和维护党的纪律，共产党员必须自觉接受党的纪律的约束”，甚至提出“党组织如果在维护党的纪律方面失职，必须受到追究”，将纪律制裁的锋芒指向违纪的任何一个组织而不仅仅是党员个人。为保证组织纪律的严格执行，党章规定了针对各种违纪行为性质和程度不同的处分标准和程序，同时党设立了各级纪律检查委员会、建立了中央和地方巡视组，作为强有力的组织手段来维护党纲党章的严肃性和党组织的整体性。

2.3.2　中国共产党的组织原则

中国共产党的组织特性从根本上说是由民主集中制的组织原则决定的。民主集中制是马克思列宁主义政党区别于其他政党的标志性特征，是中国共产党内部政治生活包括组建、议事、决策、行动以及解决内部权力关系的最高法则。

在共产主义运动史中，民主集中制是无产阶级政党对组织公共政治生活的两种方式——民主制和集中制——进行批判性吸收与选择性整合的基础上发展起来的，是无产阶级政党的历史使命与既存政治环境相互作用的结果。从马克思恩格斯领导第一国际、第二国际的活动看，他们是主张无产阶级建党的民主制原则的，党的“组织本身是完全民主的，它的各委员会由选举产生并随时可以罢免，仅这一点就已堵塞了任何要求独裁的密谋狂的道路”②。他们也强调过集中和权威，但主要局限在政权的层面上，如“实行

① 本书编委会. 中国共产党历次党章汇编（1921—2012）. 北京：中国方正出版社，2012：98.

② 马克思，恩格斯. 马克思恩格斯选集：第4卷. 3版. 北京：人民出版社，2012：207.

最严格的中央集权制是真正革命党的任务”①，针对的是分散的联邦制国家的构想。在马克思恩格斯看来，民主制不是集中制，但民主制包含集中和权威，也需要集中和权威，只不过这种集中和权威是建立在党员授权的基础上并受党员的监督而已。在这里，民主制是一个包容性结构——集中或集权是民主制的题中应有之义。马克思恩格斯对民主制的强调与西欧议会民主政治的相对发达是分不开的。

在列宁的著述中，集中制有突出的地位和作用。在 1899 年的《我们的当前任务》中，列宁指出，“社会民主党地方性活动必须完全自由，同时又必须成立统一的因而也是集中制的党”②。集中制的党本质上是一个以职业革命家为中央领导核心组织起来的团体，他们完全献身于革命、在理论和实际活动方面最有修养、对革命最忠诚、同无产阶级保持密切联系，“给我们一个革命家组织，我们就能把俄国翻转过来”③。集中制其实是所有革命党的个性特征：革命党以颠覆（“翻转”）现存秩序为己任，就把自己推到了现存秩序的对立面；革命党运用暴力手段改造社会政治结构，就使自己与现存秩序之间的关系具有极度紧张与不妥协的性质。这两点决定了革命党生存环境的压迫性与严酷性。所以列宁说，一个处在专制高压统治下的革命党试图像德国社会民主党那样按照“广泛民主原则”④ 来建设自己的组织结构是幼稚可笑的，因为“广泛民主原则”所依赖的两个条件，即“完全的公开性”与“一切职务经选举产生”，在俄国如此恶劣的政治环境中根本无法实行。只有到 1905 年以后，由于沙皇政府被迫承认人民的集会结社自由，社会民主工党的活动条件有所改善，列宁才把民主制作为平衡集中制的因素引入党内，第一次提出“在党组织中真正实现民主集中制的原则”，创造了“民主集中制”这个概念。

民主集中制的内容包括：（1）少数服从多数。（2）党的最高机关应当是代表大会，即一切享有全权的组织的代表的会议，这些代表作出的决定应当是最后的决定。（3）党的中央机关（或党的各个中央机关）的选举必须是直接选举，必须在代表大会上进行。不在代表大会上进行的选举、二级选举等等都是不许可的。（4）党的一切出版物，不论是地方的或中央的，都必须绝对服从党代表大会，绝对服从相应的中央或地方党组织。不同党保持组织关系的党的出版物不得存在。（5）对党员资格的概念必须作出极其明确的规定。（6）对党内任何少数人的权利同样应在党章中作出明确的规定。⑤ 这些写于 1905 年 7 月的文字是列宁对民主集中制不同侧面的表述。然而，在行动逻辑上，民主集中制给人印象至深的不是它的民主方面而是它的集中方面。事实上，列宁在表述民主集中制时，“集中”用的是黑体字，意在强调，“民主”则作为形容词，表示限制，民主集中制即“民主的集中制”，以区别于专制的或官僚的集中制。显然，列宁并没有否定集中制，也承认民主制的功能和最终价值，但更多是把民主作为对集中性质的说明和规定，即按多数人意志决定的集中制。“集中”实际上代表了一个革命政党的组织生命的基本要求和常态。

---

① 马克思，恩格斯．马克思恩格斯全集：第 7 卷．1 版．北京：人民出版社，1959：298.

② 列宁．列宁全集：第 4 卷．2 版．北京：人民出版社，2013：167.

③ 列宁选集：第 1 卷．3 版．北京：人民出版社，2012：406.

④ 同③418.

⑤ 列宁专题文集：论无产阶级政党．北京：人民出版社，2009：345.

中国共产党是在俄国革命的召唤和共产国际的帮助下成立的。共产国际的“二十一条”（“加入共产国际的条件”的简称）深刻影响了各国共产党的组织建制。“二十一条”认为，共产国际“是一个全世界统一的共产党”，是“一个高度集中的组织”，因而各国“共产党只有按照高度集中的方式组织起来，在党内实行铁的纪律，党的中央机关得到全体党员的信任并拥有充分的权力、权威和广泛的职权，才能履行自己的义务”[①]。中国共产党的组织结构在以后的发展中虽然有所变化，但以俄国共产党和共产国际组织结构为其摹本的基本特征则是一贯的。1945 年 4 月，毛泽东在党的七大报告中，将民主集中制的精神概括为“在民主基础上的集中，在集中指导下的民主”，民主集中制的基本原则在党的七大党章中被表述为“党员个人服从所属党的组织，少数服从多数，下级服从上级组织，部分组织统一服从中央”（即著名的“四个服从”）。值得注意的是，党章将党的七大报告中“集中指导下的民主”修改为“集中领导下的民主”。“指导”与“领导”，一字之差，其实是“四个服从”的逻辑必然。从根本上说，共产党旨在彻底改造社会政治、经济结构的使命及其遭遇的来自传统势力的顽强抵抗是其组织建制最重要的约束条件，传统势力越是强大，党的组织结构就越是趋向集权，以便积聚起更加强大的力量制服这个强大的传统势力。

中国共产党成为执政党以后，党的政治环境发生了很大变化，民主集中制的民主一面逐渐受到重视，党内民主的建设有了较为宽松的条件。1956 年，党的八大通过的党章把“集中领导下的民主”又重新改为“集中指导下的民主”，显示了对发展党内民主的某种期待。由于复杂的国内外形势和领袖集权的扩张，这一过程被迫中断。改革开放后，中国共产党对个人专断主义和党内民主生活不正常的制度原因进行了反思，在健全和落实民主集中制方面做了新的努力。从 1992 年党的十四大以来，党章关于民主集中制原则的表述有了一些值得注意的变化。党的十二大通过的党章把民主集中制概括为“在民主的基础上实行高度的集中”，党的十四大通过的党章则回到了党的八大党章的提法，把民主集中制表述为“民主基础上的集中和集中指导下的民主相结合”，仅比党的八大党章多了“相结合”三个字，但强调了民主和集中的内在联系及其相互支持。2002 年，党的十六大党章对民主集中制的表述又进行了局部修改：一是在“总纲”中增加了“加强对党的领导机关和党员领导干部的监督，不断完善党内监督制度”一句；二是在“党的组织制度”一章中在“凡属重大问题”与“由党的委员会集体讨论，作出决定”之间增加了“都要按照集体领导、民主集中、个别酝酿、会议决定的原则”，以强调党委决策的民主性。当然，这个提法在党的八大的党章中也有，但在市场经济迅速成长的新时期，老提法重新植入新党章，别有一番重要意义。

按照党的十八大通过的党章，民主集中制的基本原则是：（1）党员个人服从党的组织，少数服从多数，下级组织服从上级组织，全党各个组织和全体党员服从党的全国代表大会和中央委员会。（2）党的各级领导机关，除它们派出的代表机关和在非党组织中的党组外，均由选举产生。（3）党的最高领导机关，是党的全国代表大会和它所产生的中央委员会。党的地方各级领导机关，是党的地方各级代表大会和它们所产生的委员会。

① 布劳恩塔尔. 国际史：第 2 卷. 上海：上海译文出版社，1986：631 - 641.

党的各级委员会向同级的代表大会负责并报告工作。（4）党的上级组织要经常听取下级组织和党员群众的意见，及时解决他们提出的问题。党的下级组织既要向上级组织请示和报告工作，又要独立负责地解决自己职责范围内的问题。上下级组织之间要互通情报、互相支持和互相监督。党的各级组织要按规定实行党务公开，使党员对党内事务有更多的了解和参与。（5）党的各级委员会实行集体领导和个人分工负责相结合的制度。凡属重大问题都要按照集体领导、民主集中、个别酝酿、会议决定的原则，由党的委员会集体讨论，作出决定；委员会成员要根据集体的决定和分工，切实履行自己的职责。（6）党禁止任何形式的个人崇拜。要保证党的领导人的活动处于党和人民的监督之下，同时维护一切代表党和人民利益的领导人的威信。

2.3.3 中国共产党的政治功能

政党以获取公共权力为目的，现代民主条件下政党最显著的政治功能不外乎集中在这样几个方面：选举动员、控制议会、组织政府、施行政纲，借此维护和实现政党以及政党所代表的阶级的利益。马克思列宁主义政党同样具备一般意义的政党的政治功能，如参加选举、争夺议席、组织和控制政府、推动社会改革等，但由于意识形态的规定（两个“彻底决裂”），它在“进入国家”的道路上面临着既存体制的天然拒斥，这迫使它不得不在体制外发动群众，诉诸暴力手段来摧毁横亘在通往权力之路的障碍。如前所述，在这个过程中，它对宏观理论战略、微观大众动员机制、超凡政治权威、超强组织力量、全面系统控制的高度依赖和运用，最终克服了旧国家的结构性障碍，在社会重组的基础上建立起一个强有力的党政体制。中国共产党的革命建政就是如此。因此，作为马克思列宁主义政党的中国共产党，在革命后的国家，具有西方类型的政党没有或难以拥有的许多功能。这些功能最深刻的含义是，党的所有“执政”行为本质上都是一种“领导”行为，党对整个社会和国家实行的组织、管理、控制和引导，实际上体现了党在公共生活空间的全面的领导权。

“领导”与“执政”是两个重复率且互换使用率极高的概念，从权力的意义上，或者从支配的意义上说，两者是相通的，都指主体所具有的对客体施加影响、控制以达到自己目的的能力和过程，但两者不能简单地等量齐观。“领导”偏重政治性质，是指主体基于其道义、价值和理论上的正当性与公信力去说服、劝导、引领对象的过程；“执政”则偏重法理性质，是指主体基于法律、制度和程序上的“合法性”去要求、规范、支配对象的过程。前者主要发生在社会和公民之中，所针对的是全部社会政治生活。后者主要发生在与公共权力相联系的正式领域，如国家领域中，所针对的是国家政权的运作过程，是取得执政地位的政党以公共权力的强制力为后盾，并以公共权力的名义所采取的行动。正因为公共权力是一种强制力，所以它的使用有严格的限制，表现为执政活动受到宪法和法律的规范和制约。对西方多数政党而言，拥有执政权未必拥有领导权，因为在多元自由主义社会，承认和服从某个政党的执政权，并不意味着其他社会政治集团必然接受其领导权，法律上的服从不等于政治上的认同。对中国共产党而言，它在革命中已经以它卓有成效的宣传、动员和组织在社会政治领域建立起统摄一切的领导权，拥有领导权必然要求执政权，从革命到新中国成立、在政治与法统之间的逻辑就是如此，反过来，拥有执政权亦绝不放弃领导权，只有落实了领导权才有巩固的执政权，这就是党重视意识形态工作和在社会各个层面扩展它的组织网络的原因，也是中国共产党区别于西方政党最重要的特征。

在《中国共产党章程》中，党的全面领导主要规定为六个方面：中国共产党领导人民发展社会主义市场经济；中国共产党领导人民发展社会主义民主政治；中国共产党领导人民发展社会主义先进文化；中国共产党领导人民构建社会主义和谐社会；中国共产党领导人民建设社会主义生态文明；中国共产党坚持对人民解放军和其他人民武装力量的领导。中国共产党在经济、政治、文化、社会、生态文明和军事方面的全面领导，集中而言，又可概括为政治领导、组织领导和思想领导，它们事实上是中国共产党的三大政治功能。

政治领导是指规定国家性质和发展方向，制定国家大政方针、路线和政策，协调政治主体间关系，确立其在权力结构中的核心地位。中国是社会主义国家，是工人阶级领导的以工农联盟为基础的人民民主专政国家，这是中国共产党执掌政权后对国家性质的根本界定。党的政治领导功能表现为，它拥有足够的权威和能力制定和实行中国特色社会主义的大政方针、路线和政策，即以经济建设为中心，坚持四项基本原则，坚持改革开放，解放和发展生产力，把中国建设成为富强民主文明和谐美丽的社会主义现代化强国。党的二十大提出，从现在起，中国共产党的中心任务就是团结带领全国各族人民全面建成社会主义现代化强国、实现第二个百年奋斗目标，以中国式现代化全面推进中华民族伟大复兴。为确保国家的社会主义性质和发展方向、党在国家政治生活中不可动摇的领导地位以及现代化的平稳发展，中国共产党提出“总揽全局，协调各方”的原则。总揽全局，就是要求党的各级组织担负起领导责任，抓方向，议大事，谋大局，集中精力解决好具有全局性、战略性、前瞻性的重大问题；协调各方，就是要求党的各级组织从推动全局工作出发，处理好自己与同级各种组织的关系以及各种组织间的关系，使之各司其职，各负其责，相互配合，达致行动一致。

组织领导是指在国家层面通过建立党的各级组织以及向政权机关推荐党的重要干部，以掌控国家权力，在社会层面通过建立党的各级组织和发挥党组织的领导核心作用，以整合社会力量。作为执政党，中国共产党明确承诺党必须在宪法和法律的范围内活动，坚持科学执政、民主执政、依法执政。党的组织领导功能的基本要求是，党要善于使自己的主张经过法定程序变成国家意志，使党组织推荐的人选经过法定程序成为国家机关的领导人员，从而在制度、法律和人事上保证党的路线、方针和政策得以贯彻执行。在组织领导功能的约束下，中国共产党一方面要支持人大、政府、政协和审判机关、检察机关、监察机关依照法律和章程独立负责、协调一致地开展工作，研究和统筹解决这些机关工作的重大问题，另一方面又要通过这些机关中的党组和党员干部贯彻党的决策、决定和工作部署。在国家政权之外，作为党联系群众和社会的桥梁纽带，工会、共青团、妇联等人民团体也是实现党的组织领导的重要依托。总之，通过遍布国家和社会领域各个方面的组织网络和党员的工作，中国共产党有效地把自己的政治意图落实到国家、地方、基层和民众中。

思想领导是指坚持马克思主义在意识形态领域的指导地位，通过党的意识形态部门和党的理论创新工作，使马克思主义成为国家和社会的主流思想，使共产党的主张为人民所接受并变成人民的自觉行动。人类政治经验表明，任何一个阶级若不能掌握意识形态的领导权，就不能掌握或不能长期掌握国家政权。中国共产党对国家和社会的领导权，除了政治和组织方面的要件保障之外，还需要在思想上建立广泛的社会心理认同，没有这样一个社会心理认同，党的政治领导和组织领导是不牢固的，这就是思想领导功能的意义所在。改革开放以来，人们思想活动的独立性、选择性、多变性和差异性不断增强，在价值日趋多元甚至彼此冲突的情况下，形成和拥有共同的思想基础越来越成为中国共产党面临的重大问题。这个共同的思想基础就是社会主义核心价值体系。党的十七大报告指出，“社会主义核心价值体系是社会主义意识形态的本质体现”。坚持和发展马克思主义的意识形态，建构和维护社会主义核心价值体系，使马克思主义意识形态和社会主义核心价值体系在多元文化的冲突中发挥主导作用，以引导公共舆论，凝聚社会共识，提升公民文化品质，巩固和发展中国特色社会主义，这是中国共产党坚持思想领导权的根本内容和具体体现。

2.4 中国共产党的组织体系

中国共产党的组织体系在不同的历史时期有过变动，但基本结构不变，均由党的中央组织、地方组织、基层组织以及相应的职能机构组成。按党章规定，目前的组织体系如下所述。

2.4.1 党的中央组织

1. 党的全国代表大会

中国共产党全国代表大会及其产生的中央委员会是党的最高领导机关。党的全国代表大会每五年举行一次，由中央委员会召集。中央委员会认为有必要，或者有1/3以上的省一级组织提出要求，全国代表大会可以提前举行；如无非常情况，不得延期举行。全国代表大会代表的名额和选举办法，由中央委员会决定。一般而言，全国代表大会的代表先由各基层单位初步选举，汇总到各系统和各地方党委，再经各系统和各地方党委根据一定程序进行协商平衡，最后由各系统和各地方的党的代表大会决定。代表名额在中央及其直属单位系统、军队系统和地方中按照要求分配。

中国共产党全国代表大会的职权是：(1) 听取和审查中央委员会的报告；(2) 审查中央纪律检查委员会的报告；(3) 讨论并决定党的重大问题；(4) 修改党的章程；(5) 选举中央委员会；(6) 选举中央纪律检查委员会。

由于党的全国代表大会每五年举行一次，在此期间若遇重大问题而中央委员会不能解决时，可以召开党的全国代表会议。中国共产党全国代表会议的职权是：讨论和决定重大问题；调整和增选中央委员会、中央纪律检查委员会的部分成员。党章规定，调整和增选中央委员及候补中央委员的数额，不得超过党的全国代表大会选出的中央委员及候补中央委员各自总数的1/5。

2. 党的中央委员会、中央政治局及其常务委员会、中央委员会总书记

中国共产党中央委员会每届任期五年。全国代表大会如提前或延期举行，中央委员会的任期随之发生相应改变。中央委员会委员或候补委员的名额由全国代表大会决定。中央委员会委员出缺，由中央委员会候补委员按照得票多少依次递补。中央委员会全体会议（即中央全会）由中央政治局召集，每年至少举行一次。在全国代表大会闭会期间，中央委员会执行全国代表大会的决议，领导党的全部工作，对外代表中国共产党。

中央政治局、中央政治局常务委员会和中央委员会总书记，是中国共产党最高决策中枢，由中央委员会全体会议选举。中央委员会总书记必须从中央政治局常务委员会委员中产生。中央政治局和它的常务委员会在中央委员会全体会议闭会期间，行使中央委员会职权。新中国成立初期，中共中央领导体制延续延安时期的体制，中央政治局无常委会之设，中央政治局实行主席和中央书记处负责制，中央政治局主席（同为中央委员会主席和中央书记处主席）和中央书记处主持中央大政和日常工作，中央书记处的性质和功能相当于后来的中央政治局常委会。其后，在中央书记处下设立由秘书长和副秘书长组成的中央秘书长会议，负责协助中央政治局和中央书记处的工作以及中央政治局和中央书记处交议和交办的事项，以减轻中央书记处的负担。1956年，党的八大决定设立中央政治局常委会和成立新的中央书记处，中央书记处遂取代中央秘书长会议，成为中央政治局和中央政治局常委会领导下处理中央日常工作的机构。1982年，党的十二大取消了中央委员会主席、副主席制度，只设中央委员会总书记，并规定总书记是政治局常委会成员之一，负责召集中央政治局会议和中央政治局常务委员会会议，实行集体领导和集体决策。总书记同时主持中央书记处的工作。

由于党的全国代表大会每五年召开一次，中央全会一般一年召开一次，因此中央政治局和它的常务委员会在政治过程中处于极为重要的地位。实际上，总书记是中央政治局和它的常务委员会的核心，常务委员会又是政治局的核心。中央政治局和它的常务委员会、中央委员会总书记事实上是当代中国最重要的政策制定者。对于一般性决策，中央政治局和它的常务委员会即可作出，对于带有路线方针性的或战略性的重大决策，通常要召开中央全会加以讨论和通过。中央全会所作出的决策，一般都是经过中央政治局常委会、中央政治局会议、中央政治局扩大会议或中央工作会议事先讨论和审议的。改革开放以来，特别是近些年来，中央政治局和它的常务委员会的成员多从“封疆大吏”中擢拔，他们独特的地方任职经历和丰富的地方经验使得中央决策更具前瞻性、灵活性和务实性。

中央书记处是中央政治局和它的常务委员会的办事机构，其成员由中央政治局常务委员会提名，中央委员会全体会议通过。

每届中央委员会产生的中央领导机构和中央领导人，在下一届全国代表大会开会期间，继续主持党的经常工作，直到下届中央委员会产生新的中央领导机构和中央领导人为止。具体示例参见表2-1。

表 2-1　新中国成立后历届中央委员会和中央政治局组成人数

职别	届别												
	八届	九届	十届	十一届	十二届	十三届	十四届	十五届	十六届	十七届	十八届	十九届	二十届
中央委员会	193	279	319	333	348	285	319	344	356	371	376	376	376
中央委员	97	170	195	201	210	175	189	193	198	204	205	204	205
中央候补委员	96	109	124	132	138	110	130	151	158	167	171	172	171
中央政治局	23	25	25	26	28	18	22	24	25	25	25	25	24
中央政治局委员	17	21	21	23	25	17	20	22	24	25	25	25	24
中央政治局候补委员	6	4	4	3	3	1	2	2	1	0	0	0	0
中央政治局常务委员	6	5	9	5	6	5	7	7	9	9	7	7	7

注：本表采用的数据为新中国成立后历届党的一中全会选举产生的领导人人数，没有包括两次代表大会期间出现的人事变化。

3. 党的中央纪律检查委员会

党的中央纪律检查委员会履行党的最高纪律检查机关（国家最高监察机关）职责，由党的全国代表大会选举产生，在党的中央委员会领导下进行工作，任期与党的中央委员会相同。中央纪律检查委员会全体会议，选举常务委员会和书记、副书记，并报党的中央委员会批准。中央纪律检查委员会根据工作需要，可以向中央一级党和国家机关派驻党的纪律检查组。纪律检查组组长参加驻在单位党的领导组织的有关会议。他们的工作必须受到该单位党的领导组织的支持。

从中央到地方，党的各级纪律检查委员会的主要任务是：维护党的章程和其他党内法规，检查党的路线、方针、政策和决议的执行情况，协助党的委员会推进全面从严治党、加强党风建设和组织协调反腐败工作，推动完善党和国家监督体系。党的各级纪律检查委员会的职责是监督、执纪、问责，要经常对党员进行遵守纪律的教育，作出关于维护党纪的决定；对党的组织和党员领导干部履行职责行使权力进行监督、受理处置党员群众检举举报，开展谈话提醒；检查和处理党的组织和党员违反党的章程和其他党内法规的比较重要或复杂的案件，决定或取消对这些案件中的党员的处分；进行问责或提出责任追究的建议；受理党员的控告和申诉；保障党员的权利。

为加强对所有行使公权力的公职人员的监督，实现国家监察全面覆盖，深入开展反腐败工作，根据《中华人民共和国宪法》和《中华人民共和国监察法》，2018 年 3 月成立国家监察委员会。国家监察委员会及以下各级监察委员会是行使国家监察职能的专责机构，不是党的纪律检查机构，但是，国家监察委员会是在党的直接领导下，代表党和国家对所有行使公权力的公职人员进行监督，实际上是党和国家实现自我监督的政治机关。国家监察委员会同党的中央纪律检查委员会合署办公，履行纪检、监察两项职能，是“一套人马，两块牌子”①。

4. 党的中央军事委员会

中国共产党对武装力量的拥有和领导是中国革命和中国政治的特质之一。在长期的武装革命斗争中，中国共产党直接指挥武装力量，形成了特殊的军事领导体制和党内的军事领导机关。在不同时期，中国共产党的军事领导机关先后有不同的名称，如中共中央军事部（1925年）、中共中央军事委员会（1930年）、中华苏维埃共和国中央革命军事委员会（1931年）、中共中央革命军事委员会（1937年）、中共中央军事委员会（1945年）。1949年新中国成立，中共中央军事委员会改称中国人民革命军事委员会。根据《共同纲领》和《中央人民政府组织法》，中央人民政府人民革命军事委员会成立，负责统一管辖和指挥全国的人民解放军和其他武装力量。中央人民政府人民革命军事委员会成立后，中国人民革命军事委员会停止工作，其组织、管理和指挥系统纳入中央人民政府委员会的国家政权体系。事实上，中国共产党并未放弃对军队的领导，这种领导主要体现为：一是直接由中共中央政治局和书记处决定有关军事工作的大政方针；二是通过中共党员在国家军委构成中占绝对多数来实现党对军队的控制和指挥。1954年，新中国颁布第一部宪法，规定国家主席统率全国武装力量，并担任具有军事咨询性质的国防委员会主席。同年，中共中央重新成立中央军事委员会。作为中国人民解放军和其他武装力量的最高领导机关，中共中央军事委员会的名称和体制从此稳定下来并延续至今。按照党章，中央军委组成人员由党的中央委员会决定。毛泽东、华国锋、邓小平、江泽民、胡锦涛先后担任党的中央军委主席，中央军委现任主席是习近平。

自2016年全面深化国防和军队改革以来，中央军委对领导管理体制和联合作战指挥体制进行一体化设计，军委机关实行多部门制，突出各部门隶属中央军委的性质。原来的“总部领导机关”变成“军委办事机关”。中央军委总部体制的改革把坚持军委主席负责制、强化党对军队的绝对领导作为核心原则和根本要求，从政治上、战略上对军队整体组织架构进行重塑。通过调整军委总部体制，转变军委机关职能定位，减少领导层级，各职能部门直接对军委主席和军委负责，成为保障军委主席和军委实施战略指挥和战略管理的参谋机关、执行机关、服务机关。这一体制的设计和制度安排，进一步强化了军委主席负责制，强化了军委集中统一领导，使军队最高领导权和指挥权集中于党中央、中央军委和军委主席。

中共中央组织结构如图2-1所示。

2.4.2　党的地方组织

中国共产党的地方组织按地方行政区域设置，即按照省、自治区、直辖市，设区的市和自治州，县（旗）、自治县、不设区的市和市辖区等不同层级地方行政区划建立与之

① 肖培诠释国家监察委员会与中纪委关系：“一套人马两块牌子”.（2017-01-09）.中国共产党新闻网.

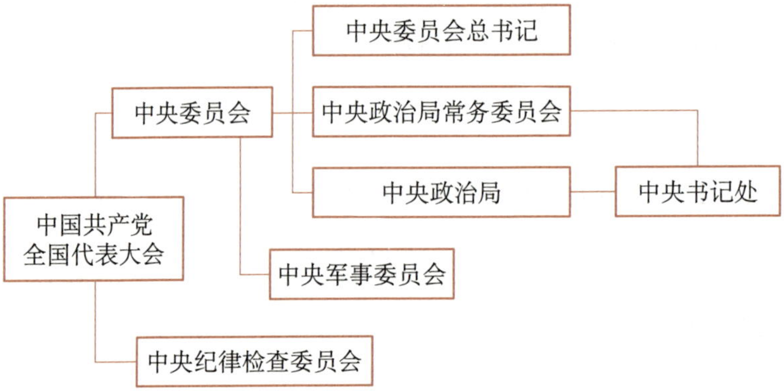

图 2-1　中共中央组织结构图

相应的党组织。党的地方组织包括党的地方各级代表大会、党的地方各级委员会及其常务委员会、党的地方各级纪律检查委员会。

1. 党的地方各级代表大会

党的地方各级代表大会每五年举行一次，由同级党的委员会召集。在特殊情况下，经上一级委员会批准，可以提前或延期举行。党的地方各级代表大会是党的地方各级领导机关。党的地方各级代表大会由选举产生的代表组成，代表的名额和选举办法由同级党的委员会决定，并报上一级党的委员会批准。党的地方各级代表大会的职权是：（1）听取和审查同级委员会的报告；（2）审查同级纪律检查委员会的报告；（3）讨论本地区范围内的重大问题并作出决议；（4）选举同级党的委员会，选举同级党的纪律检查委员会。

2. 党的地方各级委员会及其常务委员会

党的地方各级委员会由同级党的代表大会选举产生，是同级党的代表大会闭会期间党的地方领导机关。党的地方各级委员会每届任期五年。党的地方各级代表大会如提前或延期举行，由其选举的委员会的任期亦随之相应改变。根据党章，党的地方各级委员会的委员和候补委员的名额，分别由上一级委员会决定。党的地方各级委员会委员出缺，由候补委员按照得票多少依次递补。在党的地方各级代表大会闭会期间，党的地方各级委员会的主要职责是：执行上级党组织的指示和同级党代表大会的决议，领导本地方的工作，负责在本地方贯彻执行党的路线、方针、政策和国家的法律法规，定期向上级党的委员会报告工作。党的地方各级委员会全体会议每年至少召开两次。

党的地方各级委员会的常务委员会和书记、副书记由同级委员会全体会议选举产生，并报上级党的委员会批准。党的地方各级委员会的常务委员会，定期向委员会全体会议报告工作，接受监督，在委员会全体会议闭会期间，行使委员会职权，执行上级党组织的指示和委员会全体会议的决议，处理日常党务政务，包括负责召集委员会全体会议，对委员会全体会议将讨论的事项进行审议和提出意见；负责实施委员会全体会议通过的决议以及上级党委的指示；对本地方政治、经济、文化等公共事务的重要问题作出决策；对同级地方国家机关、人民团体、经济组织、文化组织和其他非党组织的领导机关中的党组提请决定的重大问题作出决策；负责审批权限范围内的干部的提名、任免、奖惩；

以党委的名义向上级党组织请示报告工作；向所辖党组织发布指示、通知、通报，以及其他必须由常委会决定的重要事项。

3. 党的地方各级纪律检查委员会

党的地方各级纪律检查委员会，由同级党的代表大会选举产生，每届任期和同级党的委员会相同。地方各级纪律检查委员会在同级党的委员会和上级纪律检查委员会双重领导下进行工作，既是同级党委领导下的一个机关，也是党的纪律检查系统中的一个组成部分。地方各级纪律检查委员会的常务委员会和书记、副书记由地方各级纪律检查委员会全体会议选举产生，并由同级党的委员会通过，报上级党的委员会批准。

党章规定，各级纪律检查委员会对于处理特别重要或复杂的案件中的问题和处理的结果，须向同级党的委员会报告。党的地方各级纪律检查委员会和基层纪律检查委员会要同时向上级纪律检查委员会报告。各级纪律检查委员会如发现同级党的委员会委员有违犯党纪行为，可以先进行初步核实，如需立案检查的，应报同级党的委员会批准，涉及常务委员的，经报告同级党的委员会后报上一级纪律检查委员会批准。为保证纪律检查机关充分行使纪律检查的监督权和执行权，党章还规定，上级纪律检查委员会有权检查下级纪律检查委员会的工作，有权批准和改变下级纪律检查委员会对于案件所作的决定。如果所要改变的该下级纪律检查委员会的决定，已经得到其同级党的委员会的批准，则这种改变还须经过它的上一级党的委员会批准。党的地方各级纪律检查委员会和基层纪律检查委员会如果对同级党的委员会处理案件的决定有不同意见，可以请求上一级纪律检查委员会予以复查；如果发现同级党的委员会或它的成员有违犯党的纪律的情况，在同级党的委员会不给予解决或不给予正确解决的时候，有权向上级纪律检查委员会提出申诉，请求协助处理。

2.4.3 党的基层组织

按照党章规定，在企业、农村、机关、学校、医院、科研院所、街道社区、社会组织、人民解放军连队和其他基层单位，凡是有正式党员三人以上的，都应当成立党的基层组织。党的基层组织，根据工作需要和党员人数，经上级党组织批准，分别设立党的基层委员会、总支部委员会、支部委员会。基层委员会由党员大会或代表大会选举产生，总支部委员会和支部委员会由党员大会选举产生。党的基层委员会、总支部委员会、支部委员会每届任期三年至五年。基层委员会、总支部委员会、支部委员会的书记、副书记选举产生后，应报上级党组织批准。

党的基层组织的基本任务是：（1）宣传和执行党的路线、方针、政策，宣传和执行党中央、上级组织和本组织的决议，发挥党员的先锋模范作用，积极创先而优，团结、组织党内外的干部和群众，努力完成本单位所担负的任务。（2）组织党员学习党的理论和指导思想，学习党的路线、方针、政策和决议，学习党的基本知识，学习科学、文化、法律和业务知识。（3）对党员进行教育、管理、监督和服务，提高党员素质，增强理想信念，增强党性，严格党的组织生活，开展批评和自我批评，维护和执行党的纪律，监督党员切实履行义务，保障党员的权利不受侵犯。（4）密切联系群众，经常了解群众对党员、党的工作的批评和意见，维护群众正当权利和利益，做好群众的思想政治工作。（5）充分发挥党员和群众的积极性创造性，发现、培养和推荐他们中间的优秀人才，鼓励和支持他们在改革开放和社会主义现代化建设中贡献自己的聪明才智。（6）教育和培养要求入党的积极分子，做好经常性的发展党员工作。（7）监督党员干部和其他任何工作人员严格遵守国家法律法规，严格遵守国家的财政经济法规和人事制度，不得侵占国家、集体和群众的利益。（8）教育党员和群众自觉抵制不良倾向，坚决同各种违纪违法行为作斗争。

由于党的基层组织设置在不同类型的基层单位，党章专门对这些基层组织的基本任务和工作重点作了规定：（1）街道、乡、镇党的基层委员会和村、社区党组织，领导本地区的工作，支持和保证行政组织、经济组织和群众性自治组织充分行使职权。（2）国有企业和集体企业中党的基层组织，围绕企业生产经营开展工作。保证监督党和国家的方针、政策在本企业的贯彻执行；支持股东会、董事会、监事会和经理（厂长）依法行使职权；全心全意依靠职工群众，支持职工代表大会开展工作；参与企业重大问题的决策；加强党组织的自身建设，领导思想政治工作、精神文明建设、统一战线工作和工会、共青团、妇女组织等群众组织。（3）非公有制经济组织中党的基层组织，贯彻党的方针政策，引导和监督企业遵守国家的法律法规，领导工会、共青团等群众组织，团结凝聚职工群众，维护各方的合法权益，促进企业健康发展。（4）社会组织中党的基层组织，宣传和执行党的路线、方针、政策，领导工会、共青团等群团组织，教育管理党员、引领服务群众、推动事业发展。（5）实行行政领导人负责制的事业单位中党的基层组织，发挥战斗堡垒作用。实行党委领导下的行政领导人负责制的事业单位中党的基层组织，对重大问题进行讨论和作出决定，同时保证行政领导人充分行使自己的职权。（6）各级党和国家机关中党的基层组织，协助行政负责人完成任务，改进工作，对包括行政负责人在内的每个党员进行教育、管理监督，不领导本单位的业务工作。

2.4.4 党的领导机关的派出机构

根据党章规定，党的中央和地方各级委员会可以派出代表机关。

1. 工作委员会

在2018年党和国家机构改革之前，党的中央委员会派出的机关主要有：中国共产党中央直属机关工作委员会（中直机关工委）和中国共产党中央国家机关工作委员会（中央国家机关工委）。（1）中国共产党中央直属机关工作委员会领导中央直属机关的工作，其职能包括：负责制定中央直属机关党的建设规划，指导中央直属机关各级党组织的思想建设、组织建设和作风建设，做好党员的管理和党内法规教育工作；审批中央直属机关各机关党委和机关纪委领导班子的组成及书记、副书记的职务任免；指导中央直属机关各级党组织的党风廉政建设，实施对党员特别是党员领导干部的监督，及时向中央反映中直机关部、委、办、局领导班子和领导干部的情况；完成党中央交办的其他任务。（2）中国共产党中央国家机关工作委员会领导中央国家机关的工作，其职能包括：提出中央国家机关党的建设规划，指导国家机关各级党组织的思想建设、组织建设和作风建设，做好党员的管理教育工作；审批国家机关各机关党委和机关纪委领导班子的组成及书记、副书记的职务任免；指导中央国家机关各级党组织的党风廉政建设，实施对党员特别是党员领导干部的监督，及时向中央反映国家机关部、委、办、局领导班子和领导干部的情况；执行中央交办的其他任务。2018 年 3 月，为了加强中央和国家机关党的建设，落实全面从严治党要求，深入推进党的建设，统一部署中央和国家机关党建工作，根据中央《深化党和国家机构改革方案》，中央直属机关工作委员会和中央国家机关工作委员会的职责实行整合，组建了中央和国家机关工作委员会，作为党中央派出机构。

党的地方委员会派出的机关分别是各省、直辖市、自治区和省辖市的机关工作委员会，机关工作委员会根据省、直辖市、自治区和省辖市的党委授权，领导直属机关党的工作。

党的地区委员会和相当于地区委员会的组织，是党的省、自治区在几个县、自治县、市范围内派出的代表机关，根据省、自治区委员会的授权，领导本地区的工作。改革开放以来，由于大量地区改为设区的市，故这种地区工作委员会已大大减少。

2. 党组

党组是中国共产党为保证在各种非党领导机关中实现党的领导而设立的一种具体组织形式。党组最初称"党团"，1927 年，党的五大党章对党团作了专门规定；抗日战争时期，在共产党领导的山东、陕甘宁根据地，党团进入政府内部；1945 年，党的七大党章将党团改为党组，并规定了党组设置的范围与职能。1949 年 10 月中华人民共和国成立，同年 11 月中共中央作出《关于在中央人民政府内建立中国共产党党组的决定》，党组制度逐步在全国各地政权机关和人民团体等非党机构中推开。1987 年，党的十三大一度进行取消从中央到地方各级政府中的党组的试验，以解决以党代政问题。1989 年以后，中国共产党汲取经验教训，以更加审慎的态度对待政治体制改革，回到了党的领导是政治领导、思想领导和组织领导三位一体的传统路径，党组制度得以重新恢复。

现行党章规定："在中央和地方国家机关、人民团体、经济组织、文化组织和其他非党组织的领导机关中，可以成立党组。党组发挥领导作用。"按此，设立党组的地方第一是中央和地方国家机关，主要包括县以上的各级人民代表大会及其常务委员会、政治协商会议、人民政府及其工作部门和人民法院、人民检察院，新组建的监察委员会不设党组，因为它本质上就是党的工作机构，不是行政机构或司法机构；第二是人民团体，如工会、妇联、共青团等群众组织；第三是经济组织，主要指那些由政府管理的银行、信托投资公司等金融机构、基金会等；第四是文化组织，一般指全国性或区域性的设有专门领导机关和工作机构的文化团体，如全国和各地文联、作协、社科联等。在这些单位设立党组是为了加强党对各方面工作的领导，保证党的路线、方针、政策的贯彻落实，保证各方面工作在党的统一领导下协调进行。党主要是通过设在这些非党机构的领导机关的党组来实现对这些组织的领导。党组成员一般都具有行政负责人的身份。

党组和一般的党组织（如党委、总支）的区别是：（1）党组不是选举产生的，其组成人员包括书记、副书记都是由批准它成立的党的委员会决定的。（2）党组不能直接发展或批准接收党员。（3）党组不直接召开党的代表大会或党代表会议，也不选举出席上级党代表大会的代表。(4) 党组不是一级党委，而是上级党委在非党组织中的派出机关，党组必须服从批准它成立的党组织的领导，代表上级党组织指导本机关和直属组织内党的工作。党组的任务，主要是负责贯彻执行党的路线、方针、政策；加强对本单位党的建设的领导，履行全面从严治党责任；讨论和决定本单位的重大问题；做好干部管理工作；讨论和决定基层党组织设置调整和发展党员、处分党员等重要事项；团结党外干部和群众，完成党和国家交给的任务；领导机关和直属单位党组织的工作。

2.4.5 中央领导小组

中央领导小组是一个未见诸党章所载的正式制度架构，却广泛存在于党和国家政治运作过程，发挥着决策、议事、协调等功能的极为重要和特殊的机构设置。中央领导小组是中国共产党实现对国家和社会全面领导的方式之一，是党和国家最高领导人和负责形成信息并执行政策的主要机构之间的桥梁。作为相关职能领域顶层的每一个领导小组，都领导着一批党、政、军机构。中国政治生活中的所谓“归口管理”，一般都是通过党的领导小组制度来实现的。①

一般认为，中央领导小组正式产生于 1958 年 6 月 10 日。这是因为当日中共中央发出了《关于成立财经、政法、外事、科学、文教小组的通知》，该通知宣布：“党中央决定成立财经、政法、外事、科学、文教各小组。这些小组是党中央的，直隶中央政治局和书记处，向它们直接做报告。大政方针在政治局，具体部署在书记处。只有一个‘政治设计院’，没有两个‘政治设计院’。大政方针和具体部署，都是一元化，党政不分。具体执行和细节决策属政府机构及其党组。对大政方针和具体部署，政府机构及其党组有建议之权，但决定权在党中央。政府机构及其党组和党中央一同有检查之权。”② 可见，设立中央领导小组，是计划经济时期党的一元化领导的需要，反映了政治生活的高度集权和制度建构的党政合一两种趋势的加强。

党的十三大以后，在机构改革和党政分开思路的影响下，中共中央机构经历了较大规模的调整，中央领导小组也纳入改革的范围。1987 年 12 月，中央政治局第二次会议批准了中央机构改革领导小组《关于党中央、国务院机构改革方案的报告》和中央书记处制定的关于《党中央直属机构改革实施方案》。此次改革的主要做法是：“撤销与国务院职能部门重叠的领导小组和办事机构；合并业务相近的事业单位；明确直属工作机构的职能，精简内部人员。”③ 在中共中央机构改革方案中，保留中央外事领导小组、中央对台工作领导小组；撤销中央保密委员会；保留中央财经领导小组，撤销其下属的办公

---

① 周望. 中国“小组机制”研究. 天津：天津人民出版社，2010：13；李侃如. 治理中国：从革命到改革. 北京：中国社会科学出版社，2010：50；杨光斌. 中国政府与政治导论. 北京：中国人民大学出版社，2003：127-128.

② 中共中央组织部，中共中央党史研究室，中央档案馆. 中国共产党组织史资料：第 9 卷. 北京：中央党史出版社，2000：628；中共中央文献研究室. 建国以来毛泽东文稿：第 7 册. 北京：中央文献出版社，1998：268-269.

③ 杨光. 改革开放以来中共中央组织机构是怎样调整的. 北京日报，2010-08-23.

室；撤销中央政法委员会，设立中央政法协调小组；增设中央意识形态协调小组，统一协调对内对外宣传工作；撤销对外宣传小组。[①]

1989年以后，中共中央工作机构发生了一些变化，一些被撤销的小组或委员会重新恢复，同时成立了一些新的小组。党的十四大以后，为适应社会主义市场经济体制的要求，中共中央工作机构启动了新一轮的调整。1993年3月，党的十四届二中全会审议通过了《关于党政机构改革的方案》。随后，中央发出《关于印发〈关于党政机构改革的方案〉和〈关于党政机构改革方案的实施意见〉的通知》。在这个方案中，调整后保留的中央领导小组及委员会有12个，分别是：中央财经领导小组、中央对台工作领导小组、中央机构编制委员会、中央外事工作领导小组、中央农村工作领导小组、中央党的建设工作领导小组、中央宣传思想工作领导小组、中央党史领导小组、中央社会治安综合治理委员会、中央保密委员会、中央密码工作领导小组、中央保健委员会。这些领导小组和委员会是否设立办事机构，视任务性质、职能类别、活动形式、事务同异程度而定。党的十五大后，中共中央工作部门继续进行机构调整，新设立了一些领导小组，和以上所述经调整后的领导小组一起形成了目前的中共中央直属议事协调机构的基本格局，其中比较知名的包括：中央维护稳定工作领导小组（1998年）、中央国家安全领导小组（2000年）、中央巡视工作领导小组（2003年）、中央全面深化改革领导小组（2013年）、中央网络安全和信息化领导小组（2014年）等。为了进一步加强党中央的集中统一领导，强化决策协调体制的科学化和规范化，一些领导小组又改为委员会，如中央国家安全领导小组改为中央国家安全委员会（2013年），中央全面深化改革领导小组改为中央全面深化改革委员会（2018年），中央网络安全和信息化领导小组改为中央网络安全和信息化委员会（2018年）等。

本章小结

中国共产党是理解现当代中国政治的一把钥匙。本章首先考察了中国共产党的诞生背景和历史发展的四个阶段——它们可以被归入“革命”、“建设”和“改革”三大主题之中。特殊的国情背景不但使中国的政党不同于西方的选举型政党，而且也使中国革命不同于西欧和俄国的工人革命。

意识形态和组织一直是现代政党分析的两个基本维度，这一点也同样适用于中国共产党，它们构成了本章第二节和第三节的叙述主题。关于意识形态，有两点特别重要：第一，中国共产党是按照马克思列宁主义原理组建的政党；第二，中国共产党人善于将马克思主义与中国革命、建设和改革的实践结合起来，不断与时俱进，将马克思主义中国化。在组织方面，民主集中制是中国共产党的基本原则，体现于组织体系、结构设置以及运作机制之中。

① 周望．中国“小组机制”研究．天津：天津人民出版社，2010：28.

关键术语

马克思主义　阶级斗争　共产国际　意识形态　武装斗争　农村包围城市　民主集中制　纪律　中央政治局　中央政治局常务委员会　中央书记处　中央委员会总书记

复习思考题

1. 为什么说中国共产党是一个意识形态特征极其鲜明的政党？意识形态对于中国共产党的政治建设、组织建设和思想建设具有何种特殊意义？如何深刻影响和规定了中国共产党的组织特性和组织原则？

2. 如何理解中国共产党的政党功能最深刻的含义是，党的所有“执政”行为本质上都是一种“领导”行为，党对整个社会和国家实行的组织、管理、控制和引导，实际上体现了党在公共生活空间的全面的领导权？

3. 请结合中国党政体制的运作实践，谈谈你对党章未见载入却广泛存在于党和国家政治过程的一项机构设置——中央领导小组——的认识和理解。为什么说中央领导小组在党和国家政治决策、议事、协调等方面具有极为重要和特殊的功能？

第3章
人民代表大会制度

《宪法》第一条规定，“中华人民共和国是工人阶级领导的、以工农联盟为基础的人民民主专政的社会主义国家”；《宪法》第二条规定，“中华人民共和国的一切权力属于人民。人民行使国家权力的机关是全国人民代表大会和地方各级人民代表大会”。因此，解析党政体制首先要说明中国共产党与人民代表大会制度之间的关系。

在这一章中，我们将追溯人民代表大会制度的产生、发展及运作，分析人民代表大会制度在党政体制架构中的功能定位，说明为什么作为最高国家权力机关的全国人民代表大会长期以来的实际地位与宪法文本的规定还有相当的距离。在此基础上，考察改革开放以来人民代表大会制度如何随着外部环境的变化而不断调适，在自我完善的过程中逐步缩短理想与现实之间的距离。

3.1 人民代表大会制度概述

3.1.1 人民代表大会制度的产生和发展

人民代表大会制度是指以人民代表大会为核心和主要内容的国家政权组织形式。它不仅包括人民代表大会这个组织本身，还包括人民代表大会与政党、公民和其他国家机关之间的关系。①

在人民代表大会制度产生之前，中国共产党曾经尝试过多种代议机关形式。早在大革命时期，中国共产党就在领导工人运动和农民运动的过程中建立了罢工工人代表大会和委员会、农民代表大会和农民协会。1927 年 3 月，上海工人举行第三次武装起义，由

① 蔡定剑. 中国人民代表大会制度. 2 版. 北京：法律出版社，1998：26－27.

工会和各民众团体选出市、区两级市民代表大会。这些早期的政权组织形式为其后人民民主专政的实践积累了许多有益的经验。

大革命失败后，中国共产党发动了武装起义，建立农村革命根据地，并在根据地建立了工农苏维埃政权，1931 年和 1934 年还先后召开了第一次和第二次全国苏维埃代表大会。苏维埃代表大会制度借鉴了巴黎公社“议行合一”的组织形式和苏俄苏维埃双层委托制、代表兼职等构建原则①，成为人民代表大会制度的雏形，也奠定了人民代表大会制度的基本框架。

全民族抗战爆发后，为团结全国一切抗日力量，中共中央取消了中华苏维埃共和国的称号，并将边区的工农民主专政性质的政权转化为抗日民族统一战线性质的政权，建立了边区参议会制度，参议会是边区最高权力机关，经普选直选产生，拥有选举、罢免、创制、复决、督促、检查、弹劾等权力，已初步具备新中国成立后人民代表大会的基本职能。为保证抗日各阶层具有平等参与的权利，参议会采取“三三制”原则，即共产党员、非党左派进步分子和中间派各占 1/3，改变了苏维埃时期清一色的人员构成；参议会选举还注意男女平等、民族平等的原则，为人民代表大会制度的建立积累了丰富的经验。

解放战争时期，为了对抗蒋介石的国民大会，新老解放区逐步建立了各级人民代表会议制度。人民代表会议与人民代表大会的主要区别在于，人民代表会议不是由普选产生，而是由各地、各团体推选产生。它也是地方人民政府传达政策、征求人民群众意见的协议机构。省市各界人民代表会议休会期间，分别设立各界人民代表会议协商委员会，作为常设机关。②

1949 年 10 月中华人民共和国成立时，因各方面条件的限制，作为国家根本政治制度的人民代表大会制度并没有与之同步诞生。当时，中国人民政治协商会议代行全国人民代表大会的职权。与此同时，人民代表会议继续存在。人民代表会议是参议会制度的替代形式和人民代表大会的过渡形式，为人民代表大会制度的产生创造了条件，起着承上启下的作用。③

1952 年 11 月，根据斯大林的建议，中共中央决定提前召开全国人民代表大会，立即筹备普选，制定宪法。1954 年 9 月 15 日，第一届全国人民代表大会第一次会议召开，会议通过了新中国第一部宪法，对人民代表大会制度作出了具体规定，以根本法的形式确立了其在国家政治生活中的重要地位，这标志着人民代表大会制度的正式建立。

从 1954 年开始至今，人民代表大会制度的发展大致经历了三个阶段。

1. 探索阶段（1954—1957 年）

这一时期，由于人民代表大会制度刚刚建立，还处于摸索阶段，不可避免地存在不成熟、不完善的地方。但这一时期各级人民代表大会的工作和建设还是得到了健康发展。

---

① 何俊志. 作为一种政府形式的中国人大制度. 上海：上海人民出版社，2013：32-34.

② 刘政. 解放战争时期的人民代表会议制度. 吉林人大工作，2007（1）.

③ 李格. 论“人民代表会议”制度. 中共党史研究，2010（10）.

全国人民代表大会在制定法律法规、决定国家重大问题、监督“一府两院”工作等方面都取得了很大成绩，人民代表大会自身在建立健全全国人大及其常委会的组织体系、工作程序和工作制度方面也进行了积极探索。这些探索也为1979年以后的改革提供了最初的基本思路。

2. 曲折发展和破坏阶段（1957—1979年）

1957年反右派斗争扩大化，人民代表大会制度遭到严重削弱，人大及其常委会的工作难以正常展开。立法职能基本趋于停顿，第二届和第三届全国人大及其常委会没有制定一项国家法律；人大的决定权被党的决定权所取代，人大的监督权也流于形式，甚至连形式都没有。全国人大及其常委会的工作程序和工作制度也遭到破坏，正常的会期都不能保证。1966年“文化大革命”开始后，人民代表大会制度遭到进一步破坏，基本上名存实亡。这一时期的中国出现了一种双层代议体系：在地方层面，革命委员会取代了人民代表大会和人民委员会（政府）；在国家层面，又保留了形同虚设的全国人大常委会，必要时可以通过启动全国人民代表大会来贯彻党的意志。①

3. 恢复和完善阶段（1979年至今）

1976年粉碎“四人帮”后，经历了两年多的停顿。1979年，随着宪法、选举法和地方组织法的修订，人民代表大会制度才正式开始恢复，并进入新的发展阶段。经过40多年的发展，人民代表大会在制度建设方面取得了巨大的成绩，其中，最主要的成就是县以上各级人大常委会的设立及其职权的扩展、各级人大下设专门委员会的强化，以及人大运作机制的不断创新。

3.1.2 人民代表大会制度的性质、地位与职权

1. 人民代表大会制度的性质

人民代表大会制度从性质上讲是国家的根本政治制度。所谓“根本”，可以从两个方面来加以理解：（1）这一制度在我国政治制度体系中居于核心地位，决定着国家的其他制度和政治生活的各个方面，其他制度都是由人民代表大会通过立法创制出来的，都要受其统领和制约。（2）这一制度反映了国家的本质，从根本上实现了人民当家作主的权利。它意味着权力来源于人民，人民通过代议的方式来行使权力。因此作为代议制的一种形式，人民代表大会与西方的议会具有同样的功能，都是民意机关和立法机关。

从党政体制的角度观察，人民代表大会制度具有重要的功能：第一，政权合法化。斯大林在建议中国共产党及早召开全国人民代表大会时就特别强调这一点，认为中国没有召开人大和制定宪法，敌人可以用两种方法进行攻击：一是说没有进行选举，政府不是选举产生的；二是说没有宪法，政协不是选举产生的，《共同纲领》不是全民代表通过的。②

---

① 第四届全国人大一次会议召开时，人大代表不是由选举产生，而是由各省、自治区、直辖市的革命委员会和军队推选产生。参见：何俊志. 从苏维埃到人民代表大会制. 上海：复旦大学出版社，2011：164.

② 李格. 人民政协在第一届全国人大召开前后职能和组织的变化. 中共党史研究，2009（9）.

第二，将党的路线、方针和政策转化为国家法律，实现党对国家事务的政治领导。按照使命型政党的逻辑，党的路线、方针和政策最充分地体现了最广大人民群众的根本利益，与人民的意志是有机统一的。但是，党只有通过人大，并依照法定的程序，才能使自己的路线、方针和政策体现于国家的宪法和法律之中，成为全国人民共同遵守的法律规范，从而实现党对整个国家的政治原则、政治方向的领导。

第三，将党的干部输送到国家的领导岗位，有效行使党的执政权。党的十八届四中全会指出，党要善于使党组织推荐的人选通过法定程序成为国家政权机关的领导人员，这个法定程序就是人大的选举、决定或任命等相关程序。

2. 人民代表大会制度的地位

"全国人民代表大会是最高国家权力机关"，《宪法》第五十七条明确规定了人民代表大会的法律地位。但是，在具体研究人民代表大会的地位时，不能仅仅看法律条文的规定，更要看它在国家政治生活中的实际地位。事实上，人大的实际地位需要通过它与其他权力主体的关系来加以确定，其中，人大与党、人大与"一府一委两院"的关系尤为重要。

（1）人大与党的关系。根据宪法，全国人民代表大会是最高国家权力机关，行使国家立法权；它所制定的法律具有强制性，党必须在宪法和法律框架内进行活动。全国人民代表大会有权监督宪法和法律的实施。在实际的政治运作中，人民代表大会要接受党的政治领导。

（2）人大与"一府一委两院"的关系。这一关系在法律上是非常清楚的，从中央到地方的各级权力体系中，人大的地位是最高的，"一府一委两院"的权力均由人民代表大会授予。人民代表大会与"一府一委两院"之间的关系是监督与被监督的关系，后者必须对前者负责。

需要注意的是，同人大与"一府两院"的关系相比，人大与"一委"——国家监察委的关系有其自身的特点。尽管国家监察委的监察权源于人大监督权，但人大监督与国家监察委监察在具体运行中存在重合之处，因此，需要进一步界定两者权力作用的具体对象范围，一方面保证人大的监督权在效力上高于国家监察委的监察权，另一方面又要保证人大监督权与国家监察委的监察权之间的相互衔接，协调运行，最终形成监督合力，为国家治理体系和治理能力现代化提供有效的监督体制保障。①

3. 人民代表大会的职权

按照宪法和法律，人民代表大会及其常委会的职权各有十几项，归纳起来可以分为四类：立法权、决定权、人事任免权和监督权。

（1）立法权。这是人民代表大会最主要，也是最重要的职权。它指的是全国人大及其常委会依照法定程序制定、修改和补充法律的权力。按照《宪法》第五十八条的规定，立法权是全国人大及其常委会的一项专有权力。具体言之，包括三个方面：第一，修改宪法和监督宪法实施的权力。第二，制定和修改国家基本法律，涉及社会生活各个方面

---

① 靳海婷．论人大监督权与监察委监察权之关系、界限与衔接．华侨大学学报（哲学社会科学版），2018（5）．

的刑事和民事方面的法律；规定国家机构的各种组织法。第三，授权立法。全国人大及其常委会授权国务院或地方人大制定针对特定事项的相关法律。

（2）对国家重大事项的决定权。这是人民代表大会制度作为国家权力机关最典型的体现。宪法明确列举了全国人大及其常委会行使决定权的范围。全国人大有权审查和批准国民经济和社会发展计划和计划执行情况的报告；批准省、自治区和直辖市的建置；决定特别行政区的设立及其制度；决定战争与和平问题；等等。

在全国人大闭会期间，全国人大常委会有权审查和批准国民经济和社会发展计划、国家预算在执行过程中所必须作的部分调整方案；决定同国外缔结的条约和重要协定的批准和废除；规定军人和外交人员的衔级制度和其他专门衔级制度；规定和决定授予国家的勋章和荣誉称号；决定特赦；决定战争状态的宣布；决定全国总动员或者局部总动员；决定全国或个别省、自治区、直辖市进入紧急状态；全国人大授予的其他职权；等等。

（3）人事任免权。人事任免权是指各级人民代表大会及其常委会对国家机关领导人员及其组成人员进行选举、任命、罢免、免职、撤职的权力。它既是一项组织国家机关的权力，也是监督国家机关领导人的手段，因此人事任免权和监督权是交叉的，它反映了人大和其他国家机关之间的主从关系。

（4）监督权。监督权是指各级人民代表大会及其常委会为保证宪法、法律的实施和维护人民的根本利益，防止行政、司法机关滥用权力，通过法定的方式和程序，对由它产生的国家机关实施检查、调查、督促、纠正和处理的强制性权力。

3.2 人民代表大会制度的组织体制与运行

3.2.1 人民代表大会的组织体制

人民代表大会的组织体制可以从纵向结构和横向结构两个方面来观察。从纵向结构上来看，从中央到地方，人民代表大会共有五级。从横向结构上来看，各级人民代表大会的内部组织结构有所差异，层级越高，组织越完善。设区的市、自治州以上的人民代表大会均设有常委会和专门委员会；县、市辖区人民代表大会设有常委会，根据需要，也会设立专门委员会；乡、镇人民代表大会不设常委会和专门委员会。我们可以通过图3-1直观地了解人民代表大会的组织结构。

1. 人民代表大会

人民代表大会有五级，可以分为三个层次：全国人民代表大会、县以上地方各级人民代表大会和乡镇人民代表大会，其产生和运作均有一定的差别。

（1）全国人民代表大会是最高国家权力机关，由省、自治区、直辖市和军队选出的代表组成，法定代表人数不超过3 000。全国人民代表大会的任期按照宪法规定，第一、二、三届任期为四年，从1975年第四届全国人大开始，任期改为五年。

（2）县以上地方各级人民代表大会。省、自治区、直辖市和设区的市、自治州这两

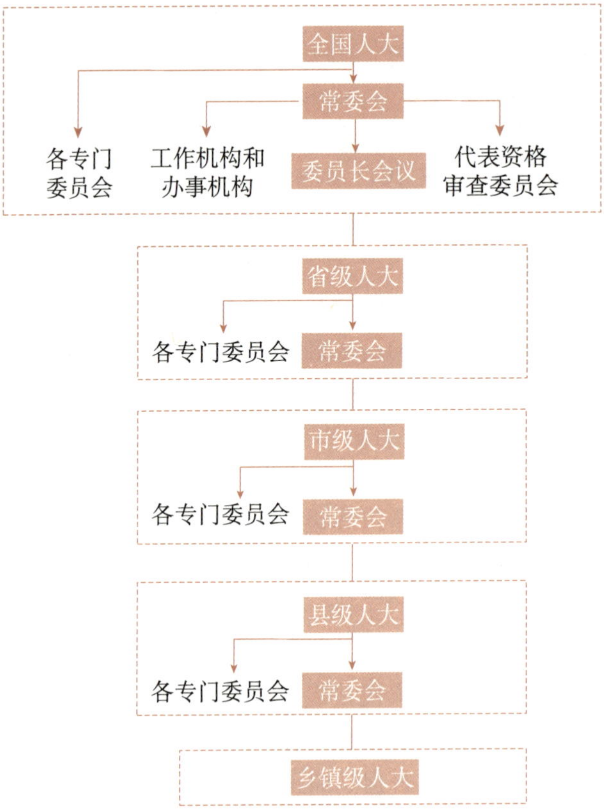

图 3-1　人民代表大会的组织结构图

级人民代表大会由下一级人民代表大会选举代表组成；县、自治县、不设区的市、市辖区人民代表大会由选民直接选举代表组成。

(3) 乡镇人民代表大会。乡、民族乡、镇是我国最基层的人民政府，乡镇人民代表大会由选民直接选举产生。自 2004 年以来，乡镇人民代表大会的任期也改为五年。

上述五级人民代表大会之间的关系与政府系统中的上下级关系完全不同，它们不是领导与被领导的关系，而是相对独立、平等的关系。具体言之，它们之间是法律上的监督关系、业务上的指导关系和工作上的联系关系。①

2. 常委会

县以上各级人民代表大会均设有常委会。常委会是代表大会的常设机构，是代表大会闭会期间的各级国家权力机构。尽管它在表现形式上是一种常设委员会，但与西方国家议会中的常设委员会不同的是，西方议会中的常设委员会是一种工作机构，并不代行议会的职权。常委会的设立是为了解决人大代表数量过多、不便于经常开会，且会期短，不能经常有效发挥人大作用的问题。因此，它在大会闭会期间行使部分大会的权力，而且它还领导其他的常设委员会。这种“会中有会”的制度设计是西方所没有的。

① 蔡定剑．中国人民代表大会制度．2 版．北京：法律出版社，1998：258-261.

3. 委员长会议

委员长会议是最高国家权力机关常设机构的核心工作机构。根据宪法，委员长会议是在人民代表大会通过民主程序选举产生常务委员会后，由常委会委员长、副委员长和秘书长为主要成员组成的一个机构；其性质是常委会日常工作处理机构，只是为常委会行使职权服务，并非权力机构。但是，从实际运作来看，委员长会议逐渐从无实权发展到拥有实质性权力。至十一届全国人大，委员长会议已由最初列举的 4 项权力逐步扩展为至少 11 项重要职权，其中最重要的当属《全国人民代表大会组织法》赋予它的议程设置权，以及《立法法》和《各级人民代表大会常务委员会监督法》赋予的立法权和工作监督权。

4. 专门委员会

由于现代社会的快速发展，公共事务的管理越来越复杂，也越来越专业，为了适应这种形势，各国立法机构均设立各种专门委员会来回应这一需求。专门委员会有两种形式：常设的专门委员会和特定问题调查委员会。尽管早在 1954 年《宪法》中就已规定特定问题调查委员会制度，在实践中也有多次启动人大特定问题调查的请求，但此项制度始终处于“休眠”状态。①

在 1982 年之前，各级人大均没有常设的专门委员会。1982 年《宪法》明确规定，全国人大设立 6 个专门委员会：民族委员会、华侨委员会、法律委员会、财政经济委员会、教育科学文化卫生委员会、外事委员会。后来，分别于 1988 年、1993 年和 1998 年增设了内务司法委员会、环境保护委员会、农业和农村委员会。2018 年 3 月，十三届全国人大对专门委员会进行了调整：将原有的法律委员会更名为宪法和法律委员会，内务司法委员会更名为监察和司法委员会，增设了社会建设委员会。2023 年 3 月，十四届全国人大一次会议决定设立 10 个专门委员会：民族委员会、宪法和法律委员会、监察和司法委员会、财政经济委员会、教育科学文化卫生委员会、外事委员会、华侨委员会、环境与资源保护委员会、农业与农村委员会、社会建设委员会。

1986 年再次修改《地方各级人民代表大会和地方各级人民政府组织法》时，规定省、自治区、直辖市和市、自治州可以根据需要，设立若干专门委员会。因此，1988 年省级人民代表大会换届后，有些省份的人民代表大会设立了专门委员会，少数市、自治州也设立了专门委员会。

值得注意的是，专门委员会是常委会行使监督权不可或缺的辅助性机构，因为常委会通常每两个月召开一次会议，想要形成长效的监督机制，必须依靠专门委员会的力量。

3.2.2 人民代表大会制度的运行

1. 代表的产生与构成

代表由选举产生。不同层级的人民代表的选举方式是有差别的：县、乡两级人大代表通过直接选举的方式产生；县以上的各级人大代表则实行间接选举，即由下一级人民

---

① 谢文英. 启动人大特定问题调查，离我们有多远. 检察日报，2015-08-24.

代表大会选出上一级人民代表大会的代表。

直接选举的程序较为复杂，一般包括：设立选举组织机构、选区划分、选民登记、代表候选人的提名和确定、候选人的宣传介绍、选举投票、确定当选和代表资格审查、代表辞职和罢免代表等内容。间接选举的程序较为简单，它不需要进行选区划分和选民登记，选举的组织工作容易得多。

除了上述两种方式之外，有几个方面的代表是通过特殊的方式产生的。在香港和澳门回归之前，港澳地区的全国人大代表由广东省人民代表大会选举产生；回归之后，两地依全国人民代表大会确定的代表名额和代表产生办法，单独选举自己的全国人大代表。台湾省籍全国人大代表采用协商选举的办法产生。人民解放军的人大代表则依特别程序单独进行选举。

从五届全国人大至十届全国人大，全国人大代表构成中最明显的变化趋势是具备工农身份的代表比例趋于下降，而干部身份代表的比例上升。有学者曾按照代表名册统计的代表职业资料进行计算，真正一线的工人和农民代表加起来，九届人大占 2.89%，十届人大占 5.44%，远低于按照出身统计的 15.04%和 18.17%。[①]这种情况已引起高层重视，党的十八大报告要求“提高基层人大代表特别是一线工人、农民、知识分子代表比例，降低党政干部代表比例”。在十二届全国人大代表中，来自一线的工人、农民代表占代表总数的 13.42%，与十一届相比提高了 5.18 个百分点；党政领导干部代表 1 042 名，占代表总数的 34.88%，降低了 6.93 个百分点。在十四届全国人大代表中，一线工人、农民代表的比例进一步提高到 16.69%。[②]

2. 人民代表大会会议

与其他国家机关不同的是，人民代表大会的职权都是通过开会行使的。人民代表大会的会议包括三种形式：代表大会会议、常委会会议和专门委员会会议，此处仅介绍代表大会会议。

全国人民代表大会会议每年举行一次。地方各级人民代表大会会议每年至少举行一次（实际上通常也只举行一次）。按照《宪法》和《全国人民代表大会组织法》的规定，如果常委会认为有必要，或者有 1/5 以上的全国人大代表提议，可以临时召开全国人大会议。到目前为止，尚未有此先例。

由于我国的人大代表均为兼职，因此代表大会的会期较短，一般在 15 天左右，这与西方国家议会动辄几个月的会期形成鲜明对比。会议期间的会议形式有：预备会议、主席团会议、大会全体会议、代表团会议、代表团小组会议、特别会议、会议期间的专门委员会会议。其中，主席团会议和大会全体会议最为重要。主席团是全国人大会议的领导机构，掌控着议题设置和会议过程。大会全体会议是代表大会的基本形式，也是全国人大行使权力的主要场所，每次代表大会期间都有若干次全体会议。其主要任务有三项：一是听取和审议人大常委会、国务院、最高人民法院、最高人民检察院的工作报告；二是对有关议案和法律案进行表决；三是依法选举、任免和罢免国家机关组

---

① 蔡定剑. 中国人民代表大会制度. 4 版. 北京：法律出版社，2003：221.

② 十四届全国人大一次会议举行新闻发布会 大会发言人王超答中外记者问.（2023-03-05）. 中国人大网.

成人员。

3. 闭会期间的工作机制

人民代表大会闭会期间，人大的活动包括两个部分：一是常委会、委员长会议、各专门委员会和人大代表所开展的经常性活动，行使人大的各项职权；二是为了保证人民代表大会更好地行使职权所开展的一些辅助性的活动。此处，我们主要对后者进行一些简要的介绍。这些辅助性的活动并不完全是法律的规定，而是在工作经验的基础上总结出来的一些比较成形的做法，主要有代表视察制度、联系代表制度和接待人民来信来访制度。

（1）代表视察制度。这个制度是为了因应人大代表兼职化的现状而创造出来的。视察制度源于新中国成立初期的政协，人民代表大会建立以后，政协委员的视察就移植到人民代表大会。视察具有让代表接触社会、联系群众、了解情况和监督政府工作等多种功能。视察方式有组织代表集中视察和代表持证分散视察两种方式。

（2）联系制度。联系制度是在人民代表大会的长期实践中逐步形成的，它包括两个方面的内容：一是常委会联系代表制度。主要围绕全国人大及其常委会审议、讨论、决定的问题，征求代表的意见、调查研究，主要形式包括邀请代表列席常委会、举行代表座谈会、组织代表专题调查、建立代表小组等。二是代表联系群众制度。代表应同选区保持密切联系，主动听取所在选区选民的意见和要求，向全国人大常委会和地方人大常委会反映情况，提出建议、批评和意见，接受选民的监督。

（3）接待人民来信来访制度。接待人民来信来访制度是人民代表大会联系代表、联系人民群众的一种直接形式，又是人民代表大会作为民意机关，通达民意的重要渠道。如果说代表联系群众制度是代表主动通过各种渠道了解人民群众的意志和要求的话，那么，接待人民来信来访制度则是人民群众主动向人民代表大会和人民代表反映情况。因此，这种方式对于人民群众来说更为现实和重要。

3.2.3 党的领导与人民代表大会的运作

党的领导是党政体制的核心，党对人大的领导主要通过组织领导和过程领导得以实现。

1. 组织领导

首先，组织领导中值得注意的是领导小组。从1949年10月至1954年9月第一届全国人民代表大会成立前的这个时期，党内实际上并没有领导立法的专门工作机构。1956年7月6日，中共中央法律委员会成立，负责领导立法工作。1958年，中央政法小组成立，事实上取代了中共中央法律委员会，成为党领导立法的专门工作机构。最重大的变化是2018年中央全面依法治国委员会的成立，委员会下设四个协调小组，其中包括立法协调小组，重点研究科学立法、民主立法、依法立法方面的重大问题，加强重点领域立法，推动完善中国特色社会主义法律体系。①

---

① 侯猛. 党领导立法工作的制度格局. 北京行政学院学报，2023（5）.

其次，党组织与同级人民代表大会在组织体系上是相互交织的。新中国成立以来，特别是改革开放以来，中国共产党和同级人民代表大会之间，在组织体系上已经形成了一套非常相似且相互交织的体系。一方面，人大的组织结构与党的组织形式之间存在着某种同构性（见表 3-1）。[①]人大建立了一套金字塔型的科层体系，与党的组织之间形成了类似的结构。这与西方议会的扁平结构形成了鲜明的对照。

表 3-1 党与人大的组织结构对比表

中国共产党	人民代表大会
党的全国代表大会	全国人民代表大会
党的中央委员会	全国人大常委会
中共中央政治局	
中共中央政治局常委会	全国人大常委会委员长会议
中共中央书记处	全国人大常委会委员长办公会议
中共中央总书记	全国人大常委会委员长
中共中央办公厅	全国人大办公厅

另一方面，党的组织体系和人大的组织体系之间是相互交织的。这主要表现在两个制度化的设计上：

其一，党在人民代表大会中建立党组织——党委和党组。在人民代表大会召开期间，同级党委要在党员代表中建立起临时党委，由这个临时党委来承担开会期间的各种具体领导。临时党委的书记一般由同级党委书记兼任，副书记一般为人大常委会主任。在其之下，则为各代表团的支部，支部书记一般是代表团团长。

在人民代表大会闭会期间，则由设立在人大常委会内部的党组来贯彻党的意志，党组成员一般由委员长、副委员长（地方人大常委会由主任、副主任）和秘书长组成。在实际工作中，人大常委会党组在相当程度上就是人大常委会的领导核心。党组实际上是同级党委和人大常委会之间的一个连接通道，同级党委的决定通过党组变成人大常委会的实际行动，人大常委会的相关请示和汇报也通过党组传递到同级党委。虽然党组和同级党委分属于人大和党两个不同的系统，但是，从党内关系来说，同级党委和党组之间是领导和被领导的关系。

与此同时，根据《中国共产党党组工作条例》的规定，市级以上人大常委会应当设立机关党组，县级人大常委会可以设立机关党组。人大常委会机关党组接受人大常委会党组的领导。人大常委会委员的中共党员比例约占 70%，人大常委会机关中中共党员比例高达 90%[②]，在一些省份甚至更高，例如，2016 年，吉林省人大常委会机关的中共党员比例为 95.6%[③]，组织交织为党对人大的领导提供了制度化的通道，党设立在人大中的这张组织网络使之很容易实现对人大各项工作的领导（见表 3-2）。

① 何俊志．从苏维埃到人民代表大会制．上海：复旦大学出版社，2011：187-189.
② 周锦尉．党总揽全局下发挥人大、政协作用探讨．毛泽东邓小平理论研究，2005（3）.
③ 省人大常委会党组书记、副主任房俐在省委人大工作会议上的讲话．吉林人大，2016（10）.

表 3-2 全国人大系统内党组织一览表

	党组	党委
全国人民代表大会	全国人民代表大会临时党组 专门委员会党组	主席团临时党委 代表团临时党支部 各专门委员会党支部
全国人民代表大会常委会	全国人大常委会党组 全国人大常委会机关党组	全国人大常委会机关党委 各工作机构和办事机构党支部

注：全国人大常委会党组，又称“大党组”，一般由委员长、副委员长和秘书长组成；全国人大常委会机关党组，又称“小党组”，一般由秘书长、副秘书长和各专门委员会主任组成。

其二，党委和人大常委会之间的成员交叉任职。其中，最引人注目的是党委书记兼任人大常委会主任的现象。20 世纪 90 年代中期开始，由同级党委书记兼任人大常委会主任的做法开始逐渐普及。1997 年，采取这一做法的还只有 3 个省份。1998 年，中组部要求省级人大常委会主任尽量安排党委书记兼任。① 2006 年，采取这一做法的有 24 个省份。在省这个层级，除了省委书记是政治局委员的身份外，基本上都是由省委书记兼人大常委会主任。在市、县、乡三级，则因省而异。2013 年以后，兼任的情况开始出现下降的趋势。

除此而外，党委和人大常委会在组织上的重叠现象越来越普遍。来自党群系统的相关机构负责人兼任人大常委会委员的比例不断提高，如党委宣传部和组织部的副部长以人大常委会委员的身份，同时兼任人大常委会相关工作机构的主任或副主任。

2. 过程领导

党介入人大工作的各个环节，从而实现对人大的有效领导。

（1）代表选举。

人大代表的选举程序一般包括若干环节，在每个环节我们都会看到党的身影。②我们可以通过“候选人提名和确定”这个关键环节来观察党如何在选举过程中实现对人大的领导。

根据《全国人民代表大会和地方各级人民代表大会选举法》第三十条的规定，候选人的提名方式有两种：一是各政党、各人民团体可以联合或单独推荐代表候选人；二是选民或者代表十人以上联名，也可以推荐代表候选人。这就必然会造成选民联名推荐的候选人与党委提出的候选人同处于一个选区，从而形成竞争关系。因此，如何处理组织提名候选人和选民联名推荐的候选人之间的关系，成了每次换届选举工作中的一个非常重要的问题。为了确保党委和团体联合提名的候选人能够顺利当选，各地采取过各种办法。例如，以工作方便为由大量采用组织提名的方式；或者采用所谓的“戴帽”代表的做法，即由选举委员会将这些代表候选人的名单分配到某一选区。如果这名候选人能够顺利当选为代表，则选举工作顺利完成。如果这名候选人不能顺利当

① 肖滨，卜熙. 一核统领下的差异化格局：以地方党委书记任职人大常委会的三种模式为例. 开放时代，2020(3).

② 陈明明，何俊志. 中国民主的制度结构. 上海：上海人民出版社，2008：112-149.

选为代表，则该候选人所占的名额由选举委员会收回，并不能由其他候选人占用这个名额，这实际上将差额选举变成了等额选举。很多地方突破法律规定的一个选区产生1～3名代表的规定，采用大选区的办法，以便安排党政领导干部、准备提名的人大常委会委员和少量知名人士当选代表。① 还有些地方则充分发挥党委、党支部、党小组的作用，动员党员以选民联名（县、乡两级）或党员代表联名（县级以上）的方式推荐党委所中意的人选。这样，很多候选人看似选民或代表联名提名，实质上是组织提名。

（2）人事任免。

按照宪法和组织法的规定，人大及其常委会有人事任免权。但是，在实际运作中，在党管干部原则的指导下，这些职位都是由同级党委进行考察并向人大常委会提出人选，"推荐的人选确定之后，人大党组应该努力做好工作，使党的决定得到实现，并严格按照法律程序办事"②，其具体的流程如图 3－2 所示。

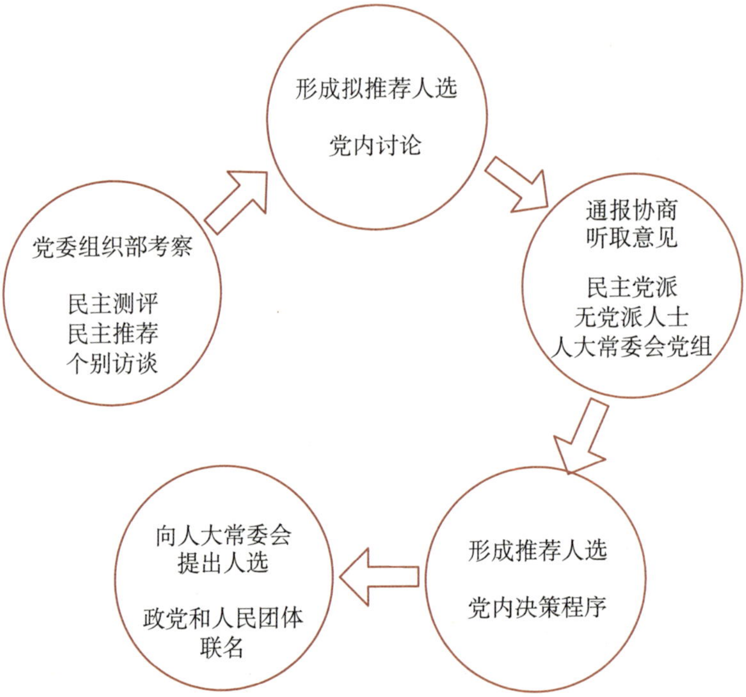

图 3－2 干部人事任免流程图

（3）立法过程。

党对人大立法过程的领导可以区分为两种情况：一是党对宪法制定和修改过程的领导；二是党对一般立法过程的领导。中国共产党在宪法的制定和修正过程中都起到了主导性作用。下面，我们以一般立法为例来观察党如何实现对人大立法过程的领导。

首先，在立法的议程设定环节，党开展两个方面的工作：第一，审定立法规划。立

① 何俊志. 从苏维埃到人民代表大会制. 上海：复旦大学出版社，2011：231－234.

② 江泽民. 江泽民文选：第1卷. 北京：人民出版社，2006：113.

法权属于人大，但立法的规划是以党在不同时期的路线、方针和政策为指导的。例如，20世纪80年代末到整个90年代，中共中央亟须制定推动计划经济向市场经济转型的法律，全国人大及其常委会的立法活动就围绕这个中心展开，短时间内出台了大量相关法律。人大的立法规划必须由人大常委会党组报送同级或上一级党组审查批准后才能执行。从七届全国人大以来，党中央先后批准了7个全国人大常委会五年立法规划；每年研究重大立法事项和立法中的重要问题。第二，将党的政策以立法建议的形式提出来，形成法律或法规的草案。

其次，在立法规划项目的落实环节，党开展了两个方面的工作：第一，审定法律议案或法律草案。1991年党中央《关于加强对国家立法工作领导的若干意见》明确指出，政治和重大的经济行政方面的法律必须提交中共中央审议和审批之后，才能正式进入全国人大常委会或全国人民代表大会的正式议程。最高领导层的原则同意是重要法律出台的先决条件，例如在行政诉讼法的制定过程中，中共中央政治局常委就针对相关问题讨论过两次。第二，推动法律审议和通过。党通过组织系统和纪律规范推动党员身份的人大代表自觉贯彻党的路线、方针和政策，从而使体现党的意志的法律草案得以审议通过。

《各级人民代表大会常务委员会监督法》（以下简称《监督法》）的立法过程可以让我们很清晰地观察到党的领导在立法过程中发挥作用的具体机制（见图3-3）。

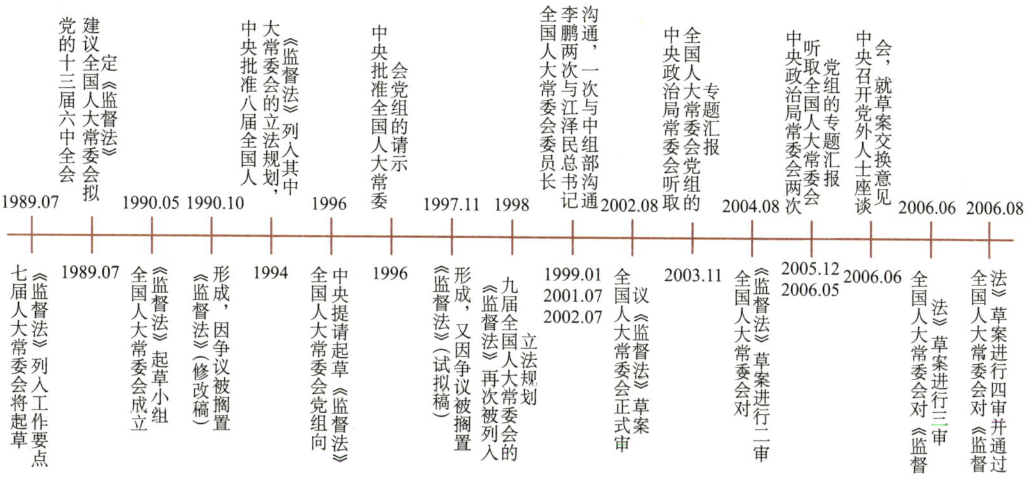

图3-3　《各级人民代表大会常务委员会监督法》立法过程中党的领导

（4）监督过程。

按照宪法，人大及其常委会有权监督“一府一委两院”的工作和法律的执行情况。但实际上同级人大及其常委会对“一府一委两院”工作的监督往往受到制度上的约束，因为党委事实上是大多数政策的制定者。人大常委会很难对同级党委的决策进行监督，最多只能监督决策的执行情况。即便是对决策执行进行监督，往往也会遇到障碍，因为行政首长很容易将人大与政府之间的分歧提交到党委层面上来解决，并利用自己在党内的优势地位弱化来自人大常委会的监督。

在这种情况下，各级人大及其常委会要想相对顺利地履行自己的监督职能，就必须尽量争取党委对自己监督活动的领导与支持。因此在实践中，人大及其常委会会设法使自己的监督工作与党委的中心工作紧密结合起来，并在可能的情况下通过党的组织网络来使监督工作更好地开展，甚至努力将党委的工作机构拉入监督过程之中。[①]

（5）会议期间。

党的领导不仅通过会议期间设立的临时党委来实现，而且通过主席团的设置和一系列会议流程控制来实现。

1）主席团的设置。县级以上各级人大在每年的会期开始后，举行预备会议，选举本次会议的主席团和秘书长。主席团是在大会会议期间主持会议的集体领导机构，是大会的组织者。大会主席团产生后，由主席团第一次会议推选主席团常务主席若干人，负责召集会议，并推选主席团成员中的若干人分别担任每次全体会议的执行主席。以 2013 年举行的十二届全国人大一次会议为例，主席团常务主席包括中央政治局常委张德江和刘云山、中央政治局委员李建国、中央委员王胜俊、民建中央主席陈昌智和民进中央主席严隽琪等六人，常务主席的构成比例保证了党对人大会议议程的有效控制。在会议期间，除军队代表以外，人大代表主要是按地域分组，不同选举单位的代表组成不同的代表团，其主要活动也是按代表团分组进行。以全国人大为例，各代表团的团长往往是各省的省委书记，均进入主席团，这样党就可以通过主席团领导各代表团团长，而各代表团团长领导该代表团团内的代表。

2）会议流程控制。在每次人大换届前，党先行召开党的代表大会，确定施政方针及国家领导人名单；在每年的“两会”之前，中共中央会先举行中央委员会全体会议或中央工作会议，对人大的议程、政府工作报告、经济计划和国家领导人人选等重大问题作出指示，然后交由人大会议通过。在党的会议和人大会议召开之前，举行政治协商会议，将党的方针、政策告知民主党派和无党派人士。同时，在人大会议召开之前，还会先举行人大的党员代表预备会，统一认识。通过主席团的设置、一系列会议和临时党委、党支部、党小组的运作，党基本能保证党对人民代表大会会议的领导，将党的意志顺利转变为国家意志。

综上所述，党对人大的领导在具体工作中因事而异。在选举和人事任免方面，党委是全面介入；在立法过程中，则是抓大放小，重要的法律，全过程介入，不重要的法律，主要是宏观把握、过程监控；在监督领域，在更大程度上是人大常委会主动争取党的领导。[②]

3. 党的领导与人大的能动性

虽然党通过组织领导和过程领导有效地实现了对人大的领导，但是，随着人大自身的改革，其能动性在日渐提高，这典型地表现在人大提案、议案和建议案的数量大幅度增加，重要法案和人事任免案中反对票的上升。从五届全国人大以来，人大提出的提案、议案和建议案的数量呈快速上升之势。与此同时，在一些重要法案和人事任免案中，人

① 何俊志. 从苏维埃到人民代表大会制. 上海：复旦大学出版社，2011：286－291.

② 同①284，295.

大也开始表达自己的反对意见。例如，2003 年 1 月，在湖南岳阳市五届人大一次会议上，作为候选人的市长（候选人仅此一人）在第一次选举中落选。①这些都表明人大的自我意识和参与意识在不断增强。

这种现象促使党和人大双方努力进行调适，以避免出现尴尬的局面。从党委方面来讲，一方面通过制度和技术层面的努力，使自己考察的干部更加可靠、提出的立法建议更加科学；另一方面则提前加强与人大常委会和相关领导、委员的沟通。从人大方面来讲，也引入了一些新的机制，如提前对拟任的干部进行考察。②通过相互调适，党和人大逐步摸索在既定组织体制不发生大的变化的前提下，通过行为模式的调整，理顺执政党和人大的关系，使党能够更有效地实现对包括人大在内的整个国家的政治领导，同时又能使党的领导在人民代表大会的制度框架内良性运行。

3.3 改革开放以来人民代表大会制度的变迁

改革开放以来，人民代表大会制度的变化有两个重要的背景：其一，社会变迁对人民代表大会制度的牵引作用。人大是一个代表机构，反映社会政治力量及其诉求，当社会本身发生变化后，作为其代表机制的人民代表大会制度必须适时作出调整。随着从计划经济向社会主义市场经济的转型，中国社会呈现出一种新的利益多元化的格局，客观上要求人大形成能体现这种利益多元化的代表机制。其二，规则本身的变化所开辟的新的政治空间以及随之而来的创新动力。1979 年，五届全国人大二次会议审议并通过了《关于修正〈中华人民共和国宪法〉若干规定的决议》和修改后的《全国人民代表大会和地方各级人民代表大会选举法》《地方各级人民代表大会和地方各级人民政府组织法》。新的法律至少带来了四个变化：(1) 在县以上地方各级人大设立常委会；(2) 地方人大及其常委会获得了立法权；(3) 等额选举改为差额选举；(4) 直接选举从乡镇一级扩展到县一级。这些变化这可以说是改革开放以来人民代表大会制度变迁的逻辑起点，它所开辟出来的政治空间和制度基础为人民代表大会制度的持续发展提供了基本的动力。我们可以从组织结构的调整和运作机制的创新两个方面来观察改革开放以来人民代表大会制度的变迁。

3.3.1 组织结构的调整

1. 常委会的设立

组织结构最重要的调整是县以上各级地方人大均设立常委会。1954 年人民代表大会制度建立之初，全国人大就设立了常委会，但地方人大常委会的设立则历尽艰辛。有人

① 专家称沈阳人大不通过案是民主政治的标志性事件. 中国青年报，2001-02-16；岳阳：48 小时无市长. 新闻周刊，2003-01-13.

② 何俊志. 从苏维埃到人民代表大会制. 上海：复旦大学出版社，2011：254-255.

曾用“四次孕育（1954年、1957年、1965年、1979年）、三次流产”来形容这一曲折过程。1979年，五届全国人大二次会议通过的宪法修正案和《地方各级人民代表大会和地方各级人民政府组织法》，决定在县级以上的地方各级人大设立常委会。经过两年半的努力，县级以上地方各级人大常委会相继建立。这不仅是人大制度的一个重大发展，也是中国政治体制改革的一次重大突破。常委会的设立不仅改变了人大的运作机制，而且成为整个政治运作机制程序更新的重要动力源泉。改革开放40多年来的诸多制度创新都是在常委会的推动下进行的。1987年，党的十三大就提出全国人大常委会的年轻化、专职化。党的十六大报告提出，要“优化人大常委会组成人员的结构”，党的十八届四中全会决定明确要求“增加有法治实践经验的专职常委的比例”。在省级人大，常委会专职委员的比例达到30%～40%。在市县级人大，这一比例可能更高。

2. 专门委员会的加强

专门委员会的加强一方面体现为其数量的增加和人员的扩充，另一方面则体现为其作用的增强。由于专门委员会的工作具有经常性、专门性的特点，因此，人大及其常委会的工作在很大程度上是由专门委员会来完成的，人大的立法权和监督权主要由专门委员会行使，全国人大常委会有关法案的起草，主要由专门委员会来完成，有的法律草案直接由专门委员会自行起草，有的则由专门委员会牵头，领导成立起草小组。例如，八届全国人大的8个专门委员会共起草法律草案26个，占该年通过法律案的30%。专门委员会立法功能的逐渐强化，无疑是人大制度朝着制度化、专业化方向发展最有力的证据。

3. 人大代表专职化的尝试

按照1992年颁布的《全国人民代表大会和地方各级人民代表大会代表法》，人大制度实行的是非职业化的代表制。在实践中，我国各级人大代表的专职化程度大约在5%。由于代表在任期内有各自的本职工作，他们既无时间、精力，也不一定具备代表职务所要求的特定素质，这无疑会让其履职大打折扣，从而影响人大功能的有效发挥。因此，改革开放以来，人大代表专职化的尝试和努力一直没有间断。但是，由于法律方面的约束和人大代表的数量过于庞大①，代表专职化的尝试仍处于摸索阶段。

4. 立法助理制度的探索

人大工作尤其是立法工作，法律性、专业性、技术性越来越强，一些人大代表并不具备相关的专业知识，很难对专业性很强的法律草案审议发表意见，因此有人称之为“外行立法”。2002年发端于深圳市人大的立法助理制度，迈出了“外行立法”走向“职业立法”的第一步。深圳经验很快就在全国各地复制，这些制度创新可以算是中国特色的立法助理制度，是一种有益的探索。与西方国家立法助理不同的是，中国的立法助理不是专职的，而是兼职的，受聘的法律专家作为外脑，为人大常委会组成人员提供高质

---

① 我国各级人大代表的总数达300万之多，其数量居世界之最。在此，需要注意的是，在计算人大代表专职化以后的财政负担时，不能计算所有代表，只需考虑需要专职化的层级的代表。因为没有哪个国家会对全国各个层级的代表实现全面的专职化，一般来讲，只有国家层面的代表全部是专职的，在地方层级，都是部分专职。参见：何俊志. 作为一种政府形式的中国人大制度. 上海：上海人民出版社，2013：160-161.

量的专业意见。①

3.3.2 运作机制的创新

在一定的意义上，人大制度的变迁更重要的方面是其运作机制的创新。组织结构的调整只是为变迁提供了可能性，通过运作机制的创新，才能将结构调整所蕴含的活力释放出来，并带动新的结构调整。因此，各级人大及其常委会是在充分运用宪法和法律赋予的权力的过程中实现制度变迁的。在此过程中，各级人大实现制度变迁的路径选择是不一样的，它们在各自的制度框架中，充分运用自身的比较优势，运用不同的策略来开辟权力空间，并带动制度的演化。

下面，我们通过立法权的变迁、监督权的改革、选举制度的改革、合宪性审查等方面来观察改革开放以来人民代表大会制度在运行机制方面发生的变化。

1. 立法权的变迁

改革开放以来，全国人大立法权的发展经历了四个阶段：第一阶段是 1979—1992 年，立法是在法律工具主义的思想指导下进行的，把法律视为加强行政管理和社会控制的手段，在立法中忽视公民权利的保护。第二阶段是 1993—1999 年，全国人大的立法观念和立法职能发生了重大转变。一是在立法观念上，从经验立法到超前立法；二是人大在立法中的作用，由过去被动的角色到起主导作用；三是在立法指导思想上，由法律工具主义转向权利保护主义，重视公民权利的保护，强调公民与政府权利义务的平衡。②第三阶段是 2000—2014 年。2000 年《立法法》通过以后，各级人大进一步朝着民主化、法制化和规范化的方向发展，在立法机制和技术上不断创新，创新的着眼点由“创造”法律之外的“新”的手段和方式，逐渐转变为运用法律赋予的职权和手段。③第四阶段是 2015 年至今。2015 年和 2023 年《立法法》的修订，进一步完善了立法体制和立法权限。一是从之前的 49 个较大的市享有地方立法权调整为赋予所有设区的市地方立法权；二是增加规定区域协同立法；三是对地方立法清理作出规定。这些调整使设区的市为地方经济社会发展提供了有力的法治支持。自 2015 年《立法法》修改以来，全国 322 个设区的市、自治州新制定地方性法规超过 3 500 件。④经过 40 多年的发展，立法工作取得了长足的进步，立法程序越来越规范，立法的社会参与机制也不断完善。

（1）立法程序的规范化。

党的十一届三中全会后，立法程序的规范化问题开始受到重视。1987 年通过的《全国人民代表大会常务委员会议事规则》和 1989 年通过的《全国人民代表大会议事规则》标志着人大立法程序的真正确立。2000 年《立法法》通过，详细规定了全国人大立法过程中由法案到法的运作制度，亦即提案制度、审议制度、表决制度与公布制度。它与上

---

① 周月光．以制度创新 推动高质量立法：三亚市人大常委会聘请法律助理．海南日报，2023-08-03.

② 蔡定剑，王晨光．人民代表大会二十年改革与发展．北京：中国检察出版社，2001：62-69.

③ 人民代表大会制度研究所．地方人大常委会 30 年．北京：人民日报出版社，2010：9.

④ 闫然．立法法修改：进一步发展和完善地方立法体制．人民之友，2023（5）.

述相关法律、规则一起，共同构成了人大立法运作的规范性制度框架。2021 年和 2022 年，全国人大相继对两个议事规则进行了修改，吸收了多年的实践创新成果。例如，提出将“坚持全过程人民民主”的民主理念贯穿议事规则；为提高议事质量和效率，减少了“草案建议表决稿”的审议环节，精简了法律案审议程序，使大会审议程序从“法律草案→草案修改稿→草案建议表决稿→表决稿”变为“三上三下”，即大会说明→代表小组会讨论→第一次常务主席会审议→第二次主席团会审议→代表小组会讨论→第二次常务主席会审议→第三次主席团会审议→代表小组会讨论→第三次常务主席会审议→第四次主席团会审议→闭幕会表决。[①]

在立法程序的规范化方面，尤其值得一提的是立法听证制度的建立。1999 年 9 月 9 日，广东省人大常委会举行《广东省建设工程招投标管理条例》立法听证会，开创了中国立法听证的先河。半年后，极富民主精神的立法听证程序进入《立法法》。2015 年修改的《立法法》正式将听证会这一民意汲取机制法定化、制度化。

除了立法听证制度之外，立法辩论制度也有所尝试。人大的议事程序与西方议会议事规则大不相同。西方议会通常是“辩论型”代议机关（talking assembly），人大则是“工作型”代表机关（working assembly）。对于前者，辩论是其主要活动形式；对于后者，核心活动是其常设委员会的具体工作。2008 年深圳市人大常委会在制定《深圳经济特区无线电管理条例》时，试点引入立法辩论机制，就条例草案中的主要制度和内容举行公开辩论，深圳人大的这一举措，开了全国之先河。不过目前我国并没有正式将立法辩论制度引入立法程序中。

（2）立法的社会参与机制不断完善。

改革开放以来，人大的立法工作越来越透明，社会的参与程度越来越深，从立法计划的提出、法案的起草到法律的通过，整个流程都能看到公众的身影。除了早就存在的立法座谈和立法论证、向全社会公布法规草案征求民意等传统机制外，各地人大又摸索出很多新的社会参与机制。例如，公开征求立法计划的意见，从立法源头上充分体现“立法应当体现人民的意志”[②]。发端于重庆的立法草案委托起草制度，不仅在一定程度上弥补了人大及其常委会的工作部门专业知识不足的问题，而且有助于规避委托立法中的部门利益渗透问题。公民旁听地方人大会议制度，规定全体会议设置旁听席。其后，公民旁听无论在旁听范围、旁听形式还是在制度化程度上都不断得到推进。[③] 从 2015 年起，全国人大常委会法制工作委员会陆续建立了 32 个基层立法联系点，辐射带动省、市级人大设立基层立法联系点 5 000 多个，成了基层群众参与立法的重要渠道和全过程人民民主的重要载体。[④]

2. 监督权的改革

改革开放以来，全国人大监督权的发展经历了两个阶段：第一阶段是 2006 年之前，

---

① 杨维汉，陈菲，王琦．全国人大议事规则修改后首次大会，这些细节有深意．光明日报，2022-03-04.

② 人民代表大会制度研究所．地方人大常委会 30 年．北京：人民日报出版社，2010：172-174.

③ 同②79-80.

④ 十四届全国人大一次会议举行新闻发布会大会发言人王超答中外记者问．(2023-03-05)．中国人大网.

为探索和尝试阶段。地方人大在监督权的行使方面进行了大量的创新，无论是预算监督、人事监督还是工作监督，都涌现出很多新的机制，并沿着既有的制度脉络扩散。第二阶段是2006年至今，为调整和完善阶段。2006年8月，全国人大常委会审议通过《各级人民代表大会常务委员会监督法》，规范和促进了地方各级人大的监督工作。

（1）预算监督的创新。

首先，常委会成立了预算工作委员会，从组织上加强人大对政府预算工作的监督；其次，加强了预算方案的审批，改变了过去“先斩后奏”甚至根本不奏的状况。地方人大对预算监督创新的探索尤其积极，其中，最引人注目的是参与式公共预算和“广东现象”，它们覆盖了准预算的审批和预算执行的全过程。

参与式预算就是在预算资金分配过程中吸纳公民参与，提高资金安排的科学性和民主性，增强公民对政府的信任。上海、浙江等地的参与式预算不仅比较有效地建立起了预算的社会监督机制，而且将社会监督机制和人大监督机制有效地联结起来。

如果说参与式预算主要监督的是准预算的审批过程的话，那么“广东现象”则将监督的范围延伸至预算的执行阶段。2001年，广东省九届人大四次会议审议通过了《广东预算审批监督条例》。按照这一法规，省政府7个试点单位提交了2001年详细的部门预算草案。2002年，预算草案扩展到27个部门，长达144页，将预算草案列至“项”级，细到政府购进一台计算机的型号、价格。2004年8月，广东省人大财经委与省财政厅实现联网，通过现代技术手段使政府财政真正成为“透明钱柜”，财政花出去的每一笔钱都将第一时间进入人大监督的视野，使监督更具可操作性。广东的做法很快得到河北等省人大的效仿。

（2）人事监督的创新。

人事监督方面的创新主要体现在人大对国家权力机关工作人员的述职评议、质询和罢免方面。其中，质询和罢免是人大法定权力的落实，述职评议则属于边际创新。质询权和罢免权是人大的法定权力，但长期以来，这两项权力一直处于蛰伏的状态。改革开放后，地方人大开始频繁地使用手中的法定权力，将其落到实处。述职评议源于黑龙江省肇源县，发展于浙江省杭州市，并逐步扩散到全国很多省份，被评议的干部级别也越来越高，评议方式也越来越多样化、规范化，它强化了“一府一委两院”组成人员对人大的责任，改变了过去政府及其部门只对党委负责、缺少对人大负责的状况。

（3）工作监督的创新。

工作监督方面的改革主要体现在执法检查和对司法案件的监督方面。执法检查是有针对性地对一些法律、法规和决议的执行情况进行检查。1993年9月，全国人大常委会三次会议通过了《关于加强对法律实施情况检查监督的若干规定》，一些省级人大常委会也制定了相关的地方性法规，执法检查步入有法可依的轨道。人大对司法案件的监督有多种形式，如人大运用质询、特定问题调查等法定职权对案件展开监督。但是，人大对司法案件的监督最初是以“个案监督”的方式进行的，由于个案监督问题存在争议，2006年8月27日通过的《各级人民代表大会常务委员会监督法》最终没有确立个案监督制度。《各级人民代表大会常务委员会监督法》实施之后，个案监督的案件急剧下降，如今人大几乎不再以个案监督的方式展开案件监督。然而，实践中为了化解个案监督禁止之后如何面对司法机关办理案件的难题，地方人大又采取了一些替代形式，如诉讼监督、人大代表听审制度、案件审理汇报制度等。[①]

近年来，人大还大力推行信息公开制度，及时通过电视、报纸、网站等载体向社会公开监督过程、报告对象履职情况报告等信息，实现人大监督与舆论监督、公众监督的有机结合。

3. 选举制度的改革

选举是人民代表大会制度的逻辑起点和组织基础。改革开放以来，人大选举制度经历了 8 次较大的改革。1979 年，五届全国人大二次会议审议并通过了《全国人民代表大会和地方各级人民代表大会选举法》和《地方各级人民代表大会和地方各级人民政府组织法》，1982 年、1986 年、1995 年、2004 年、2010 年、2015 年、2020 年，先后 7 次对《全国人民代表大会和地方各级人民代表大会选举法》进行修改和补充。经过改革，人大选举制度在以下几个方面实现了较大的进步：

第一，推进了普遍、直接、平等、差额选举，更好地体现了平等原则。

首先，扩大了直接选举的范围，将直接选举的范围从农村乡（镇）一级扩大到乡（镇）、县两级。其次，逐步落实选举中的平等原则。消除选举中的城乡差别，逐步实现了农村和城市每一代表所代表的人口比例的平等，将省级人大代表和全国人大代表的选举，农村与城市每一代表所代表的人口数之比由原来的 5∶1、8∶1，逐步过渡到 1∶1。[②]最后，将人大代表选举改为差额选举制，更好地体现竞争性选举的精神，而且差额选举的范围不断扩大。

第二，改进了选区划分和选民登记。

将原来按居住状况单一划分选区的方法，改为按生产单位、事业单位、工作单位和居住状况的复合划分方法；实行中选区制，每个选区应选的代表为 1～3 名。简化选民登记手续，选民登记按选区进行，经登记确认的选民资格长期有效。

第三，完善了候选人提名程序。

扩大了选民或代表联名提名的权利，任何选民或代表凡有 10 人以上附议，都可以提出候选人。增加了选民了解候选人的条款，选举委员会可以组织代表候选人与选民见面，回答选民提出的问题。

第四，改进了表决方式。

取消举手表决方式，一律采用无记名投票表决。限定委托投票数量，每一选民接受其他选民委托代为投票不得超过 3 人。降低当选得票数，在直接选举中，将候选人获得全体选民过半数的选票当选，改为全体选民过半数参加投票有效、获得参加投票的选民过半数的选票当选。在间接选举中，仍为获得全体代表过半数选票当选。

第五，积极吸纳新兴社会群体。

---

① 谢小剑．人大对司法案件监督的前世今生．甘肃政法学院学报，2014（5）．

② 胡健．我国选举权平等的实现路径及其完善建议：以选举法和全国人大代表名额分配方案为主线．华东政法大学学报，2012（6）．

执政党有意识地调整人大代表的任职资格，积极吸纳一些新兴的社会群体的代表，尤其是企业家、律师等“两新”组织的成员，为他们进入人民代表大会提供了一定的通道，从而在客观上带来了人大代表构成的新变化。例如，浙江省第十届人大代表中，企业家有164人，约占25.87%。[①]他们和自主参选人一样，是以特定利益主体的身份进入人大的，其参与意识和参与能力都较强，这给人大的会议过程带来了一个新的变化，即一些地方人大在近年来行使否决权的案例开始增多，不仅是否决“一府一委两院”的工作报告，甚至包括政府所提交的法律草案。在这方面的一个极端表现就是浙江省黄岩市十一届人大三次会议，因为当地人大代表不同意撤市建区，从而出现了代表拒绝进入人民代表大会的会场和罢免人大常委会主任的结果。[②]

4. 合宪性审查

2018年修宪的亮点之一是在宪法监督与实施上采取了重要举措，如将宪法宣誓写入宪法，将“健全社会主义法制”修改为“健全社会主义法治”，特别是将“法律委员会”更名为“宪法和法律委员会”。这不仅仅是专门委员会名称的调整，更是中国特色合宪性审查的制度安排。

所谓“合宪性审查”，指的是特定机关依据一定的法定程序对公共权力的行为（主要是规范性法律文件）是否符合宪法进行判断，并做出相应处置的活动或制度。其目的是维护宪法作为根本大法的最高权威，消弭法律体系内部的矛盾冲突，同时为宪法装上“牙齿”，解决可能出现的违宪行为，化解宪法实施中潜在的风险。合宪性审查中的“宪”，主要指宪法规范，同时还包含宪法原则、宪法精神、宪法说明，以及有权机关作出的宪法解释等。尽管合宪性审查工作具有一定的独立性，但它其实与其他工作紧密结合，可谓“嵌入”规范性文件的制定、修改、解释、评估、行政执行、司法适用以及实施情况的监督、废止等各个环节。[③]

从历史沿革上讲，在1982年宪法修改时，宪法修改委员会曾提出设立专门宪法监督机构，但在国家政治秩序相对优先理念的指导下，这一设想在当时未能实现，因为“宪法监督不是依靠宪法的最高法律位阶效力，而是依靠更高的政治权威来实现”[④]。2015年修订的《立法法》第九十九条规定，如“认为行政法规、地方性法规、自治条例和单行条例同宪法或者法律相抵触的，可以向全国人民代表大会常务委员会书面提出进行审查的要求”。但在现实中，人们对合宪性审查一直采取回避的态度，将合宪性审查消融在一般性的合法性审查制度体系之中，以合法性审查吸纳甚或抵消合宪性审查的功能。[⑤]

值得注意的是，将“法律委员会”更名为“宪法和法律委员会”，这一改革并不是新设立一个独立的、专门的宪法和法律委员会，而是对既有的法律委员会的继承与扩展。

---

① 郎友兴. 政治追求与政治吸纳：浙江先富群体参政议政研究. 杭州：浙江大学出版社，2012：72.

② 何俊志. 从苏维埃到人民代表大会制. 上海：复旦大学出版社，2011：324-325.

③ 于文豪. 宪法和法律委员会合宪性审查职责的展开. 中国法学，2018（6）.

④ 翟国强. 中国语境下的“宪法实施”：一项概念史的考察. 中国法学，2016（2）.

⑤ 合法性审查与合宪性审查的区别主要在于，合法性审查是依据法律及其他下位法而进行的审查，合宪性审查则是依据宪法而开展的活动。参见：林来梵. 合宪性审查的宪法政策论思考. 法律科学，2018（2）.

这就意味着宪法和法律委员会既要继续承担传统的立法过程中的统一审议工作，还要从事宪法监督意义上的合宪性审查工作。这一改革思路保持了制度的连续性，节省了因新增机构而带来的制度上的巨大成本；同时也对合宪性审查的开展提出了挑战，因为宪法和法律委员会想要同时履行好有一定联系但并非完全相同、又都相当繁重的职责实属不易。它需要调整相应的工作机构与职责分工，尤其是要处理好合法性审查与合宪性审查之间的关系，对于合法性审查范围内的问题，没必要进行合宪性审查；同样，对于合宪性审查的问题也不应该刻意回避或降格处理。只有使二者各安其位、相辅相成，才能够使整个制度体系统筹推进、相得益彰。①

宪法和法律委员会的合宪性审查职责包括两个方面：一是在立法过程中审议法律草案；二是在宪法监督意义上的合宪性审查。前者是一种立法程序，其特征是预防性的事前审查，审查对象为法律草案，其目的是提高立法质量，维护宪法规范体系的连续性、一致性和融贯性；后者是一种宪法监督机制，其特征是矫正性的事后审查，审查对象为法律之下的规范性文件，其目的是加强宪法实施监督，维护宪法权威。就此而言，宪法和法律委员会一身二任，既是全国人大的专门委员会，负责审查法律草案，亦为推进合宪性审查的宪法监督机构。②

在西方国家，合宪性审查主要有两种模式：以普通法院行使合宪性审查的美国模式和以专门的宪法法院（德国）或宪法委员会（法国）行使合宪性审查的欧洲模式。中国的合宪性审查与这两种模式不同，其合宪性审查的权力既不是由法院系统来行使，也不是由专门的宪法委员会来行使，而是由立法机关内部的专门委员会来行使。一方面，这是中国政治制度自身的特点所致。按照现行宪法的制度设计，人民代表大会是最高权力机关，代表人民行使国家权力。如果合宪性审查机构独立于人民代表大会之外，就有可能产生两个权力中心，对人民代表大会作为最高权力机关的宪法定位构成威胁。另一方面，这也引发了一个问题：如何保证它不会陷入“自我审查”的困境？③

全国人大宪法和法律委员会所承担的合宪性审查职责是一项程序性要求非常高的工作，其启动机制、审查范围、程序类型均处于摸索和建构过程中，如何进一步完善宪法实施体制、活化宪法监督实效，将随着未来宪法和法律委员会合宪性审查职责的不断展开而得到回答。

3.3.3 人民代表大会制度变迁的特点及挑战

纵观人民代表大会制度改革开放 40 多年来的变迁，有三个非常明显的特点：其

---

① 苗连营．合宪性审查的制度雏形及其展开．法学评论，2018（6）．

② 郑贤君．全国人大宪法和法律委员会的双重属性：作为立法审查的合宪性审查．中国法律评论，2018（4）．

③ 这种困境在英国这样的采用议会至上体制的国家同样存在。美国著名宪法学者图什内特曾指出：“议会至上意味着，由议会自身来决定它所制定的某一项法律是否违反宪法。对于此种观点最常见的一种反驳就是，它是自相矛盾的，就像是让狐狸来守护鸡窝一样。既然法律是由议会制定的，它怎么可能认定自己制定的法律违反宪法呢？”参见：图什内特．比较宪法：高阶导论．北京：中国政法大学出版社，2017：58．

一，制度变迁与社会经济发展程度之间存在一定的相关性，人大制度创新和变革的实践大多发生在经济较发达地区。其二，制度创新基本上是从地方人大，尤其是市一级人大开始的，然后向外扩散，其中成熟的做法会被吸收进省级的地方法规乃至国家的法律之中。其三，制度变迁的嵌入性。与党和政府相比，人大相对来说是一个比较弱的行为主体，其发展不可能脱离大的制度背景，党委和政府部门的支持和重视是其组织发展和能力提高的重要因素。[①]反过来讲，人大只有通过强化这种嵌入性，才能真正落实其权力。

但是，这种嵌入性也对人大未来的发展提出了挑战。第一，在党与人大的关系问题上，如何在嵌入性的前提下，一方面使人大的工作得到党委的支持（各省党委书记兼任人大常委会主任就是人大在嵌入性的前提下采取主动强化策略的结果），另一方面又不至于危及人大自身的自主性，在保证党的领导的前提下又能使党的领导在人民代表大会的制度框架内实现良性运行，这是未来人大发展需要解决的一个重要问题。

第二，在人大与“一府一委两院”的关系问题上，如何更好地理顺人大和“一府一委两院”在立法过程中的关系，处理好人大监督权和国家监察委监察权的关系，更有效地实现人大对“一府一委两院”的监督，仍有很多工作要做。尤其是如何解决授权立法以及由此产生的部门立法问题，是人大未来面临的挑战。

此处所说的授权立法主要是指全国人大及其常委会向国务院授权[②]，全国人大对国务院的授权没有解决好这两个关键性的问题：一是授权的条件和限制是什么，二是如何对已授的权力进行监控。根据国外的经验，授权立法必须有明确的授权范围，只可单项性授权，不得实行综合性授权。以此观之，全国人大及其常委会几次对国务院和地方的授权都问题颇多。例如，1985 年对国务院的授权是“经济体制改革和对外开放方面”制定暂行的条例和规定，授权非常广泛和模糊，这给国务院的立法权力膨胀提供了依据，例如税收方面的立法一般是不应该授权的，但是我国这方面的相关法律大部分都由国务院制定。[③]此外，部门立法也是一个值得关注的问题。据统计，从改革开放到 20 世纪 90 年代中期，我国 80%的法律草案是行政部门起草的[④]；20 世纪 90 年代以后这一比例有所下降，但从 1991 年到 2019 年，仍有 55.58%的法律是由国务院及其部委牵头起草的[⑤]。有的部门在起草法律法规草案时，不适当地强调部门利益和权力，使立法成为政府部门占有权力资源的方式和分配既得利益的手段，形成所谓的“部门立法”现象。

第三，全国人大在人民民主建设中应该担当何种角色。人民代表大会制度是保证人民当家作主的重要途径和最高实现形式，在制度设计和安排上，必须充分体现人民当家

---

① O'BRIEN K J. Chinese people's congresses and legislative embeddedness：understanding early organizational development. Comparative Political Studies，1994，27（1）：80－109.

② 我国的授权立法有三种形式：第一种是全国人大向其常委会授权；第二种是全国人大及其常委会向国务院授权；第三种是全国人大及其常委会向地方人大授权。

③ 蔡定剑. 中国人民代表大会制度. 2 版. 北京：法律出版社，1998：286－288.

④ 蔡定剑，王晨光. 人民代表大会二十年改革与发展. 北京：中国检察出版社，2001：422.

⑤ 杨惠，于晓虹. 中国立法效率影响因素的再审视. 中国法律评论，2022（2）.

作主、发展全过程人民民主的要求。一方面，完善党委领导、人大主导、政府依托、各方参与的立法工作格局，形成提高立法质量、完善法律体系的整体合力；另一方面，认真总结实践经验，如基层立法联系点、民生实事项目人大代表票决制度等，不断完善全过程人民民主的操作性程序，更好地把人民代表大会制度优势转化为国家治理效能。特别需要注意的是，全过程人民民主"全链条、全方位、全覆盖"三大特征的对象都是人民群众，因此，应下大力气突破目前人大系统以代表视察和"家、站、点"等联系人民群众的方式，创新人大代表密切联系群众的工作机制。

第四，如何将协商民主的原则嵌入全国人大的各项工作之中。尽管 2015 年中共中央颁布的《关于加强社会主义协商民主建设的意见》将人大作为协商民主建设的七大渠道之一，但在实践中，人大协商的开展状况并不乐观，一些人大的工作人员甚至对协商民主产生抵触情绪。因此，如何有效地开展人大协商工作还有待探索。其中，有两点需要思考：一是可以在人大议事规则中确立辩论制度，通过改善立法协商来提升立法质量；二是正确处理选举和协商之间的关系，通过将协商嵌入选举，增进选民对候选人的了解，将最优秀的人选拔到立法机构中。

本章小结

本章第一节追溯了人民代表大会制度的产生和发展，介绍了人民代表大会制度的性质、地位与职权。与此同时，我们也指出人大的实际地位与宪法文本的规定还有相当的距离。第二节描述了人民代表大会制度的组织体制与运行，分析党的领导在人民代表大会制度中是如何具体实现的。具体而言，党对人大的领导主要是通过组织领导和过程领导来实现的。第三节从组织结构的调整和运作机制的创新两个方面描述了改革开放以来人民代表大会制度发生的巨大变化。

经过 40 多年的发展，人大的地位得到了提升，制度化的程度越来越高，形象正在发生重大的变化。作为国家根本政治制度和最重要的民主载体，人民代表大会制度在未来中国民主政治建设中还有很大的进步空间。

关键术语

人大代表　　人大常委会　　立法权　　监督权　　授权立法

复习思考题

1. 人大有哪些法定权力？它们在实践中的落实程度如何？

2. 请结合人大的实际情况，谈谈你对党的领导、人民民主和依法治国有机统一的看法。

3. 请结合实例分析人大在全过程人民民主建设中的地位和作用。

4. 请结合国外经验，谈谈人大应该如何解决授权立法以及由此产生的部门立法问题。

5. 请结合党的十八届四中全会关于“依法治国”的精神，谈谈你对人大能否实施个案监督的看法。

第 4 章

人民政协制度

中国人民政治协商会议（以下简称“人民政协”）是一项具有中国特色的制度安排，它不是国家权力机关，却和最高国家权力机关一起享有“两会”的殊荣；它不是由选举产生，却具有广泛的代表性。本章将结合人民政协制度的历史变迁，分析人民政协的性质和定位如何从“三句话”演变为“五句话”，人民政协又如何与人大一起形成“两会制度”。在此基础上，本章还将介绍人民政协的组织结构和运行机制，并分析党是如何领导人民政协的。最后，我们将介绍改革开放以来尤其是党的十八大以来，人民政协制度的创新及其面临的挑战。

4.1 人民政协制度的历史变迁

4.1.1 人民政协制度的产生和发展

按照 2023 年修订的《中国人民政治协商会议章程》，人民政协是中国人民爱国统一战线的组织，是中国共产党领导的多党合作和政治协商的重要机构，是我国政治生活中发扬社会主义民主、实践全过程人民民主的重要形式，是社会主义协商民主的重要渠道和专门协商机构，是国家治理体系的重要组成部分，是具有中国特色的制度安排。它从产生到现在，有过辉煌的历史，也经历了风雨和坎坷，我们可以将其产生和发展划分为五个阶段：

1. 初创阶段（1949—1954 年）

中国人民政治协商会议又称“新政协”，以别于 1946 年 1 月召开的“旧政协”。自人民政协第一届全体会议于 1949 年 9 月 21 日在北平召开，直到 1954 年人民代表大会制度建立，这一时期是人民政协政治生命的一个高峰，人民政协作为制宪会议直接行使制宪权；《中国人民政治协商会议共同纲领》直接作为国家的宪法纲领；政协全体会议被赋予代行全国人民代表大会职权，成为宪法上的最高国家权力机关。①

2. 曲折发展阶段（1954—1976 年）

1954 年 9 月，一届全国人大在京召开，从而使人民政协代行人大职权成为历史，从此，中国共产党对国家政权的领导通过人大来实现，对社会各界的领导则通过包括人民政协在内的统一战线来实现。人民政协的职能和定位也随之发生改变，由国家政权机关与统一战线的双重身份向统一战线单一功能转变。这一时期人民政协在各地分别建立了人民政协的地方委员会。人民政协的发展经历了挫折。反右派斗争扩大化对中国共产党领导的多党合作和政治协商制度造成了很大程度的破坏。“文化大革命”开始后，人民政协进入了长达 10 多年的停顿状态，有的地方连会址都被占用。

3. 恢复重建阶段（1976—1994 年）

1978 年 2 月，全国政协五届一次会议在北京召开，瘫痪了长达 12 年的人民政协开始恢复运作。1982 年，人民政协被正式载入宪法，宪法对人民政协的性质、地位和作用作了明确规定。1994 年修订的政协章程将人民政协的职能从两项增加到三项：政治协商、民主监督和参政议政。这一时期的人民政协在形成稳定有序、生动活泼的政治局面方面发挥了重要作用，通过座谈、专题调研、政治协商等，为国家的现代化建设献计献策。

4. 制度化阶段（1994—2012 年）

进入 20 世纪 90 年代中期，人民政协开始逐步走向制度化和规范化。2005 年、2006 年中共中央连续发布了两个 5 号文件，对人民政协制度的发展予以确认，促进了人民政协自身建设的规范化、制度化，同时拓展了人民政协制度的发展空间。其中，最大的突破与理论贡献是把政治协商纳入决策程序，规定人民政协“就国家和地方的重要问题在决策之前和决策执行过程中进行协商，是政治协商的重要原则”②。这一变化使人民政协自身通过职权扩展成为新世纪的“新政协”。

5. 创新发展阶段（2012 年至今）

党的十八大以后，随着协商民主成为中国政治改革的突破口，人民政协的发展驶入快车道。作为重要协商渠道和专门协商机构，人民政协从过去一个相对“清闲”的机构变得越来越忙碌，越来越活跃，在国家治理体系中发挥着越来越重要的作用。

从以上的梳理可以发现，尽管中国共产党领导的多党合作和政治协商制度在中华人

---

① 这里需要澄清一个常见的误解：一些人认为在一届全国人大召开之前，仅以政协全体会议作为最高国家权力机关。但实际上，在共同纲领时期的最高国家权力机关，应是人民政协第一届全体会议及其选举产生的中央人民政府委员会。虽然《中国人民政治协商会议组织法》规定全体会议每三年召开一次，但实际未能实行。人民政协“作为代行权力机关只是第一届全体会议，几天会散了，权力已授给中央人民政府”。正如董必武指出的，在中央人民政府委员会选出之后，它“即为行使全国最高权力的机关”。而且全国政协自成立之日起，便脱离于国家政权之外，没有立法权、选举权和决议权，只有建议权。参见：政协全国委员会办公厅，中共中央文献研究室. 人民政协重要文献选编. 北京：中央文献出版社，中国文史出版社，2009：205；李格. 人民政协在第一届全国人大召开前后职能和组织的变化. 中共党史研究，2009（9）.

② 中共中央关于加强人民政协工作的意见. 人民政协报，2006-02-08.

民共和国成立后不久就已确立，但是，作为一个相对独立的制度体系存在并得以运行却是在改革开放以后，因为，只有在改革开放之后，这个制度所包含的三个层面才日益制度化，并构成一个整体。①

改革开放以来，人民政协制度最重要的变化可能是其政治地位从“统一战线组织”转变为“中国政治体制的重要组成部分”和“国家治理体系的重要组成部分”。在毛泽东、周恩来等老一辈革命家的原始设计里，并没有将人民政协作为中国政治体制的组成部分来考虑，而是作为统一战线组织来定性的。正是这样的性质定位，使得人民政协制度长期以来缺乏独立性，甚至被理解为附属于统战系统的一个部门。② 1982 年宪法对人民政协的性质、地位和作用的规定仍比较笼统。1993 年，在全国政协八届一次会议闭幕会上，李瑞环第一次正式提出人民政协是中国特色社会主义政治体制的重要组成部分。2006 年，中共中央出台的 5 号文件再次认定：“人民政协是我国政治体制的重要组成部分，在我国政治生活中具有不可替代的作用。”2007 年，党的十七大报告将人民代表大会制度、中国共产党领导的多党合作和政治协商制度、民族区域自治制度和基层群众自治制度视为我国的四大政治制度。这是改革开放以来，人民政协在性质定位层面获得的重大发展与突破。党的十八大以来，进一步将人民政协定位为“国家治理体系的重要组成部分”，强调人民政协作为协商民主重要渠道和专门协商机构，应该在协商民主建设中发挥独特而重要的作用。③这一新的定位无疑为人民政协未来的发展提供了更大的空间。作为专门协商机构，人民政协不仅要加强对协商民主发生发展规律的研究，为其他协商渠道开展协商活动提供借鉴；而且要加强与其他协商渠道衔接配合，不断完善协商民主体系。④

4.1.2 两会制度

每年 3 月份召开的“两会”是中国政治生活中最重要的政治景观之一。两会制度的概念源于每年春季的全国“两会”，即全国人民代表大会与中国人民政治协商会议，根据“事前协商”的原则，中国人民政治协商会议一般在全国人民代表大会前面召开。自 1998 年起，全国“两会”的召开时间成为固定日期，两场会议分别于每年 3 月 5 日和 3 月 3 日召开。

但两会制度并不等同于春季的“两会”。人大与政协两个体系除了在“两会”期间的协作外，在会议后仍然在社会多个领域共同发挥着重要作用，特别是在民意表达和民主监督环节。

两会制度并非一种偶然，而是中国自身政治逻辑的必然结果。自人民政协诞生之初，周恩来就曾指出，在将来召开全国人民代表大会以后，人民政协“仍将以统一战线的组

---

① 林尚立，肖存良．统一战线与中国发展．上海：复旦大学出版社，2011：174.
② 胡筱秀．人民政协制度功能变迁研究．上海：上海人民出版社，2010：155.
③ 习近平．在庆祝中国人民政治协商会议成立 65 周年纪念大会上的讲话．(2014－09－21)．人民政府网.
④ 谈火生．发挥专门协商机构作用 推进社会主义协商民主体系建设．中国政协理论研究，2019 (8).

织形式而存在，国家大政方针，仍要经过人民政协进行协商”[①]。这是关于人大和政协关系设计的较早表述。1954 年，人民代表大会制度建立之后，人民政协与人大之间的联系从最初的联席会议、联合视察和协商决策等会外合作，逐渐发展到会议内部的合作。1959 年 4 月 17 日至 29 日，参加人民政协三届一次会议的委员正式列席二届全国人大一次会议，听取了政府工作报告，并参加了讨论。自此，列席会议成为惯例，人大和人民政协间会议内部的协作关系正式建立，为两会制度的正式确立奠定了基础。1982 年宪法标志着两会制度的正式确立。1982 年宪法正式确立了人大作为国家权力机关的地位，并明确了人民政协的性质、地位和作用，大大增强了其在国家政治生活中的合法性基础。这些规定使二者之间的联系进一步加强，正式形成一个共同发挥作用的机制。而人大常委会的设立更使得“两会”不再局限于春季的会期，闭会期间，“两会”仍可依据宪法赋予的职权有效发挥作用。进入 21 世纪以后，两会制度逐渐走向成熟，一些地方的党委探索出台了加强人大、政协工作联系的方法。

从实质上讲，两会制度是中国特色政党政治下协调政党、国家、社会三者之间关系的制度性载体。两会制度具备两个功能：一是党对国家和社会的领导；二是国家和社会之间的互动。就前者而言，执政党通过人大实现对国家的领导，执政党的意志和主张，由人大通过法律程序将其上升为国家意志，然后再由政府来执行；同时，执政党通过人民政协实现对社会的整合，人民政协与社会各界开展协商，凝聚共识；二者结合，构成了中国公民政治参与最重要的制度性载体。就后者而言，两会制度体现了中国共产党独特的民主观念——代议制民主和协商民主的有机结合，“人民通过选举、投票行使权利和人民内部各方面在重大决策之前进行充分协商，尽可能就共同性问题取得一致意见，是我国社会主义民主的两种重要形式”[②]。两种民主形式的有机结合，有效实现了国家和社会的良性互动，一方面，人民政协的政治协商、参政议政职能与人大的立法、决策职能结合起来，提高了人大决策的科学化、民主化水平；另一方面，人大的地域代表机制和人民政协的群体代表机制，一横一纵，相互补充，共同为执政党的科学民主决策创造条件。人民政协的群体代表机制具有一种复合结构，一方面，它要表达特定群体的利益诉求；另一方面，它又要呈现不同社会群体的意见和社会视角。作为利益代表，政协委员由协商而非选举产生，能够超越界别的局限，努力将特定群体的利益诉求整合到最广大人民的根本利益之中；作为呈现不同群体的意见和社会视角的代表，政协委员来自不同界别，可以将多元且专业的意见、丰富且独特的社会视角带入政策过程，为执政党的科学民主决策创造有利条件。[③]

需要注意的是，两会制度不等同于西方的“两院制”。第一，二者的性质是完全不同的。在“两院制”中，两院之间的关系是国家权力机关与权力机关之间的关系，而人大和人民政协之间是国家权力机关与非权力机关之间的关系。第二，二者的功能定位是不同的。在“两院制”中，两院之间是相互制衡的关系，而人大和人民政协之间是一种相

① 中共中央统一战线工作部，中共中央文献研究室．周恩来统一战线文选．北京：人民出版社，1984：137.

② 中共中央关于加强人民政协工作的意见．人民政协报，2006-02-08.

③ 谈火生，侯昕饶．人民政协复合型群体代表机制探析．教学与研究，2023（6）.

互补充、相辅相成的关系。第三，二者的制度安排是不同的。在“两院制”中，两院通过各自拥有的否决权来实现相互制衡，而人大和人民政协则通过分工协作来实现高质量的立法。①

4.2 人民政协的组织结构与运行

经过70多年的发展，人民政协形成了一套完整的组织体系和工作机制，中国共产党通过政协党组和统战部实现了对人民政协的有效领导。

4.2.1 人民政协的组织结构

人民政协在组织体系上已经形成了一个由全国政协、省（自治区、直辖市）政协、市政协和县政协构成的四级组织网络，在每一个层级，又形成了专业分工的组织架构。可以说，其科层化程度已经很高。从组织角度讲，人民政协的组织结构呈现出如下特征：

第一，从纵向结构来看，人民政协形成了庞大的层级组织体系。具体表现为全国委员会与地方委员会，从中央一直到县区，层层设置。各级政协之间不存在领导与被领导的关系，上下级政协之间是一种指导关系。与人民代表大会制度不同的是，人民政协的组织体系没有覆盖乡镇、街道这一级。据统计，全国各级政协组织共3 200多个，委员共69万人。其中，县级政协组织有2 700多个，委员有60余万人。

第二，从横向结构来看，人民政协形成了分工明确的组织结构。除了作为办事机构的办公厅之外，形成十大专门委员会，即提案委员会、经济委员会、农业和农村委员会、人口资源环境委员会、教科卫体委员会、社会和法制委员会、民族和宗教委员会、港澳台侨委员会、外事委员会、文化文史和学习委员会（见图4-1）。各专门委员会的作用是按照专业分工的原则，联络相关领域的委员和各界人士，组织开展各项活动，就政治、经济、社会和文化生活中的重要问题展开调查研究，切实履行政治协商、民主监督、参政议政的职能。

第三，从组织形式来看，召开会议是人民政协履行职能的主要形式。以全国政协为例，主要有全体会议、常委会会议、主席会议、秘书长会议和专门委员会会议等五种会议形式。全体会议是人民政协最高层次的组织形式，每年举行一次，一般在3月份与全国人民代表大会同期召开。全体会议闭会期间，由常务委员会主持会务，领导日常工作，常委会会议一般每年举行四次。主席会议是常委会会议闭会期间处理日常重要工作的机制，一般每月召开一次，需要时可以临时召集。秘书长和副主席一起协助主席工作。秘书长会议一般也是每月召开一次。专门委员会会议一般不定期举行，形式比较多样，最主要的形式包括主任联席会议、专委会全体会议，以及与党委、人大、政府有关部门举行的联席会议。

---

① 白帆，谈火生. 人民政协参与立法协商：模式、特征和原则. 当代世界与社会主义，2018（2）.

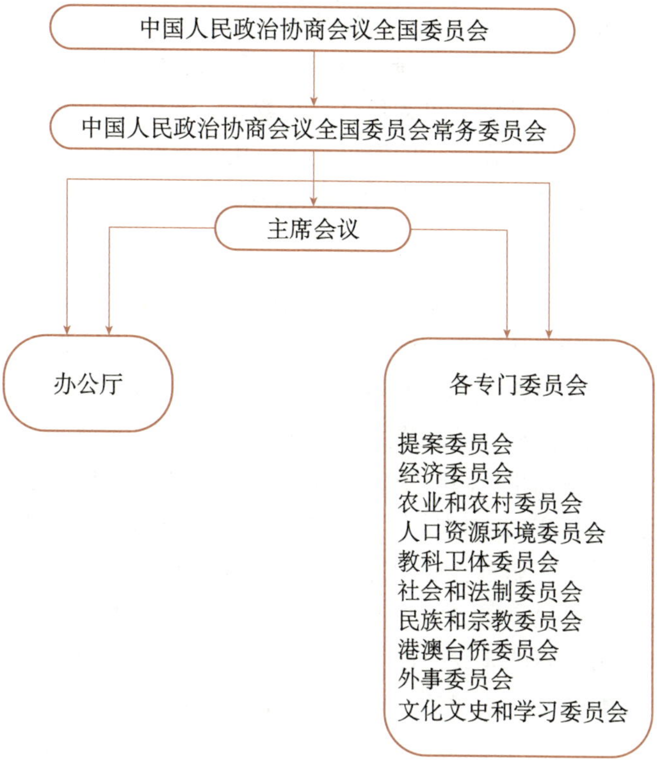

图 4-1　人民政协组织结构图

第四，从制度化角度来看，人民政协形成了高度专业化的运作规范。在经常性工作方面，形成了自身专门化、专业化的规范和要求。如对提案工作的各个环节都作出了比较详细的规定，提案工作必须按照规范程序和标准格式操作。其他工作如视察、调研和社情民意工作等也都有自身规范化、程序化、专门化的制度规定。

第五，从委员构成来看，人民政协具有非常鲜明的党派色彩和精英化色彩。全国各级政协的委员构成中，中国共产党党员均占到 40%左右。其他的委员也多是社会各界的精英。

4.2.2　人民政协制度的运行

在当代中国的政治体系中，作为统一战线组织的人民政协具有两大功能：社会整合和民主参与。用官方的正式表述就是：团结和民主两大主题。为了有效发挥这两大功能，人民政协不断调整其职能，以适应社会政治形势的发展。中国人民政治协商会议代行完全国人民代表大会的职权后，其职能定位有一个变化过程，大致经历了以下几个阶段：1954 年的政协章程对人民政协主要职能的定位是协商；1982 年的政协章程将其定位为政治协商和民主监督；1994 年的政协章程修正案进一步扩大人民政协的主要职能范围，将其定位为政治协商、民主监督和参政议政。

1. 政治协商

在当代中国，政治协商具有特定的含义，是指执政党与各民主党派、无党派人士和社会各界人士，在决策前就国家和地方的大政方针和重要事务进行沟通协商的民主形式。从人民政协70多年的发展历程来看，政治协商一直是其最主要的职能，特别是2006年的5号文件强调要将政治协商纳入决策程序，其意义非常重大。它看起来好像只是在完善决策程序，从而使政治协商在决策中发挥更大作用，但在实践中，它会逐渐改变整个国家的政治过程，改变政党、人大和政协之间的关系。①

2. 民主监督

民主监督是指人民政协对国家宪法、法律法规的实施，重大方针政策的贯彻执行和国家机关及其工作人员的工作进行监督，给予批评性意见并提出建议。这项职能在政协成立之初并未提出，它是随着政协工作的开展而被确定下来的，经历了一个从无到有、从务虚到务实的不断规范过程。最初的民主监督，指的是民主党派对中国共产党的监督，而非政协对宪法与国家政治生活的监督。2006年的5号文件强调民主监督是对权力运行的制约和监督，而不是简单的党内监督和党派之间的监督。在人民政协的三项职能中，民主监督职能一直是政协履职过程中的薄弱环节。其主要原因在于，政协不是国家权力机关，在“四套班子”中是最弱势的，因此，它在对执政党和政府部门进行监督时往往显得力不从心。但这种监督的非权力性质恰好是它与人大监督的区别所在，人大监督是运用国家权力进行监督，具有法律约束力；政协的监督则不具有法律约束力，二者相辅相成。②

3. 参政议政

参政议政是指各民主党派、无党派人士和社会各界人士对政治、经济、文化和社会生活中的重要问题和人民群众普遍关心的问题，开展调查研究，反映社情民意，进行协商讨论。通过调研报告、提案、建议案或其他形式，向中国共产党和国家机关提出意见和建议。民主党派参政议政的基本方式是“一个参加、三个参与”，即参加国家政权，参与国家大政方针和国家领导人选的协商，参与国家事务的管理，参与国家方针、政策、法律、法规的制定执行。人民政协在履行参政议政职能时，除了各种会议和提案之外，专题调研和反映社情民意是最基本的两种形式。专题调研一般由政协各专门委员会联合各党派团体进行，通过选择一些重要课题，深入调查研究，开展咨询论证，为执政党和政府机构决策提供有价值的信息和意见建议。反映社情民意则是了解和反映不同社会阶层、不同利益群体的愿望和诉求，为执政党和政府有关部门提供决策所需的信息。

4.2.3 党的领导在人民政协制度中的运作

党对人民政协的领导不仅有宪法依据，而且写入人民政协的章程和文件规定之中。在具体的领导机制上，党对人民政协的领导主要是通过政协党组和统战部这两个组织机制来实现的。

---

① 林尚立，肖存良. 统一战线与中国发展. 上海：复旦大学出版社，2011：189.

② 朱训，郑万通. 中国人民政协全书：上. 北京：中国文史出版社，1999.

1. 政协党组

党在人民政协中建立了党组织——政协党组。关于政协党组，按照李维汉当年的设计，中国共产党对人民政协的领导，是以“党的政策、党员的模范以及党组的活动来实现”，党组的任务是“保证政策执行和解释的一致，建立党与党外人士的正确关系，以及重要人事安排”[①]。2006 年出台的《中共中央关于加强人民政协工作的意见》明确指出：“政协党组是党在人民政协中的派出机构，肩负着实现党对人民政协领导的重大责任，必须坚定不移地贯彻党的基本理论、基本路线、基本纲领、基本经验，坚定不移地贯彻执行党关于人民政协的方针政策，把党的有关重大决策和工作部署贯彻到人民政协的全部工作中去。”[②]政协党组成员的组成，以全国政协为例，除了全国政协主席、为中共党员的副主席之外，一般还包括秘书长以及常委会下重要办公单位（如文化文史和学习委员会、提案委员会）主任，共 5～10 人。政协党组是由中共中央政治局直接领导，开展针对各界别统战工作的机构，是人民政协各项工作的领导核心。从政协党组作用的路径来看，可以归纳为：中国共产党的路线、方针、政策和相关决议，通过政协党组转化为政协的工作规划，通过政协的主席会议、常委会会议等转化为具体的工作计划，通过全体会议、专门委员会会议等，落实到政协的各项具体工作中。[③] 2015 年 6 月，《中国共产党党组工作条例（试行）》出台以后，政协党组的工作得到进一步加强，不仅强调“小党组”（政协机关党组）要服从“大党组”（政协党组）的领导，同时在各专门委员会设立了分党组。在具体运行过程中，机关党组指导专门委员会分党组的工作。

2. 统战部

人民政协作为统一战线组织，在工作上当然免不了与统战部发生联系。统战部与人民政协之间的关系经历了一个变迁过程。在早期，统战部承担着领导人民政协工作的职责。1956 年 12 月，在《中共中央统一战线部关于加强政协地方委员会工作的意见》中专门提及统战部与人民政协之间的关系：统战部必须有一位部长或者副部长掌管政协的日常工作；对于政协日常工作的主要问题，统战部应当加以讨论，讨论结果报党委审定。[④]随着政协党组的设立，统战部对政协工作的领导色彩逐渐淡化。以上海市政协为例，在第一至四届政协期间，由于未设党组，市委统战部对市政协起了实际的领导作用。在第五届政协期间，党组虽有设立，但统战部仍起了实际的主导作用。在第六至七届政协期间，市委统战部部长是党组的实际负责人，也是市政协的主要领导。从第八届政协开始，情况发生明显变化。市政协主席兼任党组书记，党组的作用开始加强，统战部部长不再是党组的实际负责人。党组和统战部二者关系的微妙变化实际上反映了党对政协领导路径的变化，从原来通过其工作部门来领导政协工作，转变为由市委派出机构（党组）

---

① 李维汉．李维汉选集．北京：人民出版社，1987：225.

② 中共中央关于加强人民政协工作的意见．人民政协报，2006－02－08.

③ 黄福寿．中国协商政治发生和演变的逻辑．上海：上海人民出版社，2009：142－143.

④ 中共中央统战部研究室．历次全国统战工作会议概况和文献．北京，档案出版社，1988：305－306.

来直接领导政协工作。[1] 现在，除了政协委员的产生环节之外，统战部与人民政协一般不发生日常工作上的关系。但是，统战部对相关工作仍负有协调之职，2020年，修订后的《中国共产党统一战线工作条例》第四十八条明确了统战部和政协党组在党外代表人士管理工作中的协调配合，“统战部门负责牵头协调党外代表人士管理工作。党委有关部门、人大常委会和政协党组、党外代表人士所在单位党组织，应当各负其责，加强日常管理考核”。

从历史上看，统战部代表党委领导人民政协工作主要表现在以下两个方面：

第一，在政协委员的产生过程中，统战部具有举足轻重的地位。政协委员的产生一般分为三个阶段：一是初期酝酿。各级政协委员的推荐工作分为两部分，党内委员人选的推荐工作主要由同级党委组织部负责，党外委员人选的推荐则要由同级党委统战部负责（在政协委员中，中国共产党党员一般会占到40%，非中共党员占60%）。然后，由统战部对建议名单进行汇总，通过征求组织部、政协党组意见等环节后报同级党委审定，最后提交政协主席会议和常委会会议，由其审议通过。在通常情况下，组成政协参加单位的各党派、人民团体、界别等有权推荐委员人选。二是协商推荐。组织部和统战部汇总各单位推荐的委员人选，按照一定的比例分配原则，对各单位推荐的委员人选开展资格审核和综合平衡工作，然后分别列出关于党内委员和党外委员人选的建议名单。三是讨论表决。组织部和统战部敲定人选建议名单后，由统战部把人选建议名单报送给同级党委，党委经过讨论，审议并最终确定政协委员人选建议名单。之后，统战部将最终确定的建议名单提请政协按《中国人民政治协商会议章程》规定的程序办理，一般是经政协主席会议和常委会会议讨论表决，最终产生出新一届的政协委员名单。

第二，在政协的具体工作中，统战部也曾经发挥重要的指导作用。一般情况下，政协有重大活动，应通知统战部，必要时统战部可派成员参加或提供各项协助；各级统战部对政协工作负有了解、调整关系、安排人事的责任，统战部针对政协工作召开会议或进行调查研究时，应邀请政协党组成员参加。[2]现在，统战部已不再承担这种职责，在日常工作中，统战部和人民政协一般不发生联系。

3. 交叉任职

在政协领导层中，中共党员占据核心位置。政协党组成员和统战部领导同时也是政协领导层的核心成员。以上海市为例，历届政协主席、主持实际工作的副主席和秘书长均是中共党员。而且，第一届至第五届政协期间基本上是上海市委主要领导担任主席。第六届至第七届政协主席分别由同济大学校长和复旦大学校长担任，但配备了工作能力较强的为中共党员的副主席主持政协的实际工作。从第八届开始，政协主席由原市委领导担任。

同理，统战部与人民政协之间也曾经长期存在交叉任职的问题，统战部部长一般会

① 林尚立. 中国共产党与人民政协. 上海：东方出版中心，2011：146－148.

② 张承宗. 统一战线工作应用手册. 上海：上海人民出版社，1989：31.

兼任同级政协副主席[①]，但是，现在除了全国政协以外，地方的统战部部长一般不再兼任政协副主席。[②] 以上海市为例，从第十一届开始，市委统战部部长不再兼任市政协副主席。

尽管改革开放以来人民政协制度在组织与功能方面都发生了局部变化，但其基本政治定位并没有发生改变，中国共产党依然在人民政协内部占据绝对的主导权，利用组织化的权力有选择性地吸纳各种社会力量参与到政治过程中来。在新形势下，如何更好地处理党、人民政协、社会三者之间的关系，是中国共产党和人民政协必须面对的现实问题。其中三组关系尤其重要：党组和政协领导体制之间的关系（包括党组必须处理好自身与主席会议、常委会会议、秘书长会议的关系）、统战部和人民政协之间的关系、党员和委员之间的关系。

4.3　人民政协制度的创新

改革开放以来，人民政协从重新恢复到今天，经历了很大的变化，制度化程度越来越高，运作机制不断创新。这一变化主要基于三个背景：其一，国家建设的需要。政治协商制度是中国现代化建设、国家建设的重要政治资源。“文化大革命”结束后，国家百废待兴，中国共产党清醒地认识到制度问题对于党的执政地位和国家建设的重要性。1987 年召开的党的十三大，将“制度”问题摆在重要位置。[③] 1989 年中共中央出台的 14 号文件成为政治协商制度化的一个重要节点。其二，社会变迁的推动。改革开放 40 多年来，中国经济保持了持续的快速增长，社会结构和利益格局开始出现很大的分化，价值观念趋于多样化，人民的政治参与需求激增。这一切在客观上要求更为合理的代表机制和社会整合机制。作为中国最重要的代表机制之一，人民政协必须适应这种要求。其三，西方协商民主理论的引入。2003 年以后，学界开始引入协商民主理论，很快在学界和政界激起了很大的反响，并进入最高决策层的视野。2005 年以后，人们开始借助这一新的理论资源对人民政协进行诠释。2012 年，党的十八大提出建设社会主义协商民主，并将人民政协定位为重要协商渠道和专门协商机构，为人民政协的制度创新注入了强劲的动力。[④]

---

① 在全国政协层次，新中国成立以来直到党的十九大，只有中途接任且任职时间不满一届的统战部部长没有兼任全国政协副主席，其余均是统战部部长兼任全国政协副主席一职。

② 《中国共产党统一战线工作条例》第十一条规定，“省、市两级党委统战部部长一般由同级党委常委担任，县级党委统战部部长由同级党委常委担任或者兼任”。与这个规定形成对照的是，党的十八大以后，地方政协主席不再进入同级党委常委。政协主席不是常委，作为常委的统战部部长显然不适合担任政协副主席。

③ 刘小彪．中共党代会报告 30 年的词汇变化．党的建设，2009（1）．

④ 需要指出的是，协商民主在中国是按照统一战线的逻辑来加以理解的，这一点与西方不同。西方的协商民主主要是一种公民实践，中国的协商民主主要是一种实现社会整合的制度安排。参见：林尚立．统一战线与国家建设．上海：上海人民出版社，2008：157．

4.3.1 组织结构：界别调整和组织延伸

改革开放以来，人民政协的组织结构调整主要体现在两个方面：横向的界别调整和纵向的组织延伸。

人民政协制度和人民代表大会制度一样，也是一种代表制度。但与人民代表大会制度不同的是，它是一种精英式的群体代表机制。首先，它是一种群体代表制，而不是地域代表制。政协委员不是基于地域选举产生，而是代表特定的社会群体。其次，它是一种精英代表制，政协委员都是社会各界的精英，具有一定的社会政治影响力。最后，政协委员不是通过选举产生，而是通过协商的方式推选产生。

在人民政协中，体现这种群体代表制的具体制度安排就是界别设置。改革开放以来，随着社会的发展和社会结构的变迁，人民政协不断调整界别设置，以适应新形势的需要，及时将新产生的社会精英吸纳到人民政协中来，有效整合社会各界的利益和意志。

1. 调整界别设置，增强包容性

从第五届到第八届，全国政协的界别经过不断调整，总数增加到 34 个，主要可以分为七种类型：一是党派，包括中国共产党、各民主党派和无党派人士 10 个界别；二是团体，包括共青团、总工会、妇联、青联等 8 个界别；三是以行业为基础划分的社会各界，包括文艺界、科技界、教育界、经济界、农业界等 11 个界别；四是按民族设立的少数民族界别；五是按宗教信仰设立的宗教界；六是按地域设立的香港同胞和澳门同胞 2 个界别；七是特别邀请人士界别。

2. 调整界别内部构成

从第八届全国政协开始设立的经济界，人数从第八届时的 83 人，增加到第十二届时的 151 人，其中，第八届时的民营企业家只有 20 人，到第十届时增加到了 65 人。第十届时经济界总共有 130 人，民营企业家正好占到了一半，其增幅远高于经济界本身的增幅，与中国经济自身的发展趋势是一致的。与此同时，党派、团体界别稳中有降；特邀人士界别人数减少，比例下降。

从第八届到第十三届，人民政协的界别设置没有再进行过结构性调整，一直保持在 34 个。这 20 多年是中国经济社会发展最快的时候，为建立更具包容性和代表性的政治结构，应该对人民政协的界别设置进行适当调整。有学者认为，可以将性质相近、重复设置的界别进行合并。共青团界和青联界、科技界和科协界明显具有外延上的包含关系，且性质相近，应予合并。可以分解涵盖面宽、人数过多的界别，如经济界，可以拆分为工业界、现代服务界、金融界等。[①]其实，一些地方政协已经开始在做一些尝试，如 2012 年，广东省惠州市博罗县在全国率先在县政协界别中新设社会组织界别，分配 4 名委员名额。2023 年“两会”期间，十四届全国政协再次对界别设置进行调整，增设“环境资源界”，将“中国共产主义青年团”和“中华全国青年联合会”合并为“中国共产主义青

① 李允熙．从政治协商走向协商民主．北京：社会科学文献出版社，2012：149－153.

年团和中华全国青年联合会”，仍为 34 个界别。[①]

需要指出的是，不同层级政协的界别设置差别很大。在全国政协和省级政协，一般都设有 34 个界别。但是，在地市级政协，很少有 34 个界别，尤其是在县（区）级政协，民主党派成员很少，很多时候是合并处理。例如，政协南京市江宁区第十二届委员会只有 16 个界别，所有民主党派委员组成 1 个民主党派界。与此同时，有些地方政协根据当地实际情况，设置了一些全国政协所没有的界别。比如，广西壮族自治区南宁市横县设有律师界，桂林市临桂区设有财贸金融政法界、城建界等。[②]

与界别调整紧密相关的一个问题是政协委员的产生办法。与人大代表不同，政协委员是通过提名推荐、特别邀请方式协商产生，而不是通过选举方式产生。这种产生方式曾遭到人们的诟病，认为这会削弱委员的代表性。[③] 在某种意义上，这一批评是有一定道理的，因为它确实会让一些委员缺乏深入界别群众的动力。但是，如果我们从利益、意见、社会视角三位一体的群体代表机制出发，会发现提名推荐、特别邀请的委员产生方式有其独特的优点，它可以在很大程度上规避选举式代表所面临的困境。一方面，代表们究竟应该作为选民意见的“传声筒”，还是应该具备独立的意志，按照其理性思考，代表人民作出判断？另一方面，当地区利益与国家整体利益发生冲突之时，代表应该如何抉择？由于政协委员是在广泛协商的基础上由界别推荐或特别邀请方式产生，政协委员不必担心在选举中落选，从而可以在广泛征求界别群众意见的基础上，充分发挥自己独立的判断力，通过运用自身的专业知识、经验智慧和社会视角，对界别群众的意见进行提炼，作出符合国家和人民整体利益和长远利益的判断。这就是人们常说的人民政协“超脱性”的体现。

除了横向结构的界别设置外，一些地方政协还尝试在纵向结构上进行改革，将政协的触角进一步延伸到基层，推动基层民主的发展。从 2011 年起，山东省政协采取“不建机构建机制”的策略，在全省乡镇、街道设立政协工作机制，一名乡镇党委副书记或街道党工委副书记为政协委员，负责联络和组织辖区内的政协委员，发挥委员作用，构建多方联动的参与机制，积极参与和推动基层协商民主建设。现在，这一做法已经成为各地政协的标配。这一制度创新不仅激发了基层政协委员的参政议政积极性，解决了政协“一年一次会，会后没有事”的状况，还强化了基层政协的民主监督作用。

4.3.2　运行机制：人民政协协商民主的制度化建设

党的十八大以来，人民政协发生了翻天覆地的变化，运行机制不断创新，其主要表现就是规范化和制度化，人民政协各项工作的开展逐渐克服了过去的随意性，对政治协商的内容、形式和基本程序都做了具体翔实的规定。

---

① 孙金诚．界别调整因应时代．人民政协报，2023-03-05．

② 黄道伟．县级政协工作存在的问题及对策建议．中国政协理论研究，2019 (4)．

③ 杨爱珍．政协委员的“代表性缺失”及其解决途径．新视野，2014 (5)；王立京．人民政协参政议政能力提升与发挥界别优势．江汉论坛，2012 (12)．

1. 民主与团结：人民政协功能的动态调整

民主与团结是人民政协的两大主题，这两大主题在人民政协的发展是一个动态调整的过程。1954 年人民代表大会制度建立之后，在相当长的一段时间内，人民政协“在中国政治生活中实际发挥的主要政治功能是配合国家意识形态的一体化工程进行‘服务与改造’，重点在于帮助各界人士和统战对象进行政治学习和思想改造”①。这种状况一直持续到改革开放初期，这一时期团结的主题更为突出。改革开放以后，民主的主题逐渐凸显。1995 年，《关于政治协商、民主监督、参政议政的规定》正式明确了人民政协的三大职能，即政治协商、民主监督和参政议政，民主的色彩越来越重。

党的十八大以来，随着协商民主成为国家政治建设的重要部署，人民政协的民主主题再次得到强化，人民政协被确定为协商民主的重要渠道和专门协商机构，在民主政治建设中承担着举足轻重的重要作用。党的十九大以后，团结的主题又重新回到主流话语之中，强调人民政协工作要双向发力，一方面要畅通渠道、完善机制，创新形式、提高质量，引导各界委员有序表达意见诉求，积极建言资政；另一方面要协助党和政府多做解疑释惑、宣传政策，凝聚共识、汇聚力量，理顺情绪、化解矛盾的工作，最大限度地统一思想、凝心聚力。②

人民政协制度的创新就是在民主与团结两大主题的动态平衡中不断调整自身的方向。

2. 作为重要协商渠道，积极参政议政

党的十八大以后，人民政协出台了《关于加强人民政协协商民主建设的实施意见》等指导性文件，对人民政协协商民主的开展进行了明确的规范。各级政协在实践中不断完善既有协商形式，积极探索新的协商形式，并取得了重要进展。这主要体现在三个方面：一是进一步规范人民政协多年实践、相对成熟的协商形式，通过制定、完善相关规则，对各种会议进行明确和细化；二是积极开展专题协商、对口协商、界别协商、提案办理协商、民主评议等协商形式，进一步拓展了协商的空间和领域；三是积极探索网上协商议政，充分利用网络信息技术，拓展协商平台，与相关高校和科研机构联合开发网络协商软件，使用大数据等现代技术手段，为网络协商提供技术保障。

十二届全国政协最引人注目的制度创新是双周协商座谈会，截至 2024 年 5 月 19 日，全国政协共召开了 162 次双周协商座谈会。我们可以看到人民政协作为重要的协商渠道在协商民主建设方面取得的成绩。首先是制度化建设。2013 年，全国政协就起草了《双周协商座谈会工作办法（试行）》。全国政协对每次双周协商座谈会都进行小结，查找出现的新问题和不足之处。2015 年初，出台《双周协商座谈会组织服务工作规范（试行）》。③在此基础上，2017 年 5 月，又总结历次办会经验，形成《中国人民政治协商会议全国委员会双周协商座谈会工作规则》，对计划制订、人员邀请、开展调研、材料准备、会议程序等事项进行了详细规定。经过不断探索，双周协商座谈会形成了一整套科学、高效的协商程序。其次，通过制度化机制实现了协商与决策的有效衔接。协商与决策的

---

① 胡筱秀. 新中国成立六十年来人民政协制度功能变迁考察. 毛泽东邓小平理论研究，2009（6）.

② 侯建民. 关于人民政协在建言资政和凝聚共识两方面双向发力的思考. 人民政协报，2018－10－31.

③ 邓涛. 全国政协双周协商座谈会的创新与完善. 人民政协报，2015－11－18.

断裂是协商民主的一大难题[1]，双周协商座谈会有效地解决了这一难题。第一，通过两个机制将协商成果传递到决策过程之中。一方面，在协商主体上，协商者和决策者实现了有效衔接。在这 162 次双周协商座谈会中，除第一次只邀请了 1 个部委参会外，从第二次开始，每次都邀请 3～6 个部委负责同志参会，到会的一般为分管相关工作的副部级干部，有的是部长亲自参会。另一方面，在协商成果的运用上，实现了协商与决策的有效衔接。每次会后 3 天内，全国政协都通过信息专报等方式将协商成果报送中共中央、国务院有关领导及相关部门。畅通而制度化的渠道保证了协商成果进入决策过程，并推动相关决策的制定。第二，运用民主监督职能，推动相关政策的落实。以 2014 年十二届全国政协举办的关于“建筑工人工伤维权”双周协商座谈会为例，在座谈会的推动下，人力资源社会保障部、住房城乡建设部、安全监管总局和全国总工会四部门联合出台《关于进一步做好建筑业工伤保险工作的意见》。但全国政协发现该意见的落实情况并不理想，于是，在 2015 年 9 月和 12 月，又联合四部门先后对全国 10 多个省市进行协商式监督，推动该意见的实施。在全国政协的推动下，该意见所涉及的 4 000 多万建筑业农民工的工伤保险问题得到了解决。

3. 作为专门协商机构，努力推动协商民主体系建设

2015 年 2 月，中共中央颁布了《关于加强社会主义协商民主建设的意见》，对协商民主体系建设提出了完整的构想和具体的要求。人民政协作为专门协商机构，在开展协商活动的同时，还努力带动其他协商渠道活动的开展，通过各种制度化的机制，将七大协商渠道衔接起来，使之成为一个有机整体。

通过参与人大的立法协商，推动人大协商的科学化、民主化。全国有多个省级和副省级市的协商规程明确规定，地方人大和政府起草和修订过程中的重要地方性法规，应该纳入协商。在具体操作过程中，各级政协对人民政协参与立法协商具体路径形成了不同的模式。其中，最经典的一个案例就是 2013 年底，北京市政协对《北京市大气污染防治条例（草案）》开展的协商活动，协商成果被纳入立法过程，效果非常好。北京市人大常委会根据政协委员的意见，对该草案中的 61 条进行了修改，涉及 83 处。[2]

通过进一步深化对口协商、提案办理协商和双周协商座谈会等机制，推动政府相关部门协商活动的开展。例如，2014 年十二届全国政协第 21 次双周协商座谈会的议题是“建筑工人工伤维权”。在座谈会召开之前，国务院有关部门就与政协一起开展调研，在调研基础上起草了有关建筑业工伤保险问题的文件草稿，在会上进行讨论。在座谈会上，人力资源社会保障部、住房城乡建设部、安全监管总局和全国总工会的领导直接参加协商，出台了《关于进一步做好建筑业工伤保险工作的意见》。这个十几年没有解决的问题，在双周协商座谈会的推动下最终得以解决。

在推动基层协商方面，很多地方政协进行了大胆的探索，努力搭建协商民主向基层延伸的平台。例如，深圳市突破传统的闭门协商方式，创办社会各方参与的协商平

---

① 登特里维斯．作为公共协商的民主：新的视角．北京：中央编译出版社，2006：79－99.

② 余荣华．北京探路政协立法协商．人民日报，2014－04－16.

台——“委员议事厅”，把协商平台放到广场上、搬到市民中。[1] 党的十九大以后，十三届政协将推动政协协商与基层协商相衔接作为一项重点工作来抓。其中，江苏省徐州市的探索最为积极，其主要的制度创新有两个：一是建立了由市委书记挂帅的基层协商民主建设领导小组。该领导小组由市委书记担任第一组长，市政协主席担任组长，市委组织部部长、宣传部部长、统战部部长、市政府分管副市长和市政协副主席担任副组长。市部分职能部门负责同志和区县党委书记担任领导小组成员。二是在基层建立协商议事室，作为协商民主议事工作平台，让政协委员直接下沉到城乡社区和企事业单位，协助和指导基层开展协商活动。

在推动社会组织协商方面，个别地方政协在政协界别中新设社会组织界别，例如广东省惠州市博罗县，为社会组织参与政协协商建立制度化通道。[2]全国政协举办的双周协商座谈会也经常邀请与协商议题相关的社会组织参加。例如，2014 年十二届全国政协第 21 次双周协商座谈会的议题是“建筑工人工伤维权”，座谈会邀请了全国政协委员、中国公路建设行业协会理事长周纪昌；第 46 次双周协商座谈会的议题是“《快递条例》的制定”，座谈会邀请了中国快递协会会长高宏峰。

4. 履行民主监督职能，推动政策有效执行

民主监督职能为人民政协创造了很大的政治空间。从法律的角度看，可以对法律的实施情况进行监督；从政府的角度看，可以对重大方针政策、经济社会发展计划和财政预算的执行情况进行监督。人民政协通过民主监督，可以加强对权力运行的约束，促使国家权力依法运行。但是，要真正将其落到实处，还需要具体的制度安排来支撑。改革开放以来，尤其是最近 10 多年来，人民政协在以下几个方面进行了有益的尝试。[3]

第一，委员视察。以往，委员视察一般由被视察单位汇报和陪同参观两部分构成，很容易形成走过场的局面。近年来，一些地方政协创造了无陪同视察的方式，使视察了解的情况更深入、更真实、更全面。

第二，派驻民主监督小组。这种民主监督方式变以往的个体监督为组织监督，提高了民主监督的组织化程度。

第三，专项监督和重大事项监督。政协围绕党委和政府的重点工作或某一重大事项，通过专题调研、专题视察和专题协商议政等形式开展监督。例如，2010 年的上海世博会，上海市政协就为此组织了重大事项监督，政协委员提出的一些建议，如世博会建筑应该采用阻燃电缆、增设世博专线等，都转化为改进工作的具体措施。

第四，与社会监督相结合的民主监督。政协委员与新闻媒体、人大代表相结合，以社会团体的名义，代表社会对党委和政府的工作进行民主监督。一个典型的例子是 2009 年上海的钓鱼执法事件。2009 年 10 月，孙中界被钓鱼执法一案引起舆论哗然，浦东新区政府被置于风口浪尖。在此背景下，浦东新区政府组建联合调查组，包括人大代表、政协委员和新闻记者在内的调查人员，就此事件重新展开调查。仅六天后，浦东新区政

---

① 周元春. 委员议事厅：协商民主的深圳尝试. 深圳特区报，2014-10-13.

② 雷辉，李晓敏，谢思雄. 博罗县政协率先设社会组织界别. 南方日报，2012-06-12.

③ 林尚立. 中国共产党与人民政协. 上海：东方出版中心，2011：247，254-256.

府召开第二次新闻发布会，公布联合调查结果，否定了浦东新区城管局言之凿凿的“调查”，认定“孙中界案”存在钓鱼执法。

值得注意的是，在很多政治改革类创新往往难以持续或扩散的情况下，人民政协的一些重要制度创新却成功地实现了不同程度的扩散。而且，其扩散方式呈现出与政府创新扩散不同的特点：一方面，它是倡导型的，有别于“试点推广型”纵向扩散或“自主学习型”横向扩散模式；另一方面，它是有选择性的，学习者受到资源整合能力的约束，采取选择性学习策略，这使得政协制度创新的扩散呈现出不同的空间特性。在此过程中，制度创新与既有制度资源相辅相成，推动了人民政协在新时代的发展。①

4.3.3 人民政协制度的未来

在党政体制的基本框架下，人民政协享有国家机关的一切组织形态、活动方式和财政供给。它拥有自身庞大的组织网络，具有独立自主性；作为协商机关和参政议政机构，它与党委、政府、人大并称“四大班子”，各级政协的负责人均被列入“党政主要负责人”之列。《人民日报》每次报道重大会议或仪式活动时，出席会议的全国政协副主席都被列入“党和国家领导人”之中。政协会议和人大会议一起构成了在国家政治生活中举足轻重的“两会”。人民政协的机构运转属于国家管理活动的一部分，涉及国家公共事务管理的方方面面；它的机关构成主体——机关干部和国家工作人员又被纳入国家公务员管理体系，并参加了历次政府机构改革；在现行国家财政预算体系中，它又是一个实行独立预算的行政单位，人民政协机关的工作人员享受公务员工资、福利待遇，由国家财政统一负担，机关办公经费纳入国家预算开支。可见，人民政协组织和制度早已深深地嵌入当代中国的政治体制之中。

即便如此，人民政协在性质定位问题上仍处于某种尴尬的境地。《宪法》对人民政协的定性是“有广泛代表性的统一战线组织”。党的文件将其视为我国的基本政治制度之一、政治体制的重要组成部分，但这并不意味着政协就是国家机关。统战部门专门强调，人民政协不是协商主体，只是一个政治协商的渠道和平台，因为如果人民政协是协商主体，就有可能产生“两院制”的嫌疑。②

这种模糊性引发了相关的争论。一种观点认为，人民政协已经成为事实上的国家机关或准国家机关③，甚至有人认为可以把人民政协建设成上议院、把人大建设成下议院。持不同观点的人则认为，不能从这种“事实”中得出结论，将人民政协视为国家权力机关。改变人民政协的组织属性，这种做法既不可行，也不可取。④人民政协作为协商民主的重要渠道和专门协商机构，能比它作为国家权力机关更好地发挥作用。不是国家权力机关的人民政协可以从国家政权外来监督政府。这样，“政协位置超脱，政协发表意见，

① 谈火生，于晓虹．“倡导-选择”型创新扩散：基于十八大以来政协制度创新扩散的多案例比较．政治学研究，2022（12）．

② 张献生．关于我国政治协商的主体问题．上海市社会主义学院学报，2009（2）．

③ 胡筱秀．人民政协制度功能变迁研究．上海：上海人民出版社，2010：105－109．

④ 肖存良．中国政治协商制度研究．上海：上海人民出版社，2013：284－285．

可以较少受到利益驱动的影响和地区的局限，可以比较客观、准确地反映各种情况和问题"，以"旁观者清"来弥补可能出现的"当局者迷"。[①] 不仅如此，人民政协保持非国家权力机关的性质，可以避免形成人大、政协并立的二元权力结构，改变议行合一的政治体制。[②]也许双方的论点各有某些道理，但在可预见的未来，既有格局将会维持下去。

在这种情况下，要充分发挥人民政协的作用，就需要在认识上和实践上都有所突破。

第一，要进一步完善人民政协的各种制度安排，将人民政协从一种仪式化的机构转化为开放性、平等性和对话性的空间和舞台，使之真正发挥重要协商渠道的作用。

第二，更好地发挥人民政协作为专门协商机构的作用，使以人民政协为范本的协商民主在中国政治体系中得到广泛扩散，将协商民主的工作方法植入人大、政府、人民团体、基层组织和社会组织，从而推动协商民主体系的构建。这一过程本身也是具有中国特色的民主化过程。在这个过程中，要充分发掘人民政协这个现成的政治资源和制度资源，一方面对其过去几十年的协商经验进行认真总结；另一方面要利用好这个平台，积极参与，并实现人民政协与其他各项制度的对接，使之真正嵌入现有的制度体系之中。

第三，要强化市县两级基层政协建设，使协商民主的工作方法向基层延伸，推动基层协商议事朝着制度化、规范化方向发展，进一步激发基层民主的活力。在此过程中，一个关键的问题是，如何进一步激发基层政协委员的履职热情、提升他们的履职能力。在这方面，各地也进行了一些有益的探索。自 2017 年以来，湖南省政协开展的"微建议"受到关注，它通过有效的制度安排增强了政协组织内部、政府和被代表者的正向回应，从而提升了政协委员的政治效能感，激发了他们的参与意愿。[③]

本章小结

本章第一节介绍了人民政协制度的产生和发展，以及两会制度的产生及功能。第二节介绍了人民政协的组织结构和运行，并具体分析了党的领导在人民政协制度中的具体实现机制。第三节介绍了改革开放以来尤其是党的十八大以来人民政协发生的变化，从 1978 年重新恢复到今天作为专门协商机构的全新定位，人民政协在中国政治生活中的作用越来越重要，制度化程度越来越高，运行机制也不断创新。如何充分发掘人民政协这个现成的政治资源和制度资源，使之在未来中国的协商民主建设和民主政治建设中发挥更大的作用，是未来中国政治发展需要关注的一个课题。

关键术语

"两会"　　政治协商　　民主监督　　参政议政　　界别　　专门协商机构

---

① 胡锦涛. 在庆祝中国人民政治协商会议成立 55 周年纪念大会上的讲话.（2004－09－21）. 人民政协网.

② 林尚立. 中国共产党与人民政协. 上海：东方出版中心，2011：240.

③ 谈火生. 制度安排、回应性与政协委员的政治效能感：以 H 省政协"微建议"为中心的探讨. 治理研究，2023 (4).

复习思考题

1. 人民政协的性质定位经历了怎样的变迁?

2. 中国的“两会”和西方的两院制有何区别?

3. 党是如何实现对人民政协的领导的?

4. 人民政协界别设置的特点和面临的问题有哪些?你认为应该如何进行调整?

5. 作为专门协商机构,人民政协可以在协商民主体系建设中发挥何种作用?

6. 请收集全国政协双周协商座谈会的相关资料,并对这一制度创新的内容和机制进行分析。

7. 你认为人民政协制度创新对中国政治会产生何种影响?

第5章

中央人民政府

《宪法》规定："中华人民共和国国务院，即中央人民政府，是最高国家权力机关的执行机关，是最高国家行政机关。"本章从历史、静态与动态特征角度介绍中央人民政府，首先，回顾了中央人民政府成立与发展的基本历史脉络，尤其展现了改革开放以来中共中央和国务院关系的变化；其次，从领导设置、机构设置方面分析了国务院系统的组织结构体系及特征；最后，着眼于动态层面，从权责机制、会议制度、党中央领导国务院的具体工作机制方面描述国务院系统的运行与决策过程，并从理性官僚制角度展望党政体制下中国行政国家的发展趋势。

5.1 中央人民政府的成立与发展：从政务院到国务院

5.1.1 政务院时期（1949—1954年）

受到陕甘宁边区政府体制传统以及当时处于战争时期的综合影响，从1949年新中国成立到1954年《宪法》颁布，新中国建立并实行了中央人民政府下辖政务院的二级政府体制，这与宪法颁布后确立的"国务院即中央人民政府的一级政府体制"有所区别。[①]

1949年9月27日，中国人民政治协商会议第一届全体会议通过的《中华人民共和国中央人民政府组织法》(以下简称《中央人民政府组织法》)规定，"中央人民政府委员会组织政务院，以为国家政务的最高执行机关，组织人民革命军事委员会，以为国家军事的最高统辖机关，组织最高人民法院及最高人民检察署，以为国家的最高审判机关及检察机关"，实行集立法、行政和司法三权于一身的"议行合一"体制，其政府首脑为中央

① 徐悦. 试析1949—1952年政务院体制的构建与运行. 当代中国史研究，2011(6).

人民政府主席，而非政务院总理。由此可见，当时的国家最高决策权力机关是中央人民政府委员会，而政务院只是中央人民政府委员会的一个执行机关和组成部分。①

根据《中央人民政府组织法》的规定，中央人民政府建立了“政务院—4个委员会—30个部、会、院、署、行”的行政组织体系。政务院由总理1人、副总理4人、秘书长1人和政务委员15人组成②；4个委员会，分别是指政治法律委员会、财政经济委员会、文化教育委员会、人民监察委员会；30个部、会、院、署、行主要包括内务部等21个部，法制委员会等3个会、海关总署等4个署以及科学院和人民银行等。③

这一时期政务院机构的设置以及政府机构中的党建实践为随后的党政体制奠定了基础，一些基本特征已经初现端倪。首先，在政务院系统的人事安排中，中共领导人占据了重要地位。中共中央书记处的5位书记中，有4位分别担任中央人民政府委员会主席、副主席和政务院总理职务；许多中共重要领导人被选入中央人民政府政务院，分别担任政务院副总理、政务委员及政务院各部委的领导职务；当时政务院34个部委机构中由中共党员担任正职首长的达到19个，占总数的55.9%④，而且集中在财政、公安、人民银行等重要部门，1952年以后这一比例继续上升。

其次，在中央人民政府内部设立党委和党组。1949年11月，中共中央分别发出《关于在中央人民政府内组织中国共产党党委会的决定》和《关于在中央人民政府内建立中国共产党党组的决定》，在中央人民政府陆续设立了党委和党组。中共中央政治局统一领导中央人民政府内的党委和党组，通过党组系统，各政府部门领导人员向党中央请示报告工作，党中央的政策和决定得以贯彻。

再次，中共中央通过对政务院各个部门的政治领导来制定各项具体政策，并且通过设立其他机构来削弱和平衡政务院的作用。尤其是1952年11月，新设了不属政务院领导的国家计划委员会，在领导国民经济的一些重要方面代替了政务院。根据不完全统计，政务院在其存在的5年中，通过和颁布的重要法令、决定约有381项，其中1949—1952年约有344项，占总数的90.3%。⑤ 自1952年底中央人民政府调整后，政务院颁布的法令、决定只有37项，仅占9.7%。这表明政务院的权力和职能明显削弱。

最后，1953年，中共中央决定建立请示报告制度，“今后政务院各委和不属于各委的其他政府部门一切主要的和重要的工作均应分别向中央直接请示报告。如属于两个部门以上而又不同隶于一委的事项，则经由政务院负责同志向中央请示报告。如系主席直接交办的事项，应直接向主席请示报告”⑥。

需要指出的是，后来被视为中共中央与国务院控制官僚体系规模的重要工具——编制制度，在这期间仍然由政务院单独管理。政务院及其所属单位机构编制审查委员会和全国编制委员会于1949年底和1950年初先后成立，其常设机构最初放在财政部，1950

---

① 秦立海. 中央人民政府政务院述论. 当代中国史研究，2011 (3).

② 马永顺. 周恩来组建与管理政府实录. 北京：中央文献出版社，1995：5.

③ 同①.

④ 徐悦. 1949—1954年中国中央行政体制研究：兼论周恩来在其中发挥的作用. 天津：南开大学，2010.

⑤ 中国人民政治法制委员会. 中央人民政府法令汇编. 北京：法律出版社，1995.

⑥ 中共中央文献研究室. 建国以来重要文献选编：第4册. 北京：中国文献出版社，1993：69-70.

年以后设置在新成立的人事部。

5.1.2 计划经济时代的国务院（1954—1978年）

1954年9月，一届全国人大一次会议通过了《宪法》及《国务院组织法》，它们为政务院向国务院的体制转变提供了法律支撑。1954年《宪法》规定，“中华人民共和国国务院，即中央人民政府，是最高国家权力机关的执行机关，是最高国家行政机关”；国务院在人事任命、工作报告、日常监督等方面必须向全国人民代表大会及其常务委员会负责，并且撤销了人民革命军事委员会，改为由国务院内设的国防部统管由政府负责的军事工作。《国务院组织法》进一步明确规定了国务院的机构设置、会议制度、任免权限等细则。1954年，第一届国务院共设立了35个部委机构、20个直属机构和8个办公机构。

在1954—1978年的计划经济时期，国务院共经历了四届政府，其间受到政治运动的冲击和影响，政府机构设置变动频繁，运作过程的制度化水平也时起时落。总体上看，党政体制进入了一个明显强化的发展阶段，具体体现在以下四个方面：

第一，党政不分、以党代政的现象趋于强化。自1953年开始，中国开始逐步引入了计划经济模式。在发现苏联模式的弊端后，中共领导人开始探索适合中国国情的发展道路，提出要处理好“十大关系”。在实践中则发动了“大跃进”运动。各种强化党的权力和党政不分的规定相继出台，在党中央形成了一套几乎与国务院完全对应的行政性管理机构。[①] 在领导原则上，强调“工、农、商、学、兵、政、党这七个方面，党是领导一切的”[②]，使原本定位为政治领导和干部管理的中央变成了主管一切事务的机构，而国务院则变成了党中央的具体执行机构。

第二，中共党员在国务院重要职位中所占比例明显上升。党管干部是执政党领导国家行政官僚体系的重要工具，尤其是通过推荐党员人选担任国务院的重要职位，实现对行政机关的政治领导，这一领导方式在新中国成立初期就有所体现，1954年以后变得更为明显。以1954—1959年第一届国务院的组成为例，根据笔者的统计，1949年成立的政务院5位副总理中有郭沫若、黄炎培两位非中共党员，而第一届国务院的5年时间中先后任命过12名副总理，全部为中共党员。政务院时期34个部委机构由中共党员担任正职首长的占55.9%，而第一届国务院5年时间内共成立了57个部委机构，其中由中共党员担任正职首长的有40个，占总数的比例增至70.2%，民主党派和无党派人士担任正职首长的比例则锐减至30%以下。到1959—1965年第二届国务院时期，先后共成立了40个部委机构，由中共党员担任正职首长的机构达到30个，比例进一步增至75%。而到了第三届国务院时期（1965—1975年），48个部委正职首长中除了水利电力部傅作义、纺织工业部蒋光鼐和轻工业部李烛尘三人之外，其余均为中共党员，占总数的比例增至93.8%。因周恩来总理去世，第四届国务院只有三年（1975—1978年），29个部委的正

① 杨光斌．制度变迁中的政党中心主义．西华大学学报（哲学社会科学版），2010（2）．

② 中共中央文献研究室．毛泽东文集：第8卷．北京：人民出版社，1999：305．

职首长均为中共党员。

第三，党政不分导致了以党代政。除了“文化大革命”时期，在这一阶段的大部分时间内，由于过分强调党领导一切，党政关系逐步演变为党委一元化领导的高度集权模式，党组织直接承担起本应由政府来做的工作。例如，从 1953 年开始，关于“农业合作化”和“人民公社化”的系列文件，多由中共中央以决定或指示的形式直接发布，由政务院或国务院直接发布的文件只有 10 份左右[①]，形成了一种党对国家机关包办代替的政治格局。

第四，党委、党组对政府行政权力的控制进一步加强。党中央设立与政府相对应的各部之后，1958 年 6 月又成立了财经、政法、外事、科学、文教五个小组，直属中共中央政治局和书记处，分管相应的政府业务部门工作。各级党的工作部门由主要管理干部人事，转向主要管理政府业务，如中共中央宣传部管理纸张供应、报刊发行等十分具体的业务。[②] 党中央和各级党委一般通过政府、司法机关和人民团体内的党组织，直接发布有关政治、经济、文化和其他事务的具体指示、命令，国务院机关事实上形成了党委（党组）领导下的行政首长负责制，各部门一切重大问题和重要事项的决定权均集中在党委（党组），在党委（党组）形成决议之后，行政首长和行政管理部门只负责执行和实施。

5.1.3　改革开放时代的国务院（1978 年至今）

1978 年 12 月党的十一届三中全会召开，中国的党政关系进入了一个新的历史时期。党的十一届三中全会公报指出，“应该在党的一元化领导之下，认真解决党政企不分、以党代政、以政代企的现象”[③]。邓小平强调政治体制“改革的内容，首先是党政要分开，解决党如何善于领导的问题。这是关键”[④]。1982 年 9 月，党的十二大对党章进行了修订，提出了“党必须在宪法和法律的范围内活动”。这一转变为党政关系的调整奠定了基调。

改革开放以来，我国建立了社会主义市场经济，加入了世界贸易组织（WTO），进入了中国特色社会主义新时代。与这些变化相适应，党政关系经历了一系列改革。在中央层面，党政关系的调整集中体现在以下五个方面：

第一，以党政关系规范化为目标，推动中共中央与国务院的职能规范化。从 20 世纪 80 年代到 90 年代初，尤其是党的十三大以后，改革的目标是党政分开，以增强行政权力的自主性程度和制度化水平。具体实践如党政领导实行分任制；中共中央政治局和书记处的一部分成员不再兼任国务院领导工作；邓小平等领导人主动辞去了自己兼任的国务院副总理的职务，专任中共中央副主席；强调中共中央主要集中精力抓党务工作，不再设立分管行政性工作的部门和职位。政府工作报告以及五年规划编制，由国务院自行起草审核，只需要取得中共中央的原则同意，无须再事无巨细地向中共中央请示与汇报。

---

① 施丛美. 当代中国文件治理变迁与现代国家成长：以建国以来中央颁发的土地文件为分析视角. 江苏社会科学，2010（1）.

② 庞松、韩钢. 党和国家领导体制的历史考察与改革展望. 中国社会科学，1987（6）.

③ 中国共产党第十一届中央委员会第三次全体会议公报. 人民日报，1978－12－24.

④ 邓小平. 邓小平文选：第 3 卷. 北京：人民出版社，1993：177.

中共中央的纪律检查部门更加集中精力管好党风党纪工作，对于政纪和法律问题则分别交由国务院和司法部门处理。这种职能性的“党政分开”改革，在一定程度上既强化了国务院作为最高国家行政机关的权力，也提高了中共中央集中精力管好党务的能力。1989 年之后，由于各种原因，“党政分开”的提法逐渐消失，取而代之的是“党政关系规范化”，党政关系的思考重点也转移到如何保障执政党更好地实现执政目标上来。[①] 党的十八大以来，党政关系的规范化发展强调以党的全面领导引领国务院制度和程序的变革。在体制机制上，党组制度、党管干部、纪检监察机制不断完善；2018 年和 2023 年机构改革推行了一系列中央党政机构归口、合署、合并改革，中央领导小组机制不断完善和扩展。在立法上，《国务院工作规则》于 2018 年和 2023 年相继作出修订，《国务院组织法》也于 2024 年再度修订。《国务院组织法》《国务院工作规则》的更新不仅是对历次机构改革中诸多实践经验和制度规范的立法总结，更是以法定形式强化了党中央对国务院的领导，如《国务院组织法》规定，国务院“坚持中国共产党领导，坚持以马克思列宁主义、毛泽东思想、邓小平理论、‘三个代表’重要思想、科学发展观、习近平新时代中国特色社会主义思想为指导，坚决维护党中央权威和集中统一领导，坚决贯彻落实党中央决策部署”；《国务院工作规则》进一步强调“国务院工作坚持以习近平新时代中国特色社会主义思想为指导，坚决维护党中央权威和集中统一领导，全面贯彻落实党的二十大精神和党中央决策部署”，国务院工作人员要“旗帜鲜明讲政治”，“把党的领导贯彻落实到政府工作全过程各领域”。

第二，在坚持党管干部的基本原则下，改变所有干部都由党委组织部门统管的体制，逐步建立和完善国家公务员制度。在计划经济时代，国务院的大小干部基本上都由中共中央组织部门进行统管，选拔人才过程主要以政治性作为标准，忽视专业性，干部管理制度相对简单僵化。20 世纪 80 年代中共中央提出要制定相关的法律法规，规范公务人员的录用、奖惩、提拔、淘汰、退休、退职，提高公务员的专业素质。1988 年 3 月，为了更好地推行公务员制度，国务院决定成立国家人事部。同年，国务院司局级以上干部由中共中央组织审查管理，司局级以下级别的干部则改由人事部管理。1993 年 8 月，国务院颁发了《国家公务员暂行条例》；2005 年 4 月，《中华人民共和国公务员法》顺利通过，这标志着中国公务员制度的正式法制化；2018 年 12 月，《中华人民共和国公务员法》修订，对职务职级设置、公务员监督和激励保障机制、考核培训机制等方面进行科学化改革。

第三，将一般性的行政事务决策权力逐步还权给国务院。党政分开不仅是机构和职能的分开，而且是在坚持党的领导前提下决策权力的相对区分。党的十三大之后，中共中央将主要精力转向抓组织、宣传、纪检、政法、统战等党务工作，而不再从事经济、社会、民政、文化等行政性工作。在这些管理领域，由国务院单独颁发文件或规定，中共中央不再独立发文。例如，2012 年，国务院一共单独发文 63 份，内容涉及海洋经济发展、国家科学技术奖励、生物产业发展规划、行政审批改革等具体事务。如果遇到较为重大的行政决策事项，需要中共中央加以审核通过时，一般不完全由中共中央单独发文，而是由中共中央与国务院联合发文。例如，1986 年，中共中央和国务院联合发出了

① 朱光磊，周振超．党政关系规范化研究．政治学研究，2004（3）．

《关于长江三峡工程论证有关问题的通知》。凡涉及党务与政务两方面事务的，一般采取党政联合发文的方式，例如，2013年7月23日，中共中央办公厅、国务院办公厅联合发布了《关于党政机关停止新建楼堂馆所和清理办公用房的通知》。

第四，党组制度的地位与功能经历了一个变化过程，前期开始逐步削弱甚至撤销内设的党组机构，接着又重新加以强化，后来又强调党组的领导和枢纽作用。党的十三大明确把党政分开作为政治体制改革的突破口，其中一个主要的举措就是逐步撤销政府中的党组。① 当时认为"政府各部门现有的党组各自向批准它成立的党委负责，不利于政府工作的统一和效能，要逐步撤销"②。党的十三届四中全会之后，中共中央重新强调国家机关必须接受党的领导，凡重大问题都必须由党委讨论决定。党的十四大修订了党章，增加了党组"讨论和决定本部门的重大问题"和"指导机关和直属单位党组织的工作"的职能，再次强调党组发挥领导核心作用，增加党组做好干部管理工作的职能。③ 2004年，党的十六届四中全会提出要发挥党委对同级人大、政府、政协等各种组织的核心领导作用。④ 党的十八大以来，通过《中国共产党党组工作条例》，政府部门党组在部门的领导核心地位进一步得到了确认和加强。

第五，执政党更加重视对行政官僚机构和规模的控制，编制部门经历了从国务院内设部门变为中共中央和国务院共同设置机构，再到转为中共中央归口管理机构的变化。编制部门最早成立于1949年，前身为政务院所属单位机构编制审查委员会，之后曾经和财政部、人事部联合办公，后来又被列入国务院常设机构序列。改革开放后一度由总理兼任主任，办公室设在人事部。1991年，中共中央、国务院决定成立中央机构编制委员会，中央机构编制委员会办公室作为其常设办事机构，既是党中央的机构，又是国务院的机构。此后，中央机构编制委员会一般由国务院总理任主任，主管党务工作的中共中央政治局常委任副主任，以体现党中央和国务院的共同领导。为加强党对机构编制和机构改革的集中统一领导，2018年机构改革将中央机构编制委员会办公室归口中央组织部管理，理顺机构编制管理和干部管理的体制机制，调整优化中央机构编制委员会领导体制，将其作为党中央决策议事协调机构，统筹负责党和国家机构职能编制工作。

5.2 国务院系统的组织结构体系及特征

5.2.1 国务院总理、副总理及国务委员

国务院由总理、副总理、国务委员、各部部长、各委员会主任、中国人民银行行长、审计长、秘书长组成。⑤ 1954年版的《国务院组织法》只简单规定了国务院总理的设置，

---

① 丁煌．我国现阶段政策执行阻滞及其防治对策的制度分析．政治学研究，2002（1）．
② 中共中央文献研究室．十三大以来重要文献选编：上．北京：人民出版社，1991：37．
③ 中共中央党校党章研究课题组．中国共产党章程编介（从一大到十六大）．北京：党建读物出版社，2004：283．
④ 中共中央关于加强党的执政能力建设的决定．（2004－11－17）．人民网．
⑤ 上述人员亦称为"国务院组成人员"。

而1982年版的《国务院组织法》明确规定了“国务院实行总理负责制。总理领导国务院的工作”，由此凸显出总理在国务院的核心地位。

国务院总理人选须由国家主席提名，交由全国人大表决通过之后，再由国家主席任命。全国人民代表大会有权罢免国务院总理。国家主席根据全国人民代表大会的决定免去国务院总理职务。国务院总理的任期与全国人大一致，每个任期均为五年，连续任职不得超过两届。到目前为止，新中国已经产生了一共8位、14届国务院总理。

国务院副总理和国务委员是国务院的重要组成人员，也是国务院常务会议的组成人员，对总理负责。副总理、国务委员协助总理工作，按分工负责分管领域工作；受总理委托，负责其他方面的工作或者专项任务；根据统一安排，代表国务院进行外事活动。①国务院副总理和国务委员的人选，由国务院总理提名，经全国人民代表大会投票决定后，由国家主席根据全国人大的决定任命。作为国务院组成人员，国务院副总理和国务委员每届任期五年，连续任职不得超过两届。② 国务委员的行政待遇与国务院副总理同级，但权位和排名都列在国务院副总理之后。总理出国访问期间，由负责常务工作的副总理代行总理职务。③

虽然从程序上看，国务院总理由国家主席提名，副总理、国务委员由国务院总理提名，经全国人民代表大会投票通过，然后由国家主席统一任命④，但实际上，中共中央在推荐总理、副总理和国务委员的候选人上具有绝对的主导权，这也是执政党政治领导的重要体现。自1954年开始，总理、副总理和国务委员都是中共党员。大部分时期，国务院总理都由排名第二或第三位的政治局常委担任，个别时期也曾经由排名第一位的政治局常委出任（如华国锋）；常务副总理一般是政治局常委，其他副总理都为中共中央政治局委员；五名国务委员一般也是中共中央委员，有些情况下，甚至由中共中央政治局委员出任；总理、副总理和国务委员都是国务院党组的成员。

5.2.2 国务院机构组成

国务院的组织机构主要包括国务院办公厅、国务院组成部门、国务院直属机构、国务院办事机构、国务院直属特设机构、国务院直属事业单位以及国务院部委管理的国家局（见图5-1），除此之外，国务院还下设了议事协调机构（见表5-1）。⑤ 自国务院建立以来，这些不同类型的机构在设置数量上呈现出程度不同的变化。图5-2反映了其中国务院直属机构、办事机构、直属事业单位和部委管理的国家局历年数量的变化。⑥

---

① 国务院关于印发《国务院工作规则》的通知．(2023-03-24)．中国政府网．

② 同①．

③ 同①．

④ 同①．

⑤ 图5-1中的议事协调机构是结合《国务院关于议事协调机构设置的通知》(国发〔2008〕13号) 至今仍存在的机构以及此后党中央国务院发文明确作为国务院议事协调机构的机构名单绘制。限于空间，未展示加挂牌子、保留牌子、“一个机构两块牌子”机构，以及列入中共中央序列的机构。

⑥ 加挂牌子、保留牌子、“一个机构两块牌子”机构不重复计算，列入中共中央序列机构不计算。限于空间，未展示机构数量的所有变化频次。

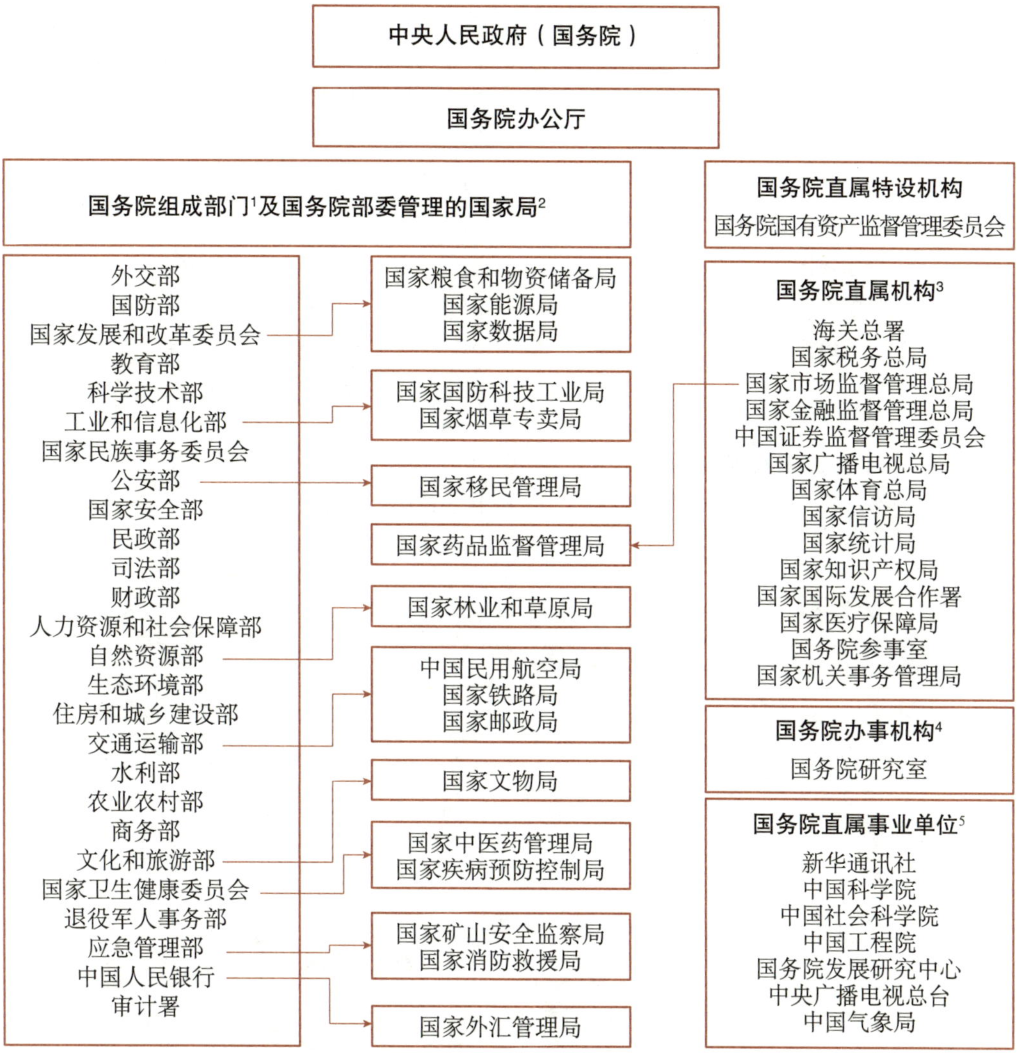

注：1. 教育部对外保留国家语言文字工作委员会牌子。工业和信息化部对外保留国家航天局、国家原子能机构牌子。人力资源和社会保障部加挂国家外国专家局牌子。自然资源部对外保留国家海洋局牌子。生态环境部对外保留国家核安全局牌子。农业农村部加挂国家乡村振兴局牌子。2. 国家移民管理局加挂中华人民共和国出入境管理局牌子。国家林业和草原局加挂国家公园管理局牌子。国家公务员局在中央组织部加挂牌子，由中央组织部承担相关职责。国家档案局与中央档案馆、国家保密局与中央保密委员会办公室、国家密码管理局与中央密码工作领导小组办公室，一个机构两块牌子，列入中共中央直属机关的下属机构序列。3. 国家市场监督管理总局对外保留国家反垄断局、国家认证认可监督管理委员会、国家标准化管理委员会牌子。国家新闻出版署（国家版权局）在中央宣传部加挂牌子，由中央宣传部承担相关职责。国家宗教事务局在中央统战部加挂牌子，由中央统战部承担相关职责。4. 国务院侨务办公室在中央统战部加挂牌子，由中央统战部承担相关职责。国务院港澳事务办公室在中共中央港澳工作办公室加挂牌子，由中共中央港澳工作办公室承担相关职责。国务院台湾事务办公室与中共中央台湾工作办公室、国家互联网信息办公室与中央网络安全和信息化委员会办公室，一个机构两块牌子，列入中共中央直属机构序列。国务院新闻办公室在中央宣传部加挂牌子，由中央宣传部承担相关职责。5. 国家行政学院与中央党校，一个机构两块牌子，作为党中央直属事业单位。

图5-1　国务院组织机构图

表 5-1　国务院议事协调机构一览表

国家国防动员委员会	国务院振兴东北地区等老工业基地领导小组
国家边海防委员会	国务院抗震救灾指挥部
全国爱国卫生运动委员会	国家应对气候变化及节能减排工作领导小组
全国绿化委员会	国家能源委员会
国务院学位委员会	国务院安全生产委员会
国家防汛抗旱总指挥部	国务院防治艾滋病工作委员会
国务院妇女儿童工作委员会	国务院食品安全委员会
全国拥军优属拥政爱民工作领导小组	国家质量强国建设协调推进领导小组
国务院残疾人工作委员会	集中打击整治危害药品安全违法犯罪工作领导小组
国务院关税税则委员会	国务院未成年人保护工作领导小组
国家防灾减灾救灾委员会	国务院根治拖欠农民工工资工作领导小组
国家禁毒委员会	国务院就业促进和劳动保护工作领导小组
全国老龄工作委员会	国务院推进政府职能转变和“放管服”改革协调小组
国务院西部地区开发领导小组	

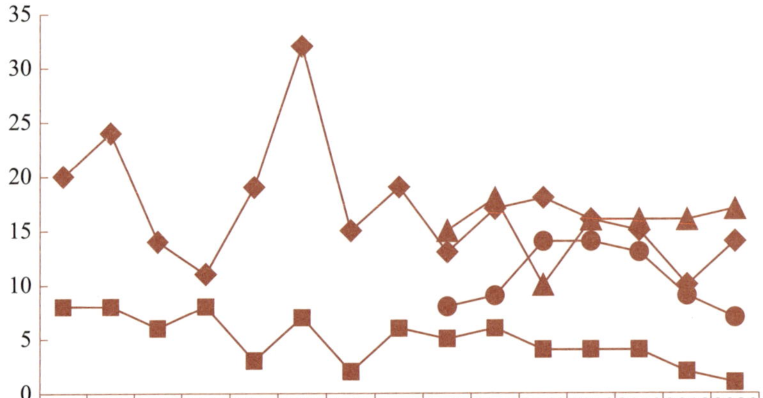

	1954年	1956年	1959年	1965年	1975年	1978年	1982年	1988年	1993年	1998年	2003年	2008年	2013年	2018年	2023年
国务院直属机构数量	20	24	14	11	19	32	15	19	13	17	18	16	15	10	14
国务院办事机构数量	8	8	6	8	3	7	2	6	5	6	4	4	4	2	1
部委管理的国家局数量									15	18	10	16	16	16	17
国务院直属事业单位数量									8	9	14	14	13	9	7

图 5-2　历年国务院直属机构、办事机构、部委管理的国家局和直属事业单位的数量变化

1. 国务院办公厅

国务院办公厅，简称“国办”，是协助国务院领导同志处理国务院日常工作的机构。国办内设机构包括秘书一局、二局、三局，国务院应急管理办公室（国务院总值班室）、督查室、电子政务办公室、人事司、行政司、财务室等。设国务院秘书长 1 名、国务院副秘书长 9 名（含兼职）。国务院办公厅的主要职能包括：负责国务院会议的准备工作，协助国务院领导同志组织会议决定事项的实施；协助国务院领导同志组织起草或审核以国务院、国务院办公厅名义发布的公文；研究国务院各部门和各省、自治区、直辖市人民政府请示国务院的问题，提出审核意见，报国务院领导同志审批；等等。①

国务院办事机构为正部级的国务院部门，其职能是协助国务院总理办理专门事项，不具有独立的行政管理职能，也不具有行政主体资格。经数次改革，目前国务院仅设置国务院研究室一个办事机构。

国务院议事协调机构主要承担跨国务院行政机构的重要业务工作的组织协调任务。国务院议事协调机构议定的事项，经国务院同意，由有关的行政机构按照各自的职责负责办理。在特殊或者紧急的情况下，经国务院同意，国务院议事协调机构可以规定临时性的行政管理措施。国务院议事协调机构根据工作需要，分为长期性议事协调机构和暂时性议事协调机构。前者的代表如国家国防动员委员会、全国爱国卫生运动委员会、全国拥军优属拥政爱民工作（“双拥”工作）领导小组等，而暂时性议事协调机构在工作任务完成后就会适时撤销，如全国防治非典型肺炎指挥部、国务院行政审批制度改革工作领导小组、国务院产品质量和食品安全领导小组等。国务院议事协调机构的配置规格都是比较高的，一般由国务院分管领导担任负责人。数量众多的议事协调机构的设置，是中国行政管理体制的一个比较独特的现象，从不同程度上反映出国务院管理过程中存在的分工模糊、多头管理、协调成本高等弊端。近年来，随着“大部制”改革以及党的十八大以来的深化机构改革，国务院议事协调机构增长和反弹的趋势被控制住了。在党的统领作用下，进一步整合现有的国务院议事协调机构，更好地打破部门之间的壁垒，加强部门间协调，降低交易成本，是中国行政管理体制改革的重要目标。

2. 国务院组成部门及国务院部委管理的国家局

国务院组成部门，是在国务院统一领导下，负责领导和管理某一方面的行政事务、行使特定的国家行政权力的行政机构，类似于议会制政体中的内阁组成单位，其设置经国务院总理提出，由全国人民代表大会或其常务委员会决定，其行政首长（部长、主任、行长、审计长）由国务院总理提名，国家主席根据全国人大或其常务委员会的决定任免。从历史发展来看，国务院组成部门数量总体上处于下降趋势，并在21世纪以来保持相对稳定（见图5-3）。②

国务院部委管理的国家局“主管特定业务，行使行政管理职能”，其行政首长一般由国务院任命，并兼任所在国务院组成部门的副职首长，在行政级别上一般为副部级。为了理顺部委与其管理的国家局之间的关系，1998年国务院发布了《关于部委管理的国家局与主管部委关系问题的通知》，对国务院、部委与国家局的关系做出了界定，指出“国家局是负责国家某方面工作的行政管理机关，具有相对的独立性”，“国家局原则上不直接向国务院请示工作”，“国务院下发的有关文件、电报直接发给国家局，国务院召开的

① 国务院办公厅关于印发国务院办公厅主要职责内设机构和人员编制规定的通知．(2008-07-17)．中国政府网．

② 限于篇幅，未展示每届国务院成立后中途的部门数量变化。1981年12月，国务院部委数量达52个，国务院工作部门总数也达历史最高峰100个。

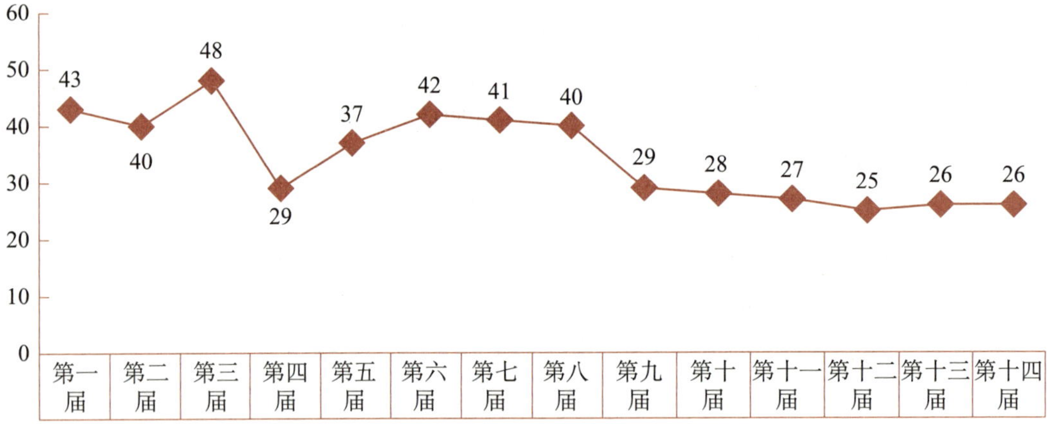

图 5-3　历届国务院组成部门数量变化

有关会议通知国家局参加”。但在实际运行过程中，国务院组成部门与部委管理的国家局之间的行政关系仍然存在一些模糊和冲突地带，有待进一步细化界定。

3. 国务院直属机构、直属特设机构及直属事业单位

国务院直属机构“主管国务院的某项专门业务，具有独立的行政管理职能”，在功能履行上与国务院部委管理的国家局有一定的相似性，但不同的是，国务院直属机构在行政管理关系上不归任何国务院组成部门，而归国务院直接管理，其独立性相对更强。国务院直属机构的主要行政首长由国务院直接任命，向国务院直接请示工作，可以根据法律和国务院的行政法规、决定、命令，在权限内拟定部门规章、指示、命令。20 世纪 80 年代以来，国务院直属机构的数量相对稳定，总体保持在十个左右。

在众多的国务院机构类别中，国务院直属特设机构是非常特殊的一类。到目前为止，只有国务院国有资产监督管理委员会（简称“国务院国资委”）为国务院的直属正部级特设机构。根据《企业国有资产监督管理暂行条例》的规定，国务院国资委的主要职能包括：依照《公司法》等法律和行政法规履行出资人职责，指导推进国有企业改革和重组；对所监管企业国有资产的保值增值进行监督，加强国有资产的管理工作；推进国有企业的现代企业制度建设，完善公司治理结构；推动国有经济结构和布局的战略性调整；等等。国务院国资委依法履行出资人职责、专司国有资产监管、不承担公共管理职能的特殊定位，这些都区别于国务院其他的公共管理部门和机构。①

国务院直属事业单位不是国家行政机关，而是接受国务院一定的授权，以增进社会福利，满足社会文化、教育、科学、卫生等方面需要，以提供各种社会服务为直接目，由国务院直接领导的社会组织。国务院直属事业单位不以营利（或积累资本）为直接目的，其工作成果与价值不直接表现或主要不表现为可以估量的物质形态或货币形态。虽然不是行政机构，但其主要的行政首长一样要由国务院直接任免，运作的经

① 国资委：坚持地方国资委直属特设机构性质不容改变.（2011-06-29）. 证券时报网.

费也主要从中央财政预算中列支。目前国务院共设置了 7 个直属事业单位，包括新华通讯社、中国科学院、中国社会科学院、中国工程院、国务院发展研究中心、中央广播电视总台等 6 个正部级机构以及中国气象局 1 个副部级机构。相对于行政机构而言，直属事业单位在人事政策、财务管理、内部规范等方面有着更为灵活的特点，例如中国科学院、中国社会科学院、中国工程院等机构在招聘人才、薪酬设置等方面拥有比一般国家公务员制度更为灵活的空间，以便吸引更多的专业优秀人才加入其中。

5.3　国务院系统的运行与决策过程

5.3.1　总理负责制与分工制度

国务院实行首长负责制，总理是国家行政机关的最高首长，由总理全权领导国务院的工作。在民主讨论的基础上，国务院总理有权对国务院工作中的重大问题作出最后决定，同时对这些决定以及其所领导的全部工作负有全面责任。从具体的运行过程来看，总理负责制的行政权力和责任主要体现为五个方面。

1. 决策权

在宪法和法律赋予国务院的法定职权范围内，总理对国务院工作中的重大问题具有最后的决定权。国务院发布的决定、命令和行政法规，编制和执行的国民经济和社会发展计划，以及向全国人大及其常委会提出的议案，总理都有权进行最后的决定；这些政策文件也都必须由总理签署，才具有法律效力。副总理、国务委员协助总理工作，并与秘书长、各部部长、各委员会主任、审计长一起对总理负责。

2. 人事权

国务院总理有权向全国人大提名副总理、国务委员、各部部长、各委员会主任、审计长、秘书长的任免人选，同时有权在全国人大闭会期间向全国人大常委会提名国务委员、各部部长、各委员会主任、审计长、秘书长的任免人选。此外，国务院总理还可以通过国务院直接任免除国务院组成部门之外的各个机构的正副行政首长，以及各个部委机关的一些副职行政首长。

3. 预算权

《宪法》规定只有作为立法机关的全国人大才能审查和批准国家的预算和预算执行情况的报告，但在预算方案的制定和安排的实际过程中，国务院总理在计划和安排国务院财政方面具有主导地位。《预算法》规定中央预算、决算草案由国务院编制，可以提出中央预算预备费动用方案，编制中央预算调整方案等。

4. 审计监督权

《宪法》规定国务院对各级行政机关及其工作人员是否履行法定职责进行监督，对其所属的各部委及地方各级行政机关的规范性文件进行监督。“国务院设立审计机关，对国务院各部门和地方各级政府的财政收支，对国家的财政金融机构和企业事业组织的财务收支，进行审计监督。”

5. 担负全面责任

根据权责一致的原则，国务院总理在拥有以上权力的同时，对国务院的所有工作担负全面责任。一方面，国务院的工作整体由总理对全国人大及其常委会负责，必要时全国人大及其常委会可以对总理或国务院进行质询甚至罢免；另一方面，国务院总理对其主管的工作负全部责任。

与国务院总理权责设置相对应，国务院各部、委员会分别实行部长、主任负责制，即各部部长、各委员会主任领导本部门的工作，召集和主持部务会议、委员会会议、委务会议，同时签署上报国务院和上级政府的重要报告与下达的命令、指示等。为了提高工作效率，避免国务院总理工作事务过于繁杂，国务院实行分工制度。如副总理协助总理工作，总理出国访问期间，由负责常务工作的副总理代行总理职务；国务委员受总理或国务院常务会议的委托，负责某些方面的工作或重大的专项任务，并且可以代表国务院进行外事活动；国务院秘书长在总理领导下负责处理国务院的日常工作；国务院部、委、行、署是国务院的职能机构，在国务院统一领导下，负责领导和管理某一方面的行政事务，行使特定的国家行政权力；审计长负责国家财政和财务收支活动的监督工作。

由于公共事务复杂性和系统性日趋增加，因而经常会出现部门机构之间的职权交叉或模糊现象。在这种情况下，一般会由国务院总理召开相关部委会议，协商达成共识，然后以国务院办公厅的名义发布具有针对性的分工细化意见，划定相关的职权归属和分工。例如，针对食品安全监管环节中的职责不清问题，2004 年 9 月国务院颁布了《关于进一步加强食品安全工作的决定》，对食品安全监管中的种植养殖、生产加工、市场流通、餐饮消费等不同环节的监管权责归属进行了较为明确的规定。又如，针对利用外资工作中相关职权划分不清的情况，2010 年 4 月国务院出台了《关于进一步做好利用外资工作的若干意见》，对外资企业设立审批、跨国公司设立功能性机构、外资并购的反垄断调查等职权归属进行了划分。2022 年 10 月，国务院办公厅发布《关于印发第十次全国深化“放管服”改革电视电话会议重点任务分工方案的通知》，明确了 21 项具体改革任务和应对举措，以及相应牵头部门和参与部门。

需要指出的是，受到党政体制的结构性约束，经常可以看到作为执政党的中国共产党在国务院运行过程中的作用和影响。例如，虽然总理拥有很重要的人事提名权和任免权，但在党管干部的体制下，副部级以上的人事任命实际上是由中共中央来建议和提名的。国务院许多部委在履行具体的职能时，也要接受中共中央相关机构和部门的领导或指导。

5.3.2 国务院会议制度

会议在中国政治过程中扮演着十分重要的角色，各类不同的会议不仅在设定政策议程、达成政策共识、制定政策方案过程中发挥着关键的功能，同时也是各类政治决策合法化的重要载体。

1. 国务院全体会议和国务院常务会议

国务院实行国务院全体会议和国务院常务会议制度。国务院工作中的重大问题，须经国务院全体会议或者国务院常务会议讨论决定。全体会议和常务会议讨论决定的事项，除依法需要保密的以外，应当及时公布。

国务院全体会议，由总理、副总理、国务委员、各部部长、各委员会主任、人民银行行长、审计长、秘书长组成，由总理召集和主持，讨论决定国务院工作中的重大事项，部署国务院的重要工作，一般每半年召开一次，根据需要可安排有关部门、单位负责人列席会议。由于国务院全体会议的与会人数较多，因此开会的频率相对低一点。例如，第十一届国务院（2008—2013年）、第十二届国务院（2013—2018年）、第十三届国务院（2018—2023年）均召开了8次全体会议。

《国务院工作规则》规定，国务院全体会议的主要任务是：讨论、决定政府工作报告、国民经济和社会发展规划等重大事项；部署国务院的重要工作。从1998年以来举行的全体会议来看，国务院全体会议所涉及的内容和决定的事项主要包括以下几个方面：（1）执行新一届全国人大通过的关于国务院机构和职能调整的工作方案，通报国务院领导工作分工，宣布国务院的机构设置，做好两届国务院之间的衔接工作。（2）新年开始的1月，国务院全体会议总结上一年度的工作，梳理存在的问题，提出下一年度国务院的工作目标和方向，形成《政府工作报告（征求意见稿）》，提请新一次全国人大会议审议。同时，每五年会有一次国务院全体会议专门讨论国民经济和社会发展的五年规划发展纲要，为提交新一次全国人大会议审议做好准备。（3）决定香港和澳门特别行政区特别行政长官的人事任免和辞职。（4）针对一些该届政府高度重视的临时性的全局性重大事项进行协商决策。例如，1998年6月召开的九届国务院二次全体会议，专门就新一届国务院机构改革、各个部门“三定”方案编制以及人员分流方案进行决策；2003年5月召开的十届国务院二次全体会议，特别就“非典”防治和经济发展工作进行协商决策。

国务院常务会议，由总理、副总理、国务委员、秘书长组成，由总理召集和主持，根据需要可安排有关部门、单位负责人列席会议，主要任务包括：（1）讨论需提请党中央审议、决定的重要事项；（2）讨论需提请国务院全体会议审议的重要事项；（3）讨论法律草案、审议行政法规草案；（4）讨论通过以国务院名义印发的重要规范性文件；（5）其他需提请国务院常务会议讨论、决定、通报的重要事项。一般每月召开2～3次，如有需要可随时召开。与国务院全体会议相比，国务院常务会议的参会人数较少、级别较高、频次更密、效率更高，因此其往往成为国务院运行过程中最重要的决策枢纽。

从历年数据来看，国务院常务会议一般每年召开30～40次。第十三届国务院（2018—2023年）共召开了199次常务会议，其中2020年召开次数最多，为44次，2022年最少，为33次。

2. 总理办公会议和国务院专题会议

国务院还根据需要，召开总理办公会议和国务院专题会议。总理办公会议曾长期作为一种非正式制度运行，从20世纪五六十年代开始，就一些问题磋商的“碰头会”逐步演变为一种决策性会议，并一度成为与国务院全体会议和国务院常务会议并列的一种重要会议形式，具备听取下级汇报[①]、作出重大决策[②]、通过重要文件[③]等重要行政功能[④]。1998年制定的《国务院工作规则》将其列入正式会议制度，规定总理或总理委托负责常务工作的副总理召集并主持总理办公会议，研究、处理国务院日常工作中的重要问题。总理办公会议根据需要不定期召开。然而，总理办公会议被一些人认为具有人选随意性、决策非正式性色彩，是一种少数人的决策手段，违背了民主集中制的国家机构工作原则[⑤]，自2003年第十届国务院产生后，总理办公会议就此消失，2003年通过的《国务院工作规则》也删除了对总理办公会议的规定，事实上其功能由国务院常务会议替代。此后，2023年的《国务院工作规则》又正式恢复了总理办公会议，作为一种“按需召开”的次要机制，规定“总理主持召开总理办公会议，研究、处理国务院工作中的重要事项。议题由总理确定，与议题相关的国务院领导同志，有关部门和单位负责人参加”，但实际中并未召开。

国务院专题会议也经历了相似的变迁，其长期处于非正式地位，在1998年的《国务院工作规则》中获得确认，在2003年的《国务院工作规则》中被删除，但实际中一直执行，直至在2023年的《国务院工作规则》中又恢复为正式会议制度，是研究、协调国务院工作中专门事项的会议。副总理、国务委员受总理委托或按照分工召开国务院专题会议，议题由主持召开会议的国务院领导同志确定，与议题相关的部门和单位负责人参加。国务院专题会议纪要由主持召开会议的国务院领导同志签发，涉及重大事项报总理审定。

专题会议的讨论对象非常具体，涉及领域也十分广泛，承担下级任务汇报和部署重点工作的功能。例如，2004年4月1日，国务院专题会议研究铁路机车车辆装备问题，明确了“引进、消化、吸收、再创新”的基本原则，形成了《研究铁路机车车辆装备有关问题的会议纪要》；2005年12月16日，曾培炎副总理主持国务院专题会议，听取建设节约型社会部际联席会议工作汇报，就建设节约型社会当前急需开展的工作进行了部署[⑥]；2022年9月8日，李克强总理主持召开国务院专题会议，听取稳住经济大盘赴地方督导和服务工作汇报，研究下一步工作。

3. 工作会议

除上述会议外，《国务院工作规则》规定，国务院及各部门还经常召开工作会议，按照有关规定严格审批。要本着务实高效的原则，减少数量，控制规模和时间，合理确定参会人员范围，减少陪会。国务院领导同志一般不出席部门的工作会议，兼任部门负责

---

① 如2001年2月7日，国务院第93次总理办公会议听取国家计委的有关汇报，对青藏铁路建设方案进行了研究。参见：党中央领导集体关心青藏铁路建设纪实：伟大穿越.（2006-07-09）.新华网.

② 如2001年6月20日，国务院第105次总理办公会讨论了青藏铁路建设方案，同意该项目开工报告。参见：国务院关于青藏铁路格尔木至拉萨段开工报告的批复.（2001-06-20）.中国政府网.

③ 如2002年8月23日，国务院第137次总理办公会审议通过了《南水北调工程总体规划》。参见：高俊才.南水北调工程：绘就四大流域联通的宏伟蓝图.中国经济导报，2019-07-11.

④ 贾圣真.国务院会议制度变迁的组织法透视.法治现代化研究，2020（4）.

⑤ 韩福东.国务院决策制度新意：常务会议替代总理办公会.新闻周刊，2004（6）.

⑥ 孙文盛.大力推进节约集约用地 促进经济社会可持续发展：在市长研讨班暨厅局长座谈会上的讲话.国土资源通讯，2005（14）.

同志的参加本部门会议除外。

国务院工作会议，顾名思义，议题相对单一，通常由国务院某一个或几个职能部门主导负责，或单独负责，例如全国金融工作会议、全国卫生工作会议、全国科技工作会议、全国安全生产工作会议、全国扶贫开发工作会议等。工作会议基本上都在上一年度年末或每年年初召开，一般由直接担负该项职能工作的行政首长部署新一年度的工作安排，全国各省、区、市的相关职能部门负责人共同参会讨论。有一部分工作会议，国务院负责该项工作的主管副总理或国务委员也会参加。个别重大的工作会议，国务院总理会出席并提出具体的工作建议。例如，时任国务院总理温家宝先后参加了2007年全国质量工作会议和2010年全国教育工作会议。此外，也有相对综合性的工作会议，处理的议题涉及多部门职责，甚至涉及政府序列外的机构。例如，国务院每年召开的廉政工作会议，国务院的各位副总理、国务委员及相关部门行政首长参加，同时邀请中共中央纪律检查委员会书记、国家监察委员会主任参加。

4. 党政联动的会议机制

党政联动的会议机制是处理具有全局性、战略性影响的重大事项的一种决策和执行工具，也是执政党对国家经济、社会发展战略与政策开展领导与统筹的实现机制。这一机制由两个核心环节构成：(1) 党中央就一些重大事项召开相关的工作会议，做出基本决策，为后续工作奠定原则和基调。此类工作会议可以分为以下几类：第一，具体领域的工作会议，如中央经济工作会议、政法工作会议、民族工作会议、农村工作会议等。一般和中共中央的工作职能以及工作重心（如经济建设）密切相关，但近年来也涉及一些国务院主管的具体领域工作（如水利工作会议）。第二，具体区域问题的工作会议，一般又被称为工作座谈会议，如中央西藏工作座谈会议、新疆工作座谈会议等，往往与民族、宗教问题相对突出的区域相对应。第三，综合议题的工作会议，如中央城镇化工作会议，涉及的往往是具有重大战略意义或前瞻性国家发展战略的议题。(2) 在中央工作会议结束之后，由国务院相关会议予以具体的落实。以中央经济工作会议为例，1994年以来每年一度的中央经济工作会议是判断当前经济形势和定调第二年宏观经济政策最权威的风向标。参加会议的人员包括党中央、国务院的领导同志，全国人大、政协的党员领导同志，各省、自治区、直辖市党委政府主要负责同志，中央和国家机关各部门主要负责同志，军队各大军区、各军兵种、各大单位主要负责同志，中央直属有关企业主要负责同志。国务院会在下一年度初期召开一系列具体的工作会议，落实中央经济工作会议所制定的政策、方针与规划，如全国财政工作会议、全国商务工作会议、全国金融工作会议等。

5.3.3 党中央领导国务院的工作机制

从以上的描述中不难发现，党政体制宏观结构对于中央人民政府全面、深入的影响。这种影响不但体现在静态的机构组织设置方面，也体现在动态的运作过程之中。具体而言，党政体制下的中央人民政府是一个包括统合决策、组织整合、行政协调、人事管理、内部领导、外部监督的综合体系（见图5-4）。

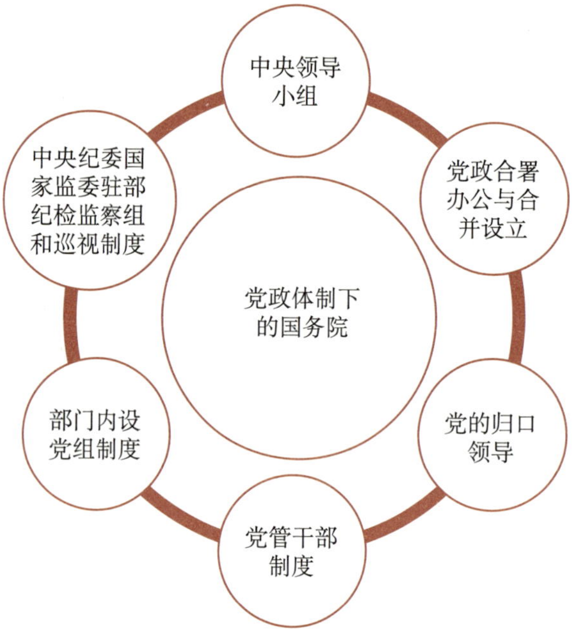

图 5-4　党中央领导国务院的工作机制

1. 统合决策：中央领导小组

在中国的政府机构运行中，党中央设置的领导小组具有十分重要的地位。中央领导小组系统设置于 1958 年，其管辖范围几乎覆盖政府所有的工作面。传统上可分为组织人事类（如中央人才工作协调小组）、宣传文化类（如中央宣传思想工作领导小组及中央对外宣传小组）、政治法律类（如中央政法委的前身中央政法领导小组）、财政经济类（如中央财经领导小组）、外事统战类（如中央对台工作领导小组）、党建党务类（如中央党的建设工作领导小组）六大类。近年来，领导小组逐步扩展到农村工作（如中央农村工作领导小组）、国家安全（如中央国家安全领导小组）、社会维稳（如中央维护稳定工作领导小组）等重点领域；针对一些重点地区的工作，还设置了带有更强协调功能的领导小组，如中央西藏工作协调小组、中央新疆工作协调小组。党的十八大以后，工作领导小组又被赋予了推动改革顶层设计以及应对重大事件决策的新使命，例如中央全面深化改革领导小组、中央网络安全与信息化建设领导小组、中央应对新型冠状病毒感染肺炎疫情工作领导小组等。① 各类中央领导小组一般由分管该项工作的中共中央政治局、国务院领导成员和部分具体事项管理机构负责人组成，有的还设有办事机构或常设机构，在运行过程中具有任务导向、间歇运行、双层结构、隐匿化与制度化等特征。②

许多研究将这些小组视为比较单一的议事协调机构，但从党政关系角度分析，这些小组除了议事协调功能之外，更重要的是其具有政治统合功能，主要表现为：（1）制定

① 刘鹏，李海林. 新时代党政关系的新发展：基于“六位一体”的新型党政统合关系. 政治学研究，2023（2）.
② 周望. 中国“小组机制”研究. 天津：天津人民出版社，2010：58-62.

重大决策。在很多时候，领导小组的成立初衷就是形成特定领域中的重大决策制定的机制，搜集与重大决策相关的重要信息，集中重大决策所需要的战略资源，形成重大决策制定的集体共识。虽然国务院部委在日常决策中具有非常重要的影响，但在重大决策中的地位则弱于领导小组。（2）推动重要改革。经济社会发展过程中的一些阶段性改革任务通常很难通过某一具体部门来完成，因此需要通过成立领导小组的方式在中央层面调集部署完成改革任务的资源，克服改革的阻力，例如各类具体的改革领导小组以及专项工作治理领导小组。（3）部署重点工作。不同于重要改革的创新性工作，国家治理过程中还存在大量常规性工作，而在其中会不定期需要完成一些重点专项工作，领导小组的成立和运行，可以更加灵活地突破既有科层组织的约束和局限，以更加高效的方式来完成阶段性工作任务，例如中央深入学习实践科学发展观活动领导小组、中央保持共产党员先进性教育活动领导小组等。

近年来，领导小组趋于常设化、制度化、广泛化，成为落实中共中央对国务院全面领导的有力抓手。党的十九大以来，部分领导小组改为委员会，例如中央全面深化改革领导小组、中央财经领导小组、中央外事工作领导小组先后改为中央全面深化改革委员会、中央财经委员会以及中央外事工作委员会，领导小组更加趋向于成为常设的实体机构，同时也具有更正式的法律地位，其决策领导的职能进一步得到强化。党的二十大以来，中央金融委员会、中央金融工作委员会、中央科技委员会等机构的建立，进一步扩大了党的政治统合范围。

2. 组织整合：党政合署办公与合并设立

合署办公是党政组织结构改革的重要手段，是指两个机构因工作性质相近，或工作联系密切，而在同一处所办公[①]，机构的人员和资源可在统一领导下灵活调配的组织结构。更进一步的融合则称为合并设立，即将两个机构合并为新机构，但对外仍保留原有机构身份，并视融合程度从高到低有“一个机构两块牌子”“保留牌子”“加挂牌子”等形式。[②] 党政合署与合并以两类组织工作内容高度重合为基础，一般集中在综合性较强而专业性较弱，直接关系国家机关整体运行和社会稳定的领域，如纪检监察、人事管理、文化宣传、统战工作等领域。党政合署与合并往往出于政治意志贯彻和成本效率优化的双重取向。一方面，合署往往是“党强政弱”的非对等合署，党组织领导一般兼任政府组织主要领导，合并也往往以党的机构为主体，合并后领导层中原有党组织占优势，从而通过领导权的转移实现了党对特定工作领域的直接管理，并从制度上将党的管理法治化。另一方面，合署与合并有利于通过组织再造，理顺党政关系，提升沟通效率，减少分管摩擦，精减员额编制，有利于党组织跨部门协调功能和行政组织具体工作方法的充分结合，提升组织效率并降低运转成本。[③]

中央层面的党政合署与合并始于纪检监察领域。早在新民主主义革命时期，为整肃

---

① 桑玉成. 着力推进党领导一切原则下的党政领导制度化规范化建设. 探索与争鸣，2019（2）.

② 许耀桐. 党和国家机构改革：若干重要概念术语解析. 上海行政学院学报，2018（5）.

③ 刘鹏，李海林. 新时代党政关系的新发展：基于“六位一体”的新型党政统合关系. 政治学研究，2023（2）.

党政系统、维护根据地的稳定，中央苏区形成了党和苏维埃政府两套监察机构共同查办案件的工作传统。中华人民共和国成立后，由于纪检监察机构建设不充分和稳定政局的需要，1952 年中央提出各级纪检监察机构可合署办公以整合监督力量。“文化大革命”结束后，纪检和监察部门相继恢复，在经历 20 世纪 80 年代“党政分开”的尝试后，1993 年中央纪委与国家监察部再度合署办公。在纠正党政分离和精简政府的双重需求下，党政合署与合并于 20 世纪 90 年代扩展至多个领域，如中共中央台湾工作办公室和国务院台湾事务办公室、中央保密委员会秘书组和国家保密局、中央对外宣传办公室和国务院新闻办公室均合并为“两块牌子”机构。

党的十九大以来，党政合署与合并再次受到中央关注。2018 年《深化党和国家机构改革方案》规定，国家监察委员会组建后，中央纪委继续与之合署办公，并称中央纪委国家监委，构建了集中统一、权威高效的政治监督体制；广泛推动党政组织合并设立，包括干部教育（中央党校和国家行政学院合并）、人事管理（国家公务员局并入中央组织部）、文化宣传（中央宣传部加挂国家新闻出版署、国家版权局和国家电影局牌子并承担相应职责，国家互联网信息办公室与中央网络安全和信息化委员会办公室合并）、宗教统战（国家宗教事务局和国务院侨务办公室并入中共中央统战部）等领域。2023 年《党和国家机构改革方案》又将党政合署与合并扩展至港澳工作中（组建中央委员会港澳工作办公室，保留国务院港澳事务办公室牌子）。①

3. 行政协调：党的归口领导

“口”是中国特有的政治名词，主要是指政府工作的某些特定领域，与“条块关系”中的“条”有些类似，但在涵盖范围上比“条”要大。② 党的归口领导机制是中国共产党在新中国成立初期建立的，由党的组织与政府组织串联合并而成。通过党组织的垂直管理与横向管理将全国的政府机构及党的组织整合成一个强有力的国家机器。从结构角度观之，党政体制包含六个专门的“口”，分别为组织人事口、宣传文化口、政治法律口、外事口、军事口以及财政经济口。③ 这些“口”通常还包括若干个小口，如相关的委、办、局等。通过党管干部以及科层等级制，确保这些“口”能够高效运转，达成党对于社会公共事务的管理协调与有效领导。从实际的运行过程来看，党的归口领导与领导小组密不可分，后者实际上协调着党委和行政部门的运行。

党的归口领导机制的基本目的，是在强调专业化分工的官僚体制下，始终保持党委组织对具体行政工作的指导与协调。新中国成立初期，受苏联计划经济模式的影响，建立了许多具体的专业化行业管理部门，这虽然有利于推动具体领域的工作，强化了具体

---

① 桑玉成. 着力推进党领导一切原则下的党政领导制度化规范化建设. 探索与争鸣，2019（2）.

② 杨光斌. 中国政府与政治导论. 北京：中国人民大学出版社，2003：28－34.

③ 需要注意的是，目前学界关于“口”的划分及具体数目存有不同的说法。李侃如在《治理中国：从革命到改革》一书中列举了六个特别重要的系统（党务、组织、宣传教育、政法、财经和军事），其中“宣传教育”系统的提法值得商榷，因为更为常见的表达是“宣传系统”。以《人民日报》为例，新中国成立前就使用了“宣传系统”一词，“宣传教育系统”只是在具体宣传工作的意义上使用过三次，与作为具体管理领域的“宣传系统”不同。20 世纪 90 年代后，“宣传文化系统”代替“宣传系统”成为《人民日报》以及党的文献中的正式词语。每年关于全国宣传部长会议的新闻报道，都使用“宣传文化系统”。

行政部门的权力，但是增加了行政协调和制约监督工作的难度。党的归口领导机制既可以通过“口”的基本单位对相近的行业管理部门进行功能协调，又体现了党对具体行政工作的直接指导和监督，可谓一举两得。

党的十九大以来，党的归口领导机制进一步广泛化、制度化。2018 年《深化党和国家机构改革方案》规定，由中央组织部统一管理中央机构编制委员会办公室，并将国家公务员局并入中央组织部；由中央宣传部归口领导中央广播电视总台，对外加挂国家电影局牌子；由中央统战部统一领导民族、宗教和侨务工作，将国家民族事务委员会归口中央统战部领导，将国家宗教事务局和国务院侨务办公室并入中央统战部等。2023 年《党和国家机构改革方案》又把归口领导制度扩展至金融、科技、社会工作等重点领域，并设立相应委员会统一领导该领域工作。①

4. 人事管理：党管干部制度

党管干部是党政体制的一个核心特征，也是一种功能必需。通过党管干部，党实现了对行政官僚机器主要官员的人事控制，加强了中国共产党对各种非党组织的政治控制，保障了中国共产党的执政地位。这一制度要求凡属关系全局、关系长远的干部人事工作的路线、方针、政策，必须由中共中央统一制定；干部人事制度改革的总体方案和重大改革措施的出台，必须由中共中央决定或批准；地方和部门党的组织在贯彻执行中，根据本地区、本部门的实际所制定的一些具体政策规定和改革措施，必须与中央的干部路线、方针、政策相一致。② 干部的管理、决定任免或推荐、提名，必须由各级党委（党组）按照干部管理权限负责。③

改革开放以来，在坚持党管干部基本原则的前提下，中国共产党适度引入了现代人力资源管理的理念与方法，对传统的干部管理方法进行了一些探索和改革。例如在干部管理权限方面，实行下管一级；在干部分类方面，将“国家干部”分为党政干部、企业领导人员、事业单位领导人员三大类，探索各自特色的管理方式；在管理方法上，拓宽了干部来源和考察的方式方法，相关的原则和标准集中体现在 1995 年印发的《党政领导干部选拔任用工作暂行条例》中，该文件于 2002 年更名为《党政领导干部选拔任用工作条例》，大大提升了党管干部制度在市场经济条件下的生命力和适应力，也使其具有更大的弹性空间。党的十八大以来，中共中央先后在 2013 年和 2019 年两次修订了《党政领导干部选拔任用工作条例》，强调党领导干部选拔任用工作，并从原则标准和程序方法等多方面体现党组织的主体地位和主导作用，进一步将党管干部原则制度化、标准化、操作化。

5. 内部领导：部门内设党组制度

前面的内容已经讨论了中央在政府机构内设置党组的情况。这种做法的目的是加强

---

① 刘鹏，李海林. 新时代党政关系的新发展：基于“六位一体”的新型党政统合关系. 政治学研究，2023 (2).

② 马学军. 坚持党中央权威和集中统一领导. 国家行政学院学报，2018 (1).

③ 党管干部制度最早也是从苏联共产党实践过程中借鉴而来的，因此在英文中也被称为“nomenklatura”体制。参见：SHAMBAUGH D. The modern Chinese state. Cambridge：Cambridge University Press，2000：173 - 175.

党对该部门的领导，保障执政党对国务院具体行政部门的政治领导、组织领导和思想领导，也是党政体制下政党领导国家和官僚队伍的重要实现途径。党组的任务主要是负责贯彻执行党的路线、方针、政策；讨论和决定本单位的重大问题；做好干部管理工作；团结带领党外干部群众，完成党和国家交给的任务；指导机关和直属单位党组织工作。一般而言，国务院相关部委机构的党组书记都由该部门的行政首长兼任，以便保持部委机构内党政关系的协调一致。少数特殊情况，如行政首长由副国级领导兼任、行政首长非中共党员、出于人事安排需要等情况下，可实行二者分别委任的设置。党组可以通过召开党组会议、参与部门日常工作以及向中共中央汇报等多种方式来实现对政府机构的内部控制和驾驭。

党的十八大以来，党组建设的制度化和规范化水平不断提高。2015 年 5 月，中共中央政治局审议通过了《中国共产党党组工作条例（试行）》，明确了党组的职责、设立和运行程序、组织原则等。为了进一步规范党组的工作机制，2019 年 4 月中共中央印发了修订后的《中国共产党党组工作条例》，对设立党组的具体情形作出规定，进一步规范了机关党组、分党组和党组性质党委的设立，对党组工作组织原则作出进一步的充实和完善。①

6. 外部监督：中央纪委国家监委驻部纪检监察组和巡视制度

由于手中拥有强大的行政自由裁量权，即便有了上述政治领导、功能协调、人事管理和内部控制四大机制，官僚机构仍然还有自利和滥用权力的可能性。特别是推行市场经济改革以后，行政系统的腐败现象屡见不鲜。由于缺乏专门的纪检监察机构，以及行政首长兼任党组书记，对行政首长的监督和制约往往流于形式。在这种背景下，1991 年中央纪委决定在包括国务院各部门在内的中央和国家机关工作部门派驻中央纪委纪检组，其职能为“检查所在部门及所属系统的党组织和党员领导干部执行党的路线、方针、政策和决议的情况”、“检查所在部门党员领导干部违犯党纪的案件以及所属系统重要的违纪案件”、“协助所在部门党组（党委）管好党风，加强廉政建设，纠正行业不正之风”等，由此中央纪委驻部纪检组机制得以正式确立。

中央纪委派驻纪检组、各部门党组纪检组，也称为相关单位的纪委。2004 年之前，派驻机构由中央纪委监察部和驻在部门双重领导，2004 年改为中央纪委监察部对 36 家双派驻机构实行统一管理。2016 年，中央纪委设置了 47 家派驻机构，实现了对 139 家中央一级党和国家机关派驻纪检机构全覆盖。2016 年通过的《中国共产党党内监督条例》，对中央纪委派驻纪检组的权力职责和工作规范作出明确规定。进入 21 世纪以后，国务院一些行政部门被查出存在重大违纪腐败案件，这些都与中央纪委派驻纪检组的作用分不开。

在 2018 年党和国家机构改革中，监察部撤销，组建国家监察委员会，与中央纪委合署办公，中央纪委派驻纪检组更名为中央纪委国家监委派驻纪检监察组，国务院受到监督的力度进一步加大。同年 10 月，中共中央办公厅印发了《关于深化中央纪委国家监委

---

① 刘鹏，李海林. 新时代党政关系的新发展：基于“六位一体”的新型党政统合关系. 政治学研究，2023(2).

派驻机构改革的意见》，进一步明确派驻机构的职能定位，完善派驻工作领导体制和运行机制，提高派驻监督全覆盖质量；赋予派驻机构监察权限，对所有行使公权力的公职人员实行监察全覆盖；纪检监察组派驻范围进一步扩大至中管企事业单位，强调分类施策推进中管企业、中管金融企业、党委书记和校长列入中央管理的高校纪检监察体制改革中。此后，15家中管金融企业内设纪检机构改制为中央纪委国家监委派驻纪检监察组，受中央纪委国家监委直接领导；31名中管高校纪委书记分别担任国家监委派驻学校的监察专员。①

党的十八大以来，中央巡视制度成为执政党从外部对行政机关进行有效监督的重要制度创新。中央巡视制度始于2009年的《中国共产党巡视工作条例（试行）》，该条例于2015年、2017年进行了两次修订，重点对巡视的范围和内容、工作方式和权限、深化政治巡视、巡视机构的设立等进行了详细界定，在中央一级实现对中央部委领导班子及其成员、中央国家机关部委、中央管理的国有重要骨干企业、金融企业、事业单位党委（党组）领导班子及其成员的全覆盖，对于加大执政党对行政权力的监督、有效遏制行政权力腐败发挥了重要作用。

5.3.4 展望未来：党政体制下的现代行政国家建设

以上关于国务院运行和决策机制的变迁，正是自1949年新中国成立以来，作为执政党的中国共产党在党政体制的框架内建设一个理性化的现代官僚制体系的缩影。改革开放以前，由于官僚体系的发展在一定程度上导致了去政治化、形式主义以及脱离群众等问题，引发了政治领袖通过发动群众运动的方式来打破官僚体系。这种策略的破坏作用远远高于其建设功能，致使官僚机构处于瓦解和瘫痪状态，反过来又削弱了执政党的执政基础。改革开放以来，执政党通过国务院机构改革、建立现代公务员制度、确立依法行政原则、构建服务型政府、开展行政监督和反腐败等多方面改革举措，试图恢复和重建一套兼顾政治性与专业性的现代官僚体系。党的十八届三中全会公报提出："全面深化改革的总目标是完善和发展中国特色社会主义制度，推进国家治理体系和治理能力现代化。"这是中国共产党历史上首次将国家治理体系与治理能力现代化上升为国家层面的总体战略。党的十九届四中全会进一步提出，构建"坚持和完善中国特色社会主义行政体制，构建职责明确、依法行政的政府治理体系"。从改革和创新的角度看，党政体制下的现代行政国家至少应当包括以下基本内涵：

第一，规范、合理、制度化水平高的党政关系。一方面，执政党对政府的政治领导、组织领导和思想领导有宪法和法律的保障，同时执政党的领导功能体现于重大政治问题的决策，执政党不直接干预政府的日常行政运作，鼓励行政机关运用专业力量解决专业的行政管理问题；另一方面，政府在重大问题和决策方面自觉接受执政党的领导，贯彻执政党的理念和方针，同时维持和发挥相对的行政自主性，执政党与政府的职能分工科学、合理，具有制度性的保障。

---

① 徐梦龙．15家中管金融企业 31所高校．中国纪检监察报，2020-01-03．

第二，专业、高效、廉洁的现代公务员官僚体系。无论实行哪一种政治体制，现代社会都需要一个专业化的、服务导向的、高效和廉洁的官僚体系，包括公务员队伍的构成以专业化人才为主，善于应对各种复杂的公共事务难题；政府的决策和行政行为要基于较为严格的成本-收益分析；施政过程和结果有严格、科学的评估过程；政府的行政运作成本较低；公务员的廉政行为具有坚实的制度保障，其自由裁量和寻租行为受到严格控制；等等。

第三，执政党的政治文化与官僚体系的行政文化互信互鉴。在党政体制下，执政党的政治文化深深影响官僚体系的运行过程和价值，甚至嵌入行政文化之中，如中国共产党在多年的革命与建设历程中形成的“群众路线”“批评与自我批评”“民主集中制”等优良的政党文化传统。同时，现代官僚体系往往会更加强调专业、效率、非人格化等现代科层制价值，因此其具有较强的开放性和学习能力，但也可能演化出脱离公众、缺乏回应、繁文缛节等问题，行政文化的变化也会反过来影响执政党的政治文化。因此，在执政党的统一领导下，执政党与官僚体系应当形成互鉴互信的文化心态。一方面应形成党的政治理念和意识形态对行政文化的深度嵌入和融合，避免官僚主义的滋生，并通过制度保障以保持效果；另一方面执政党也应吸收行政文化中重视效率和技术等有利于提升执政科学性的要素。

第四，法律成为联结执政党与政府官僚体系的桥梁和纽带，同时党政关系的协调机制运转有效。无论何种理想的制度设计，在实际的运行过程中都会出现需要临时联结和协调的机制。在党政体制下的现代行政国家中，协调党政关系的关键纽带和桥梁应当是法律。一方面，在全面依法治国的要求下，执政党对政府官僚体系的领导必须以法律为依据；另一方面，政府依法行政，其行政自主权不能超越法律而架空执政党的领导。因此，党政体制下执政党的党内法规体系与国家法律体系必须协调起来。处理好执政党的政治领导与行政官僚相对自主性之间的关系，是党政体制下建设现代行政国家必须解决的问题。一方面要避免以党代政、党政不分的弊端，另一方面也要防止行政脱离政治、技术官僚占据统治地位现象的发生。这一建构过程将是一个充满政治智慧与行政技巧的历史进程。

本章小结

本章分别从历史、结构、过程三个方面对党政体制下的国务院体系进行了描述和分析。首先梳理了不同时期国务院体系的发展脉络及特征；其次从静态的组织结构角度介绍了国务院总理、国务院副总理、国务委员、国务院办公厅、国务院办事机构、国务院议事协调机构、国务院组成部门及国务院部委管理的国家局等不同机构的设置与特点；最后从动态的决策运行维度，结合总理负责制与分工制度以及会议制度对国务院的决策过程进行了描述，并总结出党政体制下国务院运行“六位一体”的特征，讨论了党政体制下建设理性化现代行政国家所面临的问题。

关键术语

国务院　中央人民政府　党政关系　领导小组　合署办公与合并设立　归口领导　党组　党管干部　纪检监察组　巡视制度

复习思考题

1. 请结合自1949年新中国成立以来党中央-国务院关系变化与发展的轨迹，谈谈哪些因素导致了新中国党政关系在不同阶段表现出不同形态。

2. 你是如何理解党政体制下国务院运行“六位一体”特征的？为了进一步优化党政关系，请分别从六个角度分析如何进行改革与优化。

3. 请结合党政体制下的现代行政国家的基本特征，谈谈你对未来中国行政体制改革的看法和建议。

第6章

纪检监察系统

党的十八大以来，我国党政体制的调整最引人注意的莫过于纪检监察体制的改革。这场改革始自“打虎”“拍蝇”的反腐风暴，在党的十九大前后转向高度制度化建设，从而为纪检监察体制的改革作了一个充满新时代特色的注脚。综观纪检监察系统的历史发展，如何定位纪检监察系统？它如何运作，又如何在不断的变革中逐步实现制度化？纪检监察系统的历史变迁背后的政治逻辑是什么？这些都是本章探讨的主要问题。本章第一节先从历史发展的角度“纵向”描述纪检监察系统的变迁。第二节以监察体制改革为“横向”切面，描述当前纪检监察系统的运作方式。第三节则从委委关系、党政关系和纪法关系通盘探讨纪检监察系统改革与变迁的政治逻辑。

改革开放 40 多年，纪检监察系统的发展与我国党政体制的发展息息相关，纪检监察系统逐渐发展为党内监督和行使国家监察职责的专责机关。诚如有的学者所言，“将中央纪委视为反贪腐机构，着实矮化了其政治地位”①。在党政关系紧密结合的新时期，纪检监察系统贯通执纪执法功能，执行纪律审查和监察调查职能，其权力监督的管辖范围达到历史高点。此外，随着党规党纪的体系化建设，纪在法前、纪严于法、纪法分开、纪法协同的新型纪法关系也给新时期纪检监察工作的开展提出了新的挑战。

6.1 纪检监察系统的历史

纪检监察系统的历史大致可以分为改革开放前的曲折发展期与改革开放后的恢复重建期，而改革后纪检监察系统又经历了维护党风党纪时期、党风廉政建设与反腐败斗争时期和全面从严治党时期。

① 樊鹏. 中央纪委的政治功能分析：基于党内宪制的视角. 科学社会主义，2016 (3).

6.1.1 改革开放前的曲折发展期

1. 革命时期的纪检监察机构

革命时期是我国党政体制建设的前奏，诸多后期发展的概念、理论和制度都不同程度地发轫于中国共产党在革命时期的探索。纪律、作风、“四个服从”等概念都萌芽于这一时期，纪检监察系统的定位、领导、组织也经过了多次调整。

1927 年，党的五大成立了第一个中央纪律检查监督机构——中央监察委员会。中央和省级的监察委员会分别由各级党的代表大会选举产生，其职权是党内违纪审查和党内监察。由于监察委员会主席王荷波在赴任中共中央北方局书记途中牺牲，因此中央监察委员会并未真正开展工作，省级监察委员会也未能及时组建。1928 年，党的六大党章规定，审查委员会由各级党的代表大会选举产生，其职责是“监督各级党部之财政，会计及各机关工作”。值得注意的是，党的六大党章规定，“关于犯纪律的问题由党员大会或各级党部审定之”，回到了由党员大会或各级党部负责处理违纪问题的状态。1933 年，中共中央决定在中央监察委员会未正式成立前特设立中央党务委员会，规定中央党务委员会的职责是执行党纪和党员处分问题，检查违反党的总路线的各种不正确的倾向。中央党务委员会一直持续运作，直到 1943 年中央精简机构，才并入新成立的中央组织委员会。这个时期，纪检监察机构的设置并不稳定，领导人员变动频繁，其监督作用也十分有限。1945 年，党的七大党章规定要建立中央及各地方的监察委员会。但此时的监察委员会由中央及各级党委选举产生，在各级党委指导下进行工作。[①] 值得注意的是，这一时期的纪检监察机构虽然名称甚至职责范畴频繁转换，然而其制度框架初现雏形。

第一，从产生方式来看，党的五大的监察委员会和党的六大的审查委员会均由同级党的代表会议产生。而 1945 年的监察委员会则是由党委选举产生。

第二，从领导体制上讲，党的五大的监察委员会相对于同级党委有相当的独立性。党委不得取消监委决议，党委委员不得兼任监委委员，两者如有争议需通过相关会议解决。而 1945 年的监察委员会则在各级党委指导下进行工作。党委与监委之间的委委关系深刻影响了后期纪检监察机构的运作。

第三，这一时期党的军纪、党纪、作风、政治规矩都初具雏形。纪律概念先于纪检机构出现。1921 年，党的一大纲领强调党员应保守秘密。1922 年，党的二大通过的第一部党章和相关决议案规定了纪律，强调在党内实行“严密的、集权的、有纪律的组织与训练”。此外，其中诸多表述已经体现了全党服从中央、下级服从上级、个人服从组织、少数服从多数的组织原则。1927 年，毛泽东宣布了工农革命军三项纪律，后期又补充了六项注意。这些规定逐渐在土地革命实践中演变为三大纪律八项注意。1945 年，毛泽东说明了党的三大作风，即理论和实践相结合、和人民群众紧密地联系在一起以及自我批评。此外，这个时期强调的党的纪律，尤其是政治纪律。“四个服

---

① 戚义明. 党的纪律建设简史. 北京：中国方正出版社，2019.

从”原则早在党的二大党章中就有相关的表述，之后在六届六中全会得到了明确归纳和重申。从党的七大开始，“四个服从”被写入党章。

第四，革命时期已经出现了纪检系统与司法系统的关系问题。由于纪检组织裁撤频繁，革命最早的贪腐第一案——瑞金苏维埃的谢步升案是由瑞金县苏维埃裁判部处理的。之后的中央苏区反贪运动由监察委员会直接领导，在各级政府设立工农检察部、控告局和裁判部，共同张开苏区反贪网。① 同样，在陕甘宁边区，监察委员会建立之前，贪污腐败案件主要是由边区高等法院检察署审查，边区高等法院审理的。1931年，中华苏维埃第一次全国代表大会通过了《工农检察部的组织条例》，根据该条例规定，工农检察部若发觉了犯罪行为，如行贿、浪费公款、贪污等，有权报告法院，以便施行法律上的监察和裁判。此后陕甘宁边区、晋察冀边区的相关组织条例都规定了检察官实施侦查的职权。② 这也是新中国成立后“三驾马车”体制的革命渊源。

2. 新中国成立初期的纪检监察机构

新中国成立初期是政权建设时期，也是“党政关系相对分离”的时期，这一时期，纪检监察机构的设置在产生方式和领导机制上又经历了一定的反复，同时，其他形式的监督，特别是人大、行政和法律的监督也发展起来，我国党政体制内部多元权力监督局面初步形成。

首先，在纪检监察系统发展方面，1949年11月，中共中央成立了中央及各级党的纪律检查委员会，负责审查中央直属部门及各级党的组织、干部及党员违纪的行为；审理、审查并决定中央直属各部门及各级党的组织、干部及党员违犯党纪的处分或取消其处分；在党内加强纪律教育，使党员干部严格遵守党纪，实行党的决议与政府法令，以实现全党的统一与集中。中央纪律检查委员会在中央政治局的领导下工作，各级纪律检查委员会在各级党委指导下工作。1950年，中央进一步明确各级纪委是各级党委的一个工作部门，直接在各级党委的领导下进行工作，上级纪委在工作上、业务上对下级纪委有指导关系，但当其指示或决定同下级党委意见不同时，应提请同级党委决定。

1955年3月，中国共产党决定成立党的中央和地方各级监察委员会，替代原来的纪律检查委员会，以加强对党员特别是党的高级干部的监督，纠正各种违法乱纪行为，防止高岗、饶漱石事件的再度发生。③ 新成立的中央监察委员会地位更高、权威更强。监察委员会由党的代表大会选举产生，同时，地方监察委员会如果认为同级党委的决定不适当，有权向上一级党委提出申诉，同级监委相对于同级党委有一定的独立性。此外，中央规定监察委员会可以查处党组织和党员违犯党纪国法的案件。④ 1956年，党的八大党章重新规定监察委员会由同级党的委员会全体会议选举产生。

其次，在其他监督体系发展方面，1949年9月，人民政协第一届全体会议通过了

---

① 高委. 利剑高悬：建党以来十大腐败案件剖析. 北京：中国方正出版社，2013.

② 熊秋红. 监察体制改革中职务犯罪侦查权比较研究. 环球法律评论，2017（2）.

③ 戚义明. 党的纪律建设简史. 北京：中国方正出版社，2019：85.

④ 李莉. 国家监察体制改革视域下的制度设计变迁. 当代世界与社会主义，2018（3）.

《中央人民政府组织法》，人民监察委员会是政务院下设的四个委员会之一，负责建立监察制度，监管行政部门，监察公务人员是否执行了政府决议和政策，是否有贪污腐败等情况。《中国人民政治协商会议共同纲领》规定了在县市以上的各级人民政府内设人民监察机关，以监督各级国家机关和各种公务人员是否履行其职责，并纠正其中违法失职的机关和人员。1954 年修宪后，国务院设立监察部，原人民监察委员会工作移交监察部。

在其他监督形式方面，1954 年宪法规定了全国人大的人大监督与检察院的一般监督职能。宪法规定了最高人民检察院对国务院所属各部门、地方各级国家机关、国家机关工作人员和公民是否遵守法律，行使检察权。1962 年最高人民检察院负责管辖“属于国家机关工作人员、基层干部和企业的职工中贪污、侵吞公共财产”等严重行为，1962 年最高人民检察院推动内设机构改革，业务三厅负责查处严重违法乱纪行为等工作。①

新中国成立初期，这套监督体制在“以党代政”时期逐步陷入瘫痪。1959 年监察部撤销，1969 年中央监察委员会撤销，党的九大和党的十大党章，取消了党的纪律、纪律检查和监察机关的相关条款。②

6.1.2 改革开放后的恢复重建期

改革开放以来，纪检监察系统的发展同样经历了一系列的探索与反复，纪律检查委员会的基本建制在 20 世纪 80 年代逐步稳定下来，但随着党内专责机关职责范围的变动，纪委与其他监督机关的关系又发生了显著的变动，从“三驾马车”发展为“一马当先”，形成了今天的纪检监察系统。在这一小节，我们以其核心职责的变动为主线，将纪检监察系统的发展划分为三个时期：维护党风党纪时期，党风廉政建设与反腐败斗争时期，以及全面从严治党时期。

1. 维护党风党纪时期

从改革开放前后到 20 世纪 80 年代末是纪检监察系统的恢复重建时期，这一时期确立了纪律检查机关从中央到地方的制度框架，确立了纪律检查工作的双重领导体制，提出了党风问题关乎执政党的生死存亡的著名论断，从而进一步确认了纪律检查工作在党内的重要地位。同时，随着党的十三大“党政分开”改革的推动，这一时期，特别是 20 世纪 80 年代中期以来十分注重党纪、政纪、国法的区分，是纪律检查、行政监察、司法监督“三驾马车”并行的短暂时期。

1977 年 8 月，党的十一大党章重新恢复了设置党的纪律检查委员会的相关条款。1978 年 12 月，党的十一届三中全会做出了恢复重建党的纪律检查委员会的决定。纪

---

① 熊秋红. 监察体制改革中职务犯罪侦查权比较研究. 环球法律评论，2017 (2)；李莉. 国家监察体制改革视域下的制度设计变迁. 当代世界与社会主义，2018 (3).

② 赖静萍. 当代中国党政关系的演进与现代国家的成长：以领导小组的历史变迁为观察点. 江苏社会科学，2009 (2).

委的任务是加强对党员的纪律教育，负责检查党员和党员干部执行纪律的情况，同各种违犯党纪的行为作斗争，受理党员的申诉和控诉，并受理党外群众对党员的控诉。在领导体制方面，纪委主要受同级党委领导。1978 年 12 月，党的十一届三中全会选举产生了新的中央纪律检查委员会，陈云任第一书记。此后历届中央纪委书记均由中央常委担任。

1980 年 2 月，中央纪委推动了省级以下各级纪委领导关系的改革。纪律检查委员会委员从过去由同级党委全体会议选举产生，改为由同级党的代表大会选举产生。由受同级党委领导改为受同级党委和上级纪委双重领导，以同级党委领导为主，但纪委主要领导任免要征求上级纪委的意见。1982 年 9 月，党的十二大党章专门增加了“党的纪律”和“党的纪律检查机关”两章。党的十二大报告首次提出了纪委应对同级党委实行党章规定范围内的监督。党的十二大党章还赋予了纪委对党委委员的检举监督权、检查权、审批权、处分权、决定权和申诉权。党的十二大之后，纪委的政治地位明显提高，纪委与党委都是由党代会选举产生，向党代会报告工作，纪委对同级党委的监督从制度上得到了一定的保证。此后，“双重领导”的提法并未改变，但“以同级党委领导为主”的提法也逐渐消失。①

改革开放初期，纪律建设主要涵盖三个方面的内容，一是协助中央指导“两案”审理，大量平反冤假错案。1979 年，中央纪委与各级纪委尚未完成组建，中央纪委收到来信 25 万多件，接待来访 25 000 多人次。17 个省、区、市的地方纪委，配合党委组织部与公检法部门，共计受理了“文化大革命”和历次政治运动中的申诉案件 385 万多件。② 二是建立健全党规党纪，恢复党的优良传统作风。党的十一届三中全会后，中央纪委接手并制定了《关于党内政治生活的若干准则》，并根据准则精神，处理了一批破坏党风、违反党纪的案件。1980 年 11 月，陈云在贯彻《关于党内政治生活的若干准则》座谈会上，提出了“执政党的党风问题是有关党的生死存亡的问题”的论断。三是针对经济搞活过程中的不正之风，打击违纪违法行为。1979 年下半年起，中央纪委提出纠正经济领域的不正之风，1981 年又把它列为端正党风的重点工作之一，严厉打击经济领域的违法犯罪行为，特别是走私贩私、贪污受贿等违法犯罪活动。中央纪委每周召开一次公检法和执法部门的联席会，由时任第二书记的王鹤寿参加并主持会议，研究动态、政策和大案、要案的处理问题。截至 1983 年 4 月底，全国立案审查的各类经济犯罪案件共计 19.2 万多件，涉及党员 7.1 万多人，追缴赃款赃物合计人民币 4.1 亿元。

1986 年 6 月，邓小平在中央政治局常委会上谈端正党风与法制问题，指出“纠正不正之风、打击犯罪活动中属于法律范围的问题，要用法制来解决，由党直接管不合适。党要管党内纪律的问题，法律范围的问题应该由国家和政府管”③。1986 年底，中央纪委与各级纪委不再作为党委打击严重经济犯罪斗争的办事机构，这项工作连同纪委代管的打击经济犯罪活动办公室，交同级司法部门负责协调和管理。1982 年最高检推动内设机

---

① 李成言，庄德水．纪检制度的发展逻辑：30 年的回顾与未来．江苏行政学院学报，2008（6）.
② 张曙．中央纪委第一书记陈云．北京：中国方正出版社，2015：294.
③ 邓小平．邓小平文选：第 3 卷．北京：人民出版社，1993：163.

构改革，将1978年设立的经济检察机构改组为二厅，负责原法纪检察厅和经济检察厅业务。1989年广东省率先成立反贪污受贿工作局，1995年最高检撤销经济检察厅，成立反贪污贿赂总局，标志着检察机关查办职务犯罪机构组建的完成。

1986年监察部成立，监察工作以廉政为重点。纪委管党纪、监察机关管政纪的局面再次形成。同时，这一时期也是我国审计监督体系的开端。1982年《宪法》设立审计机关监管全国的财政金融活动，包括国务院管辖的中央各部委、不同层级的地方政府、国家金融和货币组织以及企事业单位等的收支情况。1983年，中华人民共和国审计署成立，并任命了第一任审计长，省、市、县各地相继成立了地方审计部门。《关于审计工作的暂行规定》等一系列法规的颁布也为审计监督的开展提供了初步的法律框架。[①] 这一时期，纪律检查、行政监察、司法监督“三驾马车”并行。

2. 党风廉政建设与反腐败斗争时期

20世纪80年代末到党的十八大之前是党风廉政建设与反腐败斗争时期。在这一时期，中央逐步将党风与腐败现象联系在一起，认为反腐败斗争的成败与党和国家的命运息息相关。随着纪委核心职责的扩展，纪委系统与行政监察系统合署办公，纪律检查与行政监察联动，进行了大量的反腐制度建设。

20世纪80年代末以来，腐败问题逐渐成为中央关注的重点问题。1989年，邓小平强调要一手抓改革开放，一手抓惩治腐败。党的十三届四中全会提出，要大力加强党的建设，大力加强民主与法制建设，坚决惩治腐败。随后召开的十三届中央纪委四次全会也把惩治腐败分子加入纪委工作的内容中。1990年11月4日，中央纪委提出《关于加强党风和廉政建设的意见》，要坚决持久地开展对不正之风和腐败现象的斗争。1991年，江泽民在中国共产党成立70周年大会的讲话中，将党风与腐败现象联系在一起，提出“党风是关系党的生死存亡的问题，如果听任腐败现象发展下去，党就会走向自我毁灭”。党的十四大期间，党内对反腐败斗争的定位一再提高，1993年党的十四届三中全会将反腐败作为一项长期战略任务。1996年，江泽民指出，反对腐败是关系党和国家生死存亡的严重政治斗争。[②]

1993年1月，根据中共中央、国务院的决定，中央纪委与监察部合署办公，中央纪委和监察部一套人马、两个牌子。从法律意义上，两个机构仍然并存，分属两个序列，承担党纪和政纪两项职责；但在实际工作中，又在同一个单位工作，重大问题——无论是党纪还是政纪问题——只能由中央纪委常委会研究决定，中央纪委常委可以处理分管的政纪监察工作。备受关注的“双规”作为一种工作方法由行政监察，该方法成为此后纪委反腐的利器。

20世纪90年代以来，纪委在反腐败斗争中作了大量制度建设。党的十四大以来，逐渐形成了“党委统一领导，党政齐抓共管，纪委组织协调，部门各负其责，依靠群众的支持和参与”的反腐败领导体制和工作机制。中央先后颁布了旨在加强监督和预防腐败的三项制度、确立了“三重一大”反腐败领导机制等，反腐败建设如火如荼地展开。

---

① 公婷．问责审计与腐败治理．公共行政评论，2010（3）．

② 秦杰，翟伟，朱玉．将反腐斗争进行到底．中国青年报，2002-11-13．

党的十六大以来，纪检监察工作进入了制度反腐阶段。第一，党的十六大党章规定了纪检机构的三大任务和五项经常性工作。在三大任务中增写了协助党的委员会“组织协调反腐败工作”，在五项经常性工作中增写了“对党员领导干部行使权力进行监督”和“保障党员的权利”。[1] 2003 年，党的十六届三中全会明确提出，要坚持标本兼治、综合治理，注重思想道德教育，建立健全与社会主义市场经济体制相适应的教育、制度、监督并重的惩治和预防腐败体系。第二，纪检监察工作的党内法规体系更加完备，制定印发了一系列相关条例，对党内监督、纪律处分、干部问责、权利保障等相关事项作出规定。第三，在工作制度方面继续发展了巡视制度，还实施了派驻制度统一管理改革，这是在“大格局不变的情况下的重要制度创新，对于提升纪检监察工作的权威发挥了重大作用”。[2] 第四，在组织和人事方面，加强了纪委干部的交流，强化了纪委书记的独立性，推动了乡镇纪检机构改革，增加基层纪委的编制和人员配置。

本时期的纪检监察工作的突出特点是反腐职能的凸显和纪委职责边界的扩张。这直接导致了党的十八大以后纪检监察工作进行“三转”改革，主张纪法平衡，并重新定义纪检监察工作的基本职责。

3. 全面从严治党时期

党的十八大以来的纪检监察工作始自中央的重拳反腐，2016 年的监察体制改革最终实现了党纪、政纪、国法的贯通，纪检监察系统成为协助党委推进全面从严治党等工作的党内监督专责机关，权力集中程度达到高峰。

党的十八大以后反腐风暴席卷全国，“老虎苍蝇一起打”。根据十八届中央纪律检查委员会向中国共产党第十九次全国代表大会的工作报告，在这场反腐风暴中，落马的省部级干部数十人，全国纪检监察机关共立案 154.5 万件，处理 153.7 万人。[3] 如图 6－1 所示，党的十八大以来，受党纪政纪处分人数显著升高，全国纪检监察机关的机构、职责、领导机制、工作机制等都进行了大幅度的制度化改革。以党的十九大党章为标志，党的各级纪律检查委员会被定位为党内监督专责机关，负责维护党的章程和其他党内法规，检查党的路线、方针、政策和决议的执行情况，协助党的委员会推进全面从严治党、加强党风建设和组织协调反腐败工作。在常见的党风建设与反腐败工作之前加入的“全面从严治党”的工作描述，进一步说明了纪检监察机关在我国党政体制中高规格的定位，以及纪检监察工作对党和国家的战略性意义。

党的十八届三中全会提出了双重领导体制中的“两种责任”和“两个为主”，党委负主体责任，纪委负监督责任；强化上级纪委对下级纪委的领导，查办腐败案件以上级纪委领导为主，线索处置和案件查办在向同级党委报告的同时必须向上级纪委报告，各级纪委书记、副书记的提名和考察以上级纪委会同组织部门为主。

在工作机制上，党的十八大以来的纪检体制改革推动了巡视和派驻的全覆盖，党的

---

① 吴美华. 中国共产党纪检机构的历史沿革及其职能演变. 中共党史研究，2009（3）.

② 李成言，庄德水. 纪检制度的发展逻辑：30 年的回顾与未来. 江苏行政学院学报，2008（6）.

③ 十八届中央纪律检查委员会向中国共产党第十九次全国代表大会的工作报告.（2017－10－29）. 中国政府网.

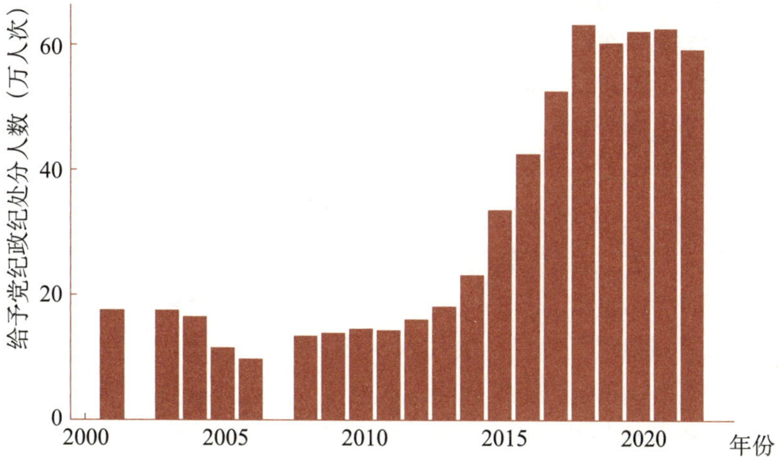

注：2002年、2007年工作报告未公布具体数字；2001—2005年的统计口径为前一年的12月至当年11月；2018—2022年的数据为全国纪检监察机关运用监督执纪“四种形态”中第二种至第四种形态的处理人次之和。

图6-1 2001—2022年党纪政纪处分情况

资料来源：中央纪委国家监委网站公布的年度工作报告。

十九大以来又提出了一届任期内巡视巡察全覆盖概念。巡视监督、派驻监督与监察体制改革以来的纪律监督和监察监督共同构成了全覆盖的权力监督格局。

党的十八大以来纪检监察系统最大的变化是，2016年开始试点推行的监察体制改革，这一改革创设了国家监察委员会，中央纪委与国家监察委合署办公，从而根本性地将我国宪制的四元结构改为五元结构，从人大领导下的“一府两院”到“一府一委两院”。[①]

监察体制改革是事关全局的重大政治体制改革，旨在建立党统一领导下的国家反腐败工作机构。实施组织和制度创新，整合反腐败资源力量，扩大监察范围，丰富监察手段，实现对行使公权力的公职人员的监察全覆盖，建立集中统一、权威高效的监察体系，履行反腐败职责，深入推进党风廉洁建设和反腐败斗争，构建不敢腐、不能腐、不想腐的有效机制。[②] 2016年末，北京、山西、浙江三省市试点监察体制改革。党的十九大后，监察体制改革在全国铺开。2018年，十三届全国人大一次会议通过了《中华人民共和国宪法修正案》和《中华人民共和国监察法》（以下简称“监察法”），“一府一委两院”的新格局正式形成。同年，全国31个省、自治区、直辖市和新疆生产建设兵团各级监察委员会全部组建完成。监察体制改革对纪检监察系统带来的变化主要包括四个方面：

其一，构建集中统一的国家监察体系，设立监察委员会，作为行使国家监察职能的专责机关。党的纪律检查委员会、监察委员会合署办公。监察委员会由原政府监察部门，预防腐败局及人民检察院查处贪污贿赂、失职渎职以及预防职务犯罪等部门整合而成。也就是说，监察体制改革由原本纪律检查、行政监察与司法监督“三驾马车”转变为

---

① 林彦．从“一府两院”制的四元结构论国家监察体制改革的合宪性路径．法学评论，2017（3）．

② 全国人民代表大会常务委员会关于在北京市、山西省、浙江省开展国家监察体制改革试点工作的决定．（2016-12-25）．中国人大网．

“一马当先”，纪委监委贯通执纪执法，党纪、政纪、国法只体现在纪委监委内部的具体运作程序中。纪检监察系统前所未有地整合了反腐败资源力量。

其二，监察体制改革后，纪检监察系统的工作对象从党员干部扩展到行使公权力的公职人员，监察对象范围大幅扩展，旨在解决行政监察范围过窄以及纪法中间地带违法无人管的“两个空白”的现象，解决反腐败力量分散问题。[①]

其三，《监察法》全面规范了监察委员会的 12 项调查手段，特别是用留置取代“双规”措施，旨在解决过去纪检监察系统面临的法治难题。

其四，检察院反贪、反渎、预防职务犯罪部门人员转隶监察委。截至 2018 年 2 月 25 日，各级监察委从各级检察机关划转编制 6.1 万个，转隶干部 4.5 万人。此外，值得一提的是，纪检监察系统内部也进行了内设机构改革，分设监督检查部门和审查调查部门，执纪监督与执纪审查相互分离，监督调查与处置相互制衡，从而在纪委监委内部形成既相互协调又相互制约的工作机制。

监察体制改革是我国改革史上罕见的高规格、高速推进的体制改革。从 2016 年末发布公告在三省市试点到全面入宪、省市县三级全面建立监察委员会，是在不到一年半的时间内完成的。监察体制改革的迅速推进，一方面彰显了中央的决心与监察体制改革的“政治性”，另一方面也意味着改革过程中难免有争议与不确定性。

争议焦点首先是监察委监督全覆盖的边界问题。如人大代表是否属于监察对象、公务员或参公管理人员是否应该纳入监察体系等。一方面，一旦对监察对象全覆盖的范围存在误解，很可能导致这一核心举措丧失必要的震慑力；另一方面，合理规范全覆盖范围涉及监察委与其他国家机关的宪法关系问题。[②] 其次是转隶人员的安置问题，就目前公开的资料而言，无论是从人事安排还是组织吸纳方面看，监察委对转隶人员采取了“全盘吸纳”的方式，转隶人员在确保一定的职位、职级和待遇的前提下，被分散和分配到纪委监察系统的各业务部门。[③] 再次，在《监察法》的立法过程中，监察调查和司法衔接问题是关注重点。在立法技术上，《监察法》在高度争议事项上采取了适当留白的方式，目前监察证据的司法适用、留置程序的司法衔接等主要由纪检监察系统内部来进行规范。最后，监察体制改革确立了集中统一的监察制度，然而纪检监察体系如何监督这一问题尚未完全落地。我国党政体制中既有的党的监督、人大监督、司法监督、社会监督等体制如何落实尚有待考察。2018 年 12 月，国家监察委优选聘请了 50 名特约监察员，并制定了相关工作办法，在一定程度上回应了这一问题。

值得注意的是，党的十八大以来的纪检监察系统改革并未止步于这场高规格的政治改革，监察体制改革后，在纪法分开、纪法平衡的原则下，纪检监察系统日常监督的重要性日益凸显。日常监督首次被中央纪委列为一项工作任务。显然，随着纪检监察系统被赋予协助全面从严治党的职能，纪检监察系统的工作范围远超反腐败工作，其重要性

---

① 谢超.《监察法》对中国特色反腐败工作的法治影响. 法学杂志，2018 (5).

② 秦前红，刘怡达. 监察全面覆盖的可能与限度：兼论监察体制改革的宪法边界. 甘肃政法学院学报，2017 (2)；彭新林. 国家监察体制改革：动因、要义与方略. 学术界，2018 (10).

③ 于晓虹，杨惠. 监察体制改革视阈下的地方治理逻辑：基于地方监察委实践的实证分析 (2016—2018). 治理研究，2019 (6).

与地位再上新台阶。

6.2 纪检监察系统的组织与运作

6.2.1 纪检监察系统的组织

1. 纪律检查委员会

根据党章和《宪法》的相关规定，纪律检查委员会由同级党的代表大会选举产生，委员任期与同级党委委员相同。纪律检查委员会全体会议选举并经同级党的委员会批准纪委领导成员，包括纪委书记、副书记以及常务委员会委员。各级纪委在同级党的委员会和上级纪委双重领导下进行工作。上级纪委加强对下级纪委的领导。

值得注意的是，党章并没有具体规定纪委全会和常委会的具体职责分工。党的十九大党章仅在第四十二条中提及了对中央委员会以及地方各级委员会委员、候补委员给予程度不同的处分决定时，一般需由纪委常务委员会审议，由党中央或同级党委全体会议决定。《监察法》仅在拟对被调查人提请从宽处罚建议、采取留置措施的情况下，规定了监察机关领导人员集体研究决定的工作机制。2015 年，十八届中央纪委五次全会审议并通过了中纪委常委会关于申维辰、梁滨严重违纪问题的审查报告，确认了中纪委常委会之前作出的给予两人开除党籍处分的决定。这是改革以来首次在中纪委全会上，对在任纪委委员违纪问题的处分决定进行确认。①

就机构设置而言，1979 年中央纪委重建时，中央纪委设有办公厅、研究室、纪律检查室、案件审理室和信访室 5 个办事机构。纪律检查室内设工交、农村、财贸、政法文教等检查组。在信访室又设来信处、来访处、综合处。后期为了完成特定任务，还陆续成立了 8 个组，主要负责特定案件的审查和审理工作。② 1993 年，中纪委与监察部合署办公，总计内设 23 个室（厅、局）。党的十八大以来，中纪委又进行了多次内设机构改革，内部增设组织部、宣传部；12 个纪检监察室分别负责联系中央国家机关、国企以及全国 31 个省区市、新疆生产建设兵团及中央驻港、澳办；新设纪检监察干部监督室，负责监督检查纪检监察系统干部遵守和执行党章以及其他党内法规，遵守和执行党的路线方针政策和决议、国家法律法规等方面的情况，按照管理权限受理有关纪检监察干部违纪违法问题的举报，负责问题线索初核及案件审查工作等。③

2. 监察委员会

根据《宪法》和《监察法》相关规定，各级监察委员会是行使国家监察职能的专责机关，对所有行使公权力的公职人员进行监察，调查职务违法和职务犯罪，开展廉政建设和反腐败工作、维护宪法和法律的尊严。

---

① 中央纪委国家监委研究室. 改革开放 40 年纪检监察工作纪事. 北京：中国方正出版社，2018.

② 中央纪委恢复重建之初，“积案如山、积信如山”问题是如何解决的. 中国纪检监察报，2018－12－25.

③ 中央纪委破解“谁来监督监督者本身”. 北京青年报，2014－03－25.

监察委员会由主任、副主任、委员组成。同级人民代表大会选举监察委员会主任，根据国家监察委员会主任的提请，任免国家监察委员会副主任、委员。监察委员会对同级人民代表大会负责，受其监督。国家监察委员会领导地方各级监察委员会的工作，上级监察委员会领导下级监察委员会的工作。

监察委员会依照法律规定独立行使监察权，不受行政机关、社会团体和个人的干涉。监察机关办理职务违法和职务犯罪案件，应当与审判机关、检察机关、执法部门互相配合、互相制约。

监察委员会履行监督、调查、处置职责：对公职人员开展廉政教育，对其依法履职、秉公用权、廉洁从政从业以及道德操守情况进行监督检查；对涉嫌贪污贿赂、滥用职权、玩忽职守、权力寻租、利益输送、徇私舞弊以及浪费国家资财等职务违法和职务犯罪行为进行调查；对违法的公职人员依法作出政务处分决定；对履行职责不力、失职失责的领导人员进行问责；对涉嫌职务犯罪的，将调查结果移送人民检察院依法审查、提起公诉；向监察对象所在单位提出监察建议。

2021 年，第十三届全国人大常委会第三十次会议表决通过了《监察官法》，规定各级监察委员会的主任、副主任、委员、监察人员，各级监察委员会派驻或派出的监察人员、监察专员和其他依法行使监察权的监察机构中的监察人员为监察官。监察官依法行使职权，其任免录用、权利义务等由法律规定并保障。

3. 合署办公

2018 年《深化党和国家机构改革方案》规定，为加强党对反腐工作的集中统一领导，实现党内监督和国家机关监督、党的纪律检查和国家监察有机统一，实现对所有行使公权力的公职人员监察全覆盖，组建国家监察委员会，同中央纪律检查委员会合署办公，履行纪检、监察两项职责，实行一套工作机构、两个机关名称。2021 年，中央纪委印发《中国共产党纪律检查委员会工作条例》，进一步确认了合署办公机制，规定各级纪委监委合署办公，实现纪委监委领导体制和工作机制的统一融合、集中决策、一体运行，坚持纪严于法，执纪执法贯通。

根据 2018 年的纪委监委“三定方案”，中央纪委国家监委由内设职能部门、直属单位和派驻纪检监察组组成。内设职能部门具体为办公厅、组织部、宣传部、研究室、法规室、党风政风监督室、信访室、中央巡视工作领导小组办公室、案件监督管理室、第一至第十一监督检查室，第十二至第十六审查调查室、案件审理室、纪检监察干部监督室、国际合作局、机关事务管理局、机关党委和离退休干部局。直属单位包括中国纪检监察杂志社、中国方正出版社等（见图 6－2）。

6.2.2 纪检监察系统的运作

党的十八大以来，纪检监察体制改革措施不断完善，渐渐形成了纪律监督、监察监督、派驻监督和巡视监督“四个监督”全覆盖的权力监督格局。由于纪委监委贯通执纪执法，这里重点讨论纪律监督与监察监督运作程序。

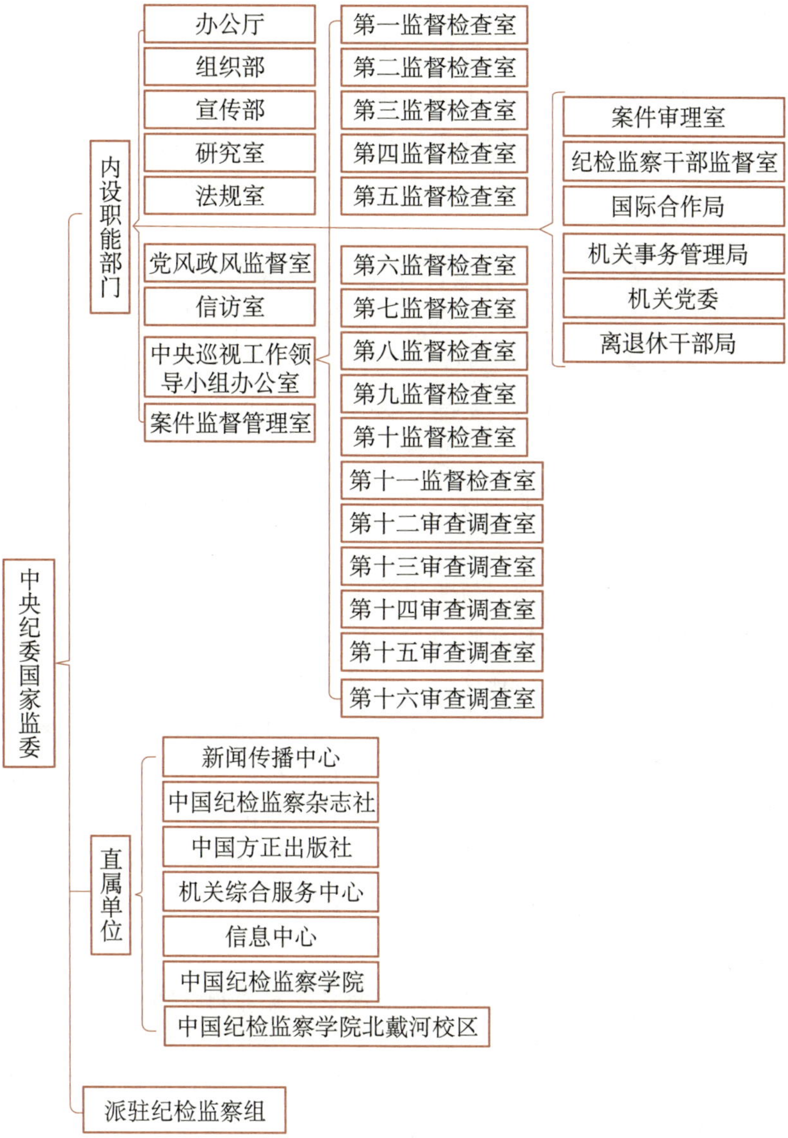

图6-2　中央纪委国家监委组织机构图

1. 纪律监督与监察监督

纪律审查是党章赋予纪委的职责，是纪委执纪的重要手段。监察调查是监察机关依法履行国家监察职能，调查处置职务违法犯罪行为，维护宪法和法律尊严的重要手段。由于纪委与监察机关合署办公，履行纪检、监察两项职责，因此，纪检监察机关必须贯通执纪执法，既要依纪依规审查处理党员和党组织违犯党纪的问题，也要依法调查处置公职人员职务违法犯罪的问题。

纪委监委工作实行分级负责制，纪委监委负责监督检查和审查调查同级党委委员、候补委员、纪委委员、同级党委批准设立的党组（党委），以及下级党委（党组）等党组织涉嫌违纪或职务违法犯罪问题。

纪检监察机关审查调查工作的程序包括受理、问题线索处置、初步核实、立案审查调查和审理五个阶段。

第一，受理阶段。内部信访举报部门、案件监督管理部门负责相关工作。在受理阶段，信访举报部门接收反映违纪或职务违法犯罪问题的线索和材料，统一接收有关纪检监察机关、派驻或者派出机构以及其他单位移交的相关信访举报。巡视巡察工作机构和审计机关、行政执法机关、司法机关等单位发现相关问题线索，移交纪检监察机关案件监督管理部门统一办理。

第二，问题线索处置阶段。案件监督管理部门集中管理相关工作，提出分办意见，经主要负责人批准后依程序移送案件承办部门。在收到问题线索之日起 1 个月内，案件监督管理部门应该对问题线索做分类处置。对线索中反映的带有苗头性、倾向性、一般性的问题，通过谈话函询的方式进行处置，体现“抓早抓小”精神。如果反映的问题具有存在的可能性与可查性，可以进行初步核实。如果反映的问题具有一定的可查性，但由于种种原因，目前不具备核查的条件，可以暂存待查。如果反映的问题失实或无可能开展核查工作的线索，则可以予以了结。

第三，初步核实阶段。谈话函询与初步核实都是在案件进入正式受理程序前的处置程序。依照干部管理权限并履行相应审批程序后，案件承办部门可以对被谈话、函询人进行诫勉谈话与函询，承办部门需在谈话结束或收到函询回复后 1 个月内写出情况报告和处置意见，按程序报批，根据情况作出采信了结、批评教育、建议初核或依规依纪依法予以查处。案件一旦进入初核程序，核查组经批准可以采取必要措施收集证据，包括谈话，要求作出说明，调取相关个人有关事项报告，查阅文件、账目、档案等资料，暂扣财物，技术调查和限制出境等措施。初核结束后，核查组可建议立案审查调查、予以了结、谈话提醒、暂存待查或移送有关党组织处理等。相关情况报告和分类处理意见均须报纪检监察机关主要负责人审批。

第四，立案审查调查阶段。审查调查组根据分级立案制度确定审查调查方案，立案审查决定应当向被审查调查人宣布并向其所在党委（党组）主要负责人通报。《监察法》第三十九条规定，“涉嫌严重职务违法或者职务犯罪的，应当通知被调查人家属，并向社会公开发布”。立案后，调查组认为被审查调查人犯有严重错误，已不适宜担任现任职务或者妨碍纪律审查和监察调查的，可建议对其采取停职检查措施，还可进行调整职务、免职等组织处理。

在审查调查阶段，审查调查机关可以采用《监察法》规定的包括留置在内的 12 种调查措施。其中，对涉嫌严重职务违法或职务犯罪的被调查人，如已掌握部分事实和证据，仍有重要问题需要进一步调查，案情重大复杂，有逃跑、自杀或妨碍调查行为的，审查调查组可以对其采取留置措施。留置措施必须经监察机关领导人员集体决定，并报上级监察机关批准或备案。对被调查人采取留置措施后，应在 24 小时内，通知被留置人员所在单位和家属，但有可能毁灭、伪造证据，干扰证人作证或者串供等有碍调查情形的除外。有碍调查的情形消失后，应当立刻通知被留置人员所在单位和家属。留置时间不得超过 3 个月，特殊情况下，可以延长一次，延长时间不得超过 3 个月。延长留置需要报请上一级纪检监察机关批准。《监察法》也规定了被留置人员涉嫌犯罪移送司法机关后，被依法判处管制、拘役和有期徒刑的，可相应抵刑期。

审查调查过程需要两人以上进行，全程需要严格记录、备案和监督，由案件监督管理部门负责。审查调查工作结束后，审查调查组集体讨论形成审查调查报告，并作出处理建议。对其他涉案人员，审查调查组可以进行提醒谈话、诫勉谈话、责令检查、限期整改等。对发案的单位，还应提出纪律检查建议或者监察建议。对不履行全面从严治党主体责任或者履行不力的，按照管理权限对领导班子和领导干部进行问责，或者向有权作出问责决定的机关提出问责建议。

值得注意的是，在审查调查阶段，纪律检查与监察调查之间的界线相对模糊。纪委监委的十一个监督检查室主要进行纪律检查相关的审查调查，五个审查调查室主要进行涉嫌职务违法与职务犯罪案件的审查调查。一般来说，监督检查室在纪律检查中发现涉嫌职务违法与职务犯罪案件，可移交审查调查室。但在实践运作中，运作相对灵活，监督检查室也可以在征求分管领导意见后自行调查。①

第五，审理阶段。案件审查调查终结，需要追究纪律责任和法律责任的案件，需按程序移送审理。案件审理部门在审阅案卷及向审查调查组了解案件审查调查相关情况的基础上，必要时可提前介入案件调查，提出纪律处理或处分的意见。纪律处理或处分必须经集体讨论决定。对事实不清、证据不足的案件，经主要负责人批准，案件审理部门可以将案件退回监督检查、审查调查部门重新审查调查，也可以要求补充审查调查。案件审理工作结束后需形成审理报告，依据《中国共产党纪律处分条例》认定违纪事实性质。涉嫌职务犯罪需要追究刑事责任的，还应当形成《起诉意见书》，作为审理报告附件。如案件审理部门和审查调查部门就重大问题意见不一致的，由分管案件审理室领导主持召开审理协调会议，对有关问题进行研究。审理报告报纪检监察机关主要负责人批准后，提请本级纪委常委会会议审议。审理工作应当在受理之日起 1 个月内完成，重大复杂案件经批准可以适当延长。

此外，审查调查对象对纪委监委处理决定不服的，依法依规享有申诉复查权利。案件审查室是申诉办理部门，在法定期限内作出复审复核决定。复审复核遵循全面审查原则，并应在 3 个月内办结，仍然采用集体决策机制。

如前所述，监察体制改革给原有的纪检监察程序带来的最大变化是贯通执纪执法，分设监督检查室与审查调查室履行依纪依法监督、执纪审查和依法调查处置的职责。在一定程度上，这种职责上的差异可以理解为"四种形态"中前三种形态与第四种形态之间的区别。2016 年"四种形态"被纳入《中国共产党党内监督条例》中，经常开展批评和自我批评、约谈函询，让"红红脸、出出汗"成为常态；党纪轻处分、组织调整成为违纪处理的大多数；党纪重处分、重大职务调整的成为少数；严重违纪涉嫌违法立案审查的成为极少数。2018 年以来，运用四种形态处理人次情况参见图 6-3。当然，如之前所讨论的，这种区别在实践中并没有那么清晰。

监察体制改革贯通的执纪执法程序是否能够解决过去纪检监察体系运作过程中的问题，尚有待进一步考察。纪委监委的运作过程采取了以内部监督替代外部监督的方式，

---

① 李辉. 从机制设计到能力提升：基于地方纪检监察"协同监督"的案例研究. 政治学研究，2023 (3).

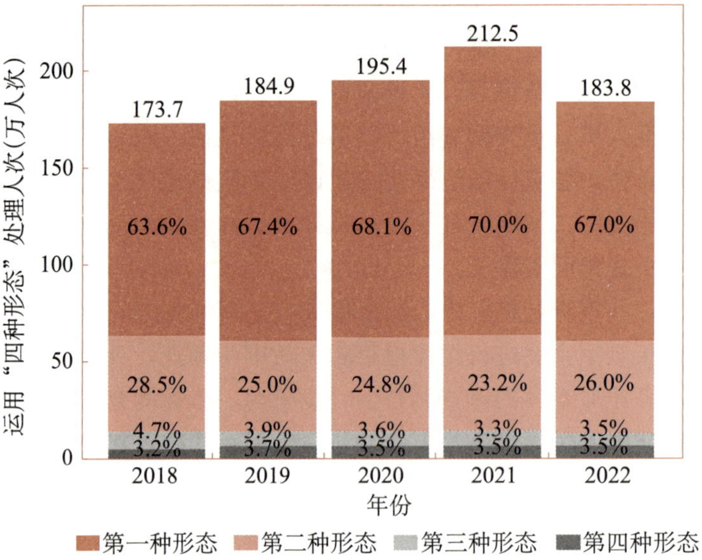

图 6-3　纪委监委“四种形态”违纪违法处理情况（2018—2022 年）

通过内设案件监督管理部门、采用台账和集体负责制等方式来解决择案的随意性问题；通过分设审查调查程序和案件审理程序实现内部的相互平衡与制约，甚至设置了类似法检之间的“退补侦查制度”；要求留置措施必须经纪检监察机关领导人员集体决定并上报上级纪检监察机关批准或备案，并要求留置过程全程留痕。然而在司法衔接方面，实践中仍然出现不少问题，《监察法》并不要求早期调查过程中律师的介入，也不要求纪委监委移交审查调查程序中的全部证据，这给纪委监委与法检两院的司法衔接造成了一定的困难，未来的实践需要进一步反思“自体监督”的效用与界限所在。

2. 派驻监督

派驻监督最早源于革命时期，20 世纪 60 年代作为防止“部门政治”、加强民主集中制的监督方式而建立起来，此后经历了领导体制的调整、工作机制的逐步厘清，至党的十九大已经成为“四个全覆盖的权力监督”，成为纪检监察机构监督执纪问责“关口前移”的重要举措。①

1962 年 9 月，党的八届十中全会提出，“中央监察委员会可以派出监察组常驻国务院所属各部门”，并“由中央监察委员会直接领导”。② 1993 年，中央纪委与监察部合署办公后，再次推行派驻制度，并明确了派驻纪检监察机构的双重领导体制，即“中央纪委监察部和所在部门党组、行政领导的双重领导，纪检监察业务以中央纪委、监察部领导为主”③。然而在实践中，派驻机构被广泛批评为缺乏独立性与权威性，派驻机构与驻在部门之间紧密的、千丝万缕的利益依赖关系导致了派驻监督中权力的错位。在双重领导体制下，派驻人员的选票、考核等都掌握在监督对象手中，导致很多人不敢监督、不

① 彭劲秀．中共中央监察委员会的创设、取消与重建始末．党史纵览，2010（5）．
② 王希鹏．建国后党的纪律检查双重领导体制改革的历史脉络与演进方向．理论导刊，2015（2）．
③ 过勇．中国纪检监察派驻制度研究．国家行政学院学报，2014（2）．

想监督。[①] 2001 年 9 月，党的十五届六中全会提出“纪律检查机关对派出机构实行统一管理”，以加强对驻在部门领导班子及其成员的监督。随后，中央纪委、监察部先后在卫生部等八个部门进行了派驻机构统一管理试点工作，各试点单位不再受同级党组领导，而受中央纪委和监察部直接领导。各部委的纪检组组长、监察局局长不再从所在部门产生，由中央纪委、监察部直接委派。2006 年 2 月，全国省级纪检机关的双派驻机构全部完成了统一管理工作。

派驻纪检监察机构的工作机制进一步厘清。1996 年，中央纪委提出了“三重一大”的反腐领导体制，即凡属重大决策、重大领导任免、重要项目安排和大额度资金的使用，必须经集体讨论作出决定，不准个人或少数人专断。派驻机构的主要工作方式之一是列席驻在部门党委班子召开的有关会议，其中涉及“三重一大”事项的会议必须参加。然而，有学者指出，在地方实践中不乏部分单位为规避派驻机构的监督而采用其他形式的会议代替党组会议和班子会议讨论决定人、财、物等重大问题；或者临时通知召开会议，让派驻机构参会人员措手不及，不能充分准备、发表意见；甚至不召开会议，以个别几个领导或主要领导的意见代替班子的意见。[②] 2005 年，中央纪委、监察部印发意见，进一步规范派驻纪检组履行监督职责的措施与制度。派驻纪检组的主要职责包括监督检查驻在部门贯彻执行党的路线方针、政策决议的情况，贯彻落实党风廉政建设责任制和廉政勤政的情况，初步核实驻在部门党组及其成员违反党纪的问题，参与调查驻在部门党组及其成员违反党纪的案件，受理相关检举、控告、申诉等情况。2016 年《中国共产党党内监督条例》进一步对派驻纪检组与派出机关之间的关系作出规定。派出机关应当加强对派驻纪检组工作的领导，定期约谈被监督单位党组织主要负责人、派驻纪检组组长，督促其落实管党治党责任。派驻纪检组应当带着实际情况和具体问题，定期向派出机关汇报工作，至少每半年会同被监督单位党组织专题研究一次党风廉政建设和反腐败工作。对能发现的问题没有发现是失职，发现问题不报告、不处置是渎职，都必须严肃问责。[③] 2018 年 10 月，中央进一步规定，推动驻在部门党组织定期会商、重要情况通报、线索联合排查、联合监督执纪等机制。赋予派驻机构检查权，健全审查调查工作机制，加强问题线索集中统一管理，完善审查调查协调、案件审理协调、重大案件督办机制等。[④]

党的十八大后，中央推行全面派驻改革。2014 年 12 月，中央政治局常委会议通过了《关于加强中央纪委派驻机构建设的意见》，推行全面派驻制度。强调派驻机构的主业是党风廉政建设，首要职责是监督执纪问责。2015 年 3 月，中央纪委首次向党的工作部门和全国人大机关、国务院办公厅、全国政协机关等派驻纪检组。同年 11 月，中央纪委共设置 47 家派驻机构，实行统一领导、统一名称、统一管理。通过单独派驻和综合派驻方式，实现对 139 家中央一级党和国家机关派驻纪检机构全覆盖。2018 年党和国家机构改革后，中央纪委国家监委合并设立，全面派驻纪检监察组。改革后，依据党章、宪法

---

① 陈宏彩．地方纪检监察机关派驻模式比较分析．中国行政管理，2012（10）；李胜利．关于纪检监察派出机构领导体制改革的探讨．理论前沿，1999（21）．

② 陈宏彩．地方纪检监察机关派驻模式比较分析．中国行政管理，2012（10）．

③ 中央纪委国家监委研究室．改革开放 40 年纪检监察工作纪事．北京：中国方正出版社，2018．

④ 同③．

和监察法，根据中央纪委国家监委授权，派驻纪检监察组履行党的纪律检查和国家监察两项职能，对中央纪委国家监委负责。派驻纪检监察组与驻在部门之间是监督与被监督的关系，不承担驻在部门领导班子履行主体责任相关的日常工作。派驻纪检监察组要抓住“关键少数”，强化对驻在部门领导班子及中央管理干部和司局级干部的监督。改革后共设立 46 家派驻纪检监察组，监督中央一级党和国家机关 129 家单位。

党的十九大以来的派驻改革，是在“日常监督”日益凸显的背景下推进的，强调派驻制度中“驻”的优势，可以近距离、全天候、常态化地发挥派驻机构“哨兵”和“探头”的作用，从而把“抓早抓小”的工作做在平时、体现在日常，防止各级党和国家机关出现“灯下黑”。

3. 巡视监督

在四大监督构成的权力监督体系中，巡视是政治的“显微镜”和“探照灯”，被看作是党内监督的“战略性制度安排”①。从历史发展来讲，巡视制度起步较晚。1996 年 1 月，十四届中央纪委六次全会作出“选派部级干部到地方和部门巡视”部署，中央纪委随后启动巡视制度。2002 年 11 月，“建立和完善巡视制度”写入党的十六大报告。2003 年 8 月，中央纪委、中央组织部巡视组正式成立，设立 5 个巡视组，巡视工作进入正式运作阶段。同年 12 月，中共中央颁布《中国共产党党内监督条例（试行）》，以党内法规的形式对巡视工作作出明确规定。2009 年 7 月，中共中央印发《中国共产党巡视工作条例（试行）》，该条例规定，党中央和省级党委实行巡视制度，建立专门巡视机构对下级党组织领导班子及其成员进行巡视监督。同年 12 月，“中央纪委、中央组织部巡视组”更名为“中央巡视组”。2010 年 6 月，党内巡视制度扩大至军队。党的十八大以来，巡视的频率与力度显著提升，巡视制度本身也产生了诸多变化。其一是诸多机制上的创新，如“组长负责制”“一次一授权”“三个不固定”“回头看”“机动式巡视”等。其二是推动巡视全覆盖，2014 年通过的《党的纪律检查体制改革实施方案》的规定，要实现巡视工作对地方、部门和企事业单位全覆盖，根据 2015 年《中国共产党巡视工作条例》的规定，党的中央和省、自治区、直辖市委员会要在一届任期内对所管理的地方、部门、企事业单位党组织全面巡视。党的十八届六中全会原则性规定市县党委建立巡察制度，对所管理的党组织进行巡察监督。一届任期内全覆盖与巡察制度的设立，进一步提升了巡视的频率与覆盖力度，形成中央巡视、省区市和中央单位巡视、市县巡察工作“横向全覆盖、纵向全链接、全国一盘棋”的格局。其三，2015 年 10 月，党的十八大第八轮巡视首次提出了“政治巡视并非业务巡视”，巡视的是党组织与党员领导干部而非具体业务。2017 年和 2024 年《中国共产党巡视工作条例》进行了两次修订，进一步阐明巡视工作的政治巡视定位，明确巡视工作应当紧盯权力和责任，加强政治监督，严明政治纪律和政治规矩。

党的十八大以后，中央巡视组开展了 12 轮巡视，派出中央巡视组 160 个组次，巡视 277 个党组织，在党的历史上首次实现一届任期巡视全覆盖。12 轮巡视共处理来信来访

---

① 王岐山．巡视是党内监督战略性制度安排 彰显中国特色社会主义民主监督优势．中国纪检监察，2017（14）．

159万件次，与党员干部和群众谈话5.3万人次，发现各类突出问题8 200多个。在十八届中央纪委执纪审查的案件中，超过60%的线索来自巡视。[①] 2015年《中国共产党巡视工作条例》也明确规定了巡视的工作方式及其界限，巡视组可以听取被巡视党组织的专题汇报，进行个别谈话，受理来信来访，抽查领导干部报告个人有关事项的情况等，2024年《中国共产党巡视工作条例》第二十四条明确规定，巡视组依靠被巡视党组织开展工作，不干预被巡视党组织的正常工作，不履行执纪审查的职责。对巡视发现的问题和线索，派出巡视组的党组织作出分类处置的决定后，依据干部管理权限和职责分工，对领导干部涉嫌违纪的线索和作风方面的突出问题，移交有关纪律检查机关，对执行民主集中制、干部选拔任用等方面存在的问题，移交有关组织部门。线索移交后，有关机关要在3个月内将办理情况反馈巡视工作领导小组办公室。值得注意的是，巡视制度是四大监督中唯一由《中国共产党党内监督条例》和《中国共产党巡视工作条例》规范的，其定位是明确的政治巡视，《监察法》并没有涉及巡视的条款，这也符合巡视主要是发现问题，而不是履行执纪审查职责的定位。[②]

6.3 党政体制中的纪检监察系统

在纪检监察系统发展历史与运作程序中，纪检监察工作的“政治性”展露无遗。纪检监察工作中满溢着党政工作的专门语言，如“四个全面”“两个责任”“四种形态”“咬耳朵，扯袖子，红红脸，出出汗”等。围绕着纪检监察工作，党中央政策迭出，迄今为止，党内法规级别的文件已有百余部（见图6-4），这在“党和国家重大工作”系统中是非常罕见的。此外，纪检监察系统是一个主要由中央驱动的工作系统。如果说中央“顶层设计”与地方改革创新之间的协同与相互促进是我国党政体制改革与发展的一条主线，那么这条主线在纪检监察系统中并不显著。纪检监察工作的推进、职责的发展、组织的调整从动议到推行几乎都来自中央。改革开放以来，地方纪检体制的机制性创新，如1991年的张家界改革、1992年河北两公开一监督制度、2003年江苏党纪案件审理助辩制度、2008年四川撤销乡镇纪委的改革等，对整个纪检监察工作而言是锦上添花。[③]

本节试图从三个关系入手解读纪检监察工作的高度政治性，以及纪检监察工作改革与调整背后的政治逻辑。其一，委委关系，即党委与纪委的关系。纪委在我国党政体制中的定位日渐明晰，纪检监察系统中的双重领导关系也有重大发展。其二，党政关系，纪检监察系统的职责与组织建构因党政体制中党与政的关系而变动，从这个意义上讲，监察体制改革也是党政关系“愈发紧密的联系态势”的必然结果。其三，纪法关系，或

---

① 王岐山．巡视是党内监督战略性制度安排 彰显中国特色社会主义民主监督优势．中国纪检监察，2017（14）．

② 本书编写组．中国共产党巡视工作图解．北京：中国方正出版社，2017：47．

③ 安苏．“张家界模式”受挫背后：一场纪委改革的中止．廉政瞭望，2004（2）；向郢．县级纪委扩权扩编震慑基层腐败．政府法制，2009（21）；刘建茂．撤销乡镇纪委改革观察．决策，2012（6）；曹鹏飞．审理助辩：党内律师制度的实践探索：从江苏建湖县纪委建立党纪案件审理助辩制度谈起．理论前沿，2007（21）．

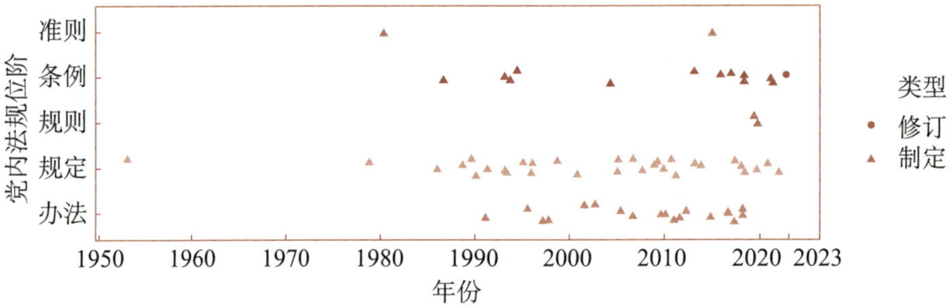

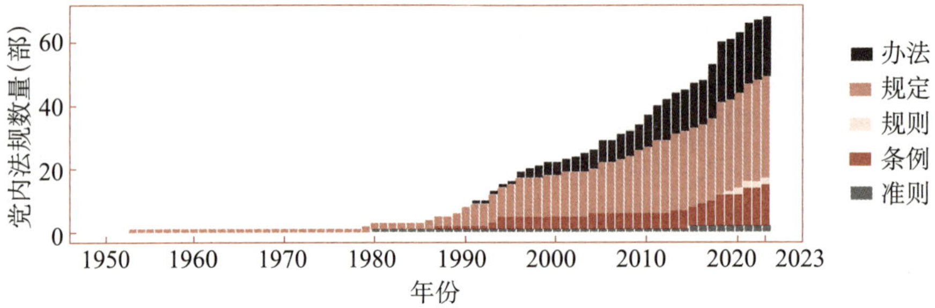

图 6-4　纪检监察系统中党内法规的位阶和数量（1953—2023 年）

资料来源：根据《中央党内法规和规范性文件汇编》和相关网站整理。

者从更为广泛的意义上讲，党规、党纪与国法的关系在党的十八大以来的明晰与发展是我们理解新时代纪检监察系统发展的钥匙。纪在法前、纪法分开的提法正是“党治”与“法治”关系在纪检监察工作中的体现。

6.3.1　委委关系与纪检体制改革

纪检监察工作在我们的党政体制中有极为特殊的定位，这种特殊性首先来源于它产生的方式，1927 年，中央监察委员会由党的代表大会选举产生，1982 年后，纪律检查委员会在“法理”上享有相当高的地位。在党的文件的表述中，纪委的定位也时有变化：1945 年，党的七大党章将监察委员会定位为党的监督机关。1977 年，规定纪委由同级党委选举产生后，纪委也成为党委的组成部门。1980 年后，省以下各级纪委从党委内的部门分立出来，成为相对独立的、党的监督机关。1985 年，中央纪委明确指出，“地方各级纪委是同级党政领导机关的几套班子之一”，从而明确了各级纪委是一个规格较高的党的机构，而不是党委的工作部门，极大地提高了纪检机关的地位。① 在 2000 年的“三讲”教育中，把县（市、区）级纪委由“一套班子”改成部门，从而形成了“纪委降格”之说。2003 年《中国共产党党内监督条例（试行）》明确将党的各级纪律检查委员会规定为党内监督的专门机关，这一说法也被 2016 年《中国共产党党内监督条例》所继承，并写入了党的十九大党章中。至此纪律监察系统被明确为党内监督的专责机关，因纪委监

① 王希鹏. 建国后党的纪律检查双重领导体制改革的历史脉络与演进方向. 理论导刊，2015（2）；中共中央纪律检查委员会办公厅. 中国共产党党风廉政建设文献选编：第 8 卷. 北京：中国方正出版社，2001.

委合署办公，也是《监察法》规定的行使国家监察职能的专责机关。“专责机关”的定位，使得纪检监察系统既不同于“党组织”（各级党委），也略高于一般的党的职能部门，从而对纪委的定位做了清晰的划定。

作为党内监督的专责机关，1982年以来，党委与纪委的关系是一种双重领导体制，但这种双重领导体制逐渐从“以同级党委领导为主”发展到党的十八大以来的“两种责任”“两个为主”。1980年纪检体制改革之前的同级党委领导为同级党委与上级党委的“双重领导”体制，但以同级党委领导为主。1982年，党的十二大党章首次提出，党的地方各级纪律检查委员会在同级党的委员会和上级纪律检查委员会的双重领导下进行工作。① 当然，在长期的工作实践中，双重领导体制内在的张力决定了党委与纪委关系时常会有一定的冲突与紧张的状态，出现地方领导干扰或阻挠纪检监察工作，或纪委权力行使过于随意，以至于发出纪委由谁监督之问的情况。② 党的十八大以来推行的“两种责任”“两个为主”是在“双重领导关系”的大框架下对党委纪委关系的重大调整。所谓“两种责任”，是指落实党风廉政建设责任制，党委负主体责任，纪委负监督责任。③ 习近平在十八届中央纪委三次会议上的发言阐明了党委的五项主体责任：加强领导，选好用好干部，防止出现选人用人上的不正之风和腐败问题；坚决纠正损害群众利益的行为；强化对权力运行的制约和监督，从源头上防治腐败；领导和支持执纪执法机关查处违纪违法问题；党委主要负责同志要管好班子，带好队伍，管好自己，当好廉洁从政的表率。纪委的监督责任主要体现为执好纪、问好责、把好关。④然而在实践中，何谓主体责任、何谓监督责任，各地标准不一，追责甚至考核的难度仍然很大。⑤ 所谓“两个为主”，是指“查办案件以上级纪委领导为主，纪委书记、副书记的提名和考察以上级纪委会同组织部门为主”。经过地方试点后，2015年“两个为主”全面推开。案件查办方面的“两个为主”主要体现在前述案件审查过程中的同时汇报制度。各级纪委发现同级党委委员有违反党的纪律的行为，可以先行初步核实，如果需要立案检查，则应向同级党委报告并同时向上级纪委报告。处理特别重要或复杂案件中的问题和处理的结果，各级纪委需向同级党委报告，同时要向上级纪委报告。在提名、考察程序上，明确规定省（自治区、直辖市）纪委书记副书记、中央纪委派驻纪检组组长副组长、中管企业纪委书记副书记的提名、考察以上级纪委会同组织部门为主。⑥ “两种责任”“两个为主”是否能实现纪委对党委，特别是同级党委监督的有效性，还有待进一步观察。⑦

---

① 张世和. 理顺体制 完善监督：纪检监察制度的历史与发展：北京大学李成言教授访谈. 廉政文化研究，2010（2）.

② 纪亚光. 党委与纪委在党风廉政建设中的关系和作用评析. 人民论坛，2015（11）；李思德. 监督者岂可不受监督？请看湖北省监利：县委书记怒斥县纪委腐败内情. 山东人大工作，2007（7）；李思德. 县委书记怒斥县纪委腐败. 南风窗，2007（11）.

③ 李沫，黄健. 论“两个责任”的实践困境及制度消解. 中南大学学报（社会科学版），2016（4）；杨云成. 十八大以来党的纪律检查体制改革：理念、思路与路径. 理论导刊，2016（11）.

④ 习近平在十八届中央纪委三次全会上发表重要讲话.（2014-01-15）. 新华网.

⑤ 同③.

⑥ 杨云成. 十八大以来党的纪律检查体制改革：理念、思路与路径. 理论导刊，2016（11）.

⑦ 刘诗林，李辉. 双重领导与多任务性：中国乡镇纪检监察组织监督困境的实证研究. 公共行政评论，2014（3）；聂辉华，李琛. 进入管制、腐败与反腐败政策. 世界经济，2017（8）.

6.3.2 党政关系与纪检体制改革

经过几十年的改革，纪检监察系统最终被定义为党内监督和行使国家监察权的专责机关，成为介于一级党组织与党的职能部门之间的负有专责的党的工作机关。随着纪检监察系统定位的演变，纪检监察工作的职责范围也在不断调整，而党政关系的变化正是这些调整背后的“暗线”，纪检监察工作的“收”与“放”与党政关系的发展息息相关。

改革开放以来，我国的党政关系仍处于不断调整中，大致可以粗略地划分为党政分开时期、党政规范化时期，以及党的十八大以来党政关系紧密联系时期。纪检监察系统也相应地经历了“收”“调”“放”的发展阶段。纪委恢复重建之初，主要承担维护党风党纪、平反冤假错案、打击经济犯罪三项工作。1979 年下半年起，纪委开始纠正经济领域的不正之风，打击经济犯罪逐渐成为纪委的重要职责之一。当时中央纪委每周召开一次公检法和执法部门的联席会，研究动态、政策和大案、要案的处理问题。① 20 世纪 80 年代，邓小平开始提出规范党政关系、党政分开的设想。② 1986 年底，因为法制的逐步健全，全党和全国人民的法治观念不断增强，“经济领域和其他领域里属于法纪范围的可通过正常的法律程序予以解决”。经中央同意，中央纪委与各级纪委不再作为党委打击严重经济犯罪的办事机构，将这项工作连同纪委代管的打击经济犯罪活动办公室，交同级司法部门负责协调和管理。③ 1986 年监察部成立，监察工作以廉政为重点。同期，1982 年最高检推进内设机构改革，将 1978 年设立的经济检察机构改组为二厅，负责原法纪检察厅和经济检察厅业务。1989 年，广东省率先成立反贪污受贿工作局。1995 年最高检撤销经济检察厅，成立反贪污贿赂总局，标志着检察机关查办职务犯罪机构组建的完成。党的十三大纪检机制改革，明确提出党纪、法纪、政纪的区分。党的纪律检查委员会不能处理法纪和政纪案件，要集中精力管好党纪，同时协助党委管好党风。④ 这是反腐“三驾马车”极为短暂的并行时间。

20 世纪 90 年代后，党政关系规范化阶段强调党与国家在制度、功能和政治过程上的协调与耦合，而不是简单的党政分开。⑤ 1993 年，中央纪委与监察部合署办公，实行一套工作机构、两个机关名称，履行纪检、监察两项职能。而中央纪委与检察院的关系在 1996 年《刑事诉讼法》修改后发生了重大调整。1996 年《刑事诉讼法》修改后，检察院的职务犯罪侦查权遭遇“全面束缚”，检察院自侦案件范围大幅收缩，大量案件转归公安经侦部门，检察院在职务犯罪案件侦查中常采用的“以案掩案”的侦查手段的空间缩小，检察院免予起诉权被取消，传唤、拘传等更加规范。在工作方式上，检察院反贪

---

① 张曙．中央纪委第一书记陈云．北京：中国方正出版社，2015：32.

② 朱光磊，周振超．党政关系规范化研究．政治学研究，2004（3）.

③ 同①.

④ 吴美华．中国共产党纪检机构的历史沿革及其职能演变．中共党史研究，2009（3）；李莉．国家监察体制改革视域下的制度设计变迁．当代世界与社会主义，2018（3）.

⑤ 林尚立．政党与现代化：中国共产党的历史实践与现实发展．政治学研究，2001（3）；朱光磊，周振超．党政关系规范化研究．政治学研究，2004（3）.

局“在基本态势上完全依赖纪委、手段上依赖‘双规’”。此后纪委与检察院通过联合办案来共同处理腐败案件。[①] 纪委监察部主要处理党内和政府内部党纪、政纪问题，检察院处理违法问题。在具体工作衔接方面，纪委与检察院之间出现了沟通不畅、协调与配合欠佳、线索重复举报等问题。纪委与检察院之间既有相互“推案子”，也有“抹案子”的情况，也就是纪委对该移送司法的不移送，或是避重就轻不完全移送，以罚代刑；检察院也有可能受制于地方党委政府作出不予立案、撤销案件的决定或仅就部分犯罪问题提起公诉，从而使纪委作出的党纪政纪处分陷入尴尬境地。[②] 双方也不乏竞争抢案子的情况，出现过党员判刑未作党纪处理的事。党的十六大以来，惩治与预防腐败体系建设成为权力反腐制度化发展的方向，国家审计被看作是惩治和预防腐败体系的重要组成部分。[③] 国家审计署权限范围大幅扩张，从审查直属于国务院的各部委扩展到中央政治领导机构的所有部门，例如中国共产党中央委员会、全国人民代表大会、中国人民政治协商会议、最高人民法院以及最高人民检察院等。[④] 2004 年以来，国家审计署每年的审计报告引发了公众的广泛关注，引起了全国瞩目的“审计风暴”，时任审计长李金华也成为国家反腐败的标志性人物。2003 年以来，中央纪委、监察部、审计署联合发布《关于纪检监察机关和审计机关在查处案件中加强协作配合的通知》，鼓励各级纪检监察机关和审计机关在查处案件工作中互通情况、相互支持，加强协作配合，建立沟通、协调机制。[⑤] 在实践中，审计机关主要起到互通情况、协作配合的作用。简言之，在 20 纪世 90 年代以来的党政关系规范化的时期，纪检监察系统正处在调整阶段，1993 年，中央纪委与监察部合署办公，从而使纪检监察系统兼纪检与监察两项职能；同时，虽然检察院自侦权在《刑事诉讼法》修改后有所削弱，检察院与纪检系统在职务犯罪案件中的管辖不清问题给纪检监察工作中带来了许多阻碍。党的十六大以来加强惩治与预防腐败体系的建设，审计工作受到了更多关注，也成为反腐败机制中的重要组成部分。也就是说，在党政关系规范化时期，纪检监察系统仍然有分有合，权力监督体系配置依然比较分散。

党的十八大以来，我国的党政关系展现出了“愈加紧密的发展态势”，这种态势突出表现在 2018 年的党和国家机构改革中归口管理逻辑的复兴。2018 年 2 月，党的十九届三中全会通过了《关于深化党和国家机构改革的决定》，随后全国人大批准了改革方案，由此启动了改革开放以来第八次也是迄今为止规模最大的一次机构改革。本次改革首次提出了“党和国家机构”这一重要概念，并在这一概念的统摄下，囊括了党政军群四大体系的所有公共机构。[⑥]归口管理逻辑的复兴是本次改革的鲜明特色，而这正是通过厘定党和国家重大工作，并重构党政体制来确保党对重大工作领导的实现。《关于深化党和国家机构改革的决定》列举了十六项事关全局的重大工作领域，包括深化改革、依法治国、经济、农业农村等。根据这些工作领域，党中央设置了几乎一一对应的中央机关，这种

① 刘忠. 读解“双规”. 文化纵横，2014（2）.
② 张思尧，李佳. 反腐执纪移送司法程序衔接问题研究. 学术论坛，2016（3）.
③ 本书编写组. 建立健全惩治和预防腐败体系若干重大课题解读. 北京：新华出版社，2005.
④ 公婷. 问责审计与腐败治理. 公共行政评论，2010（3）.
⑤ 中央纪委国家监委研究室. 改革开放 40 年纪检监察工作纪事. 北京：中国方正出版社，2018.
⑥ 许耀桐. 党和国家机构改革：若干重要概念术语解析. 上海行政学院学报，2018（9）.

对重大工作领域的全覆盖，其广度与深度远超之前的机构改革，体现出党政关系“愈加紧密的发展态势”①。此外，本次机构改革基于“一类事项原则上由一个部门统筹，一件事情原则上由一个部门负责”的大部制原则，将职能重合交叉的党政部门合署或合并，将工作归口党中央统筹协调，同时对党中央的职能部门、议事协调机构、派出机构、直属事业单位也进行了进一步的整合与重组，系统地梳理了党中央归口管理格局。②本次改革新组建了中共中央全面依法治国委员会、中央审计委员会、中央教育工作领导小组等机构实施归口管理制度；对机构重叠职能交叉的机构进行了撤并调整，例如裁撤中央维护海洋权益工作领导小组，中央机构编制委员会办公室归口中央组织部管理等。监察体制改革正是在归口管理逻辑复兴的时代背景下不断推动与发展的，也是2018年党中央机构改革的第一项内容。监察体制改革彻底改变了纪委监察与检察机关反腐败侦查二元分立的格局，试图解决监督力量分散、监督存在盲区、监督衔接不足等问题。当然，如前所述，在最初的监察体制改革动议中，想把审计制度并入国家监察委员会，采取监审合一模式，但最终审计监督的职能被保留，未来纪检监察系统与审计工作的协调与联动，还有待在实践中进一步观察。③

6.3.3 纪法关系与纪检体制改革

党的十八大以来，纪检监察系统的改革还伴随着党规党纪的制度化、体系化，从而构成了党规、党纪和国法共同构成的一套规则体系。党规、党纪的体系化以及纪律建设作为党建重要理念的提出，具体到纪检监察工作中就引起了纪法关系问题，即“纪在法前，纪严于法，纪法分开，纪法协同”。从这个角度出发，2016年以来的纪检监察体制改革不能简单地用监察体制改革带来的党对纪检监察工作的集中统一领导新态势来概括，而在于党建理论的创新发展，以及随之而来的纪检监察系统的全新定位和“党治”与“法治”逻辑在新时代的平衡。

党的纪律是“党的各级组织和全体党员必须遵守的行为规则”。早在建立之初，党就高度重视纪律建设。党的一大强调党员“应保守秘密”。党的二大已奠定了党的纪律建设的基础。党的二大党章也是党史上的第一部党章，专章规定了党的纪律，党的二大还专门通过组织章程决议案，阐述党的纪律建设的重要性。④ 新中国成立以来，党的领导人反复强调党的纪律的政治作用，相继作出了“两个务必”“三项制度”“八项规定”“反对四风”等政策与规定，《关于党内政治生活的若干准则》《中国共产党廉洁自律准则》等一系列党内法规出台。2012年，党的十八大首次在党代会报告中提出“党的纪律建设”的概念，并将“严明党的纪律，自觉维护党的集中统一”作为全面推进党的建设的八项工

① 秦前红，陈家勋．党政机构合署合并改革的若干问题研究．华东政法大学学报，2018（4）．

② 刘鹤．深化党和国家机构改革是一场深刻变革．人民日报，2018-03-13．

③ 马怀德．《国家监察法》的立法思路和立法重点．环球法律评论，2017（2）；秦前红．国家监察体制改革宪法设计中的若干问题思考．探索，2017（6）．

④ 戚义明．党的纪律建设简史．北京：中国方正出版社，2019．

作所进行的具体部署。[①] 党的纪律体系已逐渐整合为包括政治纪律、组织纪律、廉洁纪律、群众纪律、工作纪律和生活纪律的“六大纪律”体系，并写入了党的十九大党章。与党的纪律体系逐渐成形与成熟相匹配的，是纪律惩戒体系的逐渐完善，2003 年颁布了《中国共产党纪律处分条例》，2015、2018、2023 年对其进行修订，建立了相对完善的纪律惩戒机制。[②]

党的纪律体系的完善还伴随着党内法规的体系化建设。党的十八大以来，党内法规的颁行、修订频率显著提升，甚至给人以“目不暇接”之感，逐渐构成了党内法规的四大制度体系——党的组织法规制度、党的领导法规制度、党的自身建设法规制度和党的监督保障法规制度。[③] 2013 年 5 月发布的《中国共产党党内法规制定条例》被认为是第一部党内“立法法”。同年 11 月，党内首个法规制定工作五年规划纲要诞生，对党内法规制度体系的完善作出部署。党的十八届四中全会强调“党内法规与国家法律的衔接与协调”，并明确将党内法规体系纳入中国特色社会主义法治体系。2016 年 12 月，中共中央印发了《关于加强党内法规制度建设的意见》，提出到建党 100 周年时，形成比较完善的党内法规制度体系。党的十八大以来，党内法规制度建设步入快车道，2018 年印发了党内法规 74 部，2019 年发布了《中国共产党政法工作条例》《中国共产党党组工作条例》《中国共产党问责条例》等多部党内条例，党内法规体系化大跨步推进。

由此，党规、党纪与国法构成了更加完善的党政体制的规则体系。在纪检监察工作中，也再次提出了处理好纪法关系问题。党的十八大以来推行的转职责、转方式、转作风的“三转”旨在克服以法代纪的思维与作风。[④] 在纪法关系方面，逐渐形成了“纪在法前”“纪严于法”“纪法分开”“纪法协同”等表述。2015 年《中国共产党纪律处分条例》的修订体现了纪严于法、纪法分开的原则。这次修订将违纪行为分为违反政治纪律、组织纪律、廉洁纪律、群众纪律、工作纪律和生活纪律六类，改变了原条例关于违纪行为的划分，删除了与法律重复的内容。[⑤]“纪严于法”“纪在法前”的原则首先体现在纪检监察工作中对日常监督的提倡，以及“四种形态”的处置。2019 年，十九届中央纪委三次全会首次把日常监督、长期监督列为一项工作任务。在一定程度上，“纪严于法”“纪在法前”等原则的确立是为了在纪检监察工作中贯彻惩前毖后、治病救人的方针，抓早抓小、防微杜渐，这是一种保护党员干部的做法。

平衡纪法关系的难点是纪法协同问题。加强日常监督要面临一些新的挑战，如解决形式主义突出、为基层减负的行动，在一定程度上，是要解决日常监督可能过度的问题。[⑥] 此外，强调日常监督也带来了考核上的难题。2019 年，中纪委国家监委印发了《纪检监察统计分析指标体系（试行）》，构建了纪检监察工作的 9 个方面 146 项指标。其

---

① 丁俊萍. 党的纪律建设的历史考察. 武汉大学学报（人文科学版），2016（1）.

② 刘先春，赵洪良. 改革开放以来党的纪律建设经验研究. 山东社会科学，2018（5）.

③ 屠凯. 论党内法规制度体系的主要部门及其设置标准. 中共中央党校学报，2018（1）.

④ 樊鹏. 中央纪委的政治功能分析：基于党内宪制的视角. 科学社会主义，2016（3）.

⑤ 李斌雄，黄红平. 新中国成立以来中国共产党反腐倡廉建设述评. 马克思主义研究，2009（10）.

⑥ 李东河. 精准有效用好问责利器. 中国纪检监察报，2021-08-19.

中第一类就是日常监督类，由案件监督管理室每季度统计汇总，并以适当形式向社会发布。[1] 考核指标体系的运作以及合理评估地方纪检监察工作的机制建立仍有待进一步观察。如何在纪法协同过程中维持“党治”与“法治”的平衡，是当前纪检监察工作面临的一大挑战。其一，纪检监察工作的司法衔接问题是监察体制改革过程中最受关注的问题。《监察法》对调查权的规定、留置的司法衔接、律师的提前介入等问题只作出了框架性的规定。[2]其二，监察体制改革造成了纪检监察系统对涉职务犯罪与职务违法案件筛选与初查的垄断，过去中央纪委与检察院被诟病的“选择性”调查侦查问题反而被放大。2019 年初，甘肃省定西市陇西县工商局干部毛志尧醉酒驾车致人死亡被免予刑事处罚的案件所引发的公众关注，在一定程度上说明了“四种形态”的转化应该慎重对待，也应该保持足够的公开性。

总而言之，改革开放以来，纪检监察体系走过了“收”“调”“放”的阶段，其职责也逐渐由主抓“党风党纪”、进行“党风廉政建设与反腐败斗争”，发展为“全面从严治党”。与此同时，纪委也在党内被明确定义为党的工作机关之一，是党内监督的专责机关。纪检监察系统的起落、定位与职责逐渐明晰的背后，是我国党政体制建设逻辑的清晰化，党政关系紧密联系，“纪严于法”“纪法协同”将成为新时代党政体制建设的主流。纪检监察系统绝不仅仅是党内反贪腐机构，而是肩负全面从严治党重任，与党的建设、党政体系发展息息相关的重大工作系统。

本章小结

党的纪律检查委员会和各级监察委员会合署办公，统称纪检监察系统，是党内监督和行使国家监察职责的专责机关。本章要探讨的内容是纪检监察系统改革与发展的政治逻辑。为此，本章首先从历史的维度探究了纪检监察系统的演变历程；然后以监察体制改革为横向切面，描述当前纪检监察系统的四大监督体系的运作方式；最后从委委关系、党政关系和纪法关系来阐释纪检监察系统的改革与变迁。在党政关系紧密结合的新时期，纪检监察系统贯通执纪执法功能，执行纪律审查和监察调查职能，其权力监督的管辖范围达到了历史高点。此外，随着党规党纪体系化建设，新时代纪检监察工作的展开面临着纪法关系协调的新挑战。

关键术语

纪委　　监察委　　纪律监督　　监察监督　　派驻监督　　巡视监督

---

① 许树坪. 中央纪委国家监委印发《纪检监察统计分析指标体系（试行）》. 支部建设，2019（24）.

② 秦前红. 国家监察体制改革宪法设计中的若干问题思考. 探索，2017（6）；刘艳红. 监察委员会调查权运作的双重困境及其法治路径. 法学论坛，2017（6）；潘金贵，王志坚. 以审判为中心背景下监察调查与刑事司法的衔接机制研究：兼评《刑事诉讼法（修正草案）》相关条文. 社会科学研究，2018（6）.

复习思考题

1. 试述监察体制改革对纪检监察系统的影响。
2. 纪律监督与监察监督的关系是怎样的？纪检监察系统如何与司法进行衔接？
3. 试从党政关系的角度阐述纪检监察系统的改革逻辑。

第7章

组织系统

中国共产党是党政体制的核心，在中国共产党的各部门中，作为组织系统主干的各级组织部在整个党政体制中扮演着关键角色。正如习近平所指出的，“党的力量来自组织。党的全面领导、党的全部工作要靠党的坚强组织体系去实现”①。具体来说，以组织部为主体的组织系统承担着干部管理、党的组织体系建设、人才队伍建设、党员队伍建设、机构编制、公务员管理等重要职责，其中干部工作更是重中之重。就此，毛泽东曾指出，“政治路线确定之后，干部就是决定的因素”②。要了解中国党政体制、党是如何执政的，“就必须理解各级组织部的职责和对党政机构人事的管理”③。

本章第一节介绍了以组织部门为主的组织系统的历史、构成与功能；第二节介绍了干部管理的原则与体制；第三节介绍了干部管理体制的运行过程。

7.1　组织系统的历史、构成与功能

广义上讲，中国党政体制的组织系统，既包括《中国共产党章程》所规定的党的组织体系（党的中央组织、地方组织和基层组织），又包括党领导下的国家机构中的人事系统。狭义的组织系统是指以党中央与各级党委（党组）下设置的各级组织（人事）部门为主要角色，承担党组织建设、干部、人才、机构编制、公务员管理等工作的系统。

---

① 习近平．论坚持党对一切工作的领导．北京：中央文献出版社，2019：259.

② 毛泽东选集：第2卷．2版．北京：人民出版社，2006：526.

③ 沈大伟．中国共产党：收缩与调适．北京：中央编译出版社，2012：205.

7.1.1 组织系统的历史

从历史阶段来看，组织部一直占据着党内重要而核心的地位，并且其地位呈现出稳定上升的态势。中共中央组织部于1924年与宣传部一同设立，是目前中央的直属工作部门中最早成立的。此后，党的各级组织部内设机构、人员和制度相继建立，并逐步发展为中国共产党核心职能部门之一。

在建部初期，组织部力量一度非常弱小，人员缺少，未能发挥组织的优势，权威和权力不足，不仅未能在党内取得中心地位，反而屡遭中央批评，甚至被降格为科。但是，1928年以后，组织部的工作开始有了起色，在大革命失败后提出了在群众中发展党，并逐渐加大了干部工作的分量，同时开展党的秘密工作。至1935年时，组织部已经成了一个“很大的工作”。延安时期，组织部进一步走向成熟，党员和干部的数量快速增加，不仅圆满完成了“从组织上去扩大和巩固党”的任务，而且形成了成熟的干部工作和组织工作理论，创造性地提出了要把组织部建设为“党员之家”和“干部之家”。1943年3月，在中央政治局和书记处之下，设立宣传委员会和组织委员会，作为中央政治局和书记处的助理机关。刘少奇任组织委员会书记。组织委员会负责统一管理中央组织部（包括中央党务委员会）、中央统战部、中央民运工作委员会、中央研究局、中央海外工作委员会。组织委员会的基本角色与功能大体相当于后来的中央党的建设工作领导小组，这是党的组织部向党的组织系统转化的重要一步，也体现了整个党内领导分工的进一步细化，强化了党对组织部及其工作的战略领导与专门指导。概括来说，在革命年代，以组织部为主的组织系统的一些主要原则或制度，如才德兼备的干部标准和任人唯贤的干部路线、坚持支部建在连上、在组织上扩大与巩固党等，已经形成并运用于实践之中。

新中国成立以后，干部数量增加，进入国家和社会各个领域的范围和掌握的权力大大超过了以往。党的基层组织快速扩大、党员数量快速上升，这些都强化了组织部的地位。党中央提出各行各业干部要又红又专的观念，并将其用来指导组织干部工作实践。在“文化大革命”时期，组织部经历了机构和人员的极大变动，奉行完全不同的路线方针。但是，组织部获得了无法撼动的优势地位。

改革开放以后，组织部重新回到延安时期的干部路线和组织路线，对干部落实政策成为中国政治和社会进行“拨乱反正”的开始。随着政治发展的需要和社会经济形态的变化，组织部不断地调整干部评价的具体办法，规范干部选拔的程序，使之与党和国家事业的进步相适应。扩大基层组织的覆盖范围，组织各种党的建设实践活动，使党的组织网络在纵横两个方面都得到了巩固。不仅如此，组织部还成功地获取并开拓了新的工作领域，如教育和培训干部、统筹人才工作，以及加强领导班子建设等。党的十八大以来，组织部获得了批准机构和编制的权力，公务员的管理、老干部的管理等都纳入了组织部的职责范围，中央组织部部长还一度兼任中央党校校长，这些都进一步强化了组织部在党政体制中的权力和地位。①

① 许翾．中国共产党组织部运行研究．杭州：浙江大学，2018：7－8.

由此可知，组织部掌管着党的绝大部分事务，全范围联系着党员和干部，为党的事业发挥着“保证作用”，其地位极具稳定性并持续上升，是党的众多部门中的“第一部门”。正因如此，不明确以组织部为主的组织系统的结构、制度与人员及其功能与运作，就很难全面准确地把握中国的党政体制。

7.1.2 组织系统的构成

1. 结构构成

中国共产党的各级组织部是中国党政体制中的组织系统的构成主体。中国共产党自建立之时就设置组织工作、宣传工作等分工。《中国共产党组织工作条例》规定，组织系统实行党中央集中统一领导，各级党委（党组）分级分类领导，组织部门专门负责，有关方面各司其职、密切配合的领导体制。中共中央和县级以上各级党委（党组）之下设有党的建设工作领导小组，作为领导全国和各级“党的建设”工作议事协调机构，负责对党建工作领域的重大问题进行决策。就日常运行而言，党中央以及地方党委（党组）设置的各级组织（人事）部门是党政体制中组织系统的主体。在党中央设置中央组织部（简称“中组部”），在各级地方党委下设组织部。从党内法规规定来看，党内组织系统以各级组织部门为主，直接受党中央和同级党委（党组）的领导。中组部指导各级组织部工作，上级组织部门指导下级组织部门工作，这构成了党内组织系统（见图 7－1）。

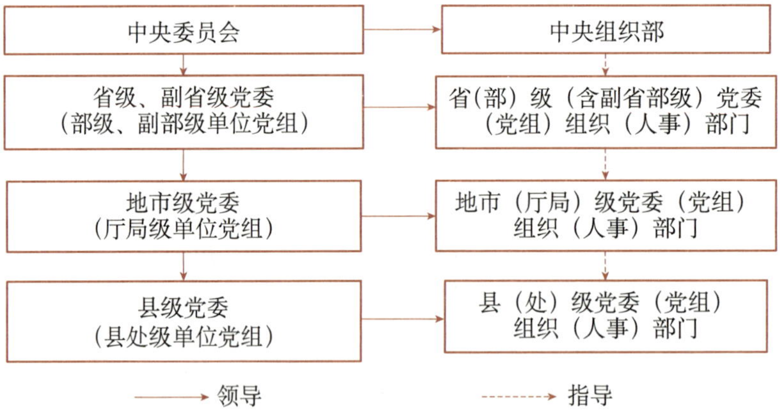

图 7－1 中国共产党党内的组织系统

在党内组织系统中，各级组织部被嵌套在党的上下级之间领导与被领导的关系中，中组部与党中央、地方各级组织部与同级党委的关系，具有同构性的特征。各级组织部的角色和功能定位大体相同，所以在各级组织部内部的工作机构设置也大体相同，根据当地情况，组织机构也存在少许差异，但总体功能是相同的。

中组部对地方组织部、上级组织部对下级组织部的工作指导，实际上体现着党中央对地方党委（党组）、上级党委（党组）对下级党委（党组）的领导，同时又透过这种上级对下级的领导与被领导的关系起作用。中组部部长一般由中央政治局委员兼任，地方各级组织部部长一般是由各级党委常委兼任，在下管一级的干部管理体制下，上级组织部执行的党中央或党委的意志，下级党委及其组织部必须贯彻执行。例如，党中央、中组部与中央办公厅单独或联署制定发布的全党性法规，各级党委及其组织部门必须贯彻执行。上级党委及其组织部门制定发布的地方性法规，其辖区内的各级党委及其组织部也必须贯彻执行。又如在地方党委换届中，来自上一级党委的干部考察组中有组织部成员。下到地方的干部考察组手握“建议权”，对作为考察对象干部的选拔任用，有着十分重要的影响。①

在中国党政体制中，中国共产党领导一切、总揽全局、协调各方。理论上说，党的组织设置在哪里，党的组织工作就推行到哪里。在各级党政机关、人民团体、国有企业和事业单位的党组织中，中国共产党设置组织工作机构或者专职工作岗位，专门负责组织工作，执行中央与上级党委和组织部门的意志和政策，在各自权限范围内开展组织工作。除此之外，各级党政机关、人民团体、国有企业和事业单位党组织中的人事部门也按照党领导一切、党管干部、党管人才等原则与相关制度，接受本级和上级党委（党组）及其组织部门的领导与业务指导。

概言之，党政体制中的组织系统是以中国共产党党内的组织部门为主体，以各级党政机关、人民团体、国有企业和事业单位的党组织中设置的组织工作机构或者专职工作岗位和人事部门为延伸的一个庞大立体网络或系统。组织系统所负责领导和管理的基层党组织、党员以及党政干部、公务员、其他成员等，几乎涉及中央地方所有党政机构、国有企业、事业单位与人民团体，甚至是社会经济文化组织。因此，一般把组织系统称为“组织（人事）部门”或“组织（人事）口”，更有学者把组织系统称为“世界上最大的人力资源部门”。当然，党政体制中的组织系统与普通的人力资源部门不同，它有其独特的制度、人员与功能。

2. 制度构成

中国党政体制中的组织系统运行是以一系列相关制度为基础的。这些制度大体包括以下几个方面。

第一，规范党中央内部及其与国家机构之间，以及国家机构之间的组织权力关系，特别是干部任免权力关系的制度。如根据《中国共产党组织工作条例》的规定，党中央全面领导党的组织体系建设、干部工作、人才工作，按照有关规定推荐、提名、任免干部。党中央通过党组或临时党组、全国人大主席团等组织化渠道，将自己确定的干部人选推荐到各个国家机构，按照宪法等制度程序达成预期结果等。需要指出的是，这些与干部任免相关的制度体现着党政体制的党管干部原则。2023 年 3 月，中组部部长陈希就中共中央向十四届全国人大一次会议主席团推荐的新一届国家机构组成人员人选建议名单作了说明。他指出，党中央坚持党管干部的原则，根据工作和班子结构需要以及个别谈话调研听取意见、组织掌握的情况，经过反复比选、统筹考虑，充分酝酿、多次沟通，兼顾方方面面，提出了新一届国家机构领导人员人选名单。②

---

① 钱昊平，侯越．干部考察组怎样考干部？．南方周末，2012 - 01 - 09.

② 中组部长：新一届国家机构领导人员是怎样选举和决定任命的？．(2023 - 03 - 10). https：//www.1921.org.cn/jrgz/2023/03/10/detailed _ 2023031034376.html.

第二，规范中国共产党内部组织体系的制度。由于中国共产党本身是一个纪律严明的科层制组织，所以它的党内法规几乎都与组织系统的构成或运行相关。首先，作为中国党政体制的重要制度规范之一，《中国共产党章程》对党内组织体系作出了纲领性规定，是党内所有组织、党员必须遵守的行为准则。其次，经党中央授意、领导或批准，由中组部、中纪委、中央各部门和省、自治区、直辖市党委制定的党内法规，也对组织系统的不同层级的行为做出了规定。其中绝大部分的规定是由中组部单独制定或联合、参与制定的，以中共中央名义颁布，或是由中组部单独或与中央办公厅联名发布的，而且规定多是对党的某一领域重要关系或者某一方面重要工作作出的全面规定。上述这些制度对党内组织体系及其成员的规定大体包括以下四个方面：（1）党的各级各类组织的产生、组成、职权职责；（2）党的领导和党的建设的体制机制、标准要求、方式方法；（3）党组织工作、活动和党员行为的监督、考核、奖惩、保障；（4）党的干部的选拔、教育、管理、监督。这些制度是每个组织、党员干部应该遵守的基本规则，为党内组织体系的运行提供基本遵循。

第三，规范国家公职人员的公务员法体系和一些企事业单位的相关规定。国家机关、国有企业、事业单位与人民团体制定的本部门或本单位的规定，基本上也以党内法规为蓝本或依据。如中组部、人力资源社会保障部制定的《公务员公开遴选办法》规定，公开遴选坚持党管干部原则，突出政治标准，坚持德才兼备、以德为先、任人唯贤等标准。上述关于规范组织、党员、干部的党内法规成了整个党政体制的构成部分，对整个党政体制的组织系统发挥着重要的作用。同时，在中国党政体制中，中国共产党通过在各层级的诸多国家机构中嵌入各级组织，组织系统还掌管着公务员系统，国家机构的绝大多数组成人员，特别是领导干部为中共党员。规范着国家公职人员的公务员法体系也是规范中国党政体制中的组织系统的重要制度之一。另外还有《公立医院领导人员管理暂行办法》《科研事业单位领导人员管理暂行办法》《中小学校领导人员管理暂行办法》《高等学校领导人员管理暂行办法》《宣传思想文化系统事业单位领导人员管理暂行办法》等，都体现着党管干部、党管人才的原则和党的组织系统的权力，明确指出行业主管机关（部门）党委（党组）及其组织（人事）部门按照干部管理权限履行单位领导人员管理职责，从而为中国党政体制中组织系统的运行提供了支持。

3. 人员构成

上述中国党政体制中的组织系统结构的建立、制度的制定与实行，最终应该落实到系统中的每个成员。

中央党的建设工作领导小组成员由主管党建工作的中共中央政治局常委、分管有关党务工作的中共中央政治局委员、中共中央书记处书记等人员组成。地方各级党的建设工作领导小组，由同级党委（党组）书记任组长，副组长一般包括主管组织工作的副书记、组织部部长、宣传部部长。①

---

① 党的建设工作以组织系统为主，涉及党的宣传系统以及其他各口、系统。例如，组织系统必须按照宣传系统的指令进行意识形态灌输，宣传系统则必须按照组织系统的指令进行干部人事管理。各级党的建设工作领导小组的其中一名副组长由宣传部部长担任。

除此之外，组织系统的主要构成人员以中共中央和各级党委及其下设置的组织部的成员为主。各级组织部的领导成员一般由一名部长、一名常务副部长、若干副部长及部务委员组成。中组部部长同时又是中央政治局委员、中央书记处书记，同时兼任中央党的建设工作领导小组副组长。中组部的各项主要工作，一般由一名副部长负责。如 2018 年党和国家机构改革以后，将国家公务员局并入中组部，中组部统一管理公务员工作，中组部的一名副部长担任国家公务员局局长。另外有一名副部长担任中央机构编制委员会办公室主任。

地方各级组织部部长一般是同级党委常委，并兼任同级党校（行政学院）校（院）长。地方组织部部长的重要性不仅源于其对所管干部的升迁与调动拥有相当大的话语权，还源于他们的党委常委身份，以及其承担的上级领导下级干部人事的中介功能。[①] 与中组部相似，地方各级组织部负责的各项主要工作，一般由一名副部长负责。例如，江苏省委组织部多名副部长分别兼任省委非公有制企业和社会组织工作委员会书记、省委老干部局局长与省委离退休干部工作委员会书记、省委机构编制委员会办公室主任、省公务员局局长、省委党的建设工作领导小组办公室副主任等分管工作的领导职务。

广义的组织系统还包括组织部门领导下的各级政府和国有企业、事业单位的人事部门。那么这些部门领导层也应该是广义组织系统人员构成的一部分。此外，广义组织系统的人员构成还包括中共党员、干部、公务员和事业单位人员四类，从狭义组织系统来讲，其中的政党领导干部或人员，扮演着组织系统领导者与被领导者的双重角色。

7.1.3　组织系统的功能

对党、整个党政体制及其干部精英来说，由党中央与各级党委（党组）及其下设置的组织（人事）部门为主干的组织系统都发挥着极其重要的功能。

作为组织系统的领导者，党中央决定组织工作路线、方针政策，制定组织工作重要党内法规和规范性文件，对组织工作重大战略、重大改革、重大举措、重大事项作出决策，全面领导党的组织体系建设、干部工作、人才工作，按照有关规定推荐、提名、任免干部。党中央一般每五年召开一次全国组织工作会议，对一个时期的组织工作作出全面部署，对组织系统今后一段时期内的具体或重点功能进行阶段性定位。

中组部的主要角色与功能是“党中央在组织工作方面的助手和参谋部”[②]。中组部与地方各级党委组织部承担着相似的角色，发挥着相似的功能，具体包括：（1）在党中央以及本级党委领导下，具体负责落实党的组织工作路线、方针政策和决策部署，按照权限和分工制定、起草组织工作党内法规和规范性文件，推进组织制度贯彻落实；（2）研究组织工作重要理论和实践问题，提出完善制度机制的政策建议，为党中央以及本级党委决策提供参考；（3）负责党的组织体系建设，加强基层党组织和党员队伍建设；（4）负责干部工作和干部队伍的统一管理，按照干部管理权限和分工负责领导班子建设

① 梁梓然．中共省委组织部部长的职能与特征．厦门：厦门大学，2018.
② 中央组织部．使命：中央组织部建部九十周年专题片文稿资料选编．北京：党建读物出版社，2014：1.

的有关具体工作；（5）负责人才工作的指导协调和人才的联系服务；（6）负责公务员工作的统一管理；（7）负责离退休干部工作的统一管理；（8）统一管理机构编制委员会办公室；（9）完成党中央以及本级党委交办的其他任务。

各级组织部经常被误认为是干部人事决策机关。然而，真正的干部任免等权力掌握在它所服务和隶属的党中央和各级党委（党组）手中。干部任免权等权力是由党的常务委员会行使，或者在极少数情况下由整个党委（党组）行使。组织部门负责收集、评估和存储有关干部的信息，向党中央和各级党委提出案件，提出任命、晋升、调动或解聘的建议，从而对干部任免等决策产生重大影响。

概括而言，中国党政体制中的组织系统的主要工作或功能包括党的组织体系建设、干部工作、人才工作，管理公务员、老干部、各级机构编制委员会办公室等。这些功能或工作可以划分为两大类：党的组织建设与干部人事管理。与此相适应，组织部内部以“组织”命名的部门负责党的建设工作，以“干部”命名的部门负责干部人事管理。无论是从前述组织系统的结构来看，还是从党内法规规定来看，组织系统都是党政体制的“守门者”，也就是说，干部工作都是组织部系统的各项功能中的重点。鉴于此，本章接下来重点介绍组织系统各项工作或功能中的核心，即干部管理。

7.2 党是如何管干部的——干部管理的原则与体制

就中国党政体制而言，党管干部作为精英管理机制，是中国共产党领导国家与社会的重要机制之一①，本节尝试从党政体制及其组织系统的角度，阐述干部管理的原则和体制。

7.2.1 党管干部原则

党管干部至少包括五个相互关联的问题，即谁来管、何谓干部、何谓管、管什么、如何管。

谁来管的问题，似乎比较清楚，即由中国共产党管理。细而思之，还是有必要简单地做进一步分析。一个政党不可能作为一个整体去笼统地管理干部，而是由专门的党的各级组织部门来进行管理。从狭义上讲，“党的干部除军队系统是单独管理外，多年来一向是由中央及各级党委的组织部来统一管理的”②。从广义上讲，就党政体制整体而言，管理党政干部的绝不仅仅限于党的各级组织部门，至少还包括全国人民代表大会、中共中央、各级党委（党组）及其领导下的国家机关、事业单位的人事或人力资源部门，它们共同构成了党政体制的组织系统，共同管理着各级干部和普通党员、公务员和事业单位人员。

---

① 陈明明．新时代的政党建设：战略目标与行动逻辑．治理研究，2018（1）．

② 中央档案馆，中共中央文献研究室．中共中央文件选集：第 14 册．北京：人民出版社，2013：266．

何谓干部的问题，研究者多有讨论。“干部”一词有着特定内涵，在不同的国家有着不同的含义，即使在同一个国家在不同时期也有着不同的意义。[①] 广义的干部群体一般是指具有干部身份的群体。国家干部身份的来源主要包括：国家计划内大中专毕业生（以派遣证为标志，包括计划内统招、定向、自费、委培的），2001年以前经地市级政府人事部门批准录用为国家干部的人员；军转干部；新中国成立前参加革命的担任干部职务的人员；新中国成立之初自然形成的干部；经公务员考试录用为公务员的原不具备干部身份的人员；被转为公办的原民办教师；20世纪70年代末经地方革命委员会批准招录的教师。[②] 一般来说，进入党政体制，有正式公务员和事业单位干部编制的人员都具有干部身份。干部群体内部又有领导干部和非领导干部之分。根据公务员法规定，综合党内法规的界定，领导干部大体是指担任副科长以上“领导职务”的干部。干部身份的重要标志之一是可以直接选拔为领导干部，在调动时，需要填写中组部统一印制的干部履历表。非干部身份的群体，即使在国家机关或事业单位工作，也不能直接选拔为领导干部，必须通过法定考试才能进入体制，获得干部身份。如此来看，凡是具有干部身份者，都是党管干部中的“干部”。

对于何谓管的问题，从党的建设角度来看，一般认为党管干部中的“管”是管理之义，主要指管理党的各级组织部门的干部工作。然而，从党政体制角度来看，这里的“管”有更广泛的含义。所谓‘管’就是领导和控制，即把干部看作权力运作的主体，从执政党运用权力推动国家和社会发展的角度来看，党政体制组织系统代表中国共产党制定干部选拔任用的基本原则、标准，对干部的选拔任用、考核评价、培养教育、监督管理等干部工作的各个环节、过程进行控制，保证执政党路线、纲领、方针、政策得到执行，保证党的执政目标得以实现。在这个意义上，党管干部就是党领导干部工作。党章规定，各级党组织必须严格执行和维护党的纪律，党员必须自觉接受党的纪律的约束。而党的纪律主要包括政治纪律、组织纪律、廉洁纪律、群众纪律、工作纪律、生活纪律。这也是“管什么”的主要内容。由此看，党对干部的管理是全方位的。从实际运作来看，“管”的内容还包括对干部，特别是领导干部的个人生活、福利、退休后的生活和教育进行管理。

如何管的问题主要体现在党政体制组织系统的日常干部工作之中。这里包括各级党代会选举党的领导群体；党中央决定干部工作中的重大问题，合理选拔和推荐重要干部到国家机关中去工作等内容。本节主要讨论以党中央和各级党委下设置的组织部门为主的干部管理体制。

7.2.2 干部管理体制

1. 干部管理体制的变迁

在“党管干部”原则下，干部管理体制的核心内容是干部管理的权限和范围，即党

---

① 王海峰．干部国家．上海：复旦大学出版社，2012：5-13.

② 大学毕业生“干部身份”还有没有．(2013-06-04)．共产党员网．

中央和地方各级党委管理干部的职权范围和职责范围。革命战争时期，除军队系统的干部实行单独管理外，干部管理工作均由中央统一负责，是一种“一揽子”的干部管理模式。新中国成立之初，政府重要部门和机构的干部管理权限都集中在中央人民政府委员会和政务院，后来又调整为分部分级管理。分部管理就是在中央及各级党委原有的组织部、宣传部、统战部、农村工作部的基础上，逐步增设工交、财贸、文教、政法等新的工作部门，分门别类地管理计划工业、财政贸易、文化教育、交通运输、农林水利、统一战线、政治法律、党派和群众团体及其他各类干部。军队干部仍由军委有关部门负责管理。这是采用苏联的办法，实行党与政府对口设部的开端。分级管理，基本上是仿照苏联建立干部职务名单表的做法，在中央和地方各级党委之间建立分工管理各级干部的制度，即所有干部都按照职级开列干部职务名称表，凡属担负全国各个方面重要职务的干部，均由中央负责管理，其他干部则分别由各级地方党委分工管理。

改革开放之后，随着政治和经济体制改革的逐渐深化，分部分级的干部管理体制也暴露出与政治和经济迅速发展不相适应的一面。为了改变这种情况，20 世纪 80 年代初期，虽然党中央实施了“下管两级”的分级管理安排，但是仍然没有解决各级党委直接管理干部数量过多的问题。1984 年 7 月，中组部印发新修订的《中共中央管理的干部职务名称表》，明确了“中央原则上只管下一级领导干部”。从职务名称表所开列的职务数量来看，中央直接管理的干部由原来的 1.3 万多人减少到 4 200 多人，其余的近 9 000 名干部交给了地方组织部门管理[①]，达到了分级管理、层层负责的目的。这种“下管一级”的管理体制一直沿用至今。

2. 干部的分级管理

具体来说，“下管一级”的体制就是：党中央负责管理副部级以上的干部，包括中共中央委员会组成人员及其下设机构的正副负责人；国家中央机关及其下设部级机构正副负责人[②]；中央管理的社会团体领导干部；国有重点企业和金融机构领导干部；中央管理的高校领导干部；中央管理的地方党政领导干部，新疆生产建设兵团、各大新闻媒体的领导等其他中央管理的单位的领导成员，中央管理的国家驻外机构领导干部。这些职务及现任干部则列入《中共中央管理的干部职务名称表》，连同干部档案资料，由中央组织部负责管理，国家级领导干部按党章或宪法法律规定的程序任免，其他则由中共中央按程序任免，中组部有一定的建议权。

县级以上地方各级党委（党组）根据中共中央确立的下管一级的基本原则，拟定自己管理的干部职务名称表，确定具体管理权限。凡在管理权限范围内的干部任免，都由该党委（党组）做出决定或提名推荐，需按照选任制选拔任用的干部，需要履行相应的法律或章程程序的，依照选举或委任产生。有些机构是受中央有关部门与地方党组织的双重管理，这些干部的考察和任免一般由主管方负责，协管方参与其中的部分选拔工作。[③]

---

① 干部管理体制改革：管少、管好、管活．中国组织人事报，2021-04-08.

② 有的中央机构是副部级别的，其正职领导为副部级，副职领导为正厅级，均列入中央管理。

③ 陈忠，赵世明，等．中国干部选拔任用．北京：人民出版社，2017：54.

不过，在“下管一级”体制下，实际干部管理权限与范围比较复杂。例如，中共中央及其组织部并不是对副部级以下的干部放手不管，而是通过保留任免同意权、备案等制度，对重要的司局级干部任免进行监督。国务院管理的各直属机构、办事机构、企事业单位行政领导职务的任免，在上报国务院审批之前，须先征求中组部的意见。对全国15个副省级城市的干部管理也做出单独规定：（1）市委书记、市人大常委会主任、市长、市政协主席职务列入《中共中央管理的干部职务名称表》，其职务任免由省委报中共中央审批。（2）市委副书记、市委常委、市纪委书记、市人大常委会副主任、副市长、市政协副主席、市中级人民法院院长、市人民检察院检察长的职务任免报中央组织部备案。市委组织部部长的职务任免，须事先征得中组部同意。其他干部管理范围的确定，由省委根据本省实际情况研究决定。（3）市委、市纪委、市人大、市政府、市政协领导班子换届选举时，省委须将人事安排方案报中组部审核。

各省、自治区、直辖市党委组织部正副部长和中央、国家机关各部委的干部、人事司（局）正副司（局）长的任免，事先要征得中组部的同意。如此看来，实际上这一部分的司局级干部成为中央备案的干部，其所在省部级机构的组织（人事）部门需要向中组部报送《向中央备案的干部名册》（包括姓名、性别、出生年月、籍贯、党派及入党时间、参加工作时间、职务等内容）。县级以上地方各级党委（党组）也照此建立各自的备案制度。这一制度便于上级党委及组织（人事）部门熟悉干部资源，监督干部任免，这可以看作是干部管理体制在“下管两级”与“下管一级”之间的一种局部妥协。

在地方，有的县处级干部也被列入省级管理。实行垂直管理部门的处级干部由省级管理。比如法院和检察院系统，县处级干部的人事权均在省级高院和省级检察院，属于“省管”序列；再比如税务部门，各地市的税务局局长及班子成员均由省税务局任命，也是属于“省管”序列；还有海关等垂直管理机关，包括自然资源、生态环境等部门的地市正职均由省厅任命，也是广义上的“省管干部”。

县级党管干部主要体现在县委书记有决定和配置县域内副科级以上干部的权力。副科级以上干部的任免需要常委会通过，主要决定权在县委书记手中，其他常委有推荐干部的权力。县委书记通过任免重要委办局一把手来调动政府部门，这些一把手围绕县委书记的理念来行使职权。设立临时机构来集中办理一些临时性的重要事务，是中国共产党重要的工作传统，也是行之有效的治理工具。在县域治理中，设立临时机构也是政府权力向党委集中的重要方式。县委书记可以通过常委会的组织形式成立临时机构，将县政府及部门的一些重要事务的治权和事权转移到临时机构中。县委书记可以担任重要临时机构的负责人，也可以任命其他人担任负责人。临时机构向县委书记负责。①

另外，乡镇级党委没有法定干部管理权限，其主要领导由其县级党委及组织部门任免、领导和管理。在乡镇党政体制运行的实际过程中，一般多由乡镇书记直接掌握人事权。② 为了便于日常管理，有的乡镇还将本乡镇划为若干片，并任命“片书记”来管理。这种正式法规之外的管理或权力似乎既体现着党管干部原则和“下管一级”干部管理体

① 杨华．县乡中国．北京：中国人民大学出版社，2022：46－47.
② 同①40.

制，也有调整非正式编制体制的意思。这样看来，乡镇级党委也可以纳入广义上的组织系统，这样有助于我们跳出仅仅从组织系统内部来观察中国党政体制的实际运作及其复杂性的视角。

在党领导一切和党管干部的原则之下，所有干部都要接受党的领导和管理。从纵向上看，“下管一级”就是对干部进行分级管理，从横向上对干部队伍进行科学合理分类，《中国共产党组织工作条例》将这种基于纵向分级和横向分类的双重干部管理体制，概括为“党中央集中统一领导下分级分类管理的体制”，在地方则体现为“在党委统一领导下，组织部门统一管理和分级分类管理相结合的管理体制”。

3. 干部的分类管理

除了对干部进行分级管理之外，还按照党政机关、国有企业、事业单位和人民团体的区分，对干部进行分类管理。

理论上讲，党政干部可分为党组织干部和国家机关干部，前者应该由党委管理，后者应该按公务员法管理。随着国家公务员制度的建立，将企业和事业单位原来称为“干部”的一部分人员，从过去的干部序列中分离出来，从而初步形成了党政机关、国有企业、事业单位干部分类管理的格局。但实际上，在党政一体、党管干部的原则下，党内外法规对干部的分类比较模糊。

公务员法把国家公务员职务分为领导职务和非领导职务，又将领导职务层次分为：国家级正职、国家级副职、省部级正职、省部级副职、厅局级正职、厅局级副职、县处级正职、县处级副职、乡科级正职、乡科级副职。同时按照公务员职位的性质、特点和管理需要，划分为综合管理类、专业技术类和行政执法类等职位类别，并分别按照专门法规进行管理。

公务员法中界定的国家级正职、国家级副职，由党的代表大会与全国人民代表大会按照法定程序产生并对其负责，列入中组部管理干部职务名称表。对《党政领导干部选拔任用工作条例》所界定的“党政领导干部”，即省部级、厅局级、县处级、乡科级以上在领导岗位上的干部，按照“下管一级”的原则，依据相关法规进行管理。

对于企事业单位、人民团体的领导干部，称为“领导人员”，以区别于党政领导干部。根据事权划分、行业领域属性特点、机构设置和业务管理体制以及队伍建设需要，合理确定干部管理职责、范围、权限、方式和程序，对其干部进行双重管理，强调上级党组织及其组织部门、纪检监察机关要加强对中央企业领导人员的日常管理、考核评价和监督执纪问责，以及上级党组织及其组织部门应当推进中央企业领导人员交流培养。为了加强各级党委（党组）对不同行业事业单位组织干部工作的领导，还把这些行业事业单位细分为宣传思想文化系统事业单位、高等学校和中小学校、科研事业单位、公立医院，并分别制定了更具针对性的管理办法。

另外，根据中央编办和民政部核定，我国现有全国总工会、共青团、妇联、工商联等 20 多个人民团体，绝大部分都是参公管理单位，这些单位参照公务员法及其配套法规政策的规定，对除工勤人员以外的工作人员进行管理，其领导干部选拔任用则参照《党政领导干部选拔任用工作条例》的规定来实施。

参公管理单位指的是有的事业单位或人民团体参照国家公务员法管理。对除工勤人员以外的属于事业编制的工作人员，参照公务员法及其配套法规政策的规定进行管理。领导人员的选拔任用工作的具体程序和要求，参照《党政领导干部选拔任用工作条例》及有关规定，结合事业单位实际来确定。对于由国家财政供养、有编制和干部身份的“非领导干部”，一般由所在单位按照相关法规进行管理。

目前仍在进行的干部分类管理制度改革，仍然保留了改革开放之前的本质特征，并没有因领导与管理权的分类而将党的干部与国家机构干部分开，只是在党管干部原则下的具体划分，而且在整体上还出现了向原有干部管理体制的回归，如将公务员局由人社部门划转到组织部管理。之所以如此，最主要的原因是在坚持党管干部原则之下，一直未能在干部集中领导管理之外寻找到相应的政治控制机制。[①]

7.3　干部管理体制的运行过程

在中国党政体制的组织系统的构成人员中，干部是其中的精英，领导干部又是精英中的精英。如何选拔任用干部，特别是领导干部，如何对他们进行教育培训、考核评价与监督，是组织系统所承担的干部工作的主要内容，也事关干部管理体制运行规则、过程与绩效。在这些工作或过程中，最为关键的是各类领导干部和人员的选拔任用。

7.3.1　党政领导干部的选拔任用

在干部管理过程中，干部的选拔任用问题至关重要。为政之要，莫先于用人。选什么人、用什么人，以什么样的标准和程序选人用人是党政体制运行的风向标，关系到地方乃至国家的兴衰。

《党政领导干部选拔任用工作条例》中所提到的“党政领导干部”，是指“中共中央、全国人大常委会、国务院、全国政协、中央纪律检查委员会工作部门领导成员或者机关内设机构担任领导职务的人员，国家监察委员会、最高人民法院、最高人民检察院领导成员（不含正职）和内设机构担任领导职务的人员；县级以上地方各级党委、人大常委会、政府、政协、纪委监委、法院、检察院及其工作部门领导成员或者机关内设机构担任领导职务的人员；上列工作部门内设机构担任领导职务的人员”。这里所说的“担任领导职务的人员”和“领导成员”，主要是指这些机关在岗且担任实职的领导人员。同时，“参照公务员法管理的群团机关和县级以上党委、政府直属事业单位的领导成员及其内设机构担任领导职务的人员”，以及“上列机关、单位选拔任用非中共党员领导干部”，均参照《党政领导干部选拔任用工作条例》来执行，这也就意味着他们属于广义上的党政领导干部范畴。该条例没有包括全国党代会与全国人大、全国政协选举任用的领导群体，以及最基层的乡镇一级的党政领导干部。从干部选拔任用角度讲，党政领导干部的这一定义中的“领导”，含有拥有法定干部选拔任用等待决策权力之义，而不拥有这一权力且

① 魏姝．中国党政干部分类管理制度改革的理性：政治逻辑．学海，2016（5）．

仅承担政策执行责任的乡镇级党政干部则被排除在党政领导干部之外。

1. 选拔任用的主要标准：德才兼备，以德为先

“德才兼备”既是干部选拔任用的主要标准，也是干部培训的目标。新中国成立后，全国第二次组织工作会议对干部任用标准进行了规范化的讨论，今后“必须坚持‘才德兼备’的干部标准”[①]。《党政领导干部选拔任用工作条例》《中国共产党组织工作条例》都规定了在干部选拔任用过程中，要“坚持党管干部，坚持德才兼备、以德为先”“坚持五湖四海、任人唯贤”，在人选的标准条件上凸显政治要求，同时把政治要求贯穿到干部选拔任用的全过程和各方面。这里的核心标准是德才兼备，对于其中的“德”没能给出明确的界定。从干部选拔任用标准的历史角度看，德才兼备大体与又红又专同义。“德”对应着“红”，“才”对应着“专”。又红又专中的“红”主要指干部的政治素质。1957年，在党的八届三中全会上，毛泽东向党员领导干部提出了“又红又专”的要求，他说：“政治和业务是对立统一的，政治是主要的……但是，专搞政治，不懂技术，不懂业务，也不行……我们各行各业的干部都要努力精通技术和业务，使自己成为内行，又红又专。”[②] 由此可知，德才兼备中的“德”，与又红又专中的“红”对应，也主要指干部的政治表现、政治立场、政治道德等，其核心是对党的忠诚，坚持党的原则，具有坚定的党性。[③] 正如习近平总书记所言：“对领导干部而言，党性就是最大的德。现在干部出问题，主要是出在‘德’上、出在党性薄弱上。”[④] 同时，德才兼备中的“德”又具有除政治含义之外的更广泛的内容，包括社会公德、职业道德、家庭美德、个人品德等方面的内容。

德才兼备或又红又专中的“才”与“专”相对容易理解，主要是指具有某一专业领域的素质、技术专长与实际治理能力。党的建设与国家治理都不能仅仅是政治道德性的，更需要各级干部具有各种专业素质与能力，例如领导力、创造力、执行力等内容。近年来，党中央提出了“八项本领”（学习本领、政治领导本领、改革创新本领、科学发展本领、依法执政本领、群众工作本领、狠抓落实本领、驾驭风险本领）和“七种能力”（政治能力、调查研究能力、科学决策能力、改革攻坚能力、应急处突能力、群众工作能力、抓落实能力），这是德才兼备中对“才”的新要求。有研究认为，在实际中，选拔任用干部的过程实质上是基于干部的个人素质对其进行选拔任用的过程，政治素质和品德是关键，工作才能是核心，教育和职业经历是基础，工作业绩是标志。基层党政干部选拔的影响因素按照重要性程度由高到低依次为政治素质和品德、工作才能、工作业绩、教育和职业经历。[⑤]

在强调德才兼备的同时，又需要以德为先，对德与才的关系进行明确。以德为先与

---

① 中共中央文献研究室．建国以来重要文献选编：第4册．北京：中央文献出版社，1993：533.

② 毛泽东文集：第7卷．北京：人民出版社，1999：309.

③ 对于时常见诸党报等媒体的“党性”，很少有界定。刘少奇曾指出，“为了党的、无产阶级的、民族解放和人类解放的事业，能够毫不犹豫地牺牲个人利益，甚至牺牲自己的生命，这就是我们常说的‘党性’或‘党的观念’、‘组织观念’的一种表现”。这就是共产主义道德的最高表现，就是无产阶级政党原则性的最高表现。参见：刘少奇选集：上卷．北京：人民出版社，1981：131.

④ 习近平．习近平在全国党校工作会议上的讲话．求是，2016（9）.

⑤ 萧鸣政，张睿超．选贤任能视角下党政干部选拔的素质观模型．公共行政评论，2023（3）.

又红又专中将“红”置于“专”之前，表达的都是一个意思，即以“德”和“红”统率“才”与“专”。党管干部、党管人才的原则，最终都需要落实到每个具体的干部的身心之中，每个干部都要具有选拔任用所要求的德与才的标准，党所要求的德与才才可能统一到干部的身心之中，从而实现德对才的统率与指导作用。这与党对干部的分类管理体制所蕴含的目的是相似的，即通过体现党的意志的“德”实现对有各类“才”的干部的领导与控制，尽量平衡二者的关系。从宏观角度看，这里的德与才之间所体现的紧张或相互助力的关系，是所有科层制组织都面临的一个问题，具体体现在干部选拔任用实践中更强调德还是更强调才，会因不同历史时期有所侧重和变化。总的说来，还是要在以德为先的前提下，强调按照党和国家治理所需要和界定的“德”和“才”标准，塑造干部的私德与个人才能和素质，使后者与前者相统一。

2. 选拔任用方式：委任制、选任制和聘任制

从《宪法》《中国共产党章程》《党政领导干部选拔任用工作条例》《事业单位领导人员管理规定》等党内外法律法规及相关规定来看，中国党政领导干部的选拔任用方式主要有选任制、委任制和聘任制。

选任制一般指选举制，是指具有法定资格的选举人通过一定程序，从被选举人中选择一个人或几个人担任一定职务的任用方式。[①] 在中国党政体制中，领导干部的选举制度可以分为三类。一是党内领导干部的选举。《党政领导干部选拔任用工作条例》所列出的适用对象是党政领导干部，并没有包括中共中央、全国人大常委会、国务院、全国政协、中央纪委国家监委、最高人民法院、最高人民检察院的正职领导者。也就是说该条例并不适用于上述党和国家机构的国家级领导人。《中国共产党章程》第十条规定，“党的各级领导机关，除它们派出的代表机关和在非党组织中的党组外，都由选举产生”。党中央领导人由党的全国代表大会及其选出的中央委员会按程序选举产生。近年来，新华社等媒体报道了中央委员会、中央纪委等机构的组成人选是如何经过酝酿提名和选举出来的。[②] 二是中国共产党推荐的国家机关干部候选人，需要经过国家权力机关选举确认。这也适用于包括上述国家级正职领导人在内的各级国家机构的领导干部，他们由各级全国人民代表大会按法定程序选举产生。三是中央与地方各级政协委员会主席、副主席、秘书长、常务委员的候选人由参加该委员会的各党派、团体、各民族和各界人士协商提名，经该委员会全体会议选举产生。对于这三类党政干部的选举过程，党中央和各级党委（党组）及其组织（人事）部门起着相当大的作用，通过控制选举技术与过程，基本上可以决定候选人的提名与最终选举结果。

中国党政领导干部的选拔任用的另一种主要方式是委任制。委任制也称任命制，是指由任免机关（主要是上级党委及组织（人事）部门）在其任免权限范围内，直接或间

① 一般认为选任制就是选举制，如《公务员法》第四十一条规定，“选任制公务员在选举结果生效时即任当选职务”。但《党政领导干部选拔任用工作条例》《事业单位领导人员管理规定》只规定了实行选任制、委任制和聘任制，同时由全国党代会、全国人大和全国政协选举产生的领导人排除在适用范围之外，由此可以推定，它们规定的选任制并不是选举制，而是指选拔任用制。据此，可以将选任制分为选举式选任制和选拔式选任制。

② 中央委员会是如何选出的．文摘报，2012－11－17；领航新时代的坚强领导集体：党的新一届中央领导机构产生纪实．(2017－10－26). https：//www.gov.cn/zhuanti/2017－10/26/content_5234621.htm.

接地指派任用人选担任一定职务的任用方式，本质上是党管干部原则的直接实践和运用。《中国共产党章程》第十三条规定："凡是成立党的新组织，或是撤销党的原有组织，必须由上级党组织决定。在党的地方各级代表大会和基层代表大会闭会期间，上级党的组织认为有必要时，可以调动或者指派下级党组织的负责人。党的中央和地方各级委员会可以派出代表机关。"在中央和地方国家机关、人民团体、经济组织、文化组织和其他非党组织的领导机关成立的党组，负有做好干部管理工作等责任，包括党组书记在内的成员，由批准成立党组的党组织决定。从这些规定来看，委任制实质上是党中央和各级党委（党组）对下级干部的委任或任命。

党中央和各级党委（党组）通过候选人提名、选前酝酿、组织控制等，可以使自己提名的候选人通过法律规定的选举程序，成为各级国家机构领导干部。这实际上"导致各级人大的选举逐渐演变成一种为候选人合法任命的程序"①。因此，可以说委任制是中国党政体制领导干部选拔任用的一种实质方式，现行的选举制更多是一种将委任制合法化的程序。尽管这种选举程序对选拔领导干部来说是不可或缺的，但它本身不仅有相当大的改进空间，而且它运作的背后隐匿的是委任制原则，并未脱离委任制的整体架构。

除了选任制、委任制之外，部分专业性较强的领导职务（包括国有企业、事业单位领导人员）实行聘任制。聘任制是以合同契约形式确定用人单位与受聘者基本人事双方权利与责任关系的一种用人制度。聘任制以相对灵活、平等的合同契约形式，改变了原有用人单位与其成员之间的终身性固定关系，有利于实现领导人员的最优化配置，提高用人单位的工作效率。实证研究表明，事业单位实行聘任制后，并没有完全落实选人用人上的自主权，"人员能进能出"往往不是由事业单位本身说了算。人事主管部门对用人权限越收越紧。在一些参公管理单位，招聘人员只能由上级人事部门操作，这导致事业单位对录用人员完全不了解。② 这说明，在党管干部与实行聘任制之间存在不少需要解决的问题。

3. 选拔任用具体程序

在中国党政体制中，各级领导干部或领导人员的选举、委任与聘任，都需要经过一套相近的选拔任用程序，以实现党管干部原则。根据《党政领导干部选拔任用工作条例》，党政领导干部选拔任用大致可以归纳为以下几个过程：

（1）分析研判和动议，即组织（人事）部门根据日常了解的情况，对领导班子和领导干部进行综合分析研判，为党委（党组）选人用人提供依据和参考。动议是指党委（党组）或者组织（人事）部门根据工作需要和领导班子建设实际，按照干部管理权限，结合综合分析研判情况，提出启动干部选拔任用工作意见。动议内容通常包括选拔任用的职位、条件、范围、方式、程序和人选意向等。

（2）民主推荐，即党委（党组）及其组织（人事）部门根据配备领导班子和选拔任用干部的需要，按照规定的程序、范围和要求，组织有关方面人员参加的推荐领导干部

---

① 黄小钫．干部选拔任用方式的历史变迁：从委任制到选举制．北京行政学院学报，2012（4）．

② 本书编写组．党管干部原则如何落到实处：以宣传思想文化系统事业单位改革为例．北京：中国社会科学出版社，2016：32．

人选活动。民主推荐是在干部选拔任用过程中体现程序民主的重要环节。其主要方式包括谈话调研推荐和会议推荐等，推荐结果作为选拔任用的重要参考，在一年内有效。其主要程序包括五个环节：进行谈话调研推荐、提出会议推荐参考人选、召开推荐会议、对民主推荐情况进行综合分析、向上级党委或者组织（人事）部门汇报民主推荐情况。

（3）考察，即党委（党组）及其所属的组织（人事）部门根据干部管理权限，按照规定的程序和方法，对确定的考察对象进行全面了解和公正评价，为干部的选拔任用等提供依据的一项重要工作。考察对象的确定，是整个考察过程的关键步骤。《党政领导干部选拔任用工作条例》第二十三条规定："确定考察对象，应当根据工作需要和干部德才条件，将民主推荐与日常了解、综合分析研判以及岗位匹配度等情况综合考虑，深入分析、比较择优，防止把推荐票等同于选举票、简单以推荐票取人。"考察工作程序包括八个环节[①]：第一是制定考察方案、组建考察组；第二是同考察对象呈报单位或者所在单位党委（党组）主要领导成员就考察工作方案沟通情况，征求意见；第三是在一定范围内发布考察预告；第四是干部考察工作的主体阶段，考察组采取个别谈话、发放征求意见表、民主测评、实地走访、查阅干部人事档案和工作资料等方法，广泛深入地了解情况，根据需要进行专项调查、延伸考察等，注意了解考察对象生活圈、社交圈情况，广泛深入地了解考察对象的总体情况；第五是同考察对象面谈，进一步了解其政治立场、思想品质、价值取向、见识见解、适应能力、性格特点、心理素质等方面的情况，以及缺点和不足，鉴别印证有关问题，深化对考察对象的研判；第六是综合分析考察情况，与考察对象的一贯表现进行比较、相互印证，全面准确地对考察对象作出评价；第七是向考察对象呈报单位或者所在单位党委（党组）主要领导成员反馈考察情况，并交换意见；第八是考察组研究提出人选任用建议，向派出考察组的组织（人事）部门汇报，经组织（人事）部门集体研究提出任用建议方案，向本级党委（党组）报告。

（4）讨论决定，即各级党委（党组）按照干部管理权限对干部任用作出决定的过程。第一，党委（党组）分管组织人事工作的领导成员或者组织（人事）部门负责人，逐个介绍领导职务拟任人选的推荐、考察和任免理由等情况，其中涉及破格提拔等需要按照要求事先向上级组织（人事）部门报告的选拔任用有关工作事项，应当说明具体事由和征求上级组织（人事）部门意见的情况；第二，参加会议人员进行充分讨论；第三，进行表决，以党委（党组）应到会成员超过半数同意形成决定。值得注意的是，在讨论决定之前还存在"酝酿"环节。《党政领导干部选拔任用工作条例》第三十四条规定，"党政领导职务拟任人选，在讨论决定或者决定呈报前，应当根据职位和人选的不同情况，分别在党委（党组）、人大常委会、政府、政协等有关领导成员中进行酝酿"。实际上，酝酿贯穿中国干部选拔任用的全过程，是干部选拔任用工作中发扬民主、取得共识不可缺少的重要环节，是贯彻民主集中制原则的有效形式，也是对干部的深化认识。

（5）任职，即任免机关按照干部管理权限并依照规定程序对干部担任领导的任命过程。任职是干部选拔任用的重要环节，是党委（党组）集体讨论决定任用之后，干部正式走上工作岗位的必要和重要步骤。干部任职一般有书面任职通知，通常以任命文件的方式在

① 钱昊平．干部考察组怎样考干部？．南方周末，2012-01-09.

一定范围内进行公布。干部选拔任用实行任职前公示制度、任职试用期制度、任职前谈话制度等。

从党政领导干部选拔任用的标准、方式和具体程序来看，各级党委（党组）在内的组织系统在整个党政体制的干部录用过程中扮演着“把关者”的重要角色，制定并遵守详细严格且具有操作指导性的制度，这些制度在一定程度上提高了干部录用的质量。不过干部选拔任用的制度化和公开性规定的建立比执行起来更容易。实际干部选拔任用过程受到干部的人际互惠网络、信任关系等非制度因素影响，因此尽管组织系统不断进行制度建设与改革，但这并没有完全消除自上而下以委任制为中心的干部选拔任用过程中的用人腐败，甚至在某些地方存在任人唯亲、裙带关系以及买卖官职的现象。正如习近平总书记指出的：“巡视中对用人腐败和不正之风问题反映突出，违规用人问题十分普遍，干部制度形同虚设。有的地方拉票贿选、跑官要官、买官卖官问题严重，有的热衷于寻求政治靠山，搞小圈子，架设‘天线’……用人腐败必然导致用权腐败。花钱跑官买官，一定在当权后用权力把钱千方百计捞回来。”① 导致党政领导干部选拔任用腐败的原因极其复杂，因此除了加强制度建设之外，也需要强化对干部的教育培训，建议科学可行的干部考核评价机制，完善对干部的监督体系。

7.3.2 干部培养

对干部进行培养是中国干部管理制度运行的重要内容。高素质干部是选拔出来的，也是培育和管理出来的。在党管干部的原则下，每位干部的成长发展都与组织培养密切相关。正如习近平总书记指出的，“成长为一个好干部，一靠自身努力，二靠组织培养”②。组织对干部的培养是一个复合型过程，包括对所有干部的在职培养与挂职培养，理论学习与实践锻炼，在职自学、集中培训和教育培训，也包括对特定群体，主要是年轻干部和后备干部的培养。限于篇幅，这里主要介绍后备干部的培养、挂职培养和教育培训。

1. 后备干部的培养

后备干部是指各级党委（党组）及其组织（人事）部门按照干部管理权限，根据有关选拔标准和选拔程序，选拔出优秀干部，为补充上一级领导班子干部而准备的后备人选。1983 年 10 月，中组部发布了《关于建立省部级后备干部制度的意见》，这个重要的指导性文件成为后备干部制度正式确立的标志。这一制度建立的短期目标是选拔培养年轻干部，以解决迫在眉睫的领导干部老化与新老干部交替问题，长期目标是为各级领导班子培养出质量合格、数量充足的后备干部。

后备干部的人数要保持常数，因提拔和调整而出现的缺额，应及时补充。县以上各级党政领导班子后备干部人数按正职 1∶2、副职 1∶1 的数量确定。选拔后备干部，应包

---

① 中共中央纪律检查委员会，中共中央文献研究室．习近平关于党风廉政建设和反腐败斗争论述摘编．北京：中国方正出版社，2015：102.

② 习近平．在全国组织工作会议上的讲话．北京：人民出版社，2018：34.

括党群类、经济类、政法类、科教文卫类、行政监管类等各方面具有不同专长的优秀人才。省、市、县级党政领导班子后备干部队伍中的女干部，应分别不少于 10%、15% 和 20%，并有一定数量的非中共党员干部后备人选，少数民族聚居地区应注意培养和挑选一定数量的少数民族后备干部。后备干部的年龄要形成梯形结构。在后备干部体系中，省部级预备人才规定在 45～50 岁，厅局级规定在 40～45 岁，而县处级规定在 35～40 岁。①

后备干部的选拔、培养、管理和任用工作，按照干部管理权限，由党委（党组）及其组织（人事）部门负责。实行干部双重管理的单位，其后备干部的管理与干部管理权限一致。后备干部名单不是固定不变的。经过考核，不适宜继续做后备干部的，应及时调整出去。发现优秀人才时，应随时补充，并报有关部门批准。

2000 年，中组部颁布的《党政领导班子后备干部工作暂行规定》指出，党政领导班子成员一般应当从后备干部中选拔。2019 年《党政领导干部选拔任用工作条例》中提到，要“注重发现和培养选拔优秀年轻干部，用好各年龄段干部”，这表明组织系统的干部选拔任用视野应更开阔，不仅仅局限于后备干部队伍。

2. 挂职培养

干部挂职是指由组织（人事）部门选派干部到下级机关、上级机关、其他地区机关以及企事业单位担任相应职务，进行锻炼的交流培养方式。挂职期间，干部的行政人事关系仍在原单位，其职务、工资、福利、津贴补贴等待遇不变。具有中共党员身份的挂职干部需要把临时组织关系转至其挂职单位。挂职期满后，干部一般仍回原单位工作或者留用、提拔。挂职培养主要包括四种：第一种是“下挂”，亦称下派，即上级机关干部到下级机关挂职。中组部等中央部门和地方政府定期选拔优秀干部到基层一线、边远贫困地区和边疆民族地区交流挂职。深入基层锻炼有助于干部“弯下腰来”，了解民意，触摸基层治理实情，提高处理实际治理问题的能力。第二种是“上挂”，即下级机关干部到上级机关乃至中央国家机关挂职。上挂有助于干部更好地理解顶层设计和宏观战略，形成执行党和国家路线方针政策的自觉性。第三种是“平挂”，即国家机关各部门之间、各对口省市之间互派干部或单向挂职的形式，这种情况还包括对口、共建单位等。平挂有助于干部开阔眼界、丰富阅历，培养其应对和处理复杂工作的能力。第四种是“行业交叉挂职”，即不同行业（主要是企事业单位）之间干部的挂职，这有助于干部增进对不同行业的了解。总之，干部挂职具有“易地、易岗、易职”的特点，可以提高干部的决策能力和执行能力，增进相关业务部门之间的沟通，有利于增长干部的见识和才干，增强干部队伍的活力。不过，在一些地方，挂职成为一种福利待遇，挂职干部赋闲领饷；在管理上易处于真空状态，两边不管；干部挂职成为权力跳板，挂职只为“镀金”，成为例行公事，“你来我去”，人浮于事。② 随着干部挂职成为组织人事系统的日常化工作，部分单位将干部挂职锻炼当成是完成上级任务，甚至将派出干部挂职当成是排除异己的机

① 张驰．解码中共“后备干部”．凤凰周刊，2016（21）．

② 陈云．干部挂职锻炼工作如何进一步提质增效．国家治理，2019（17）．

会。[①] 以上这些问题都不利于干部的培养。

3. 教育培训

中国干部培养的一个主要方式是对干部进行教育培训。干部教育培训的对象是全体干部，重点是县处级以上党政领导干部和优秀年轻干部。全国干部教育培训工作是一种在党中央领导下，由中组部主管，中央和国家机关有关工作部门分工负责，中央和地方分级管理的体制。中组部履行全国干部教育培训工作的整体规划、制度建设、宏观指导、协调服务、监督管理等职能。全国干部教育联席会议成员单位、地方各级干部教育领导小组或者联席会议成员单位按照职责分工，负责相关的干部教育培训工作。中央和国家机关各部门负责指导本行业本系统的业务培训。地方各级党委领导本地区干部教育培训工作，地方各级党委组织部主管本地区干部教育培训工作。干部所在单位按照干部管理权限，负责组织实施和管理本单位的干部教育培训工作。垂直管理部门的干部教育培训工作由部门负责。双重管理单位的干部教育培训工作由主管单位负责、协管单位配合，根据工作需要，经协商也可以由协管单位负责。

干部教育培训的主要目的是维持和强化干部对党组织和国家的忠诚度，提高其治理技能与水平。干部教育培训内容包括党的基本理论教育、党性教育、能力培训和知识培训等方面。这四个方面归纳为政治教育与专业培训两类，体现出“德才兼备，以德为先”或又红又专的原则。教育培训内容中“红”与“专”的教学时间比例约为 7∶3，这反映出干部教育培训的目的是“以德为先”、以红统专。干部教育培训的实施以总体上不间断地分类轮训的形式，保持整个教育培训体制的持续运行。干部教育培训又是干部选拔任用标准在时间、空间和主体上的延续与强化，试图促进教育培训对象及时理解党中央和各级党委的政策方针路线，维持和强化政治精英对党组织的忠诚，提高其专业能力，实现党管干部的原则或目标。

干部教育培训机构以全国各级党校（行政学院）、干部学院和社会主义学院为主。这些机构是“意识形态和组织的交叉点”，构成了一条“干部生产线”。更重要的是，将干部参加培训的表现作为其年度考核、晋升的必要条件，以及将教育培训与干部个人职业生涯中的关键利益联系在一起的做法，一方面有利于推进干部教育培训的顺利开展，另一方面使教育培训对象在具体场景内更能体会到各级党委及其组织部门的权威性。概而言之，中国党政体制中的以党中央和各级党委（党组）领导及其组织（人事）部门主管的干部教育培训体系，是促进干部持续保持对党忠诚的重要建制。

7.3.3 干部考核

在中国共产党的干部管理制度中，干部经历选拔任用上任之后，除了不时参加教育培训之外，在实际工作中还要面临各种考核评价，这些考核被列入进一步选拔任用干部的重要前提和条件，可能影响到干部的提拔与仕途。

2019 年印发的《党政领导干部考核工作条例》，对“干部考核”做出了明确的界定，

① 韩志明．对当前干部挂职锻炼制度的辩证思考．国家治理，2019（17）．

干部考核是指党委（党组）及其组织（人事）部门按照干部管理权限，对党政领导班子和领导干部的政治素质、履职能力、工作成效、作风表现等所进行的了解、核实和评价，以此作为加强领导班子和领导干部队伍建设的重要依据。该条例明确了党委（党组）承担考核工作的主体责任，党委（党组）书记为第一责任人，组织（人事）部门承担具体责任，并对考核内容、考核方式、考核结果的确定与运用、组织实施、纪律与监督进行较为详细的规定。

领导班子考核内容主要包括：政治思想建设、领导能力、工作实绩、党风廉政建设、作风建设。领导干部考核内容主要包括德、能、勤、绩、廉五个方面，具体考核内容的确定必须以贯彻党中央精神为前提，根据党中央决策部署及时调整优化。相对于此前考核内容，新的考核要求加强对深化供给侧结构性改革、保障和改善民生、加强和创新社会治理、推动创新发展、加强法治建设、促进社会公平正义等工作的考核，加大安全生产、社会稳定、新增债务等约束性指标的权重。

考核方式包括四种：(1) 平时考核是对领导班子日常运行情况和领导干部一贯表现所进行的经常性考核。(2) 年度考核是以年度为周期对领导班子和领导干部所进行的综合性考核，一般在每年年末或者次年年初组织开展，侧重于以年度为周期对领导班子和领导干部进行综合性考核。(3) 专项考核是对领导班子和领导干部在完成重要专项工作、承担急难险重任务、应对和处置重大突发事件中的工作态度、担当精神、作用发挥、实际成效等情况所进行的针对性考核。专项考核是近年来干部考核工作的创新，具有机动灵活、针对性强的特点。(4) 任期考核侧重于对实行任期制的领导班子和领导干部在一届任期内总体表现进行全方位考核。综合运用多种方式考准、考实领导干部，推动高质量发展政绩。坚持定性与定量相结合，考人与考事相结合，以年度考核、任期考核为重点，用好平时考核、专项考核等方式，运用政府督查、巡视巡察、审计、信访等成果，注重深入一线实地调查，多种考核情况相互补充印证。同时，根据不同区域、不同部门、不同类型、不同层次领导班子和领导干部的特点，实行分级分类考核。根据不同岗位的职责要求，明确领导班子和领导干部不担当、不作为的具体情形和评价标准，推动工作落实和担当尽责。建立健全可量化、能定责、可追责的领导班子和领导干部工作目标以及岗位职责规范，作为确定考核内容的重要依据。对于考核结果，要坚持考用结合，将考核结果与选拔任用、培养教育、管理监督、激励约束、问责追责等结合起来，鼓励先进、鞭策落后，推动能上能下，促进担当作为，严厉治庸治懒。

《党政领导干部考核工作条例》规定考核对象是“县级以上地方党政领导班子与干部”，但在实际运行中，政绩考核已经扩展到了基层自治组织、企事业单位。根据以上要求，各行业、各级部门与单位根据各自的实际情况，细化制定了干部考核内容、方法或方案。这样，基本上实现了对所有干部的全方位、实时考核。

党中央、各级党委和相关部门单位不断完善干部考核体系的目的是给予干部以正确的激励与约束，以实现自己的各种意志与目标。这一体系在一定程度上起到了制度设计的作用，促进了地方党政领导班子建设，激励干部担当作为，推动经济持续发展，提出考核指标中的一些理念和设想。同时，实际考核过程存在不少问题，主要有三点：一是相当一部分考核内容，如德、能、勤、绩、廉五个方面，不能量化，难以做到考核的准确性。依据不准确甚至是严重失真的考核结果选拔干部，是造成干部“带病提拔”的原因之一。二是层层向下全方位的考核使党政体制成为一种压力型体制[①]，虽然它有助于动员行政资源，提升行政效率，但也会导致执行者行为失当，甚至为了实现上级要求而与行政对象产生冲突或与决策目标背道而驰，如此一来，将干部对上负责与对下负责结合起来的考核目的就难以实现。三是考核项目过于庞杂细碎，无所不包，迫使地方党委政府努力扮演着无所不能的角色，容易造成党政体制向社会经济等领域的非制度方向延伸，不利于党和政府与社会法定界限的维持与法治国家的建设。

7.3.4 干部监督

在中国党政体制中，对干部的监督包括党内监督与人大监督、政协监督、司法监督、行政监督、群众监督、舆论监督。以纪检监察系统为主的党内监督也属于党政体制的宏观组织系统，前面章节已有叙述，这里侧重介绍各级党委（党组）及其组织（人事）部门系统内部如何对干部进行监督。

从这一角度看，关于干部监督的制度规定涉及组织工作，特别是干部的选拔任用、教育培训、考核评价的各个方面。党内监督的重点对象是党的领导机关和领导干部，特别是主要领导干部。监督内容包括遵守党章党规和宪法法律情况；维护党中央集中统一领导、坚持民主集中制情况，落实全面从严治党责任的情况；落实中央八项规定精神情况；廉洁自律、秉公用权情况；完成党中央和上级党组织部署的任务情况等。这些是干部选拔任用、教育培训和考核的主要内容。监督的重中之重就是坚持党的干部标准，树立正确的选人用人导向，执行干部选拔任用工作规定。《干部选拔任用工作监督检查和责任追究办法》对监督检查重点内容、监督检查工作机制、干部选拔任用工作“一报告两评议”、专项检查、离任检查、问题核查、责任追究等进行了详细规定。《干部教育培训工作条例》规定，建立健全跟班管理制度，加强对干部学习培训的考核与监督。《党政领导干部考核工作条例》明确指出，对不按照规定组织开展考核、考核工作失真失实造成严重后果、本地区本部门本单位考核工作中不正之风严重、干部群众反映强烈以及对违反考核工作纪律等行为查处不力的，应当追究党委（党组）及其组织（人事）部门主要负责人和有关领导成员、直接责任人的责任。为了加强对干部管理各环节的监督，各级组织部门内部设有专门负责干部监督的机构，例如中央组织部设有干部监督局，各省级组织部设有干部监督处。

从干部监督制度设置所形成的权力结构看，其至少具有以下三个特征：第一，以自上而下的监督为主，以水平监督、自下而上的监督为辅。《中国共产党党内监督条例》明确规定，强化自上而下的组织监督，改进自下而上的民主监督，发挥同级相互监督作用。巡视巡察制度、纪检监察机构垂直派驻制度等具体监督制度也体现了这一点。第二，在党政体制中，干部监督与干部选拔任用、教育培训和考核评价在制度设置上是同构性的，

① 压力型体制是指一级政治组织（县、乡）为了实现经济赶超，完成上级下达的各项指标而采取的数量化任务分解的管理方式和物质化的评价体系。参见：杨雪冬．压力型体制：一个概念的简明史．社会科学，2012（11）.

具有相似的责任主体、权力方向等。其责任主体都是各级党委（党组）及其组织（人事）部门，均是相关权力沿着自上而下的方向运行的。这种制度设计体现了党政体制中“党领导一切”、党管干部的特征。干部监督以包括各级党委（党组）及其组织（人事）部门在内的宏观意义上组织系统的自我监督和内部监督为主，以社会等外部监督为辅。虽然中组部设立了“12380”举报平台来接受党内外群众监督[①]，但是相关党内法规对后者只是简单顺带提及，没有专门的法律法规制度。第三，在党政体制中，党内职务与国家公职常常重叠，而组织系统内部设有自己的干部监督机构，与外部的纪检、司法等监督部门都在各级党委（党组）的领导下一起工作，干部监督的具体工作可能时常面临如何准确判断干部某些行为是违反党的纪律还是违反国家法律的问题。同时，行政复议或行政诉讼不针对担任国家公职且常常是背后决策者的党委各部门及其干部。

概而言之，干部是党政体制中的基本构成主体，领导干部的良莠直接关系着党政体制运行绩效的优劣，管理干部的中共中央、各级党委（党组）与组织（人事）部门系统就成为党政体制的核心系统。干部管理是组织（人事）部门系统的核心工作，在党管干部的原则之下，实行“下管一级”与分类管理的体制。具体的干部选拔任用、培养、考核、内部监督工作均在中共中央的统一领导之下，由各级党委（党组）具体领导，各级组织（人事）部门系统按照党内外法规规定的权限负责日常管理。组织系统的日常工作除了干部管理之外，还有党的组织体系建设、人才队伍建设、党员队伍建设、机构编制、公务员管理等，这些工作通过在各级国家机关中成立相应的党组织，而得以嵌入国家体制，成为党政体制的有机组成部分。

本章小结

当代中国党政体制的中轴或核心是中国共产党，而党中央与各级党委（党组）及其下设置的组织（人事）部门所构成的系统，掌管着党的组织建设与干部人事管理大权，成为党中央与各级党委（党组）下属部门机构中的最重要的系统。同时，它还通过在各级党政机关、人民团体、企事业单位党组织中设置的组织工作机构或者专职工作岗位和人事部门，将党的权力延伸到党政体制的每个角落，形成一个更为庞大立体的网络或系统。这一系统实行党中央集中统一领导，各级党委（党组）分级分类领导，组织（人事）部门专门负责，形成各司其职、密切配合的领导体制，实际掌管着各级领导干部、公务人员、普通干部和党员、重要人才，在整个政治系统中扮演着干部录用“把关者”的重要角色，是当代中国党政体制构成与运转不可或缺的部分。

关键术语

组织系统　　组织部　　党管干部　　“下管一级”　　干部选拔任用

① 这一平台主要受理以下三个方面的举报：一是反映违反干部选拔任用工作政策法规问题；二是反映领导干部政治、思想、作风、廉洁自律等问题；三是对干部选拔任用工作和干部监督工作的建议等。

复习思考题

1. 组织系统的核心原则是什么？
2. 中国共产党是如何管理干部的？
3. 如何理解干部选拔任用标准？
4. 组织系统的领导体制是怎样的？

第8章
宣传系统

宣传是政治社会化的途径和手段之一。进入现代社会尤其是20世纪以来，随着社会交往、政治参与、传播媒介、国家行为等领域的重大变化，宣传对政治生活的影响越来越重要，也越来越显著，政治宣传发展到了理论和行为的“自觉”状态，“宣传战”这一概念和现象的诞生即其标志。在我国，宣传工作涵盖的范围十分广泛，包括理论工作、新闻舆论、出版、文化文艺、影视广播、互联网内容建设与管理、不同行业和领域的宣传教育、大至社会城市小至家庭个人的精神文明建设、政情民意的调查研究、哲学社会科学的管理建设、对外传播和意识形态管理等方面的内容。总之，宣传是国家与民众“政治沟通”时最广的“接触面”。中国共产党从来都将宣传工作视为自己的优良传统、鲜明特色和突出的政治优势。宣传工作者认为党的宣传工作是“两论起家，理论当家，舆论持家”(这里的“两论”即“理论”和“舆论”)①，据此也可以说它在我国政治中承担着类似“管家”的关键角色。

8.1 宣传工作的历史

我国当前的宣传观念、制度和实践既受历史悠久的大一统观念和“宣教”传统的影响，也吸收消化了改革开放以来国外与宣传有关的社会科学知识（如传播学、公共关系、危机管理、社会心理学）及其运用经验。要理解在中国百余年革命、社会主义建设和改革开放历程中形成的有中国特色的宣传观念、宣传体制和宣传模式，关键是要把握马克思列宁主义传统中的意识形态概念。

① “两论起家”这一说法中的“两论”，最初是指毛泽东的两部著作《矛盾论》和《实践论》。1993年，中央宣传部部长丁关根所说的“两论起家”，则是指“邓小平理论”和“舆论”。这一内容变化的历史也正是宣传工作者不断审视和提炼自身使命的历史。

意识形态是指反映一定经济关系、政治关系，以及一定阶级或社会集团利益和要求的思想体系，是社会意识诸形式中构成观念上层建筑的部分，通常包括政治法律思想、道德、艺术、宗教、哲学等。[①] 在阶级社会中，作为上层建筑的一部分，它反映并维护着既定生产关系，服务于统治阶级的利益，因此具有压迫性和欺骗性，而马克思致力于揭露批判这种欺骗性，他并不认为自己的思想和理论是意识形态，实际上在1898年之前，在当时的马克思主义者中，没有谁把马克思主义称为一种意识形态。[②] 无产阶级不生产“自己的”意识形态，但可能接受统治阶级的意识形态。列宁认为，意识形态是个中性词，他认为无产阶级有自己的意识形态，即马克思主义（“科学的世界观”或“科学社会主义”），他提出无产阶级政党应该首先将自己从理论上武装起来（革命组织是经由理论锻造和武装起来的物质力量），然后运用对主义的宣传促成无产阶级的阶级意识自觉（“阶级觉悟”），组织成坚强的战斗队伍，并通过宣传鼓动将革命意识灌输给群众（促成群众“觉醒”），革命才可能取得胜利。他对宣传和组织的极端重视体现在这个著名的观点中，“报纸不仅是集体的宣传员和集体的鼓动员，而且是集体的组织者”[③]，这一论断也规定了新闻报纸的“党性”和“阶级性”原则。基于对马列理论宣传与无产阶级政党关系的这种认识，中国共产党尤其重视理论建设、学习和创新，这种“理论当家”意味着“理论”管根本、管方向、管思想舆论，党一方面通过理论创新对重大实践问题进行方向性判断和指引，另一方面通过理论的确立和宣传阐释来确立政治领导人的权威地位（党的政治领袖必然也是理论权威）。因为群众甚至工人阶级均需要被领导，所以党极为重视舆论宣传的引导作用，这是“舆论持家”的含义，它意味着要用舆论凝聚共识，构建思想的“同心圆”。中国共产党首先是通过列宁主义接受了意识形态概念，因此在大多数情况下是在中性意义上使用它，但当中国官方批评有些国家“充斥冷战思维和意识形态偏见”时，则是在这一概念的某种原初意义（“遮蔽”和“扭曲”真相）上使用这个概念。

因为思想观念和文化艺术这些意识形态内容（或“精神产品”）具有政治性、阶级性，所以争夺“意识形态领导权”的政治斗争也存在于这些领域之中，这是“思想斗争”“思想改造”“文艺战线”“宣传阵地”等概念与实践赖以正当化的理论基础。中国革命历史中形成的大量具有战斗色彩的军事术语，如“阵地”“主战场”“思想战线”“武装头脑”“主力军”“占领”“制高点”“亮剑”“标兵”“守土有责”“打赢”等，仍在当前的宣传话语中保持着生命力。

中国共产党人在百余年的奋斗历程中，为马克思主义中国化时代化作出了不懈的努力。以毛泽东为核心的党的第一代中央领导集体按照马克思列宁主义建党和夺取政权，批判对马列主义的教条主义式理解、宣传和运用，通过思想改造实现思想理论建党和党内团结统一，确立党对新闻舆论、出版、文化文艺等意识形态工作的一元化的绝对领导[④]，通过文

---

① 《马克思主义基本原理（2023年版）》编写组．马克思主义基本原理（2023年版）．北京：高等教育出版社，2023：127-128.

② 拉雷恩．马克思主义与意识形态：马克思主义与意识形态论研究．北京：北京师范大学出版社，2013：65.

③ 列宁．列宁全集：第5卷．2版．北京：人民出版社，2013：8.

④ 在延安整风运动期间，毛泽东对《解放日报》改革的意见是：第一，日常政策必须报告中央。第二，报纸不能有独立性，过去有一段是这样。应当在统一领导下进行宣传，不能有一字一句的独立性。这就牵连到工作制度和权力问题。自由主义在报社是不能存在的。第三，为什么不允许闹独立性？不要以为署了某人名字就能个人负责，而是关系到党的事情，为此必须规定些条例。参见：本书编辑部．新闻研究资料：第56辑．北京：中国社会科学出版社，1992：80-81；李金铨．文人论政：知识分子与报刊．桂林：广西师范大学出版社，2008：270.

艺改造创造“民族的、科学的、大众的”新民主主义文化，20 世纪 50 年代提出“双百方针”，试图纠正苏式宣传脱离群众、遏制文化创作活力的弊端，同时提出了“防止和平演变”的理论，这些努力奠定了革命时期至社会主义建设初期宣传工作的基本格局，很多原则、制度与方法延续至今。以邓小平同志为核心的党的第二代中央领导集体，面对“文化大革命”结束后一度非常严重的“思想涣散”的局面，既提出了“解放思想、实事求是”的思想路线，又提出了“坚持四项基本原则”、物质文明建设和精神文明建设“两手抓、两手都要硬”的治国方略。20 世纪 90 年代后，面对建设社会主义市场经济的同时如何防腐拒变的艰巨任务，以江泽民同志为核心的党的第三代中央领导集体提出了中国共产党要始终代表先进文化的前进方向，以胡锦涛同志为总书记的党中央提出要保持共产党员的先进性，确立社会主义荣辱观，并形成社会主义核心价值观，这些理论发展均为宣传工作注入了新的活力，为中国既保持经济繁荣又维持社会政治稳定的局面提供了坚定的思想指引。党的十八大以来，面对百年未有之大变局的错综复杂的国际国内环境，习近平总书记在 2013 年的全国宣传思想工作会议上提出“经济建设是党的中心工作，意识形态工作是党的一项极端重要的工作”，“必须把意识形态工作的领导权、管理权、话语权牢牢掌握在手中，任何时候都不能旁落，否则就要犯无可挽回的历史性错误”，对宣传工作的地位和作用做了前所未有的强调。

随着党对特定历史时期的基本形势、主要矛盾的判断发生变化，党的基本任务和中心工作会相应调整，路线、方针、政策随之而变，而宣传工作所坚持的方针之一为“围绕中心、服务大局”，这意味着宣传工作的基本局面会围绕中心任务而变化，会出现一系列的理论创新、体制机制和方法手段的创新。

8.2 宣传系统的结构与功能

宣传工作从来都不仅是宣传部这一职能部门的工作，而是一项事关全局、全党的工作，宣传工作必须全党动手。刘少奇说，“我们党从最初建立起，就是全党作宣传的”[①]。习近平提出要树立大宣传的工作理念，动员各条战线各个部门一起来做，把宣传思想工作同各个领域的行政管理、行业管理、社会管理更加紧密地结合起来。所以宣传系统和组织系统类似，具有“纵向到底、横向到边”的严密体系，实行党中央集中统一领导，各级党委（党组）分级分类领导，宣传部专门负责，有关方面各司其职、密切配合的领导体制。

8.2.1 宣传工作的领导机构

因为党的各项工作中都有宣传思想工作，各方面工作都需要考虑意识形态问题，而党的领导通过党委（党组）来实现，所以各级党委（党组）对宣传（意识形态）工作负

① 中共中央宣传部．毛泽东周恩来刘少奇朱德论党的宣传工作．北京：中共中央党校出版社，1989：33.

主体责任。党的领导通过决策议事协调机构（地方称议事协调机构）、统一归口协调管理机制和党委派出机构（工作委员会）具体组织实施。

1. 决策议事协调机构

在党领导宣传工作的决策议事协调机构中，最重要的是中央宣传思想文化工作领导小组，其在中央政治局及其常委会的领导下开展工作，对党中央负责，向党中央和总书记请示报告工作。党的十八大以来，分工负责宣传工作的常委和政治局委员（中宣部部长）均进入中央书记处领导宣传口工作，中央书记处作为政治局及其常委会的办事机构，将党中央对宣传工作的全面领导与中宣部的具体领导、管理联系起来。该领导小组的决策议事协调范围极为广泛。随着信息技术的发展，互联网已经演变为信息传播的重要基础设施，网络空间迅速成为“最前沿”的宣传阵地。2018 年，中央网络安全和信息化领导小组改为中央网络安全和信息化委员会，负责网络安全和互联网意识形态管理等方面工作的顶层设计、总体布局、统筹协调、整体推进、督促落实，这表明网络政治安全和意识形态安全得到了前所未有的重视。还有其他一些小组也是党领导宣传的重要机构，如中央教育工作领导小组（2018 年组建，以加强党中央对教育工作的集中统一领导，全面贯彻党的教育方针）。有些领导小组会随着阶段性专项任务的结束或机构职能调整而撤销或转制，如曾经设立的中央文化体制改革专项小组（原中央文化体制改革和发展工作领导小组，其办公室设在中宣部）已撤销，改为中宣部文化改革发展局。

领导小组（委员会）通常设立办公室（或秘书组）作为办事机构，如中央网络安全和信息化委员会设立中央网信办作为其办事机构，与国家网信办一个机构、两块牌子。有些小组的办事机构设在相应的部委机关，如中央教育工作领导小组秘书组设在教育部。这些办事机构承担着保障委员会或领导小组日常运转的辅助职能，包括组织会议、起草重要文件、编辑参考资料、调研收集以供决策的信息乃至督促指导工作等。

2. 统一归口协调管理机制

2018 年 4 月，习近平在《关于深化党和国家机构改革决定稿和方案稿的说明》中使用了“统一归口协调管理”的新提法，结合 2018 年 3 月《深化党和国家机构改革方案》来看，这一提法至少涵盖了“归口领导”和“归口管理”两种不同情形（如中央统战部与国家民委是“归口领导”的关系，中央宣传部与国家广播电视总局、中央广播电视总台是“归口管理”的关系），而《中国共产党重大事项请示报告条例》（2019 年）第七条、第八条、第九条区别了三种不同的工作关系，分别是“双重领导”“归口领导、管理”“归口指导、协调或者监督”，对其请示报告制度做出不同规定，后两种泛指“归口”关系。

在“归口”范围内，根据职能机构与其他机构之间的组织关系的性质和管理介入程度可分为“归口指导、协调或者监督”（简称“归口指导”）、“归口领导”和“归口管理”，具体体现在请示报告、用人权限、业务指示的方式上。如果是“归口管理”关系，则被“归口管理”单位不仅要向宣传部请示报告，其重要组织人事变动也须经宣传部批准同意。例如人民日报社作为中共中央正部级直属单位，由中宣部归口管理，其社内重要部门的干部任免都须经中宣部批准，宣传部对其业务工作的指导更加细致具体，具有指令性。而在“归口领导”关系中，虽然也要遵循请示报告制度，但宣传部仅对领导班子的选任有建议权，对该机构的工作实施监督和指导，但对其内部的具体管理介入不深。如文化和旅游部由中宣部归口领导，其中管干部不由中宣部决定，主要业务司局的领导班子成员的任免（不包括一级、二级巡视员）报中组部、中宣部备案同意。在“归口指导”关系中，宣传部主要是对相关单位的宣传业务予以指导，对相关单位重要业务部门的人事有发言权。如中宣部领导意识形态工作，对中央网信办的互联网意识形态工作进行指导，对网信办相关司局的领导干部有管理权，但对网信办信息化和网络安全方面司局领导的任免则不予干预。在“归口”机制中，中宣部起中枢作用，其职责包括贯彻落实党对宣传工作的方针政策和决策部署，拟订宣传工作重要政策和事业发展规划，统筹协调意识形态工作，组织协调意识形态工作责任制落实情况日常监督检查，结合巡视巡察工作开展专项检查等16项职能。

2018年和2023年两轮党和国家机构改革都涉及“宣传口”机构。2018年的《关于深化党和国家机构改革的决定》明确提出，要“更好发挥党的职能部门作用。优化党的组织、宣传……等部门职责配置，加强归口协调职能，统筹本系统本领域工作”。该轮改革使中宣部本身的机构和职能有了较大扩充，宣传口的统筹范围也有所调整。

从历史上看，中宣部除了在“文化大革命”时期被取消外，其他时期都一直在不断调整、扩充机构和职能。其演变动力主要是党的执政环境、条件和要求，党的领导理念和方式，党对宣传功能的认识及关注的重点，党和国家领导人在政治理念和宣传理论等方面的变化。同时，宣传部内部机构的设置调整也体现了宣传部门对其使命任务的认知，对自身业务内容的认定，对宣传内涵与形式的认识。

就宣传环境和条件变化来说，20世纪90年代以前的宣传基本上是单向度的可控传播（即使报刊开设“读者来信”等互动栏目，这些信息也是被编辑精心选择的，具有内在可控的“偏向”），但市场化改革导致都市化大众媒体兴起，尤其是基于互联网信息技术的传播媒介使公众的知情权和表达权有了现实的能力支撑，形成了大众真正大规模互动参与的新的“舆论场”①，大众传播引起的社会心理和情感变化的突发性、不可控性，大大提升的信息控制成本，均对传统单向度的传播管理乃至国家治理带来挑战。在这股历史潮流中，民主政治基于“说服”和“公开性”的属性日益凸显，通过互联网去了解“民意”既成为可能，也成为必要。党的领导人与时俱进地提出宣传要重视舆论，要“按照新闻传播规律办事”，党的新闻观念也从“新闻宣传”转型为“新闻舆论”②，因而研究

① 2004年中宣部部长刘云山在一次座谈会上指出，“互联网的迅速发展，带来了信息传播手段的深刻变革，已经形成了新的舆论场，成为对外宣传的新途径、新手段、新渠道”。参见：刘云山．对外宣传报道要努力满足海外受众需求．(2004-09-03)．中国网．

② 2002年，胡锦涛在全国宣传部长会议上指出：“要尊重舆论宣传的规律，讲究舆论宣传的艺术，不断提高舆论引导的水平和效果。”2016年2月19日，习近平主持召开党的新闻舆论工作座谈会，首次明确把“新闻宣传”改为“新闻舆论”，这是新闻宣传话语转型的一次里程碑式事件。参见：叶俊．新闻宣传概念的历史及其终结．全球传媒学刊，2016 (3).

舆论规律和引导舆情成为宣传工作的新任务。党的十六届四中全会以后，我国舆情信息研究和实践蓬勃发展，中宣部舆情信息局、上海社会科学院社会调查中心、天津社会科学院舆情研究所等舆情信息研究机构相继成立，各省区市党委宣传部也陆续成立了专门研究部门，积极开展社会舆情的监控与收集工作。①

2018 年的机构改革根据坚持党中央集中统一领导的要求，针对党政机构实际运行中存在的“机构重叠、职能重复、工作重合”等突出问题，将国家新闻出版广电总局的新闻出版管理职责和电影管理职责分别划入中宣部。新闻出版管理职责分成六块并入中宣部出版局、印刷发行局、传媒监管局、反非法反违禁局、版权管理局、进出口管理局，作为内设局直接由中宣部管理，对外加挂国家新闻出版署（国家版权局）牌子；电影管理职责并入中宣部电影局，对外加挂国家电影局牌子。在国家新闻出版广电总局广播电视管理职能基础上组建国家广播电视总局，不再保留国家新闻出版广电总局。因此原来诸多属于行政审批的职能实际上已由中宣部相关业务局承担，但为保持“国家行为”名义和对外交流合作方便而加挂牌子。2023 年的机构改革将中宣部代管的中央精神文明建设指导委员会办公室（简称“中央文明办”）② 的志愿者活动划入新组建的中央社会工作部，其下属的三个局（文明创建局、文明实践局、文明培育局）改为中宣部内设业务局。

最近两次的大规模机构改革不仅改变了中宣部内设机构和职能，也调整了中宣部的“归口”统筹范围。如整合中央电视台（中国国际电视台）、中央人民广播电台、中国国际广播电台而组建的中央广播电视总台，国家广播电视总局，文化和旅游部，皆为中宣部统一归口协调管理单位。这些改革既有集权的一面（如加强领导小组、强化党的职能机构，以及整合对港澳的宣传工作），也有扩权的一面（如扩充内部机构、扩大统一协调管理范围，尤其是中宣部承担了行政审批、执法职能）。

3. 党委派出机构

党委为加强对特定领域、行业、系统的领导，成立了派出机关，称为工作委员会，代表党委领导该领域、行业、系统的工作。在与宣传密切相关的教育领域，成立了教育工作委员会③，其与教育厅、局合署办公，由工委书记或副书记兼任厅、局长。之所以对教育工作“分兵把守”，与教育工作在宣传工作中的基础性地位有关。④

4. 宣传系统的基本领导方式

领导小组（委员会）决策议事协调、宣传部主管组织实施和协调指导，是党总揽全局、协调各方的领导体制在宣传领域的体现。这一领导体制通过几个具体机制发挥作用。

---

① 2013 年，人力资源社会保障部将网络舆情分析师正式纳入人力资源社会保障部中国就业培训技术指导中心职业培训序列，授权人民网舆情监测室负责全国网络舆情分析师的培训和考核工作。参见：贾祥敏．新媒体舆情论：理论与方法．北京：科学出版社，2021：6.

② 中央文明办是成立于 1997 年的中央精神文明建设指导委员会的办事机构，“中国文明网”是中宣部（中央文明办）的门户网站。

③ 各地名称略有差异，如上海市为“中共上海市教育卫生工作委员会”。

④ 1989 年 3 月 4 日，针对十年来思想政治工作薄弱的严重性问题，邓小平指出：“十年来我们的最大失误是在教育方面，对青年的政治思想教育抓得不够，教育发展不够。”参见：邓小平．邓小平论教育．北京：人民教育出版社，1997：207. 2019 年 3 月 18 日，习近平在学校思想政治理论课教师座谈会上指出，针对义务教育阶段中道德与法治、语文、历史三科教材建设，要从维护国家意识形态安全、培养社会主义建设者和接班人的高度来抓好。

一是通过“负责到人”来贯彻党的领导意志。一方面，在决策议事协调机构中，成员单位的出席者是该项工作在其单位的具体工作责任人，其“以党内同志关系消除党政组织之间的壁垒”，“本着党员第一身份的意识，克制本部门、本机构甚至是本人的利益诉求”，从而简化被协调部门内部的权力流程。① 另一方面，通过宣传部与归口机构主要领导之间的人员兼任，在“集体领导和个人分工负责”相结合的民主集中制原则下，将宣传部部务会的集体意志直接转化为归口单位的机构意志。如中央网信办、国家新闻出版署、国家广播电视总局、中央广播电视总台等单位领导通常兼任中宣部副部长（正部长级）。在全面加强党的领导的总要求下，宣传贯彻党中央的改革举措，应对社会舆情的复杂性、不确定性，领导人兼任职务的做法强化了直接领导，有效缩短了宣传系统内的决策和落实流程，有利于相关宣传机构反应迅速、如臂使指、意志统一、口径准确地应对各种情况。

二是通过请示报告制度强化全面领导。《中国共产党重大事项请示报告条例》第八条、第九条对此做了规定，各级党组织包括宣传系统内的单位必须遵循。

三是通过组织手段确保关键岗位人员到位。按照党的组织工作和归口管理的基本做法，宣传部对于被归口领导、管理的单位，由组织部会同宣传部参与其单位领导班子成员的考察提名；讨论决定其领导班子成员的分工；讨论决定其重要内设机构负责人的任命。中宣部还对省、自治区、直辖市党委宣传部部长的任免提出意见。

四是通过绩效考核贯彻落实。像其他部门工作一样，绩效考核在宣传系统中是推动工作的有力抓手，领导机关也会将工作任务分解下发，以目标达成状况考核下级机构和干部的表现。国家层面出台过政务新媒体检查指标、监管工作年度考核指标，各地方宣传系统也因地制宜地制定了考核任务和指标，有的地方将本地政务媒体报道被上级（尤其是中央）主流媒体用稿或转发定为核心考核指标，有的地方以排名竞争机制推动下级宣传工作，有的地方由宣传部直接制定文旅工作的绩效考核方案。

五是通过会议周期推动整体部署。通过召开全国宣传思想文化工作会议②（通常五年一次）、全国宣传部长会议（通常一年一次）和不定期的专题座谈会等方式，领导人阶段性地提出宣传理念理论、部署重大宣传任务，领导小组也以开会的方式履行日常领导工作。

5. 各具特色的宣传机构

中国政治体系由党、政（包括人大、政协、人民政府、人民法院、人民检察院等）、军、群（群众团体又称人民团体，如工会、共青团、妇联等）等子系统组成，此外还有国企和事业单位，其中均存在党组织，这些系统的宣传工作均由本系统党委（党组）领导并有相应的宣传部门，接受上级党组织宣传部门指导。这些系统的宣传工作构成了“大宣传”的范围。但不同领域的宣传工作，会面向特定群体有针对性地开展，这是宣传“分众化”

---

① 张弛．论党对国家政权机关的领导：以“党的工作”为中心的理论透视．当代世界与社会主义，2020（1）.

② 对于与宣传相关的工作，中共历史上有宣传教育、思想政治、宣传文教、宣传思想等各种称呼，2023年10月，中央召开全国宣传思想文化工作会议，此后这方面工作统称为“宣传思想文化工作”，“中央宣传思想工作领导小组”也改为“中央宣传思想文化工作领导小组”，这表明了新时代党中央对文化的政治属性和战略意义的深刻认识和高度重视。

策略的具体实现。①

地方党委宣传领导机构与中央领导机构并不完全一样，但领导机制基本上与中央差别不大，如领导小组名称通常和意识形态工作领导小组联名，地方宣传部内设机构也可能略有差别，与政府机构合署办公的情况也各不相同。此外，在中央层面，理论工作、新闻出版、舆情工作的重要性具有突出地位，而在地方层面，越往基层，文艺、宣教工作的重要性就越凸显，并且呈现出各种地方特色，因为对于基层宣传工作来说，理论工作最终都需要转化为老百姓喜闻乐见的形式，不仅要“有意义”，还得“有意思”。

8.2.2 宣传工作中的媒介管理体制

各项宣传工作都依赖于传播媒介，媒介管理既是宣传工作的基本内容，也是其主要形式。然而传播媒介的演进极为迅速，相应的管理机构和规管体制也总是处在动态调整中，例如各省级政府大规模地合并了文化、体育、新闻出版、广电等机构。正如各种新闻所揭示的，脱口秀、剧本杀、网络直播等近几年出现“井喷式”发展的传播现象，各地相关机构针对其内容的技术属性和社会属性的差异制定了规范，并加以管理。

宣传系统基于媒介类型建立了一套由党的领导、条块结合、主管主办、属地管理等规则综合而成的管理网络。党的领导体现在党管媒体这一原则上，近年来许多原属于政府行政管理和执法的职能，已经以“两块牌子、一套人马”的方式转移至党的机构。条块结合是指地方宣传部“在宣传工作中实行双重请示报告制度——既向同级党委请示报告，也向上级宣传部门请示报告”②。上级宣传部门对其进行指导，同级党委对其进行领导。主管主办是指出版单位必须“有符合国务院出版行政部门认定的主办单位及其主管机关”，“主管单位、主办单位与出版单位之间必须是领导与被领导的关系，不能是挂靠与被挂靠的关系”，主管主办单位对本单位主办的出版单位担负领导和管理责任。③ 属地管理是指各地出版管理部门对本地区出版工作担负指导、协调和监管职责。主管主办坚持“谁主管谁负责”“谁主办谁负责”，这是管理中的“条”，而属地管理是管理中的“块”。

目前我国宣传工作中的媒介管理职能基本实行四级体制，即设立中央、省、地（市）、县四级管理机构。如文化行业的管理层级是文化和旅游部（中央）、文化和旅游厅（省）、文化旅游广电局（市，各地名称有差异）和文化旅游广电体育局（县）。在地（市）、县两级，行政管理部门的名称和职能合并情况较为普遍，越到基层，名称越

---

① 如群团组织的主要特定对象包括青年群体，习近平指出，现在很多青年人在新经济组织、新社会组织、社区里，在网络空间里，在农民工、个体工商户、网民、“北漂”、“蚁族”里，尤其是那些自由职业者、网络意见领袖、网络作家、签约作家、自由撰稿人、独立演员歌手、流浪艺人等种类繁多的新兴群体，里面有很多有本事的人，有的甚至可以一呼百应。对他们的工作做不好，他们可能成为负能量；对他们的工作做好了，他们就可以成为正能量。随着社会发展，这类人群将会越来越多，群团组织必须适应这个发展趋势，努力去做他们的工作，而不要排斥他们、拒绝他们、疏远他们，不要让他们游离于群团组织之外。参见：中共中央党史和文献研究院．习近平关于网络强国论述摘编．北京：中央文献出版社，2021：65－66.

② 苏颖．守土与调适：中国政治传播的制度结构及其变迁．甘肃行政学院学报，2018（1）.

③ 宋木文．出版单位主办主管制度的由来与调整的探索．出版科学，2003（4）.

多样化，有的县级业务行政管理直接由县委宣传部承担。网信系统目前从中央到地级市是三级管理，而在县一级情况有所差异，有的县由事业单位（如融媒体中心）承担管理职能，有的则由宣传部代行职权。省、地（市）级党委均成立网信委，党委主要负责同志亲自挂帅。此外，省、地（市）、县设立文资中心或文资办，行使管理国有文化企业职责。

2018年以来的党和国家机构改革在宣传系统的一个重要举措是，进一步统一和完善文化市场综合执法机制。不同类型媒介（新闻出版、电影、广播电视、互联网传播、文化文艺）的审批许可职能虽分布在不同机构的不同层级，但在监督执法环节基本实现了统一，地方逐级成立了文化市场综合执法总队（省一级）和大队负责统一监督执法，解决了宣传文化领域执法“九龙治水”的局面，但一些涉外业务仍属于中央管辖。各地方执法总队设置亦有差异，如北京市文化市场综合执法总队为市委宣传部与北京市文旅局双重领导。表8-1为基于传播媒介类型的管理体制。

表8-1 基于传播媒介类型的管理体制

管理机构	管理业务
中宣部新闻局、出版局、传媒监管局、印刷发行局（对外挂国家新闻出版署、国务院新闻办、国家版权局等牌子）	新闻发布、新闻采编、图书、报纸、期刊、音像、电子游戏、电子出版、融媒体、印刷等
中央网信办、国家网信办	互联网新闻信息服务、互联网内容监管与执法等
国家广播电视总局	广播、电视、网络广播电视、视听节目、手机视听节目、播客、IP电视等
国家电影局（中宣部电影局对外加挂的牌子）	电影立项、制作、放映等
工业和信息化部	电信企业、国际通信出入口、互联网域名注册服务机构、域名根服务器及域名根服务器运行机构等
文化和旅游部	历史文化遗产保护、文艺团体、文艺表演、文娱场所、展览场馆、纪念设施等
教育部、社会科学院、全国哲学社会科学工作办公室、中宣部理论局	哲学社会科学学科建设、课程、教材、科研项目等
市场监管总局	营业执照、营业性演出、文化市场等

资料来源：根据相关法律法规、行政规章、政府网站和公务平台业务指南等信息制作。

注：在“管理业务”中并未区分管理层级，实际上大多数常规审批许可权限在地方管理机构，有少数业务的审批、督办权限在中央一级机构。这些机构所对应的管理业务也在调整之中，如有些地方的“艺术培训”项目原归教育部门审批，现归文化和旅游部门审批。

8.2.3 宣传的功能

中国共产党形成了系统的关于宣传功能的认识和阐述，宣传工作要自觉承担“举旗帜、聚民心、育新人、兴文化、展形象”的使命任务，而宣传部门也熟知“武装全党、教育人民”“指导实践、推动工作”等为自己最核心的工作内容，据此我们遵循由浅入深的叙述逻辑，从政治体系的“内部视角”将宣传的功能概括为表达、服务、教育、塑造功能。

1. 表达功能

宣传系统的表达功能是双重的：一方面，媒体作为党的“喉舌”，应宣传党的理论和路线方针政策，展示党的积极正面形象，坚定“四个自信”；另一方面，它作为“耳目”，也应反映和传播真实的社会情况，表达人民的呼声和需求。如果说“到群众中去”是实现宣传的动员功能，那么“从群众中来”则是提示宣传应当“通俗化、大众化”，具有“吸纳”群众观点、表达群众意见的功能，宣传工作要“接地气、冒热气、聚人气”“沾泥土，带露珠”，并最终达到“扬正气”的效果。

“文化大革命”结束以后，宣传党的理论、路线、方针、政策的方式出现了巨大的转变。在报道风格上，媒体努力打破“舆论一律”“千报一面”“千头一面”的格局，语言更贴近群众；在内容上，媒体为改革开放中的新生事物开辟道路、突破禁区做出了巨大贡献，商业、娱乐、生活等内容获得了更多的版面和受众；媒体上开始出现对政治现实的批评性报道，1986 年党报媒体上甚至还出现了关于国家领导人的政治漫画。①

20 世纪 90 年代以后，批评性报道的兴起也使得社会中多样性的观念和利益得到了更为充分的表达，作为这种表达的理论依据，“舆论监督”一度替代了“批评与自我批评”，得到了官方的认可，1987 年，党的十三大报告中首次出现了“舆论监督”的提法。在实践中，2002 年，国务院办公厅开设《焦点访谈》跟踪反馈机制，就中央领导人每一次关于《焦点访谈》所报道事件的批示，责成有关职能部门对被监督事件与人员进行行政调查和查处或移交司法机关，做出了重视舆论监督的良好示范。2011 年，中宣部等五部门出台《关于进一步规范新闻采编工作的意见》，意见指出，原则上地方性媒体、都市类媒体不跨地区进行舆论监督采访报道，专业类媒体不跨行业进行舆论监督报道。② 在规范上，历次党代会的报告都提到了要“发挥舆论监督的作用”，党的十八届三中全会通过的《关于全面深化改革若干重大问题的决定》明确指出，“健全民主监督、法律监督、舆论监督机制，运用和规范互联网监督”。2022 年 5 月，人力资源社会保障部发布的《关于 2022 年第一批评比达标表彰项目的公示》显示，中国新闻奖（国内等级最高的新闻奖）首次设立舆论监督报道奖。2022 年有 16 件作品获奖。

基于互联网的新媒体兴起为党和人民群众的双向表达提供了全新的渠道和方式。“网络问政”成为日常、“网络监督”时出新闻。人民网“地方领导留言板”成为民众表达、政府回应的互动新典范。各地方建立的融媒体也纷纷效仿，“三微”（微博、微信、微视频）上的政务号往往集成了民众表达的功能。新媒体上的表达有其特殊属性，如事件的突发性、传播的爆炸性、演变动态的多变性，因此“舆情监控”“舆情分析”“舆情管理”成为各级党委政府的必修课。在党的二十大召开时，习近平总书记批示就二十大相关工作进行网络征求意见，并亲自部署方案，这是党的历史上第一次将党的全国代表大会相

---

① 复旦大学口述历史研究中心．亲历：上海改革开放 30 年．上海：上海辞书出版社，2008：181－183.

② 中共中央宣传部等五部门出台关于进一步规范新闻采编工作的意见．新疆新闻出版，2011－11－28.

关工作面向全党全社会公开征求意见。①

党的十八大以来的宣传工作日益重视对外“展形象”的功能，不仅领导人提出“讲好中国故事、传播好中国声音”的主张和“夺取话语权”理论，宣传部门还持续推动建设多媒介对外传播平台，如2016年外宣旗舰媒体——中国国际电视台（CGTN）正式成立，主流媒体纷纷建立、运营多语种网站和客户端，支持各机构围绕我国重大外宣议题举办论坛、研讨会，发出中国声音，推动中国形象由“他塑”向“自塑”转变。举办重大国际会议、论坛和赛事也成为展示中国形象的最佳窗口，2008年北京奥运会、2022年北京冬奥会成为展示中国文化魅力、改革开放的成就和繁荣稳定的中国形象的最成功案例之一。

长期以来宣传系统都有两条表达渠道，除了公开出版物外，还有“内参”渠道。各媒体单位、社科研究机构、官方智库等均可通过本系统内部媒体向上级反映情况，涉及重大政策问题的批评，不宜公开在媒体上反映，也可能通过内部渠道向上反映，出现在决策者案头，这是执政者“耳聪目明”、决策参考、推动工作的重要帮手。领导者每天都要阅读大量不同渠道的内参读物，中共中央文献研究室编辑出版的《邓小平年谱》就记载了邓小平阅读和批示“内参”的数量达200多件。内参也是高层决策者防止被下级蒙蔽的有效手段。② 内参信息具有问题意识强、题材重大或敏感、可信度高、传播范围按敏感程度与权力等级呈金字塔型分布、在组织内部影响力较大等特点。③ 此外，宣传系统中负有外宣使命的媒体，如《人民日报（海外版）》的表达策略和“言论尺度”也不同于其他国内媒体。

2. 服务功能

宣传工作的服务功能包括服务党的各项工作、服务群众，尤其是围绕党的主要任务、中心工作服务大局。如果说在革命和社会主义改造与建设时期，宣传最突出的功能是传播革命观念、动员人民参与阶级斗争和激发社会主义建设热情，那么在改革开放时期，其服务人民群众、满足人民精神文化需要的功能则更为常见。

宣传系统一方面通过提供文化服务来满足人民群众的精神文化需求，另一方面通过宣传系统与国家治理体系的深度嵌合，为人民群众参政、议政、问政、享政提供更多的机会与资源，改善治理质量，提升人民满意度。“文艺为工农兵服务”与“以人民为中心”保持着宗旨的连续性。国家投入资源建设公益性文化事业，在全国范围内普及综合文化服务中心，通过提供标准化、均等化的基本公共文化服务（如面向乡村的农村书屋、送戏下乡、农村电影放映工程、智慧广电固边工程、智慧广电乡村工程、应急广播村村响、建设基层图书馆、文化馆（站）、博物馆、文化广场、文化礼堂），满足基本文化生活需求。国家也建设了贯通上下、覆盖全国的数字化文化教育服务基础设施，如国家公

---

① 听民意、汇民智、聚民力：党的二十大相关工作网络征求意见活动综述．(2022-09-26). 新民网．

② 针对记者为新华社《内部参考》写的稿子往往被地方扣压的情况，毛泽东在一次谈话中指出：“中央给记者的任务就是如实反映情况。记者反映情况是自己的职责。不论是省市委喜欢的不喜欢的，他都要反映。中央怎样判断，这是中央的事。省市委书记不是记者，不能到处去采访，如果让他任意扣压记者的稿件，中央还要派记者下去干什么?”参见：刘宪阁．毛泽东是怎样用内参治国理政的．湘潮，2016 (12).

③ 尹韵公．论中国独创特色的内部参考信息传播工作及其机制．新闻与传播研究，2012 (1).

共文化云、全国文化市场技术监管与服务平台、国家智慧教育公共服务平台、广播电视节目收视综合评价大数据系统等。其中，国家公共文化云整合全国公共数字文化资源和服务，打通公共数字文化服务“最后一公里”，为县及以下公共文化机构免费提供一站式快速建站工具，实现公共文化服务“政府端菜”与“群众点菜”相结合，形成群众文化活动的大集成、大展台。国家智慧教育公共服务平台已基本形成世界第一大教育资源数字化中心和服务平台。传媒在保持和改善其宣传职能的同时，通过“新闻＋政务、服务、商务”“智能＋”等模式，在提供新闻产品之外增加了更多的公共服务职能。近年来各地官方主动组织的媒体（电视和融媒体）问政，更是直击民生与治理的“难点、痛点、堵点”，“已叫停、已办理、已整治”时常成为主流媒体问政效果“立竿见影”的吸睛标题，从而实现新闻与治理的大协作。2018 年国务院办公厅发布《关于推进政务新媒体健康有序发展的意见》，针对一些政务新媒体的不足（如“僵尸”“睡眠”“雷人雷语”“不互动无服务”等现象）提出了诸多改进要求。①

宣传工作从来都是党的其他各项工作的重要推手。对于法治工作而言，“普法教育”是让法治观念深入人心的常规工作；对于社会治理或危机管理工作而言，保持舆情敏感、做好热点引导、强化权威信息发布是维护社会和谐稳定的有力帮手；对于纠风反腐工作而言，舆论监督是健全党和国家监督制度的重要内容，公开或内部播放的警示教育专题片是震慑人心的利器；对于国防工作而言，国防教育是塑造爱国观念、从事国防动员的基础；对于创文明活动而言，典型宣传继承了积极引导的悠久传统；而对于党的主要任务和中心工作而言，及时做好形势政策宣传、精心组织重大主题宣传，是服务大局的基本手段。

改革开放以来，经济建设始终是党中央毫不动摇的中心工作，各地涌现出的形式多样的“文化搭台、经济唱戏”做法，甚至“文化”本身的“产业化”，都是围绕中心工作而开展的宣传战略。当中国宣传系统中各地文旅部门的官员竭心尽力打造“网红”景点、“代言人”和“本地特色商品”，甚至亲自下场走进电商直播间“带货”时；当随着国家乡村振兴战略的部署和实施，今日头条、西瓜视频、抖音、快手等短视频平台相继推出振兴、发展乡村的计划，加大对三农创作者的资金投入、政策扶持及价值引导时，“宣传”与“服务”的结合如此现实直观，以至于我们不能再将“服务”视为“宣传”之外的职能。

3. 教育功能

宣传教育的对象包括党员干部和群众，前一个任务主要由组织部承担（宣传部也承担着重要角色，如 2021 年的党史学习主题教育活动是由宣传部门牵头），后者则是宣传部的“主业”（宣传部宣教局的主要职责），“宣传教育工作本质上是群众工作”。马列主义经典作家均重视媒介的教育作用。1901 年 5 月，列宁在为《火星报》撰写的题为《从何着手?》的社论中，提出了“报纸不仅是集体的宣传员和集体的鼓动员，而且是集体的组织者”② 这一著名论断。在列宁那里，教育党员、无产阶级和群众是新闻媒介的天然使命。

宣传这种内在使命，要求党员干部坚持理论学习，以改造世界观（保持初心）、提高执政能力；对于人民群众，则要求其接受教育、提高素质，理解和拥护党的领导。对党

---

① 国务院办公厅关于推进政务新媒体健康有序发展的意见．(2018－12－27)．中国政府网．

② 列宁．列宁全集：第 5 卷．2 版．北京：人民出版社，2013：8.

员干部的要求，通过《干部教育培训工作条例》《中国共产党党委（党组）理论学习中心组学习规则》等制度来保障。各种主题学习教育（通常中央会指示宣传部门编写“学习纲要”等成套统一的学习材料）与“批评与自我批评”相配合，并进行相应的“工作整改”，这是宣传教育转化为工作“动能”的基本程式。

与党员干部的强制性学习教育不同，对人民群众的要求则需要通过“柔性”的“说服教育”或榜样示范来实现。从20世纪50年代的“扫盲运动”“爱国卫生运动”到持续多年的“三下乡”“普法教育”“创文明”活动，都是为了教育群众。从20世纪的“村村通广播”到21世纪的“户户通电视”，到2021年全国中小学（含教学点）互联网接入率达到100%、超过3/4的学校实现无线网络覆盖、99.5%的学校拥有多媒体教室[①]，不论其渠道中传播的内容如何变化，其实质是国家编织了无远弗届的信息传播网络，为教育人民群众提供了最基本的传播基础设施。

4. 塑造功能

文艺要塑造人心，思政课重在塑造学生的价值观，对外传播要注重塑造我国的国家形象，这些都是宣传的塑造功能。宣传最根本的功能是塑造主流价值观，建立和巩固价值系统，使人民群众“感党恩、听党话、跟党走”。

早在革命时期，党就通过对不同类型媒介的绝对掌握和灵活运用，着力建立革命政权的主体性、正当性。在陕甘宁边区建立中央研究院、在根据地发行毛泽东像邮票、在各种典礼仪式和公共场合悬挂领袖画像[②]、编辑发行领袖文集、在广播电台确立自己的授时标准[③]，这些皆是在意识形态阵地中争夺和确立合法性的举措。

在社会主义改造中，创造新社会需要先塑造“社会主义新人”，这主要是通过宣传工作来完成的。江泽民说，“我们的宣传思想工作，必须以科学的理论武装人，以正确的舆论引导人，以高尚的精神塑造人，以优秀的作品鼓舞人，不断培养和造就一代又一代有理想、有道德、有文化、有纪律的社会主义新人”[④]。党的十九届六中全会提出，“必须抓好后继有人这个根本大计”，这意味着不仅领导干部这一“关键少数”对理想信念的坚守关乎党和国家事业的百年大计，青少年群体价值观的培养塑造也具有根本性的战略意义。

在改革开放时期，传递主流价值观、维护政权合法性和塑造政治权威的成功经验得到了延续，而新的宣传手法被不断创造出来。21世纪以来，国家仪式（如天安门升旗仪式、运动会开幕式）和庆典成为提升民族自豪感、增强文化自信、加强对政权合法性认同的日益重要的机制。国家领导人也经常在纪念日、节日、庆典、会议、视察、特定主题展览和特殊日期推出重大理论创新或发布重要政策内容，通过仪式性、典礼性加持内容的庄严感和重要性。例如，党和国家的吉庆日期，全国媒体都会使用统一的背景用色，以表达普天同庆之意。央视春晚多年来已成为国家意识形态“具象化”的典范。以习近平文化思想为引领，推动中华优秀传统文化创造性转化、创新性发展，推动马克思主

① 吴丹．中小学互联网接入率达100%，超过3/4学校实现无线网络覆盖．人民日报，2023-01-04.

② 黄骏．领袖像的印行、展现与民间反映（1949—1965）．党史研究与教学，2019（4）.

③ 汪小虎．颁历授时：国家权力主导下的时间信息传播．新闻与传播研究，2018（3）：96-111.

④ 中共中央文献研究室．十四大以来重要文献选编：上．北京：人民出版社，1996：647-648.

义与中华优秀传统文化相结合，建设中华民族现代文明，成为宣传工作新的重大使命。

8.3 宣传系统的变迁及运作

一百多年来，党的宣传手法从最初的办杂志、印书籍、撒传单、演戏剧、刷标语、喊口号、游街衢、做演说、绘漫画，逐渐添加了办报纸、编墙报、唱民歌、扭秧歌、颂领袖、办广播、演电影，再升级为改造思想、塑造新人，改造和掌控文字、文学、绘画、音乐、电影、曲艺，重塑学校、学科和思想知识体系，之后拓展到无线电视、有线电视、卫星电视和互联网，直至今天在全球化时代复杂的国内外交融又交锋的信息海洋中，建设社会科学“自主知识体系”，运用大数据、人工智能、复杂算法，精准“把握社情民意”，熟练驾驭“全媒体”“融媒体”，进而上升到国际舞台，“讲好中国故事”。百年宣传不仅是一个宣传方式方法进化的过程，实际上宣传环境也发生了沧海桑田般的巨变，其受众群体更是变化万千，其间经历了诸多危机甚至系统性风险，如在 20 世纪 80 年代的资产阶级自由化思潮、20 世纪 90 年代以来的传媒商业化大潮、21 世纪以来互联网信息科技掀起的传播革命浪潮中，宣传系统面临巨大的挑战，也表现出强劲的“韧性”。这种韧性与党的“学习型组织”的特性有关：党的十八大以来，在第十八届、第十九届中央政治局集体学习的 74 个主题中，直接围绕宣传（如提高国家文化软实力研究、全媒体时代和媒体融合发展、加强我国国际传播能力建设）或与其密切相关（如《共产党宣言》及其时代意义、我国考古最新发现及其意义）的就有 18 项，占比 24.3%。① 随着执政形势、条件的变化和党的政治理论的发展，其宣传理念和运作方式自然也在与时俱进。

8.3.1 传媒的政治经济结构变迁

一切宣传皆依赖于传播媒介。世事沧桑，如今我们已经很难想象万人空巷、全家看电视，或街边、办公室里人手一份报纸的景象了，因为随着以互联网为基础的融媒体、全媒体、多屏幕时代的来临，我们都成了整天在“网上”游荡、浏览、游戏的“蜘蛛侠”。② 传媒景观的变化，是我国 40 多年来政治经济结构深刻变迁的缩影。宣传的“工作面”具有双重属性：既有精神产品属性又有商品属性；既有意识形态属性又有产业属性；既要把社会效益放在首位，又要实现经济效益。正是这种双重性的紧张和互动，推动了改革开放以来传媒政治经济结构及其规管体制的历史性变革。

改革开放之前，宣传系统中的传媒体制有如下特征：国有专营制，行政等级制，“中央统管、逐级主管”制，这意味着传媒各个领域和环节不允许私人介入，行政权力按等级配置媒介资源，媒体单位作为事业单位本身也有行政级别，“党政不分、管办不分、事

---

① 中共中央组织部．中国共产党组织建设一百年．北京：党建读物出版社，2021：493－496.

② 中国互联网络信息中心发布的最新数据显示，截至 2023 年 6 月，我国网民规模已达 10.79 亿人，短视频用户规模 10.26 亿人，用户使用率达 95.2%。数据显示，我国网民人均每周上网 29.1 小时，较 2022 年 12 月增加了 2.4 小时。

企不分”。这套体制与指令性计划经济体制、命令式管理方式高度适配，是邓小平提倡“解放思想、实事求是”的改革背景之一。中国的改革开放虽然是渐进式的，却是全方位的，不可避免地深入到宣传体制。一些结构性力量如市场机制、社会转型、技术进化甚至全球化进程均深刻地改变了中国的传媒景观，也对中国宣传体制形成巨大压力，驱使其不断变革。

最初官方自上而下推动传媒市场化是为了减轻财政压力，如 1979 年元旦上海电视台播出了中国电视节目中的第一条外国商业广告。随着改革开放深入发展，传媒领域的商业化、多样性、地方化趋势日渐增强，传媒版图发生了巨变。商业化体现在传媒领域向市场竞争开放，从允许市场主体参与媒体的发行、印刷，到允许市场主体参与经营和内容生产，多样性体现在传媒单位、传媒种类迅速扩充和传媒内容日益丰富上，地方化体现在传媒管制向地方放权和传媒内容生产的地域性增强。在市场机制驱动下，20 世纪 90 年代以后，都市报、晚报等主要关注娱乐、生活、社会新闻的面向市民大众的报刊大受欢迎，靠广告和发行而获利，迅猛发展；而党报党刊主要面向机关群体，关注官方和官员新闻，大多风格僵化，更多只能依赖行政指令订阅，在社会面的影响力急剧萎缩。2003 年之后，中共中央办公厅屡次发文禁止强制订阅，但收效甚微。在 2001 年中国加入世界贸易组织（WTO）后，国家推动大规模文化体制改革，还向外资开放了部分传媒领域和环节，市场化伴随着全球化迅猛发展。媒体的商业化（市场逻辑）与党的“喉舌”（政治逻辑）定位产生了矛盾。[①] 这种矛盾其后通过不断调整媒介的“公益性”与“经营性”版图而逐步得到缓解。从图 8－1 和图 8－2 可见，2012 年左右报纸、期刊发行量达到顶峰，之后中国传媒进入移动互联网时代。

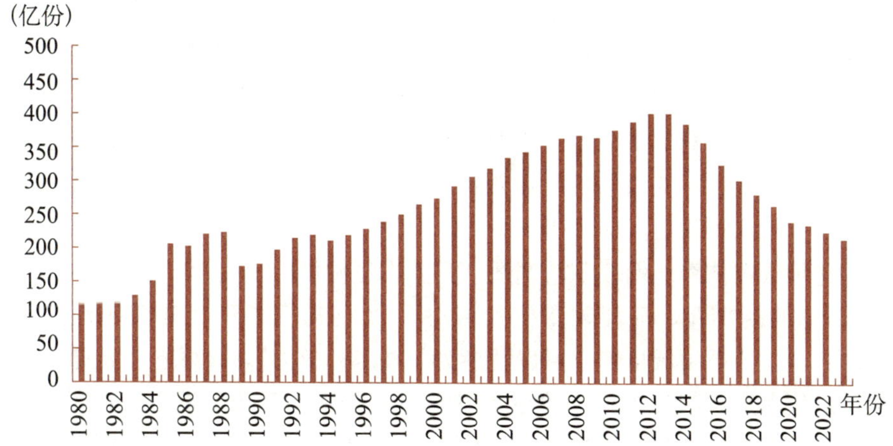

图 8－1　1980—2023 年报纸发行量变动趋势

资料来源：本图的基础数据由谢盼盼、孙涵越、张欣怡根据公开数据整理而成。主要数据来源：中华人民共和国国家统计局．新中国六十五年．北京：中国统计出版社，2014；https：//data. stats. gov. cn.

① 当时还存在把社会效益与经济效益对立起来、把社会效益与政治效益等同起来等不当的认识，如有杂文调侃说社会效益好比公鸡打鸣，经济效益好比母鸡下蛋，要一只鸡又打鸣又下蛋是不可能的。党的宣传工作者对这些认识做出了辩驳。参见：刘忠德．关于文化工作面临的若干理论和实践问题的思考．人民日报，1993－07－22.

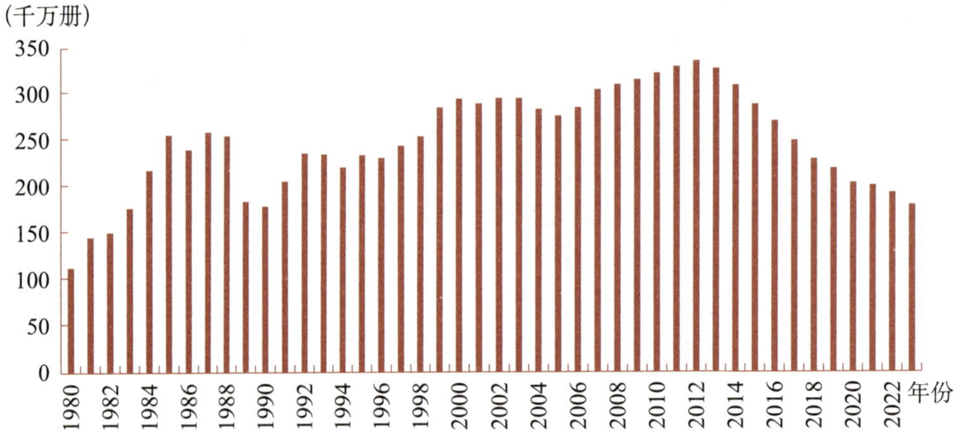

图 8-2 1980—2023 年期刊发行量变动趋势

资料来源：本图的基础数据由谢盼盼、孙涵越、张欣怡根据公开数据整理而成。主要数据来源：中华人民共和国国家统计局．新中国六十五年．北京：中国统计出版社，2014；https：//data. stats. gov. cn.

社会转型体现在诸多维度，如人民公社与单位体制瓦解导致社会流动性增强，迅速的城市化进程形成新的社会交往互动模式，以贫富差距扩大为主要特征的社会分层加剧导致社会不满，矛盾和冲突上升，识字率、就业率、高等教育人口占比提升对政治传播和社会治理产生影响。社会转型中个人自主性增强也体现在观念领域，1992 年以来，在市场化进程急剧加快的同时，个体权利意识在觉醒，一些媒体倡导“公正、客观、事实、真相、均衡报道”等新闻主张，形成了对公权力进行“媒体监督”“舆论监督”的浪潮，以中央电视台《焦点访谈》、“南方报系”、《中国青年报·冰点周刊》等为代表的媒体推动了社会治理改革，曾在公共舆论中获得了巨大影响力。以都市报及网络为载体的民意与以主流官方媒体为载体的舆论逐渐疏离，成了“两个舆论场”[①]。因此，如何以最有效的方式满足人民群众权利意识高涨之下日益增长的文化精神生活需求，适应公共舆论的新格局，成为摆在宣传系统面前的一项艰巨任务，这一挑战通过强调“党性与人民性的统一”等理论而得到了积极回应和指导。[②]

技术进化导致宣传系统的改革与调适，其基本逻辑可由麦克卢汉的经典判断来说明：“任何传送信息的新媒介，都会改变权力结构。”福柯揭露了现代社会统治真相的等式“知识即权力”，在传播领域也完全可以替换为“技术即权力”，技术包括促进、控制和操纵信息传播的技术。改革开放 40 多年来，中国的媒介形态和传播技术走过了印刷媒体大发展、广播电视大繁荣的时期，在 21 世纪第一个十年开始进入互联网新媒体、融媒体主导的时代（通常认为 2005 年中国进入 Web 2.0 时代，2012 年进入移动互联网时代），以人工智能、算法和自媒体驱动的内容开发模式，重新定义了内容生产和传播的流程，用

① 祝华新．“两个舆论场”的由来与融通之道．南方传媒研究，2012（38）.

② 报纸的“党性”与“人民性”的关系问题是一个在 20 世纪 50 年代就被提出来的老问题，在 20 世纪 80 年代也被热烈讨论过，在新形势下又重新得到了重视。参见：习近平．论党的宣传思想工作．北京：中央文献出版社，2020：15-16.

户成为传播网络的“节点”，“过去是人找信息，现在是信息找人”。在这种传播模式中，用户生产内容，受众与传播者合一，内宣和外宣交织在一起，国内、国际舆论事件可以互相转化，外宣的重要性日益凸显。全媒体不断发展，出现了全程媒体、全息媒体、全员媒体、全效媒体。传播技术的进化带来了监管体制的革新。

面对主动促成或被迫适应的传媒政治经济结构的变化，宣传系统持续大幅改革。

一是主动改革新闻出版和文化管理体制。改革的总趋势是实行政企分离、管办分离，新闻业则实行制播分离。在新闻出版行业，绝大多数出版社、非时政类报刊社和全部印刷、发行、进出口单位均转成企业，先是按属地管理原则将多种报刊捆绑组建为报业集团，继而打破行业、地域和层级限制，融合平面媒体、广播电视、网络传播等多种媒体升级为传媒集团，其间因为市场环境变化持续关、停、并、转了众多媒体单位。[①] 国家“鼓励和支持新闻出版骨干企业跨媒体、跨行业、跨地区、跨国界和跨所有制重组……努力打造具有国际竞争力的跨国出版传媒集团”[②]。传媒集团按照市场规则独立运营，但中央和省级传媒集团隶属于中宣部，其主要干部人事权由中宣部掌握，很多情况下省委宣传部副部长兼任省级媒体如报业集团（传媒集团）的集团党委书记，报业（传媒）集团党委又分派委员担任下属的子报刊的党委书记。所以市场化运营机制并未改变党领导媒体的基本格局。在文化体制方面，党的十六大首次把文化区分为文化事业和文化产业，党的十六届三中全会进一步明确区分了“公益性文化事业”和“经营性文化产业”，前者不以营利为目的，主要为公众提供文化服务，后者进入市场竞争，商业化、产业化运作。2013年以后，进一步加快经营性文化事业单位转制为企业，加快构建公共文化服务体系，实现从“办文化”向“管文化”的转变，建立国有文化资产出资人制度，实现从管资产向管资本的转变。在格局上，呈现出传统媒体和新兴媒体交融并存、网上和网下一体发展的态势。在结构上，这个体系纵向覆盖中央、省、市、县四级媒体，横向包括主流媒体和商业平台。其中，商业平台主要发挥渠道、技术等优势助力主流舆论传播。总的来说，改革的策略是有统有分、有管有放，统的主要是媒体自主性，分的主要是传播渠道，管的主要是内容环节，放的主要是经营环节。这些措施成功地将市场竞争带来的活力与党领导的宣传体制结合起来，打造了强大的主流媒体传播渠道。

二是拥抱和利用市场，损有余而补不足。市场化改革的目标之一是做大做强文化和传媒产业以应对国际竞争，但中国加入WTO后，传媒领域大规模的国际竞争并没有来临，主要原因是互联网主权、网络安全等政治理念的明确和“防火墙”的建立，坚持“主管主办”等制度，以及有严格的内容监管，而且宣传系统通过组建传媒集团、多元化经营等方式，加强了媒体的集中统一。党报党刊不以营利为目的，市场化媒体按市场规律经营，允许文化企业股市融资，二者的结合维持着主流媒体的存续。党媒和企业两个平台互为基础、互为支撑，最终目的是巩固壮大舆论主阵地。

虽然多元化经营的传媒集团确实能为党媒“输血”，但政府的资源支持仍是维持主

---

① 如2021年，我国近30个省市级电视频道、广播频率停播或撤销，超过20家省市级都市报、广播电视报等停刊或休刊。参见：胡正荣，黄楚新，吴信训．中国新媒体发展报告（NO.13·2022）．北京：社会科学文献出版社，2022：76-77.

② 新闻出版总署．关于进一步推动新闻出版产业发展的指导意见．中国报业，2010（1）.

流媒体影响力的重要支柱，其支持主要以直接的财政补助和间接的政务商务合作两种形式展开。如深圳广播电视台和深圳报业集团曾连续 6 年获得深圳市委市政府的拨款各 1 亿元。① 有的地方来自各级部、委、办、局投放的形象广告、专刊专版的营收占党报总广告营收的 50%以上，有很多党报党刊甚至占到 70%以上，从而出现了党媒“母报”有条件反哺“子报刊”的现象。② 一些案例显示，在构建宣传整体的国家意志、地方政府的“创新”政绩竞争、上级主流媒体的稿源和经济需求等多种因素的共同作用下，县级政府和融媒体中心以传统媒体平台“对上通联”为重心的新闻宣传需求日益强劲，扩展了主流媒体政务宣传服务的市场空间。③ 换言之，来自基层和地方政府的“政务广告”，或对“上”、对“（辖区）外”的宣传需求，在很大程度上支持了中高层主流媒体的繁荣。

三是加强党的全面领导，更好地发挥技术和资本的作用。例如，20 世纪 90 年代，随着卫星电视的兴起，相关部门一方面对接收境外卫星电视节目采取了严格的管控措施，另一方面转换治理思路，大力推动各省电视频道“上星”，客观上促成了电视传播内容的爆发性增长和全国范围内的激烈竞争，同时通过对卫星电视的创新管理牢牢占住了舆论阵地。再如，1994 年中国接入国际互联网，信息流动的规模、速度与多样性急剧增加，尤其是社交媒体的传播模式（互动性、突发性、即时性、爆发性）给政治参与甚至政权安危带来了重大影响。在世纪之交的年代，互联网信息技术的传播后果对于中国政治体制而言具有极大的不确定性，中国执政者意识到如果不引进和建设互联网并掌握信息科技，中国将在新的科技革命中落后。因而中国一方面积极建设互联网，另一方面布局开发控制互联网信息传播的基础技术，如“防火墙”和“金盾工程”，成功将有可能危及政权的因素排除在外。

互联网极大地改变了中国的传媒景观。2012 年报纸广告营业额达到巅峰，这是一个分水岭事件，预示着以新闻报纸为代表的传统媒体的衰落（见图 8－3）。此后大量著名报纸停刊或转型为网络媒体，纸媒衰落加上内容生产监管的强化，做深度报道的调查记者数量日渐减少，而同期以互联网信息技术为基础的新媒体迅速占领了传媒市场的最大版图，“用户生产内容”固然值得“人人皆有麦克风”，但“众声喧哗”中不时夹带着如“无物之阵”的“网络暴力”，算法推荐“精准命中”目标受众的同时，也导致了“信息茧房”和“回音室”等负面后果，造成意见极化和社会撕裂，互联网成为宣传工作的“最前沿”。与之相伴的，是中国传媒（宣传）的受众结构发生了巨大的变化，“移动优先”成为宣传的新战略之一。最近十年，媒体融合成为传媒发展新趋势，党中央十分重视将媒体融合发展纳入国家战略，通过顶层设计，迅速推动主流媒体转型。在互联网发展初期，国家监管较为宽松，很多企业享受到了“监管红利”并迅速发展。2018 年以后，国家“防止资本无序扩张”的政策也在媒体领域得到贯彻，坚决防止借融合发展之名淡化党的领导，坚决防范资本操纵舆论的风险。

---

① 陈国权．谁为媒体提供经济支持?：1949 年以来中国媒体经济体制变迁与趋势．新闻与传播研究，2018（10）．

② 陈国权．2018 中国报业发展报告．编辑之友，2019（2）．

③ 袁鸣徽．大宣传战略下的县级融媒体中心实践研究．新闻与传播研究，2023（7）．

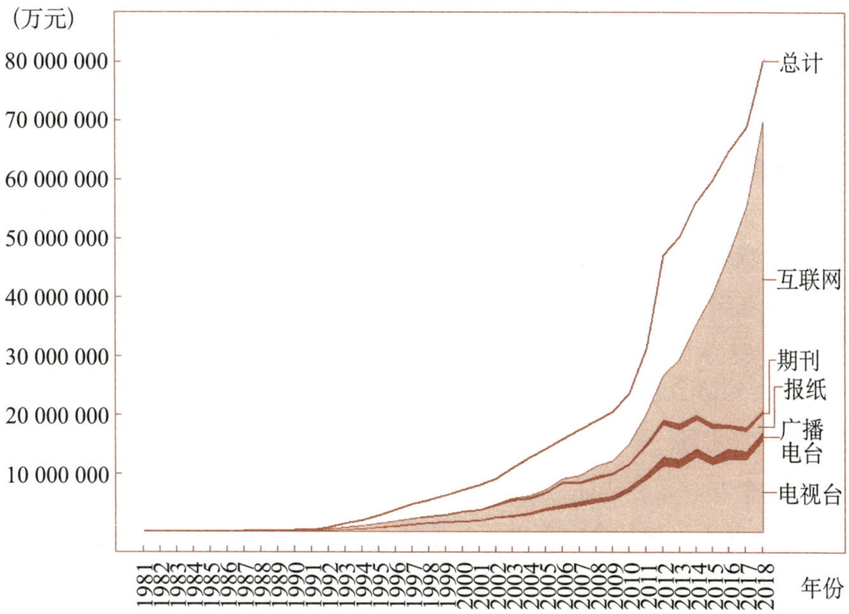

注：本图省略了户外广告等项目。通过广告投入领域的变化，可以间接反映传播受众“注意力”的转移。从图中可见2012年以后投入互联网媒介的广告额剧增，这表明此后移动互联网成为最主要的传播媒介。党中央这一时期制定了推动融媒体发展和“移动优先”战略。

图8-3　1981—2018年广告营业额的变动趋势（堆积图）

资料来源：本图的基础数据由谢盼盼根据公开数据整理而成，由金林制图。主要数据来源：黄升民，赵新利，张驰．中国品牌四十年：中国广告四十年（1979—2019）．北京：社会科学文献出版社，2019.

8.3.2　宣传系统的运作

2019年1月25日，习近平在主持中共中央政治局第十二次集体学习（主题为全媒体时代和媒体融合发展）时指出，“正能量是总要求，管得住是硬道理，现在还要加一条，用得好是真本事”。结合“团结稳定鼓劲、正面宣传为主”这一党的新闻舆论工作必须遵循的基本方针，可以将宣传系统的运作大体分为如何“用好”和如何“管住”，而这两面是彼此交融的，就如李普曼所说，没有审查的宣传是不可能的。[①] 在全面依法治国理念的指引下，这三个方面的要求都建立于基本的管理规范之上。

1. 宣传工作的管理规范

官方并未对“正能量”做出明确定义，但《中国共产党宣传工作条例》对宣传工作提出“一个高举”“两个巩固”“三个建设”的根本任务，因此不妨认为凡朝向这一任务努力的宣传都是“正能量”，其要求越来越明确体现在各种具体管理规范之中。[②] 例如在

---

① 李普曼．公众舆论．上海：上海人民出版社，2002：35.

② 按其制定主体来区分，这一规范体系包括：（1）宪法、法律、行政法规、规章及其他规范性文件。（2）党内法规和党内规范性文件。（3）行业自治自律规范。行业自治自律规范并非由党和国家权力机关制定，但因为这些机构与党和政府的特殊关系（如中国互联网协会理事长通常由工业和信息化部退休的副部长担任，文联、记协等归口中宣部领导，其负责人皆为副部级），其规范对传媒单位和从业者具有全覆盖的强大约束力。

法律规范中，为守护革命传统、传承红色基因、弘扬英雄烈士精神，2018 年制定了《英雄烈士保护法》。[①] 2024 年 1 月 1 日起生效的《爱国主义教育法》旨在加强爱国主义教育、传承和弘扬爱国主义精神。行政法规等文件通过细化规范和明确执行方式在各领域落实宣传任务，如《网络信息内容生态治理规定》明确规定了三类网络信息内容：鼓励的（共 7 种）、禁止的（共 11 种）、应当采取措施防范和抵制的（共 9 种）。[②] 不同类型和层次的党内法规和规范性文件都可能对宣传有规范作用，如 2019 年《中共中央关于加强党的政治建设的意见》就要求党员干部“对意识形态领域各种错误思潮、模糊认识、不良现象，保持高度警惕，做到眼睛亮、见事早、行动快”。而行业自治自律规范的效力亦不可小觑，如 2021 年中国演出行业协会制定了《演出行业演艺人员从业自律管理办法》，“劣迹艺人”将受到协会会员单位一年甚至永久期限的联合抵制。

2. 宣传的积极引导

中国宣传理念有一显著特征，即以改造个人世界观、改造社会落后面（移风易俗和淳风化俗），创造新人、新社会、新世界，塑造心灵、新文化、新文明为己任，这决定了“以正面宣传为主”的方针和以积极引导为基本的开展方式。

（1）理论指导创新。

宣传工作需要理论指导。理论创新既发生在宏观战略层面，随着新时代“以中国式现代化推进中华民族伟大复兴”这一任务的提出，文化复兴既是民族复兴的重要内容，又是民族复兴的主要支撑，从而使马克思主义与中华传统优秀文化的结合成为新时代的宣传使命，中华文明的悠久历史、中华文化的优秀特质、世界文明的互鉴等成为提高“能见度”的宣传主题；理论创新也发生于中观层面，如随着互联网在传播领域中基础性地位的确立，网络空间成为信息生产与流动最主要的场域，但互联网空间跨越国家物理边界的天然属性，以及其传播技术属性、产业属性、意识形态属性（内容）和政治属性（管辖权）的“叠加态”，使得国家对信息、数据和传播后果的治理面临挑战，中国政府提出“互联网主权”的主张，为互联网监管提供了理论基础与合法性论证。[③] 理论创新渗透于管理理念或程序中，体现在话语的变迁中，如从“管理”“控制”概念转向“治理”概念，融合了国外民主制度的许多元素，包括对民意的关注、及时做出反馈、争取公众支持等，这被有的学者称为在传统一体化宣传观念基础上结合国外宣传观念和做法而进化出的宣传观念 3.0 版本。[④]

党的十八大以来，党中央提出了党的全面领导、“伟大斗争”、总体国家安全观、文

---

① 2022 年最高人民法院发布涉英烈权益保护十大典型案例 .（2022 - 12 - 08）最高人民法院网.

② 根据自 2020 年 3 月 9 日起施行的《网络信息内容生态治理规定》，违法信息中包括“歪曲、丑化、亵渎、否定英雄烈士事迹和精神，以侮辱、诽谤或者其他方式侵害英雄烈士的姓名、肖像、名誉、荣誉的”；不良信息中包括“炒作绯闻、丑闻、劣迹等的”“不当评述自然灾害、重大事故等灾难的”“宣扬低俗、庸俗、媚俗内容的”。参见：网络信息内容生态治理规定 .（2019 - 12 - 15）. 中国政府网 .

③ 2010 年，在《中国互联网状况》白皮书中阐述了“互联网主权”的概念。所谓“互联网主权”，是“国家主权在其领土范围内的信息通信基础设施所承载的网络空间中的自然延伸，即对出现在该空间的信息通信技术活动（针对网络角色与操作）和信息通信技术系统（针对平台）及其承载数据（针对网络虚拟资产）具有管辖权（对数据操作的干预权力）”。参见：方滨兴 . 网络空间主权 . 北京：科学出版社，2017：82.

④ 刘海龙 . 宣传：观念、话语及其正当化 . 2 版 . 北京：中国大百科出版社，2020：365 - 366.

化安全、政治安全（以政权安全、制度安全为核心）、网络主权、“讲好中国故事”等概念和理论，在这些理念的基础上党中央要求牢牢把握宣传工作“领导权、管理权、话语权”，使得宣传工作的领导方式和关注重点都发生了战略性转变。除此之外，21世纪以来，“主旋律”“正能量”“主流媒体”“红色”等政治话语的形成和占领“意识形态阵地”，也改变了整个公共领域的话语版图。与之相对应的是，改革开放以来党中央逐渐形成的“依法治国”“现代国家治理体系”“中国式现代化”等理论中包含的很多具体理念和政策，诸如“物质文明与精神文明相协调”“法治政府”“透明政府”“舆论监督”“政府公共关系”“危机管理”“基本公共服务均等化”等理念，构筑了新的规管体制，塑造了新的文化公共性，也促进了宣传内容和方式的转型。

（2）制度创新。

一方面现实刺激理论创新，另一方面理论创新也指导和推动制度变革。随着全面加强党的领导这一执政理念在宣传领域的贯彻，最重要的制度创新之一是坚持马克思主义在意识形态领域指导地位的根本制度，其中包括意识形态工作责任制。近年来，中央着力建立具体到岗、层层压实的意识形态责任体系，这一责任体系覆盖领导管理者、媒体单位和宣传工作者。针对领导管理者，党中央制定了《中国共产党宣传工作条例》、《党委（党组）意识形态工作责任制实施办法》与《党委（党组）网络意识形态工作责任制实施细则》等党内法规。《中国共产党宣传工作条例》规定了各级党委（党组）对宣传工作负主体责任，将党对宣传思想工作的全面领导具体体现到各个行业、各个领域、各个层级，要求各级党委（党组）加强对条例执行情况的监督检查，纳入党建工作责任制，纳入意识形态工作责任制，纳入领导班子、领导干部目标管理，纳入监督执纪问责范围。各级党委（党组）主要负责人是第一责任人，党委（党组）班子其他成员根据工作分工，抓好职责范围内的意识形态工作，实行“一岗双责”。党的十八届六中全会明确提出，将意识形态工作责任制纳入中央巡视安排。从十八届中央第十一轮巡视开始，在中央巡视中开展意识形态工作责任制专项检查。

理论学习方面的重要制度创新有“党委（党组）理论学习中心组”（党委书记任组长，包括四套班子领导成员）、讲师团的制度化，以及宣传部门与高校联办新闻学院、出版学院[①]，从而通过输送干部、师资、课程、实习机会等方式从源头上输入马克思主义新闻观和出版理念。在哲学社会科学领域，提出构建有中国特色、中国风格、中国气派的学科体系、学术体系、话语体系，这些努力体现在马克思主义理论研究和建设工程、中国特色新型智库、思政进课堂、加强“四史”教育等持续发力的项目上，体现在国家不断根据需求调整社会科学专业设置上[②]，更体现在全国高校普遍开设马克思主义学院、有条件的学校纷纷开设中共党史党建研究院等机构设置上。

宣教工作本质上是群众工作，这方面的“平台建设”成为工作亮点。围绕公共文化服务体系建设，在推进公共文化服务标准化、均等化建设的进程中，将文化建设深入基

① 自2022年7月全国出版学科专业共建工作会召开以来，中宣部、教育部推动8所高校与相关管理部门、出版单位、行业协会开展出版学科专业共建工作。

② 如设立党史党建学科为一级学科（2022年），增设诸如网络空间安全学科为一级学科（为数不少的高校成立了网络空间安全学院），有的高校在宪法学与行政法学专业下增设了党内法规方向。

层，实现城乡覆盖，主要通过“两中心一平台”（新时代文明实践中心、县级融媒体中心、“学习强国”学习平台）的建设来实现。在总结地方成功经验的基础上，在全国普遍设立的新时代精神文明实践中心，不仅用于宣教，还集成了其他诸多功能。如有地方将理论宣讲、教育体育服务、文化服务、科技科普服务、卫生健康服务平台建设在同一空间，包括党建指导、小镇书屋、便民服务站、深氧茶室等几十个功能室。有的地方在宗祠传统功能（祭祖、议事、调解）之外还扩充了“家风礼堂”、在庙堂添加书画馆以建成文明实践站。实践站被建设成当地社区居民的精神文化活动场所与社区服务的支点，旨在实现宣教与服务的有机统一，成为新时代的“传习所”。

（3）方式方法创新。

宣传效果始终是宣传工作的关注重点。新时期以来宣传效果的改进从根本上讲依赖于两个重大发展战略：一是寓宣传于产业，如“红色旅游”的产业化和文化传播的产业化、“主旋律”作品的商业化运作（这并不排除国家仍给予“主旋律”作品大量资源支持，如引导鼓励电视台的黄金时段、电影院的黄金档向其倾斜）；二是寓宣传于服务，其代表是新闻媒体探索多种嵌入公共服务体系和商业产业服务的模式，即各种“媒体＋”模式。这两个战略紧密结合在一起，类似于军工产业的寓军于民、军民融合、军民一体战略，使宣传系统在市场经济体制建构、国家治理转型的过程中，获得了新的资源基础，也重建了其运营机制和经济支柱。

在宣传策略上，交错运用大众化和分众化两种策略吸引受众，前者通过通俗化吸引最广泛群体，后者则针对不同细分对象（根据用户群体画像和行为逻辑差异），实现“定制化”信息分发。在融媒体中，“中央厨房”之类的设置重组了媒体生产流程，使传媒产品可以在一次采集的基础上实现多次、多品类、多渠道的深度制作与分发，“传媒矩阵”的出现使得传媒集团在跨媒介经营的基础上，再次实现“分众”化运营，这些机制都促成了主流媒体传播模式以吸引受众为中心的多样化风格。如人民日报在海外宣传时，其传媒矩阵主要由人民日报海外版、海外网、海客新闻客户端、“海聚”平台、学习小组、侠客岛组成，在国内宣传时，网、端、微、视多平台协同驱动的传媒矩阵则更为复杂。

宣传方法创新中尤其值得关注的是传媒矩阵中风格各异的各种化名和公众号，其发布的内容不同于传统党媒“板起脸孔”，而是极具个性又“界面友好”。如“浙江宣传”（浙江省委宣传部公众号）以“探路者”著称，时有爆款文章，如“玉渊谭天”（总台旗下频道公众号）、“牛弹琴”（新华社旗下员工公众号）、“长安街知事”（北京日报报业集团旗下公众号）等以“政情”丰富而出名，这类公众号虽然大多也是“化名”，但和传统宣传模式中曾经显赫一时的传达特定政治信息的“写作组”在功能、效果和运作方式上显然不同。还有的主流媒体公众号以幽默“萌化”吸睛，如“江宁婆婆”（南京市江宁分局公众号）、“深圳卫健委”、“罗平公安”等，成为主动“吸粉”的现象级官媒。近年来短视频的崛起为主流媒体方阵又增加了一批具有巨大影响力的“生力军”，如“四川观察”抖音号粉丝在一众官媒中率先过亿，香港特区政府的“香港警察”也入驻了抖音。传媒矩阵中各方据点彼此会不时“串门”（转发、评论互动），有时“声援”、有时“逗趣”，不着痕迹地实现了“舆论引导”的实际效果。

3. 宣传中的信息管理

信息管理关乎政权安危，是意识形态安全和政治安全的基本保障。我国的信息管理近年来在“守正”的基础上持续出现理论、制度和手法创新，如通过“对传统媒体和新兴媒体实行一个标准、一体管理”[①]、“两个所有”[②] 的要求，在内容管理方面实现标准趋同，在治理体系方面实现同构[③]，就是一个新趋势。我国信息管理已形成了基本成熟的体制，因其十分复杂，亦难以过多深入细节，所以仅围绕宣传系统内几个常见的“关键词”略加介绍。

（1）管资质、管资格、管资本。

从业资质许可是指对从事某行业经营活动的经营者的人员素质、管理水平、资金数量、硬件设施、业务能力等方面进行审查，确定其可以承接业务的范围，并发给相应的资质证书。如果说从业资质是限定经营者的市场准入条件，从业资格则是决定个人从事某一职业的行政许可。宣传领域涉及的众多行业和职业都实行审批许可制度。如根据《营业性演出管理条例》，外国投资者和中国台湾地区投资者不得设立文艺表演团体，香港特别行政区、澳门特别行政区投资者可以设立由内地方控股的文艺表演团体。根据《互联网新闻信息服务管理规定》，任何组织不得设立中外合资经营、中外合作经营和外资经营的互联网新闻信息服务单位；互联网新闻信息服务提供者的采编业务和经营业务应当分开，非公有资本不得介入互联网新闻信息采编业务，中央网信办不定期更新发布《获得互联网新闻信息服务许可的公众账号名单》（例如，2023 年 11 月发布的名单中共有 522 个公众账号）。[④] 在从业资格方面，新闻、出版、广播电视、互联网安全和内容审核等行业都制定了完备的资格管理制度，将定期考核和培训作为从业必备条件，管理机构建立全国统一的资格认证体系（如记者证查询），也对某些人员（包括因吸食、注射毒品曾被强制戒毒者）限制从业。

管资本是以所有权为抓手从根本上确保经营主体的行为符合宣传宗旨。我国对不同类型的媒介资源实行不同所有权管理方式。报纸、期刊、图书、音像、游戏等媒介，区分为公益性事业和经营性产业。公益性事业（党报党刊等时政类新闻报刊、少量关键出版社和文化单位）属于事业编制，为完全国有。经营性产业（如大多数出版社）转企改制为市场主体，允许民营资本在某些环节或领域参股。广播电台、电视台（有线、无线）均为国有，实行“政府办台”。但不管所有制形式如何变化，我国对传媒单位实行主管主办制（媒体转企改制为市场主体后，仍坚持这一制度），这意味着所有传媒单位均直接或间接地隶属于一定级别的党政机关，股份制的传媒企业也必定由国资控股。广播电视实行制播分离改革后，允许社会资本进入除新闻宣传外的其他广播电视节目制作，但播出机构和新闻采编机构还是置于政府管辖下的事业单位。互联网平台企业的所有权状况则

---

① 习近平．论党的宣传思想工作．北京：中央文献出版社，2020：357.

② 关于进一步压实网站平台信息内容管理主体责任的意见．(2021－09－16)．中国政府网．

③ 中央要求构建法律规范、行政监管、行业自律、技术保障、公众监督、社会教育相结合的网络治理体系，实际上这六方面的建设不仅适用于网络，也适用于其他媒介类型。

④ 获得互联网新闻信息服务许可的公众账号名单（共 522 个）．(2023－11－09)．中央网络安全和信息化委员会办公室网站．

较为复杂，中国政府主要通过强化经营许可证制度（如建立互联网新闻信息服务许可制度、互联网金融信息服务许可制度）和内容管理等方式控制资本对互联网信息产业的影响，同时在重要传媒企业探索实行特殊管理股制度，也鼓励国有企业参股、控股互联网企业。

（2）管平台、管机制。

平台是传播的主要载体，既包括党报党刊、广播电视等传统主流媒体和“两中心一平台”等新型媒体，也包括众多互联网传播的基础媒介，如“三微一端”、今日头条、百家号、抖音、快手、小红书等“传播新势力”，豆瓣、知乎等互联网知识分享和问答社区。虽然这些商业平台本身没有新闻采编资质，但其通过控制受众的注意力（流量）能够获得巨大的影响力，依附其上或衍生而来的传播端持续生产、传播着海量信息，因此国家通过行政监管和行业自律等途径确保商业平台履行主体责任，使其不违背基本传播秩序。有趣的是，随着近年来智能网联汽车开始增加网络音视频接收模块，不断丰富传播形态和视听消费场景，智能网联汽车也成了新的“传播平台”。鉴于“无线广播是国家基本公共服务的重要组成部分，具有公益性、应急性、普遍性的特点，是传递中央声音、保障国家政令畅通和意识形态安全的重要传输方式”，监管机构要求加大无线广播接收终端普及力度，加快推进无线数字广播覆盖网建设，同时加强对车载无线广播的监督管理，持续打击治理“黑广播”等违法犯罪活动，规范设台用频行为，确保无线广播播出秩序安全。[①] 还有一些官方智库等“知识生产”资源的掌握者，纪念场所、展览场馆等文化设施，均有相应的管理规范。

机制是应对某些特定场景或同类行为的相对稳定的程序和规则。我国建立了从硬件（物理断网）到软件（防火墙）、从人工审核到算法审核、从内（个人和平台的自我审查）到外（举报）、从突发事件的舆情管控到常态管理的各种信息管理机制。如在印刷媒体方面，有书号、刊号管理制度，书号实行配额制[②]，刊号则实行总量控制[③]，有严格的内部“三审三校”制度和责任编辑（版面编辑）、部门负责人、总编辑三级负责制度，还有监管机构的“审读”制度（如各级宣传部或融媒体中心设立的“新闻阅评小组”）。国家对电影、电视剧实行审查，包括拍摄前对剧本内容（梗概）的审查和拍摄完成后对成片的审查；广播电台、电视台对所有播放的节目内容实行播前审查和重播审查，开设直播节目须经行政许可审批，制作方必须做好技术保障措施。不同类型的媒介监管方均有完善的举报机制，鼓励举报不良信息，要求媒体平台和信息内容提供方不仅配置内容审查人员，本身还必须设置对外的举报途径。监管部门要求建立信息通报、联合执法、案件督办、信息公开、“黑名单”等工作机制。这些机制有的已经实行多年，各子系统亦有类似信息通报杂志，如广电系统的《广播电影电视决策参考》。

---

① 国家广播电视总局 工业和信息化部 国家市场监督管理总局关于进一步加强车载音视频管理的通知.(2023-09-14). 国家广播电视总局网站.

② 每家出版社每个年度能分配到的书号有数量限制，出版社如违背宣传出版政策，惩罚措施之一就是减少其书号配额，这对其经营业绩和利益影响甚大。

③ 一般不批准新出版报刊，严格遵守“有死才有生”的规则，即新办一家报刊的前提是现有报刊中的一家退出市场。

（3）管舆论、管导向。

党领导宣传至关重要的是管思想舆论导向，这是“舆论持家”的基本含义。新闻舆论工作的基本方法就是把握好“时、度、效”。“时”是指掌握时机节奏尤其是最佳报道时机；“度”是指把握分寸力度，什么问题该强化报道、什么问题该淡化报道，都有“火候”；“效”是指讲求实际效果，既要有助于解决实际问题，又要有亲和力、感染力。“时、度、效”的标准在诸多场景均有应用，如重大节庆或隆重政治活动时，媒体就不宜过分渲染意外灾难或事故损失；危机管理期间为了“让新闻跑在谣言前面”，通常采用及时的公开新闻发布或通稿报道，也有统一“定调”、确定“提法”的协调。在出版行业中，配合大政方针和时势出版重大主题图书是惯例。在广播电视领域，近年来每逢党中央的重大活动，中央广播电视总台一般会播出与之配合的政论片，实现“同频共振”，这些都是“时、度、效”平衡下的舆论引导。

有研究表明，人们即使从社交关系中和新闻媒体中获得同样的事实信息，对从两个途径中得到的事实信息也会做出不同的主观评价①，这意味着社交媒体对于主观价值的塑造起着至关重要的作用。有研究表明，中国民众对政府不同程度的政治信任与其接触的传统媒介、社交媒介和境外媒介有关。在这种新的传播格局中，一方面，党的宣传工作在自上而下地促进传统媒体转型；另一方面，也在不断加强对新媒体的领导，运用新媒体提升党的路线方针政策的“到达度”和中央政治权威的“能见度”。根据《网络信息内容生态治理规定》，鼓励网络信息内容服务平台在重点环节（包括服务类型和位置版块等，如网站、浏览器、网址导航、APP、网络游戏、输入法等），以首页首屏、弹窗、精选、热门推荐、榜单、热搜词、热搜图、默认（推荐）搜索、皮肤、联想词等方式，积极呈现鼓励网络信息内容生产者制作、复制、发布的宣传习近平新时代中国特色社会主义思想，全面、准确、生动地解读中国特色社会主义道路、理论、制度、文化，宣传党的理论路线方针政策和中央重大决策部署，展示经济社会发展亮点，反映人民群众伟大奋斗和火热生活等内容的信息。

（4）专项行动。

制度如“发条”，总会随着时间而松弛。为防此弊，不同部门在日常管理的基础上根据领导人的关注点和现实形势变化不时开展各种“综合治理”或“专项行动”，如20世纪80年代初整顿治安的“严打”。专项行动和综合治理既是对“集中力量办大事”等经验的优化，也是大宣传理念下不同领域、不同机构的工作协同。文化市场综合执法大队、市场监管局、网信办等机构会开展各自的专项行动或综合治理。

宣传领域的专项行动已经长期化、常态化、系列化、品牌化。如党的十八大以来先后推出的“清源”“净网”“护苗”“秋风”“固边”五大专项行动，分别针对网上网下制作传播有害信息的源头，网络违法犯罪，危害青少年身心健康的文化环境，侵权盗版与非法新闻传播，煽动民族分裂、破坏民族团结的出版物及宣扬极端主义、恐怖主义思想的非法出版活动发起整顿，最早的“清源”专项行动于2013年展开。自网信办于2020

---

① CARLSDN T N. Through the grapevine: informational consequences of interpersonal political communication. American Political Science Review，2019，113（2）.

年 5 月启动“清朗行动”以来，每年开展多次行动，每次持续时间不等、主题不同，如 2023 年 3 月起开展“清朗·从严整治‘自媒体’乱象”专项行动，重点整治“自媒体”造谣传谣、恶意炒作等现象。近年来，广电部门则针对低俗庸俗媚俗、追星炒星、泛娱乐化、高价片酬等群众反映的突出问题开展了多种专项行动。

本章小结

宣传工作是中国共产党革命成功和赖以执政的支柱之一，是当代中国政治的基本内容之一，也是当前中国政治模式的核心机制之一。本章第一节介绍了中国共产党宣传工作的历史，包括其理论渊源与丰富实践；第二节侧重说明党对宣传系统进行领导管理的机构和体制，从政治系统的“内部视角”将宣传的功能概括为表达、服务、教育与塑造功能；第三节从动态分析的视角介绍了宣传系统在改革开放以来面临的变革压力及应对策略，揭示其强大的适应能力是中国共产党与时俱进的执政能力的体现。

关键术语

意识形态　　理论创新　　舆论引导

复习思考题

1. 意识形态是怎样发挥作用的？
2. 我们日常所接触的信息，是由哪些机制决定的？
3. 宣传或政治传播对于中国的政治体制有何意义？
4. 中国的宣传观念和体制有何鲜明特色？

第9章
统战系统

1939 年 10 月，毛泽东在为《共产党人》撰写的发刊词中指出，“十八年的经验，已使我们懂得：统一战线，武装斗争，党的建设，是中国共产党在中国革命中战胜敌人的三个法宝”①。统一战线的重要性由此可见一斑。经过 40 多年的改革开放，中国的经济获得了快速的发展，社会结构发生了深刻的变化，与此同时，中国融入全球化的程度也越来越深。在这一过程中，党的领导面临的最大挑战是，如何通过自身的调适来重塑与社会的关系。统一战线在其中承担着独特而重要的功能。

本章将介绍统一战线的产生和发展，以及作为统一战线重要形式的中国共产党领导的多党合作和政治协商制度。在此基础上，我们还将考察中国共产党面对改革开放以来急剧的社会变迁，如何通过自身的调适，将更多的人团结在自己周围，共同为中华民族的伟大复兴而奋斗。②

9.1 统一战线的发展历程

9.1.1 统一战线的性质、产生和发展

1. 统一战线的性质

统一战线是中国共产党在中国特殊的社会政治环境中创造出来的一种政治整合和社会整合机制，它是一种包容性的政治组织形式。在新民主主义革命时期，中国共产党通过统一战线从边缘走向中心，掌握了国家政权，实现了党政体制的建构；改革开放以来，

① 毛泽东选集：第 2 卷 . 2 版 . 北京，人民出版社，2006：606.

② 本章主要以政党关系和阶层关系为中心来探讨统一战线的运行机制。

中国共产党通过统一战线重塑政党与社会的关系，推动国家治理转型，有效实现了以中国共产党为核心的社会整合。在产生之初，统一战线主要是作为中国共产党的一种政治策略和工作机制；随着党政体制的建立，统一战线逐步上升为国家建设和发展不可或缺的重要机制。作为一种横向网络，统一战线是党政体制进行社会建构的重要工具，它和党政体制的纵向组织网络相互交织，共同构成了党政体制的基本政治构架。如果说党的建设为党政体制构建了一个领导核心，那么统一战线则是使这个核心保持活力的动力源泉，并为这个核心有效地进行政治动员和社会动员提供了强有力的组织形式。

统一战线具有很强的弹性，它可以根据具体的历史条件适时调整自己的边界。一个最突出的例子就是抗日战争时期建立的抗日民族统一战线，不仅包括工人阶级、农民阶级、城市小资产阶级、民族资产阶级、海外华侨，还包括曾经的斗争对象——地主阶级和亲英美的官僚买办资产阶级，只要不是汉奸、投降派，都囊括其中，可以说是近现代世界史上最广泛、最复杂的包容性政治机制。① 正是这一极具包容性的机制将所有爱国的力量团结起来，保证了抗日战争的最终胜利。新中国成立后，中国共产党在不同的历史时期都对边界进行了调整，使其适应形势的变化。通过统一战线这一包容性的政治机制，中国共产党得以有效地处理政党关系、民族关系、宗教关系、阶层关系和海内外同胞关系等五大关系，实现党政体制的协调、稳定和发展。

2. 统一战线的产生和发展

统一战线并非中国共产党的专利，建立统一战线是革命型政党的内在要求。早在1840年，恩格斯就提出了“统一战线”的概念，“在同黑暗势力进行斗争的任何情况下，我们都应该团结起来”②。十月革命之后，列宁开始使用“统一战线”的概念，强调巩固无产阶级政权必须重视统一战线的战略和策略，“要利用一切机会，哪怕是极小的机会，来获得大量的同盟者”③。抗日战争时期，虽然中国国民党也曾与中国共产党合作，组成统一战线，但中国国民党没有像中国共产党这样从战略高度来认识统一战线，重视统一战线工作。中国共产党对统一战线的高度重视源于其对革命形势的判断，一方面，中国社会的性质使得中国革命的任务异常艰巨；另一方面，近现代中国的产业工人阶级人数少、力量弱。作为工人阶级的先锋队，中国共产党充分认识到无产阶级“自己虽然是一个最有觉悟性和最有组织性的阶级，但是如果单凭自己一个阶级的力量，是不能胜利的”④，必须联合一切可以联合的力量，建立广泛的统一战线。

在土地革命战争时期，中国共产党努力建设工农联盟的统一战线，重建了乡村社会结构，开辟了农村革命根据地，在边缘地带站稳了脚跟，在大革命失败后转危为安。在抗日战争时期，中国共产党建立了“抗日民族统一战线”，团结所有抗日的阶级，并在根据地建立了“三三制”政权，有效地实现了政治动员和社会动员，逐步走向壮大，从边缘走向中心。抗战胜利后，中国共产党提出了建立联合政府的主张，将统一战线思想应

---

① 陈明明，肖存良．统一战线与协商民主．上海：复旦大学出版社，2017：106.
② 马克思，恩格斯．马克思恩格斯全集：第2卷．2版．北京：人民出版社，2005：252.
③ 列宁选集：第4卷．北京：人民出版社，2012：180.
④ 唐铁汉．邓小平现代领导理论与实践．北京：人民出版社，2001：31.

用于国家建设模式之中。尽管这一主张由于国民党撕毁政治协商会议决议而未能实现，但在解放战争时期，中国共产党以建立联合政府为目标，与各民主党派和无党派人士建立了最广泛的“人民民主统一战线”，将国民党边缘化，并最终取得了革命的胜利。正是在这一过程中，中国共产党从革命党变成了执政党，中国共产党领导的多党合作和政治协商制度也得以产生和发展。

新中国成立以来，作为执政党的中国共产党继续探索统一战线的新形式，通过统一战线实现政治整合和社会整合。以改革开放为节点，新中国成立以来统一战线的发展经历了两个阶段。改革开放以前为第一阶段，尽管这一时期仍然存在民主党派、人民团体和人民政协等统一战线组织，但统一战线实际上已经弱化。随着社会主义改造的完成，统一战线的对象——中间阶级——被消灭，使得统一战线成为形式上的存在。在“文化大革命”时期，统一战线受到了灾难性破坏，连形式化的存在也被取消了。改革开放以后为第二阶段，随着经济的发展、社会自身的发育和单位体制的逐步解体，统一战线重新获得了发展的空间。中间阶层的出现让统一战线有了新的工作对象，民主党派的恢复、发展，以及中国共产党领导的多党合作和政治协商制度的完善使得统一战线获得了制度空间。[①] 与此同时，中国共产党对于统一战线的性质和作用的认识也逐渐深化。1976 年邓小平发表《新时期的统一战线和人民政协的任务》，指出统一战线的范围比过去任何时期都更加扩大了，是最广泛的爱国统一战线。[②] 邓小平的这一论断跳出从阶级斗争的角度理解统一战线的框架，从而解决了统一战线的性质问题。1989 年，中共中央明确指出，中国共产党领导的多党合作和政治协商制度是我国的一项基本政治制度，进一步对统一战线的作用进行了明确定位。新时期统一战线的一个鲜明特点就是制度化水平不断提高。1993 年，八届全国人大一次会议通过宪法修正案，提出中国共产党领导的多党合作和政治协商制度将长期存在和发展，使这一制度有了明确的宪法依据，获得了法律保证。

2015 年，中国共产党将“全国统战会议”升格为“中央统战会议”，在当年 5 月举行的统战工作会议上，习近平强调，“所面临的内外形势……越是变化大，越是要把统一战线发展好、把统战工作开展好”[③]。同年，中共中央政治局审议通过《中国共产党统一战线工作条例（试行）》，这是关于统一战线工作的第一部党内法规，对统一战线工作进行了全面的部署。可以说，党的十八大以来，中国共产党对统战工作越来越重视（见表 9-1）。

表 9-1 不同历史时期统一战线的性质、任务和对象

时期	性质	任务	对象
1921—1927 年	国民革命联合战线	建立国共合作、开展国民革命	工人、农民、城市小资产阶级、民族资产阶级
1927—1937 年	工农民主统一战线	建立以工农联盟为基础的革命政权	工人、农民、城市小资产阶级

① 肖存良，林尚立．中国共产党与国家建设．上海：复旦大学出版社，2013.

② 邓小平．邓小平文选：第 1 卷．2 版．北京：人民出版社，1994：155.

③ 习近平．巩固发展最广泛的爱国统一战线，为实现中国梦提供广泛力量支持．人民日报，2015-05-21.

续表

时期	性质	任务	对象
1931—1945 年	抗日民族统一战线	反对日本帝国主义	工人、农民、小资产阶级、民族资产阶级、积极抗日的地主阶级和大资产阶级、海外爱国华侨
1945—1978 年	人民民主统一战线	反对国民党统治、协商建国、巩固人民民主专政、进行社会主义改造	工人、农民、城市小资产阶级、民族资产阶级、各民主党派、开明绅士、其他爱国分子、少数民族同胞、海外侨胞
		中国共产党与各民主党派“长期共存、互相监督”	各民主党派
1978 年至今	爱国统一战线	改革开放、社会主义建设、国家统一、实现中华民族伟大复兴	全体社会主义劳动者、社会主义事业的建设者、拥护社会主义的爱国者、拥护祖国统一和致力于中华民族伟大复兴的爱国者

9.1.2 统一战线的基本结构

周恩来指出，统一战线的任务就是“团结、带动非党群众同我们党一起前进”①。从这个意义上讲，统一战线是中国共产党实现社会政治整合的重要机制。由于社会自身分化的原因，统一战线工作点多线长面广，涉及不同领域，涵盖不同群体，这是统一战线最鲜明的特色，也是其难度所在。具体而言，统一战线所要团结的对象是“党外人士，重点是其中的代表人士”，《中国共产党统一战线工作条例》共列举了 12 类人士：（1）民主党派成员；（2）无党派人士；（3）党外知识分子；（4）少数民族人士；（5）宗教界人士；（6）非公有制经济人士；（7）新的社会阶层人士；（8）出国和归国留学人员；（9）香港同胞、澳门同胞；（10）台湾同胞及其在大陆的亲属；（11）华侨、归侨及侨眷；（12）其他需要联系和团结的人员。

为了实现有效的社会政治整合，中国共产党从一开始就清醒地意识到，统战工作不仅仅是统战部门的工作，更是全党的工作。早在 1950 年中共召开第一次全国统战工作会议之时，会上就发生了关于工会和其他人民团体是否带有统一战线性质的争论。周恩来指出，中国工会既是工人阶级的群众性组织，同时也带有统一战线性质。青联、学联、妇联这些团体都带有统一战线的性质，其他学术团体也是一样。正是基于这样的认识，中共历来强调“大统战”，统战从来不仅仅是统战部门的事，而是“全党的一项重要任务”，“任何部门的工作都不能与统战工作相脱离”。如果“认为统战工作只是统战部的事了”，就会带来巨大的危害，就会“把统战工作缩小到上层人物及其有组织的党派范围内”，而忘了“我们之所以承认这些人物，是因为他们有群众。我们之所以要做他们的工

① 政协全国委员会办公厅，中共中央文献研究室．人民政协重要文献选编．北京：中央文献出版社，中国文史出版社，2009：113.

作，也是要经过这些人物去教育其群众”。在此，周恩来将统战工作的最终目标讲得非常清楚，不仅要让社会不同群体的精英跟党走，更要通过这些精英影响他们所联系的群众，让广大人民群众也跟党走，这不是统战部自己所能做得到的。所以，“统战政策是要全党贯彻的，尤其是党组更应注意。首先是政府中党组，其次是人民团体中党组”。[①]

习近平也一再强调，“统战工作是全党的工作，必须全党重视，大家共同来做”，“要坚持党委统一领导、统战部牵头协调、有关方面各负其责的大统战格局”[②]。这里的“有关方面”所包含的范围很广，不仅包括全国政协、各民主党派、各人民团体，而且包括党委和政府的相关职能部门（如中共中央组织部、中共中央对外联络部、国家民族事务委员会、国家宗教事务局、国务院港澳事务办公室、国务院侨务办公室等），以及国有企业和一些事业单位（如大学）[③]。

统一战线是一种具有中国特色的群体代表权机制，由此形成了以中国共产党为领导核心的各种社会政治力量团结统一的基本政治结构。通过中国共产党领导的多党合作和政治协商制度，聚合社会各方面的力量广泛参与国家管理。

在结构上，统一战线是以政党为中心展开的伞状结构。伞毂是作为核心的中国共产党，骨架是民主党派、人民团体和政协其他各界别，伞面则是这些团体和组织所联系的广大人民群众。一方面，中国共产党可以发挥民主党派、人民团体的桥梁和纽带作用，将其所联系的群体团结在自己周围；另一方面，中国共产党可以借助人民政协这个广阔的舞台来完成统一战线的任务。由于党派团体之外的其他界别没有独立的组织，更需要通过人民政协的界别小组和各专门委员会等机构来实现与权力中心的对接，因此，人民政协最充分地体现了统一战线的特点和逻辑。我们可以通过中共中央统战部和人民政协的构成来直观地了解统一战线的基本结构（见图 9－1）。

从制度设计的初衷来讲，党和人民群众之间的联系只能通过这个结构来建立，那些自发成立的各种社会组织如果不能被纳入这个结构，其声音就很难进入决策过程；如果它们拒绝被纳入这个结构，游离在外，更会被视为对结构本身构成威胁。统一战线的逻辑要求所有的利益团体都必须被吸纳到既有结构之中，以防出现独立的政治团体、政治运动或政党。事实上，一方面是各种社会组织主动寻求进入；另一方面，这个结构本身也在努力适应社会的变迁，建立各种机制，将各种新兴的社会群体和社会组织纳入其中，努力提高自身的代表性。近年来，不仅党自身在进行适应性调整，吸纳新的社会精英进入体制内，如吸收私营企业主入党；统战部门积极发挥工商联等人民团体的作用，吸纳“两新”组织；人民政协努力进行调整，吸纳新兴社会群体的代表；共青团、妇联和科协等人民团体探索转型之路，以适应快速变迁的形势。

---

① 政协全国委员会办公厅，中共中央文献研究室．人民政协重要文献选编．北京：中央文献出版社，中国文史出版社，2009：110－113.

② 习近平．在中央统战工作会议上的讲话．人民日报，2015－05－21. 在 2015 年 5 月中央统战工作会议结束后，7 月份又召开了首次群团工作会议，这也被认为是中央重视统战工作的又一次会议。

③ 大学中一般设有统战部，大型国企中也设有负责统战工作的部门，例如，首都钢铁集团就将组织人事部和统战部合二为一。

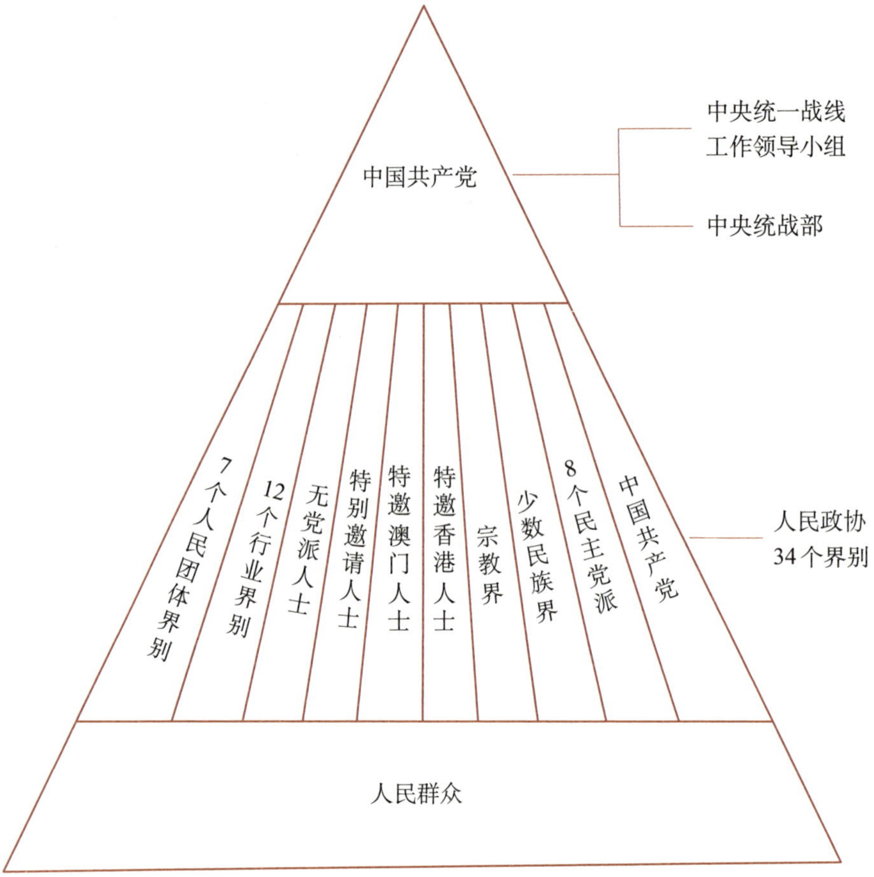

注：目前，人民团体共有22个，作为政协参加单位的人民团体有7个，它们是总工会、妇联、工商联、科协、共青团和青联、台联、侨联；12个行业界别分别为文艺界、科技界、社科界、经济界、农业界、教育界、体育界、新闻出版界、医药卫生界、对外友好界、社会福利和社会保障界、环境资源界。

图9-1　统一战线结构示意图

9.1.3　统一战线的工作机制

为了有效开展统一战线工作，早在抗日战争初期，中国共产党就建立了专门的统战工作机构。1937年12月，中共中央政治局会议决定组织中共代表团驻国民党统治区武汉，专门负责与国民党的联系和谈判工作，这是最早具有统战工作性质的机构。此后，一些中共中央派出机构和某些省委陆续建立了统一战线工作部。1939年，中央书记处会议决定“组织中央统一战线部”，负责调查和研究各党派、军队及少数民族的情况。

作为党委主管统战工作的职能部门，统战部是执政党进行政治整合的机构，它是代理执政党管理其他阶级以及党外成员的组织“化身”。它通过协商、交友等方式，围绕中国共产党的中心任务对各民主党派、无党派人士、工商联以及其他社会各界精英进行教育，使之能够理解中国共产党的政治目标，认同其意识形态体系，支持其工作，并贡献自己的力量。

关于统战部的工作，周恩来曾有一个经典的表述，“统战部是党委的什么部门？我说它既是党委的参谋部，又是政治部，又是组织部，又是办事机关”①。作为参谋部，统战部要了解统战对象的相关情况，掌握好党的各项政策，在重要的问题上“要拿出意见提请党委讨论”；作为政治部，统战部“要协同宣传部进行党内外的教育工作”；作为组织部，统战部在配备干部的问题上要发挥作用，组织部门“对非党干部的安排，应听统战部的意见”，因为统战部最了解情况。统战部在安排人事方面发挥作用的领域主要有两个：一是向组织部推荐拟往国家机关任职的非党干部人选；二是在政协委员产生过程中的提名和统筹。作为办事机构，统战部要发挥协调关系的职能，针对统一战线内部各方面人士思想、观点上的分歧，统战部“要通过适当的工作，去掉错误的、消极的东西，保存和发扬正确的、积极的东西”，使大家的思想统一到党的路线、方针和政策上来。这一思想可概括为统战工作的 16 字方针，“了解情况、掌握政策、协调关系、安排人事”。党的十八大以来，习近平在 16 字方针上又增添了“增进共识、加强团结”，16 字方针扩展为 24 字方针，进一步明确了统战工作的宗旨。

由于统战工作牵涉面广，参与部门多，不同部门手中掌握的资源不同，参与统战工作的激励程度不同，因此，很容易形成“权威碎片化”的局面。要建立“党委统一领导、统战部牵头协调、有关方面各负其责”的大统战工作格局，仅靠统战部是不够的，它还需要更高层次的协调机制。为此，中国共产党采取了两个主要的办法：一是成立中央统一战线工作领导小组；二是交叉任职。

2015 年 7 月 30 日，中共中央政治局召开会议，决定成立中央统一战线工作领导小组，专门研究部署关于统一战线的重大方针、政策、法律法规等，指导各地区各部门党组贯彻落实。② 这是中国共产党再次恢复专门的统战工作领导小组。早在 1939 年，中央在决定成立中央统战部时就成立了中央统一战线委员会。但随着“文化大革命”时期统战工作走入低潮，这一机制遭到了破坏。1986 年，中国共产党恢复了中央统战工作领导小组，领导小组的日常工作由统战部负责。与 1986 年相比，此次再度建立的中央统战工作领导小组，无论是在人员配备上还是在工作机制上都更上一层楼（见表 9－2）。

表 9－2　1986 年和 2015 年中央统战工作领导小组的比较

	1986 年的中央统战工作领导小组	2015 年的中央统战工作领导小组
组长	习仲勋（中央政治局委员）	俞正声（中央政治局常委）
副组长	杨静仁（中央统战部部长）	孙春兰（中央政治局委员，中央统战部部长）

资料来源：中共中央统战部．巩固发展最广泛的爱国统一战线．北京：华文出版社，2015：206.

与之相匹配的是，各省市先后成立了以省委书记、市委书记为组长的统一战线工作领导小组，省委、市委统战部、组织部等党委职能部门，政府部门，人民团体的主要领导为成员，采取大部制工作机制，民族宗教、侨办、侨联、台办、工商联等统一战线工作部门，凝聚资源，凝聚力量，合署办公。

---

① 政协全国委员会办公厅，中共中央文献研究室．人民政协重要文献选编．北京：中央文献出版社，中国文史出版社，2009：112.

② 习近平主持中共中央政治局会议 分析研究当前经济形势和经济工作．(2015－07－30)．新华网．

为了实现统一战线工作的有效协调，统战部和相关部门之间常常采取交叉任职的方式。在中央层面，统战部部长或副部长一般有一人兼任全国政协副主席，相关职能部门中的国家民族事务委员会主任、国家宗教事务局局长和国务院侨务办公室主任一般都由中央统战部副部长兼任，全国工商联党组书记一般也是由中央统战部副部长兼任。在地方层面，交叉任职的情况比较复杂，统战部部长一般由党委常委兼任，在有些地方该党委常委可能是组织部部长，有些地方该党委常委可能是政法委书记，无一定之规。

9.2 中国共产党领导的多党合作和政治协商制度

在新中国成立之初，毛泽东就指出，“我们自己要有主张，但一定要和人家协商，不要把自己孤立起来，要发挥各民主阶级各人民团体的作用”①。这里的“自己”指的是中国共产党，“人家”指的是民主党派、人民团体和社会各界代表人士。发挥作用的基础就是统一战线，其制度形态则为中国共产党领导的多党合作和政治协商制度。

9.2.1 新型政党制度

中国政党制度最重要的特点是中国共产党的领导，在此前提下，允许多个合法政党的存在。共产党和八个民主党派之间的关系是执政党和参政党之间的合作关系，中国共产党处于领导地位和执政地位，各民主党派是在中国共产党领导下参与国家治理的参政党。在这个意义上，中国的政党制度与西方政党制度存在很大的差异。作为一种新型政党制度，中国的政党制度是一种侧重协商和合作的包容型政党制度，而不是一种诉诸周期性选举和议会内博弈的竞争型政党制度。

新型政党制度的第一个特征是包容，将尽可能多的政治主体纳入政治过程，让主要社会群体的代表都能以平等的身份参与国家路线、方针和政策的制定。在新型政党制度之下，各民主党派被视为特定社会群体的利益代表，而中国共产党则是最广大人民根本利益的代表。就像中国共产党一样，各民主党派也没有属于自己的特殊利益，它们参政议政的目标并不是像西方的政党那样追求自己所属群体利益的最大化，而是为了实现特定社会群体的利益与最广大人民的根本利益之间的协调。在新中国成立之初，民主党派被视为除工人阶级和农民阶级之外的非劳动人民的代表。1982 年 12 月通过的《中国人民政治协商会议章程》不再用劳动者和非劳动者来区分中国共产党和民主党派，而是将民主党派的性质界定为各自所联系的一部分社会主义劳动者、社会主义事业的建设者和拥护社会主义的爱国者的政治联盟。具体言之，各民主党派各自所联系的社会群体如表 9－3 所示。

① 中国人民政治协商会议全国委员会研究室，中共中央文献研究室第四编研部．老一代革命家论人民政协．北京：中央文献出版社，1997：184－185.

表 9-3 各民主党派所联系的社会群体

党派	所联系的社会群体
中国国民党革命委员会	同原中国国民党有关系的人士、同台湾各界有联系的人士、社会和法制专业人士、农业农村农民工作研究领域专业人士
中国民主同盟	从事文化教育以及科学技术工作的高、中级知识分子
中国民主建国会	经济界人士
中国民主促进会	从事教育、文化、出版工作的高、中级知识分子
中国农工民主党	医药卫生、人口资源和生态环境领域高、中级知识分子
中国致公党	归侨、侨眷中的中上层人士和其他有海外关系的代表性人士
九三学社	科学技术界高、中级知识分子
台湾民主自治同盟	台湾省人士

资料来源：根据各民主党派官方网站整理。

新型政党制度的第二个特征是合作，这是就平等的政治主体之间的关系而言。在新型政党制度之下，各政党不需要像西方国家的政党那样，通过以政党轮替为特征的竞争式选举来获取权力，而是保持一种通力合作、团结和谐的新型政党关系。毛泽东指出："国事是国家的公事，不是一党一派的私事。因此，共产党员只有对党外人士实行民主合作的义务，而无排斥别人、垄断一切的权利……共产党的这个同党外人士实行民主合作的原则，是固定不移的，是永远不变的。"① 这种合作和西方政党为了执政而结成的政党联盟不同，政党联盟是在竞争型政党制度框架下结成的暂时性联盟，其目的仍是政治权力的竞争；中国的新型政党制度是执政党和参政党之间的永久性合作，其目的不是争夺政治权力，而是为了共同的事业。

新型政党制度的第三个特征是协商，这是就合作的具体机制而言。新型政党制度的目标是通过制度化的渠道来实现政治整合和社会整合，在新型政党制度下，中国共产党和各民主党派之间的合作机制不像西方的政党那样在议会中通过相互否决或利益交换，或者在议会外通过抗议和游说活动，以实现各自利益的最大化，而是在"立党为公、执政为民"理念的指导下，通过政党协商、求同存异，从而有效地避免否决政治带来的议而不决、决而不行的弊端，保持政策的连续性和稳定性，以推动革命和建设事业的发展。

这种新型政党制度在党政体制的运行中发挥着重要的作用。2007 年发表的《中国的政党制度》白皮书将其功能归纳为五个方面：政治参与功能、利益表达功能、社会整合功能、民主监督功能、维护稳定功能。② 其中，政治参与和利益表达是全世界所有政党都有的功能，各民主党派是党政体制与相应社会群体有效对接的中介，通过民主党派，这些社会群体的利益诉求可以有机地嵌入国家整体利益。与此同时，民主党派还参与其他群体及社会公共利益的表达，尤其是为社会弱势群体表达利益，这在很大程度上可以避免因政党制度的主体结构与社会结构不相适应而带来的利益表达不均衡问题。③ 民主监督

① 毛泽东选集：第 3 卷 . 2 版 . 北京，人民出版社，2006：809.
② 《中国新型政党制度》白皮书 .（2007-11-15）. 中国政府网 .
③ 朱世海 . 民主党派代表谁的利益 . 探索，2009（4）.

则是中国包容型政党制度的独特功能。自新中国成立之初，中国共产党提出了“长期共存、相互监督、肝胆相照、荣辱与共”的原则，作为处理党与民主党派关系的准绳。社会整合和维护稳定是改革开放以来赋予包容型政党制度的新功能。多党合作有利于推动社会认同，调动各方积极性，从而形成强大的社会整合力。①

2021 年发表的《中国新型政党制度》白皮书将新型政党制度发挥作用的方式归纳为五种：政党协商、民主监督、议政建言、在国家政权中团结合作、通过人民政协这个专门协商机构发挥作用。其中，“在国家政权中团结合作”的情况我们可以通过一组数据来了解。截至 2021 年，民主党派成员和无党派人士在最高人民法院、最高人民检察院和国务院部委办、直属局担任领导职务的共 14 人；在全国 31 个省（自治区、直辖市）中，担任副省长（副主席、副市长）的共 29 人，担任副市（州、盟、区）长的共 380 人；有 45 人担任省级人民法院副院长和人民检察院副检察长，有 345 人担任地市级人民法院副院长和人民检察院副检察长。②

9.2.2 政治协商、政党协商、政协协商

中国共产党领导的多党合作和政治协商制度是中国的一项基本政治制度，它包含了三个方面的内容，即中国共产党对政治协商的领导、多党合作和政治协商制度、中国人民政治协商会议制度（简称“人民政协制度”）。三者共同构成了中国的政治协商制度。其中，中国共产党的领导是政治协商的前提，后两者是政治协商的具体形式。

政治协商包括两种类型：（1）中国共产党与各民主党派、无党派人士之间直接开展的政治协商，我们可以称之为政党协商；（2）中国共产党在人民政协中与各民主党派、无党派人士、社会各界代表人士之间开展的政治协商，我们可以称之为政协协商。③

这里需要区分两个问题：第一，从协商的类型上讲，尽管政党协商和政协协商都是中国共产党领导的多党合作和政治协商制度的主要组成部分，但是二者的性质有所差别。政党协商是中国政党制度的一部分，它要解决的是执政党和参政党之间的关系；政协协商要解决的则是党与社会的关系，其组织平台是人民政协。这两者有区别，但也有联系。首先，从前面的定义可以看出，政协协商的对象比政党协商更加广泛、多样。其次，政党协商肯定是政治协商，但在政协开展的协商不一定是政治协商。在政协的三项职能中，政治协商是协商，民主监督是协商式监督，参政议政是协商议政，但民主监督和参政议政不是政治协商。换言之，政协协商的外延大于政治协商。最后，当各民主党派在人民政协这个平台上与中国共产党进行政治协商时，其活动就是政协协商的一部分。政党协商和政协协商之间的关系可以用图 9－2 来表示。

---

① 《中国新型政党制度》白皮书.(2007－11－15). 中国政府网.

② 《中国新型政党制度》白皮书.(2021－06－25). 中国政府网.

③ 中共中央印发《中国共产党政治协商工作条例》. 人民日报，2022－06－21；李林. 最高国务会议组织结构及其功能探析. 中共党史研究，2005 (1).

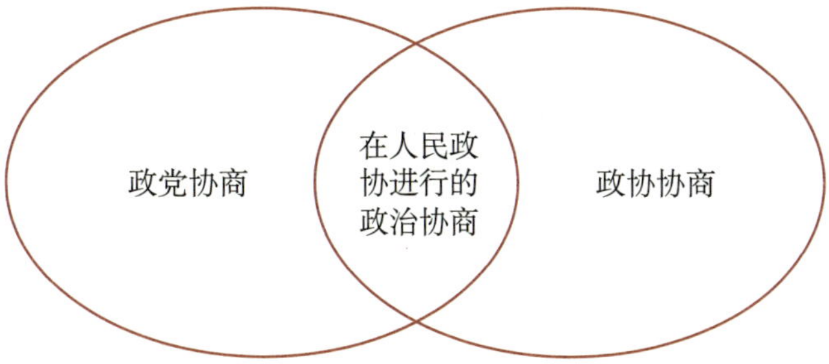

图 9-2　政党协商和政协协商关系图

第二，从协商的内容上讲，政党协商与政协协商之间有同有异。二者的共同点主要表现在两个方面：（1）关系国民经济和社会发展的有关重大问题；（2）有关统一战线的重要问题。从不同的方面来看，政协协商的内容还包括“列入政协全体会议议程的重要事项”。政党协商的内容则还包括：（1）中国共产党全国和地方各级代表大会、党中央以及地方党委有关重要文件的制定、修改；（2）宪法的修改建议，有关重要法律的制定、修改建议，有关重要地方性法规的制定、修改建议；（3）换届时人大常委会、政府、政协领导班子成员和监察委员会主任、法院院长、检察院检察长的建议人选。可见，政党协商的内容在层次上更高。

政党协商起源很早，在抗日战争时期，中国共产党就利用国民参政会，与各主要党派、社会各界的代表人士围绕抗战建国的一系列重大问题开展政治合作和协商。在这一过程中，中国共产党对协商民主的实现形式进行了初步的探索，从而为政治协商制度的发展做了必要的铺垫。1946 年召开的旧政协，尽管其协商民主的因素非常少，但是，参加政协会议的五方代表——国民党、共产党、民盟、青年党和社会贤达，本着平等协商、求同存异的精神，经过 21 天的协商，最终达成了五项决议。尽管这一次政治协商的成果很快就在内战的烽火中烟消云散了，但是中国共产党和各民主党派在政治协商中所结下的友谊和所达成的共识，为后来的政党协商奠定了基础。①

需要指出的是，由于历史原因，政党协商的实际参加主体除中国共产党和八个民主党派外，往往还包括无党派代表人士和工商联，这已经形成了一种惯例。②

作为一种统战机制，政党协商具有多重功能。一是决策咨询功能。政党协商提供了制度化的政治参与渠道，在决策过程中充分吸纳民主党派的专业特长和政治智慧，从而提高决策的质量和政策的合法性。二是利益表达功能。政党协商是一种制度化的利益表达机制，可以将民主党派所联系群体的利益和诉求吸纳到决策之中，从而有效实现社会的整合。三是民主监督功能。政党协商是一种中国特色的政治平衡机制，它为民主党派

① 谈火生．协商治理的当代发展．广州：广东人民出版社，2018.

② 2015 年 12 月 10 日，中共中央办公厅印发的《关于加强政党协商的实施意见》明确规定：“无党派人士是政治协商的重要组成部分，参加政党协商”；“工商联是具有统战性的人民团体和商会组织，参加政党协商”。需要说明的是，“无党派人士”并非是指只要没有参加任何政党的就是“无党派人士”，而是特指“没有参加任何政党、有参政议政愿望和能力、对社会有积极贡献和一定影响的人士，其主体是知识分子”。其身份是需要认定的，在新中国成立初期，中共中央认定的无党派民主人士只有 14 人。参见：政协全国委员会办公厅，中共中央文献研究室．人民政协重要文献选编．北京：中央文献出版社，中国文史出版社，2009：133.

和中国共产党的“相互监督”提供了平台，使民主党派有机会在决策之前和决策执行过程中对其进行纠偏防错，从而防范中国共产党执政过程中可能出现的失误，增强政治的稳定性。四是凝聚共识功能。政党协商是一种有效的信息沟通机制，它可以帮助各民主党派所联系的群众理解中国共产党制定相关路线方针政策的初衷，认同中国共产党的政治目标，从而降低政策执行的难度。

具体的协商形式包括三种：一是书面协商，即民主党派和中国共产党之间可以通过双向书面形式进行沟通协商，民主党派可以通过调研报告、建议等形式直接向中共提出意见和建议。二是约谈协商，即民主党派负责同志还可以以个人名义向中国共产党和政府相关部门直接反映情况、提出建议，具体形式分为小范围谈心会和个别约谈。三是会议协商。按照协商事项性质，可以分为专题协商座谈会，就党和国家重要方针政策、事关全局的重大问题进行协商；人事协商座谈会，由中共中央负责同志主持召开，就重要人事安排在酝酿阶段进行协商；调研协商座谈会，主要就重点考察调研成果及建议进行协商；通报协商座谈会、通报重要情况、听取意见建议；等等。①

9.2.3 统一战线的领导权问题

领导权问题是统一战线最根本的问题。在中国的社会政治生活中，中国共产党具有双重属性：一方面，它是领导国家和社会的领导党；另一方面，它是掌握国家政权的执政党。因此，在强调统一战线的包容性时，一个重要的前提就是要确保中国共产党在统一战线中的领导地位。② 包容性是以党的领导为核心的包容性，如果偏离了这一方向，包容性就会演化为离心离德的多头政治，就会走向统一战线的反面。

对于领导权问题，中国共产党是有过惨痛教训的。马克思很早就警告过，“在政治上为了一定的目的，甚至可以同魔鬼结成联盟，只是必须肯定，是你领着魔鬼走而不是魔鬼领着你走”③。但在第一次国共合作时，中国共产党显然没有牢记马克思的警告，将统一战线的领导权拱手让给了国民党右派，结果导致蒋介石发动“四一二”反革命政变，使大革命惨遭失败。抗日战争时期，建立了广泛的抗日民族统一战线，在这期间领导权一直处于争夺的状态，其间，也曾出现过王明的“一切经过统一战线”的错误主张。正是在抗战的烽火中，中国共产党才真正在统一战线的领导权问题上走向成熟。

在中国共产党看来，领导权不是天然的，而是要去争取的。在新民主主义革命时期，统一战线的构成成分十分庞杂，争夺统一战线领导权的斗争始终存在。“不但大资产阶级争，自由资产阶级也争，小资产阶级也争。他们总要照他们的思想来领导这个队伍。”④ 中国共产党不仅要与国民党争，还要与主张“三分天下”的第三种力量争。尽管在新中国成立前夕各民主党派都响应“五一号召”，服膺中国共产党，接受中国共产党的领导。但这个成果来之不易。在“九一八”事变之前，以第三党为代表的民主党派是排斥中国

---

① 中共中央《关于加强社会主义协商民主建设的意见》. 人民日报，2015-02-10.
② 陈明明，肖存良. 统一战线与协商民主. 上海：复旦大学出版社，2017：117.
③ 马克思，恩格斯. 马克思恩格斯全集：第11卷. 2版. 北京：人民出版社，1995：552.
④ 周恩来选集：上卷. 北京：人民出版社，1980：216.

共产党的。当时中华革命党在其宣言中就明确反对中国共产党的主张，否认中国共产党作为中国革命领导者的地位。从“九一八”事变之后到1948年“五一号召”之前，在长达10年多的时间里，民主党派逐渐改变了态度，对中国共产党采取积极合作的态度。曾经反对中国共产党的第三党开始认识到，政治上没有什么中立，总是要偏向某一方的。但这一时期，民主党派也只是与中国共产党合作，谈不上接受中国共产党的领导。民主党派真正接受中国共产党的领导是从响应“五一号召”开始的。①

中国共产党是靠什么让民主党派实现这一转变的呢？“不是要一天到晚当作口号去高喊，也不是盛气凌人地要人家服从我们，而是以党的正确政策和自己的模范工作，说服和教育党外人士，使他们愿意接受我们的建议”②。确立统一战线领导权的两个关键问题包括：第一，党自身的建设，这是统一战线领导权的前提和基础。中国共产党必须秉持“天下为公”的理念，制定符合中国实际的路线方针政策，用真理的力量吸引党外人士；与此同时，不断改善党的领导，发挥广大党员的模范作用，以道德的力量感召党外人士。③ 第二，协商民主建设，这是统一战线领导权的实现途径。中国共产党必须在平等的基础上与民主党派开展协商工作，通过摆事实、讲道理，使党外人士心悦诚服地接受自己的政策主张。

需要指出的是，统一战线的领导权中的“领导”指的是政治领导，而不是组织领导。中国共产党和各民主党派在政党关系上是平等的，在组织上是独立的，它们之间没有隶属关系。因此，中国共产党在处理与党外人士的关系时，没有权力对各民主党派的内部事务包办代替。④

9.3 社会变迁与统战工作的发展

随着改革开放的深化和经济的飞速发展，中国的社会结构和利益格局发生了深刻的变化。一方面，经济形态从过去单纯的公有制经济转变为公有制、非公有制、混合所有制共同发展，经济结构发生了翻天覆地的变化，非公有制经济在国民经济中所占的比重越来越大。另一方面，新业态的发展催生了大量新的社会阶层。而且，随着单位制的解体，大量的社会成员从单位人变成社会人，过去主要依靠单位进行的统战机制越来越难以适应新形势的变化。今天，中国进入了前所未有的多元化时代。在所有制形式多元化、利益需求多元化、价值取向多元化的条件下，如何通过制度创新和策略调整凝聚人心、汇集力量，这是时代向统一战线提出的新要求。正如时任统战部长孙春兰所说的，“随着社会的不断发展，新的力量会不断出现，团结的工作永远在路上。把新的社会群体及时纳入工作视野，拓宽团结联合的覆盖面，不断把各种力量聚拢到党的周围”⑤。

---

① 魏晓东．统一战线与党的领导．北京：中国言实出版社，2016：198-202.

② 毛泽东选集：第2卷．2版．北京：人民出版社，2006：742.

③ 胡世华．胡厥文回忆录．北京：中国文史出版社，1994。

④ 同①.

⑤ 孙春兰．新形势下统一战线事业的科学指导和行动指南．人民日报，2015-06-04.

9.3.1 工商联与非公有制经济人士的政治安排[①]

改革开放40多年，中国发生的最大变化无疑是在经济领域，中国一跃成为世界第二大经济体。经济持续高速发展的背后是非公有制经济的崛起。截至2023年9月底，全国登记在册民营企业数量超过5 200万户，民营企业在企业总量中的占比达到92.3%。[②] 在世界500强企业中，中国民营企业由2010年的1家增加到2023年的38家。[③] 非公有制经济贡献了50%以上的税收，60%以上的国内生产总值，70%以上的技术创新成果，80%以上的城镇劳动就业，90%以上的企业数量，95%以上的新增就业岗位。[④] 非公有制经济已经成为推动中国发展不可或缺的力量。

为了有效地将民营企业家吸纳到中国共产党的政治过程中来，中国共产党从统战角度采取了四个主要的措施：第一，意识形态调整，从排斥到包容，使民营企业家（私营企业主）在以公有制为核心诉求的社会主义意识形态中获得合法的社会身份；第二，开放通道，将民营企业家纳入进各级政协中；第三，旧瓶新酒，重新激活工商联，发挥工商联的桥梁纽带作用；第四，建立沟通机制，让民营企业家参与政策过程，如定期召开政企座谈会，甚至让企业家列席党政部门的会议。[⑤] 此处我们仅以工商联为例来说明中国共产党如何通过政治安排来实现对非公有制经济人士的吸纳，一方面是因为工商联是对非公有制经济人士进行政治吸纳的最重要的制度性安排，另一方面是因为我们可以通过工商联这个个案来理解人民团体发挥统战功能的具体机制。

工商联的全称是“中华全国工商业联合会”，又称“中国民间商会”。与工青妇等人民团体不同，工商联是一个很特殊的人民团体。工青妇的前身都是中国共产党的内设机构，新中国成立后转变为党的外围组织；而工商联则是新中国成立后为了配合资本主义工商业的社会主义改造而新成立的人民团体，它是在对旧式同业公会进行改造的基础上建立起来的。它的两个名称正好反映了两种不同逻辑的融合——“中华全国工商业联合会”，这体现的是人民团体自上而下的统战逻辑；“中国民间商会”，这体现的是社会组织自下而上的结社逻辑。2006年，中共中央印发的《关于巩固和壮大新世纪新阶段统一战线的意见》明确提出，工商联具有“三性”：统战性、经济性与民间性。其中，统战性体现的是其作为人民团体的政治功能，经济性和民间性体现的则是其作为商会组织的性质和职能。[⑥]

新中国成立初期，工商联的建立正是要对“商会”的逻辑进行改造，使之符合统战的需要。1952年9月，中共中央下发的《关于改组工商业联合会的指示》指

① 政治安排是统战部门用于对社会各阶层的精英人士进行政治荣誉和政治职务安排的一个专门术语。

② 赵文君．前三季度全国新设民营企业706.5万户 发展韧性持续显现．(2023-11-14)．中国政府网．

③ 史慧芳．《财富》世界500强出炉：38家中国民营企业上榜，比亚迪、宁德时代成“黑马”．(2023-08-04)．网易网站．

④ 习近平：在民营企业座谈会上的讲话．(2018-11-01)．人民政协网．

⑤ 定期召开政企座谈会现在已经成为各地的标准动作，企业家列席党政部门的会议则仅有浙江等少数省份在尝试。

⑥ 中共中央统战部．中国共产党统一战线史．北京：华文出版社，2017：525．

出，改组同业公会，并不是要废除这一组织形式，而是要改变同业公会过去由少数上层人物把持操纵，用来对抗国家，压迫中、小工商业者的状况，使之成为工商联领导下的专业性组织[①]，其基本精神是对同业公会进行改组，使之接受工商联的领导，用统战的政治逻辑来统领维权的社会逻辑。当时中国共产党非常明确地对工商联双重代理身份进行了定位，“既要团结教育工商业者执行《共同纲领》和人民政府的各项政策、法令，同时也必须承认工商联是工商界自己的组织，有权代表工商界的合法权益”[②]。

随着社会主义改造的完成和公有制经济的确立，工商联所联系的对象作为一个阶级已经不复存在，民族资产阶级和小资产阶级已经转变为社会主义劳动者；公私合营后私营经济没有了，它所赖以生存的经济基础也不复存在。工商联的工作重心转向了引导工商业者加强自我改造的方向。“文化大革命”开始后，工商联被迫解散。

改革开放以后，蓬勃发展的私营经济和大量涌现的私营企业主阶层让工商联获得了新生。1991 年，中共中央批转中央统战部《关于工商联若干问题的请示》，明确工商联是党和政府联系非公有制经济的桥梁，其主要任务是“做非公有制经济代表人士的思想政治工作”，对私营企业、个体工商户和台湾同胞、港澳同胞、海外侨胞投资者介绍党的方针、政策，维护他们的合法权益，反映他们的正确意见，在他们中间培养起一支坚决拥护党的领导的积极分子队伍。[③] 2010 年，在《关于加强和改进新形势下工商联工作的意见》（简称“中央 16 号文件”）中对工商联在党和国家工作全局中的地位进行了肯定，强调工商联在促进非公有制经济健康发展和引导非公有制经济人士健康成长中具有不可替代的作用。2020 年 9 月，中共中央办公厅印发了《关于加强新时代民营经济统战工作的意见》，把“信任”纳入民营经济统战工作方针，并将其摆在首位，形成了“信任、团结、服务、引导、教育”的新“十字方针”，并对民营经济统战工作的工作对象作出了详细划分。[④]

通过工商联这个平台，非公有制经济人士获得了进入政策过程的通道。一方面，工商联是非公有制经济人士进入政治安排的第一步。非公有制经济人士一般先在工商联任职，获得认可后，就有机会进入人大和政协。作为政协的一个界别，工商联在提名各级政协候选人中发挥着重要作用。另一方面，非公有制经济人士可以借助工商联这个平台，使自己的政策建议进入党和国家的政策议程。自 2010 年中央 16 号文件出台后，国家明确规定全国工商联出席中央经济工作会议，列席国务院常务会议，并逐步搭建起全国工商联与国家发展和改革委、科技部等与民营经济相关部委的决策沟通机制，从而建立非公有制经济人士参政议政的制度化通道。[⑤]

这些措施极大地增强了非公有制经济人士对中国共产党的向心力。

① 本书编写组．中华全国工商业联合会简史．2 版．北京：中华工商联合出版社，2017：18.
② 秦力．我国工商业界的变迁．北京：华文出版社，1999：44.
③ 同①183－184.
④ 中共中央办公厅印发《关于加强新时代民营经济统战工作的意见》．(2020－09－15)．中国政府网．
⑤ 黄冬娅．在体制内游说：政策过程中的政商关系研究．香港：三联书店（香港）有限公司，2023：83.

9.3.2 社会结构分化与新阶层

改革开放以来，社会变迁的特征之一是社会结构的分化以及随之而来的社会阶层的变化，而且随着经济的发展与科学技术的进步，新兴产业迅速崛起，新的社会阶层的数量逐渐增多，包含的对象也不断扩大。面对这一现实，中国共产党提出了“新的社会阶层”这一概念，并将其作为统战工作的新对象。中共第一次使用“新的社会阶层”这一概念是在 2001 年，将新的社会阶层人士正式纳入统一战线工作范围则是在 2006 年的全国统战工作会议上。2016 年 7 月，中央统战部专门成立了一个新的局级单位“新的社会阶层人士工作局”来负责相关工作。需要指出的是，“新的社会阶层”这一概念的外延在党的十八大前后发生了很大的变化。

2001 年，江泽民在庆祝中国共产党成立 80 周年大会上指出，“改革开放以来，我国的社会阶层构成发生了新的变化，出现了民营科技企业的创业人员和技术人员、受聘于外资企业的管理技术人员、个体户、私营企业主、中介组织的从业人员、自由职业人员等社会阶层”，“这些新的社会阶层中的广大人员，通过诚实劳动和工作，通过合法经营，为发展社会主义社会的生产力和其他事业作出了贡献。他们与工人、农民、知识分子、干部和解放军指战员团结在一起，他们也是有中国特色社会主义事业的建设者”①。“新的社会阶层”这一概念最初主要指那些从传统社会结构中分离出来，依靠诚实劳动和合法经营谋生的人，他们与传统的“工人、农民、知识分子、干部和解放军指战员”不同，被称为“新的社会阶层”。与此同时，中国共产党将“新的社会阶层”定性为“社会主义事业的建设者”，这意味着党有意将其视为新的历史条件下的政治同盟者。值得注意的是，“新的社会阶层”中包括个体户和私营企业主。在党的十八大之前，谈到“新的社会阶层”时，基本延续了这个界定。而且，从党的实践来看，在十八大之前，对“新的社会阶层”统战工作的主要着力点就是私营企业主。

党的十八大以后，对“新的社会阶层”的界定有了最大的变化，将个体户和私营企业主单列出来，称为“非公有制经济人士”，所以，我们在相关条例中可以看到，“非公有制经济人士”和“新的社会阶层人士”是并列的。同时，党对“新的社会阶层人士”的范围也进行了调整，不仅保留了原来的三类人员：私营企业和外资企业的管理人员和技术人员、社会组织从业人员、自由职业人员，而且增加了“新媒体从业人员”以及今后可能出现的新群体。这一变化体现了党与时俱进的调适性特点，通过不断调适，尽量囊括新出现的各种社会阶层。其动态调整过程一方面表达了党对新的社会阶层的肯定和政治上的认可，另一方面也反映出党对新的社会阶层的统战工作仍处于摸索阶段。

确实，新的社会阶层的出现对于中国共产党来说是“老革命遇到了新问题”，过去依靠单位和人民团体来开展统战工作的传统方式已不再适用。新的社会阶层人士不仅素质

---

① 中共中央党校教务部．十一届三中全会以来党和国家重要文献选编：下．北京：中共中央党校出版社，2003.

高、视野广，而且具有高度的多样性、流动性和自由度，在很大程度上脱离了原有社会体制的约束，摆脱了“单位人”的身份，统战部门在获取信息、掌握动态、把握思想状态方面的难度大大增强。而且，由于社会结构分化所带来的价值观念的多元化和利益格局的多元化，新的社会阶层内部以及新的社会阶层与原有社会阶层之间的矛盾也趋于复杂化，这使得统战部门利益协调的难度加大。

新的社会阶层人士中最后一类人比较特殊，近年来中央统战部在他们身上花费的精力较多。“新媒体从业人员”是网络时代产生的一个新的阶层，对其开展统战工作没有可以参考和借鉴的经验。他们主要是高学历、思维活跃、价值多元的年轻人，动员力强、影响力大，能够影响舆论和社会热点走向、改变传统舆论宣传的格局。尤其是不断涌现的网络名人、意见领袖、微博达人，能迅速吸引网民的眼球，影响舆论的导向。他们既可能利用网络传播正能量，对政府工作进行监督，引起社会对相关问题的关注，推动社会现实问题的解决；也可能利用其影响力对现行的制度和政策加以攻击，甚至引发网络群体性事件，这给统战工作带来了巨大的挑战。

按照中央统战部的解释，做好“新媒体中的代表性人士统战工作”是为了实现“两个健康”，一是引导和帮助新媒体中的代表性人士健康成长，二是支持和推动新媒体行业健康发展。这一点和非公有制经济人士统战工作的目标高度相似。为此，各级统战部门都在进行有益的探索，例如，中央统战部创办“统战新语”、上海市委统战部指导创建“海燕博客”等，以丰富的内容、新颖的形式，网上动员组织，网下开展活动，线下线上相结合，利用新媒体平台进行正面引导；上海市委统战部、湖北省委统战部建立了新媒体代表人士协会、联盟等新媒体团体，开展联谊交友活动、征求意见建议座谈会，开展常态化活动；重庆市建立新媒体大厦、新媒体学院、线下交流合作网，为新媒体中的代表人士提供交流学习、技能提升的平台；有些地方建立新媒体代表人士列席市委常委会议制度，为他们参政议政提供制度化渠道。如何通过制度化的机制对新媒体从业人员进行政治和社会整合，中国共产党仍在探索之中。

在统一战线的五大关系（政党关系、民族关系、宗教关系、阶层关系、海内外同胞关系）中，本章只讨论了其中的政党关系和阶层关系，民族关系在第13章中会详细论述，宗教关系尤为复杂，海内外同胞关系则面临新的挑战。

宗教具有特殊的复杂性和敏感性。一方面，宗教与宗教之间具有排他性和扩张性，处理不当会演变为冲突。1572年法国的圣巴托罗缪之夜大屠杀，是法国天主教对新教胡格诺派的恐怖暴行，这场血腥大屠杀引起了旷日持久的宗教战争，给法国带来了严重的灾难。另一方面，宗教常常被政治所操纵。当年东欧剧变时，波兰的天主教在波兰的“和平演变”中起到了推波助澜的作用。今天，境外敌对势力、极端势力也利用宗教对我国进行了渗透破坏。面对种种挑战，党的二十大报告指出，要“坚持我国宗教中国化方向，积极引导宗教与社会主义社会相适应”。一方面，要牢牢掌握宗教工作的主动权，坚持宗教中国化的工作方向；另一方面，遵循宗教和宗教工作规律，讲究政策策略和方式方法，积极引导，不断增加宗教与社会主义社会相适应的广度和深度。

海内外同胞关系的工作重点是最广泛地团结港澳台海外同胞，“动员全体中华儿女围绕实现中华民族伟大复兴中国梦一起来想、一起来干”[①]。一是充分发挥港澳统战工作的作用，确保“一国两制”平稳运行。二是充分发挥对台统战工作的作用，推进祖国完全统一。三是充分发挥海外统战工作的作用，凝心聚力同圆共享中国梦。海外统战工作是党的爱国统一战线工作的重要组成部分，面对百年未有之大变局，中国共产党提出了“大侨务”“大统战”的工作格局，并将留学人员作为统战工作新的着力点。在组织机制上，明确由中央统战部统一管理侨务工作，将国务院侨务办公室并入中央统战部（中央统战部对外保留国务院侨务办公室牌子）。[②]

本章小结

党的历届领导人都十分重视统战工作，也深感其艰难。习近平曾多次表达自己对统战工作的思考，“在党的一系列路线方针政策中，什么问题最复杂？仔细琢磨一下，就是关于统战方面的理论、政策最复杂，在操作把握上的界限最微妙，需要深入洞察才能把握住”[③]。

在本章中，我们首先回溯了统一战线的性质与发展历程，分析了统一战线的基本结构和工作机制，介绍了作为统一战线工作部门的统战部以及作为统一战线工作协调机制的统一战线工作领导小组。然后，重点介绍了有中国特色的包容型政党制度和政治协商的基本形式，并分析了统一战线的领导权问题。最后，分析了新形势下，中国共产党应该如何通过制度创新和策略调整，应对所有制形式多样化和社会结构多元化所带来的挑战。

“江山就是人民，人民就是江山”，“人心向背、力量对比是决定党和人民事业成败的关键，是最大的政治。统战工作的本质要求是大团结大联合，解决的就是人心和力量问题”。[④] 面对日益复杂的政治形势和快速变化的社会环境，中国共产党表现出了很强的制度适应能力，尽管我国仍面临诸多挑战，但通过大统战格局的构建、统战工作机制的完善和统战策略的调整，促进了政党与社会的关系的和谐与健康发展。

关键术语

统一战线　　多党合作　　政治协商　　包容型政党制度　　新的社会阶层

复习思考题

1. 如何理解中国的政党制度？它与西方政党制度有何区别？

---

① 习近平．高举中国特色社会主义伟大旗帜 为全面建设社会主义现代化国家而团结奋斗：在中国共产党第二十次全国代表大会上的报告．北京：人民出版社，2022：39.

② 中共中央印发《深化党和国家机构改革方案》．人民日报，2018-03-22.

③ 周宇．统战部“高配”一年“大统战”如何布局．北京青年报，2015-12-29.

④ 习近平．在党史学习教育动员大会上的讲话．求是，2021（7）；习近平．习近平关于社会主义政治建设论述摘编．北京：中央文献出版社，2017：128-129.

2. 统战部的职责是什么？你了解你所在大学的统战部门吗？

3. 政治协商、政党协商和政协协商三者之间是什么关系？

4. 什么是无党派人士？

5. 什么是新阶层？它对统一战线工作构成了何种挑战？

6. 如何理解工商联在统战工作中的特殊地位？

7. 从统一战线的角度来观察，工会、共青团和妇联等人民团体与社会组织有何区别？

第 10 章

政法系统

政法工作是党和国家工作的重要组成部分，党委政法委员会是党委领导和管理政法工作的职能部门，政法单位是党领导下从事政法工作的专门力量，主要包括审判机关、检察机关、公安机关、国家安全机关、司法行政机关等单位。“党管政法”是我国政法系统的基本原则，宪法规定的政法机关之间“互相配合，互相制约”的关系是党的集中统一领导在“刀把子”上的体现。改革开放 40 多年来，司法改革历程的循环往复，体现了我国党政体制变迁过程中探寻“党治”与“法治”平衡的艰辛历程。

本章第一节简要梳理了政法系统的基本概念、构成要素，以及政法系统的历史发展；第二节介绍政法系统各机关的组织结构、基本职能与运作规则；第三节探讨了改革开放以来，党管政法原则的组织体现，并探讨司法改革与政法系统发展变迁之间的关系。

10.1 政法系统的组织构成与历史发展

10.1.1 政法系统的概念、原则与组织

1. 政法系统

政法系统又称“政法口”。在党政体制的诸系统中，政法系统是仅次于军队的掌握国家强制力的系统。早期的“政法口”包括“公检法司民”，即公安、检察、法院、司法行政和民政五个部门。[①] 现在政法事务与民政事务已分开，政法系统包括“公检法司安”，即公安、检察院、法院、司法行政与国家安全机关。中央政法委员会以及各级政法委员会是党领导政法工作的职能部门，负责指导并协调各政法机关工作。

① 侯猛．“党与政法”关系的展开：以政法委员会为研究中心．法学家，2013（2）.

2. 政法与司法

“政法”与“司法”两个概念既相互联系又有重要区别。“政法”一词是新中国成立后由中国共产党所创。1949 年解放北平后，中共中央法律委员会改清末来自日本的“法政”一词为“政法”，盖因“在毛主席思想体系中，法律只是施政的工具”[①]。“政法”概念一般不见于正式法律文本，而是出现在党的文件中。董必武曾将“政法主义”归纳为“人民司法”，用以指代“人民民主制度与革命法制”。在这套话语体系中，政法工作带有鲜明的阶级性和工具性，政法机关作为掌握“生杀予夺”大权的“刀把子”，要巩固人民民主专政，为党的核心工作服务。[②] 在实践中，各政法机关的工作人员统称“政法干部”，属“政法编制”，“政法队伍建设”是政法综治系统的三大建设任务之一。[③]

“司法”概念同样鲜见于早期的法律文本：在 1954 年《宪法》和 1982 年《宪法》中，人民法院是“审判机关”，行使“审判权”；而人民检察院是“检察机关”，行使检察权。[④] 据考证，指代法院、检察院的“司法”概念最早出现在党的十五大报告中。报告提出，“推进司法改革，从制度上保证司法机关依法独立公正地行使审判权和检察权”。随后通过的全国人大决议也将推动司法改革的任务分别赋予了法院、检察院。[⑤] 据此，我国的司法机关是指行使审判权的法院与行使检察权的检察院。司法改革主要是指对法院、检察院这两个司法机关的改革。[⑥] 这在随后一系列党的文件中都得到了印证。

政法与司法并非简单的包含关系，两种逻辑之间存在一定的张力。政法逻辑具有强烈的阶级性与工具性，而司法逻辑强调形式理性和程序正义，两者共同构成我国司法改革的基本变量，影响着政法系统改革方向与进程。2014 年党的十八届四中全会首次以法治为专题，提出全面推进依法治国的总目标，同时强调“政法委必须长期坚持”。2019 年，在中央政法工作会议上，习近平提出“政法领域全面深化改革”。这表明党管政法是党政体制中政法系统运作的基本原则，政法与司法的逻辑、“党治”与“法治”的平衡仍将共同影响未来的政法和司法体制改革。

3. 党管政法

在我国的党政体制下，政法系统的基本原则是党管政法。在不同的历史时期，这一基本原则不变，但具体的方式和组织抓手却有所不同。在组织方面，党管政法是通过三重结构进行的：党委、政法委和党组。新民主主义革命时期与新中国成立初期，党委曾经直接决案。以 1979 年中共中央第 64 号文件为标志，党管政法从党委直接审批案件过渡到在大政方针上领导政法。政法委作为党领导政法工作的职能部门，其机构与职权持续强化。此外，为了确保并加强党对各政法机关的领导，各机关内部设党组，作为各机关的领导核心。

---

① 梁漱溟．梁漱溟全集：第 7 卷．济南：山东人民出版社，2005：429－430.

② 董必武．董必武法学文集．北京：法律出版社，2001：189；姚一．董必武与政法主义．中国图书商报，2001－08－30.

③ 值得注意的是，党的十八届四中全会首次提出了“法治队伍建设”，这是有别于“政法队伍”的提法。

④ 1982 年《宪法》中“司法”一词只出现在“司法行政”相关的条文中。

⑤ 刘松山．再论人民法院的“司法改革”之非．法学，2006（1）.

⑥ 学界通常认为公安也是司法机关。多数学者倾向于认同公安的双重属性，即既是行政机关也是司法机关。

4. 政法系统的功能

政法工作的核心任务是为党的中心工作保驾护航。在党和国家建设的不同阶段，政法系统的主要功能也经历了从革命到建设的转换。党的十一届三中全会后，全党工作重心转移到经济建设上来，政法工作的根本任务是为经济建设服务。1991 年中央政法委恢复建制后，“维护社会稳定”成为主要任务，发展出一个自上而下无所不包的大维稳体制。党的十八大以来，政法系统的主要任务又有了细微调整。2014 年习近平总书记在中央政法工作会议上对政法工作提出了新的要求，维护社会大局稳定是政法工作的基本任务，促进社会公平正义是政法工作的核心价值追求，保障人民安居乐业是政法工作的根本目标。2019 年发布的《中国共产党政法工作条例》将政法工作的职能重新阐述为专政职能、管理职能和服务职能。

5. 政法系统的组织及其特点

与党领导下的其他“系统”相比，政法系统具有不同寻常的复杂性，这也决定了在不同历史时期“党管政法”方式的演变。

首先，政法系统包括法院、检察院、公安等国家强力机关，是党绝对领导的“刀把子”。

其次，政法系统内部结构复杂。其一，各政法机关的地位、规格不一。法院和检察院在宪法框架内是与国务院或地方政府并立的国家机关，由人大选举并对人大负责。而公安、国安、司法部则是政府部门。其二，各政法机关领导体制有所不同，法检两院原是双重领导机关，党的十八大以后，法检两院人财物由省内统管。公安、司法行政部门受当地党委（政府）和上级机关双重领导。国安部门实行“条块结合，以条为主”的体制①，2000 年后调整为“垂直领导，两级管理”。其三，各机关的“条条”关系也有差异。法院上下级为监督与被监督关系，检察院上下级是领导与被领导关系。因此，法院改革强调规范审级关系，而检察院改革则坚持“检察一体化”原则。政法系统内部的复杂性也决定了对政法系统的指导与协调的路径多样化，且难度远超其他系统（见图 10－1）。

最后，政法系统内部存在着超出一般意义的碎片化。各政法机关之间权力分散，但又相互制约、相互监督，这种权力分散已经不是普通的劳动分工，而是经常发展为相互制衡的博弈状态。在改革进程中，各机关间的职责分工往往是部门扩权的基础；而其互动与博弈又要求政法系统内部存在有效的协调机制，由于前述政法系统构成的复杂性，党成为协调政法系统的唯一可能。政法系统的碎片化又强化了党管政法的基本原则。本章的第三节将特别考察政法机关之间的权力分散制约的状态。毛泽东在 1953 年总结的“大权独揽，小权分散”② 原则在政法系统中得到了充分体现。党的领导与部门扩权是政法系统演变的基本逻辑。

---

① 周振超．当代中国政府“条块关系”研究．天津：天津人民出版社，2009．

② 中共中央文献研究室．毛泽东文集：第 7 卷．北京：人民出版社，1999：355．

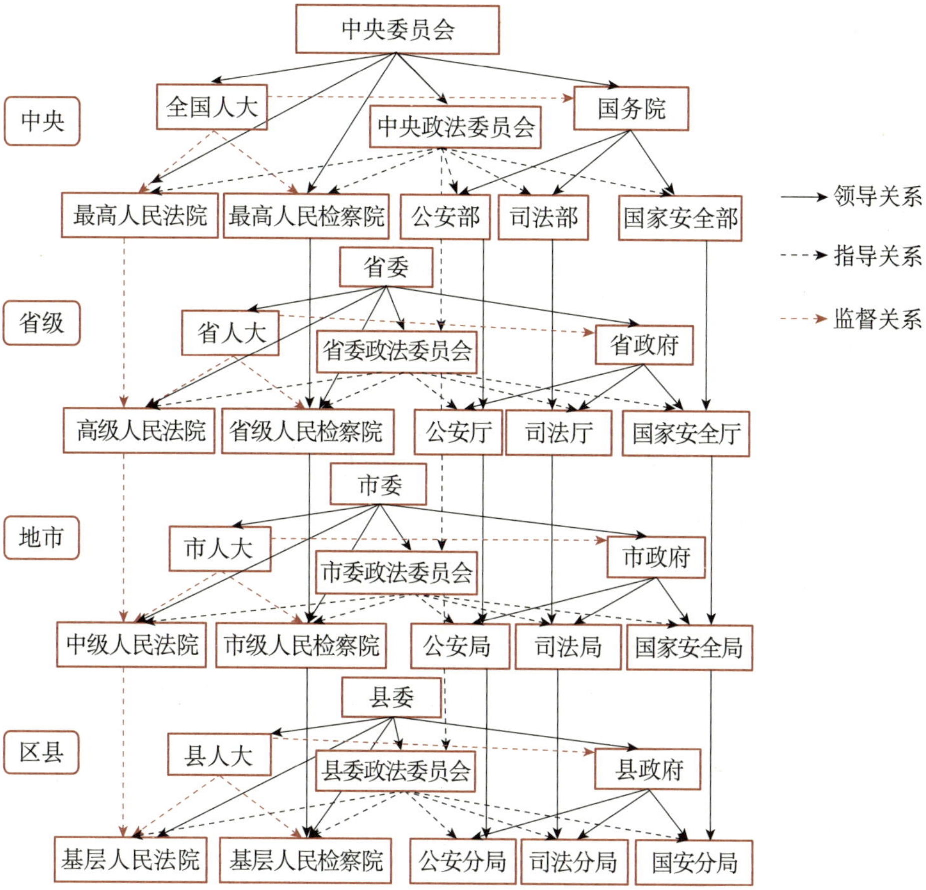

图 10-1　政法系统结构图

10.1.2　政法系统的历史发展

中国政法系统发展始终处于一定的变动与调整中，各政法机关如何设置，确立怎样的领导体制，政法系统是“分”还是“合”，都经过了一再的摸索。大致而言，可以“文化大革命”为线将政法系统的发展划分为三个阶段，初创与调整期（1949—1957 年）、破坏期（1957—1976 年），以及重建与制度化时期（1976 年至今）。本小节的描述主要围绕两个主题进行：一是政法机关的建设；二是党管政法原则的组织体现。司法改革的具体措施将主要在后两节中探讨。

1. 政法系统的初创与调整期（1949—1957 年）

早在土地革命战争时期，人民司法制度已经初步成形。在江西苏区时期，实行审检合署制。新中国成立前，华北人民政府则采用了审检分立制，在新中国成立后这一制度被移植到政务院系统中。[①] 在中央与大行政区级别实行审判、检察、侦查、司法行政的分

① 刘忠．从华北走向全国：当代司法制度传承的重新书写．北大法律评论，2010（1）．

立制，人民法院与人民检察署均是同级人民政府的组成部分。政务院下设“政治法律委员会”，负责指导政法部门工作，同时指导与联系最高人民法院、最高人民检察署和政务院人民检察委员会。

1954 年，一届全国人大一次会议通过并颁布了新中国第一部宪法，同时颁布了《人民法院组织法》和《人民检察院组织法》，标志着人民司法制度的初步确立。之后，政法委机构结束工作，地方各级政法委取消。国务院设立政法办公室，负责领导政法部门，但不负责协调最高人民法院和最高人民检察院。1954 年秋，中共中央书记处成立第一办公室，主管政法。这通常被视为政法委组织史上的第一次起落。

在国家政权的初创期，政法机关的设立有两个特点：一是扬弃了革命期间合并司法机关的特点，采用审检分立制，确立了公检法司分立的体制。这既有从华北到全国的发展路径上的考虑，也有出于对苏联克格勃的警察制度乃至革命期间肃反扩大化经验的反思。二是政法委制度萌芽。政务院下设的政法委员会虽然在设置路径、具体职能上略有不同，但仍是中央层面指导并联系各政法机关的协调机构，从这个角度来讲，此时的政治法律委员会的确是政法委前身。1954 年《宪法》颁布后取消了政法委，转向以国务院一办或中央书记处一办的形式协调各政法机关。

2. 政法系统的破坏期（1957—1976 年）

自 1957 年起，受反右斗争的影响，“五四宪法”所确立的司法制度受到了冲击。1957 年，最高人民法院与司法部提出地方政法部门的影响，须接受党委的领导和监督，党委有权过问一切案件，凡是党委规定的审批范围内的案件应在审理后宣判前交党委审批。1959 年以“已无单独设立之必要”为由撤销了司法部和各省、自治区、直辖市的司法厅（局），回到审判与司法行政的“合一制”。同时撤销国务院法制局及各部的法律室。1960 年 11 月，公安部、最高人民法院、最高检察院合署办公，由公安部党组统率。1962 年后对极左错误稍有纠正，审判、检察、人民调解等制度部分恢复，但纠正力度有限。

“文化大革命”期间，司法制度遭到严重破坏。从 1968 年开始，公、检、法被“砸烂”，1969 年正式撤销了各级检察机关，人民法院实行了军事管制。1975 年，《宪法》规定由公安机关行使检察机关的职权，从法律上完全取消了人民检察制度。1967 年后，“群众专政指挥部”成为“革委会”领导下的实际司法机关，制造了大量的冤假错案。

值得一提的是，在此期间政法委建制也同样经历了起落：1956 年 7 月，中共中央法律委员会成立，书记处一办撤销。1958 年，中共中央成立政法领导小组，直接隶属于中央政治局与中央书记处。但该领导小组在“文化大革命”期间名存实亡。这是政法委的第二次起落。

“文化大革命”结束后，中央领导层对“文化大革命”经历的反思，最终促成了“告别革命”的基本论断，以经济建设为党的中心任务，政法系统的功能从继续革命、全面专政，转向了为经济建设保驾护航。同时，这一时期内政法机关合署办公也是党中央吸取的重大教训，政法机关的“分”——“职责分立并相互配合、相互制约”的基本关系在后期上升为宪法原则。

3. 政法系统的重建与制度化时期（1976 年至今）

1978 年 12 月，党的十一届三中全会明确提出，为了保障人民民主，必须加强社会主义法制，做到有法可依、有法必依、执法必严、违法必究。人民司法制度进入了新的发展时期，各项司法制度得到了迅速恢复和全面发展。

1978 年，五届全国人大一次会议通过了新的《中华人民共和国宪法》，恢复了人民检察院的设置，但没有恢复法院和检察院独立行使职权的原则。1979 年通过了《人民法院组织法》《人民检察院组织法》。1982 年《宪法》重新确立了人民司法制度的基本内容，规定了审判权与检察权的独立行使职权，人民法院、人民检察院、公安机关办理刑事案件，应当“分工负责，互相配合，互相制约”。

自 20 世纪 80 年代起，人民法院开始了以强化庭审功能、扩大审判公开、加强律师辩护、建设职业化法官和检察官队伍等为重点内容的审判方式改革和司法职业化改革。1997 年，党的十五大报告提出要推进司法改革。最高人民法院自 1999 年起连续发布了五个五年改革纲要，最高人民检察院也发布了检察改革实施意见。2003 年起，中央政法委启动了统一规划部署和组织实施的司法改革，中国司法改革走向整体统筹、有序推进的阶段。2013 年，党的十八届三中全会明确做出了“推进法治中国建设”的决定，增强了民众对深化司法改革、挑战司法行政化与地方化的预期。

同时，在政法委的组织发展方面，从改革初期到 20 世纪 80 年代后期是政法委的曲折发展时期。1978 年，中共中央成立中央政法小组，协助中央处理政法部门的一些政策方针问题。1980 年，小组改制为中央政法委员会，主要负责联系并指导政法各部门的工作。到 1981 年，全国各省、区、市党委都相继成立了政法委，任命专职政法委书记。到 1982 年，政法委员会建制延伸到县一级。1987 年，党的十三大决定改革党政关系，实现党政分开。为此，1988 年，中共中央撤销了中央政法委员会，另行设立中央政法领导小组，组织与职能大为削弱。1990 年 3 月，中共中央决定恢复中央政法委员会，恢复原有的建制与功能。同时，中央政法委员会与中央综合治理办公室合署办公，组织机构从县级延伸到了乡镇一级，编制也相应扩大。自此，从中央到乡镇，政法委的建制与功能得到了全面加强。

在这一时期，主张形式理性的司法概念一度成为司法改革的主流。然而，尽管政法传统很少在早期司法改革中专门讨论，但始终或明或暗地体现在司法改革的场景中。政法委系统几经调整，最终牢牢把握着整体性指导司法改革的大权。

纵观不同时期政法系统的发展，政法机关的“分”与“合”始终是初期建制的主线。“文化大革命”时期政法机关的“合”是深刻的历史教训，因此在 1982 年，公检法在刑事司法方面“分工负责，互相配合，互相制约”的关系上升为宪法性原则；1990 年以来基本稳固了政法委员会的常设性职能部门的地位。

10.2 政法机关的组织与运作

10.2.1 政法委

1. 政法委的组织与职能

自 1990 年恢复建制以来，政法委的职能总体上呈扩张之势，内部组织结构也随之进一步复杂化。1980年发布的《关于成立中央政法委员会的通知》规定了政法委的五项职能，包括研究处理全国政法工作的重大问题、协助中央处理各地有关政法报告的请示、协调政法各部门的工作、调查研究贯彻执行党和国家政策方针与法律法令的情况、调查研究政法队伍的组织情况和思想情况等。1994年，政法委的职权扩大到七项，包括研究和讨论有争议的重大疑难案件，组织推动社会治安综合治理工作，研究、指导政法队伍建设和政法各部门领导班子建设等。在1995年中办28号文件中，这些职能又细化为十项职责，该文件明确规定政法委是“党领导政法工作的职能部门”，在职能方面增加了一些内容，如“组织、协调、指导维护社会稳定的工作”“协助纪检、监察部门查处政法部门领导干部违法犯罪案件”“指导下级政法委的工作”。2019年发布的《中国共产党政法工作条例》同样列举了政法委的十项职责，不仅在党内法规层次上对过去政法工作经验做了总结与确认，更对政法委的职责与运作，特别是政法委与各政法单位间的关系做了重新规范。

政法委的职能扩张也伴随着组织结构的细化与编制的增加。1991年中央政法委与中央综合治理办公室合署办公，之后在内部成立了一系列的议事协调领导小组，例如中央维护稳定工作领导小组、中央防范和处理邪教问题领导小组、全国打黑除恶专项斗争协调小组等。合署办公使政法委原有的一些务虚职能得以务实强化。在2018年党和国家机构改革中，中央社会治安综合治理委员会、中央维护稳定工作领导小组等被撤销，其职能划归中央政法委。2019年，《中国共产党政法工作条例》规定乡镇（街道）党组织配备政法委员，在制度上保证了综治委撤销后，政法委员会在乡镇一级的组织建制。

2. 政法委的工作制度

政法委作为党领导政法工作的职能部门，其具体运作受多个因素的影响，在不同的层级与地方存在巨大的差异。根据现有材料，特别是2019年《中国共产党政法工作条例》，政法委的工作制度大致可以归纳为执法监督制度、全体会议制度、政治督察制度和协管人事制度，各项制度之间也有一定的交叉。

（1）执法监督制度。

政法委对政法工作的领导体现在对政法单位工作的“协调、督促和监督”中，执法监督职能正是在这些表述的基础上整合而成的。执法监督的原则是在执法活动中加强党对政法工作的领导，把握正确的政治方向。执法监督的范围包括：监督政法部门执行国家法律法规和党的路线方针政策，督办重大影响案件，协助党委考察、管理政法干部，总结推广先进经验，指导下级政法委的执法监督工作等。

2019年《中国共产党政法工作条例》对政法委督办案件的表述有所变化。该条例规定政法委协调政法单位间的相关重大事项，统一思想和行动，但并未明确协调后果，这与20世纪90年代相关文件的表述不同。此外，该条例还区分了“重大事项”和“重大案件”。政法委的职责限于研究协调“重大事项”，而政法单位党组（党委）负责“研究影响国家政治安全和社会稳定的重大事项或者重大案件”。类似的区分也出现在请示报告工作方面，该条例规定政法单位党组（党委）仅应向上级党组织“报告”重大案（事）件，向同级政法委“请示”重大事项，这可以看作是对政法委既往的“个案协调”实践的限制甚至在一定程度上的否定。

（2）党内联席会议制度。

政法委党内联席会议制度既是相关规定的政法委工作机制，也是执法监督制度的一种工作形式。在实践中，政法委采取“单位会员制”，由于政法单位实行“首长负责制”，所以政法委委员实际上由各政法机关的行政首长出任，因此该会议又称“四长”或“五长”会议。这是各级政法委共有的制度，在有些地方，只有这个制度是“实”的。

各政法机关可在彼此存在重大分歧，经协商未能解决的情况下，请示政法委予以协调；或者政法委认为应当协调的重大疑难案件和其他事项，也可召开政法机关有关领导联席会议进行研究，协商解决。会议一般首先由提请协调的政法部门汇报请示予以协调的案件和其他事项的基本情况，在与会各部门领导发表意见讨论研究后，主持人作出协调处理决定。

（3）政治督察制度。

2017 年，中央下发《关于新形势下加强政法队伍建设的意见》，明确政法队伍建设的指导思想、目标任务以及加强与改进政法队伍建设的政策措施。该意见首次提出探索建立政治督察制度，以确保党对政法工作的绝对领导落到实处。随后各省市相继开展了政治督察与纪律作风督查巡查。值得注意的是，目前各省市开展的督察巡查工作既有政法系统的参与，又有政法纪检组的参与。督察巡查在运作上类似于政法系统内的纪检监察工作，在运作上涉及与纪检监察机关的协调与配合。

（4）协管人事制度。

在 1995 年中办 28 号文件中规定了各级政法委协助同级党委组织部对政法机关领导干部进行考察、管理，这一制度逐步确立为政法委对政法干部协管的一种干部管理制度。在 1998 年的执法监督通知中，中央政法委主张把执法监督情况纳入政法领导干部政绩考核中。组织部可以在干部考察后征求政法委意见，或由组织部吸收政法委有关同志加入考察组。这一制度也得到了 2019 年相关条例的再次确认。然而，在实际运作中，政法干部管理的职能仍然主要掌握在党委组织部门手中。[①]

3. 政法委的运作及其问题

如前所述，自 1990 年重建以来，政法委的职能、机构、编制一再加强。在中央层面，中央政法委通过与其他机构合署办公，逐渐承担了综合治理、维护稳定、司法改革等职能。地方政法委的机构与编制也随之扩张，政法委建制也从县一级逐渐延伸到乡镇一级。

此外，政法委在地方党政中的地位也有所提升，这突出表现在政法委书记位列地方党委常委（“入常”）以及 1995 年取得对政法部门干部的协管权两个方面。但各地在落实层面上情况差异较大，这也造成了政法委在不同地区的权威不等的现象。

随着政法委权威的不断扩张，政法委对政法机关的领导逐渐超出了“大政方针”的层面。尤其是随着执法监督制度内容的不断细化与具体化，政法委对重大案件的督办在个别情况下演变成了政法委定案决案。近年来出现的诸多冤假错案，如佘祥林案、赵作

① 侯猛．司法改革背景下的政治治理方式：基层政法委员会制度个案研究．华东政法学院学报，2003（5）.

海案等，背后都或多或少有地方政法委的影子。① 政法委存废之争在法学界由来已久。

在一定程度上，政法委是一个以书记、副书记为中心的机构。虽然改革以来，各级政法委在职能、机构、编制方面有了较大发展，但与公检法等政法机关相比，仍不可同日而语。政法委工作人员一般职级不高，属于“政法编制，公安待遇”②。政法委的话事权主要依靠政法委书记在地方党政系统的地位与排位。过去，政法委书记一般由各级公安机关的领导兼任，曾导致公安独大的情况。之后中央政法委书记不入常委会的现象可能会影响政法委在地方的地位。此外，党的十八大以来的法检两院人、财、物省内统管改革也对市、县政法委的权威构成不小的冲击。党的十八届四中全会决定明确指出，政法委员会是党委领导政法工作的组织形式，必须长期坚持，这回应了政法委存废问题的争论。2019 年出台的《中国共产党政法工作条例》系统总结了改革开放以来 40 多年的政法工作经验，在相当程度上重新规范了政法委与各政法单位的关系，限制了政法委的职权。在可见的未来，政法委系统仍然处于变动与调整中。

10.2.2 人民法院

1. 人民法院的组织体系与职权

根据《宪法》和《人民法院组织法》，人民法院是国家审判机关，行使审判权。人民法院的设置分为最高人民法院、地方各级人民法院以及专门人民法院，实行四级两审制。最高人民法院对全国人民代表大会及其常务委员会负责，地方各级人民法院对产生它的国家权力机关负责。

最高人民法院是国家最高审判机关，负责审理各类案件、制定司法解释、监督地方各级人民法院和专门人民法院的审判工作，并依照法律规定的职责范围，管理全国法院的司法行政工作。

地方各级人民法院分为高级人民法院、中级人民法院、基层人民法院。上级人民法院监督下级地方法院工作。高级人民法院设在省、自治区、直辖市，中级人民法院位于省、自治区内的地区和自治州、设区的市以及直辖市内。高级和中级人民法院审理法律、法规规定的由其管辖的一审案件、对下级人民法院判决和裁定的上诉和抗诉案件。在县和市、自治县、旗、市辖区设立基层人民法院，负责审理第一审民事、刑事和行政案件，但法律另有规定的案件除外。此外，《人民法院组织法》规定，基层人民法院根据地区、人口和案件情况可以设立若干人民法庭。人民法庭是基层人民法院的组成部分，它的判决和裁定就是基层人民法院的判决和裁定。

各专门人民法院包括军事法院和其他根据实际需要设立的专门人民法院、如海事法院、知识产权法院、金融法院等。军事法院分为三级，各级军事法院的审判工作受最高人民法院监督。海事法院相当于地方人民法院的中级人民法院建制，不服其裁判的可以向高级人民法院上诉。党的十八大以来，我国人民法院体制改革，先后在北京、上海、

---

① 严励．地方政法委“冤案协调会”的潜规则应该予以废除．法学，2010（6）.

② 侯猛．司法改革背景下的政法治理方式：基层政法委员会制度个案研究．华东政法学院学报，2003（5）.

广州等地设立知识产权法院和金融法院，实现对知产案件、金融案件的跨区域专门管辖。此外，森林法院、农垦法院、铁路运输法院等专门法院已在司法改革进程中逐步移交驻地法院管辖，整体纳入国家司法体系。

2014 年以来，最高人民法院先后在深圳、沈阳等地设立了六个巡回法庭，处理重大行政案件和跨区域民商事案件，以保障当事人的合法权益，维护司法公正。巡回法庭作为最高人民法院派出机构，在审级上等同于最高人民法院。法官来自最高人民法院，定期轮流派驻。

2. 人民法院的基本原则与制度

《宪法》与《人民法院组织法》规定了司法公开、司法独立、法律面前人人平等的基本原则。人民法院审理案件，除法律规定的特别情况外，一律公开进行。人民法院依照法律规定独立行使审判权，不受行政机关、社会团体和个人的干涉。人民法院审判案件，对于一切公民，不分民族、种族、性别、职业、社会出身、宗教信仰、教育程度、财产状况、居住期限，在适用法律上一律平等，不允许有任何特权。

人民法院内设审判庭室（如立案庭、各类审判庭）与行政庭室（如政治办公室、研究室等）。法院可以根据自身情况灵活设置内部庭室。法官、审判辅助人员和司法行政人员实行分类管理。法官实行员额制，从取得法律职业资格并且具备法律规定的其他条件的人员中选任。法官的遴选、晋升等应严格遵循相关程序。

最高人民法院院长由全国人大主席团提名、全国人大选举产生，向全国人大负责并报告工作，任期五年，连续任职不得超过两届。全国人大常委会根据最高人民法院院长的提请，任免最高人民法院副院长、审判员、审判委员会委员和军事法院院长。地方各级人民法院院长应当具有法学专业知识和法律职业经历，由同级人大选举产生，副院长、庭长、副庭长、审判员由同级人大常委会任免。人民法院基本工作制度如下所述。

（1）审判委员会制度。

各级人民法院设立审判委员会，实行民主集中制。审判委员会的任务是总结审判经验，讨论重大的或者疑难的案件和其他有关审判工作的问题。最高人民法院审判委员会通过制定司法解释、规范性文件及发布指导性案例等方式，统一法律适用。各级人民法院审判委员会会议由院长主持，本级人民检察院检察长可以列席。

审判委员会制度是法院内部集体领导的组织形式。审判委员会不直接审理或判决案件，但有权根据具体承办人的汇报而对案件进行讨论和作出决定。法律规定的民主集中制原则实际上赋予了审判委员会对具体案件讨论后所作出的决定具有权威性，具体承办人必须执行。审判委员会的集体决策模式可能在实践中造成“审者不判，判者不审”的情况，不利于司法公正的实行。为审判委员会制度辩护的学者认为，在司法独立尚未完全建立的情况下，该制度以“集体决策”的方式为法官提供了保护。①

（2）合议制与独任制。

人民法院审判案件，实行合议制。人民法院审判第一审案件，由审判员组成合议庭

---

① 苏力．基层审判委员会制度的考虑及思考．北大法律评论，1998（2）；贺卫方．关于审判委员会的几点评论．北大法律评论，1999（2）.

或者由审判员和人民陪审员组成合议庭进行；简单的民事案件、轻微的刑事案件和法律另有规定的案件，可以由审判员一人独任审判。人民法院审判上诉和抗诉的案件，由审判员组成合议庭进行。合议庭由院长或者庭长指定审判员一人担任审判长。院长或者庭长参加审判案件的时候，自己担任审判长。

独任庭是由审判员一人审判案件的组织形式，一般只限于基层人民法院审判第一审民事案件和自诉及轻微刑事案件时适用。

（3）人民陪审员制度。

人民陪审员依法参加人民法院的审判活动，其选任、培训和考核工作，由基层人民法院会同同级司法行政机关进行。人民陪审员参与审判对社会影响较大的刑事、民事、行政案件或由相关当事人申请由人民陪审员参加合议庭审判的案件。2018 年《人民陪审员法》区分三人合议庭和七人合议庭。在三人合议庭中，人民陪审员与法官有同等权利，对事实认定、法律适用，独立发表意见，行使表决权。人民陪审员参加七人合议庭，对事实认定，独立发表意见，并与法官共同表决；对法律适用，可以发表意见，但不参加表决。

在实践中，人民陪审员制度实施具有显著的地方差异性，“只陪不审”的情况非常普遍，人民陪审员主要是对审判资源的补充，是否构成对法院的监督与制约尚有待考察。

（4）审级制度。

我国实行“两审终审制”，一个案件最多经过两级人民法院的审判即告终结。同时，我国又有突破两审终审限制的再审制度。各级人民法院院长对本院已经发生法律效力的判决和裁定，上级人民法院对下级人民法院已经发生法律效力的判决和裁定，如果发现确有错误，有权提审或者指令下级人民法院再审。最高人民检察院对各级人民法院已经发生法律效力的判决和裁定，上级人民检察院对下级人民法院已经发生法律效力的判决和裁定，如果发现确有错误，有权按照审判监督程序提起抗诉。多年来，学界多次呼吁变“两审终审制”为“三审终审制”，但相关法律历经修订，审级制度始终保持不变。诸多学者认为，繁复的再审制度影响了人民法院判决的终局性，从而使人民法院权威受损。

3. 人民法院的实际运作及其问题

最高人民法院原院长肖扬曾描述人民法院运作中的“三大痼疾”：司法地方化、司法行政化、司法大众化。司法地方化是指人民法院面临的地方保护主义问题，这又与在当时体制下地方党政掌握了法院的人、财、物大权相关。司法行政化既指在审判活动中的行政化，如法院内部的判决的层层定案审批制度，又指在上下级法院关系中上级法院通过发布规范性文件（甚至会议纪要）、绩效评估、错案追究等方式加强对下级法院的监督甚至领导。① 有趣的是，在过去的司法改革期间，司法地方化与司法行政化相互伴生、互相制约。司法大众化主要是指法官职业的大众化，即学界讨论已久的退转军人进法院等影响法官队伍职业化的现象。改革开放初期，最高人民法院主导了一系列改革来增强法院、法官的职业化，包括庭审方式的改革，修改《法官法》，提高对法官任职的要求等，

---

① 2014 年 12 月，最高人民法院决定取消对全国各高级人民法院的考核排名，并要求各高级人民法院取消本地区不合理的考核指标。

这一度被学者看作是“人民司法传统”的断裂。① 但 21 世纪以来，在公平与效率的追求之外，最高人民法院开始重提“司法为民”等口号，并在 2008 年前后发起了“大调解运动”，鼓励法院在审判活动中积极参与调解，甚至调解优先。党的十八大以来，中央在法院改革方面推行了诸多举措，明确司法是中央事权，并以人、财、物省内统管改革直指司法地方化问题。在去行政化的维度上，党的十八大以来的司法体制改革将司法责任制的推行视为改革的“牛鼻子”，旨在确保法官依法、独立、公正地履行审判职责，让审理者裁判，由裁判者负责。

10.2.3 人民检察院

1. 人民检察院的组织体系与职权

《宪法》规定，人民检察院是国家的法律监督机关。人民检察院设置分为最高人民检察院、地方各级人民检察院和军事检察院等专门检察院。最高人民检察院对全国人民代表大会及其常务委员会负责，地方各级人民检察院对产生它的国家权力机关和上级人民检察院负责。

最高人民检察院设一名检察长、数名副检察长与检察员。检察长统一领导检察院工作，由全国人大选举和罢免，副检察长、检察员由检察长提请全国人大常委会任免。地方各级人民检察院分为高级人民检察院、中级人民检察院、基层人民检察院。上级人民检察院领导下级人民检察院的工作。

各级人民检察院行使的职权包括：依照法律规定对有关刑事案件行使侦查权；对刑事案件进行审查，批准或者决定是否逮捕犯罪嫌疑人；对刑事案件进行审查，决定是否提起公诉，对决定提起公诉的案件支持公诉；依照法律规定提起公益诉讼；对诉讼活动实行法律监督；对判决、裁定等生效法律文书的执行工作实行法律监督；对监狱、看守所的执法活动实行法律监督；法律规定的其他职权。

2. 人民检察院的工作制度

《宪法》规定，人民检察院依照法律规定独立行使检察权，不受行政机关、社会团体和个人的干涉。《人民检察院组织法》规定了检察平等、司法公开的原则，各级人民检察院奉行检察一体化的组织原则。各级人民检察院行使检察权，对于任何公民，在适用法律上一律平等，不允许有任何特权。人民检察院的基本工作制度包括：检察委员会制度、刑事检察制度、法律监督制度、公益诉讼制度。

（1）检察委员会制度。

检察委员会是人民检察院的业务决策机构，实行民主集中制。各级人民检察院检委会由该院检察长、副检察长、检察委员会专职委员以及有关内设机构负责人组成。各级人民检察院检委会委员，由本院检察长提请同级人民代表大会常委会任免。检委会由检察长主持，讨论并决定重大案件和其他重大问题。如果检察长在重大问题上不同意多数人的决定，可以报请本级人民代表大会常委会决定。

---

① 何永军．断裂与延续：人民法院建设（1978—2005）．北京：中国社会科学出版社，2008.

（2）刑事检察制度。

根据《刑法》和《刑事诉讼法》的规定，除少数亲告罪可以自诉外，其他犯罪实行公诉制度。凡需公诉的案件，一律由人民检察院向有管辖权的人民法院提起公诉。对公安机关移送起诉的案件，一律由人民检察院进行审查，一个月内作出是否起诉的决定；重大复杂的案件，可以延长半个月。经审查认为犯罪嫌疑人的犯罪事实已经查清，证据确凿、充分，依法应当追究刑事责任的，应向有管辖权的人民法院提起公诉。

人民检察院曾经拥有广泛的自侦权，根据最高人民检察院1998年通过的《关于人民检察院直接受理立案侦查范围的规定》，共有4类53种案件由检察院直接立案侦查。人民检察院对自侦案件立案侦查终结后，认为应当追究刑事责任的，向有管辖权的人民法院提起公诉；认为不构成犯罪的，应当撤销案件；认为虽不构成犯罪，但违反党纪、政纪需要处理的，则移送党政机关处理。

监察体制改革后，原属检察院职权范围内的职务违法与职务犯罪案件侦查职责转移到了新成立的各级监察委员会。检察院仅对14个罪名有侦查权，检察自侦权大幅缩水。检察院随即实施了“捕诉一体”办案机制，由同一刑事办案机构专门负责办理一类或几类刑事案件，由同一检察官办案组或检察官全过程负责同一刑事案件的审查逮捕、审查起诉、出庭支持公诉、抗诉、立案监督、侦查监督、审判监督以及相关案件的补充侦查工作，并负责办理最高检管辖的相关刑事申诉案件。“捕诉合一”制度深刻地改变了之前检察机关内设机构之间的相互监督机制。

（3）法律监督制度。

人民检察院对公安机关侦查活动的监督，对人民法院审判活动的监督，对监狱、看守所以及劳动改造机关的监督，合称为法律监督制度。

具体说来，侦查监督制度是人民检察院对公安机关（包括国家安全机关）的刑事侦查活动实行的监督制度，包括审查批捕、审查起诉、对侦查活动的监督等内容。审判监督制度是人民检察院对人民法院的诉讼活动实施监督的制度，包括对人民法院受理、审理、调解、裁判、决定等诉讼活动进行的监督，对各级人民法院已经发生法律效力的判决与裁定提起抗诉。对监所执行刑罚的监督包括减刑、假释、保外就医、监外执行、缓刑等是否违法进行监督；对看守所活动是否违法进行监督。

（4）公益诉讼制度。

公益诉讼是相对于私益诉讼而言的，它对起诉主体的规定突破了我国原有诉讼法对原告主体与案件有“直接利害关系”的规定。2014年，党的十八届四中全会明确提出“探索建立检察机关提起公益诉讼制度”，包括北京在内的13个地区进行公益诉讼试点。2017年，十二届全国人大常委会第二十八次会议通过了《关于修改〈民事诉讼法〉和〈行政诉讼法〉的决定》，正式为检察公益诉讼制度的建立奠定了基础。检察公益诉讼案件的范围包括生态环境和资源保护、食品药品安全、国有财产保护、国有土地使用权出让等领域。检察机关也对检察公益诉讼案件范围进行了积极拓展。诉前检察建议是中国检察公益诉讼制度的独创，也是实现维护公益目的的最佳状态。

3. 检察系统的运作及面临的问题

检察系统奉行检察一体化，上下级人民检察院是领导与被领导的关系。检察系统的运作长期以来受制于对宪法条文“法律监督权”的理解：法律监督权究竟是在诉讼活动中的对其他政法机关的监督；还是为维护宪法与法律的尊严对国家机关及其工作人员进行的一般法律监督？在改革开放初期，特别是 1979 年的《人民检察院组织法》取消了检察院“一般监督”的职权，明确检察机关在诉讼活动中通过诉讼方式行使法律监督职权。[①] 20 世纪 80 年代末，学界曾就检察职权进行了大规模的争论，各地检察机关也积极尝试，扩张检察的法律监督功能，特别增强了对法院民事诉讼的调解、执行等行为的监督，引发了 90 年代中期法检两家的频繁冲突。以 1996 年《刑事诉讼法》修改、1997 年《刑法》修改为标志，压缩了检察院的侦查手段、实际侦查管辖范围，并取消了检察院的免于起诉权。[②] 1998 年，最高人民检察院发出了“不改革，检察机关就没有出路”的号召，大力推动检察改革。进入 21 世纪以来，特别是 2008 年中央政法委主导的第二轮司法改革以来，检察院的权力大幅扩张，通过两高会签的一系列司法解释，并最终于 2012 年通过《刑事诉讼法》与《民事诉讼法》的修正案，确立了检察权对诉讼活动的全程监督原则，增加了“检察建议”的监督方式，赋予了检察机关在法律监督工作中的调查核实权，强化了检察机关的监督手段。检察机关成为上一轮司法职权配置改革中的赢家，检察权达到历史高点。[③]

党的十八大以来的监察体制改革又催生了“监察权”和“法律监督权”的关系问题。各级监察委员会是行使国家监察职能的专责机关，与监察委员会合署办公的党的纪律检查委员会是党内监督的专责机关，在这种情况下，如何合理划定法律监督权成为检察权与检察机关发展的重要节点。

10.2.4　公安机关

1. 公安机关的组织架构与管理体制

公安机关是最早创建的政法机关，其历史可以追溯到新民主主义革命时期的政治保卫部门。新中国成立初期，公安机关属中央军委序列，1949 年 9 月改为隶属政务院。历经行政体制调整，公安机关设置分为中央公安机关、地方各级公安机关以及专门公安机关。

中央公安机关即公安部，是我国最高公安行政领导机关，隶属于国务院，负责全国重大公安事项和公安队伍的建设与管理。地区各级公安机关遵循行政区划设置，管理所属区域公安工作。专门公安机关有铁路、交通、民航、森林公安机关和海关总署走私犯罪侦查机关，虽业务分工不同，但在业务上接受地方公安机关的指导。此外，公安组织也包括公安院校、公安科研组织等辅助机构，以及一些执行公安保卫任务的延伸机构。

---

① 江伟，谢俊．论民事检察监督的方式和地位：基于宪法和民事诉讼法的分析．法治研究，2009（4）.

② 刘忠．从华北走向全国：当代司法制度传承的重新书写．北大法律评论，2010（1）.

③ 汤维建．民事诉讼法的全面修改与检察监督．中国法学，2011（3）；徐鹤喃．制度内生视角下的中国检察改革．中国法学，2014（2）.

新中国成立以来，公安管理体制先后进行了多次改革与调整，1983 年设立国家安全部，将原公安部领导的对外反间谍机构和工作划归国家安全部领导，将原公安部领导的劳改、劳教工作划归司法部领导，公安部集中精力搞好社会治安和国内安全保卫工作。

2. 公安机关的基本职能

根据《宪法》以及相关法律法规，公安机关是人民民主专政的重要工具，人民警察是武装性质的国家治安行政力量和刑事司法力量，承担依法预防、制止和惩治违法犯罪活动，保护人民，服务经济、社会发展，维护国家安全，维护社会治安秩序的职责。因此，从性质上讲，公安机关具有双重性，既有行政性，负责公安行政管理；又有司法性，负责刑事司法任务。

公安机关的行政管理职能广泛，包括户政管理、国际管理、出入境与外国人管理、边防检查、道路交通管理等多项内容。公安机关通常根据社会治安形势的变化，采取长期预防与近期严打整治相结合的措施。

在刑事诉讼中，公安机关行使侦查权，与检察院、法院分工负责，互相配合、互相制约。主要职权包括立案侦查、提请逮捕、移送起诉和执行刑罚等。广义上的公安刑事司法管理职能，还包括预防犯罪、制止犯罪等。同时，公安机关还肩负着对看守所、拘役所、治安拘留所、收容教育所、强制戒毒所以及安康医院（五所一院）的监所管理职能。

3. 公安机关的改革与变迁

公安机关是人民民主专政的工具，其主要任务和职能随着发展时期的不同而不断变化。新中国成立初期，受继续革命论的影响，公安机关的根本任务是打击敌人，惩罚犯罪，保护人民，保卫社会主义革命和社会主义建设，巩固无产阶级专政。这种基于敌我理论的革命法制思想，造成了新中国成立初期的弥散性惩罚问题。① 当然，如我们在本章第一节中所讨论的，公安机关在“文化大革命”期间同样深受其害，在“砸烂公检法”中被否定、破坏、砸烂。

1978 年后，全党工作重点转移到经济建设上，公安机关的任务转变为维护社会治安，为经济建设中心工作保驾护航。1983 年，公安部牵头实施“严打”，依法从重从快，严厉打击刑事犯罪活动。时至今日，严打与专项活动仍然是公安机关维护社会稳定的主要手段之一。

20 世纪 80 年代末 90 年代初以来大维稳体制逐渐形成，公安机关作为政法综治系统中的武装力量，在人员配置、财政经费等方面都得到了进一步保障。但由于公安机关的双重领导体制，特别是地方党委在公安机关人、财、物上的控制权，诸多地方公安机关与基层党政部门结成利益联盟，造成了诸多负面影响。此外，由于过去政法委书记主要由公安厅（局）长出任，公安机关通过政法委的协调（甚至领导）功能曾一度凌驾于其

---

① 强世功．惩罚与法治：当代法治的兴起（1976—1981）．北京：法律出版社，2009.

他政法机关之上，也造成了一些冤假错案。①

近年来，公安机关开始强调服务社会功能。公安管理作为政府行政管理的重要组成部分，如何由“管理型”向“服务型”转变，是未来公安行政管理职能发展的方向。在刑事司法职能方面，党的十八大以来的刑事司法改革强调以审判为中心，这在多大程度上能够改变既往刑事司法的中心地位，仍有待观察。

10.2.5 其他政法机关

1. 国家安全机关

1983 年，六届全国人大一次会议决定在国务院成立国家安全部，承担原来由公安机关主管的间谍、特务案件的侦查工作。国家安全部由原公安部的一部分政治保卫部门和中共中央的某些担负保卫工作的机构组成，负责主管间谍等国家安全案件的侦查工作以及其他政治保卫工作。由于国家安全工作的特殊性，可资验证的资料极少。

2. 司法行政机关

我国司法行政事务实行分散管理体制，司法行政机关（司法部系统）仅负责管理部分相关事务。2018 年党和国家机构改革依据全面依法治国的部署，重新组建司法部，统筹行政立法、行政执法、法律事务管理和普法宣传，不再保留国务院法制办公室。

司法行政机关的主要职能包括：起草有关法律和行政法规草案，立法协调和备案审查、解释，综合协调行政执法，指导行政复议应诉，普法宣传，监狱、戒毒、社区矫正管理，律师公证和司法鉴定仲裁管理，承担国家司法协助等。

值得注意的是，2018 年根据党和国家机构改革创建中央全面依法治国委员会，办公室设在司法部。该委员会负责统筹协调全面依法治国工作，研究相关重大事项、重大问题，统筹推进科学立法、严格执法、公正司法、全面守法。也就是说，在政法工作“公检法司安”的工作部署中，出现了中央政法委员会和中央全面依法治国委员会两个中央工作机关并存的情况。前者是党的职能部门，后者是议事协调机构，两者的关系如何处理、工作如何协调仍有待关注。

10.3 党管政法与司法改革

本节梳理了改革开放以来政法系统在党政体制中的制度变迁，这涉及以下几个问题：第一，党与政法的关系，这是理解政法系统的总括性问题。具体说来，党管政法的基本原则如何在政法系统的组织与制度上得到体现？这一原则在改革过程中发生了怎样的变

---

① 申欣旺．被协调的正义：详解政法委书记兼任公安局长．中国新闻周刊，2010（11）；严励．地方政法委“冤案协调会”的潜规则应该予以废除．法学，2010（6）.

迁？第二，政法系统“两院三部”之间的关系如何？在改革过程中，各政法机关的互动方式及相互地位是否发生了变化？这些变迁又如何影响党管政法的原则？第三，在40多年司法改革进程中，政法机关在哪些方面发生了变化，哪些方面维持不变？变与不变的逻辑何在？在总结本章主要观点的基础上，我们将展望政法/司法改革在全面深化改革过程中的地位与作用。

10.3.1 党管政法

在我国的党政体制中，党的集中统一领导在组织形式上表现为“大权独揽，小权分散”①。具体到政法系统内，“大权独揽”强调党对政法的领导，但党对政法领导的“度”与具体的组织抓手又在不断调整。“小权分散”特指我国政法机关之间权力既分散又相互制约、监督的特殊状态。政法系统内的“小权分散”一方面造成了改革以来各政法机关的部门扩权态势，另一方面也强化了党的协调功能，从而实现了党的集中统一领导。

1. 党与政法关系中的“大权独揽”

（1）党管政法的方式变迁。

党的集中统一领导在政法系统内的体现是党管政法。改革开放以来，党管政法的大方向不变，但方式发生了一些变化。

首先，在改革开放初期，党管政法从党委直接审批案件过渡到党从大政方针上领导政法。1979年，中共中央发布的第64号文件正式终结了党委审批案件的制度，转向了党在方针、政策层面的领导。可以从两个角度理解这一政策：其一，党对政法的领导的“度”变了，从直接审批甚至决案发展到大方向上的指导；其二，党领导政法的组织体现发生了一定的变化，政法小组（委）成为党领导政法工作的职能部门。如前所述，1980年中央政法小组改制为中央政法委，1990年后，政法委建制与功能进入了稳步扩张阶段。

其次，党的十八大以来的变化说明党管政法的方式进一步微调。其一，中央政法委工作升格为由中共中央总书记直接分管，这被视为对其工作的加强。其二，2013年首次由中央直接召开政法工作会议，过去的全国政法工作会议更名为中央政法工作会议，这标志着党对政法工作的集中统一领导得到了进一步巩固。其三，2015年1月的政治局常委会专门听取了包括最高法、最高检在内的五个国家机关的党组工作汇报，这表明党管政法的组织抓手趋向多元化。2019年印发了《中国共产党政法工作条例》，该条例明确规定了党中央对政法工作的绝对领导、党的领导的“上下左右关系”问题，以及党管政法的组织抓手问题。

（2）党管政法的组织抓手。

党管政法，与党领导其他系统，如军队、组织人事、财经系统等并无本质差别，其目的是要实现党的集中统一领导。这体现在保持中央对重大事项的规则制定权、人事和编制事务的控制权，以及通过适当的组织抓手确保中央政策的正确实施。政法系统正是在组织抓手这一维度上与其他系统存在显著差异。在政法系统内部，究竟谁才是党管政

---

① 中共中央文献研究室．邓小平文集：一九四九——一九七四年：下卷．北京：人民出版社，2014：22.

法的组织抓手？是同级党委、政法委，还是各政法机关党组（党委）？2019 年《中国共产党政法工作条例》首次在党内法规层面上明确了这一点，规定了党的领导的“上下左右关系”，即党中央、各级党委、政法委和政法机关党组（党委）在政法工作中的领导责任与主体责任。

第一，党中央对政法工作的绝对领导。2004 年全国政法工作会议首次提出党对政法工作的绝对领导，这种表述最终写入 2019 年《中国共产党政法工作条例》。该条例开宗名义，阐明政法工作应当“坚持党的绝对领导，把党的领导贯彻到政法工作各方面和全过程”。该案例明确了党中央对政法工作的绝对领导权，包括决定政法工作大政方针、决策部署事关政法工作全局和长远发展的重大举措，管理政法工作中央事权和由中央负责的重大事项等。

值得注意的是，在现有的归口管理体制中，“绝对领导”是一个相对罕见的提法，过去仅用于描述党军关系。时至今日，党对其他“系统”的领导，仍然以“全面领导”而非“绝对领导”来描述。这在逻辑上与新中国成立之初将政法系统视为“掌握生杀予夺大权的刀把子”的表述一脉相承；也与《中国共产党政法工作条例》中所强调的政法工作的“专政职能”相对应。

第二，地方党委对政法工作的领导。1979 年改革后，党委对政法工作的领导以方针政策的指导为主，而政法委作为主管政法工作的职能部门得到加强。但在实际运作中，党委依然掌管着地方政法机关（包括政法委）的人、财、物，这造成了广泛的地方保护主义。2019 年《中国共产党政法工作条例》强调地方党委对政法工作的领导责任，但侧重于对政法工作的“统筹”与“协调”。

第三，政法委对政法工作的领导。如前所述，在历史上，政法委在组织与功能方面屡经调整，这在各大系统中是极其罕见的。这种调整一方面与新中国成立以来的国家政权建设、“文化大革命”、改革开放等诸多变迁相关，另一方面也体现了中央对政法系统这一特殊的掌握国家强制力的“刀把子”的领导方式的再三考量。除了“文化大革命”时期，即便在政法委撤销建制期间，在政法系统内仍然存在某种形式的协调机构，但协调力度的大小、是否建立专门机构、如何建立这种机构是不同历史条件下多方角力的结果。

20 世纪 90 年代中期后，政法委系统稳步扩权，在个别时点，政法委对各政法机关的影响甚至发展为领导关系，这引发了批评与争论。党的十八届四中全会通过的《关于全面推进依法治国若干重大问题的决定》提出，政法委制度必须长期坚持，2019 年《中国共产党政法工作条例》一方面确认了政法委的十项职责，另一方面又强调了对政法委“协调”、“统筹”和“督促”等不同领导方式，区分“重大事项”与“重大案件”，从而实现了对政法委定位与运作的重新规范，其规范意义甚至在一定程度上高于确权意义。

第四，各政法单位党组（党委）对政法工作的领导。我们党政体制的权力体系是“条”“块”结合的复杂矩阵关系，“条”的作用之一是制约“块”，这也同样体现在政法工作中。有学者指出，在实践中当政法委的倾向性意见与公检法部门不一致时，地方公检法部门往往会绕开政法委直接向上级部门请示，或者先请示地方党委，提前定好调子。[①] 这些都是对地方党委、政法委的制度约束。这种实践逻辑也被 2019 年《中国共产党政法工作条例》所吸纳，规定了政法单位党组（党委）的领导主体责任，包括在本单位内贯彻落实党的政法工作部署，推动本单位的深化改革，加强政法队伍建设等。

2. 党与政法关系中的“小权分散”

在政法系统中，“小权分散”原则首先表现在侦查、检察、审判、司法行政各权分属不同政法机关，但又相互交叉、相互制约。新中国成立初期，模仿苏联刑事诉讼模式，我国确定了公检法机关相互配合与制约的原则。“文化大革命”期间，该原则被党委至上原则所取代。后来，《刑事诉讼法》重新确立了公检法在刑事诉讼中的分工负责、互相配合与制约的原则。1982 年《宪法》将这一原则作为“我国司法工作中长期行之有效的一项好经验”写入宪法，以根本法的形式加以确认。[②]

值得注意的是，在正式法律框架中，政法机关之间的权力分散缺乏一个必要的中心机制。如我们在第一节中所讨论的，各政法机关宪法地位不一，既有政府内部的职能部门，又有与一府一委并立的“两院”，各机关之间一旦因相互制约的关系发生利益分歧和冲突，在国家层面并不存在一个处于中心位置的机构能够解决冲突。人大虽然是宪法规定的国家权力机关，但宪法并没有赋予人大协调冲突的职能。[③] 中心机制的缺失造成了两个后果：第一，在政法机关权力分散且相互制约的架构中，权力之间的分歧与冲突是日常化的，权力碎片化现象突出。第二，权力碎片化强化了党的协调，“小权分散”实际上加强了党对政法的领导。

具体说来，政法系统内的“小权分散”表现在侦查权分散、检监关系、公检法之间权力配置关系等各个方面。

（1）侦查权分散。

我国按照案件类型分类配置侦查权。普通刑事案件的侦查和预审由公安机关负责；职务犯罪案件过去由检察院侦查，监察体制改革后由监察委调查；间谍、特务案件的侦查权归国家安全机关；军队保卫部门与监所也有相应的侦查权。

侦查权分散有两个负面后果：一是如果侦查权交叠，会引发相关部门的龃龉，公安机关与检察机关可能会相互推诿过于敏感的案件，也可能会争夺有实际利益的案件。二是过去在自侦案件中，检察院独揽案件的立案、侦查、批捕、预审、起诉的权力，缺乏必要的监督。监察体制改革虽然解决了检察“同体监督”的难题，但检察机关仍然保持了对 14 类罪名的自侦权，新一轮的内设机构改革又采取了“捕诉合一”体制，取消了原检察机关内设机构相互制约的机制，使“同体监督”仍存在可能性。

（2）检察院与公安机关关系。

在公检法的互动关系中，检察院起到了独特的联结作用，法院与公安机关之间并不

---

① 侯猛．“党与政法”关系的展开：以政法委员会为研究中心．法学家，2013（2）．

② 韩大元，于文豪．法院、检察院和公安机关的宪法关系．法学研究，2011（3）．

③ 20 世纪 90 年代以来，随着地方人大的制度创新，有些人大的内司委开始承担协调公检法司的职能，但主要还是在工作机制的创新方面，尚未在法律层面上确定下来。

存在组织法意义上的相互配合、制约的关系。[①] 检察院的公诉行为实际上联结了法院与公安机关。刑事诉讼法赋予了检察院全面监督公安机关立案、侦查、预审的权力，也赋予了公安机关的复议复核权。

在立案监督方面，对公安机关不立案侦查的案件，检察院可要求公安机关说明不立案的理由或指令其立案。检察院审查公安机关的逮捕申请，可批准或不批准逮捕，要求公安机关补充侦查。公安机关侦查终结的案件由检察院审查，决定是否提起公诉或撤销案件，并可要求公安机关退补侦查或自行侦查。公安机关对检察院的不批捕、不起诉决定可以申请复议或复核。

检察院的补充侦查要求或不批捕、不起诉决定通常被视为公安机关办错案的标志。实践中，公安机关通常避免主动撤销案件，而倾向于反复要求检察院复议或复核。检警关系通常由地方政法委负责协调。过去，由于政法委书记通常兼任公安厅（局）长，政法委的协调往往偏向公安机关，导致“大公安，小法院，可有可无检察院”的现象曾长期存在于政法系统中。

（3）检察院与监察机关关系。

监察体制改革后，检察机关成为监察程序与司法程序的衔接点。根据《监察法》的规定，监察机关在调查职务犯罪后，如发现犯罪事实清楚且证据充分，需制作起诉意见书并连同案卷、证据移送检察院审查，提起公诉。检察院审查并批准逮捕后，案件进入审查起诉阶段。但《刑事诉讼法》规定了 7 天审查逮捕时限，这就是困扰《监察法》立法与实践过程的“司法衔接”问题。

监察委对被调查人实施留置时，需与检察院逮捕程序“无缝衔接”。实践中，为解决时间不足的问题，监察委和检察院采用“提前移送”的方法。例如，在北京市的试点中，监察机关至少提前 10 天将案件移送检察院，以便检察院利用这段时间进行初查，决定是否进入刑事诉讼阶段并采取强制措施。此外，在现行政法绩效考核体系中，一旦检察院提起公诉而法院判无罪，责任将由检察院而非实际调查的监察机关承担。这导致检察院在处理监察委案件时表现出异常谨慎[②]，以避免承担无罪判决的责任。

（4）法院与检察院关系。

在政法系统中，检察院与法院的关系是对等的，是宪法规定由人大产生、向人大负责，与“一府一委”平行的国家机关。1997 年党的十五大以来，两院被明确定义为司法机关。因此，两院的利益具有一致性，在改革方向上都强调司法机关相对于其他机关的特殊性。同时，两院又有相当的竞争，改革开放以来在机构、编制，甚至改革方案中相互竞争，各有输赢。[③]

具体到诉讼制度中，检察院与法院主要在两个方面进行互动。第一，在刑事诉讼中，检察院行使提起并参加公诉的请求权，而法院的判决权则是一种决定权。两者之间有

---

① 法院可以审查公安机关的行政行为，在实践中，有公安机关假托刑事侦查手段逃避法院审查的情况。

② 于晓虹，杨惠．党政体制重构视阈下政法工作推进逻辑的再审视：基于《中国共产党政法工作条例》的解读．学术月刊，2019（11）．

③ 刘忠．规模与内部治理：中国法院编制变迁三十年（1978—2008）．法制与社会发展，2012（5）．

“主辅”之分。第二，宪法赋予检察院法律监督职能。检察院监督法院审判活动。在这对关系中，检察院与法院是监督与被监督的关系。因此，在刑事诉讼中，检察院兼具公诉人与监督者的双重身份。法院一旦在刑事案件中判决嫌疑人无罪，说明检察院和公安机关办了错案，会引发三机关间的冲突。在现实中，也出现过检察院以抗诉方式反击法院的做法。实际上，法院的无罪乃至轻罪判决相对较少。①

改革开放以来，法检双方就刑事诉讼、法律监督等频频扯皮。二者的冲突在 20 世纪八九十年代达到顶峰。双方都试图通过单方面司法解释来限制对方，如最高人民法院曾单方规定了上级抗诉原则，并始终排斥检察机关对法院执行行为的监督。1996 年修订后的《刑事诉讼法》对检察权做了诸多限制。但这一态势在 21 世纪初发生了转变。2008 年，中央政法委提出要“优化司法职权配置”，扩大了检察监督的范围，丰富了检察监督的手段，确立了全面（全程）监督的基本原则。2012 年《民事诉讼法》进行了修改，检察权对诉讼活动的全程监督原则正式入法。由此，检察机关成为上一轮司法职权配置改革中的赢家。② 当然，自 2016 年监察体制改革以来，检察机关的职权配置与人员编制受到了极大的冲击，检察机关的发展再一次处于历史的交叉路口。

3. “小权分散”下的“大权独揽”

如前所述，公检法机关在刑事诉讼中的“分工负责，互相配合，互相制约”是我国的宪法性原则。在权责分立、相互监督的态势下，政法机关之间的利益纠纷与权力摩擦日益增多。而且，这种冲突是在“零和”状态下进行的：公检法三机关任何一方利益的实现都要以牺牲另一方的利益为代价。因此，现实中经常出现的情况是公安机关反复申请复议复核，检察机关一再抗诉，公安机关与检察机关的侦查权限争议无法解决等。③ 另外，改革开放以来各部门的扩权冲动也进一步加剧了政法机关之间的冲突。在中心机制缺位的前提下，“小权分散”实际上强化了党的“大权独揽”。地方党委、政法委等可以充任居间协调的角色，领导地方政法工作。这正是政法机关“小权分散”与党的“大权独揽”之间的组织逻辑，党牢牢地把握了政权的“刀把子”。

10.3.2 司法体制改革与政法逻辑

在我国的司法改革中，法院改革起步最早，改革方案更为系统，经历也颇为曲折。下面简要而系统地梳理了 40 多年来法院改革的基本脉络，这有助于理解党政体制下政法系统变迁的逻辑，特别是各政法机关部门扩权与党的集中统一领导的联系。

以主持司法改革的主体（是两高还是中央政法委）以及改革的基本走向为标准判断，可以将法院改革分为三个阶段：第一个阶段是 2003 年之前最高人民法院主导的一系列逐步深入的法院改革。第二个阶段则是 2003—2012 年，中央政法委担纲主持的司法改革，这也被称为司法改革的转向或趋缓期。第三个阶段则是党的十八大以来推动的全面依法

---

① 许永俊．多维视角下的检察权．北京：法律出版社，2007.

② 汤维建．民事诉讼法的全面修改与检察监督．中国法学，2011（3）.

③ 曾军，师亮亮．地方政法委协调处理刑事案件的制度考察及分析．西南政法大学学报，2012（2）.

治国的司法体制改革。此时，“政法改革”成为理解中国司法改革的新话语。在党政关系紧密联系的新态势下，政法逻辑与司法逻辑呈现出犬牙交错的复杂格局。

1. 循序渐进的司法改革

从 20 世纪 70 年代末起，我国法院逐步确立了三大诉讼机制（民事、刑事、行政），确立了审判程序、证据规则，推进庭审方式、审判方式、诉讼制度乃至法院体制改革，致力于提高法官的专业素质。这一阶段的改革推崇形式理性，庭审方式从超职权主义向当事人主义转变，初步确立了程序正义、无罪推定等基本原则。

本阶段司法改革以技术性改革起步，逐渐触及核心的法院体制问题。在此期间，最高人民法院展示出显著的能动性，与地方人民法院相互配合、试点并推动了一系列改革措施。本阶段的司法改革引致了两个基本现象：一是法院权威的增长，这既指法院相对于其他国家机关权威的扩张，也指法院在政法系统内权威的相应扩张。二是在这一过程中，立基于西方法治理想的程序性规则与中国社会传统的实体正义概念之间的冲突愈发凸显。两个要素合力导致了司法改革后期的转向。

（1）法院权威增长。

人民法院在党政体制中并不是传统的强势部门，饱受行政干预、地方保护主义、司法大众化等问题的困扰。但同时，中国的法院系统还掌握着一些特殊的权力，例如司法行政权、司法解释权、法院独享的执行权等。可以说，相较于其他国家的法院系统，我国法院固然在独立性方面有所不足，但也有一些独特的权力。这种吊诡的权力配置方式，在一定程度上促进了法院系统在改革中的自利性扩权。法院权威的增长具体表现为在本时期内法院对人大、政府以及其他政法机关制约的适度增强。

在法院与人大的互动中，法院在制定司法解释、在判决中选择性适用法律法规等方面具有一定优势。在 20 世纪 90 年代末，法院系统与法学界强烈反对将地方人大个案监督的创新实践上升为法律，最终“个案监督法”未通过审议，成为全国人大历史上为数不多的“废案”之一。[①] 同时，随着行政诉讼制度的发展，法院对地方政府及其职能部门的制约也显著增强。[②]

这一时期，法院在政法系统内部的地位也有所提升。随着法律框架的完善和诉讼制度的发展，以及“诉讼爆炸”现象的出现，法院在政法系统内的重要性愈发显著。特别是在检法关系中，本阶段法院系统取得了相对于检察系统的优势地位。如前所述，1996 年修订的《刑事诉讼法》取消了检察院的免于起诉权，缩小了自侦权范围，检察机关在职务犯罪侦查方面的工作一度陷入困境。[③]

（2）中西方理念冲突。

本阶段法院改革引入了证据规则、当事人主义等富有西方司法理念的基本原则，这也诱发并激化了中西方司法理念——程序正义与实体正义之间的冲突。2001 年，广东省

① 李鹏．立法与监督：李鹏人大日记．北京：新华出版社，2006；刘忠．条条与块块关系下的法院院长产生．环球法律评论，2012（1）.

② 何海波．行政诉讼法．北京：法律出版社，2011；于晓虹．策略性服从：我国法院如何推进行政诉讼．清华法学，2014（4）.

③ 刘忠．读解双规侦查技术视域内的反贪非正式程序．中外法学，2014（1）.

肇庆市曾发生一起“被告自杀、法官被捕”的事件，法官本着“谁主张谁举证”的原则判决无法举证的被告败诉，被告夫妇在法院外服药自杀。此案在政法系统内引发了对程序正义理念的反思，并部分导致了 2003 年以来中国司法改革的转向。①

2. 司法改革的趋缓期

2003 年，中央政法委成立，形成了中央政法委主导司法体制改革的格局。本阶段的改革具有强烈的政治性和实用主义色彩，被学者认为是法院改革的趋缓甚至转向期，在法院改革乃至政法系统内部引致了两个基本变化：法院系统的大调解转向，以及检察权在“司法职权再分配”过程中的全面胜利。

首先，本阶段改革重新强调了实体正义理念和多元纠纷解决机制，并逐步发展为法院系统的大调解转向。2008 年，中央政法委提出调解优先原则，提出要推动建立多种调解方式结合的“大调解”工具，探索繁简分流机制。2009 年 2 月，最高人民法院正式确认了“调解优先，调判结合”的八字原则，后期又提出了“全程调解，全面调解”的意见。2012 年，“调解优先”原则写入《民事诉讼法》。大调解转向带来的实际后果目前尚缺乏有力的实证研究，有学者认为这是对“非诉讼纠纷解决体制”的回应；也有学者认为这标志着司法改革的转向，是在维稳压力下对社会效果的过度追求。②

其次，检察权在 2008 年以来的司法改革中获得了全面胜利。司法职权再分配的直接后果是检察机关的全面扩权。2012 年《民事诉讼法》进行了修订，检察监督范围从过去的“民事审判”扩展到“民事诉讼”，覆盖了法院的调解与执行过程。基层检察机关也获得了发出检察建议的权力，对同级法院乃至其他国家机关的监督力度加大。

同期，司法专业化与法官职业化改革仍在继续推进。2010 年最高人民法院实施指导性案例制度，着重关注案例的复杂度与专业性。在司法改革整体趋缓的态势下，最高人民法院稳步推进专业化改革这一情况耐人寻味，体现了法院改革的策略性。③

3. 党的十八大以来的司法改革

党的十八大以来，司法改革进入深化期，党的十八届四中全会通过的《关于全面推进依法治国若干重大问题的决定》提出建设社会主义法治国家。时至今日，“全面依法治国”已成为党和国家“四个全面”战略布局的重要维度之一。

本阶段内的司法公开、员额制改革、人财物省级统管以及监察体制改革等举措对政法系统产生了深远影响。首先，司法公开是本轮司法改革的基础措施，也是最受关注的改革举措之一。2014 年以来，最高人民法院、最高人民检察院相继推出了包括裁判文书网在内的几个司法公开平台，全方位公开司法过程。司法公开作为基本原则也已经写入相关组织法。司法公开不仅加强了法院与民众的沟通，也为法院间的监督提供了新渠道，促进了法律信息市场的发展和法律职业的非典型扩张。大量公开的裁判文书推动了法律

---

① 汤维建．论中央政法委对民事司法改革的领导．山东警察学院学报，2011（4）.

② MINZNER C F. China's turn against law. The American Journal of Comparative Law，2011（59）；范愉．诉讼调解：审判经验与法学原理．中国法学，2009（6）.

③ AHL B. Retaining judicial professionalism：the new guiding cases mechanism of the Supreme People's Court. The China Quarterly，2014（217）.

数据与法检实践、法学研究的深度融合，法官、检察官、律师、法学者和技术人员共同构成了新型法律职业。这也为司法公开制度的持续发展提供了更为坚实的制度性支撑。

其次，法检两院推行了广泛的人事制度改革，包括人事省级统管、员额制改革、司法人员分类改革等举措。全国各省份包括最高法、最高检都成立了遴选委员会，同期推进完成了员额制改革。截至 2017 年 6 月，原有的 21 万审判人员中约 12 万名入额，原有的 16 万检察官也有 87 000 名入额。新遴选制度吸纳了来自地方法学界、法律界的专家代表等社会力量。值得注意的是，原本剑指“地方化”的省级统管方案在落实过程中也受到了“去行政化”的影响，在一定程度上影响了统管方案的地方实践。相较之下，同期推进的人财物统管改革受多种因素影响，基本陷于停滞，这有赖于党的十九大以后的“综合配套改革措施”的进一步推进。

最后，监察体制改革对检察机关的职权配置与人事编制等带来了巨大冲击。检察机关反贪、反渎、预防职务犯罪职权划归新成立的监察委员会。2016—2018 年，全国检察系统反贪、反渎、预防职务犯罪部门共 4.5 万人转隶到纪检监察系统，划转编制 6.1 万个。①

监察体制改革进一步挤压了政法系统内部各机关的关系。2018 年底，最高人民检察院完成内设机构改革，将民事检察与行政检察和公益诉讼工作分设为三个检察厅，预示着未来法律监督力度的加强。此外，检察机关也大规模地落实检察长列席审委会制度。这些举措可以看作是职权与编制受到监察体制改革挤压的检察机关进行制度性回应的方式，这种回应都指向了同在政法系统内的法院。监察体制改革增加了政法系统内部“小权分散”的程度。正如我们之前所讨论的，当政法系统内“小权分散”态势紧张时，对政法委的协调功能的需求就会增强。这种加剧的“小权分散”态势需要制度性的解决方案。

此外，监察体制改革挑战了前述政法系统内部“小权分散”与党的领导之间的组织联系，带来了系统间的协调问题。在职务违法和职务犯罪案件中，监委调查的案件如果出现需要协调的情况，多数情况下是由纪委监委直接出面，请检察院、法院共同协调。也就是说，在职务违法和职务犯罪案件中，纪委监委成为党的政策方针的强有力的竞争性代理人。

总的来说，党的十八大以来的司法体制改革可谓高歌猛进，取得了举世瞩目的成就，其中的“中国特色”、政治逻辑也日益彰显。随着《中国共产党政法工作条例》的颁布，政法改革也成为司法体制改革中新的关键词。

纵观中国司法改革的总体过程，以及这一过程中政法机关之间的职权配置与角力，在总体逻辑上中国政法系统的改革仍然是政治性的，司法改革的起落缓急无不与改革大势相联系。最高人民法院、最高人民检察院等政法机关在改革过程中，尤其是改革前期，有着明显的部门性扩权的冲动，但各机关的改革并没有改变政法机关之间“小权分散”的态势。党的十八大以来党政关系愈发紧密联结的态势，以及近期政法机关的各种调整也预示着，在未来一段时间，政法系统内部权力配置的犬牙交错的状态将长期存在，“党

① 钟纪言．改革开放 40 年纪委监察事业的创新发展．中国纪检监察报，2018-12-18.

治”与“法治”的平衡仍需继续探寻。

本章小结

本章第一节探讨了政法系统与司法机关的概念，指出“政法”与“司法”同为中国司法改革的传统，影响着政法系统变迁的方向与路径。在党政体制下，党管政法是基本原则。本节从历史的维度梳理了各政法机关与政法委的建立与发展。在第二节中，我们描述了政法委和各政法机关的组织形式、基本职能与运作规则。在第三节中，我们综合探讨了改革开放以来政法系统在党政体制中的地位与作用。政法系统的组织方式充分体现了“大权独揽，小权分散”的原则。政法系统始终坚持党对政法的领导，但党的领导的“度”与组织抓手在不断调整。同时，各政法机关之间权力分散，但又相互制约并监督，形成了一种特殊的联结态势，政法系统的“小权分散”强化了党的集中统一领导。最后，本章以法院改革的历程为视角，回顾了在政法系统的变迁中，政法逻辑与司法逻辑的冲突与融合。司法改革将继续深嵌于党政体制发展与推进的政治逻辑中。

关键术语

党管政法　　政法系统　　政法委　　司法改革　　法治

复习思考题

1. 什么是党管政法原则？政法系统内是如何贯彻这一原则的？

2. 在政法系统内部，特别是公检法三机关之间的关系是怎样的？随着司法改革的推进，政法系统内部的关系是否发生了改变？应该如何调整？

3. 党的十八届四中全会提出了“全面推进依法治国，总目标是建设中国特色社会主义法治体系”，请结合政法与司法的逻辑探讨如何实现依法治国。

第 11 章
军事系统

以军队为主要形式的武装力量在中国政治中有着特殊的地位。毛泽东的名言“枪杆子里面出政权”道出了近代以来中国共产党领导下的政治变迁之路的重要特征。大革命后期，面对国民党的暴力镇压，中国共产党人组织自己的武装力量，发展根据地，建立革命政权，经过以武装斗争为中心的革命，夺取并重组全国政权。在这一过程中，中国共产党解决了近代中国历史上长期延绵、难以根治的军队私人化、地方化问题，这些成功在很大程度上得益于它有效地驾驭和控制了武装力量。战争年代逐步确立起来的控制武装力量的原则和建制——“党指挥枪”“党对军队的绝对领导”“支部建在连上”“政治委员制度”“政治工作制度”等，至今依然是中国武装力量建制的基本原则和制度安排。1949 年之后，军队在中国政治中的具体角色和功能虽然有所变化，但其作为中国特色社会主义的坚强柱石和政治社会最后稳定器的角色，并没有变化，还不断得到加强。正如习近平所说的，“维护和用好我国发展的重要战略机遇期，实现‘两个一百年’奋斗目标、实现中华民族伟大复兴的中国梦，军事力量是保底的手段”，“巩固的国防和强大的军队对坚持党的执政地位、坚持和发展中国特色社会主义、实现党和国家长治久安具有特别重要的作用”。[①]

本章第一节从历史维度考察当代中国军事力量的背景与起源，叙述新中国成立后宪法和相关法律中关于军事系统的制度设置变迁情况；第二节介绍当代中国军事系统的领导原则与制度设置；第三节介绍军事系统内部改革与领导指挥管理体制，以及国防动员和兵役体制；第四节从军事力量与党政组织关系的角度，分析它在党政体制中的角色与功能。

---

① 习近平．论坚持全面深化改革．北京：中央文献出版社，2018：196 - 197.

11.1 军事系统的历史起源与制度设置变迁

当代中国军事系统的形成及其诸多特征均有着深厚的历史背景，概而言之，它与中国近现代历史上传统武装力量控制模式的崩溃、暴力革命场景下的集体选择逻辑、中国共产党武装斗争实践等紧密相关。

11.1.1 近现代中国历史中的军事力量、政党与国家

辛亥革命及清王朝的崩溃使中国面临着国家政权与主权的双重危机。作为国家支柱和象征之一的军队，也脱离了传统“以文驭武”的模式和中央的统一控制，分裂为听命于地方军阀或不同政治集团的武装力量，难以守护国家与社会的基本安全。重建国家中央威权与社会秩序必须克服军权的分裂。然而，在遵从战争逻辑的中国近代，各主要政治集团都明白“有军则有权”，由此陷入一种“集体行动的困境”，即只要对手有着大量军队，就没有军人会解散军队。[①] 在这种集体行动逻辑中，重建国家对合法使用暴力的垄断权，只能采取以暴制暴、以战争制止战争的强制方式来实现。在这一政治和军事的竞争过程中，能够用军队重建国家政权的政治力量只有国民党和共产党。以军事手段建国的前提就是构建政党领导下的军队，即“党军”，然后用军事手段击败对手，建立政权。对此，毛泽东在《战争和战略问题》一文中有着精辟的概括：“每个共产党员都应懂得这个真理：‘枪杆子里面出政权’。我们的原则是党指挥枪，而决不容许枪指挥党。但是有了枪确实又可以造党，八路军在华北就造了一个大党。还可以造干部，造学校，造文化，造民众运动。延安的一切就是枪杆子造出来的。枪杆子里面出一切东西。从马克思主义关于国家学说的观点看来，军队是国家政权的主要成分。谁想夺取国家政权，并想保持它，谁就应有强大的军队……只有用枪杆子的力量才能战胜武装的资产阶级和地主；在这个意义上，我们可以说，整个世界只有用枪杆子才可能改造。”[②]

共产党人对于军事力量的重视是以鲜血为代价换来的。第一次国共合作失败后，党敏锐地认识到，没有自己领导的军队，党及其革命运动断无成功之可能，没有坚强的党也不可能建立一支自己领导的武装力量。1927 年，党创建了第一支自己领导的军队。在著名的“三湾改编”中，毛泽东提出“支部建在连上”的主张。这是一个创造性的组织发明，为党对军队的领导奠定了组织基础。1929 年 12 月，毛泽东主持制定古田会议决定，从理论上阐明了党对军队的领导，确立了“党指挥枪”的基本原则。此后，党对军队的领导和控制机制逐步建立和完善。例如，党控制了军队军政干部的任免，逐渐在军队中建立党的组织系统、政治委员与政治部制度，在军队中开展政治工作等。据当时红军主要领导人之一李德的回忆，到 1934 年时，“红军无可争议地是处于共产党的领导之

① 拉里．中国政坛上的桂系．南京，江苏教育出版社，2010：15.

② 毛泽东选集：第 2 卷．2 版．北京：人民出版社，2006：547.

下”了。[①] 但是，在革命根据地分散、交通和通信不畅通的情况下，党建立最高军事领导机构，加强对红军的统一领导和指挥的意图并没有完全实现，各地军队还是由地方党的组织领导和指挥的。直到 1936 年 10 月，红一、红二、红四方面军于甘肃胜利会师，中央革命军事委员会决定扩大组织，党中央才对所辖主力红军实现了统一指挥。此后，党对军队的领导体制虽几经变迁，但党对军队的绝对领导制度模式与理念持续至今。

在中国革命中，政治集团掌握军事力量本身并非目的，而是为了通过军事手段夺取政权，重建国家与社会秩序。迫于战争的巨大压力，中国共产党提出了“一切为了战争，一切为了战争的胜利”的口号。在这一过程中，一种高度集权的体制被创制出来。中国共产党经由人事和组织渗透，不但实现了对军队的全面深入领导，也实现了对政府与其他社会组织的全面领导，政治社会权力向党集中，党内权力又集中于中央的军事化的政治体制。在战争环境中，这一高度集权的体制有利于获取社会资源，支撑党政军基本运行，并满足军事斗争的需要。正如费正清所说，“毛泽东和他的同志们，远在实际取得政权以前，即对各不相同的，但常常是相当大的地区和人口实行了有效的政治控制。因为这个缘故，中国的共产主义运动参与了与人民的三重关系：革命军队的关系，设法从群众‘海洋’获取军队作战所必需的支持；‘先锋队的党’的关系，设法指导无产阶级完成它的历史使命；政府，即国中之国的关系，在政府的职能中与其控制下的全体居民在许多层次上建立一个复杂的、相互作用的网络”[②]。

中国共产党在革命过程中确立了对军队的绝对领导，并进而建立新政权，结束了近现代中国军政分裂、百年战乱不断与暴力泛社会化的局面。中国共产党以党领导军的模式，从某种程度上是对传统“以文驭武”模式的恢复与重构。在党政体制下，这一模式重新实现了国家对合法使用暴力的垄断。此后，党对军队的领导权进一步制度化，并在新中国成立之初奠定了军事领导体制的基本框架以及军事力量在中国政治中的地位。

11.1.2　宪制性规范中的军事系统变迁

新中国成立之初，《中华人民共和国中央人民政府组织法》规定：“中央人民政府委员会组织政务院，以为国家政务的最高执行机关，组织人民革命军事委员会，以为国家军事的最高统辖机关，组织最高人民法院及最高人民检察署，以为国家的最高审判机关及检察机关。”由此可以看出，新中国成立初期，人民革命军事委员会作为国家最高军事领导机关，没有被置于国家行政系统中，而是与政务院、最高人民法院和最高人民检察署并列，均由拥有国家最高权力的中央人民政府委员会组织，属于国家政权系统。人民革命军事委员会设主席 1 人，副主席若干人，委员若干人，均由中央人民政府委员会任命，负责“统一管辖并指挥全国人民解放军和其他人民武装力量”。与军事力量紧密相关

---

① 布劳恩．中国纪事．北京，东方出版社，2004：48.

② 费正清．剑桥中华民国史：下卷．北京：中国社会科学出版社，1994：934－935.

的“处理战争及和平问题”的权力，则被赋予中央人民政府委员会。中央人民政府委员会还拥有直接的军事权力，主要包括对“人民革命军事委员会的主席、副主席、委员，人民解放军的总司令、副总司令，总参谋长、副参谋长，总政治部主任和副主任”等军事高层领导人的任免权，以及对“人民革命军事委员会的组织及其管理和指挥系统”的决定权。由于当时国家体制中党政军任职高度合一，这一军事领导体制体现着“党指挥枪”的根本组织原则。

根据 1954 年《宪法》，全国人民代表大会取代中央人民政府委员会成为最高国家权力机关，拥有“决定战争和和平的问题”的权力，全国人大常委会有权规定军人的衔级，在全国人大闭会期间有决定战争状态的宣布、决定全国总动员或者局部动员和决定全国或者部分地区的戒严的权力。同时，不再设立中央人民政府人民革命军事委员会，代之以中华人民共和国国防委员会，中华人民共和国主席统率国家武装力量，并担任国防委员会主席。全国人大根据中华人民共和国主席的提名，决定国防委员会副主席和委员的人选。这些规定肯定了代表国家而拥有武装力量统率权的是作为国家元首的国家主席，而不是国防委员会主席。不过，宪法对国防委员会的性质、地位和职权等内容并没有作出规定。当时全国人大也没有制定国防委员会组织法，而且国防委员会也不是武装力量的实际领导机构，只是一个囊括了党中央主要军事领导和国民党投诚将领的统战组织和咨询机构。尽管如此，从国家政权体系逻辑上讲，这样处理国家元首与军事统率权的关系是很合理的，结构也比较顺畅。

为了加强中国共产党对中国人民解放军的领导，1954 年 9 月 28 日，中共中央政治局通过《关于成立党的军事委员会的决议》，成立中国共产党中央军事委员会（以下简称“中共中央军事委员会”）作为国家武装力量的最高领导机构，在中央政治局和书记处领导下领导全部军事工作。这一决议与 1954 年《宪法》所规定的“中华人民共和国主席统率全国武装力量”，都体现了党政体制下军事领导制度的特征，也奠定了当代中国政治体系中军事领导制度的基本框架，以及军事领导机构与中共中央之间，与最高国家权力、行政、司法机关之间关系的基本框架。

此后，党章与宪法都基本继承了上述制度安排思路、框架及其体现的“党指挥枪”的原则。上述 1954 年的决议与宪法在军事领导权上规定的重叠引起了许多问题，例如，全国武装力量同时接受中共中央军事委员会和国家主席的领导。1969 年，党的九大党章重申了“党指挥枪”的原则，明确规定了人民军队必须接受党的领导。不过，直到 1982 年党的十二大党章才明确涉及党的中央军事委员会的产生与组成，即“党的中央军事委员会组成人员由中央委员会决定。中央军事委员会主席，必须从中央政治局常务委员会委员中产生”。党的十三大党章将这一规定修改为：“党的中央军事委员会组成人员由中央委员会决定。”此后的党章沿袭了这一条文，直到 2017 年党的十九大党章，在这一内容后加上了“中央军事委员会实行主席负责制”，并在总纲中强调“党政军民学，东西南北中，党是领导一切的”，“中国共产党坚持对人民解放军和其他人民武装力量的绝对领导”。整体上看，改革开放后历经修订的党章对“党的中央军事委员会”的规定非常简略，没有规定其职权、性质、组成、任期等内容。

1982 年《宪法》在中央层面上设置了较为完善合理的党政军权力制度框架。这一框架取消了国家主席的军队统率权，将之交给新设立的“国家中央军委”。1997 年颁布的《国防法》第十九条规定，中华人民共和国的武装力量受中国共产党领导。国家中央军委与党章规定设立的中共中央军委同时存在，在实践中，通过技术策略，使二者在绝大多数时间中是“两块牌子、一套人马”，实际运行起来“国家中央军委”就是“中共中央军委”，也就是说武装力量实际上是归中共中央军委统一领导。这一制度设计在党政体制的中央层面解决了军事权力归属的名与实的问题，既保证“党指挥枪”，又具有现代国家的形式，实现了党与国家二者对武装力量最高统率权的统一，这也成为此后中国军事领导机构运行的基本框架。

11.2　军事系统的领导原则与制度

当代中国军事系统以坚持党对军队的绝对领导为根本原则，涉及军队与政党、政府机构、社会之间的关系，主要包括军事系统在党政体制中的地位、军队内部的党组织和政治机关、军队内部的领导指挥和管理体制、国防动员和兵役体制，以及军队和地方党政机构的联系制度等。

11.2.1　坚持党对军队的绝对领导原则

坚持中国共产党对军队的绝对领导，是当代中国武装力量建设与军事制度安排的根本原则。《中华人民共和国国防法》、《中国共产党章程》和《中国共产党军队党的建设条例》都强调党对中国人民解放军（和其他人民武装力量）的领导。对这一原则的经典表述就是“党指挥枪，而决不容许枪指挥党”。它是中国共产党在革命过程中，吸取了中国古代治军经验、近代中国军阀干政教训、苏联建军原则，以及国民党初期党军建设的部分经验的基础上形成的。① 党对军队的绝对领导，首先是政治领导和思想领导。所谓政治领导是指中国共产党规定军队的性质、宗旨、任务和建军原则，使军队与党中央、中央军委保持政治上的高度一致；领导全军贯彻执行党的纲领、路线、方针和政策，实现党赋予军队的基本任务和具体任务。所谓思想领导，是指用党的意识形态——马克思列宁主义、毛泽东思想、邓小平理论、“三个代表”重要思想、科学发展观和习近平新时代中国特色社会主义思想，武装全军官兵的头脑，塑造军队对党绝对服从的意识，培养军人“听党指挥”的观念。党对军队的政治和思想方面的领导，必须通过一系列相关的组织与制度体系加以保障。

① 对此，抗战时期毛泽东曾说：“蒋介石代替孙中山，创造了国民党的全盛的军事时代。他看军队如生命……有军则有权，战争解决一切，这个基点，他是抓得很紧的。对于这点，我们应向他学习。在这点上，孙中山和蒋介石都是我们的先生”。中国共产党领导下的军队实行党代表制度是由北伐时期的国民革命的军党代表制度衍生而来的。毛泽东回忆说，北伐国民革命军的党代表制度和同时设立的政治部制度，“是中国历史上没有的，靠了这种制度使军队一新其面目。一九二七年以后的红军以至今日的八路军，是继承了这种制度而加以发展的”。参见：毛泽东选集：第 2 卷 . 2 版 . 北京：人民出版社，2006：380，545 - 546.

11.2.2 党和国家的军事领导制度

在当代中国政治体制中，党对军队等武装力量的领导，在制度层面体现在中共中央军事委员会与中华人民共和国中央军事委员会的双重设置上。

从党的方面来看，中共中央军事委员会是领导全国武装力量的统率机构。根据党章的规定，中共中央政治局及其常务委员会、中央委员会总书记由中共中央委员会全体会议选举产生，党的中央军事委员会组成人员由中央委员会决定。军队最高领导权和指挥权属于党中央、中央军委，中央军委实行主席负责制。这既体现了党领导军队的原则，又符合法理授权逻辑。不过，现行党章没有规定党的中央军事委员会的产生方式、程序、任期、职权、组成等。

在党政体制实践中，一些与军事事务密切相关的、涉及党和国家战略层面的决策提交中共中央政治局常委会甚至是中央委员会讨论①，在非战略层面，按“政治局议政、军委议军”的分工原则各自运行，中共中央政治局基本上不为中共中央军委及其领导下的武装力量制定具体政策。② 例如，军委各部门、各战区、各军兵种首长等军队高级将领的职位名单表及任免权力并不掌握在中共中央及其组织部手中，而是由中共中央军委负责。驻各地的驻军干部的任免及职位名单表也不在地方各级党委及其组织（人事）部门手中，而是按照下管两级至三级的原则，由军队自己的政治工作部的干部部门管理。武装力量的领导与指挥权则由中共中央军事委员会直接行使。根据党的十九大党章的规定，中共中央军事委员会实行主席负责制，其他军委委员直接向军委主席汇报工作。同时，为了体现和实施党对军队的领导权，通常由中央委员会总书记担任中共中央军委主席。中共中央政治局其他常委各有分工，不直接参与具体军事决策，只根据法律规定行使与军事事务相关的国防动员、宣战等职权。这样，党的总书记以中央军委主席的身份，成为代表党行使对军事系统的最高领导权和指挥权的关键性制度角色。

从国家层面来看，中华人民共和国中央军事委员会领导全国武装力量。根据《宪法》《国防法》《全国人民代表大会议事规则》《全国人民代表大会常务委员会议事规则》等法律、法规的规定，全国人民代表大会选举国家中央军事委员会主席，根据中央军事委员会主席的提名，决定中央军事委员会其他组成人员的人选，并有权罢免中央军事委员会的主席和其他组成人员。在全国人民代表大会闭会期间，由其常务委员会根据中央军事委员会主席的提名，决定中央军事委员会其他组成人员的人选，监督中央军事委员会的工作。全国人民代表大会闭会期间，中央军事委员会主席缺位的，全国人民代表大会常务委员会可以从中央军事委员会副主席中决定代理人选。简单地说，国家中央军委向全国人民代表大会及其常务委员会负责。不过，宪法与相关法律并没有规定全国人大及其

---

① 1990年，中国与苏联进行军事技术合作，订购苏-27战斗机，当时具体负责的军委秘书长刘华清向军委主席、副主席和政治局常委各同志做了汇报。参见：刘华清．刘华清回忆录．北京：解放军出版社，2004；2015年7月29日，作为党和国家改革战略重要组成部分，《深化国防和军队改革总体方案》也是由中共中央政治局常委会会议审议通过的。

② 适用于军队的全国法律法规或党内法规，通常会在附则中由中央军事委员会根据相应法律法规的原则作出规定。

常委会任免国家中央军委组成人员的具体程序与细则，以及后者向前者负责的具体程序与形式。

在党政体制实际运行过程中，国家中央军委并不向全国人大及其常委会报告工作。国家中央军委享有较大的提案权，即可以向全国人民代表大会或者全国人民代表大会常务委员会提出关于军队建设的法律、法规议案，由后者审议通过以后在军队内实施。对于某些全国适用的法律、法规，一般由中央军委通过其职能部门制定具体的实施条例或办法，在军队中实施，并不接受全国人大及其常委会的日常巡视与监督。另外，全国人民代表大会常务委员会根据最高人民法院院长、最高人民检察院检察长的提请，分别任免军事法院院长和军事检察院检察长。实际上，多是由军事系统推荐人选，通过全国人大常委会程序赋予其合法性。军事法院院长和军事检察院检察长之外的法官或检察官的任免按照军队干部任免程序进行。① 从整体的日常运作来看，国家中央军委及其统率的军队系统与人大系统是相互独立的，这类似于前述中共中央军委与中共中央政治局的关系。

11.2.3 军队内部的党组织与政治机关

中国共产党对军队的绝对领导权，不仅体现在党对军队的宏观领导权与指挥权上，而且体现在军队内部的党组织机构设置与权力方面。在军队内的组织机构设置上，党的绝对领导表现为党作为军队的领导主体的排他性和对军队组织领导权的独一性。中国共产党禁止除共青团之外的其他任何党派、政治团体、政治组织在军队中建立组织和发展成员；其他组织和团体的成员如果参加军队，必须与原来的组织脱离关系；军队中未经党组织的批准，不允许建立任何性质和形式的小团体、小组织；只有中国共产党的组织才能委派军队中的各级领导干部，其他任何组织和个人都不允许向军队委派干部。更为重要的是，中国共产党在军队各级单位中建立了党的组织系统，它既是中央层面领导权的体现，又是党全面领导军队的神经系统，主要包括军队中的各级党委系统和政治机关、政治委员制度。

1. 党的组织系统

根据党章的规定，中国人民解放军的党组织，根据中央委员会的指示进行工作。中央军事委员会负责军队中党的工作和政治工作，对军队中党的组织体制和机构作出规定。中国共产党在中国人民解放军中的团级以上单位设立委员会，一般由同级代表大会产生，党的各级委员会向同级党的代表大会负责并报告工作，在党的代表大会闭会期间，领导本单位的工作。有些重要部门，如作为旅级以上至战区一级单位下属工作机关的政治工作部，设立党的委员会，不设常务委员会，其成员由同级部队党的委员会决定。在营和相当于营的单位设立的基层委员会，由基层党员大会差额选举产生，在基层党员大会闭

① 相比之下，非军事性各级法院法官和检察院检察官，一般是由同级法院院长和检察院检察长提名，并提请同级人民代表大会常委会任免。

会期间，统一领导本单位的工作。在连级单位设立支部作为党在军队中的基层组织①，为了便于党的组织工作的开展，连级支部内部一般把支部党员分为若干个党小组。基层党支部是由支部党员大会差额选举产生，支部党员大会和它所产生的委员会，统一领导本单位的工作。同时，军队基层组织的设立必须经过党的旅、团级单位委员会批准。支部委员会委员由上一级党的委员会批准；书记、副书记，由旅、团级单位党的委员会批准。党代表和委员会的候选人名单必须经党组织和选举人充分酝酿讨论，以此来保证上级党组织的中意人选当选，从而实现党组织自上而下的人事意志得到程序化确认，这是在军队中设置党组织的重要原因之一，也是实现党对军队领导的重要组织化机制。

军队各级党委对所属部队的一切组织、部门、人员和工作实行统一领导，部队的一切重大问题都必须先由党委讨论决定，紧急情况下可以由首长临机处理，但事后必须及时向党委报告，并接受检查。实行党委统一的集体领导下的首长分工负责制，是党领导军队的基本机制。首长分工负责制是指党委做出的决定属于军事工作方面的由军事指挥员负责组织实施，属于政治工作方面的由政治委员负责组织实施。军政首长必须服从党的委员会的领导，执行党的委员会决议，积极、主动履行职责，密切配合，互相支持。

2. 党的政治工作部

为了便于军队中党的组织系统开展具体工作，还在团以上单位建立政治工作部。根据党章规定，在这些政治工作部内部也成立了相应的党组织。这些政治工作部执行同级党委在政治和党务方面的决策，是军队具体政治工作的领导机关，负责管理军队中党的工作，组织政治工作。政治工作部内部一般设立组织、干部、宣传、保卫等若干部门。通过这些机构，吸收几乎所有军官和部分骨干士兵、士官入党，使他们成为“穿军装的党员”；在军队中贯彻党管干部原则，落实军委与各级党委对军政干部的任免，对军人进行意识形态教育，保卫驻地安全，联系地方部门。

3. 政治委员制度

为了加强对军队的领导，中国共产党还在军队中建立政治委员制度。政治委员最早是学习苏联红军经验而设立的党代表，是保证党对军队绝对领导的重要制度。通常在团级以上单位设政治委员，营级单位设政治教导员，连级单位设政治指导员，他们一般担任同级党委书记或党支部书记，副书记或副支部书记则由同级军事主官担任。

在军队行政职务上，政治委员与同级军事主官同为所在部队的首长，在同级党的委员会领导下，对所属部队的各项工作共同负责。政治委员隶属于直接上级首长，在政治工作方面，服从上级政治委员和政治工作部；在军事工作上，服从上级军事指挥员、政治委员和军事机关，作为所在党委的书记主持所在部队党的日常工作和政治工作。政治委员的基本职责是：领导和保证部队贯彻执行党的路线、方针、政策，国家的宪法、法律，上级的决议、命令、指示，同级党的委员会的决议；领导部队贯彻执行条令条例和其他法规制度，维护部队纪律；负责部队政治思想工作、党团建设工作；领导部队的干

---

① “支部建在连上”是中国共产党的领导在基层部队的重要制度安排，它起源于革命战争时期，并被广泛用于非军事组织，是党政体制的重要特征之一。

部工作、政治工作部的工作；协同同级军事主官组织指挥作战、训练和重大任务的完成，领导和推动作战、训练等任务中的政治工作，和同级军事主官共同签署各项命令。当政治委员在工作中与军事主官在原则问题上不能取得一致意见时，应当提交党的委员会讨论决定，或请示上级解决；紧急情况下，属于军事工作方面的问题由军事主官决定，属于政治工作方面的问题由政治委员决定，但都必须对党的委员会和上级负责，事后报告，接受检查。

这样，除了在作为最低战术环节的排与班实行“一长制”外（但保证班中有党员，在排中成立党小组），在连以上每一级单位中都形成了军政双长的二元权责结构。这种双长制设计的主要目的是防止军事主官自行其是，保证其服从党的领导。更为重要的是，这种军政二元结构又被整合进军队中的党组织系统，即政治委员等政治主官担任同级党委书记，军事主官担任同级党委的副书记，从而形成了党领导军队的“一体二元”制度模式，即在党委（支部）统一的集体领导下，军政首长分工负责制。

军队中党委统一的集体领导下的首长分工负责制，在纵向上保证了党的意志与命令在军队中自上而下的迅速传递与贯彻，在横向上约束着拥有直接指挥权的军事主官，形成党中有军、军中有党的共生关系，实现党对军队的全面领导。同时，这一制度在相当程度上又能适应军队作为高度集中、统一的武装集团的特点，保证军政首长及时、果断地实施统一指挥。

当然，党委领导下的军政首长分工负责的制度也存在一些问题。例如，政治委员与军事首长对具体军政决策可能产生分歧，容易造成纷争与内耗，不利于军队的平时建设和对军队集中、统一、迅速的指挥。

中国共产党在军队中所建立的系统的、全面的、严密的党组织和政治机关，最大限度地降低了任何根源于个人权威而形成对军队领导权的威胁，同时排除了其他任何组织干预和支配军队活动的可能性，从而保证了党的路线、方针、政策在军队中得到及时的贯彻，实现党对军队自上而下的实时系统化领导与掌控。

11.3　军事系统的内部体制

在 2016 年之前，中国军事系统或者说是武装力量的内部体制比较复杂，大体可以分为武装警察部队体制和解放军体制两部分。武装警察部队原来实行的是军委与国务院及各级政府双重领导体制。解放军原来实行的是军委—四总部—大军区—部队体制。[①] 这种作战指挥和建设管理职能合一、建用一体的体制，对推动我国国防军队建设发展、保证各项重大任务完成发挥了重要作用，但已经难以适应信息化条件下战争和军事专业化分工的要求。因此，2016—2020 年中央对中国国防与军队体制进行了根本性改革，改革的目标是形成“军委管总、战区主战、军种主建”的领导指挥管理体制，同时，建立以军

① 四总部，即中国人民解放军总政治部、中国人民解放军总参谋部、中国人民解放军总后勤部、中国人民解放军总装备部。大军区共七个，即沈阳军区、北京军区、兰州军区、济南军区、南京军区、广州军区、成都军区。

委国防动员部领导的省军区系统为主的国防动员与兵役体制。

11.3.1 军委管总的领导体制

军委管总就是强化军委的集中统一领导和战略指挥、战略管理功能，强化党对军队的绝对领导。按照党章与宪法的规定，中央军事委员会实行军委主席负责制。强化军委主席负责制与中央军委的领导是军事系统体制改革的重要组成部分。

自2018年1月1日起，武警部队全部的指挥管理关系从国务院剥离，移交给中央军委。这就将原来由中央军委和国务院的双重领导体制，改为由党中央、中央军委集中统一领导，实行中央军委—武警部队—部队领导指挥体制。

对于解放军领导体制，党中央和中央军委确定"军委管总、战区主战、军种主建"的总原则。这一变革"有着政治上的深层考虑"，"这个总原则要解决的问题，就是在新形势下确保党对军队的绝对领导，确保军委高效指挥军队，确保军委科学谋划和加强部队建设管理"。①

军委管总的目标是通过改革重组军委组织机构、战区与军兵种等一系列制度化设计实现的。首先是调整中央军委组成人员，使之权力更加集中和精干高效。党的十九大以后，中央军委组成人员从过去的11人减少为7人。军委主席仍由中共中央总书记担任，副主席不再兼任战区或军兵种首长，除军委联合参谋部参谋长、军委政治工作部主任之外，军委各部门、军兵种与战区首长不再进入军委，而是执行军委指令，专注于本职工作。这种制度安排使军委更加精干，有利于军委战略决策权和统率权的集中与实施，有利于加强军委主席负责制。

其次是以军委领导下的多部门制取代原来的四总部制。原来中央军委之下设立四总部，四总部和作战部队之间还设立了大军区。这种体制下，权力过多地集中在四总部和各大军区，层次过多，机构繁杂，军政与军令合一②，特别是四总部"权力相对集中，事实上成了一个独立的领导层级，代行了军委许多职能"③，不利于中央军委的权力集中和统一领导指挥，不利于军政与军令的高效畅通运行。本轮改革，重新组建了直属于中央军委领导的15个部门。

新的中央军委组织体制设置把原四总部的权力与机构拆开重新配置给多个独立的部门。军委联合参谋部、军委政治工作部、军委后勤保障部和军委装备发展部，基本对应原四总部的主要职能部门。军委训练管理部和军委国防动员部主要来自原总参谋部的军训和兵种部、动员部。军委国际军事合作办公室主要来自国防部和原总参谋部。军委战略规划办公室主要来自原总参谋部所属的战略规划部。军委科学技术委员会主要来自原总装备部的科学技术委员会。军委机关事务管理总局是新设机构，亦是合并原四总部中负责机关服务的部门。军委改革和编制办公室是新设机构，负责决定其他所有部门的设

① 中共中央党史和文献研究院．十八大以来重要文献选编：下．北京：中央文献出版社，2018：14.

② 军令指的是军队的作战指挥权，包括和平时期的调动、大型联合演习和战争时期的指挥权；军政指的是军队的行政工作，包括日常训练、补给、装备、人事等。

③ 同①15.

立和取消、级别、许可权责任、军官职数、人员编制等，有了这个部门核定编制，其他部门才能够设立并配备人员和经费。

最后是强化军队内部权力约束与监督制度。本轮国防和军队改革之前，军队内部权力制约和监督制度设计和落实存在一些问题，主要是“一些制度执行力不强，权力运行监督体系不完善、不得力，特别是对领导机关、领导干部行使权力的制约和监督形同虚设”①。“上级监督太远、本级监督太软、下级监督太难，尤其是对主官的监督欠缺，对管人管钱管物部门的监督不力”，“各级纪委的独立性和权威性不够，不能有效查处违纪违法案件”，“纪检、审计、巡视监督力量不足，人少事多矛盾突出，发挥不了应有的作用”。② 因此，本轮改革把原来分散于四总部的监督机构与权力分离出来，分别赋予重新组建的军委纪律检查委员会、军委政法委员会、军委审计署三个监督部门。军委纪律检查委员会和军委政法委员会主要来自原总政治部的军队纪律检查委员会和军事法院、军事检察院，军委审计署原属于总后勤部。重新组建的这三个部门独立于军种、战区，不像原来那样从属于各总部，而是置于中央军委直接领导之下，从而拥有更大的独立性与权限，在具体监督工作中三部门又相互合作，为加强中央军委领导和对各级部队机构的监督提供了组织制度基础。2019 年 7 月 24 日发布的《新时代的中国国防》白皮书显示，2012 年以来，全军着力推进审计全覆盖，加大重点领域、重大项目、重要资金审计力度，严格领导干部经济责任审计，积极推行经费绩效审计、全程跟踪审计、军地联合审计。2012 年以来，共审计 3.9 万个（次）单位（部门）、1.3 万名团以上领导干部，反腐败斗争取得压倒性胜利。

总体看来，改革后的中央军委组织体制大大削弱了与原来四总部相对应的部门的权力，并把这些部门置于中央军委直接领导之下，成为中央军委的参谋机关、执行机关、服务机关。而且，与原四总部名称之前冠以“中国人民解放军”不同，现在的中央军委直属的每个部门名称之前冠以“军委”表示其隶属关系，除了有利于提高军队的作战能力和专业化程度之外，这些部门之间客观上是相互监督和制约的关系，这相对强化了军委主席和军委集中行使领导权和指挥权。

11.3.2　战区与军兵种体制

经过 2016—2020 年国防与军队体制改革，“战区主战”的指挥体制和“军种主建”的管理体制已经基本成型。

随着中央军委组成部门的改革重组，以原七个军区机关相关职能、机构为基础，充实军种指挥和保障要素，组建五个战区，均为正大军区级，归中央军委建制领导。如此一来，原来军委—总部—大军区—部队四级作战指挥体制消失了，代之以军委—战区—部队的三级作战指挥体制。新成立的五个战区，即中部战区、北部战区、东部战区、南部战区、西部战区，专司打仗，只负责联合演习、联合作战。作为本战略方向的唯一

---

① 中共中央党史和文献研究室．十八大以来重要文献选编：下．北京：中央文献出版社，2018：17.

② 习近平．习近平关于深化国防和军队改革重要论述摘编．北京：解放军出版社，2016：40.

最高联合作战指挥机构，各战区按照平战一体、常态运行、专司主营、精干高效的要求，履行联合作战指挥职能，担负应对本战略方向安全威胁的使命。战区内部除设军政首长与司令部、政治部等机关部门外，还成立了由战区军政首长、所辖军兵种首长组成的战区联合指挥部（中心），战时受中央军委联合指挥部领导和指挥，直接指挥辖区内各军兵种部队进行作战任务。① 这种联合作战指挥体制强调平战一体，也强调要完善联合训练体制。此外，为了贯彻联合作战的需要，依战区特性使不同军种能在统一指挥下运作，例如南部战区和中部战区司令首度由海军和空军出身的将领担任。同时，在战区下设立陆、海、空军司令，这些司令同时是战区副司令，以达成联合的目标。总之，军委—战区—部队的三级作战指挥体制大幅缩短了指挥链长度，简化了军队指挥机制，提高了部队机动性及联合作战效能，以及应对突发紧急事件的能力。

2016—2020 年国防与军队体制改革之前，中国军队在军兵种人数、结构和指挥管理体制上一直是以陆军为主。这种情况既不利于军兵种的专业化现代化建设，也远远不能适应信息化条件下的多军兵种联合作战的客观需要。因此，本轮改革在保持原有海军、空军的基础上，新组建陆军、战略支援部队、联勤保障部队，将第二炮兵改为火箭军，形成中央军委直接领导下的六大军种并列的格局。2024 年 4 月中央军委决定，将战略支援部队一分为三，组建新的信息支援部队、军事航天部队、网络空间部队。到此，解放军形成“4＋4”的军兵种格局：4 支军种为陆军、海军、空军和火箭军，均为正战区级；4 支军委直属兵种为军事航天部队、网络空间部队、信息支援部队和联勤保障部队，均为副战区级。

“战区主战”的指挥体制与“军种主建”的管理体制两个系统适度分离，把联合作战指挥的重心放在战区，把部队建设管理的重心放在军兵种，让战区和军兵种在中央军委统一领导下各司其职、各负其责。这样就减少了领导指挥和管理层级，使体制朝扁平化方向发展，权责划分清楚，既能提高指挥效率，又能实现军令系统与军政系统的相互监督。同时，战区和军种领导机构，以及军委各部门都直接服从中央军委领导指挥，克服了原来总部体制、大军区体制、大陆军体制集决策、执行、监督职能于一身，及其“滞后性、局限性，各部门条块分割、机构臃肿、政出多门”等问题，确保军队最高领导权、指挥权集中于党中央、中央军委，进一步强化军委主席负责制与党中央、中央军委集中统一领导。

11.3.3 国防动员与兵役体制

国防动员是现代国家的重要职能。现代国家的国防动员具有总体性，即需要动员国家与社会一切物质与精神力量，以发挥出最大战时效能。与此相适应的国防动员体制则是指国家采取紧急措施，由平时状态转入战时状态，统一调动人力、物力、财力为战争

---

① 根据《人民武装警察法》规定，战区经由中央军委授权，平时可以指挥与人民解放军共同参加抢险救援、维稳处突、联合训练演习等非战争军事行动的人民武装警察部队，战时可以指挥执行战时任务的人民武装警察部队。

服务的体制，是实施国家和军事体制从平时到战时转换的重要组成部分。

我国的国防动员除了具有上述一般总体性特征之外，还具有党政体制的特征。根据《宪法》《国防法》《国防动员法》的有关规定，中华人民共和国的国防职权由中共中央、全国人大及其常委会、国家主席、国务院、国家中央军事委员会共同行使。国家的主权、统一、领土完整和安全遭受威胁时，全国人大常委会依照宪法和有关法律的规定，决定全国总动员或者局部动员。国家主席根据全国人大常委会的决定，发布动员令。国务院、中央军委共同领导全国的国防动员工作，制定国防动员的方针、政策和法规，向全国人大常委会提出实施全国总动员或者局部动员的议案，根据全国人大常委会的决定和国家主席发布的动员令，组织国防动员的实施。当国家的主权、统一、领土完整和安全遭受直接威胁必须立即采取应对措施时，国务院、中央军委可以根据应急处置的需要，采取必要的国防动员措施，同时向全国人大常委会报告。

从制度上看，国防部是国务院领导和管理国防建设事务的职能部门，部长通常由中央军委委员担任，其国防组织与动员方面的具体工作，以中央军委国防动员部领导的省军区系统为主，同时协调地方相关部门办理。

国防动员体制的主要执行者——省军区系统是按行政区划设置的专门负责地方部队训练、协调军地关系、征兵退伍安置等工作的军事机构。这个系统包括在省级政府驻地设置的省级军区（其中，在北京称卫戍区，在上海、天津、重庆称警备区），各地级市设置的军分区或警备区，县级设置的武装部（县级以上实行军政双主官制，由军队干部担任），在乡、民族乡、镇、街道和企事业单位的一级组织设置的基层武装部（实行单一主官制，由地方干部担任）。2016 年国防与军队体制改革之前，省军区系统接受原来七大军区直接领导和指挥，有些省军区具有作战职能，下辖部分边防部队、海防部队。改革之后，省军区系统将原来下辖作战部队转交给陆军，不再受所在战区的直接领导，专门负责国防动员，直接由中央军委国防动员部领导。[①] 这一改革使省军区系统不再具有军令功能，成为比较单纯的军事行政角色，即“应急应战的指挥部、地方党委的军事部、后备力量的建设部、同级政府的兵役部、军民融合的协调部”[②]，也是县级以上地方国防动员委员会的综合指导、牵头协调办事机构及人民武装动员工作的主管机构，受中央军委国防动员部、同级党委双重领导。

省军区系统的军事主官和政治主官中的一人担任同级地方党委委员，同级地方党委书记则兼任同级省军区系统党委第一书记。这种国防动员系统的军地双方领导相互兼任的现象，起源于中国共产党革命战争时期的动员经验与相应的制度安排。在当代，这种设置主要是出于国防动员需要军地双方协调的原因，便于国防动员系统各级别军地双方按照“整体筹划、统一组织、分工协作、分级负责”的原则，进行平时的国防事务管理和战时国防动员。实际上，省军区系统平时以军事系统的领导为主，人事任免与财政权力均按军队制度执行，同级地方的领导人基本不参与它的日常决策与管理工作。地方党

---

① 由于新疆军区和西藏军区承担着守卫我国西部边疆的重任，卫戍区承担着保卫首都安全的重任，因此它们都具备军事作战职能，与陆军集团军的性质一样，它们在国防和军队改革之后归陆军领导机关管辖，而不是国防动员部管辖。其中北京卫戍区直属于中央军委，又是中共北京市委员会的军事部门和北京市人民政府的兵役工作机构。

② 盛斌．加快构建具有中国特色的新型国防动员体系．中国国防报，2016－03－11.

委书记担任省军区系统党委第一书记，这是“党管武装”在国防系统与地方层面的体现，但主要是出于协调军地双方多部门进行国防动员建设的需要。以省军区系统为主体的国防动员体制能够依靠党的高度集中统一的领导，这有利于国家体制的平战快速转换，这有利于紧急或战时情况下国防动员的迅速全面实施。

国防动员的主要内容是兵员动员，而兵员又是武装力量的基本主体，为了保持军队的活力与战斗力，军队必须不断地补充新兵员，同时复员达到法定服役年限的老兵。军队兵员的新陈代谢，是由兵役制度来保障的，所以兵役制度对国防动员与武装力量及其体制建设也是极为重要的。兵役制度是国家关于公民参加武装组织或在武装组织之外承担军事任务、接受军事训练的制度。2021 年修订后的《兵役法》规定，中国实行“以志愿兵役为主体的志愿兵役与义务兵役相结合的兵役制度”。兵役分为现役和预备役。在中国人民解放军服现役的称军人，有军官与士兵之分。现役军官的管理由《现役军官法》规定。现役士兵包括义务兵役制士兵和志愿兵役制士兵，义务兵役制士兵称义务兵，志愿兵役制士兵称军士。预编到现役部队或者编入预备役部队服预备役的，称预备役人员。

义务兵役制，又称征兵制。这种制度是国家利用法律形式规定公民在一定的年龄内必须服一定期限的兵役，带有强制性。2023 年修订的《征兵工作条例》规定，全国的兵役工作，在国务院、中央军事委员会领导下，由国防部负责，具体工作由国防部征兵办公室承办。国务院、中央军事委员会建立全国征兵工作部际联席会议制度，统筹协调全国征兵工作。全国每年征兵的人数、次数、时间和要求，由国务院、中央军事委员会的征兵命令规定。省军区（卫戍区、警备区）、军分区（警备区）和县、自治县、不设区的市、市辖区的人民武装部，兼各该级人民政府的兵役机关，在上级军事机关和同级人民政府领导下，负责办理本行政区域的兵役工作。开展征兵工作所需经费按照隶属关系分级保障。战时，国家发布动员令或者国务院、中央军事委员会依法采取国防动员措施后，各级人民政府和军事机关必须按照要求组织战时征集。战时根据需要，可以重点征集退役军人，补充到原服现役单位或者同类型岗位。

《兵役法》规定，国家实行兵役登记制度。兵役登记包括初次兵役登记和预备役登记。每年 12 月 31 日以前年满 18 周岁的男性公民，都应当按照兵役机关的安排在当年进行初次兵役登记。有服兵役义务的公民拒绝、逃避兵役登记的，应征公民拒绝、逃避征集服现役的，预备役人员拒绝、逃避参加军事训练、担负战备勤务、执行非战争军事行动任务和征召的，由县级人民政府责令限期改正，逾期不改的，强制其履行兵役义务，并处以罚款。军人以逃避服兵役为目的，拒绝履行职责或者逃离部队的，按照中央军委的规定给予处分。由此可以看出，在我国义务兵役制是一种依托国防动员系统实施的带有强制性的提取社会人力资源的制度。

志愿兵役制，又称募兵制。我国志愿兵役制士兵称军士。按照《兵役法》规定，我国志愿兵役制士兵主要有两个来源。一是服现役期满的义务兵，根据军队需要和本人自愿，经批准可以选改为军士；服现役期间表现特别优秀的，经批准可以提前选改为军士。二是根据军队需要，可以直接从非军事部门具有专业技能的公民中招收军士。例如，军队院校可以从青年学生中招收学员，其年龄不受征集服现役年龄的限制，经培训合格，可以按照规定任命为现役军官或者军士。军士实行分级服现役制度。军士服现役的期限一般不超过 30 年，年龄不超过 55 周岁。

预备役部队是中国武装力量的组成部分，是同现役相区别的一种兵役义务。既区别于现役部队，又不同于民兵组织，是平战结合的一种形式，是战时初期的首批动员对象，也是应对突发事件、承担急难险重任务的突击力量。依照相关法律规定，预备役部队实行统一的编制，授有军旗、番号、代号，配备武器装备。根据中共中央印发的《关于调整预备役部队领导体制的决定》，自 2020 年 7 月 1 日起，预备役部队全面纳入军队领导指挥体系，由原来的军地双重领导调整为党中央、中央军委集中统一领导。也就是说，行政区内的预备役部队由省军区系统转隶到所在战区，中央军委通过战区统一领导预备役部队。

11.4　党和国家治理中的军事力量

中国共产党在中央和地方层面对军队领导制度的安排，以及对军队内部的领导机制，使军队成为一个相对独立的运行系统。但军事系统与其他党政机构并不是完全隔离的，在党政体制中，它们之间存在较为密切的联系。除了前述中央层面中共中央政治局与中央军委的关系之外，军事部门与党和国家机关之间的关系大体包括以下以个层面。

第一，军队代表出席党的县级以上党代会和人大会议。我国党政体制有别于军政分治的西方政治体制的一个重要特征，是军队代表出席党的各级党代会和各级人大会议，这也是我国军队参与党和国家建设，进行利益综合与表达的重要制度化渠道。例如，2022 年出席党的二十大的军队代表有 304 名，由解放军和武警部队 25 个选举单位分别召开党的代表大会或党代表会议选举产生。2023 年出席十四届全国人大一次会议的有解放军和武警部队 26 个选举单位选举产生的 281 名代表。这种政治参与有利于军方利益的表达。例如，军方人大代表呼吁改善军人生活条件，增加国防经费，对于加快发展军队建设发挥了应有的作用。同时，这种政治参与也使军队本身容易受到地方政治的影响。如 2012 年底到 2013 年初，在湖南省衡阳市的贿选省人大代表案件中，衡阳市当地驻军选出的 13 名市人大代表中有 11 名涉案，这些代表都是部队领导，他们卷入贿选案对军队稳定与形象显然是不利的。

第二，军队参与地方党政机构。一是军方机构与地方机构的重叠。根据《宪法》规定，国务院设立国防部，领导和管理国防建设事业。一切需要由政府负责的军事工作，经国务院作出相应决定，通过国防部或以国防部的名义组织实施。国防部在接受国务院领导的同时也接受中央军事委员会的领导。国防部部长通常既是中央军委委员，也是作为国务院行政部门的国防部的首长。在实际运作中，需要国防部办理的事宜，由中央军委直接领导之下的中央军委国防动员部、中央军委国际军事合作办公室等相关部门分别处置。作为国家行政机关内设机构的国防部与中央军委及其部门这种权力关系，体现了最高军事机构与国家行政机构之间的平行关系，而不是隶属关系。二是军方参与地方党政机构，便于处理涉及军事的党务和国家事务。这种制度设计便于研究、审议涉及军事与其他党政机构或社会领域的相关发展战略、规划及重大政策、任务、项目，协调军队与国务院各部门、地方和社会之间涉及军地关系的重大事项。三是军方参与涉及军方事务的党和国家常设或临时性协调机构。在当代中国党政体制中，设立常设或临时性协调机构是处理涉及党政军多方事务工作的重要手段之一。中央层面党和国家常设机构，如中央国家安全委员会、中央网络安全和信息化委员会、中央外事工作委员会等均吸收军方为成员单位，中央军委直属部门领导参加相关会议和决策及其实施。同样，在国务院议事协调机构中，有多个吸收军方为成员的单位，包括国家国防动员委员会、中央军民融合发展委员会①、国家边海防委员会等。在这些机构中，军方成员单位派相关职能部门领导参加，列席相关会议，参与相关决策及其在军队的实施。

第三，召开军地联席会议协调解决国防事务。根据《国防法》的相关规定，军地联席会议是地方政府与驻地军队为协调解决本行政区域内有关国防事务的问题而召开的会议。由地方各级人民政府和驻地军事机关根据需要召开，军地联席会议由地方人民政府的负责人和驻地军事机关的负责人共同召集。军地联席会议的参加人员由会议召集人确定。军地联席会议议定的事项，由地方人民政府和驻地军事机关依照各自的权限办理，重大事项应当分别向上级报告。军地联席会议涉及内容多样，如双拥、退役军人安置、国防动员等，其形式也具有相当的灵活性。根据会议内容，由相关部门领导参加。例如，2019 年 5 月 30 日至 31 日，在河南交通职业技术学院召开了火箭军 2019 年定向培养士官军地联席会议。军地联席会议已经成为地方政府与军方协调处理有关国防事务的重要机制。

第四，武装警察治理角色的变革。作为国家武装力量的重要组成部分，武装警察部队在党政体制治理中扮演着重要角色。2020 年 6 月修订的《人民武装警察法》规定，人民武装警察部队坚持中国共产党的绝对领导，担负执勤、处置突发社会安全事件、防范和处置恐怖活动、海上维权执法、抢险救援和防卫作战以及中央军事委员会赋予的其他任务。武装警察是介于正规军与民事警察之间的武装组织，其武装和军事化程度较正规军低，而较民事警察高，主要负责对内安全，区别于主要负责对外安全的解放军；负责处置烈度较高的冲突，区别于处理烈度较低的冲突、负责平时公安安全的民事警察。这两方面的区别与特征是现行军事系统没有将武装警察部队列入解放军建制的原因之一。

在 2018 年党和国家机构改革之前，存在军警不分、军民不分的问题。国务院对相当一部分武装警察部队拥有管理指挥权，这样无论是从体制上还是从日常治理实践中，作为武装力量组成部分的武装警察亦军亦警，承担着大量内部保卫、边防安全等民事领域的治理任务。此外，金矿开采加工经营、森林安全防护、消防等属于民用或市场经营的领域，仍由武装警察部队来管理，体现为军事对民事领域的干预，这既不符合国家与社会治理现代化的要求，也与从严治军与武装力量专业化的客观要求格格不入。因此，根据 2018 年党和国家机构改革按照军是军、警是警、民是民原则，将武警部队担负民事任务部队整体移交给国家相关职能部门，并改编为非现役专业队伍；武警边防部队退出现役，转为民事警察编制；武警消防部队退出现役，转为行政编制，成建制划归国家应急

① 中央军民融合发展委员会成立于 2017 年 1 月 22 日，其作为中央层面军民融合发展重大问题的决策和议事协调机构，统一领导军民融合深度发展，对中央政治局及其常务委员会负责。

管理部，承担灭火救援和其他应急救援工作。随着此次改革方案的落实，作为国家武装力量组成部分的人民武装警察部队剥离了不必要的社会管理职能，发挥其在执勤、处突、反恐、防卫作战专业领域的组织优势和专业优势。还将国家海洋局领导管理的海警队伍及相关职能全部划归武警部队，对外称中国海警局，统一履行海上维权执法职责。这一改革，在制度上理顺了党政体制内的军警民之间的关系。同时，武装警察部队在国家与社会治理中所承担的法定职责，仍需要与其他国家机关或地方政府进行协调。如《人民武装警察法》规定，中央国家机关、县级以上地方人民政府应当与人民武装警察部队建立任务需求和工作协调机制。中央国家机关、县级以上地方人民政府因重大活动安全保卫、处置突发社会安全事件、防范和处置恐怖活动、抢险救援等需要人民武装警察部队协助的，应当按照国家有关规定提出需求。执勤目标单位可以向负责执勤任务的人民武装警察部队提出需求。

本章小结

当代中国党政体制的基本框架是在革命年代的战火中铸就的，军队和其他武装力量在其中扮演了关键的、决定性的角色。新中国成立以后，通过各种不同的制度安排和渠道，军队依然发挥着非常重要的政治作用。坚持中国共产党对军队的绝对领导是理解中国军事系统的一项根本原则。当代中国军事系统及其相关体制与制度都是围绕这一原则建构起来的。2016 年以来，通过国防与军队体制改革，形成“军委管总、战区主战、军种主建”的领导指挥管理体制，并建立以省军区系统为主的国防动员与兵役体制。通过在军队等武装力量内部建立党的组织、政治委员和政治机关系统，党实现了对武装力量的全面领导，使之成为维持党政体制安全与国家战略利益的重要力量和保底手段。

关键术语

武装力量　　党指挥枪　　党对军队的绝对领导　　中央军事委员会　　政治委员制度　　国防动员　　兵役

复习思考题

1. 当代中国军事制度的根本原则是什么？
2. 为什么要在党对军队的领导前面，添加“绝对”两个字？
3. 中国军事领导指挥管理体制的主要内容是什么？
4. 试从中央与地方关系的角度，分析当代中国军事制度的特征。

第 12 章

中央与地方关系

中央与地方关系（央地关系）是国家权力的纵向分割问题。新中国成立以来，我国确立的是有中国特色的单一制国家体制。一方面，中央集权制是央地关系的基本制度架构，中央享有最高的权力，地方权力来源于中央授权和分权；另一方面，党政体制下的“全党服从党中央”进一步强化了中央的权威和权力。在这两个根本的权力架构下，中央与地方职责同构。一方面，地方政府层级越高，享有的权力和权限越大；另一方面，自上而下的压力型体制成为驱动和监督地方政府的主要机制。在这种制度架构之下，如何“发挥中央和地方两个积极性”成为处理央地关系的核心问题。1978 年以来，以地方分权为重要特征的改革成为中国经济增长的重要驱动力，地方政府创新也呈现出生动活泼的景象；同时，地方政策执行沙漏、土地财政、地方腐败等问题也日益凸显。党的十八大以来，在央地关系进一步调整的情况下，如何妥善地“发挥中央和地方两个积极性”，仍然是重要的现实和理论问题。本章将介绍央地关系的基本制度架构，改革开放以来央地关系在人、财、事各方面的发展与演化，以及地方政府的沿革、功能、运作机制和行为。

12.1　中国特色的中央与地方关系

12.1.1　央地关系的制度架构

1. 党政体制下的央地关系

党政体制在两个层面上深刻地影响了央地关系。其一，在纵向层面上，中国共产党全党服从中央、民主集中制原则和党管干部组织制度等都强化了中央集权的权力体系架构。其二，在横向层面上，地方政权与中央政权具有相当的政党-国家的同构性，中国共产党处于组织体系的核心位置。地方党委处于地方政权的权力中心，领导地方人大、政府、司法机关和监察机关。

2. 中央集权制下的央地关系

我国宪法规定了央地关系的单一制框架，即通常所谓的中央集权，主权权力为单一国家机构所掌握，地方政府需要遵照中央意志行事。《宪法》第三条规定，中央和地方的国家机构职权的划分，遵循在中央的统一领导下，充分发挥地方的主动性、积极性的原则。

根据《宪法》，我国的行政区划在中央以下分为省级（省、自治区、直辖市）、县市级（自治州、县、自治县、市）、以及乡镇（乡、民族乡、镇）三级。但在实际操作中，地方分为省、地、县、乡四级。例如在《预算法》中，我国实行一级政府一级预算，设立中央、省、市、县、乡五级预算。因此，从政府架构上而言，我国是独特的五级政府架构。在一般地方行政区域之外，还有民族自治地方和实行特别行政区制度的地方，它们既是中国地方行政区域的一部分，又享有一般地方行政区域所不享有的民族自治地方的自治权或特别行政区的高度自治权。

3. 央地职责同构

职责同构是指不同层级的政府在纵向职责配置和政府机构设置上的高度一致。在这一模式下，政府纵向的职责配置和机构设置表现为典型的“上下对口，左右对齐”，与五级政府管理的工作大体一样，机构设置大体一样，并由一个个条条“串”起来，形成条块交叉结构。在职责同构下，中央和地方政府在职责安排和机构设置方面表现为基本同构和“上下一般粗”，党的组织系统和人民团体的组织系统也基本上是职责同构的。其中，中央政府往往主要是“出政策者”，而地方政府，特别是省以下地方政府，则是政策的执行者。改革开放以来，职责同构的体系陆续有所调整，但职责同构的特征基本没有改变。①

12.1.2 央地关系的协调

1. 充分发挥中央和地方两个积极性

我国单一制结构的特色还表现在这是在党政体制的框架下建构的，处理央地关系的基本原则是充分发挥中央和地方两个积极性。毛泽东在 1956 年的《论十大关系》中指出，“应当在巩固中央统一领导的前提下，扩大一点地方的权力，给地方更多的独立性，让地方办更多的事情……有中央和地方两个积极性，比只有一个积极性好得多”②。充分发挥中央和地方两个积极性也得到了我国宪法的确认，可以说是处理央地关系的宪法性原则。要在维护中央权威和尊重地方利益的前提下，合理建构中央与地方关系。

两个积极性的第一原则，是中央的统一领导。这种领导超越了宪法条文中所涉及的

---

① 朱光磊，张志红．“职责同构”批判．北京大学学报（哲学社会科学版），2005（1）.

② 中共中央文献研究室．毛泽东文集：第 7 卷．北京：中央文献出版社，1996：31.

中央和地方国家机构职权的划分，还包括了在我国特有的党政体制下，党的一元化领导以及由此衍生出的全党服从中央的基本原则。具体来说，中央对地方的制约以及地方对中央的遵从，在我国首先体现为地方党委对党中央的服从关系。在此基础上，两个积极性原则也强调充分发挥地方的主动性与积极性。改革开放以来，发挥地方的积极性也逐渐从强调地方的特殊性，转到尊重并照顾地方的利益与特殊性。[①]

2. 条块关系

这一原则的制度体现，以及蕴含在其中的集权与分权的辩证关系，构成了我国中央与地方关系中特殊的矩阵式结构："条块关系"。我国的央地关系并不是简单的纵向权力与资源分割关系，而是兼顾横向与纵向权力分割的条块关系。所谓"条"，是指从中央到地方的纵向的、以部门为依据的管理体系；所谓"块"，是指以行政区划为准的党委领导下的政治关系。"条块结合"又称双重领导体制，这种领导体制中最常见的表述是"条块结合，以块为主"，在具体事务的领导中，地方职能部门既接受地方政府的领导，也受上级对口部门的业务指导或领导。此外，又有"条块结合，以条为主"的垂直管理的不同形式（见图 12－1）。

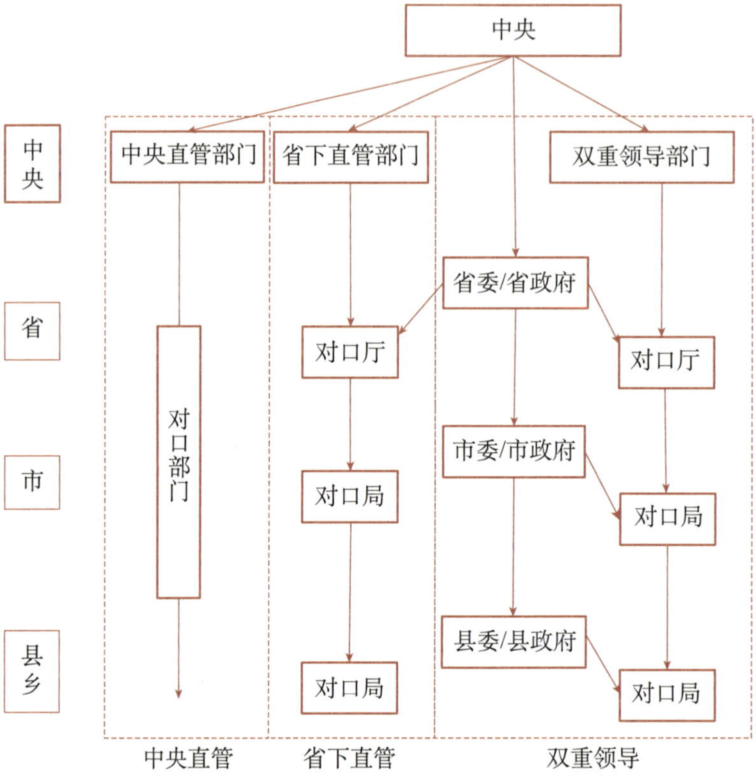

图 12－1 中国的条块关系类型

条块关系的领导架构开始于武装夺权时期，但其成为基本领导体制是在新中国成立后的国家政权建设时期。在"高饶事件"后，1954 年中央人民政府撤销了大行政区委员

① 朱光磊．当代中国政府过程．3 版．天津：天津人民出版社，2008．

会，在全国范围内增设和加强中央和政府的各职能部门，以“部门管理”为中央领导地方的基本线索。1958 年 6 月，毛泽东决定成立中央财经、政法、外事、科学、文教五个小组，进一步将各部门整合为“系统”，归口管理，将决定权收归党中央。这一变动在地方的映射是进一步加强了权力的分割，一竿子插到底的“条条”有力地分割了“块块”，表面上与中央政府“职责同构”的地方党政系统以条条切割开来，每一根条条都是中央约束地方的线索。

条块关系的特殊架构也赋予了中央在央地关系运作中的灵活性。在这种架构中，“中央精神”在地方上有“块”和“条”两个代理人，条条和块块都分别掌握中央精神，并透过自己的领导系统传达、贯彻到地方。中央可以灵活地调节条与块的侧重点：要发挥中央的积极性，就更偏重条；要强调地方的积极性，就更偏重块。这突出体现在 20 世纪 90 年代末期以来垂直管理强化的趋势。在条条关系中坚持党的统一领导，主要依靠的是纵向的部门或系统中的党组，通过党组对相应党委或党中央的服从来贯彻全党服从中央的原则。

条块关系带来的另一个制度性后果是条块矛盾的频发，以及由此带来的权力的碎片化状态。这种分化的状态实际上强化了党的协调功能，但总的来说，靠“协商办事”而非寻求问题的制度化解决方式必然会带来一定程度的“人治”色彩，克服分散化、取得共识的过程未免不够透明、缺乏效率，有失规则性。①

3. 垂直管理与属地化管理

垂直管理和属地化管理是相对而言的。与垂直管理相对应的是属地化管理，采用这类管理机制的政府职能部门通常实行地方政府和上级同类型部门的“双重领导”，上级主管部门负责管理业务“事权”，地方政府负责管理人、财、物，并受到同级纪检部门和人大的监督。政府职能部门实行垂直管理，这意味着脱离地方政府管理序列，不受地方政府监督机制约束，直接由省级或者中央主管部门统筹管理人、财、物、事。

在历次政府机构改革中，垂直管理关系都处于不断调整之中。比如，2016 年，中共中央办公厅、国务院办公厅印发了《关于省以下环保机构监测监察执法垂直管理制度改革试点工作的指导意见》，调整市县环保机构管理体制。市级环保局实行以省级环保厅（局）为主的双重管理，仍为市级政府工作部门。省级环保厅（局）党组负责提名市级环保局局长、副局长，会同市级党委组织部门进行考察，征求市级党委意见后，提交市级党委和政府按有关规定程序办理，其中局长提交市级人大任免；市级环保局党组书记、副书记、成员，征求市级党委意见后，由省级环保厅（局）党组审批任免。直辖市所属区县及省直辖县（市、区）环保局参照市级环保局实施改革。计划单列市、副省级城市环保局实行以省级环保厅（局）为主的双重管理；涉及厅级干部任免的，按照相应干部管理权限进行管理。县级环保局调整为市级环保局的派出分局，由市级环保局直接管理，领导班子成员由市级环保局任免。开发区（高新区）等的环境保护管理体制改革方案由

① LIEBERTHAL K. Governing China: from revolution through reform. Cambridge: Cambridge University Press, 2009；杨光斌，李月军．当代中国政治制度导论．北京：中国人民大学出版社，2007；朱光磊．当代中国政府过程．3 版．天津：天津人民出版社，2008.

试点省份确定。同时，现有市级环境监测机构调整为省级环保部门驻市环境监测机构，由省级环保部门直接管理，人员和工作经费由省级承担；领导班子成员由省级环保厅（局）任免；主要负责人任市级环保局党组成员，事先应征求市级环保局意见。省级和驻市环境监测机构主要负责生态环境质量监测工作。直辖市所属区县环境监测机构改革方案由直辖市环保局结合实际确定。现有县级环境监测机构主要职能调整为执法监测，随县级环保局一并上收到市级，由市级承担人员和工作经费，具体工作接受县级环保分局领导，支持配合属地环境执法，形成环境监测与环境执法有效联动、快速响应，同时按要求做好生态环境质量监测相关工作。

12.2 中央与地方关系的重要维度

本节细致描述了改革期间，央地关系在立法、财税、人事以及事权等方面的发展路径。本节虽然是分段叙述，但这四个方面，尤其是人、财、事制度相互交织，共同定义了央地关系的发展。其中，分税制改革被认为是改革以来深刻影响央地关系的标志性事件；而对“党管干部”原则的坚持则被认为是中央在央地关系中保持权威的首要因素。央地之间更为明晰而合理的事权划分是进一步改革的走向。

12.2.1 中央与地方的立法关系

1954 年《宪法》规定了一级立法体制，全国人大是行使国家立法权的唯一机关。这一体制在 1979 年变更为二级立法体制，地方首次获得一定权限内的立法权。2022 年修订的《地方各级人民代表大会和地方各级人民政府组织法》规定，省、自治区、直辖市的人民代表大会根据本行政区域的具体情况和实际需要，在不同国家宪法、法律、行政法规相抵触的前提下，可以制定和颁布地方性法规，报全国人民代表大会常务委员会和国务院备案。1982 年《宪法》再次确认了这一规定，二级立法体制正式形成。

二级立法体制分为国家立法和地方立法。在国家层面，主要是全国人大及其常委会所进行的立法活动，创立宪法、基本法律以及其他法律。此外，国务院及其所属部门根据授权可以进行行政立法活动，制定行政法规和部门规章。在地方层面，根据地方立法主体的不同，可以在其权限范围内制定和发布规范性法律文件。在省、自治区、直辖市，以及省、自治区的人民政府所在地的市和经国务院批准的较大的市的人民代表大会，可以根据地方具体情况和实际需要，制定地方性法规，同级别的人民政府可以制定地方规章。民族自治地方的人民代表大会可以制定自治条例和单行条例。

2000 年 7 月 1 日起施行的《立法法》对“较大市”的范围作了新的界定，经济特区所在的市与较大市一样拥有“较大市立法权”，可以制定地方性法规，经省人大常委会批准后在本行政区域内施行。“较大市立法权”与经济特区原来已拥有的“经济特区立法权”有所不同，行使“经济特区立法权”所制定的法规只能在特区内施行，并不需报请省人大常委会批准；而“较大市立法权”制定的法规经省人大常委会批准后可在特区所在的全市范围内施行。

2015年3月，十二届全国人大三次会议修改《立法法》，规定“设区的市的人民代表大会及其常务委员会根据本市的具体情况和实际需要，在不同宪法、法律、行政法规和本省、自治区的地方性法规相抵触的前提下，可以对城乡建设与管理、环境保护、历史文化保护等方面的事项制定地方性法规”，地方立法权逐步扩大到全部设区的市。

2023年对《立法法》修订，进一步扩大了设区的市的立法范围，“设区的市的人民代表大会及其常务委员会根据本市的具体情况和实际需要，在不同宪法、法律、行政法规和本省、自治区的地方性法规相抵触的前提下，可以对城乡建设与管理、生态文明建设、历史文化保护、基层治理等方面的事项制定地方性法规，法律对设区的市制定地方性法规的事项另有规定的，从其规定。设区的市的地方性法规须报省、自治区的人民代表大会常务委员会批准后施行。省、自治区的人民代表大会常务委员会对报请批准的地方性法规，应当对其合法性进行审查，认为同宪法、法律、行政法规和本省、自治区的地方性法规不抵触的，应当在四个月内予以批准”。

地方立法工作在以下几个方面受到中央的控制：首先，中央与地方之间的立法权限一般是按照“各自所管辖事项的范围”来划分的。中央决定一切大政方针，地方政府根据本地特点制定具体办法。中央制定基本法和主导性的立法，而地方主要制定次要的、从属的立法。其次，地方立法权的行使不得与国家立法权相抵触，地方一切立法和行政规章都必须和宪法、法律和行政法规相一致，否则，全国人大常委会或国务院有权撤销相应的地方性法规或规章。最后，地方性法规要向全国人大常委会和国务院备案。

12.2.2 中央与地方的财税关系

1. 分灶吃饭与财政包干

我国在20世纪50年代早期建立了高度集中的财政管理体制，多年实行“统收统支”，地方财政基本上是中央财政的延伸。地方政府所遵循的各种财税政策，均由中央政府制定，地方绝大部分财政收入要上缴中央金库；地方的固定资产投资、技术更新改造所需资金、城乡基础建设资金等都要经中央或上一级政府在国家计划的范围内进行审批，专款专用。

“分灶吃饭”的财政体制从1980年正式实施，其间经历了多次变革，总的趋势是越来越分权。1980年，国务院颁布了《关于实行“划分收支、分级包干”财政管理体制的通知》，在中央财政和地方财政之间实行“分灶吃饭”。1982年，在“利改税”的基础上，重新确定了包干范围和包干基数。1988年，实行“划分税种、核定收支、分级包干”的财政包干体制，其主要精神就是包死上解基数，超收多留。1989年后，又针对东、中、西三个不同地区的特点采取了六种不同的包干办法。

财政包干制的特点之一是中央和地方单位需要对包干基数和指标根据年度间的情况变动不断谈判，这导致财政体制烦琐复杂到了极点；另一个特点则是沿用了1949年以来传统的税收划分办法，按照企业的隶属关系划分企业所得税，按照属地征收的原则划分流转税，把工商企业税和地方财政的收入紧紧地结合在一起。这在很大程度上刺激了地方政府发展地方企业尤其是乡镇企业的积极性。乡镇企业通过税收缩水、增加向地方政府缴纳“企业上缴利润”的方式为地方政府创造不受预算约束的预算外收入。因此主张地方法团主义的学者将乡镇企业以及部分地方工业的兴起与财政包干体制联系起来。经济学家也通过实证研究验证了财政包干制加剧了地方政府间竞争，从而显著促进了地方经济的发展。

此外，财政包干制也造成了地方政府大肆投资，大办地方企业，这带来了重复建设、地区封锁、市场分割等问题。同时，中央财力大幅下降，财政收入在国内生产总值中的比重在 1993 年仅占 12.6％，中央财政收入在财政总收入中的比重从 1979 年的 46.8％下降为 1993 年的 31.6％. 中央财政不仅要靠地方财政的收入上解维持平衡，甚至还在 20 世纪 80 年代两次通过设立基金向地方政府“借钱”。这些因素直接导致了 1994 年财税体制改革的实施。

2. 分税制及其调整

1993 年 12 月，国务院正式决定从 1994 年起对省、自治区、直辖市和计划单列市试行分税制财政管理体制。迄今为止，分税制已经成为财政管理的主要模式。

分税制最核心的内容在于采用相对固定的分税种的办法来划分中央和地方的收入。分税制将税种划分为中央税、地方税和共享税三大类。税源稳定、份额较大的税收收归中央；与经济发展直接相关的增值税、营业税为分享税；与地方关系密切的农牧业税、地方国企所得税归地方。2002 年实行的所得税分享改革将企业所得税和个人所得税由地方税变为共享税种，2002 年按中央、地方各 50％的比例分享，2003 年则按中央 60％、地方 40％的比例分享。分税制分设了中央、地方两套税务系统，分别征税。此外，分税制还规定了税收返还机制。税收返还以 1993 年为基数，将增值税和消费税按分税制后地方净上划中央的数额，全额返还地方，保证地方既得利益。为调动地方积极性，还按特定系数给予增量返还。

分税制实施当年，中央财政收入占财政总收入比重增长到了 55％，此后一直保持在这个水平。中央宏观调控能力大幅增强。同时，分税制也造成了地方财力吃紧。虽然分税制只是对中央和省级财政的划分做了规定，而省以下的收入划分则由省政府决定，但分税制造成的收入上收的效应会在各级政府间层层传递，造成所谓财权层层上收的效应。有学者按分税制前后县乡财政收入构成测算，分税制所划定的中央与省之间的关系几乎被完整地传递到县乡基层财政。这造成了“中央财政高速增长，省级财政喜气洋洋，地州财政勉勉强强，县乡财政哭爹喊娘”的局面。

3. 分税制之后：转移支付与土地财政

（1）转移支付。

分税制改革以来，中央对地方开始实施大量的转移支付补助以弥补地方的支出缺口。这些补助包括税收返还、体制补助、专项补助、过渡期转移支付补助等多种。2002 年，转移支付的总规模达到 7 351.8 亿元。周飞舟指出，通过再分配过程，财政的转移支付几乎完全弥补了因改革带来的县乡财力减少的部分，维持了与改革前相同的相对收支水平。

从地区均等化的角度看，转移支付存在严重的地区不均衡现象。转移支付往往更有利于发达省市，不利于缩小地区差异或贫富差距。此外，转移支付的大部分是数百种对应性的转移支付，而非一般性的均等化的转移支付。中央和地方之间的实质财政安排通常建立在政治谈判而非既定的规章制度上，这使得中央在转移支付的决定上显得比较随意，也在一定程度上扭曲了对地方政府的激励，地方政府热衷于“形象工程”“跑部钱进”等。

（2）土地财政。

分税制改革后，非预算资金尤其是土地出让收入开始成为地方政府所倚重的财政增长方式。根据周飞舟的测算，地方政府在新的财税制度下损失越多，就越有动力通过土地财政来弥补。这形成了普遍的土地乱政、地方政府腐败、官民矛盾冲突等诸多问题。

税制改革增强了中央财力，增加了中央的宏观调控能力，特别是通过不确定的转移支付制度增加了中央对地方的讨价还价能力；但分税制对央地财税关系的调整未与事权分配相匹配，财权层层上收，事权层层下放，造成了一系列意外的后果。党的十八大以来，中央发出了继续深化财税体制改革的信号，财税改革将作为总体改革的重要突破口，先打一场“牵一发动全身的硬仗”。新一轮财税体制改革将以预算管理制度改革为基础，完善税收制度，以六大税种引领财税改革，建立事权与支出责任相适应的制度。

2018 年国务院机构改革推动国税、地税征管体制改革，对自 1994 年实行分税制改革以来的国税、地税两套税务机构的征管体制进行变更，将省级和省级以下国税、地税机构合并，具体承担所辖区域内的各项税收、非税收入征管等职责。国税、地税机构合并后，实行以国家税务总局为主与省（自治区、直辖市）人民政府双重领导管理体制。

12.2.3　中央与地方的人事关系

“财政联邦制”概念的提出拷问了我国中央与地方关系变迁的核心问题：如果说在改革初期，中央赋予了地方更多的经济自主权与部分行政权力，分权的程度从财政角度看甚至超过了一般意义上的联邦国家，那么在这个过程中，是怎样的机制始终维持了现行的中央集权体制？中央与地方的人事关系是一个重要的机制。

1. 党管干部与央地关系

在地方政府人事关系上，一方面，《地方各级人民代表大会和地方各级人民政府组织法》规定了各级人民代表大会如何产生同级政府、检察院、法院和监察委。地方各级人民政府是地方国家行政机关，由本级人民代表大会产生，对人大负责，受人大监督。另一方面，《党政领导干部选拔任用工作条例》规定了如何选拔县级以上地方各级党委、人大常委会、政府、政协、纪委监委、法院、检察院及其工作部门领导成员或者机关内设机构担任领导职务的人员，以及上列工作部门内设机构担任领导职务的人员，还规定了如何选拔任用参照公务员法管理的群团机关和县级以上党委、政府直属事业单位的领导成员及其内设机构担任领导职务的人员。

可以看到，党政体制下的干部管理体制强化了中央对地方的人事领导。从中央与地方关系的角度来看，在干部管理体制的改革中，党管干部的分级管理制度改革影响深远，特别是1984年“下管一级”的改革。1953年，中央建立了分部分级管理干部的基本制度。所谓分级管理，是指按照干部所担任的职务和干部的级别，由不同层次的党委、企事业党委、部门党组管理。新中国成立初期，在分级制度中，实施的是在党中央统一领导下，由党委组织部集中“下管三级”的制度。1984年中组部发出《关于修订中共中央管理的干部职务名称表的通知》，遵照中央原则上只管下一级领导干部的精神修订了中管干部的职务名称表，干部管理方式改为分级管理、层层负责的办法，中央负责管理中央国家机关部委级的领导干部，地方负责管理省、区、市一级的领导干部；省、区、市党委负责管理省级局、厅级领导干部，地方负责管理地、区、市、盟的领导干部。之后中管干部的职务名称表虽经数次修订，但“下管一级”的基本体制保持不变。“党管干部，下管一级”是党的领导在干部人事工作中的重要体现，是巩固党的执政地位、履行党的执政使命的重要保证，也加强了中央对地方的人事领导。在实践中，中管干部范围扩大，也是进一步加强中央对地方领导的重要方式。

2. 干部交流与央地关系

干部交流制度是在干部任用层面上的一种制度性修正，是指各级党委（党组）及其组织（人事）部门按照干部管理权限，通过调任、转任对党政领导干部的工作岗位进行调整。干部交流制度的定型始于1999年中组部发布的《党政领导干部交流工作暂行规定》。《党政领导干部交流工作规定》于2006年8月所取代这一文件，并成为党“干部人事工作法规体系”的重要一环，明确规定县级以上地方党委、政府领导成员在同一职位上任职满10年的，必须交流。

参与干部交流的对象从《党政领导干部交流工作暂行规定》要求的县以上党政领导班子和职能部门负责人，扩展到《党政领导干部交流工作规定》要求的从中央到地方的党、人大、政府、政协的领导班子及职能部门负责人，以及纪委、法院、检察院的领导成员。党的十七大以来，全国干部交流力度不断加大。交流任职的趋势也同样传递到了县市一级，在目前一般9～11人的县市级地方党委班子中，有6～7人是外地交流干部，只有宣传部部长、党委秘书长、常务副市长是本地干部。在地方的四套领导班子中，一般只有政协主席是本地干部。

继续推进党政领导干部交流是干部管理制度改革的既定方向之一。2009年出台的两项相关纲要都强调要加强并积极推进干部交流工作，将交流范围扩展到“乡镇党政一把手”，并特别指出要加大权力部门、关键岗位、新提任干部的交流力度。党的十八届三中全会也提出要加强干部的跨条块、跨领域的交流。

12.2.4 中央与地方的事权关系

在学界的讨论中，对事权的概念有广义、狭义的理解。广义的事权，与国家权力、政府权力类似。在这个意义上，事权的划分，可视为在不同主体（国家、社会、市场）之间的权力分界。纵向的事权划分也就是纵向的政府间权力分割，与本章所探讨的中央与地方关系并无区别。狭义的事权概念更多地在经济学、财政学中应用，是与财权概念相对应的事务处理权，与“支出责任”类似。探讨事权与财权相匹配，是对事权的狭义理解。

我国长期以来在事权方面形成的基本局面是各级政府在职责同构的制度框架下“齐抓共管”。除少数事权如外交、国防等属于中央外，各级政府的职责并没有明显区别，高度重叠交叉，地方政府的职能仅是中央政府职能的延伸或细化。政府间的分工不是具体职能的不同，而是体现在对同一职能或事务的具体划分与相应的支出责任方面。在职责同构的框架下，配合上下级政府之间的领导关系，特别是上级政府对下级政府财政收入以及人事任免的控制，上级政府可以凭借其优势地位，通过绩效考核甚至“一票否决”的方式，将本身的事权推给下级政府，上下级政府对各项事权“齐抓共管”。

就央地关系的维度而言，事权改革是迄今仍未完成的硬核。自 20 世纪 70 年代末改革起步以来，配合着财税体制改革的步伐，在事权方面有过“行政性分权”与“经济性分权”之说。行政性分权是指 1994 年分税制改革之前，上下级政府之间就经济管理的分配权进行的调整。中央强调扩大企业的经营自主权，要求企业自主独立发展。在不同政府层级中，根据企业的行政隶属关系重新调整了经济管理权。国务院负责管理关系国计民生、国家经济命脉的骨干企业、大型企业的生产经营活动和重要事业单位的活动，而地方则负责其他企事业单位的领导。

1994 年的分税制改革被诸多学者认定为“经济性分权”，通过划分中央与地方的税种建立新型财政体制。但在事权分配方面，分税制仅仅对央地事权做了一个粗线条划分，中央财政主要承担国家安全、外交和中央国家机关运转所需经费，调整国家经济结构、协调地区发展、实施宏观调控所必需的支出，以及由中央直接管理的事业发展支出。地方财政主要承担本地区政权机关运转所需支出，以及本地区经济、事业发展所需支出。这种笼统规定实际上只是保留了 1993 年中央和地方各自行使事权的状态。

分税制在财权、财力方面产生的集权后果，同样投射到事权分配方面，财权与事权的不匹配成为央地关系中的显性问题。具体说来，一些原本应当由中央承担的支出责任，部分交给了地方，如国防、武警、气象及地震等管理职能，最基本的公共服务的法定支出主要由县乡政府提供，县乡支出责任偏大。一些应当属于地方支出的责任却由中央承担，如地方行政事业单位人员工资和一些企业的亏损补贴等，地方基础设施建设中央也有包揽过多之嫌。省以下各级地方政府之间的支出责任划分更为模糊，在公共服务的提供等方面的地方性差异增强。在这种体制下，原本是为财政体制“拾遗补阙”的修正性机制——转移支付却逐渐演变为政府间财力配置的主角，而转移支付的非规范化，特别是专项转移支付省以下分配存在的巨大地区性差异也加剧了事权与财权分配上的冲突。

2006 年，“十一五”规划明确提出要建立健全与事权相匹配的财税体制。党的十七大报告也提出要健全中央和地方财力与事权相匹配的体制。2013 年，党的十八届三中全会详细描述了理顺事权关系的图景：国防、外交、国家安全、关系全国统一市场规则和管理等作为中央事权，部分社会保障、跨区域重大项目建设维护等作为中央和地方共同事权，区域性公共服务作为地方事权。在这种事权关系框架下，中央和地方按照事权划分相应承担和分担支出责任，中央可以通过安排转移支付将部分事权支出责任委托地方承担，对跨区域且对其他地区影响较大的公共服务，中央通过转移支付承担一部分地方事权支出责任。

2016 年政府间事权和支出责任改革方案对中央与地方共同事权提出了方向性的改革

意见，提出按照“谁的财政事权谁承担支出责任”的原则，确定各级政府支出责任。对属于中央并由中央组织实施的财政事权，原则上由中央承担支出责任；对地方并由地方组织实施的财政事权，原则上由地方承担支出责任；对中央与地方共同财政事权，根据基本公共服务的受益范围、影响程度，区分情况确定中央和地方的支出责任以及承担方式。

中央和地方的共同事权首先集中在基本公共服务上，为此，2018 年国务院办公厅印发了《基本公共服务领域中央与地方共同财政事权和支出责任划分改革方案》，该方案从解决人民最关心、最直接、最现实的利益问题入手，首先将教育、医疗卫生、社会保障等领域中与人直接相关的主要基本公共服务事项明确为中央与地方共同财政事权，体现出向困难地区倾斜的原则。这次改革主要明确了三个方面基本公共服务事权和支出责任。一是中等职业教育国家助学金、中等职业教育免学费补助、普通高中教育国家助学金、普通高中教育免学杂费补助、城乡居民基本医疗保险补助、基本公共卫生服务、计划生育扶助保障 7 个事项，实行中央分档分担办法。根据各省发展水平，共分为五档，中央分担比例分别为 80％、60％、50％、30％、10％。二是义务教育公用经费保障、家庭经济困难学生生活补助、城乡居民基本养老保险补助、免费提供教科书、贫困地区学生营养膳食补助、受灾人员救助等六个事项，实行按比例分担、按项目分担或按标准定额补助的办法。三是基本公共就业服务、医疗救助、困难群众救助、残疾人服务、城乡保障性安居工程等五个事项，中央分担比例主要依据地方财力状况、保障对象数量等因素来确定。

如何把握中央与地方在“集权”与“分权”中的平衡，将是未来改革的核心问题之一。“分权”的底线是保证国家统一以及党的一元化领导，而“集权”的底线则是要充分发挥地方的积极性，追求资源分配的效率。在再集权化的改革过程中，中央掌握了实际的规则制定权，但长期看来这种单方面的掌握有可能会影响到对资源配置的效率的追求。此外，中央独自掌握规则制定权的后果是改革过程中存在很大的不确定性，而过度的不确定性提高了改革的成本。从长远来看，中央与地方关系的处理需要进一步法治化与规则化，减少央地互动中的不确定性以及这一博弈过程中的无谓损耗。央地关系的法治化，配合正在进行的国家、市场、社会三方之间权力的重新梳理与配置，将在深化改革的进程中更好地描述权力的边界，达成权力与资源在国家与社会、政府与市场、政府与政府之间的合理、高效配置，建构现代化的国家治理体系。

12.3　地方政府

12.3.1　地方政府的沿革

新中国成立后，地方政府组织体系逐步建立，确立了中央集权下的三级地方组织架构，同时，民族区域自治制度也在部分地区逐步建立。香港和澳门回归祖国后，实行特别行政区制度。

第一，地方政权的权力架构演变。1956 年八大党章基本确立了中国共产党民主集中制的组织原则。按照八大党章的规定，一方面，与全国党代会选举产生中央委员会一样，地方各级党代会选举地方各级委员会，委员会向同级代表大会负责并且报告工作；另一方面，党的下级组织必须定期向上级组织报告工作，下级组织的工作中应当由上级组织决定的问题，必须及时向上级请求指示。省、自治区、直辖市党委书记和党委常委的人选，必须经过中共中央批准。这基本上奠定了地方党组织的权力架构，此后基本上继承了这个规定。当然，在地方党组织体系发展中，具体的制度安排曾有过不同的规定，特别是对于地方组织的“集中”程度。1955 年 1 月，中国共产党进一步集中了人事组织权，颁发了《中共中央管理的干部职务名称表》，根据“凡属担负全国各个方面重要职务的干部均应由中央加以管理”的原则，规定中央和地方各级党委管理的范围是下两级机构中担任主要领导职务的干部。1983 年 10 月，中央组织部下放了组织人事权，颁布了《关于改革干部管理体制若干问题的规定》，提出“管少、管活、管好”和分级分类管理原则，各级党委要适当缩小管理干部的范围，将中央管理干部的范围改为“下管一级”。

第二，地方政权的层级架构演变。1949 年以后，地方政府的层级架构经历了两个主要的变化。首先是大行政区的建立，其次是大行政区的撤销。大行政区制度，即将全国划分为若干行政区域，代表中央领导数省。新中国成立后，初设五大行政区，即东北、华东、中南、西北、西南，1952 年 11 月，中央人民政府增设“华北行政委员会”，正式划华北为第六大行政区。各大行政区最初设立军政委员会作为过渡性机构，不经各地区人民代表会议选举，由中央人民政府任命产生。同时，在军事行动已经结束、土地改革已经彻底实现、各界人民已有充分组织的大行政区，则成立大行政区人民政府委员会。在大行政区人民政府委员会成立后，军政委员会即宣告结束。不过，大行政区的层级架构很快就发生了变化。1952 年底，中央人民政府将各大区人民政府委员会或军政委员会一律改为中央人民政府行政委员会，为代表中央人民政府在各地区进行领导与监督地方政府的机关，大行政区从此不再是地方最高一级政权机构，而是只作为中央人民政府的派出机关，对地方行使督导之责。新设大区的政权机关也由实级变为虚级。1954 年 6 月，中央人民政府正式撤销各行政委员会，大行政区制度结束。①

第三，自治区、直辖市和计划单列市。在民族区域自治制度中，自治区相当于省级行政单位，自治州是介于自治区与自治县之间的民族区域，自治县相当于县级行政单位。到目前为止，我国有五个少数民族自治区，即内蒙古自治区、新疆维吾尔自治区、广西壮族自治区、宁夏回族自治区和西藏自治区。直辖市也属于省级行政单位，经过多次调整，直至 1997 年 3 月 14 日，重庆恢复直辖市建制，我国共有四个直辖市：北京市、上海市、天津市、重庆市。计划单列市享有副省级行政级别，它的全称为“国家社会与经济发展计划单列市”，是在行政建制不变的情况下，省辖市在国家计划中列入户头并被赋予相当于省一级的经济管理权限。20 世纪 60 年代，国家对各计划单列市的工业生产、基本建设和更新改造资金、主要商品分配、主要物资调拨、外贸进出口、财政收支、职工人数和工资总额、大专毕业生分配等八种计划实行单列。同时给予了两项针对性很强的配套政策：一是市属国企的折旧费不再上缴财政，全部留给企业，对每个计划单列市

---

① 李格．当代中国地方政府制度的沿革和确立．当代中国史研究，2007 (4).

核定一笔“固定资产更新改造专项资金”，由市具体安排用于企业设备更新和技术改造，资金来源是新建中央部属企业上交中央财政未使用的折旧费。二是国家计委对 18 个非工业部门基本建设投资给计划单列市核定年度计划投资总额，所需资金纳入财政支出计划，具体项目由市自主安排。改革开放后经过多次调整，到 1993 年共设立计划单列市 14 个：重庆、沈阳、大连、长春、哈尔滨、南京、宁波、厦门、青岛、武汉、成都、广州、深圳、西安。后来，计划单列市不再包括省会城市，重庆于 1997 年设立直辖市，到目前共有五个计划单列市，分别为大连、青岛、宁波、厦门、深圳。

第四，省市县层级的变化。1952 年，大行政区改为中央人民政府的派出机关后，全国地方层级统一变为“三实三虚”，即省、县、乡三个实级；大行政区、专区、区三个虚级。所谓“实级”，是指该区域通过召开人民代表大会产生人民政府；“虚级”则是指上级政府的派出单位，直接委任组成。1954 年《宪法》继续确认了省、县、乡的三级地方政府层级架构。根据 1954 年《宪法》第五十三条的规定：“中华人民共和国的行政区域划分如下：（一）全国分为省、自治区、直辖市；（二）省、自治区分为自治州、县、自治县、市；（三）县、自治县分为乡、民族乡、镇。”对于中国行政区划的这个规定在此后历次修改颁布的宪法中得以保留和确认。

不过，虽然《宪法》对省、县、乡三级地方行政架构有明确的规定，但是，在地方政府实际运作过程中，市级地方政府却逐渐成了在三级地方政府之外的一级政府。1959 年 9 月 17 日，全国人大常委会通过了《关于直辖市和较大的市可以领导县、自治县的决定》，肯定了市管县体制，并指出实行市管县体制是为了适应我国社会主义建设事业的迅速发展，使城市和农村密切结合，促进工农业的相互支援，便于劳动力的调配。1982 年，中共中央向全国发出了改革地区体制、实行市领导县体制的指示。当年先在江苏试点，1983 年开始在全国试行。此后，地级市的数量呈现不断上升的趋势，市辖区的数量也在不断上升（见表 12 - 1）。

表 12 - 1　我国不同行政级别的城市

<table>
<tr><th colspan="2">行政划分</th><th>行政级别</th><th>城市</th></tr>
<tr><td colspan="2">直辖市</td><td>正省（部）级</td><td>北京、天津、上海、重庆</td></tr>
<tr><td rowspan="2">副省级城市</td><td>部分省会城市</td><td rowspan="2">副省（副部）级</td><td>广州、南京、武汉、成都、沈阳、哈尔滨、长春、西安、济南、杭州</td></tr>
<tr><td>计划单列市</td><td>深圳、大连、青岛、厦门、宁波</td></tr>
<tr><td rowspan="2">地级市</td><td>部分省会城市</td><td rowspan="2">正厅级</td><td>呼和浩特、石家庄、太原、合肥、郑州、福州、南昌、长沙、南宁、海口、贵阳、昆明、拉萨、兰州、西宁、银川、乌鲁木齐</td></tr>
<tr><td>省辖市</td><td>除省会城市外的地级市</td></tr>
<tr><td rowspan="2">县级市</td><td>全面省直管县级市</td><td rowspan="2">正县级</td><td>21 个</td></tr>
<tr><td>一般县级市</td><td>373 个</td></tr>
</table>

2005 年 6 月，国务院总理温家宝在全国农村税费改革工作会议上首次提出：具备条

件的地方，可以推进省直管县的改革试点。2005 年，《中共中央 国务院关于推进社会主义新农村建设的若干意见》中提到有条件的地方可加快推进“省直管县”财政管理体制改革。党的十八大报告和十八届三中全会也都强调，有条件的地方可探索省直接管理县（市）改革。此后，省直管县（市）的试点在多个地方铺开。

第五，特别行政区的建立。1990 年和 1993 年，全国人大分别通过了《香港特别行政区基本法》和《澳门特别行政区基本法》，并分别做出了建立香港特别行政区和澳门特别行政区的决定。据此，1997 年 7 月 1 日，香港特别行政区成立；1999 年 12 月 20 日，澳门特别行政区成立。全国人民代表大会授权特别行政区依照基本法的规定实行高度自治，享有行政管理权、立法权、独立的司法权和终审权；中央人民政府负责管理与特别行政区有关的外交事务和负责管理特别行政区的防务。因此，特别行政区构成了不同于中央集权制的地方政府架构。比如，根据《香港特别行政区基本法》，香港特别行政区享有立法权。香港特别行政区的立法机关制定的法律须报全国人民代表大会常务委员会备案。备案不影响该法律的生效。全国人民代表大会常务委员会在征询其所属的香港特别行政区基本法委员会后，如认为香港特别行政区立法机关制定的任何法律不符合《香港特别行政区基本法》关于中央管理的事务及中央和香港特别行政区的关系的条款，可将有关法律发回，但不作修改。经全国人民代表大会常务委员会发回的法律立即失效。

12.3.2　地方政府的运作机制

在党政体制和中央集权的权力架构之下，地方政府的运作有两个重要的具体机制。其一，在纵向上，权力的向上集中导致了地方政府处于自上而下的压力型体制之下，上级政府不断加强对下级政府的监控和信息获取；其二，在横向上，在上级党委和政府制定游戏规则的情况下，承担了具体社会经济事务管理职责的地方政府官员之间展开了激烈的“晋升锦标赛”，同时地方政府间合作也呈现出自身的特点。

1. 纵向：压力型体制

在中央集权的体制下，上级政府享有更高的政策制定权限，而政策执行也往往依靠自上而下的监督。在这种自上而下的监督体系中，上级政府往往只有通过不断量化政策目标、加大监控力度和采用督办、检查、评比、综合整治、专项整治等方式来保障政策的执行。在中央集权的体制下，这种自上而下的压力是防止政策出现纰漏的最重要出路，但凡上级政府想要重视某方面的政策执行，它就会在加大此政策领域的执行监督力度。然而，这种压力型体制并非总能实现它的目标，不管是选择性政策执行，还是层层加码执行；不管是层层邀功，还是层层避责，从根本上都是压力型体制所造成的后果，自上而下的政策监控和问责体系都面对着不可克服的信息难题。也就是说，要通过进一步强化自上而下的压力来解决这些问题，必然存在局限性，缓解自上而下的压力，强化横向参与和问责是压力型体制的有效补充。

在地方政府的运作过程中，上级政府作为政策制定者和监督者与地方政府作为政策执行者之间形成了一种事实上的委托-代理关系，因为它们之间存在信息不对称的问题。一般而言，只要存在这种委托-代理关系中的信息不对称问题，就会遇到代理人监控问题，即政策制定者存在监控政策执行者按照其意图确保政策执行的困难和挑战。我们可以将政策执行监控地区分为自下而上和自上而下的监督两种。第一，自下而上的监督。这常常指依靠民众、公共舆论、媒体和政策的受众等社会力量来对政策进行监督。自下而上的监督意味着，相关群体作为政策的接受者有对政策执行者进行监督的权利。民众在选举代表、间接参与政策制定过程的同时，可以监督政策的执行情况，并且将监督结果进行公共表达，比如联系民选代表、进行司法诉讼、利用媒体发布、参与政策考评等方式。第二，自上而下的监督。这常常指中央政府对地方政府的监督，上级政府对下级政府的监督。自上而下的监督意味着，政策的制定者对政策执行者存在不信任感，因而政策的制定者对政策的执行过程和执行结果进行监管，以保证政策的执行不被歪曲，达到政策制定的初衷。

在自上而下的政策执行监控体系下，上级政府经常通过绩效考核、目标责任制、巡视、督办、运动性治理、专项整治等来加大对下级政府的监控力度，不断向下级政府施加压力，实现其政策目标。有的学者将这种体制称为“压力型体制”。如图 12－2 所示，它是指一级政治组织为了实现经济赶超，完成上级下达的各种指标而采取的数量化任务分解的管理方式和物质化的评价体系。政府层级间压力的传递具体体现在“责任状”上：上级把具体量化的指标、任务分解和落实到每个下级部门或机构，责成后者必须在规定时间内完成，并给予相应的物质奖励和行政晋升。[①] 同时，在任务分配和监控过程中，下级政府往往会采取修改统计数据和“找关系”等“解压”方式来规避上级政府的监控。

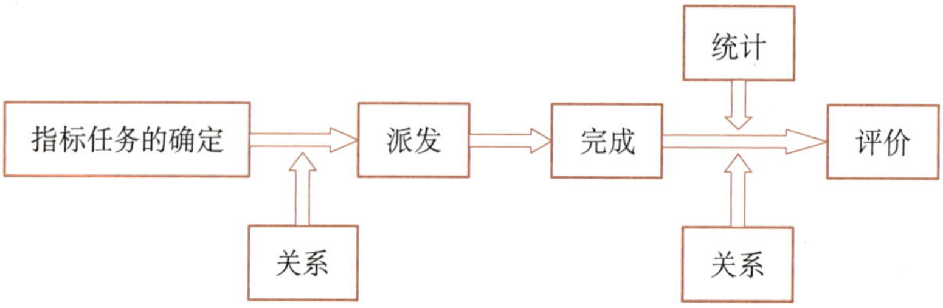

图 12－2　压力型体制的运作

在这个过程中，为了便于考核，上级部门尽可能把下级的工作任务数量化，把不易量化的指标也强行变成数字目标。比如，民政局的职责包括救灾救济、优抚安置、社会事务、农保等。这些工作职责往往转化为数量化的指标，以便上级部门的考核，比如匹配救灾救济的数额、农村最低生活保障户数、退役军人安置率、储备粮的总量、筹集的社会保障金、年内解决住房困难的户数等。

2. 横向：地方间竞争与合作

在实际的运作过程中，地方政府除了面对自上而下的压力之外，往往还需要面对地方政府之间的竞争。这种政府间竞争最大的激励机制并非来源于居民的“用脚投票”，而是来源于权力指针向上的地方官员之间的“晋升锦标赛”，它构成了地方政府运作的重要机制。

---

① 荣敬本，等．从压力型体制向民主合作体制的转变：县乡两级政治体制改革．北京：中央编译出版社，1998.

“晋升锦标赛”指的是上级政府为多个下级政府部门的行政官员设计的一种竞赛，竞赛的优胜者将获得晋升，而竞赛标准由上级政府决定。上级党政体制的干部人事权力集中，具有可衡量和可观察的客观的竞赛指标，可以根据竞赛的结果来给出包括干部晋升在内的相应回馈，使得“晋升锦标赛”得以存在，而各级政府体制的同构性使得“晋升锦标赛”得以普遍推行。①

同时，地方政府之间并不仅仅是竞争的关系，为了处理跨地域的社会经济问题，地方政府之间往往还有合作的关系。地方政府间的合作大致分为四种策略：第一，共享型合作，它基于资源整合而形成双向互赖关系；第二，互补型合作，它基于利益交换而形成双向互赖关系；第三，吸纳型合作，它基于资源整合而形成单向依赖关系；第四，补偿型合作，它基于利益交换而形成单向依赖关系。② 不过，有的地方政府合作往往只是围绕区域内各地方政府的短期政绩目标而展开的，在合作内容上，热衷于追求短期政绩，从而削弱了地方政府合作的绩效。而且，合作的内容容易受到地方政府主要官员个人偏好的影响，还往往会因地方政府主要官员的职务变动而缺乏稳定性和连续性，更容易使地方政府主导的区域合作偏离区域一体化的主要目标。

3. 央地信息沟通

在压力型体制的任务分配和监督过程中，下级政府往往会采取信息截留等解压方式来规避上级政府的监控。因此，获取真实可靠的信息成了压力型体制有效运作的重要基础。我们可以从“单通道信息传输模式”和“信息的倒金字塔”两个概念来更好地理解这种政府信息沟通的特点。

“单通道信息传输模式”指的是政府决策指令的下达与决策实行效果的反馈所走的是同一条信息通道，即同一系列机构向下下达指令，又由同一系列机构向上汇报该指令的执行效果。在这种单通道信息传输模式下，一方面，国家政治中枢的决策指令完全可以在不利用或较少地、有限度地利用大众传播媒介的情况下，迅速地下达到地方、基层乃至每一个企事业单位和社会团体；另一方面，单通道信息传输模式往往需要辅之以一些信息补充渠道。比如，巡视组、督办组、工作组等。由于信息渠道受限，可能出现信息沟通障碍问题，无法避免小道消息系统。③

“信息的倒金字塔”的概念描绘了我国政府运作过程中信息沟通的特点。对于政策、政策背景、决策过程以及采用某些政策的真实原因等信息的传达是一种倒金字塔结构。在这种情形下，一个人在官僚等级制中的位置，决定了他所能获得的信息的数量和重要性。信息的倒金字塔的规则限制了一般人所能知道的有关政策和政策过程的信息内容与数量。同时，民众从小道消息寻找信息，这些信息通过民间的各种小网络向下传达，塑造了一种与官方宣传不同的信息传播方式。④

在过去的几十年中，如何获得准确的统计信息，一直是政府完善信息系统的一大挑

① 周黎安．转型中的地方政府：官员激励与治理．上海：格致出版社，2008.
② 麻宝斌，李辉．中国地方政府间合作的动因、策略及其实现．行政管理改革，2010（9）.
③ 朱光磊．当代政府过程．3 版．天津：天津人民出版社，2008.
④ 邹谠．二十世纪中国政治．香港：牛津大学出版社，1994.

战。2009 年修订后的《中华人民共和国统计法》对地方政府“未经批准擅自变更统计调查制度的内容”“伪造、篡改统计资料”“要求统计调查对象或者其他机构、人员提供不真实的统计资料”“未按照统计调查制度的规定报送有关资料”等行为明确了监督、监察和处罚的规定，这无疑是完善信息获取的一个重大推动力。

12.3.3 地方政府的行为

在党政体制、中央集权和职责同构的权力架构下，对地方政府的纵向监督以及地方政府间的横向竞争保障了地方政府对政策的执行，推动了地方政府的创新；同时，它也导致了地方政府的选择性政策执行。

1. 地方政府的政策执行

地方政府的政策执行可以简单地分为四种类型，即顺从、变通、扭曲和拒绝执行。当然，现实政治生活的政策执行不限于这四种形式。第一，顺从。政策执行者按照政策原始的要求保证政策的落实，并实现政策原本的意图。第二，变通。政策执行者按照政策的初衷和要求，通过政策变通来使得政策更加适用于地方具体的情况，“具体问题具体分析”，使得政策具备较高的可操作性。第三，扭曲。政策扭曲基本上违背了政策制定者的初衷，官员在扭曲政策的过程中担任了政策制定者的角色，只不过制定出的新政策仍然打着原有政策的旗号而已。第四，拒绝执行。拒绝执行某项政策使得政策制定者和执行者之间的对抗公开化。政策执行者拒绝执行，不再像扭曲政策那样阳奉阴违，而是明显地对政策本身提出抗议。

在地方政府政策执行过程中出现的一个矛盾现象是，一方面，地方政府的政策执行存在“追风政治”的现象，许多政策被夸大地执行，下级政府过度地追求超量和超速地完成上级政府制定的指标任务，比如，“大跃进”中的“浮夸风”，经济发展过程中的 GDP 赶超等；另一方面，一些下级政府对于上级政府制定的许多政策、提出的许多任务要求，并不积极地去执行。欧博文教授和李连江教授用“选择性政策执行”来描述这种矛盾情况。在他们看来，许多的政策执行并不是所有政策都不执行，也不是所有政策都能得到很好地执行，相反，政策执行具有选择性。这种选择性正是根源于自上而下监控的加强，社会监控的减弱。在干部目标管理考核责任制之下，政策执行监控具有无法克服的信息难题，进一步强化了“数字化管理”，从而导致可以量化的“硬指标”层层加码，而无法量化的“软指标”难以得到执行。①

可见，这种选择性政策执行并不仅仅是由于行政发包制下地方官员的自由裁量权，它还根源于中央集权和党政体制的权力架构本身。在这种权力架构之下，我国的政策执行监控大部分还是依靠自上而下的监督，从而需要面对无法克服的多重委托-代理关系。在基层政府、上级政府和更上级政府之间存在着多重委托关系，即基层政府（代理方）、其直接上级政府（监督方）和更上级政府（委托方）。由于政府之间所具有的同构性，即它们面临着类似的制度环境和考核制度，因此身处其中的政府官员也表现出类似的目标

---

① O'BRIEN K J，LI L J. Selective policy implementation in rural China. Comparative Politics，1999（2）.

追求和行为方式，这意味着上级政府与基层政府受到同样激励机制的支配，因此往往与基层政府形成“共谋”。基层政府出现问题而游说上级政府为之掩盖保护；或者是上级政府要求下级政府掩盖问题，以应付来自更上一级政府的要求和检查。在上级政府与下级政府的“共谋”之下，“政策执行的堰塞湖”成为难治之症。[①]

因此，改善政策执行并不应该完全强化自上而下的压力，而应当从三方面入手：其一，确保政策执行需要加强自上而下的监控，强化上级政府的监控能力，通过制度化和信息化等方式解决信息不对称的问题；其二，政策执行的改善也需要自下而上监控体系的建立和完善，强化人大监督和各种社会监督，通过公众参与、社会问责和政务公开等诸多方式来强化政策执行监控；其三，通过地方分权赋予地方政府更大的自主权，避免压力型体制带来的层层避责问题，通过地方政府的激励体系推动政策执行。

2. 地方政府创新

中国地方政府创新的领域非常广泛。那么，在中央集权和党政体制的权力架构下，地方政府创新何以可能？以下两类地方政府创新的动力机制存在一定的差异。

第一，自上而下推动的地方改革，即中央或者上级政府通过“试点”推动地方政府创新，并将成功的经验进行推广。比如，2012 年国务院批准广东省在行政审批制度改革方面“先行先试”，随后，广东省启动了行政审批制度改革。“中央主导的政策实验”被认为是中国共产党的长期的决策模式和传统，在改革开放的几十年中得以保存和不断发展，它使得决策者能够在发展战略、意识形态和利益等方面都存在很大冲突的情况下将中央与地方的积极性勾连起来，适应不断变化的环境，破除发展的障碍，推进制度和政策创新，从而成为中国渐进式改革非常重要的特点之一。它的主要方式是建立地方的“典型经验”，然后通过派出调查组、肯定地方经验、提拔改革试点城市的领导到省级政府甚至中央任职、推动其他地方效仿学习以及最后发文推广等步骤来实现局部经验“由点及面”的发展。[②]

第二，地方政府自下而上主动地推动改革创新，这种地方政府创新往往通过地方政府间的适应和学习机制进行扩散，有时候也可以从地方经验上升到全国经验，从而为其他地方所学习。[③] 这些地方政府创新往往既有适应地方社会经济发展需要而推动的回应性的改革，也不乏地方政府出于政绩的压力而迎合国家大的方针政策而推动的改革，有的甚至是攫取短期政绩的“伪创新”。如果我们将经济增长比作“规定动作”，那么，包括地方政府创新在内的其他政绩则是“自选动作”。地方政府面临微妙的抉择：一方面，对于经济发达地区的官员来说，他们更愿意也有实力在规定动作比赛中争先，而对于那些贫弱地区的地方官员来说，他们则需要另辟蹊径，在自选动作比赛中多动脑筋；另一方面，对于已经在经济竞争中大幅领先的发达地区，被高层赋予了更多探索新路的自选动作比赛压力，对于那些尚在低水平挣扎的地方政府，则有强烈的致富冲动。[④]

---

① 周雪光．基层政府间的“共谋现象”：一个政府行为的制度逻辑．社会学研究，2008（6）．

② HEILMANN S. Policy experimentation in China's economic rise. Studies in Comparative International Development，2008（1）．

③ 王绍光．学习机制与适应能力：中国农村合作医疗体制变迁的启示．中国社会科学，2008（6）．

④ 李永刚，管玥．地方官员竞争的政治锦标赛模型及其优化．江苏行政学院学报，2011（2）．

我国目前的地方政府创新面临的最大挑战是其持续性和扩散性。所谓“持续性”，即意味着地方政府创新不能只是昙花一现，而应该巩固维持下来。地方创新常被称为“翻烧饼”，改革总是面对着回潮的压力，随着做出了政绩的地方官员的调离而人走茶凉。所谓“扩散性”，即地方政府创新面对着如何从“点”到“面”、从地方到中央的难题，这种扩散性可以为地方政府创新获得更大的空间，也为其巩固和发展提供必不可少的条件。

总之，在党政体制和中央集权的权力架构下，地方政府创新使得中国可以通过在局部地区采取试点的方法进行渐进式改革，减少了改革的风险，但也使得新旧体制之间出现较为严重的张力。创新的成功与否在很大程度上取决于改革者能否将压力转变为动力，通过进一步深化改革和推广改革来达到缓解不同制度和不同政府层级之间张力的目标。

本章小结

本章探讨了我国党政体制下的中央与地方关系。首先讨论了有中国特色的央地关系的基本制度架构，包括党政体制、中央集权制和央地职责同构。然后讲述了妥善处理央地关系涉及的问题，包括如何充分发挥中央与地方两个积极性、条块关系以及垂直管理和属地管理。之后从央地关系的基本维度（立法、人、财、事）等多个角度探讨了新中国成立以来我国中央与地方关系发展的基本脉络。最后讨论了地方政府的历史沿革、运作机制和行为。

关键术语

中央集权制　　职责同构　　条块关系　　垂直管理　　压力型体制

复习思考题

1. 请描述我国央地关系中特有的矩阵式结构，并解释其对央地关系演进的影响。
2. 为什么干部管理制度的改革与变迁是理解我国央地关系变迁的核心要素？
3. 什么是压力型体制？根据你的理解，压力型体制的优势和弊端何在？
4. 你如何理解地方官员的“邀功”和“避责”行为？

第 13 章

民族区域自治制度

中国特色社会主义进入新时代。习近平总书记关于加强和改进民族工作的重要思想将马克思主义民族理论与中国具体实际相结合、与中华优秀传统文化相结合，提出了以铸牢中华民族共同体意识为标志的一系列重大原创性论断，推动马克思主义民族理论中国化时代化。

中国是世界四大文明古国之中唯一一个将文明不间断地延续至今的国家。近代以来，欧洲殖民主义和帝国主义势力进入中国，中华文明受到西方现代性文明的强烈冲击。从晚清到民国，伴随着西学东渐以及日本明治维新后国家崛起的强烈刺激，一大批中国知识分子受到民族-国家观念的影响，激烈地批判文明传统，积极地投身于革命运动，将源起欧洲的民族-国家体制视为中国“救亡图存”的制度选择。但是，在建立现代国家制度的政治实践中，民族-国家体制始终与中国的文明传统和社会文化底色有种“水土不服”的疏离感。

作为一个统一的多民族国家，中国不得不在历史基础和现实条件的种种约束之下，不断探索如何建设自身的现代国家，并在这种体制下保持人口与疆域、包容内部的多样性。从民国初期的“五族共和”，到 1927 年之后国民党政权的“三民主义”（民族主义），这一努力直到新中国成立才初步宣告成功。20 世纪中叶，中国共产党重建了国家政治“大一统”的格局，最终形成了以民族区域自治制度为中心的一系列民族政策。

在中国的民族政策体系中，民族区域自治是核心制度安排之一。作为一种由宪法规定的政治制度，民族区域自治凸显了现代中国政治版图上的族群多样性。然而，这个制度之所以在中国出现，不仅是由于中国具有族群多样性，而且是由于植根于特定的价值观与政治学说、具体的历史语境以及国家建构与治理的技术性条件。

无论是新中国成立后实行的社会主义改造，还是改革开放后发生的以市场经济建设为中心的社会转型，民族区域自治作为国家基本政治制度之一，其实际运行的环境与机制都在不断发生变化。1984 年颁布实施的《民族区域自治法》在法律意义上进一步强化了这个制度，在实践意义上，随着中国式现代化的逐渐推进，民族区域自治实际的制度功能也在不断发生变化。

13.1 民族区域自治的历史背景

民族-国家体制的圭臬，是欧洲的《威斯特伐利亚条约》体系。1648 年，为解决封建时代天主教与新教之间的矛盾以及欧洲各国之间连绵不断的争端与战争，当时的哈布斯堡王室和法国、瑞典以及神圣罗马帝国内的勃兰登堡、萨克森、巴伐利亚等诸侯邦国签订了《威斯特伐利亚条约》。这个条约确立的原则是国家不论大小一律平等，拥有独立主权和神圣不可侵犯的领土，互不干涉内政。伴随着欧洲殖民主义的势力扩张，《威斯特伐利亚条约》体系逐渐成为世界性的国际关系规范。

《威斯特伐利亚条约》开启了欧洲进入“民族-国家”时代的大门，也为民族主义思潮在欧洲的兴起奠定了基础，在由地域、人口与主权连接成一体而形成的国家内，人民开始把自己视为一个“民族”。正如盖尔纳定义的那样，“民族主义首先是一条政治原则，它认为政治和民族的单位应该是一致的”①。这在法国大革命期间表现得淋漓尽致，基于卢梭的“人民主权说”，革命者不仅在“君主制最繁荣的时期”② 将国王送上了断头台，而且使“雅各宾民族主义”成为法兰西的“新民族宗教”③。与欧洲封建时代惯以种族名称标示地域的传统一样，将“民族”与“国家”联系起来，是“19 世纪初产生于欧洲的一种学说。它自称要为适当的人口单位作出独立享有一个自己的政府的决定、为在国家中合法地行使权力、为国际社会中的权利组织等，提供一个标准”④。

在这一点上，不仅中国的“大一统”传统与欧洲经验是相反的，而且几乎所有非欧洲社会都不存在这样一种传统观念。因此，第二次世界大战之后，在反殖民主义运动和民族解放运动中，在原殖民地基础上成立的国家，几乎都在文化上存在一种“想象的共同体”式的尴尬处境。⑤ 更值得反思的是，基于欧洲的“民族”划分的各种理论，都在暗示某种“威斯特伐利亚原则”，即作为整体的“民族”，似乎“理所当然地”拥有某种类似国家主权的群体权利，这也是“民族自决权”最基本的理论逻辑。这无疑造成民族-国家体制的一个理论悖论，即国际关系规范的国内化。

迄今为止，民族自决权是最富有争议的现代政治理论之一。即使列宁本人，对民族自决权也曾有过不同的解释。一方面，列宁认为：“对我们纲领中关于民族自决的那一条，除了从政治自决，即从分离和成立独立国家的权利这个意义来解释而外，我们决不能作别的解释”⑥。另一方面，列宁认为：“决不允许把民族有权自由分离的问题和某一

---

① 盖尔纳．民族与民族主义．北京：中央编译出版社，2002：1.
② 托克维尔．旧制度与大革命．北京：商务印书馆，2013：209.
③ 海斯．现代民族主义演进史．上海：华东师范大学出版社，2005：31－63.
④ 凯杜里．民族主义．北京：中央编译出版社，2002：1.
⑤ 安德森．想象的共同体：民族主义的起源与散布．增订版．上海：上海人民出版社，2011.
⑥ 列宁．列宁全集：第 23 卷．北京：人民出版社，2017：329.

民族在某个时期实行分离是否适当的问题混为一谈。对于后一问题，无产阶级政党应当在各个不同的场合，根据整个社会发展的利益和无产阶级争取社会主义的阶级斗争的利益，分别地加以解决”[①]。对于列宁主义民族自决权理论的内在张力，凯杜里解释为“列宁和斯大林的检验标准是那些（民族主义）运动是促进还是阻止革命事业”[②]。民族自决权不仅为“民族”提供了脱离帝国或摆脱宗主国殖民统治的理论基础，也为主权国家内部的少数民族行使民族区域自治提供了依据。第一次世界大战以后，民族区域自治作为一种地方政权组织的形式开始出现，自治权成为仅次于国家主权的一种政治权力。[③]

然而，民族主义终究是一把意识形态双刃剑，它既能为反抗压迫的殖民地人民提供正当的思想武器，也能生成邪恶的法西斯主义，如凯杜里所言，“企图依照民族方法来改变世界的广大面貌的做法并未带来更加持久的和平与稳定。相反，它导致了新的冲突，恶化了紧张局势，为无数对政治一无所知的人带来了巨大灾难”[④]。在西方，即使民族自决权最坚定的理论支持者也认为“一些民族——例如那些在地理上与其他群体混居的民族——将不得不满足于某种低于全面自治的安排”[⑤]。

新中国创设民族区域自治制度的宗旨，是为了解决国家建构中的民族与边疆问题。而在民族与边疆问题上，新中国需要完成的首要目标是实现国家的政治现代化。然而，对于中国来说，“民族”的概念、民族主义思想和民族-国家体制都是政治上和文化上的舶来品，而非内生之物。中华文明传统的世界观是“天下观”。儒家学说的“天下”，是只有中心而没有边界的全部世界，即所谓的“普天之下，莫非王土；率土之滨，莫非王臣”。“君权天授”的“天子”，在“天下秩序”中占据唯一且至高无上的地位。因此，在历史上，尽管历朝历代的情形都有所不同，但总的来说，天下王朝体制下的中央与地方关系主要分为两种，一种是对于“内部地区”的直接统治，另一种是对纳入朝贡体系的“外部地区”的间接统治，两者共同构成了“天下秩序”[⑥]。实际上，今日之“内地”与“边疆”之分，在观念上仍与其有相通之处。

在 19 世纪中期之后，“天下秩序”的神性逐渐瓦解，“君权天授”的观念最终被“主权在民”的现代政治哲学观念所替代。王朝国家的“内”与“外”模糊且可相互转化的边界线，也变成由国际条约规定的清晰的边境线。在辛亥革命之后，“内外之分”成为中国建设现代国家体制的难题之一。在制度安排上，中国的政治现代化仍然需要在“内”与“外”两个维度上实现：对内需要完成国家内部治理结构的转型，基于确定的领土疆域和国民身份的意义范畴，国家需要从天下体系多样化的，通常是羁縻式的边疆治理体制，转向以科层制行政体系为中心的规则一致的现代国家治理体制；对外则需要融入以民族-国家为基础的国际秩序，从传统的朝贡体系转向主权平等的现代国际

① 列宁．列宁全集：第 29 卷．北京：人民出版社，2017：431.
② 凯杜里．民族主义．北京：中央编译出版社，2002：85.
③ 关凯．族群政治．北京：中央民族大学出版社，2007：155－176.
④ 同①132.
⑤ MILLER D. On nationality. Oxford：Clarendon Press，1995.
⑥ 费正清．中国的世界秩序：传统中国的对外关系．北京：中国社会科学出版社，2010.

关系。

因此，近代以来，当“天下”变成“国家”之后，在对内的维度上，国家不断努力将自身的力量推至边疆，实施对边疆社会的直接治理，从而实现边疆地区由“外部藩属”向“内部行省”的转变。在对外的维度上，也在历史传统之外，借助民族主义原则确立国家的主体性与合法性。这种民族主义具有强烈的公民民族主义的气质，以国家为单位，将内部人口视为荣辱与共的命运共同体，强调国家利益至上，以捍卫国家的统一与领土完整为最高的政治目标。

同时，在格局变化之中，“天下观”的思想逻辑仍然存在。无论是民族主义还是共产主义，任何一种基于现代性的普遍主义政治理想，都在中国的社会文化语境中被赋予了某种“天下大同”的意识形态。尽管从理论上说，“天下大同”是没有真正意义上的敌人的，但民族主义与共产主义却需要区分敌我。在“我”群体之内部，“大同”就是最高的理想秩序。因此，对于中国来说，世界的“天下”消失，国家的“天下”犹存。无论是民国时期的国族建构还是新中国成立后的社会主义改造，都是基于一种国家化的、具有整体性和普遍意义的政治主张和举措，将边疆地区纳入现代语境下的国家“大一统”格局之中。而非真正如欧式民族主义原理所主张的那样，以“民族”为最基本的政治与社会单位。从民国时期对于“中华民族”的恢弘论述①，到今日对“小康社会”等政治术语的创造，皆源于此。

由此不难理解，现代中国社会的“民族”分类实际上是双重的，始终以国家为中心区分“内”与“外”。在面对国家的外部力量时，特别是面对殖民者和侵略者时，我们是共同经历过耻辱历史的一体化的中华民族；但在面对内部的多样性时，我们不过是一些“大同小异”的不同群体，这种内部的群体差异具有很强的“内部性”，亦由国家的历史演进过程和内部长期的社会互动所决定。民国时期试图将这种群体在理论上分为“宗族”“部族”“氏族”，而将“民族”这个概念仅赋予“中华民族”的意思。新中国成立后，中国共产党虽然在理论上承认内部的“民族”区分，但为了贯彻“民族不分大小一律平等”的原则，因此不对各民族之间的性质差异做出理论区分，同时将民族问题的性质定义为“人民内部矛盾”，这种矛盾与敌我矛盾不同，“是在人民利益根本一致的基础上的矛盾”②。

回望历史，20世纪上半叶，如果说中华民族意识的觉醒是一种公民民族主义运动的产物，那么与之相对应，同样基于民族主义思想与理论，族群民族主义意识也开始渗入中国人的内心，并在边疆地区导致一些分裂主义运动的出现。为了回应这种近代边疆民族政治的张力，新中国选择设立民族区域自治制度，在多民族统一国家内部创立一种新的治理结构，巩固国家统一，维护民族团结。

---

① 刘梦溪．中国现代学术经典：顾颉刚卷．石家庄：河北教育出版社，1996；傅斯年．傅斯年全集．台北：联经出版事业股份有限公司，1980；钱穆．民族与文化．北京：九州出版社，2011；罗香林．中国民族史．香港：香港中华书局，2010.

② 中共中央文献研究室．毛泽东文集：第7卷．北京：人民出版社，1999：206.

13.2　民族区域自治的中国特色

新中国是中国共产党在物质条件一穷二白、社会结构一盘散沙的基础上创立的。作为一个浴血奋战多年的革命型、军事型政党，中国共产党必须向外部世界学习建设民族-国家的经验。由于政治原因，新中国国家制度的模仿对象锁定为苏联。然而，新中国对苏联国家制度的学习和借鉴，并非全面照搬，而是具有鲜明的中国特色。

在新中国成立之前，中国共产党对民族问题的认识和理解，经历了一个变化的过程。这一过程大致可分为四个阶段。

第一阶段：1921—1930 年，中国共产党在其幼年阶段，对于国内的民族问题尚缺乏自身的独立见解，受苏联理论与制度的影响颇重。中国共产党当时的基本主张是联邦制和民族自决。①

第二阶段：在长征时期，中国共产党对民族问题的看法发生转变。在长征途中，红军走过了藏族、彝族等西南少数民族地区，之后到达陕北根据地，其地理位置与蒙古族和回族聚居区接近。这也使得中国共产党最早处理民族问题的经验，主要基于与蒙古族和回族打交道的经验。1931—1937 年，在历经了瑞金政权和长征之后，有了在民族地区和少数民族切身交往及建立政权的实际经验，中共深入理解了中国的民族多样性、国情复杂性以及民族问题的重要性，逐渐将联邦制、民族自决和自治并提，并于 1936 年成立了第一个民族区域自治政权——“陕甘宁省豫海县回民自治政府”。

第三阶段：1938—1945 年，中国共产党逐步放弃了联邦制和民族自决的提法，在政治纲领上提出建立抗日民族统一战线，以民族区域自治作为解决民族问题的基本政策。② 1941 年，陕甘宁边区政府颁布《陕甘宁边区纲领》，其中规定建立蒙、回民族的自治区。

第四阶段：1947 年 5 月 1 日，在以乌兰夫为代表的中国共产党人的主导下，内蒙古自治区政府成立，这是中国现代史上的第一个省级民族区域自治地方。内蒙古自治区的成立背景是抗日战争后东北失土的收复，尽管中国共产党当时尚未获得全国政权，但直接领导了内蒙古东西部统一组成自治政权的事业。1949 年，在筹建新的国家政权时，毛泽东就是否实行联邦制的问题征询了党内民族问题专家李维汉。经过研究，李维汉认为我国同苏联的历史发展和具体特点不同，不宜实行联邦制，建议在统一的（单一制的）国家内，实行自治地方制。党中央和毛泽东接受了李维汉的建议。③ 1949 年 9 月，中国

---

①　党的二大提出，“蒙古、西藏、回疆三部实行自治，成为民族自治邦……用自由联邦制，统一中国本部、蒙古、西藏、回疆，建立中华联邦共和国”。这种看法一直延续到中华苏维埃政权时期，《中华苏维埃共和国宪法大纲》规定：“中国苏维埃政权承认中国境内少数民族的民族自决权，一直承认到各弱小民族有同中国脱离，自己成立独立的国家的权利。蒙、回、藏、苗、高丽人等，凡是居住在中国地域内的，他们有完全自决权：加入或脱离中国苏维埃联邦，或建立自己的自治区域。”参见：江平，黄铸．中国民族问题的理论与实践．北京：中共中央党校出版社，1994：165－168.

②　江平，黄铸．中国民族问题的理论与实践．北京：中共中央党校出版社，1994：168.

③　同②170－171.

人民政治协商会议批准通过了具有临时宪法性质的《共同纲领》，其中规定在少数民族聚居的地方，实行民族区域自治。

实行民族区域自治，首先需要回答三个关键的理论问题：谁是“民族”？哪里是“民族地区”？谁能代表“民族”？新中国政府对这些问题的回答，具有高度的实践性。

实行民族区域自治的第一个前提是民族识别。自 1951 年开始，国家开展了大规模的民族识别。中国的民族识别是世界上迄今为止规模最大的由国家主导的民族身份界定工程，最终 55 个族群被正式认定为“中国少数民族”。尽管中国的民族识别在名义上依据的是斯大林民族定义及苏联民族理论，但在实际操作中，整合了西方的社会学、民族学和人类学知识，由以费孝通、吴文藻、潘光旦、林耀华等为代表的一批留学西方的学者担任学术指导，同时放弃了苏联民族理论中基于经济社会发展水平做出的对“民族”、“部族”和“部落”等群体性质的政治化区分。

实行民族区域自治的第二个前提是对“民族地区”的划分。在行政区划上，新中国政府以“世居”为原则，而不以少数民族人口占当地人口的绝对多数为原则重新划分行政区，设立不同行政层级的自治单位。这个做法包含了三种考虑：一是对历史的尊重，将少数民族世居的地区规定为自治单位。二是对现实民族人口分布“大杂居，小聚居”格局的尊重。三是出于有利于自治单位经济与社会发展的考虑。如 1958 年 3 月，中共中央决定将原来的广西省改建为广西壮族自治区，合并壮族聚居的西部地区和汉族聚居的东部地区。当然，设立自治单位也有凸显国家对少数民族政治承认的用意，如 1956 年 2 月，中共中央决定在甘肃境内的回族聚居地区成立省一级的回族自治区，并于 1958 年划出甘肃的 19 个县市成立宁夏回族自治区，为此从全国调派了数万名回族干部、知识分子、产业工人等赴宁夏工作。

从总体上看，我国民族自治地区的面积占国土总面积的 64%，但在绝大多数自治单位中，少数民族人口并不占当地人口多数，只有极少数自治单位（藏族最典型）例外。

实行民族区域自治的第三个前提是，以少数民族干部作为本民族的代表，在民族区域自治机关内行使自治权利。从在长征途中吸收一批少数民族青年参加红军开始，中国共产党长期有意识地、系统地培养少数民族干部，早期的民族干部不仅来源于党内，也来源于在统一战线工作中与中国共产党合作的党外民族上层人士。1941 年，延安民族学院（今日中央民族大学前身）创办，这是中国共产党建立专门培养民族干部的高等教育机构的开端。

《宪法》第四条规定，“各少数民族聚居的地方实行区域自治，设立自治机关，行使自治权”。《民族区域自治法》序言中提到，“实行民族区域自治，体现了国家充分尊重和保障各少数民族管理本民族内部事务权利的精神，体现了国家坚持实行各民族平等、团结和共同繁荣的原则”。在我国的单一制国家政治体系中，民族区域自治是一项特殊的制度安排，其主要特点如下所述。

1. 国家指导下的自治

中国的民族区域自治，是国家统一领导下的自治，各民族自治地方都是中国不可分离的一部分。民族自治机关是中央政府领导下的不同层级的地方政权，都必须服从中央的统一领导。因此，中国民族区域自治制度具有比较强的“国家指导性”，更多地体现了国家意志与国家意愿。

与苏联的民族区域自治制度不同的是，中国的民族区域自治制度从一开始就脱离了某种联邦制的国家组织形式，不仅宪法中没有像苏联那样依据民族自决原则给予民族自治地方脱离国家的权利，而且在中央与自治地方的分权制度安排上也确立了“自上而下、中央主导”的结构。因此，中国的民族区域自治制度并非一种简单的中央与地方分权制度，而是以国家为中心，在强化边疆地区对中央政权的隶属关系的前提下，由国家主导做出各种特殊化的制度安排，以协调主体民族与少数民族之间、不同少数民族群体之间以及中央与地方之间的利益关系，提高少数民族的政治地位和在国家与地方事务中的政治参与。

2. 民族因素与区域因素相结合

在中国的民族区域自治制度中，民族因素与区域因素都是相对的、从属的，任何一个因素都不能独立成为自治制度的决定性因素。民族区域自治并不是单纯的“民族自治”，自治单位并不是一种“民族化”的地方政权；同时，民族区域自治也不是单纯的“地域自治”，尽管自治单位在法律上拥有变通中央政策的权力，但自治地方与国家之间的关系，在实际运行层面更接近一般的中央政府与地方政府之间的关系，只是国家对于民族区域自治单位承担了更多的帮助发展的责任，予以特殊扶持。

民族与区域因素的结合，在实际操作层面，客观上形成一种有限的自治权制度，即在宏观层面，自治单位需尊重国家大的方针、政策；在中观与微观层面，特别是一般性的社会政策上，如生育政策、民俗性文化政策（如公共节假日的设置）等方面，自治单位拥有比同级别的一般行政单位更大的决策权力。

3. 经济因素与政治因素相结合

民族区域自治制度对于促进自治地方经济与社会发展的强调，以及对中央政府责任细致入微的规定[①]，所体现出来的制度逻辑，是以民族区域自治制度为依托，以促进经济建设为手段，达到民族平等与民族团结的政治目标。当然，这种做法造成的一个客观后果是，在实际运行层面，民族区域自治制度更像是一种经济制度，而不是政治制度。同时，中央政府和自治单位也都有一种倾向，将这一制度“行政化”，使其在技术与操作层面成为国家行政管理体系的一部分，而不是在这个体系之外扩张自治单位的政治权力。

与一般的地方行政单位相比，中央政府向民族自治地方提供了更多的经济优惠政策，包括财政、税收、工业发展优惠政策等。在资金投入方面，近年来中央政府持续加大对民族区域自治地方的财政转移支付力度，包括一般性财政转移支付、专项财政转移支付、民族优惠政策财政转移支付以及国家确定的其他方式。此外，中央政府还设立了各种专项资金和临时性的补助，扶助民族区域自治地方发展社会、经济和文化建设事业。

从整体上说，中央政府对民族区域自治地方的财政净补贴规模多年来呈不断扩大的趋势。[②] 同时，中央政府采取对口支援的形式，用行政命令的方式让相对发达的汉族地区

---

① 国家民委办公厅，政法司，政策研究室．中华人民共和国民族政策法规选编．北京：中国民航出版社，1997：72－75.

② 中国的民族区域自治白皮书．(2005－05－27)．中国政府网．

对口支援民族地区。其中，对口支援西藏自治区和新疆维吾尔自治区的力度大，成效显著。

13.3 民族区域自治面临的挑战

自 1984 年《民族区域自治法》颁布施行之后，民族区域自治制度进入常规化运行的状态。但随着中国式现代化的推进和社会转型的加深，民族区域自治制度的实践也面临一些现实的挑战，主要表现为六个方面：

一是在实践上制度功能有限。尽管民族区域自治制度的法律地位很高，但在政府行政管理的实际运作中，自治单位并未与非自治单位表现出显著的差异性，相反，各级自治单位的运行机制及政策产出与同级地方政府高度相似。

二是自治权行使的规范性不足。例如，民族区域自治是要“充分尊重和保障各少数民族管理本民族内部事务权利”，但自治机关是地方政府，其权力行使对象是全体本地居民，而不仅仅是“自治民族”，由其管理的事务也不可能完全是“本民族内部事务”。因此，事实上自治权的行使对象在相当大的程度上是缺失的。

三是自治权与中央集权之间存在制度张力。自治制度作为一种分权制度，不仅本身与党的一元化领导体制存在内在冲突，而且与行政化的中央与地方分权模式存在冲突，二者皆表现为自治地方必须服从中央根据现实情况不断做出调整的路线、方针和政策，不能因民族区域自治制度而不遵从中央的号令。

四是法治建设不完善。尽管《民族区域自治法》是宪法性法律，但由于法律本身缺乏相关的“法律责任”配置，事实上对违反《民族区域自治法》的行为缺少制裁与补偿机制。

五是民族干部的代表性弱化。中国共产党早期的民族干部主要有三个来源：一是党的中、高级干部群体中的少数民族干部，如乌兰夫（蒙古族）、韦国清（壮族）等；二是战争时期由军队出身的民族干部，如天宝（藏族）、扎西旺徐（藏族）、朱德海（朝鲜族）、赛福鼎·艾则孜（维吾尔族）等；三是党在统一战线工作中开展合作的民族上层人士，如班禅额尔德尼·确吉坚赞（藏族）、阿沛·阿旺晋美（藏族）等。或基于传统权威资源，或基于革命经历，这些干部都具有比较强的政治代表性。但随着时代的变化，由教育制度和科层制行政体系本身产生的少数民族干部，其代表性客观上正在衰减。

六是城市化和人口流动的挑战。迅猛的城市化与大规模的人口流动，造成民族自治地方人口与社会结构发生巨大的变化，改变了民族区域自治制度的实施条件。比较典型的例子是，由于 1992 年中韩建交之后我国朝鲜族出现大规模的人口迁移，延边朝鲜族自治州如今已成“空巢农村”，而在青岛等地，则出现了新的朝鲜族城市聚居区。①

这些挑战所涉及的问题及其性质已经远远超过了民族区域自治制度本身。事实上，民族区域自治制度并不是一个孤立的系统，而是嵌入推进中国国家制度和国家治理现代

---

① 朴胜镇．中韩建交对朝鲜族人口流动的影响．黑龙江民族丛刊，2013（2）；朴光星．少数民族流入人口的权益诉求与城市民族工作：基于对青岛市朝鲜族流入群体的实地调查．黑龙江民族丛刊，2012（2）．

化历史进程的一个特殊的制度装置。

从理论上说，设立民族区域自治制度出于两个同等重要的政治目标：一是完善国家建构，切实保障国家统一与民族团结；二是实现民族平等，切实保障少数民族的正当权益。基于这样一种双重目标，国家试图通过实践民族区域自治制度，将内部特殊地区和特殊人群的利益诉求整合进国家的政治体制中。民族区域自治制度的设立显著地改变了国家政权的性质和组织方式，并提升了“民族”身份的政治与社会重要性。对于国家来说，民族区域自治制度具有积极和消极两个方面的影响。积极的方面是它在制度上重新架构了国家的组织结构，使之能够更鲜明地包容文化和族群的多样性。但自治本身也不可避免地带来了一些消极的影响，比如可能遭到生活在自治单位内的非自治民族群体的反对，他们会认为特定民族区域自治会威胁到他们自身的利益，并在一些具体情形下可能对其构成“制度性歧视”，从而破坏了公民权意义上的个体平等。同时，民族区域自治制度也为民族主义意识的传播与扩散提供了政治与社会空间，使“本民族群体”过于强调自己与其他群体不同的文化特性与身份认同，从而可能为基于身份认同的社会冲突埋下伏笔。

就我国的情况而言，从一开始，民族区域自治制度就一边强调对群体权利的保护，一边谨慎地避免对群体权利给予过度的承认，以保持党和国家在社会生活中不可动摇的权威地位，以及避免潜在的民族分裂主义。这也是改革开放后我国政治与社会结构内在发生系统性变迁的客观反映之一。与其他曾经在计划经济条件下运行有效而在市场经济条件下逐渐失效的制度安排一样，在城市单位制和农村公社制瓦解之后，国家对于社会领域利益分配的主导权逐渐减弱，强调国家责任的民族区域自治制度也随之发生意义转换，在许多情境下，其意义已从“以国家为中心”被置换为“以民族为中心”。

正如王明珂所言，“成为‘民族’并非近代民族主义及民族国家建构下边疆之人的唯一选择，也并非最好的选择。在 20 世纪上半叶，‘国民’与‘民族’概念同时进入中国，也随着边疆地理与民族考察而进入中国边疆——造‘国民’与建构‘民族’同时进行。无论如何，相对于造‘国民’，建构‘民族’简单得多；经由学术研究与政治安排，一个个‘民族’群体被认定、识别而加入国族之中，并以国家之民族政策来弥补边疆少数民族的政治经济弱势地位。然而在‘民族’群体认同中，及以‘民族’为单位争取群体在国家内的地位与利益之情况下，常让个人失去其作为‘国民’之反思性与行动力；在民族文化与民族宗教之大纛下，更常让民族内的性别、阶级、世代、圣俗间之剥削与不平等被遮掩。看来，近代中国之民族国家建构有一未竟之功，那便是造‘国民’（或公民）”①。民族区域自治制度与国民身份在客观上的相互隔膜，是目前其实践困境的最深渊薮。

显而易见，在当下的现实语境中讨论民族区域自治制度，非常容易陷入一种话语与观念的结构性冲突之中。一方面源于民族区域自治制度的理论基础本身就包含着某种民族主义逻辑，由此造成不同族群对它的对立看法；另一方面则因为当下社会观念的变化，个人主义与集体主义观念之间存在张力。现代化发展在中国正在生成一种新的社会结构，人们的权利观念在发生变化，当下的人们更具有个体权利意识，而民族群体的利益一致性则受到质疑。

---

① 王明珂．从中原到边疆：对典范中国史的反思．文化纵横，2015（4）：30.

13.4 铸牢中华民族共同体意识

党的十八大之后，中国特色社会主义进入新时代，党的民族工作处于新的历史方位。以习近平同志为核心的党中央，站在实现中华民族伟大复兴的战略高度，面对深层次矛盾隐患和外部风险挑战，根植于中华民族悠久历史，把马克思主义民族理论同中国具体实际相结合、同中华优秀传统文化相结合，谋划部署和推动新时代党的民族工作。铸牢中华民族共同体意识是新时代党的民族工作的主线，也是民族地区各项工作的主线。[①] 习近平新时代中国特色社会主义思想在民族工作领域的具体体现，就是习近平总书记关于加强和改进民族工作的重要思想，这一思想集中体现为 2021 年召开的中央民族工作会议上正式确立的“十二个必须”。

从战略定位看，“必须从中华民族伟大复兴战略高度把握新时代党的民族工作的历史方位”，体现了唯物辩证法普遍联系观点与中华传统文化整体观的结合，是新时代观察民族问题、做好民族工作的出发点和落脚点。

从目标原则看，“必须把推动各民族为全面建设社会主义现代化国家共同奋斗作为新时代党的民族工作的重要任务”，体现了马克思主义群众史观与中华传统民本思想的结合，是推进民族工作的使命任务。“必须坚决维护国家主权、安全、发展利益”，体现了马克思主义安全观与中华传统居安思危忧患意识的结合，阐明了民族工作必须牢牢守住的底线。“必须高举中华民族大团结旗帜”，体现了马克思主义无产阶级联盟学说与中华传统“四海同心”理念的结合，阐明了推动各民族像石榴籽一样紧紧抱在一起的关键工作。“必须坚持党对民族工作的领导”，体现了马克思主义建党学说与“事在四方，要在中央”治理传统的结合，阐明了实现中华民族大团结的根本保证。

从基本思路看，“必须以铸牢中华民族共同体意识为新时代党的民族工作的主线”，进而将其作为民族地区各项工作的主线，体现了马克思主义共同体思想与中华民族历史发展规律的结合，阐明了党中央对民族工作作出的重大战略决策。“必须坚持正确的中华民族历史观”，体现了马克思主义唯物史观与中华传统历史观的结合，阐明了正确认识中华民族的历史逻辑。“必须构筑中华民族共有精神家园”，体现了马克思主义物质意识辩证关系与中华传统“以文化人”观念的结合，阐明了“文化”对于铸牢中华民族共同体意识的重要作用。

从民族关系看，“必须坚持各民族一律平等”，体现了马克思主义平等观对中华传统平等观念的提升，强化了党的民族政策的基石。“必须促进各民族广泛交往交流交融”，体现了马克思主义民族交融思想与中华传统“和合”理念的结合，阐明了推进中华民族共同体建设的基本途径。

从制度建设看，“必须坚持和完善民族区域自治制度”，体现了马克思主义国家学说与中华治理传统的结合，阐明了实施民族区域自治制度的根本目的是维护国家统一和民

---

① 本书编写组．中华民族共同体概论．北京：高等教育出版社，民族出版社，2023：1.

族团结。民族区域自治制度是以差别化区域支持政策与制度安排来调动各族群众共同奋斗的积极性，为中华民族共同体的繁荣昌盛添砖加瓦。“必须坚持依法治理民族事务”，体现了马克思主义法治理论与中华传统法治思想的结合，阐明了新时代民族事务治理的法治要求和基本方法。①

“十二个必须”涵盖了新时代党的民族工作的方方面面，深刻阐述了新时代党的民族工作的历史方位、重要任务、工作主线、制度保障、实现方式、领导力量等重大理论和实践问题，既是贯彻民族问题的认识论，又是做好民族工作的方法论，更是推动新时代民族工作高质量发展、加强中华民族共同体建设的行动指南。

本章小结

民族区域自治制度作为现代中国国家建设进程中的一个产物，其显著特征并非以“民族”或“区域”为中心，而是以国家为中心。中国共产党设立民族区域自治制度的主要目标，是将少数民族整合进国家体制之中，同时预防可能发生的民族冲突。因此，在本质上，民族区域自治制度是为维护国家统一和民族团结而采取的一种特殊制度安排。

改革开放以后，由于我国的国家建设所面临的内部和外部条件都已经发生了结构性变化，民族区域自治制度遭遇一系列的挑战。进入新时代，铸牢中华民族共同体意识，就是要引导各族人民牢固树立休戚与共、荣辱与共、生死与共、命运与共的共同体理念。要全面贯彻党的二十大精神，准确把握党的民族工作新的阶段性特征，把铸牢中华民族共同体意识作为党的民族工作和民族地区各项工作的主线，不断加强和改进党的民族工作，扎实推进民族团结进步事业，推进新时代党的民族工作高质量发展。

民族区域自治制度是一条连接国家与社会、历史与现实的纽带，将在回应各种挑战的过程中不断调整、改革与完善自身，以服务于实现中华民族伟大复兴的战略目标。

关键术语

民族　民族-国家　民族主义　“天下”　中华民族　中华民族共同体
民族平等　民族团结　民族区域自治　铸牢中华民族共同体意识

复习思考题

1. 为什么说“民族-国家”体制对于中国来说是舶来品？
2. “天下观”和“大一统”对现代中国的影响是什么？
3. 新中国创设民族区域自治制度的目标是什么？
4. 中国民族区域自治制度的主要特点是什么？
5. 新时代铸牢中华民族共同体意识的“十二个必须”的主要内容是什么？

---

① 本书编写组. 中华民族共同体概论. 北京：高等教育出版社，民族出版社，2023：5-7.

第 14 章

基层治理

在中国这个幅员辽阔、人口众多、区域差别显著、发展不平衡的大国中，如何对基层社会实施有效治理，历来是治国理政的重大议题。理解基层治理，首先要认识“基层”。学界对于“基层”内涵的探讨可分为三类：一是强调基层既包括城市和农村社区及各类社会组织，也包括城市的街道办事处和农村的乡镇政权①；二是从社会治理角度，将基层视为社区②；三是从国家结构角度，将基层视为区县尤其是街道或乡镇这一层级③。

实际上，基层是一个政治社会概念，国家将组成国家整体的各个部分分为不同的层级，基层则处于其中的最低层级，直接面对的是作为民众的社会。④ 因此，本章基于国家与社会视角，结合《中共中央 国务院关于加强基层治理体系和治理能力现代化建设的意见》对基层治理的界定，认为基层包含乡镇（街道）和城乡社区，基层治理是指乡镇（街道）和城乡社区治理。作为国家治理和社会治理中的结构性要件，基层强则国家强，基层安则天下安。⑤ 本章旨在介绍中国基层治理变革的历史脉络、中国基层治理的制度结构和运行特征，并对当前所面临的现实挑战以及未来发展趋势做出分析。

14.1　中国基层治理变革的历史脉络

中国基层治理在漫长的历史中几经变革，在各个历史阶段特征各异。帝国时代的基

① 何增科．中国社会管理体制改革路线图．北京：国家行政学院出版社，2009：243.

② 李慧凤，郁建兴．基层政府治理改革与发展逻辑．马克思主义与现实，2014（1）；郎友兴，葛俊良．让基层治理有效地运行起来：基于社区的治理．浙江社会科学，2014（7）.

③ 肖滨．基层治理：何种结构性困境？根源何在？．探索与争鸣，2023（1）.

④ 徐勇．将基层带入国家：单一制、基层社会与国家建设．国家现代化建设研究，2022（2）.

⑤ 习近平春节前夕赴贵州看望慰问各族干部群众．人民日报，2021-02-06.

层治理呈现出“官督绅治”的特征，随着帝国的没落和现代国家的建构，国家权力逐渐向基层下沉，政党作为一种组织性力量在下乡的过程中实现了对基层社会的整合和控制。新中国成立后，城乡组织管理体制数次发生变革，最终于 20 世纪末建立并广泛推行城乡基层自治制度。进入中国特色社会主义新时代，基层社会治理格局由社会管理向社会治理转变，推进基层治理体系和治理能力现代化成为基层治理的发展目标。

14.1.1 从帝国时代到近现代变革时期

基层治理是公共权力对基层社会进行组织、引导、规范和调控的过程，涉及国家对基层社会的治理和基层社会的自我组织与管理两个层面。从历史上看，自夏商至清王朝，中国历史上的地方政治可以分为前、后两大时期：前期即夏商西周春秋时代，是以分封制为核心的地方政治；后期即战国至明清时代，是以郡县制为核心的地方政治。[①] 在这段历史中，基层治理呈现出明显的“官督绅治”特征，随着帝国的没落，国家权力逐渐向基层渗透，基层治理特征也随之改变。

1. 官督绅治

郡县制时期，王权只达于县，郡县既是代表“王权”直接处理基层民众和社会事务的机构，也是基层政权组织和法定治理单元。但事实上，历代县以下都存在不同类型、多层次的治理结构，如乡、亭、里、党、闾、邻、族、牌、都、图、村、团、社、区、保、甲、什、伍等。多数朝代实行“三级制”，如北魏的三长制，北齐的“党、闾、邻里”，北周的“党、闾、里”，隋初的“族、闾、保”，宋代的“牌、甲、保”，以及明清两代的“乡、都、图”（或乡、都、里，或乡、都、村等）。[②] 这些组织层层节制，直至村落、家户，由此形成完整的基层治理组织结构。

从基层组织建制与功能来看，基层的乡里组织并非自然形成的，其组建和运行受制于王权，需获得县府衙门的认可，本质上既是一种超越家庭血缘的地域性组织，也是基层社会分区治理的一种方式，承担着为国家获取资源、维持秩序、劝课农桑等基本职责。乡里组织实际上与家庭组织存在难分难解的关系。马克斯·韦伯将中国看作是“家族结构式的国家”[③]。中国社会是基于家庭和家族网络而组织起来的，国家通过家族体系，运用权力来实现对基层社会的组织、控制和管理。家族构成了帝国时代基层治理的组织依托，而乡绅则是帝国时代基层治理的组织精英和中坚力量，主要从有文化的人中招募。国家依赖绅士控制和管理社会，同时也通过科举制度来对社会成员加入统治集团进行控制。由此形成了绅士与国家之间相互依赖、相互合作的关系。[④]

由此看来，帝国时代基层治理是以州县官府为核心、乡里组织为载体、家族宗族为

---

① 贾艳红．汉代民间信仰与地方政治研究．济南：山东大学出版社，2011.

② 赵秀玲．中国乡里制度．北京：社会科学文献出版社，1998.

③ 费正清．美国与中国．北京：世界知识出版社，2000.

④ 张仲礼．中国绅士：关于其在 19 世纪中国社会中作用的研究．上海：上海社会科学院出版社，1991；ESHERICK J W，RANKIN M B. Chinese local elites and patterns of dominance. Berkeley：University of California Press，1990.

依托、乡绅精英为主持者的治理模式。基层治理体制既不是完全的自治体制，也不是完全的官治或吏治制度，而是一种“官督绅办”或“官督绅治”的治理体制，王权及官府通过亦官亦民的乡里组织和乡里士绅对基层社会实行控制。在帝国时代漫长的官民互动和政治磨合中，“官府与乡绅在长期的交往之中已达成一种默契，即乡绅有配合官府治理乡村的义务和责任”[①]。“官督绅治”的治理模式已内化为一种政治传统，成为基层治理较为稳定的制度安排。

2. 政党下乡

19 世纪中后期至 20 世纪初，基层治理发生了重大的变革，最突出的是国家权力向基层社会渗透，基层治理日益国家化、行政化、官僚化。同时，近现代自治民主观念不断传播，地方自治兴起，基层治理的组织与运行方式也开始向现代转型。基层治理是国家治理的重要组成部分，国家正是不断通过基层体制改革、基层社会改造等方式，将基层治理同各个时期的主要任务结合起来，实现近现代国家治理的变革。

清末，乡镇自治开始实施，这意味国家正式的政权组织向县下乡镇延伸。光绪三十四年（1908 年），清政府颁布《城镇乡地方自治章程》，规定人口满五万以上者为镇，不满五万者为乡。在城镇设立议事会和董事会，乡设议事会和乡董，两者相互合作、互相监督。1921 年，北洋政府公布《市自治制》和《乡自治制》；1928 年，南京国民政府公布《县组织法》，1929 年又公布修订的《县组织法》，并制定了一系列法规。乡镇自治、民主选举、分权制衡、公务员制度等现代治理观念和制度逐渐成为基层治理建设的发展方向。在推进基层自治的过程中，国家权力向基层迅速扩张，乡镇基层组织逐渐被纳入国家权力体系，其建制、组织、运行及功能由国家权力来规范。从此，国家权力不再止于县，而是达于乡镇。

在近现代传统治理组织和精英沉沦的更替过程中，政党作为一种新的组织和力量迅速成长，并成为中国政治和治理的主角。现代政党产生于新兴的城市，由孙中山创建的国民党也主要活动于城市，实行“以党统政”“党政合一”“党国一体”的体制。中国共产党认识到政党活动向乡村延伸的重要性，因此积极推进政党下乡，实现了对农村力量的整合。

1923 年，中国共产党党员弓仲韬在河北省台城村创建“平安夜校”，引导农民筹建农民协会并发展本村青年党员，成立“中共安平县台城特别支部”。这是中国共产党第一个农村党支部，也是现代政党下乡的开端。20 世纪 20 年代后期，以毛泽东同志为主要代表的中国共产党人充分肯定了农民运动的合理性，将革命重心由城市转向农村。夺取政权的武装斗争和建立革命根据地的现实需求使得在农村发展党组织成为中国共产党的一项重要工作。[②] 农村党组织将历史上处于政治体系之外的农民整合为有组织的政治力量，并动员农民参与实现党的纲领的活动，使之成为政权的稳定基础。通过对乡村社会的整合，农村党组织成为乡村治理的权力主体，从制度上加强党、国家与农民之间的沟通，使得农民的意见能够向上传达，党和国家的意志能够有效贯彻，中国社会也因此得以超越家族组织血缘性、封闭性、等级性的局限，团结迈向更广阔的国家共同体，有助

---

① 从翰香．近代冀鲁豫乡村．北京：中国社会科学出版社，1995.

② 徐勇．“政党下乡”：现代国家对乡土的整合．学术月刊，2007（8）.

于中国共产党推翻国民党政权、铲除封建族权、打击土豪劣绅，夯实长期执政的重要社会基础。

19 世纪末到 20 世纪上半叶，在急剧的现代化转型过程中，基层治理的组织建制、治理体系、运行机制、治理精英以及价值取向都发生了深刻的变化，民主、自治、政党等现代因素迅速成长，传统帝国治理开始向现代民主共和、以政党为中心的国家治理转变，中国基层治理发生了历史性的变革。

14.1.2　从新中国成立到社会主义现代化建设新时期

新中国成立后，基层治理体系得到了重建。新中国对城乡组织管理体制进行了重塑和改造，基层治理经历了城乡基层政权的统一、人民公社体制、单位制的演变。20 世纪 80 年代，城乡在历经系列变革后，农村重建了乡村政权，实行村民自治制度，而城市基层管理也从单位制向社区制转变，实行居民自治制度。由此确立了城乡基层自治制度，基层治理体制发生了历史性的变革。

1. 基层社会管理体制的改造与变迁

新中国成立初期，农村基层组织与管理主要有两种体制。一是实行区、村两级政府体制，即在县以下设立区政权和村政权，分别召开区、村人民代表大会，选举产生区政府和村政府，对本地区实施行政管理。另一种是区乡建制，即在县以下设立区公所，作为县政府的派出机构，在区公所之下设立乡政权，召开乡人民代表大会，选举产生乡人民政府，而在村一级不再设立村政权。1954 年 9 月颁布的《宪法》取消了过去的区村制和区乡制两种体制并存的制度，对全国农村基层政权进行了统一的规范，规定实行乡镇人民代表大会制度，乡镇为农村基层政权。

城市基层治理体制也在新中国成立后得到了根本性的改造。一方面，废除民国时期的保甲制度，在基层建立街、闾两级行政组织。国家权力进一步下沉到城市街道，加强对城市社会的管理和服务。另一方面，在加强街道基层政权组织建设的同时，国家也着力改组和强化城市居民组织。1954 年，一届全国人大四次会议通过了《城市街道办事处组织条例》和《城市居民委员会组织条例》，全国城市设立街道办事处作为政府的派出机关，并以法律的形式确认城市居民委员会的性质是“群众自治性居民组织”。居民委员会按照居住地区设立，一般规模为 100～600 户。到 1956 年底，城市居民委员会在全国各个城市普遍建立起来。1958 年前后，各地居民区普遍设立党支部（上海为“里弄党支部”），形成党支部领导下的居民委员会体制。

20 世纪 50 年代中后期，人民公社体制的推行改变了城乡基层治理体制。在农村地区，原有的村乡制度在合作化和集体化的过程中被废止。1958 年，全国第一个人民公社——“嵖岈山卫星人民公社”在河南省诞生。之后，中共中央政治局扩大会议正式通过了《关于在农村建立人民公社问题的决议》，人民公社化运动很快推向高潮，农村基层治理体制呈现出“政社合一”“三级所有，队为基础”“党政不分”等鲜明特点。

在农村实行人民公社体制的同时，城市基层政权和组织也逐渐被“党政合一、政社合一、工农商学兵五位一体”的城市人民公社体制所取代。1958 年，党的八届六中全会通过《关于人民公社若干问题的决议》，规范了城市人民公社的性质和功能定位，人民公社开始在城市普遍推行。但随着“大跃进”的失败，1962 年各地的城市人民公社先后撤销，重新恢复街道和委员会体制。在其后的“文化大革命”的“政治建街”口号下，城市基层政权组织迅速“革命化”，街道组织实行军事编制，下设连、排、班。居民委员会成为革命委员会，日益政治化。

单位制作为针对有工作单位的职工的管理体制，这一时期在城市广为推行。在社会主义改造和工业化发展过程中，政府、事业单位及公营企业等各种“单位”组织迅速扩张，城市居民的生产生活也纳入单位，并形成典型的“单位体制”。在高度的计划经济体制时期，绝大多数城镇居民都分属不同单位，国家掌握所有资源，通过单位将资源和权力分配到个人并实现对个人的动员和控制，形成党领导下“政府—单位—个人”自上而下、等级森严的治理结构，政治、经济和意识形态三个中心高度重叠，由此形成总体性社会和统合性管理。事实上，城市街道和居委会的建立在相当程度上是为了弥补单位制的不足，是“为了把街道居民逐步加以组织并逐渐使之就业或转业，为了减轻现在区政府和公安派出所的负担”①。因此，城市街道和居委会从一开始就定位为对单位制的补充，但单位制的扩张也极大地压缩了居委会的活动和作用空间，城市居民委员会的自治管理让位于总体性的单位管理。

2. 城乡基层自治制度的确立与推广

从人民公社体制到村民自治体制，农村基层治理的组织体系、权力配置、资源控制及管理方式发生了重大变化，包括统合性基层组织体系的分离、集中化经营方式的分散化、单一产权结构走向多元化、国家与社会关系的调整等。由此传统的高度集中化治理方式开始发生变化（见表 14－1）。

表 14－1　20 世纪 80 年代初至 21 世纪初农村基层治理变革历程

时间	变革及其影响
20 世纪 80 年代初	家庭联产承包责任制改革：单一集体、集中经营、集中劳动、统一分配的经营管理方式发生改变，从根本上动摇了农村人民公社体制
1982 年	废除农村人民公社体制，重建乡镇政权，实行村民自治制度
1983 年	中共中央、国务院发布《关于实行政社分开建立乡政府的通知》，全国性“政社分开，建立乡政府”的工作陆续展开
1985 年	建乡工作全部完成，全国 5.6 万多个人民公社、镇改建为 9.2 万多个乡（包括民族乡）、镇人民政府，建立了 82 万多个村民委员会
1987 年	以扩权放权为方向的县乡政府改革成为潮流，乡镇开始建立独立财政，出现县乡政府“分灶吃饭”的基本格局； 六届全国人大常委会通过《村民委员会组织法（试行）》，规定“村民委员会是村民自我管理、自我教育、自我服务的基层群众性自治组织”
1994 年	分税制改革，乡镇政府的财权和事权收缩，对基层社会的规制能力下降

① 中共中央文献编辑委员会．彭真文选．北京：人民出版社，1991.

续表

时间	变革及其影响
1998 年	通过《村民委员会组织法》，“乡政村治”或“乡村分治”的新的治理体系确立
2006 年	农村税费改革、新农村建设，强化了农村基层民主政治建设，改善了乡村治理机制
2008 年以来	村庄合并、合村并镇等活动陆续在各地开展，改革农村结构和管理体制，以改善群众生产生活环境、集约土地发展经济

自 20 世纪 80 年代以来，中央和地方大力推进农村村民自治及基层治理创新，村民自治和基层治理呈现出新的动向和特点。随着各省市和地方普遍制定《村委会组织法实施办法》《村民自治章程》等规范，农村基层村务公开、民主选举、民主监督、协商民主等村民自治探索得以规范和发展。同时，在竞争性村民委员会选举的推进过程中，不少地方也在探索改进党支部的组织和选举方式。2006 年 10 月，党的十六届六中全会通过的《中共中央关于构建社会主义和谐社会若干重大问题的决定》明确提出，在全面开展城市社区建设的同时积极推进农村社区建设，农村社区建设在全国逐步推开，村民自治向社区自治转型和发展，并不断向民主化、规范化和制度化方向推进。

1978 年改革开放以后，随着计划经济向社会主义市场经济的转型以及城市化进程的加快，城市社会也发生了深刻的结构性变化。自城市国营企业改革以及“政社分开”以来，作为社会整合机制要件之一的单位制开始解体，“单位人”逐步演变为“社会人”，传统社会性事务逐渐从企业中剥离出来，社会管理任务急剧增加。同时城市流动人口大量增加。为此，国家开始恢复和强化城市基层街居体制，赋予街道和居委会更大的权能，进一步强化城市居民自治（见表 14－2）。

表 14－2　20 世纪 80 年代初至 21 世纪初城市基层治理变革历程

时间	变革及其影响
1980 年	为规范城市基层治理，全国人大常委会重新公布 1954 年《城市居民委员会组织条例》，肯定了该条例的有效性，明确居民委员会的基本职能和建设规范
1982 年	《宪法》首次以根本法的形式明确规定了居民委员会的性质、任务和作用
1989 年	《中华人民共和国城市居民委员会组织法》的颁布推动了城市基层群众自治建设迈向法治化、规范化、程序化轨道
20 世纪 90 年代末	社区管理体制作为一种新的城市基层社会管理体制开始推行
2000 年	为了贯彻《中共中央办公厅 国务院办公厅关于转发〈民政部关于在全国推进城市社区建设的意见〉的通知》，开始在全国全面推进城市社区建设。城市居民自治制度建设转为城市社区居民自治制度建设
2002 年	北京市九道湾社区居委会直接选举，被认为是基层民主从农村走向城市的里程碑
2007 年	宁波市成为全国首个城市社区全部实现直选的城市
2009 年	全国人大废止《城市街道办事处组织条例》，街居制管理失去基本的法律依据

单位制解体后大量“社会人”涌现，社区建设成为国家应对这一挑战的新选择。国家通过社区建设，一方面把脱离于国家控制之外的“社会人”和流动人群重新组织起来，使之纳入有效的控制框架之中；另一方面在党委领导、政府负责的前提下，实现社区有效治理，为社区居民提供优质的公共服务。在此背景下，街道办事处和社区居民委员会成为城市基层管理的基本单元，街居制成为政府基层管理的关键体制。但随着改革的深入和社会的转型，街居制面临着诸如职能超载、职权有限和角色尴尬等现实难题。[①] 2009年，全国人大宣布废止《城市街道办事处组织条例》，街居制管理失去了基本的法律依据，进入改革阶段。

城市社区建设的迅速发展推动了城市街道体制的改革，如行政主导的上海模式、社区自治管理的沈阳模式和政社合作的江汉模式等。这些模式不仅在探索城市社区自治和社区建设的实现方式，也在探索如何处理街道与社区、政府与社会、行政与自治的关系，积极完善城市基层治理体制和治理方式，由此也推动了城市基层治理体制和治理方式的多样化发展。截至2007年底，据民政部的数据统计，全国共有80 717个城市社区，直接选举覆盖面为22%，社区居委会成员443 060人，女性成员占48.2%，中共党员占48.4%。[②]

14.1.3 中国特色社会主义新时代

从党的十八大开始，中国特色社会主义进入新时代。在市场化、城市化、信息化及全球化深入发展的背景下，经济、社会结构及人们的思想观念和行为方式发生深刻的变化。为适应社会发展的需要，基层治理格局由管理向治理转变，并逐步推进基层治理体系和治理能力现代化。

1. 基层治理格局转换

2004年，党的十六届四中全会提出，“建立健全党委领导、政府负责、社会协同、公众参与的社会管理格局”，社会管理作为一个重要政策概念被提出，同时强调“加强基层社会管理和服务”。2012年，党的十八大第一次将“社区治理”写入党的中央文件，开启了由社会管理到社会治理的新阶段。2013年，党的十八届三中全会提出“国家治理体系和治理能力现代化”“创新社会治理”“创新社会治理体制”的战略任务，在理论和实际意义上，将社会管理战略目标提升到一个新的高度。2017年出台的《中共中央 国务院关于加强和完善城乡社区治理的意见》指出，要以基层党组织建设为关键、政府治理为主导、居民需求为导向、改革创新为动力，健全体系、整合资源、增强能力，完善城乡社区治理体制。党的十九大提出，打造共建共治共享的社会治理格局。2019年10月，党的十九届四中全会提出，要构建基层社会治理新格局、推动社会治理和服务重心向基层下移、建设社会治理共同体等。党的二十大报告提出，完善社会治理体系，健全共建共治共享的社会治理制度，提升社会治理效能。

---

① 何海兵．我国城市基层社会管理体制的变迁：从单位制、街居制到社区制．管理世界，2003（6）．

② 陈辉．新中国成立60年来城市基层治理的结构与变迁．政治学研究，2010（1）．

党的十八大以来，各地社会治理创新快速发展，呈现出以下特征：一是民众民主参与意识逐渐提高；二是社会组织蓬勃发展；三是基层群众自治组织以及基层协商民主迅速发展。[①]

随着经济社会发展，公共服务、民生事业在社会中发挥着日益突出的作用，人们对社会生活的新需求也对基层治理提出了新要求。[②] 过去的社会管理主要针对社会问题与社会矛盾，以管理手段和方式解决社会问题、化解社会矛盾，目的是实现社会稳定和社会秩序。进入新发展阶段，社会主要矛盾发生根本性变化，表现为人民日益增长的美好生活需要和不平衡不充分的发展之间的矛盾。这一矛盾的解决无法单纯借助经济建设、提供公共服务来实现，需要在经济建设和公共服务提供的基础上，推动形成适应新时代要求的思想观念、精神面貌、文明风尚和行为规范，实现社会建设的高质量发展。

此外，党的十八大以来，强镇扩权成为地方乡村改革的重点。在城市基层中，以街道办事处职能转变为核心的“区-街”体制改革和以城市居民自治和社会自治为核心的社区体制改革成为新一轮改革的对象和目标，包括“区直管社区”综合体制改革和优化调整街道内设机构两种典型模式。

2. 推进基层治理体系和治理能力现代化

党的十八届三中全会通过的《中共中央关于全面深化改革若干重大问题的决定》提出，全面深化改革的总目标是完善和发展中国特色社会主义制度，推进国家治理体系和治理能力现代化。2021 年出台的《中共中央 国务院关于加强基层治理体系和治理能力现代化建设的意见》强调，基层治理是国家治理的基石，统筹推进乡镇（街道）和城乡社区治理，是实现国家治理体系和治理能力现代化的基础工程。基层治理能力的提升主要体现在三个方面：一是财政支出能力增强。2022 年《关于进一步推进省以下财政体制改革工作的指导意见》指出，推动乡财县管工作提质增效，提升乡镇财政管理效率和水平。二是从严治党向基层延伸。来自中央纪委监察部网站的数据显示，自党的十八大至 2017 年全国共处分乡科级及以下党员、干部 114 万多人。三是技术治理手段的运用。网格体系、“吹哨报道”、“最多跑一次”等现代技术在基层治理过程中得到了广泛运用，深刻改变了基层治理形态。

基层治理现代化的新方向具有丰富的内涵意蕴[③]：一是基层政府与社会作为治理主体的多元化，其他非政府组织、企业、村（居）委会、村民（居民）也成为公共事务的治理主体；二是治理结构网络化，不同于过去自上而下、层级节制的行政管理，重塑网络化的治理结构要实现基层政府与社会之间权利配置、协作机制、资源共享等方面的协调，提升基层治理能力和水平；三是治理制度理性化，推动政府管理服务等方面具体实施过程的程序化、理性化和规范化；四是治理方式的民主化和法治化，强调工作依法有序的民主参与；五是治理技术现代化，运用技术提高对社会的监管能力，同时吸纳社会领域价值诉求。[④] 以治理主体、治理结构、治理制度、治理方式以及治理技术的全方位转变，

---

① 袁方成，罗家为．十八大以来城乡基层治理的新方向、新格局与新路径．社会主义研究，2016（1）．

② 丁元竹．构建中国特色基层社会治理新格局：实践、理论和政策逻辑．行政管理改革，2021（11）．

③ 薛澜，李宇环．走向国家治理现代化的政府职能转变：系统思维与改革取向．政治学研究，2014（5）．

④ 黄晓春，嵇欣．技术治理的极限及其超越．社会科学，2016（11）．

推动实现基层治理体系和治理能力现代化。

基层治理体系和治理能力现代化离不开党的领导，统筹推进党建工作和基层治理深度融合，成为筑牢基层基础的关键。2019 年印发的《关于加强和改进城市基层党的建设工作的意见》明确规定了基层党组织的功能定位以及履行各项职能的具体路径，强调推进基层党组织工作能力和水平的提升。不同社会分工、群体利益、价值取向使得社会结构日趋多元化，平等对话、民主协商、共同决策成为当下基层治理的重要方式，多元化的合作治理模式正在成为主流。

14.2 中国基层治理的制度结构和运行特征

14.2.1 中国基层治理的制度结构

1. 党对基层的全面领导体制

古有“郡县治，天下安”，在新时代便是“基层治，天下安”。基层治理是国家治理的基石，基层治理成效直接影响国家治理体系和治理能力现代化。① 作为一个涉及诸多因素、错综复杂的社会政治过程，基层治理既包含党委领导，又涵盖政府治理和基层群众自治。其中，党的领导是加强基层治理体系和治理能力现代化建设的根本保证。党的二十大报告强调，坚持大抓基层的鲜明导向，推进以党建引领基层治理，把基层党组织建设成为有效实现党的领导的坚强战斗堡垒。因此，必须牢牢牵住基层党组织建设的“牛鼻子”，以把握基层社会治理有序推进的主动权，使中央各项战略部署在基层得到贯彻和落实。②

党的基层组织以及领导机构是伴随党中央、地方领导机构的创建而逐步建立起来的。党的二大党章规定，各农村各工厂各铁路各矿山各兵营各学校等机关及附近，凡有党员三人至五人均得成立一组，每组公推一人为组长，隶属地方支部。尽管党的二大党章明确了党的小组是党的基本单位，但是实际上党的基层组织不仅有党小组，也有基层党支部。③ 自党创立至党的二大之前，已建立的基层支部主要有：湖南第一师范学校支部、长辛店机车厂支部等。④ 党的四大规定凡有党员三人以上均得成立支部。大会第一次明确提出党的基本组织是“以产业和机关为单位的支部组织”，“不能以机关为单位组织支部时，则可以地域为标准”⑤。经过不断完善，成立基层党组织的范围越来越广泛，现行党章规定，企业、农村、机关、学校、医院、科研院所、街道社区、社会组织、人民解放军连队和其他基层单位，凡是有正式党员三人以上的，都应当成立党的基层组织。

党的基层组织包括党的基层委员会、总支部委员会、支部委员会。基层委员会由党

① 滕玉成，臧文杰．党建引领力与基层治理八讲．北京：东方出版社，2021：1.

② 王永平．基层党建与社会治理．北京：社会科学文献出版社，2017：2.

③ 中央档案馆．1921—1949 中国共产党历史（第 1 卷）：上册．北京：中共党史出版社，2002：128.

④ 中央档案馆，中共中央文献研究室．中共中央文件选集：第 1 册．北京：人民出版社，2013：380.

⑤ 陈丽凤．中国共产党领导体制的历史考察（1921—2006）．上海：上海人民出版社，2008：14.

员大会或代表大会选举产生，总支部委员会和支部委员会由党员大会选举产生，提出委员候选人要广泛征求党员和群众的意见。根据 2023 年发布的《中国共产党党内统计公报》数据，截至 2022 年 12 月 31 日，全国 9 062 个城市街道、29 619 个乡镇、116 831 个社区（居委会）、490 041 个行政村已建立党组织，覆盖率均超过 99.9%。全国共有机关基层党组织 75.6 万个，事业单位基层党组织 97.7 万个，企业基层党组织 157.1 万个，社会组织基层党组织 17.9 万个，基本实现应建尽建。党的基层组织的隶属关系一般按行政管理、属地管理、产权关系管理、行业管理和协商管理等原则确定（见表 14－3）。[①]

表 14－3 党的基层组织的隶属关系

原则	适用规则
行政管理	地方党委和有上级行政主管部门的企事业单位的党组织
属地管理	无上级行政主管部门的企事业单位党组织
产权关系管理	股份制企业单位的党组织
行业管理	按行业、系统划分的企事业单位的党组织
协商管理	没有领导与被领导关系单位的党组织

近年来，在党的基层组织建设层面，全国各地掀起了区域化党建探索的热潮，涌现出了多样化的实践形式。在乡镇（街道）以及村（社区）层面，伴随着改革开放，“单位社会”的变迁导致了党的基层组织“离散化”与“悬浮化”的不良现象出现，由此产生了从单位制党建向区域化党建转型的内在需求。[②] 区域化党建是指“在一定区域内，党组织对行政、居民区以及驻区各类组织实行政治、组织、文化等全面引导与整合，推进社区党建工作由‘垂直管理’向‘区域整合’转变，由‘条块分割’向‘条块结合、以块为主’转变，实现社区党建工作区域化的建设过程”[③]。

区域化党建的核心是打破过去传统党建的组织模式，重构基层党建组织架构。从基层实践来看，重构基层党建组织架构主要有两种形式。一是重新整合原有基层党组织。如武汉市江夏区以纸坊街为重点，推行“1＋3”街道社区区域化党建模式；聚焦非公企业、社团商会、新媒体、网络物流等新兴组织，推广庙山办事处“1＋5＋N”非公企业区域化党建模式，以党的基层组织建设带动群团组织和其他各类基层组织建设，在这个架构中，“1”是指一个强有力的基层党组织，以其为龙头带动和统筹区域内其他社会组织。二是重新优化设置基层党组织。以南宁市西乡塘区明秀南社区为例，以小网格构建基层党建工作新格局，社区被划分为 8 个网格，每个网格成立网格党支部，形成“社区党委—网格党支部—楼栋党员服务站”三级体系，实现基层党组织的高效整合。除了三级党组织架构外，还有涵盖“街道（乡镇）党工委—社区党委—网格党支部—楼栋党小组—党员中心户”的五级党组织架构。

① 本书编写组．新时代基层党务工作 1000 问．北京：中共中央党校出版社，2023：43.
② 唐文玉．从单位制党建到区域化党建：区域化党建的生成逻辑与理论内涵．浙江社会科学，2014（4）.
③ 梁妍慧．区域化党建是党的建设的新课题．理论学刊，2010（10）.

为有效解决基层党建“建而不联，联而不合”的问题，建立区域化党建组织架构之后，区域化党建必须着力完善基层党建运行机制。普遍的做法是通过制度化建设，确保基层党组织之间议事沟通常态化。例如，牡丹江市通过一系列制度化举措使区域化党建中各党组织之间沟通协商顺畅，主要制度举措有：（1）党建联席会议制度。党建联席会议制度是区域内基层党组织协商议事的常设制度。会议由轮值主席主持，每季度召开一次，轮值主席则由社区大党委委员投票产生。（2）共驻共建清单制度。区域内各基层党组织以及社区成员单位讨论形成需求、资源、项目、责任清单，因地制宜确认阶段性待办事项。（3）事项清单项目化推进制度。由党建联席会议讨论后形成的待办事项清单，由各基层党组织或社区成员单位通过项目化的方式认领，确保实施到位。

2. 基层管理体制

基础不牢，地动山摇。党的工作重心在基层，执政基础在基层，活力源泉在基层，难点也在基层。

作为农村基层政权的乡镇组织，它上连“国家”、下接乡村社会，在乡村治理中发挥着其他政权组织无法替代的作用。① 乡镇政权，一般由乡镇人民代表大会、乡镇人民政府和党的农村基层组织构成。乡镇人民代表大会是最基层的一级地方国家权力机关，由本乡镇的选民直接选举产生的人民代表组成，代表人民行使国家权力。乡镇人民政府既是乡镇人民代表大会的执行机关，又是中国最基层的一级国家行政机关，对产生它的乡镇人民代表大会负责，并报告工作，接受乡镇人大的民主监督，对上一级政府负责并报告工作，完成其交办的各项行政工作，同时接受国务院的统一领导。

我国城市管理体制的基本模式可分为市、区、街三层以及作为群众自治组织的居委会，即“两级政府、三级管理、一级自治”②。“两级政府”即市与区，也是“三级管理”中的第一级、第二级，区为城市基层政府；“三级管理”的第三级即为街道办；“一级自治”即居委会。街道不设一级政府，街道办是城市基层政府“派出机关”。因此，街道组织既不是一级政权，也不是一级政府，不设立作为国家权力机关的人民代表大会，也不存在同级国家权力机关的执行机关，其权力不是来源于同级人大的政治授予，而是来源于上级行政机关的行政授予或让渡。③ 街道办事处与乡镇人民政府既有相同的地方，又有不同的地方（见表 14－4）。

表 14－4　街道办事处与乡镇人民政府的异同

		街道办事处	乡镇人民政府
相同点	制度结构性方位	（城市）最基层行政组织	（乡村）最基层行政组织
	行政级别（同区域内）	处、科	处、科

① 吴理财．改革与重建：中国乡镇制度研究．北京：高等教育出版社，2010：17.

② 朱光磊．当代中国政府过程．3 版．天津：天津人民出版社，2008：319.

③ 现实中为促进人大工作，街道内往往设人大工委，但这只是一种工作性机关，并不是代议性权力机关。

续表

<table>
<tr><th colspan="3"></th><th>街道办事处</th><th>乡镇人民政府</th></tr>
<tr><td rowspan="16">不同点</td><td colspan="2">制度属性</td><td>基层政府的“派出机关”</td><td>基层政府</td></tr>
<tr><td colspan="2">行政空间</td><td>城区</td><td>乡村</td></tr>
<tr><td colspan="2">管理与服务对象</td><td>城市街区无单位组织居民</td><td>乡村乡镇辖区所有居民</td></tr>
<tr><td colspan="2">主要工作内容</td><td>居民工作</td><td>综合行政管理</td></tr>
<tr><td colspan="2">管理角色</td><td>区域边缘</td><td>区域主导</td></tr>
<tr><td colspan="2">时效定位</td><td>暂时</td><td>长期</td></tr>
<tr><td colspan="2">主要权力来源</td><td>行政授权</td><td>政治授权</td></tr>
<tr><td colspan="2">领导者产生方式</td><td>基层政府直接任命</td><td>乡镇人大选举</td></tr>
<tr><td colspan="2">负责对象</td><td>城市基层政府</td><td>乡镇人大</td></tr>
<tr><td colspan="2">负责关系</td><td>对上级政府负责</td><td>对乡镇人大负责</td></tr>
<tr><td colspan="2">权力广度</td><td>小</td><td>大</td></tr>
<tr><td colspan="2">最高法律依据</td><td>《地方各级人民代表大会和地方各级人民政府组织法》</td><td>《宪法》</td></tr>
<tr><td colspan="2">决定主体</td><td>省级、副省级与地级政府</td><td>省级政府</td></tr>
<tr><td colspan="2">层级机构设置</td><td>部分</td><td>比较全面</td></tr>
<tr><td rowspan="2">制度结构</td><td>纵向</td><td>与区（市）政府关系近</td><td>与区（市）政府关系远</td></tr>
<tr><td>横向</td><td>“块”统能力较弱</td><td>“块”统能力较强</td></tr>
</table>

资料来源：袁则文．现代国家建构视野下的街道办事处制度研究．北京：中国社会科学出版社，2021：130.

在过去，乡镇人民政府的主要职能主要是“汲取”，在群众看来就是“要钱、要粮、要命”①，在职能上管理多服务少。要从根本上解决这些问题，就必须把乡镇人民政府职能从包揽一切转变为只提供核心公共产品，从行政管制转变为公共服务，从直接管理转变为间接管理。自 1978 年开始，40 多年的乡镇改革模式主要有：机构改革、乡镇撤并、任职交叉、选举创新、站所转制、财政统管（乡财县管）和委托扩权等。②

在街道层面，区政府各类职能部门也设立了相应的对口单位，实行“条条”管理。区政府政策实施主要通过各职能部门，再由各局传达到街道。职能不清导致基层负担过重，成为长期困扰基层治理的一大难题。党的十八大以来，习近平总书记在多个场合提出“构建简约高效的基层管理体制”。构建简约高效的基层管理体制，包含两个基本层面：一方面是给予基层机构更多自主权；另一方面是实现权责统一，明确镇街职责，健全完善职责准入机制。以北京市“街乡吹哨，部门报到”为代表的基层工作机制，有效衔接了基层属地组织与条线部门现有权责关系，通过党建引领和向镇街属地政府组织授权、赋权策略，建立由基层发起、调集条线部门资源的条块协同治理机制，共同解决一

① 陈文胜．后农业税时代乡镇政府的职能定位研究．农村经济，2007（8）.

② 吴理财．改革与重建：中国乡镇制度研究．北京：高等教育出版社，2010：171.

线的公共治理问题。[①]

3. 基层群众自治制度

基层群众自治制度，是中国城乡居民以法律法规政策为依据，在城乡基层党组织领导下，在居住地范围内，依托群众自治组织，直接行使民主选举、民主决策、民主管理和民主监督等权利，实行自我管理、自我服务、自我教育、自我监督的制度与实践。[②]

基层群众自治组织包括在农村设立的村民委员会和在城市设立的居民委员会。截至2022年底，全国基层群众自治组织共计60.7万个。其中，村委会48.9万个，村民小组392.9万个，村委会成员215.4万人；居委会11.8万个，居民小组133.1万个，居委会成员66.3万人。村（居）委员会有以下几个特点：第一，村（居）委员会是自治组织，具有组织独立性，由村（居）民选举产生；第二，村（居）委员会是群众组织，遇到涉及村（居）民利益的重大事项，必须提请村（居）民代表会议讨论通过；第三，村（居）委员会是基层组织，在村、社区层面设立，不存在上级组织和地区性或全国性的统一组织；第四，村（居）委员会是服务组织，主要任务是实现农村和城市社区的有序管理，为村（居）民提供有效服务。城乡基层政府或它的派出机关和村（居）委员会之间是指导与被指导、协助与被协助的关系。

基层群众自治制度的显著特征是直接民主，具体体现为在基层公共事务和公益事业中广泛实行群众自我管理、自我服务、自我教育、自我监督，拓宽群众反映意见和建议的渠道。在基层群众自治制度框架下，广大群众通过“海选”等方式，选出了自己信任的人，实现了民主选举；通过村（居）民代表会议、民主听政等方式，对公共事务进行协商讨论，实现了民主决策；通过召开会议、制定规约章程等方式，健全村规民约（居民公约），实现了民主管理；通过村（居）务公开、民主评议和定期报告工作等形式，保障村（居）民的知情权、参与权、表达权和监督权，实现了民主监督。[③] 党的十九大以来，以“有事好商量，众人的事众人商量”为特征的民主协商成为基层群众自治制度的重要内容之一。

14.2.2 中国基层治理的运行特征

1. 党建引领基层社会治理

在基层社会治理中，发挥好中国共产党的领导这项最大的制度优势是基层治理的关键所在。党建引领基层社会治理是由党的自我革命品格所决定的。党的十八大以来，习近平总书记一再告诫全党必须牢记“打铁必须自身硬”的道理，以前所未有的勇气和定力把全面从严治党的伟大实践向纵深推进，创造性地提出了党的自我革命这一重大命题。2015年5月5日，习近平总书记在中央全面深化改革领导小组第十二次会议上的重要讲话中围绕全面深化改革，明确提出“勇于自我革命”这一概念。[④] 党的十九大报告将“勇

① 孙柏瑛，张继颖．解决问题驱动的基层政府治理改革逻辑：北京市“吹哨报到”机制观察．中国行政管理，2019（4）.

② 李学举．中国基层群众自治制度地位的重大提升．求是，2008（3）.

③ 中共中央文献编辑委员会．彭真文选．北京：人民出版社，1991：607－608.

④ 赵绪生．论新时代中国共产党的自我革命．中共中央党校学报，2018，22（5）.

于自我革命"纳入新时代党的建设总要求。党的十九届六中全会将"坚持自我革命"作为党的历史经验之一写入党的第三个历史决议。2022 年，党的二十大报告强调"党找到了自我革命这一跳出治乱兴衰历史周期率的第二个答案"。党通过自我革命引导社会革命，推进协商民主广泛多层制度化发展，创造性地建立党组织领导的自治、法治、德治相结合的城乡基层治理体系，形成共建共治共享的基层治理新格局。

党建引领基层社会治理是推进"中国之治"的根本保障。"中国之治"是扎根中华土壤、符合中国国情、为人民群众所认同拥护的中国共产党领导人民治理国家的中国治理体制和中国治理道路，具有政治性、人民性、整体性、创新性、系统性五大特征。这些特征与党建引领基层社会治理的内在要求相契合，通过在基层社会治理中发挥党组织作用以凝聚基层治理合力，更有助于加快推进社会治理现代化，夯实"中国之治"的基石。

2. 以政权建设推动治理重心下移

基层政权是国家政权的最低层级，是党和国家连接社会的重要桥梁和关键节点。进入新时代以来，基层自治和治理出现双重下沉：一方面村民自治向村民小组下沉，另一方面政府治理重心向基层下沉。2014 年中央一号文件首次提出，"探索不同情况下村民自治的有效实现形式，农村社区建设试点单位和集体土地所有权在村民小组的地方，可开展以社区、村民小组为基本单元的村民自治试点"。广东省清远市在村民自治下沉到村民小组和自然村的过程中，将原有的村民委员会改造为"片区"，设立党政公共服务站，作为乡镇的派出机构，乡镇政权组织也由此下沉到村。伴随着治理重心的下移，部分地区出现"悬浮化"现象，为破解这一问题，中央出台了一系列文件，引导地方同步将资源、服务、管理向基层下移。

以政权建设推动治理重心下移还需要加快转变政府职能，化解行政"内卷化"困境。在基层重塑国家与社会关系方面，在对农村的研究中出现了大量有影响的实证成果。而对城市基层社会的研究，则是以单位制的建立和解体为探讨起点。在"国家-社会"的分析框架中，中国城市社区的研究可以分为三个方向：国家中心理论、社会中心理论以及社会中的国家理论。①

在国家中心理论方面，在"单位制"式微和"街居制"无能为力的情况下，如何重新整合"原子化"的个人以及逐渐"碎片化"的社会，成为迫切需要解决的重大问题。因此，政府要有计划地推进社区建设，保证基层社会的稳定，强化对基层社会的管理。这强调了国家的自主性和国家能力，催生了"强国家、强社会"的模式。在社会主义市场经济原则下，中国的经济、政治和社会发展将在社会主义架构下孕育出全新的国家与社会关系。中国新型的国家与社会关系必将跨过"强国家、弱社会"与"弱国家、强社会"的两极选择，而形成"强国家、强社会"的新局面。②

在社会中心理论方面，主张发展的动力存在于社会之中，国家对于社会是一种限制性力量，因而国家的干预越少越好。作为国家与社会相分离的产物，城市社区自治已经成为人民民主在基层的具体表现。基于社会理论视角，社区民主与自治成为终极目标。

---

① 何海兵．"国家—社会"范式框架下的中国城市社区研究．上海行政学院学报，2006 (4).

② 林尚立．党、国家与社会：党实现领导核心作用的政治学思考．中共天津市委党校学报，2001 (1).

从社区民主与自治的理想目标出发，社区建设出现了“行政化”问题。在现实的城市社区产生和发展的过程中，行政因素对社区进行弥漫式渗透，挤压了基层社会的自组织空间，使得正常的自组织力量和机制难以发挥作用。

在社会中的国家理论方面，治理的最终目标是善治，这是一种公共利益最大化的社会管理过程。社区治理是通过政府与社区组织、社区居民、非营利组织的共同努力来改善社区环境，促进社区经济发展，提高社区居民生活质量，最终走向善治的过程。在城市社区，政党、国家与社会的关系应不断朝着权力互强、资源共享的状态演进。党组织、政府组织、自治组织、非营利组织都是社区治理的主体。多元主体的持续互动，是增进公共利益、促进社区良治的基础。

从基层社区公共服务供给侧结构性改革的角度出发，想要破解基层治理“内卷化”问题，首先要转变政府职能，推动政社互动，实现国家与社会的相互赋权，通过政府购买社会服务等形式，吸纳社会组织和市场力量等多元主体参与到社区治理和服务中来，以合作共治应对“内卷化”的结构性矛盾。

3. 以基层民主促进共建共治共享

基层民主是人民群众在基层政治、经济、文化和社会生活领域直接行使民主权利、参与管理公共事务和公益事业的制度和实践。① 深化基层民主的核心是扩大基层民主的自治性和参与性。因此，以公民为主体而展开的公民协商是基层民主的重要形态。② 党的十八大以来，中国的基层民主有了相当大的发展，其中一个重要成果就是各种形式的公民协商持续发展。

以基层民主促进共建共治共享的内在逻辑主要表现在以合作性、公共性和多元性为基本内涵的多元共治理念中。治理是多元主体以协商为基础、以合作为支撑、以共赢为目标指向，遵循共同规则，共同应对处理公共事务的持续过程。③ 基层民主，用协商的方法来解决治理问题，要求协商对话并寻求相互理解，谋求实现政府、市场、社会、公众等多元主体共同关注的公共利益，以公共性促进治理目标的实现，激发和引导多元主体共同参与社会治理，构建共建共治共享的社会治理格局。

4. 以多方协同优化服务供给

协同治理以 2007 年党的十七大召开为起点，以服务型政府建设的推进作为新的研究方向和价值支撑。④ 在党的十七大报告中，首次提出构建“党委领导、政府负责、社会协同、公众参与的社会管理格局”，并进一步指出要“健全基层社会管理体制。最大限度激发社会创造活力”，在制度建设层面上规范化地推进协同治理建设。2008 年，党的十七届三中全会提出“公共服务均等化”的目标，使得协同治理理论延伸到社会基层领域，具有显著的多元性、社会性、服务性和基础性特征。

协同治理作为服务型政府的治理模式，是政府部门和经济组织、社会组织以及社会

---

① 徐勇．基层民主：社会主义民主的基础性工程：改革开放 30 年来中国基层民主的发展．学习与探索，2008（4）.

② 林尚立．公民协商与中国基层民主发展．学术月刊，2007（9）.

③ 夏锦文．共建共治共享的社会治理格局：理论构建与实践探索．江苏社会科学，2018（3）.

④ 鹿斌，周定财．国内协同治理问题研究述评与展望．行政论坛，2014，21（1）.

公众等多元治理主体以既存的法律法规为共同行为规范，通过相互配合与协同，有效地汇聚多种力量，实现公共利益最大化的过程。协同治理是合作治理的重要组成部分，合作治理是协同治理的未来趋势。合作治理主张政府与非政府部门的多主体合作，通过公共权力共享，打破以政府为中心的政策体制，实现主体权力平等的网络范式下共同制定、执行、监督和完善政策的过程。在合作治理思路下，各参与主体之间不存在上下级的领导关系，每个参与主体都具有高度自主性，各自承担着相应的职责，不必受制于其他主体的条条框框。政府以平等的身份与其他参与主体对话，建立合作伙伴关系，实现公共产品和服务的有效供给。

14.3 中国基层治理的现实挑战和发展趋势

党的十八大以来，中国进入了中国特色社会主义建设的新时代，城乡基层治理也进入了一个新阶段。在新的历史时期，中国基层治理在实践中也面临新的挑战，呈现出新的发展趋势。

14.3.1 现实挑战

随着市场化、工业化、城市化、信息化及全球化的深入发展，城乡经济社会结构及人们的思想观念和行为方式正发生深刻的变化，传统基层治理与时代需求适配度日益不足，而新时代基层治理体系仍处于变革之中，治理理念的更新、治理体制的转型以及治理方式的转换面临诸多理论、实践、法律及制度衔接的问题。综合而言，城乡基层治理至少面临六大现实挑战。

1. 党领导下“分工”和“统一”的内在平衡

中国共产党在创建中华人民共和国以及带领中国人民进行社会主义现代化建设的历史征程中，经历了“党领导一切”的制度框架下从“以党代政、党政不分”到追求“党政分开”，再到“党政分工”的过程，如今正朝着加强党的全面领导的目标迈进，呈现了党领导下“分工”和“统一”的内在平衡问题的曲折认识与实践过程。[①]

在近代中国社会，“以党代政、党政不分”有着深厚的历史与社会根据。当时，严峻的社会历史环境、复杂的革命形势、艰巨的革命任务以及队伍建设的迫切需要，亟需一个高度集中统一的政党来统领国内各项工作，引领国家走向现代化。然而，在改革开放的背景下，基层治理开始迈向“党政分开”“明确党政分工”的阶段，即在“分权”原则上重建基层政权组织与治理体系，实行“乡村分治”，村民自治、社区自治，并大力推进“党政分开”“政企分开”“政社分开”“政事分开”。1986 年，中央就明确要求农村基层“明确党政分工，理顺党政关系”。“党政分工”成为相当长一段时间内城乡基层政权及组织建设的目标方向。

① 唐亚林．论党领导一切原理．学术界，2019 (8).

党的全面领导是新时代城乡基层治理的首要要求和核心特征。新时期明确强调“只有党政分工，没有党政分开”①。“党政军民学，东西南北中，党是领导一切的”②。在实践中，为了服务多元主体，通过对基层党政权力系统的重新组合，中国形成了以基层党组织权力为核心的“社区党群服务中心”体系，提高了党政权力运作的执行能力和效率。此外，实现党政权力统合下的社会各方共管共治，如基层党委书记、党组织、村（居）委会领导职务“一肩挑”，同时加强区域党建，深入经济社会领域整合党建力量。③ 根据2023年《党和国家机构改革方案》，组建中央社会工作部，统筹推进党建引领基层治理和基层政权建设，基层党组织在基层治理中的权威领导地位不断在程序和制度上得以强化。但需注意的是，党的全面领导并不意味着事无巨细，而是“提高党把方向、谋大局、定政策、促改革的能力和定力”，在基层治理中应注意总揽全局而非包揽一切、协调各方而非替代各方。

2. 国家权力扩张中“行政”和“自治”的关系调整

伴随着国家治理能力的不断提升和治理体系的不断完善，国家力量不断增强，主要表现为行政力量不断渗透到社会治理体系中，客观上调整了“行政”与“自治”的关系。

当前，我国基层社会治理呈现出行政势强、自治势弱的非均衡状态。规则下乡形成对基层自治空间的挤压，出现了过程代替结果、形式代替内容、表面工作代替实质工作的问题。④ 随着村公共资金的日益程序化、正规化，出现了其被切割以应付行政任务，甚至“行政吸纳自治”的局面。在基层治理行政化趋势下，出现了行政包办取代社会动员、行政本位虚化农民参与等问题，由此造成基层治理能力弱化，行政侵蚀自治的消极影响。

从实践来看，随着国家力量深入基层社会，行政力量与自治力量进行了深度互动，“行政”与“自治”并非是不可兼得的二元对立关系，二者都是基层治理的关键要素。行政制度的输入有助于规范自治空间，加强基层自治组织建设。行政力量可以将国家制度规则导入农民生活，通过思想引导等方式推动实现国家要求和社会实际的统一。国家对社区的行政赋权，可以转化为身份赋权和行为赋权，提高社区治理能力。“行政”和“自治”的关系调整可趋向自治嵌套行政、行政激活自治的良性效果。

3. 治理单元调整中“下沉”和“上移”的尺度探索

治理行为必须基于一定的治理单元，在一定的空间、人口、组织、设施、部件中展开。在社会治理重心下沉、治理复杂性提升的当下，部分地区对基层社会治理的基本单元进行调适与重构，旨在重组已有资源的情况下发掘潜在资源，优化民生服务，以提升居民对社会治理的获得感和幸福感。比如，将小区作为自治单元下沉后的次级治理单元、以网格为社区治理最小治理单元；或是探索大型社区中治理规模适度的区间化，在小区或网格“微治理”基础上探索融合型大社区大单元治理。治理单元出现“下沉”和“上

---

① 本书编写组．党的十九大报告辅导读本．北京：人民出版社，2018；只有党政分工，没有党政分开．(2017-03-14)．人民政协网．

② 本书编写组．党的十九大报告辅导读本．北京：人民出版社，2018．

③ 周庆智．基层党建如何引领基层治理．人民论坛，2019（10）．

④ 贺雪峰．规则下乡与治理内卷化：农村基层治理的辩证法．社会科学，2019（4）．

移”的双重探索。

在小区、网格等社区治理“微单元”中，通过多元协作、降缩单元、利益联结、赋权增能等机制，可降低治理成本，撬动社区居民、社会组织和其他社会力量共同参与社区共同体建设的积极性与主动性，推动社区治理向精细化转变①；部分地区积极探索以片区为治理单元，以网格为服务单元的一体化联动共治格局，其作为基层治理单元的新样态，是在不改变既有行政区划的前提下，在更大空间范围内解放社会生产力的非正式治理单元，以破解治理单元内部的碎片化问题，通过社会再组织激发社会力量广泛参与，促进社会资源共享。可见，因地制宜开展治理单元重构有助于推动治理重心下移、资源力量下沉、人员队伍整合，推进社区的“再组织化”，提升社区治理服务水平，化解条块分割、资源不均、联动不足等难题。

“下沉”和“上移”的尺度关乎治理单元和治理主体的动态匹配，治理单元与治理有效性有紧密的联系，能够产生社会资本的治理单元是合宜的。利益关系、地区文化、治理规模、地域分布等因素影响治理单元设置的合理性，治理单元对治理效率、效能、效力等发挥着直接作用，因此应谨慎把握治理单元的尺度问题。

4. 治理工作中“增效”和“减负”的矛盾化解

党的十八大以来，党高度重视解决形式主义、官僚主义问题，切实为基层减负，让干部轻装上阵。中共中央办公厅发布《关于解决形式主义突出问题为基层减负的通知》，将 2019 年作为“基层减负年”。2020 年，中共中央办公厅印发《关于持续解决困扰基层的形式主义问题为决胜全面建成小康社会提供坚强作风保证的通知》，再次聚焦基层减负问题。在实践中，基层“增效”与“减负”不免出现悖论现象。

基层位于治理一线，作为贯彻上级各项政策的主要实施者，长期面临着“事务忙、压力大、考核多、问责多”的现实情况。负担过重已成为制约基层治理绩效改善和基层治理能力现代化的现实难题。自“基层减负年”以来，部分地区的基层减负政策并未达到预期治理目标，社区仍然存在权小责重、委托事务量多、多元共治难度大等问题。一份关于对某省 231 名基层干部工作现状和负担情况的问卷调查显示，在省市积极响应出台了相关减负文件后，社区干部依然面临工作时间周期长、工作任务繁重、工作情绪等困境。② 在国家治理转型的长期阶段，应注意把握政策传达和地区实际相统一，实现督考的科学性和规范性相统一，注意行为约束与正向激励相统一，使基层治理工作的“增效”和“减负”达到相对理想的效果。

5. 村级组织政经“分开”和“合一”的两难处置

“我国农村治理的基本框架由在土地集体所有基础上建立的农村集体经济组织制度与农村自治组织制度共同构成”③。如何处理农村集体经济组织与农村自治组织的关系，一

---

① 陈伟东，熊茜．论城市社区微治理运作的内生机理及价值．吉首大学学报（社会科学版），2019（1）．

② 陈家刚，王敏．基层减负的清晰化治理：基于对 G 省基层干部的问卷调查．中共天津市委党校学报，2020（1）．

③ 财政部关于印发《扶持村级集体经济发展试点的指导意见》的通知．（2015－10－12）．http：//www.mof.gov.cn/gkml/caizhengwengao/wg2015/201511wg/201603/t20160328_1926829.htm.

直是改革以来农村集体经济发展和基层治理的突出问题。

20 世纪 80 年代，在农村改革之初，中央要求废除人民公社体制，重建乡镇政府和经济联合社，在村一级设立村民委员会，同时设立村集体经济组织，实行政社分开、政经分开。以集体土地所有制为基础建立基层社区组织的村民委员会及基层党支部，村集体土地的产权边界决定着村委会及党支部的人员边界、管理边界、服务边界以及民主自治边界，这造成了村委会组织的封闭性、排他性，以及民主、管理和服务的有限性，不仅难以实现有效的公共管理，也难以提供全面的公共服务。《中华人民共和国农村集体经济组织法（草案）》强调，农村集体经济组织应“支持和配合村民委员会在村党组织领导下开展村民自治”，“支持农村其他经济组织、社会组织发挥作用”，目的在于妥善处理政经关系和政社关系，发挥合力作用助推集体经济发展和基层自治。

乡村治理并非单纯的治理体制问题，本质上是合理配置公共资源以构建乡村秩序的过程。乡村治理现代化是在乡村社会塑造一套与现代化国家相适应的政治经济结构，其关键目的在于提升治理效率，基本路径是通过交换与协商实现政经间的互动。村民不仅是乡村社会的居民，同时也是专业农户和农业产业链关联人员。因此，构建与时俱进的政经关系是乡村治理场域中的关键问题。

6. 城乡基层治理“二元”和“一体”的改革推进

20 世纪 50 年代，为发展国民经济和提高综合国力，国家制定了优先发展国防和工业化的战略，建立以统购统销为核心、农业集体化和户籍制度为制度支撑的城乡二元体制，确保长期“以农补工”①，这一时期农村为城市发展贡献了大量农副产品和资金，农业为工业提供了良好的后勤保障服务。

随着改革开放和社会主义市场经济体制的确立，党和国家开始深入探索推动城乡社会融合发展的路径。家庭联产承包责任制、户籍制度改革不断深化，进城务工的农民数量不断增多。由于经济快速发展，生产要素不断汇集到城市，城镇化水平不断提高，农村发展速度逐渐落后于城市。党的十六届三中全会做出统筹城乡发展的重大战略，工业反哺农业、城市支持农村成为历史和现实的必然趋势。党的十八届三中全会进一步指出，要健全城乡发展一体化体制机制，城乡发展一体化成为国家现代化的重要标志。②

然而，城乡二元结构是制约城乡发展一体化的主要障碍，在户籍制度、土地管理、劳动就业、公共服务、社会保障、社会治理等诸多领域，城乡分割的二元体制依然根深蒂固。③ 为此，应逐步破除阻碍区域一体化、城乡一体化的体制机制④，客观认识由于城乡二元结构中的不平衡、不平等引发的一系列社会治理问题，制定行之有效的城乡基层治理政策。

---

① 夏柱智，贺雪峰．半工半耕与中国渐进城镇化模式．中国社会科学，2017（12）.

② 习近平．在十八届中央政治局第二十二次集体学习时的讲话．人民日报，2015－05－02；中共中央党史和文献研究院．习近平关于“三农”工作论述摘编．北京：中央文献出版社，2019.

③ 魏后凯．新常态下中国城乡一体化格局及推进战略．中国农村经济，2016（1）.

④ 项继权，王明为．新型城镇化与乡村治理转型．求实，2016（10）.

14.3.2　发展趋势

伴随着市场化、工业化、城市化、信息化及全球化的深入发展，城乡经济社会结构及人们的思想观念和行为方式正发生深刻的变化，传统基层自治、治理体系、治理方式越来越难以适应时代的变化和社会的需要，而新时代基层自治和治理体系仍处在建设之中，具体呈现以下五大发展趋势。

1. 党政权力统合

党的十九届四中全会首次明确提出“健全提高党的执政能力和领导水平制度”的战略议题，并强调改进党的领导方式，强调针对一些基层党组织弱化、虚化、边缘化问题，优化组织设置，创新活动方式，推进党支部标准化规范化建设，完善打基础、补短板、强弱项的制度机制，不断提升基层党组织的向心力、凝聚力、战斗力。[①] 但是，党的全面领导不是事无巨细、由党包揽，而是“领导一切”，“决定重大问题”。因此，必须进一步完善相关法规和政策，理顺党组织、政府机构、社区组织及集体经济组织、社会团体等基层自治主体之间的组织、功能和权利关系，在保障党的全面领导的同时实现合理分工、依法依规。

始终坚持党对一切基层工作的政治领导，是加强基层社会治理的核心要义。执行党的领导制度、发挥党的领导制度优势，是党在面临复杂、动态的基层治理环境时保持政治定力，贯彻落实建构基层治理秩序的正确路线、方针、政策的政治保障。在此基础上，优化基层政治结构，创新基层治理的党政运行机制，改革党政体制，规范党政关系以建立完善的党政结构是党改进在基层的领导方式的重要目标。在基层治理过程中，党的基层组织与其相对应层级的基层政府之间形成统筹嵌合体制，党的政治理念、价值与行为对基层政府的行政理念、价值与行为进行功能性嵌入与结构性耦合。

健全党委和政府的共治机制，是基层社会治理难题集中处理的有益助力。通过优化基层政治结构，规范非常态的、政策性的“领导小组”“专门委员会”“临时指挥部”等项目制治理结构的运行过程，畅通党政协同治理路径，实现党政责任共担，创新基层治理服务供给机制。在基层治理中，落实党政同责、提高公共服务供给的党政合力，是回应基层治理结构性问题的有效方式。

2. 创新治理结构

基层社会治理结构的创新，在宏观层面上涵盖了国家和社会的关系，在微观层面上厘清了治理主体间的关系。国家和社会的关系构筑了社会治理结构的发展主线，“国家和社会的发展互为条件，两者缺一不可”。社会管理和社会治理的显著差异在于多元主体的引入，所对应的治理结构是政府、市场、社会组织等主体间关系的互动模式。

21 世纪以来，中国不断推进“资源下沉”“服务下沉”“组织下沉”“管理下沉”，城乡基层普遍建立行政服务中心、综合服务中心和综合执法中心，国家权力不断向基层延

① 唐皇凤，吴瑞．提高党的执政能力和领导水平制度的基本内涵、逻辑结构和健全路径．探索，2020（2）．

伸，社会治理体制强调“党委领导、政府负责、社会协同、公众参与”[①]，地方和基层党委政府日益居于城乡基层服务和治理的主体地位。党中央一再强调，加强基层自治和发挥社会组织作用，大力推进“简政放权”，制定“权责清单”，努力划分和明确乡镇政府、街道办事处和基层群众性自治组织的权责边界，进一步理顺基层政府与社区自治组织的权责关系，促进基层政府与基层群众自治组织的有效衔接、良性互动。从“三社联动”到“五社联动”，诸如此类的基层社会治理创新本质上是推进国家与社会关系在基层的重构，当社区与社会组织、社会工作者、社区志愿者、社会慈善资源等不同行动主体共同致力基层社会治理时，国家与社会将不再是抽象的二元对立关系，而是基于诸多共同事务、共同目标而形成的团结关系结构。[②]

3. 促进资源整合

提升基层治理效能，统筹利用好各种资源是重要基础。基层社会迫切需要国家将资源下沉与整合，以解决基层治理资源不足与缺位的困境。

基层治理所需的资源范围广泛，涉及政策、资金、人员、设备、技术等有形资源，以及理解、认同、社会资本、公共精神、数据信息等无形资源。基层社会治理是对上述资源进行汲取和配置的过程。在基层社会中，公共服务的供给具有政府供给、市场供给与志愿供给三种基本类型，相较于单一主体的供给模式，基层治理使用协同治理机制，更能实现资源的有效整合与优化配置。[③]

政府部门的财政投入能够确保基层治理所需的基本资金，更有能力收集民生需求的相关信息，拥有制定政策的权力等；市场拥有不可或缺的人才、设备与技术；社会组织的优势则体现在社会资本和公益精神方面。面对繁杂的治理任务，往往需要多元主体间的协同联动。在横向层面上，政府内部链接各职能部门，外部则动员市场主体和社会主体；在纵向层面上，将执法力量下沉至街道社区，形成高效的行动者网络。各主体的优质资源具有较强的差异性和互补性，链接多元化社会资源用于基层治理，可通过资源的交换、整合实现优势互补、价值增益。将党委、政府和社会一切可以集中的资源下沉和整合起来，发挥资源的统筹、联动、共享、增值作用，有助于集中解决治理问题，激发基层治理活力。

4. 技术赋能治理

自 21 世纪以来，人类社会迈入第四次工业革命，互联网、物联网、大数据、云计算、人工智能等新兴技术驱动着社会的快速演化，创造了百年未有之大变局，引起社会快速而广泛的信息化、数字化。恰逢我国处于推进治理现代化的全面深化改革时期，技术工具重构着政府、社会、企业、媒体等主体的行为模式及互动关系，构建了数字时代的治理模式。

在治理理念层面，技术给公众提供了更广泛的参与渠道，公众参与意识增强，重视

---

① 本书编写组．党的十九大报告辅导读本．北京：人民出版社，2018：48.

② 徐选国，徐永祥．基层社会治理中的“三社联动”：内涵、机制及其实践逻辑：基于深圳市 H 社区的探索．社会科学，2016（7）.

③ 马雪松．结构、资源、主体：基本公共服务协同治理．中国行政管理，2016（7）.

对政务信息的知情权和民意表达权，因此政府需要更大程度的数据信息公开，同时提倡协同共治、政民互动。在治理方式层面，技术驱动政府扩大政治沟通和更快捷地回应诉求，以数据为基础辅助科学决策，取代传统的经验决策。在治理制度层面，技术为基层治理的数字化转型提供政策机会，逐渐完善针对信息化改革、技术治理、数字化转型的政策与制度，作为基层治理体系和治理能力现代化的重要依据。

技术赋能社会治理，通过制度创新、平台创新、人力资源创新、应用创新带来积极的影响。在全面深化改革的当下，改善多元治理主体间的互动关系。例如程序公开、规则公开、结果公开等政务公开，网上办事、意见征询、实时反馈等在线政务新形式①，有助于开拓信息技术与基层治理之间新的联合态势。

5. 城乡融合发展

自党的十九大报告中强调“城乡融合发展”，城乡关系开始沿着一体化和融合逻辑发展。城市与乡村功能互补、空间相邻、文化互通、利益相连，城乡融合发展具备充足的内生动力。

城乡融合发展强调地区、产业、行业、群体以及城乡之间资源配置的均衡性，推动要素平等交换和双向交流。改革开放以来，中国城乡要素流动总体表现为“乡—城”的单向流动，而在城乡融合发展阶段，要素回流成为市场诱导与政府引导共同作用下的理性选择。依托产业链条的延伸，农村第一产业、第二产业、第三产业在融合发展的同时，也与城市的第二产业、第三产业建立起新型产业联系，且交错互补特征持续增强，逐步形成城乡产业协同发展格局，畅通城乡经济循环。伴随着城市化的发展，城市文明向乡村渗透。同时，在乡村振兴背景下推动乡村善治，有助于实现城乡文明融合，推动城市文明和乡村文明和谐发展，成为一个有机整体。

城市聚集了更多的人才、资本、技术、管理经验和基础设施，乡村则在原料、劳动力、土地等方面具有比较优势，这种经济和文化方面的差异性和互补性，是城乡融合发展、资源整合共享的现实逻辑。同时，立足国家治理的基本单元，强化横向层面制度的有效衔接，促进纵向层面制度的良性互动，实现城乡融合发展的制度统合。

本章小结

纵观中国基层治理的历史发展特征，千年变革中基层治理重心不断下移、治理主体不断拓展、治理结构不断调适、治理效能不断提升，归根结底是为了有效整合社会，发挥基层治理对于国家秩序的稳固作用，因此必须处理好国家与社会这一基础关系。由于社会的整合和组织并非易事，尤其对于幅员辽阔、内部充满多样性的中国而言，需具备强大的引领和支撑力量。历史的经验表明，中国共产党领导下的基层治理通过权力集中、资源整合、社会动员等工作优势，不断增强组织力、凝聚力、创造力，面对百年未有之大变局下堆叠交织的矛盾问题，不断推进基层治理体系和治理能力现代化，夯实国家大

① 孟天广．政府数字化转型的要素、机制与路径：兼论“技术赋能”与“技术赋权”的双向驱动．治理研究，2021（1）.

厦基础，亦为建设人人有责、人人尽责、人人享有的社会治理共同体注入不竭动力。

关键术语

基层治理　　基层政权　　社区治理　　基层自治　　城乡融合

复习思考题

1. 如何理解基层治理中的国家与社会关系？

2. 当代中国基层治理发展经历过几个不同的阶段？这些阶段各自的基本特征是什么？呈现出何种发展态势？

3. 谈谈中国共产党在基层治理结构中的地位和作用。

4. 思考当前中国基层治理面对的现实挑战及其成因。

第 15 章
群众与公民

党政体制不仅是以政党为中心、由党一元化领导的政治统治形态，而且是一个政党、国家和社会高度重叠的社会控制形态。党政体制与社会及社会个体的互动构成双线索模式：一条线索是党与人民团体及群众的关系，另一条线索是国家与公民的关系。

就党与人民团体及群众的关系而言，“群众路线”自始至终是一条将党政体制同社会加以贯通和联结的“主干线”。在 20 世纪的中国，“党的事业在群众斗争中发展，群众路线是中国共产党把马克思列宁主义普遍原理和中国实际相结合的独创性成果，已经呼之欲出”[①]。后来在党领导人民进行革命、建设、改革的全过程中，一代又一代的中国共产党人继承和发扬着“从群众中来、到群众中去”的理论内涵和精神实质。与此同步，“群众路线”又通过群团组织得以在实践中持续贯彻、落实，充当党组织群众的重要抓手。从国家与公民的关系来看，不妨将公民权利的扩展视为党政体制连接社会的又一条重要“辅助线”。在改革开放以前，党政体制之外不存在具有自主性和自治性的社会，“社会不再拥有能够自由地、真正地为其讲话的机构和组织，可以说民间社会已不复存在了”[②]。改革开放以后，国家与社会开始出现结构性的分离，不仅社会阶层结构发生了巨大变化，新兴社会阶层崛起，而且社会组织迅速成长。由于国家依法不断强化对公民权利的保障和逐步推进法治建设的进程，公民权利得到了极大的扩展。总之，追溯群众路线的历史形成及其演变、厘清群团组织在实践中的定位与改革、探寻改革开放以来公民权利的扩展逻辑，是理解党政体制、社会及社会个体互动格局的三部曲。

本章将分别探讨上述两条线索的历史脉络、现实状况与未来走势。具体来说，第一节讨论群众与群众路线，第二节聚焦于群团组织的定位与改革，第三节则分析公民权利的扩展。

---

① 卫建林．党的历史是形成和完善群众路线的历史．中国社会科学，2011（4）．

② 邹谠．二十世纪中国政治．香港：牛津大学出版社，1994：142．

15.1 群众与群众路线

“群众路线是我们党的生命线和根本工作路线”[①]。“群众”与“群众路线”的概念几乎贯穿了中国共产党革命、建设和改革的全部时期。理解“群众”与“群众路线”的政治内涵，是我们理解中国党政体制下政党与社会连接的关键。

15.1.1 群众与群众路线的演变

20 世纪上半叶，中国共产党领导的新民主主义革命面临的一个首要问题是，在清楚地区分朋友和敌人的基础上，团结朋友，将一切可以依靠的力量紧密地凝聚在自己周围，同时孤立、缩小敌人的势力，最后消灭敌人。“谁是我们的敌人？谁是我们的朋友？这个问题是革命的首要问题。中国过去一切革命斗争成效甚少，其基本原因就是因为不能团结真正的朋友，以攻击真正的敌人。”[②] 区分敌友的革命战略直接决定了“群众”的内涵，它意味着“群众”这一概念的形成在本质上是敌我分析、阶级分析的产物；团结朋友、消灭敌人的革命策略则为群众路线的产生提供了实践需求。因此，在理论概念和经验探索上，群众与群众路线形成于中国共产党领导的革命实践中。

随着中国共产党革命、建设与改革形势的不断变化，党在不同历史阶段对其目标任务的战略和策略认知也在不断地进行调整，对群众和群众路线的理解和阐释也随之深化发展。群众路线的演变、发展大体上可以划分为以下几个时期。

1. 形成期

大革命失败之后，中国共产党认识到城市路线的局限性，逐渐探索出“农村包围城市，武装夺取政权”的革命道路。“农村包围城市”让中国共产党对“群众”的理解从单一的工人阶级发展为包含农民在内的更广泛群众；“武装夺取政权”的道路为群众路线的萌芽提供了最直接和现实的双重动力因素。一方面，在残酷的武装斗争中，红军必须依靠人民群众。处在苏区的红军力量尚且比较薄弱，面临着国民党武装力量的重重包围，势必需要获得广大人民群众各个方面的支持。军事斗争面临着征兵、征粮等各类资源汲取的压力，共产党需要依靠人民群众完成自己最基本的资源补充。在革命实践中中国共产党逐渐发展出“敌进我退，敌驻我扰，敌疲我打，敌退我追”的游击战，这种战术的机动灵活不能只依靠正式的军事力量，而需要“分兵以发动群众，集中以应付敌人”[③]，“不以群众为主力的单纯的军事行动至少是一种变形的军事机会主义”[④]。另一方面，红军还需要承担起教育和组织群众的任务。古田会议决议明确指出，“红军是一个执行革命的

---

① 习近平在党的群众路线教育实践活动工作会议上的讲话．(2013－07－26)．人民网．

② 毛泽东选集：第 1 卷．2 版．北京：人民出版社，2006：3.

③ 李达．抗日战争中的八路军一二九师．北京：人民出版社，1985.

④ 中共中央文献研究室，中央档案馆．建党以来重要文献选编：第 5 册．北京：中央文献出版社，1989：230.

政治任务的武装集团……红军决不是单纯地打仗的，它除了打仗消灭敌人军事力量之外，还要负担宣传群众、组织群众、武装群众、帮助群众建立革命政权以至于建立共产党的组织等重大的任务"①。毛泽东指出，红军的主要任务是做群众工作，"打仗的时间、分做群众工作的时间乃是一与十之比"，"政治观点即群众观点"，他批评红四军中一些同志存在的单纯军事观点"是一个很严重的政治路线问题"②。总之，群众路线根源于革命年代武装夺取政权的战争需要，从军事斗争延伸至政治工作，形式上涉及军队与群众的关系，本质上是党与群众的关系。

2. 成熟期

抗日战争客观上要求淡化国内的阶级矛盾，尽可能团结更多的抗日力量以赢得抗战胜利，解放战争也需要进一步扩大统一战线。随着革命形势的演变，中国共产党开始扩大"群众"概念所包含的范围。除了工农阶级，"群众"增添了知识分子、小资产阶级、民族资产阶级等社会阶层和群体。"在中国社会的各阶级中，农民是工人阶级的坚固的同盟军，城市小资产阶级也是可靠的同盟军，民族资产阶级则是在一定时期中和一定程度上的同盟军"，"共产党必须善于吸收知识分子，才能组织伟大的抗战力量，组织千百万农民群众，发展革命的文化运动和发展革命的统一战线"③。与此同时，群众路线不仅呈现出一些新的形式，比如抗日民族统一战线的政权在人员构成上实行"三三制"，"共产党员占三分之一，非党的左派进步分子占三分之一，不左不右的中间派占三分之一"④，而且在操作策略上趋向温和，例如，在土地改革工作上，激烈的阶级斗争路线开始得到一些纠正，"在实现耕者有其田的全部过程中，必须坚决联合中农，绝不允许侵犯中农利益（包括富裕中农在内）……此外，对于一般富农和中小地主，在土地改革中和土地改革后，应有适当的出于群众愿意的照顾之处"⑤。种种变化表明，这一时期，群众路线的实践与中国革命和社会现实实现了更为紧密的交融，群众路线在一定程度上扮演了阶级斗争平衡器的作用，"群众路线并不仅仅是或专门是贯彻阶级斗争的一种方法。实际上，这一观念……在许多方面日益提倡温和政策。它使共产党争取更多的群众并削弱中国社会中与它对立的势力的规模和力量"⑥。

3. 发展期

新时代以来，群众路线作为党的优良传统日益同国家治理话语相衔接。2013 年 6 月 18 日，习近平在党的群众路线教育实践活动工作会议上重提了群众路线一以贯之的政治属性，"保持党的先进性和纯洁性、巩固党的执政基础和执政地位靠什么？最重要的就是靠坚持党的群众路线、密切联系群众"，进一步拓展了群众路线的治理属性，"开展党的群众路线教育实践活动，就是要使全党同志牢记并恪守全心全意为人民服务的根本宗旨，

---

① 中共中央文献研究室．毛泽东文集：第 1 卷．北京：人民出版社，1993：79.

② 同①57，68.

③ 毛泽东选集：第 2 卷．2 版．北京：人民出版社，2006：645，618.

④ 同③742.

⑤ 毛泽东选集：第 4 卷．2 版．北京：人民出版社，2006：1216.

⑥ 邹谠．中国革命再阐释．香港：牛津大学出版社，2002：10.

以优良作风把人民紧紧凝聚在一起，为实现党的十八大确定的目标任务而努力奋斗”①。此后，作为群众路线结合国家治理话语阐发的重要标志——“以人民为中心”的发展思想，是对新时代党的群众路线思想的重大创新，深刻阐述了党的全部工作都把人民群众的愿望和要求作为决策的根本依据。② 党的十九大报告提出，“把党的群众路线贯彻到治国理政全部活动之中，把人民对美好生活的向往作为奋斗目标”③。

15.1.2 群众路线的基本内涵

群众路线有非常丰富的内涵。我们需要从理论的高度，立足历史的演变，给予准确、全面的把握。

群众路线的认识论根基在于中国共产党对“群众”这一群体的双重定位。一方面，群众是充满智慧和富有创造力的群体。“人民，只有人民，才是创造世界历史的动力”④，“群众是真正的英雄，而我们自己则往往是幼稚可笑的，不了解这一点，就不能得到起码的知识”⑤。对群众的积极定位、正面肯定清楚地表明，群众路线中所指称的群众不是非理性、盲目化、情绪化、易被煽动的处于社会底层中的群体，更不是具有向暴民转化潜质的“乌合之众”。在毛泽东的笔下，群众乃是值得共产党人学习的普通大众，“‘三个臭皮匠，合成一个诸葛亮’，这就是说，群众有伟大的创造力。中国人民中间，实在有成千成万的‘诸葛亮’，每个乡村，每个市镇，都有那里的‘诸葛亮’。我们应该走到群众中间去，向群众学习，把他们的经验综合起来，成为更好的有条理的道理和办法，然后再告诉群众（宣传），并号召群众实行起来”⑥。另一方面，群众也是需要被引导和教育的群体。“群众”这一概念本身则蕴藏着“先锋队”与“群众”二分的理论假设：工人阶级虽然是先进生产力的代表，但从自在阶级到自为阶级的转化，仍需要依靠外在的力量；人民群众虽然有智慧，但往往无法认清自己的真正利益，无法区分短期利益和长期利益，需要先进力量的指引；中国共产党作为工人阶级的先锋队，代表中国最广大人民的根本利益，领导群众、帮助群众实现他们真正的利益。同时，也要注意群众与人民的区别，“区别就在于，人民的范围比群众大，人民中有一部分并不属于群众范畴”⑦。人民中所包含的群众，是指人民中那些身份、职业、职位属于普普通通的大众，即毛泽东所说的工人、农民、士兵以及其他劳动人民。

理解和把握群众路线的理论内涵和精神实质，需要重温毛泽东对群众路线的经典论述。1943 年，毛泽东在《关于领导方法的若干问题》一文中首次系统阐述了群众路线的

---

① 中共中央文献研究室，中央党的群众路线教育实践活动领导小组办公室．习近平关于党的群众路线教育实践活动论述摘编．北京：中央文献出版社，2014：3-4.

② 周湘宁，吕增奎．党的百年群众路线的丰富意蕴、历史生成、基本经验考察．当代世界与社会主义，2021（2）.

③ 习近平．决胜全面建成小康社会 夺取新时代中国特色社会主义伟大胜利：在中国共产党第十九次全国代表大会上的报告．北京：人民出版社，2017：21.

④ 毛泽东选集：第 3 卷．2 版．北京：人民出版社，2006：1031.

⑤ 同④790.

⑥ 同④933.

⑦ 许耀桐．“群众”内涵细说．北京日报，2013-08-19.

含义，“在我党的一切实际工作中，凡属正确的领导，必须是从群众中来，到群众中去。这就是说，将群众的意见（分散的无系统的意见）集中起来（经过研究，化为集中的系统的意见），又到群众中去作宣传解释，化为群众的意见，使群众坚持下去，见之于行动，并在群众行动中考验这些意见是否正确。然后再从群众中集中起来，再到群众中坚持下去。”[①] 1945 年，刘少奇在党的七大中正式将群众路线归纳为群众观点和群众工作方法两个有机联系的部分，即“一切为了群众，一切依靠群众”，“从群众中来，到群众中去”。

在动态把握的维度上，群众路线在不同的时期有不同的历史内涵和具体内容。例如，在革命战争时期，群众路线是中国共产党动员人民群众参与革命的重要方式。群众路线对革命战争取得胜利至关重要，革命战争是群众的战争，只有动员群众才能进行战争，只有依靠群众才能进行战争。在实践上，革命战争中的群众路线表现为，中国共产党通过宣传群众、组织群众、武装群众等多种途径，把人民群众动员起来；人民群众参与到轰轰烈烈的革命中去，亲身体验革命的意义，贡献自己的力量，“人民群众不再是革命的旁观者而是亲历者”；随着人民群众的广泛参与，各种“物质资源、精神动力和关系网络也被激发起来，成为革命的重要资源”。[②]

在静态分析的维度上，基于不同的视角，群众路线展现出多元面相，具有丰富的内涵。

从政策过程来看，群众路线是一种决策者与群众持续互动的决策模式。一方面，决策者必须具有群众观点、群众意识，主动走入群众当中，收集群众意见并进行集中和升华[③]；决策者不能基于自己的主观意愿来进行决策，也不能从抽象的概念和理论出发，而是要倾听群众声音，收集群众的真实情况；决策者必须进行调查研究，“没有调查就没有发言权”[④]。另一方面，群众不是决策的旁观者，而是积极的参与者，群众可以对决策方案提出建议或批评，要求对决策方案进行修改或抵制。政策过程是开放的、持续的，政策制定的完成并不意味着政策的终结，决策者还要到群众中去讲解和宣传政策，并在具体的实践中检验政策是否合理正确，它是一个“反复逼近的方案……必须被不断地运用，以一步一步地靠近群众的利益”[⑤]。

就政党联系民众而言，群众路线是中共联系群众的独特机制。在西方选举的制度下，政党是选举的工具，通过定期举行的选举进入国家执政；选民则凭借其选举权，以手中的选票决定政党在竞选中的输与赢；为了赢得选举的胜利，政党必须以各种方式联系选民甚至讨好选民，以获得选票。在此意义上，西方政党联系民众的机制可以称为“选民路线”。与之相反，中国共产党联系群众的独特机制则是群众路线。按照中国共产党领导的多党合作和政治协商制度，作为执政党的中国共产党与作为参政党的各民主党派之间是一种以坚持中国共产党领导为前提的合作关系，而不是以争夺选票为目的的政治竞争

---

① 毛泽东选集：第 3 卷 . 2 版 . 北京：人民出版社，2006：899.

② 姜卫平 . 中国共产党的群众路线：革命理论、决策方式、治理模式、民主形式 . 世界社会主义研究，2019 (5).

③ 王绍光 . 毛泽东的逆向政治参与模式：群众路线 . 学习月刊，2009 (23).

④ 毛泽东选集：第 3 卷 . 2 版 . 北京：人民出版社，2006：802.

⑤ 吴冠军 . “群众路线”的政治学 . 同济大学学报（社会科学版），2014 (3).

关系。这种多党合作的制度安排从逻辑上排除了中共采取“选民路线”的必要性和可能性。更根本的是，不同于以谋求短期上台执政的西方“选举型政党”，中国共产党是一个拥有远大理想的“使命型政党”，“中国共产党人的初心和使命，就是为中国人民谋幸福，为中华民族谋复兴。这个初心和使命是激励中国共产党人不断前进的根本动力”。① 对使命型政党而言，保持这一根本动力的关键就在于以群众路线作为政党联系群众的互动机制：一方面，“中国共产党通过群众路线与人民群众直接进行交流对话”②，听取人民的声音，代表人民的利益，回应民众的诉求，接受人民的监督；另一方面，群众路线为民众参与政治生活提供平台、途径和机会，人民群众能够表达他们的意愿，提出他们的诉求，提出批评、意见和建议。

在中国国家治理中，尤其在基层治理中，群众路线体现为群众参与共建共治并实现共享的社会治理体制。从社会治理主体定位来看，党委领导、政府负责、社会协同、公众参与，群众在社会治理中是“人人有责、人人尽责、人人享有”重要的参与主体和治理成效的分享主体。就社会治理方式而言，无论民主协商还是社会协同，群众都具有不可或缺的作用。在社会治理过程中，群众路线具有更为丰富和具体的呈现。随着信访等制度的逐步完善，群众诉求表达、利益协调、权益保障通道得到畅通和规范，群众路线成为民众更为有效的利益表达机制。通过健全党组织领导下的自治、法治、德治相结合的城乡基层治理体系，群众路线优化为群众有序参与基层社会治理的制度安排。在各种社会治理的具体领域，“各级组织发展出一整套的治理技术，用以组织群众、发动群众卷入党和政府布置的各项工作和运动中”③。例如，建立专群结合、群防群治的社会治安防控体系，群众路线在此已成为社会治理技术的有机组成部分。

15.1.3 群众路线面临的挑战与实践创新

在革命和战争时期，群众路线发挥了巨大作用，成效显著。革命成功之后，践行群众路线却面临着诸多困难和挑战。

一是贯彻群众路线的紧迫性增加。1949 年新中国成立后，中国共产党从革命党变为全面领导的执政党，政治地位发生了根本性的转变，开始面临官僚化的风险和挑战。中国共产党的领导人很早就敏锐地察觉到了这样的风险。毛泽东指出：“因为革命胜利了，有一部分同志，革命意志有些衰退，革命热情有些不足，全心全意为人民服务的精神少了，过去跟敌人打仗时的那种拼命精神少了，而闹地位，闹名誉，讲究吃，讲究穿，比薪水高低，争名夺利，这些东西多起来了。”④ 邓小平也意识到，“由于我们党现在已经是在全国执政的党，脱离群众的危险，比以前大大地增加了，而脱离群众对于人民可能产

---

① 唐皇凤．使命型政党：新时代中国共产党长期执政能力建设的政治基础．武汉大学学报（哲学社会科学版），2018（3）.

② 姜卫平．中国共产党的群众路线：革命理论、决策方式、治理模式、民主形式．世界社会主义研究，2019（5）.

③ 周雪光．国家治理逻辑与中国官僚体制：一个韦伯理论视角．开放时代，2013（3）.

④ 中共中央文献研究室．毛泽东文集：第 7 卷．北京：人民出版社，1999：284.

生的危害，也比以前大大地增加了”[①]。显然，为了防范和化解脱离群众的风险，认真贯彻群众路线非常重要而且尤为紧迫。

二是群众路线需要注入新动力、新内涵。群众路线起源于革命战争年代的敌我政治、阶级政治，革命战争给群众路线确立了具体的历史内涵，也为贯彻群众路线提供了全方位的动力。改革开放之后，随着改革开放的推进和社会主义市场经济的建立，革命战争时期的敌我二元划分并不鲜明，阶级政治逐渐退场。在阶级政治的话语中，群众路线所依靠的群众主要是工农阶级。但是，随着政治化的阶级逐渐让位于社会学意义上的阶层，私营企业主、个体户等群体逐步崛起，为群众路线增添了时代内涵，发掘群众路线新的生命力，无疑是一个需要进一步探索的时代课题。

三是群众路线的制度化水平亟待提高。从实践来看，群众路线更多的时候被视为一种工作作风，它的落实在很大程度上依靠领导的个人自觉，因此具有很大的不确定性和偶然性。即使在观念层面不断教育领导者和决策者必须自觉践行群众路线，但在行动层面要真正把群众路线落实到位，不仅需要领导和决策者在主观上具有群众意识，而且需要有客观的、外在的严格制度约束。从这一角度来看，如何从制度上约束、规范、激励领导者和决策者贯彻落实群众路线，是一个巨大的挑战。

有效应对群众路线所面临的种种挑战，对中国共产党是一个巨大的考验。从群众路线的实践来看，既有历史的教训，也有创新的经验。

在毛泽东时代，为了防止党脱离群众，群众路线一度表现为以动员群众的方式来对抗日益僵化的官僚体制。然而，历史事实表明，以这种方式出现的群众路线并没有起到预期的作用，反而转变成大规模的群众运动，民主和法制遭到破坏，许多合法的个人权利受到严重损害，“文化大革命”中的极左势力更是将这一趋势推向极端。改革开放之后，“运动式”的群众路线逐渐终结，开始探索“制度化”的群众路线，例如，听证制度的建立为决策者在决策前必须收集群众意见、倾听群众声音确立了程序规范。

党的十八大之后，习近平总书记强调，群众路线是我们党的生命线和根本工作路线。随着群众路线被提升到党的生命线的战略高度，群众路线制度化的实践进程全面展开：建立健全立体式、全方位的制度体系，例如，党中央制定了《中国共产党廉洁自律准则》《中国共产党纪律处分条例》《中国共产党问责条例》《中国共产党党内监督条例》等一系列党纪党规；部署开展了党的群众路线教育实践活动、“三严三实”、“两学一做”等一系列专项教育，把加强为民服务、征求群众意见等工作摆在最重要的位置[②]；通过严格的制度执行和严厉的惩戒机制，切实遏制各种违规违纪违法现象，使践行群众路线成为党员干部的自觉行动。

当前，体现群众路线制度化的一项地方创新是直接联系群众制度。所谓直接联系群众制度，就是“按照‘更直接、全覆盖、常态性、制度化’的原则，对挂钩联系制度进行深化提升，推动在区一级实施区领导驻点制，在村居一级实施村居干部联系制，

① 邓小平．邓小平文选：第1卷．2版．北京：人民出版社，1994：221.

② 从严治党更要依法治党．(2013-12-13)．人民网．

从而形成覆盖区、镇街、村居三级直接联系群众制度”①。广东省佛山市是实行直接联系群众制度的典型代表。在推进基层社会治理创新实践中，为了克服群众路线形式化，使干部联系群众成为常态性的制度安排，真正解决党联系群众“最后一公里”的问题，佛山市采取“五定一新”（定人、定时、定点、定任务、定指标，创新联系方式）的具体措施，落实镇街领导干部普遍驻点直接联系群众制度。从实践来看，直接联系群众制度的优点是，通过确定责任人，确保群众可以直接与干部取得联系，同时，区、镇街、村居三级联动推动直接联系群众制度的运行，这有助于克服行政体制下条块分割带来的干部联系群众过程中的烦琐程序和行政间隔。此外，新时代“枫桥经验”也是贯彻落实党的群众路线的最新生动实践，其中“矛盾不上交、服务不缺位、平安不出事”等核心要义是贯彻新时代群众路线的最佳体现。② 值得关注的是，新时代“枫桥经验”创新在制度化水平上大幅增强，通过官方推广，超越了“枫桥镇的经验”，也突破了“社会治安的经验”，从“一地之计”上升到“一国之策”，从“平安浙江”升华为“平安中国”。③

未来，要使群众路线真正成为一套稳定成熟的制度体系，则有必要对制度建设本身固有的长期性、复杂性等挑战有所预见。依托于自下而上的地方创新，可视作群众路线制度化的局部起点。而最终令其“定型”的，理应诉诸自上而下的机构改革的整体性力量。

新组建的从中央到地方、基层的党委社会工作部，无疑是典型的一例。参照中央社会工作部的定位，以后将由此党口部门统一领导信访工作，同时加强对人民建议征集工作的指导。一直以来，信访工作是党的群众工作的重要组成部分。随着这项机构改革的推进，不仅将信访工作思路由“堵”变“疏”，化“被动应付”为“主动下访”，而且，就其背后的制度建设内涵而言，群众信访更多地会依靠基层组织来解决，而非单纯通过各种行政程序来应对，从而让信访部门回归群众路线，实现政党联系群众的本质属性。与此同时，通过对人民建议和意见的征集，也能实质性地增强“民呼我应”的反馈效果，群众路线制度化得以进一步巩固。

15.2 群团组织的定位与改革

15.2.1 群团组织的发展与定位

群众路线的贯彻、落实不仅需要党密切联系群众，而且需要把分散的群众组织起来。党组织群众的主要抓手是群团组织④，它们既是共产党联系不同类别的群众的桥梁，也是

① 罗忠胜．新形势下党员干部直接联系群众制度的探索：以广东省佛山市为例．厦门特区党校学报，2017（3）.

② 梁健，张驰．新时代“枫桥经验”是党的群众路线的具体实践．人民法院报，2023－09－08.

③ 李明，梁玉柱．坚持好、发展好新时代“枫桥经验”．光明日报，2023－11－29.

④ 在不同的法律文本、政策文件中，群团组织也被称为人民团体、群众团体或群众组织，这几个概念虽有细微差别，但总体上属于一个概念。

组织群众的重要纽带。目前全国有 22 家由中央管理的群团组织，其中，7 家以人民团体的身份参加中国人民政治协商会议，包括中华全国总工会、中国共产主义青年团中央委员会、中华全国妇女联合会、中国科学技术协会、中华全国归国华侨联合会、中华全国台湾同胞联谊会、中华全国工商业联合会；另有 14 家则是经国务院批准免于登记的社会团体，包括中国文学艺术界联合会、中国作家协会、中华全国新闻工作者协会、中国人民对外友好协会、中国人民外交学会、中国国际贸易促进委员会、中国残疾人联合会、中国宋庆龄基金会、中国法学会、中国红十字总会、中国思想政治工作研究会、欧美同学会、黄埔军校同学会、中华职业教育社，还有 1 家中国计划生育协会。在以上这些群团组织中，尤其以工会、共青团和妇联三家最为重要，它们分别联系着工人、青年和妇女三类群体。

从历史上来看，在不同的时期，群团组织发挥着不同的作用，其发展大致可以分为三个阶段。

1. 第一阶段：群团组织是夺取革命胜利的重要力量

党在成立之初就意识到发动群众的重要性，工人群体和青年群体成为革命之初最重要的力量，1921 年，中国劳动组合书记部在上海成立，次年，中国社会主义青年团第一次代表大会在广州召开，标志着中国共青团的正式成立。借助这些群团组织，中国共产党在城市发动罢工，在农村地区发动土地革命，群团组织发挥了组织群众和动员群众进行革命的独特作用。

2. 第二阶段：社会主义建设时期群团组织是社会整合和维护社会秩序的生力军

1949 年之后，群团组织的发展与国家建设和国家政权向基层渗透的进程交织在一起。一方面，在新中国成立之初，党通过《社会团体登记暂行办法》《社会团体登记暂行办法实施细则》等文件取缔、改造、吸纳了一批旧时代的社会团体，取而代之的是执行党的意志的工青妇等群团组织，它们在社会领域处于垄断地位。另一方面，党不仅借助户籍制、单位制、街居制等社会管理制度进行社会再整合和社会管控，而且依靠群团组织渗入基层社会，群团组织成为基层社会整合的重要组织力量，发挥着动员的功能，比如在社会主义改造中，共青团员积极发动青年农民加入生产合作社，工商联动员资本家进行社会主义改造等。①

3. 第三阶段：改革开放时期群团组织在调适中寻求发展

一方面，随着社会流动的加大，单位制逐渐解体，群团组织依靠单位制等制度进行组织动员的传统优势逐渐消退；另一方面，群团组织在社会动员上的垄断地位被打破，各类市场组织、社会组织纷纷涌现，兼具政治性与社会性双重属性的群团组织，在维持政治属性的基础上，在不断调适、改革以适应各类社会组织的发展，比如，2008 年北上广等地区曾探索将群团组织打造成“枢纽型社会组织”。

在不同的时期，群团组织尽管发挥着不同的历史作用，但群团组织的基本定位是，群团组织在党与群众之间，一端连接着党，另一端连接着群众，因此，群团组织同时具

---

① 陈佳俊，史龙鳞．动员与管控：新中国群团制度的形成与发展．社会发展研究，2015（3）.

备政治性与社会性双重属性。

从政治性来看，群团组织与党联系密切。在工作内容上，群团组织紧随党的脚步，负责在各自联系的群众中传递党的声音，宣传党的政策；在人事制度上，群团组织拥有固定的编制和职级，2006 年印发《工会、共青团、妇联等人民团体和群众团体机关参照〈中华人民共和国公务员法〉管理的意见》，确认了群团组织干部参公管理的属性；在意识形态上，工青妇等群团组织共同以马克思主义为信仰；在组织形态上，群团组织与党委组织具有较高的相似性，比如都以各级代表大会为权力机关，执行委员会为闭会期间的权力机关，设置了宣传部、组织部等职能部门，并建立了渗入基层的支部等①；在组织管理上，党和国家通过归口管理的方式将群团组织纳入统一管理，比如工青妇属于党群口管理，对外友协属于统战口管理等；一些群团组织还拥有特殊的政治责任，比如共青团作为党的助手和后备军，长期承担着为共产党储备干部、输送干部的重要任务。

就社会性而言，群团组织承担着重要的社会职责，例如，共青团在组织志愿服务上发挥着重要作用，妇联在维护妇女儿童合法权益等方面扮演着独特的角色；群团组织与各类社会组织关系日益密切，例如，随着近年来社会组织的迅速发展，广东省群团组织发展出了与社会组织“竞合式镶嵌”的格局，采取吸纳与竞争相结合的方式处理与社会组织关系，加强与社会组织的联系。② 群团组织也越来越多地运用社会化的方式实现自身的组织目标，例如，共青团在开展希望工程项目上，除了使用传统的组织动员手段，还采用了广告等更为市场化的方式，中央青基会与地方青基会也不再是传统的行政隶属关系，而更多地依靠希望工程的品牌联系，这些都表明群团组织开始越来越多地尝试用社会化的方式开展工作。

当然，群团组织的双重属性并非总是保持平衡状态。在历史上的多数时期，作为政党的桥梁和纽带，群团组织的政治性得到了强化，突出政治性是新时代群团组织的显著特征，也是其改革的基本方向。

15.2.2 新时代群团组织的改革

正如群众路线在践行中遇到困难一样，群团组织的发展也面临诸多挑战，特别是在改革开放之后，群团组织的职能逐渐弱化、虚化，不仅难以发挥出强大的组织和动员作用，反而一直被行政化、官僚化等问题困扰，存在着脱离群众的危险。

第一，快速的社会流动和群众利益的日益分化要求群团组织适应社会发展，以更多元的方式联系群众。在单位制下，群众的身份隶属于单位和街区，各类物质文化生活都在单位中进行，具有较强的固定性，这有利于群团工作的展开。随着单位制的逐步瓦解，社会流动性加剧，原来的“国家—单位—个人”结构蜕变为“国家—个人”结构，留下一个中间组织的真空地带，传统的单位人变成了分散的原子人③，特别是近些年互联网的

---

① 郑长忠．组织资本与政党延续：中国共青团政治功能的一个考察视角．上海：复旦大学，2005.

② 陈晓运．群团组织、竞合式镶嵌与统合主义运作．青年研究，2015（6）.

③ 李威利．转型期国家治理视域下党的群团工作发展研究．中国青年社会科学，2016（1）.

发展，群众的利益分化表现得更为明显和多元化，这就使得群团组织传统的组织形态和动员方式难以适应社会结构的新变化。

第二，社会组织的发育成长打破了传统群团组织一家独大的垄断局面。群团组织面临着社会组织的竞争，截至 2022 年底，全国在民政部门登记的各级各类社会组织 89.2 万家，包括社会团体 37.1 万家、社会服务机构 51.2 万家、基金会 9 316 家。[①] 与传统的群团组织相比，各类社会组织对各类社会需求有更为精细的把握，凭借其灵活的运作方式，对许多群体依然有很大的吸引力和感召力，这给传统群团组织带来了很大的压力。

第三，群团组织自身的身份定位蕴藏着行政化、官僚化的风险。群团组织在组织结构上建立了一套严密的科层体系，干部的升迁由党委领导，工作经费和资源也基本掌握在同级党委部门和政府管理机构手中，这些因素导致群团组织更多时候倾向于围绕党委的中心工作展开活动或者回应政府部门的要求，在工作方式上也更多地采用行政化的方式（如层层开会、用文件推动等）。

为了适应社会环境的变化，群团组织在积极求变，尝试改革。改革开放之后到党的十八大之前，群团组织大致经历了四次改革。

第一次在 20 世纪 80 年代末，为了顺应党的十三大政治体制改革的要求，各群团组织尝试提出自己的改革方案，这些改革涉及各自的定位、职能、组织制度、活动方式等，在坚持党的领导的基础上，也包含着对自身自主性的一定追求。随着 1989 年《关于加强和改善党对工会、共青团、妇联工作领导的通知》的出台，这一阶段的改革逐渐退场。

第二次与第三次改革分别是在 20 世纪 90 年代和 21 世纪初。一方面，跟随机构改革的步伐，群团组织调整了自身的组织结构、运行机制、机构编制等；另一方面，为了顺应社会主义市场经济体制的建立，各种群团组织着力加强自身的组织力。[②] 这些改革取得了一定成效，例如，因国有企业工会萎缩，工会会员数量在 20 世纪 90 年代初有所下降，但由于在私营部门建立工会，1999 年之后工会会员数量又开始迅速增长。[③] 不过，总的来说，这两次改革并没有像 20 世纪 80 年代的改革那样尝试在整体上进行突破，更多的是在具体事务上进行改革的探索。

第四次在 2008 年前后，北京、上海和广东等省市开始尝试将群团组织打造成“枢纽型社会组织”，目标是将群团组织打造为“同类别、同性质、同领域社会组织中，政治上发挥桥梁纽带作用，业务上处于龙头地位，管理上担负业务指导职能的联合性社会组织”[④]。这次改革格外强调群团组织社会性的一面，因此群团组织也更多地模仿社会组织开展工作、争取项目。

这四次调整和改革一定程度上使群团组织适应了时代变化和社会需求，但是，由于其官僚化、行政化的固有缺陷，群团组织在真实的社会政治环境中依然是“冷衙门”，没有明确的职能，功能作用难以发挥，这一点在基层表现得尤其突出。在经济发展作为官

---

① 全国社区社会组织超过 175 万家．(2023 - 07 - 17)．人民网．

② 康晓强．国家治理视域下的群团组织转型：逻辑路线与突出短板：以改革开放 40 年来的中国共青团为例．人文杂志，2019 (1)．

③ 王绍光，何建宇．中国的社团革命：中国人的结社版图．浙江学刊，2014 (6)．

④ 沈荣华，鹿斌．制度建构：枢纽型社会组织的行动逻辑．中国行政管理，2014 (10)．

员主要晋升指标的大环境下，群团组织难以在经济发展上做出直接和突出的成绩，因此在很多地方，群团组织形同虚设。

党的十八大之后，中共开始对群团组织进行新一轮改革。这轮改革的最大特点在于强调政党对改革的全面领导、整体统筹。2015 年 7 月，中央在北京召开群团工作会议，这是首次在中共中央层面召开的群团工作会议，7 位时任常委均出席会议，可见中央对群团改革的重视程度。2015 年 2 月，中共中央印发的《关于加强和改进党的群团工作的意见》中明确强调："群团事业是党的事业的重要组成部分，党的群团工作是党治国理政的一项经常性、基础性工作，是党组织动员广大人民群众为完成党的中心任务而奋斗的重要法宝。工会、共青团、妇联等群团组织联系的广大人民群众是全面建成小康社会、坚持和发展中国特色社会主义的基本力量，是全面深化改革、全面推进依法治国、巩固党的执政地位、维护国家长治久安的基本依靠。"在新形势下，党的群团工作只能加强，不能削弱；只能改进提高，不能停滞不前。本次改革的目标是破除群团组织存在的"机关化、行政化、贵族化、娱乐化"等问题，凸显群团组织的"政治性、先进性、群众性"。在中央的统一领导下，工会、共青团、妇联随后印发了各自的改革方案，方案大致围绕以下几个方向：改革各级领导机关的组织设置、运作机制等，包括增强各级代表大会的基层代表性，完善双重领导、归口管理制度等；改革人事制度，增加干部来源，打造专职、挂职、兼职相结合的干部队伍；加强基层建设，着力破解群团组织在基层职能的弱化、虚化问题，包括为基层调配编制，上层干部到基层工作，鼓励基层创新工作机制等；改进工作方式，顺应互联网的发展，积极在互联网平台上联系群众，同时强调群团组织建立直接联系群众制度。例如，在群团组织积极融入社会的改革中，广东在全国首次编制了枢纽型社区社会组织地方标准，即《枢纽型社区社会组织建设指南》。根据该指南的定义，枢纽型社区社会组织可发挥平台枢纽作用，在同类别、同性质、同领域的社区社会组织发展、服务和管理中发挥政治引领、业务指导、服务提供、孵化培育等功能，以服务社区居民、满足社区需求、推动社区发展为宗旨。① 总的来说，这一轮改革旨在强化党对群团组织的全面领导，从各个层面重塑群团组织的活力和核心竞争力。

15.3 公民权利的扩展

公民权是公民身份的主要构成部分。英国著名社会政治理论家马歇尔提出，公民身份是"共同体完全成员身份"以及与此相连的"庞大权利体系"。② 公民权利体系主要由三个部分组成："民事权利"、"政治权利"和"社会权利"。③ 就公民权利在中国的发展而言，在改革开放以前，由于"单位人"替代了"社会人"，"群众成员"身份弱化了个人的公民身份。改革开放以来，随着社会主义市场经济的发展、单位制的解体、独立社会

---

① 广东首创枢纽型社区社会组织地方标准 .(2023 - 11 - 23). 广东省人民政府网 .

② 马歇尔 . 公民身份与社会阶级 . 南京：江苏人民出版社，2007.

③ 同②.

空间的出现以及公民身份意识的觉醒，不仅单位人逐渐成为社会人，而且个体的公民身份日益彰显，中国的公民权利也随着法治的建设和社会的发展得到了实质性的扩展。

15.3.1 公民权利扩展的三个维度

1949 年新中国成立之后，1954 年《宪法》对中国的公民权利体系进行了较为详细的规定。然而，随着反右派斗争扩大化、“文化大革命”等政治运动对宪法公民权的废弃、1975 年《宪法》对公民权的扭曲，个体的公民权利受到了严重的践踏。经过党的十一届三中全会对法律秩序的重建，1982 年《宪法》重新确立了中华人民共和国公民的身份权利，如平等权、选举权与被选举权、政治自由、宗教信仰自由、人身自由、住宅安全、控诉权与获赔权、通信自由权、劳动权、休息权、获得物质帮助权以及受教育权、文化活动权、弱势群体权利、批评建议权、人格尊严保护权等。随后的几次修宪则进一步对中国公民权利体系进行了扩展与完善。[①] 同时，各种政策法规的出台大大促进了公民权利的实质性落实。概括而言，改革开放以来，中国的公民权利在民事权利、政治权利和社会权利三个方面都得到了不同程度的实质性扩展。

1. 民事权利的发展

所谓民事权利，主要是指个人自由所必需的权利，具体包括人身自由、言论自由、思想和信仰自由，拥有财产和订立有效契约的权利以及司法权利。[②] 改革开放以来，中国公民民事权利的发展集中表现为公民个人自由的增强以及财产权的逐步明确。

在个人自由方面，国家扩展了个人的自主空间。首先，改革开放之后，随着计划经济的消退、单位制的解体，人们获得了自由劳动、自主经营的权利。其次，各类不利于公民人身自由的制度也相继废除，如收容遣送制度与劳教制度。以“孙志刚事件”为导火索，国务院于 2003 年 6 月正式废除了收容遣送制度，同时颁布的《城市生活无着的流浪乞讨人员救助管理办法》规定“救助站工作人员应当自觉遵守国家的法律法规、政策和有关规章制度，不准拘禁或者变相拘禁受助人员”[③]。2013 年党的十八届三中全会通过的《关于全面深化改革若干重大问题的决定》提出废止劳动教养制度。废除收容遣送制度与劳动教养制度对于保障中国公民的人身自由具有里程碑式的意义。

在个人财产权方面，国家加大了对其的保护力度。1986 年的《土地管理法》确立了土地的使用权和宅基地使用权；1994 年的《城市房地产管理法》明确了土地使用权的概念，为公民利用国家所有或者集体所有的土地提供了条件。此外《著作权法》《公司法》《担保法》《物权法》等法律的相继颁布与落实，都在不同的层面对公民的财产权作出了相应的规定与保护，尤其是《物权法》在所有权部分确立了业主的建筑物区分所有权，为业主的基本权利提供了基本的保障框架。[④] 2016 年，国务院新闻办公室和外交部编制

---

① 张继良．公民权利与宪政历程．北京：中国社会科学出版社，2004.

② 马歇尔，吉登斯．公民身份与社会阶级．南京：江苏人民出版社，2008.

③ 城市生活无着的流浪乞讨人员救助管理办法．(2005-05-23). http://www.gov.cn/zwgk/2005-05/23/content_156.htm.

④ 李君如．中国人权事业发展报告（2011). 北京：社会科学文献出版社，2011：141-142.

的《国家人权行动计划（2016—2020 年）》提出，“健全归属清晰、权责明确、保护严格、流转顺畅的现代产权制度”[①]。

《民法典》的颁布是民事权利发展的里程碑。编纂《民法典》是党的十八届四中全会确定的一项重大政治任务和立法任务，是党中央作出的重大法治建设部署。2020 年 5 月 28 日，十三届全国人大三次会议表决通过了《民法典》，以“民事权利能力一律平等”的方式赋予人们平等的法律主体地位，公开宣称“人身自由、人格尊严”以及“私人的合法财产”受法律保护。《民法典》第一编第五章具体规定了公民所拥有的众多“民事权利”。例如，“人身自由、人格尊严受法律保护”，“享有生命权、身体权、健康权、姓名权、肖像权、名誉权、荣誉权、隐私权、婚姻自主权等权利”，还包括个人信息、因婚姻家庭关系等产生的人身权利、财产权利、物权、债权、知识产权、继承权、股权和其他投资性权利等。由此可见，《民法典》健全和充实了民事权利种类，形成了更加完备的民事权利体系。

2. 政治权利的发展

改革开放后，随着改革的深化，宪法赋予的公民政治权利得到进一步的落实和保障，这主要体现在基层选举的稳步推进和协商民主的全面发展等两个方面。选举民主与协商民主相得益彰，“人民通过选举、投票行使权利和人民内部各方面在重大决策之前进行充分协商，尽可能就共同性问题取得一致意见，是中国特色社会主义民主的两种重要形式”[②]。

（1）基层选举的稳步推进。

对普通的公民来说，中国的民主选举主要包括基层领导干部选举与基层人大选举。在基层领导干部选举中，一方面，城市社区居委会的直接选举从试点走向了大规模的推进，并产生了许多创新性的尝试，如宁波市海曙区将候选人的提名权完全交给居民，南京市白下区建立了选举观察员制度，武汉市武昌区柴东社区启用了预选机制等[③]；另一方面，农村地区在《村民委员会组织法》颁布后也相继推出了自己的选举方法，如浙江省宁海县、吉林省梨树县等地区的“海选”，浙江省等地区的“无候选人选举”等。[④] 根据民政部制定的《村民委员会选举规程》，98%以上的村委会依法实行直接选举。[⑤] 党的十六大之后，乡镇和县市公推直选呈不断扩大之势，到 2011 年，在全国 31 个省级行政单位中，只有 9 个未出现过公推直选，其他 22 个在此方面都有不同程度的推进和发展。[⑥] 在人大选举方面，1982 年的《选举法》修改对每个代表所代表的人口数作了有利于少数族群的调整；1986 年的《选举法》修改对少数族群代表所代表的人口数作了进一步调整，实行了新的选民登记方法，并确定了相对灵活的选区划分原则；1995 年的《选举法》修改规定了地方各级人大代表的名额，表达了逐步提高妇女代表比例的设想，并将城乡选民在选举权上的差别缩小为 1∶4；2010 年，“1/4 条款”正式废除。[⑦] 2020 年的

---

① 国务院新闻办公室．国家人权行动计划（2016—2020 年）．北京：人民出版社，2016：10.

② 习近平．在中央人大工作会议上的讲话．(2022-02-28)．中国政府网．

③ 张涛．中国城市基层直接选举研究．重庆：重庆出版社，2008：174-180.

④ 詹成付．2005—2007 年全国村民委员会选举工作进展报告．北京：中国社会出版社，2008：31.

⑤ 国务院新闻办公室．国家人权行动计划（2012—2015 年）实施评估报告．北京：人民出版社，2016：43.

⑥ 马得勇，王正绪．竞争与参与：中国乡镇民主发展评估．政治学研究，2012（4）.

⑦ 张千帆．宪法学讲义．北京：北京大学出版社，2011：432.

《选举法》修改，再次优化了代表结构，“要适当增加县乡两级人大代表名额的基数，将不设区的市、市辖区、县、自治县的人大代表名额基数增加 20 名；将乡、民族乡、镇的人大代表名额基数增加 5 名”①。总之，基层民主选举的改革与发展是我国公民政治权利发展的一个重要方面。

（2）协商民主的全面发展。

改革开放以来，为了保障公民对公共事务的知情权、决策权与监督权，各地政府发展出许多新的协商制度形式，作为公民自下而上监督政府和政府自上而下了解民意的重要途径。协商制度主要表现为民情恳谈会、民主恳谈会、民主理财会、民情直通车、便民服务窗、居民论坛、乡村论坛和民主听（议）证会等形式。② 例如，杭州市实行“开放式决策”，政府的公共管理决策过程全程向市民与媒体开放，市民与媒体可以参与决策草案的提出、讨论、表决、实施等环节；温岭的民主恳谈会也与此类似，其主题覆盖公共政策、卫生保健、邻里安全、基础设施投资等③，其中，温岭新河镇的预算民主恳谈会让公民的监督权伸进了政府的“钱袋子”④。新时代以来，不仅丰富了多种形式的协商平台，例如浙江省政协打造“委员会客厅”“民生议事堂”等平台，而且完善了政协委员联系界别群众的制度机制。深圳市政协着力创新“一起来商量”“身边事好商量”“深聊会”等协商载体，加强了专门协商机构工作体系化建设。更为重要的是，中国协商民主制度化的议程已然启动⑤，社会主义协商民主建设、人民政协协商民主建设、政党协商、城乡社区协商、中国共产党政治协商工作条例等一系列制度文件先后出台⑥，充分保障了社会各界的公民政治权利。

近年来，由于互联网与新媒体的发展，“网络问政”也成为公民政治权利得以实现的新型舞台。“网络问政”以网络为平台，网民可以与政府开展互动交流，有序地参与社会公共事务。目前各级党政官员越来越多地通过网络与网民进行互动，各地在制度层面上开始搭建常规化的网络问政平台与机制，开创了网络问政的多种地方模式。例如，自 2012 年以来，广东省湛江市就已通过微博直播方式开展述职述廉，形成一套网络问政的新模式，即网民“拍砖”，由市领导与民众进行网上互动；东莞市也积极推进“阳光热线”问政平台，各职能部门和机构负责人定期与网友交流互动、现场答政；深圳市龙岗区在 2014 年开通网络问政平台——“外网回音壁”，积极回应社会关切和处置日常舆情；2014 年茂名市建立完善网络问政机制，在茂名新闻网设置了“问政追踪”“新闻追踪”等栏目，督促职能部门重视反映问题，跟踪解决落实过程。⑦ 实践经验表明，网络问政拓展了现代民主的新形式，彰显了公民权利意识的觉醒，有利于自下而上的舆论监督。

---

① 关于修改《中华人民共和国全国人民代表大会和地方各级人民代表大会选举法》的决定．(2020-10-18)．新华网．

② 何包钢，陈承新．中国协商民主制度．浙江大学学报（人文社会科学版），2005（3）．

③ 同②．

④ 牛美丽．预算民主恳谈：民主治理的挑战与机遇：新河镇预算民主恳谈案例研究．华中师范大学学报（人文社会科学版），2007（1）．

⑤ 谈火生，于晓虹．中国协商民主的制度化：议题与挑战．华中师范大学学报（人文社会科学版），2017（6）．

⑥ 全面发展协商民主．(2022-11-18)．中国人民政治协商会议全国委员会网站．

⑦ 何增科，曹轲，蓝云．粤治撷英：治理现代化的广东探索．广州：南方日报出版社，2017：188-202．

3. 社会权利的发展

社会权利与“民生”“福利”等词语紧密联系。进入 21 世纪，国家对“民生”越来越重视，出台了一系列政策以加强“民生”，大大推动了中国公民社会权利的发展。中国公民社会权利的实质性进展集中体现在基本养老保险、基本医疗保障、最低生活保障、住房保障、人权保障等方面。

（1）基本养老保险。

2001 年，辽宁省最先开展完善城镇社会保障体系试点工作，2004 年试点范围扩大到吉林、黑龙江两省。试点内容主要是完善企业职工基本养老保险制度，包括落实基本养老保险个人账户和改革基本养老金计发办法等。截至 2005 年，我国已实施两轮基本养老金调整。① 2009 年国务院发布了《关于开展新型农村社会养老保险试点的指导意见》，新型农村社会养老保险的试点由此开始。截至 2010 年底，新型农村社会养老保险试点覆盖面已达 24%左右。② 2017 年，党的十九大报告提出“全面实施全民参保计划。完善城镇职工基本养老保险和城乡居民基本养老保险制度，尽快实现养老保险全国统筹”。2018 年，人力资源社会保障部与国家医保局联合出台《关于全面实施全民参保计划的指导意见》，决定 2018—2020 年在全国范围内全面实施全民参保计划。

（2）基本医疗保障。

无论是城镇医疗保险还是农村医疗保险，都得到了一定程度的发展。2007 年国务院发布了《关于开展城镇居民基本医疗保险试点的指导意见》，从参保范围、筹资水平、缴费和补助、费用支付、服务管理和发挥社区组织等方面对城镇居民的基本医疗保险作出了相关规定。在农村地区，2003 年国务院办公厅转发卫生部等部门《关于建立新型农村合作医疗制度意见的通知》，我国开始探索建立新型农村合作医疗制度。目前城乡居民医保按照个人缴费和政府补贴相结合，实行定额筹资办法。近年来，各级政府持续提高居民医保人均财政补助标准，从 2007 年人均补助 40 元，增至 2018 年的 490 元，对减轻参保群众缴费负担起到重要作用。为全面推进完善统一的城乡居民基本医疗保险和大病保险制度，2019 年国家医疗保障局会同财政部出台了《关于做好 2019 年城乡居民基本医疗保障工作的通知》，明确提出 2019 年城乡居民医保人均筹资标准整体提高 60 元，其中财政补助标准新增 30 元，达到每人每年不低于 520 元。

（3）最低生活保障。

1997 年国务院下发《关于在全国建立城市居民最低生活保障制度的通知》，提出将城市居民最低生活保障制度上升为国务院的一项重要决策。从 2003 年起，完善城市低保制度的重点指向“配套措施”和“分类救助”。所谓“配套措施”，是指为解决低保对象在医疗、子女教育、住房及冬季取暖（北方）等方面所面临的实际问题所采取的配套政策。所谓“分类救助”，是指对低保家庭中有特殊需要的家庭成员，如老人、未成年人、残疾人、重病人等采取的特殊政策。③ 在 2007 年的“两会”上，温家宝在政府工作报告中提出，2007 年在全国范围内建立农村最低生活保障制度。截至 2007 年 6 月，全国 31

---

① 李君如．中国人权事业发展报告（2011）．北京：社会科学文献出版社，2011：123.

② 2010 年全国社会保险情况．(2012 - 04 - 24)．新华网．

③ 王劲松，吴妍．中国城市居民最低生活保障制度的发展．(2010 - 03 - 11)．中国城市发展网站．

个省区市均建立起农村最低生活保障制度。[①] 2012 年，国务院出台《关于进一步加强和改进最低生活保障工作的意见》，对困难群众的基本生活要求做到应保尽保、公平公正、动态管理、统筹兼顾。自 2019 年以来，全国一些地方不同程度地提高了本地的城市居民最低生活保障标准。例如，北京市的低保标准从原来的每人每月 285 元提高到 290 元；深圳市从每人每月 319 元提高到 344 元；武汉市从每人每月 195 元提高到 210 元。[②]

（4）住房保障。

单位制时期，中国实行福利化分房的住房制度，单位与住房脱钩以后，中国进入了住房商品化时代。在此进程中，中国的房地产得到了全面发展。然而，一路高涨的商品房价格对于普通市民来讲可谓“天价”，大多数市民买不起房成了严重的社会问题。2008 年，保障性住房建设进入了政府议程，2011 年《关于保障性安居工程建设和管理的指导意见》提出，大力推进以公共租赁住房为重点的保障性安居工程建设，落实土地、财政等各项政策，提高规划建设和工程质量水平，建立健全分配和运营监管机制，加强组织领导，进一步落实地方政府责任。[③] 截至 2011 年底，2 650 万户城镇中低收入家庭陆续搬进了各类保障性住房；450 多万户城镇低收入住房困难家庭享受到了廉租房租赁补贴。截至 2012 年，中央给城镇保障性安居工程的补助资金累计达到 4 700 多亿元。[④] 截至 2019 年，财政部提前下达 2020 年部分中央财政城镇保障性安居工程补助资金预算已达到 9 340 000 万元，其中公租房保障和城市棚户区改造补助资金 5 000 000 万元，老旧小区改造补助资金 3 000 000 万元，住房租赁市场发展补助资金 1 340 000 万元。[⑤]

（5）人权保障。

自 1991 年以来，中国定期就人权状况发表白皮书。通过大量数据和事实，全面介绍了中国在促进与保障公民各项基本人权方面作出的努力和取得的成就，以增进国际社会对中国人权状况的了解。2021 年 6 月 24 日，国务院发布了《中国共产党尊重和保障人权的伟大实践》白皮书，系统阐释了中国共产党成立 100 年来尊重和保障人权的成就。其中提到，中国共产党领导人民取得脱贫攻坚全面胜利，全面建成小康社会，人民的生命健康权、工作权、受教育权等各项基本权利得到更好保障。[⑥] 2021 年 10 月 15 日，国务院新闻办公室召开“纪念《中国的人权状况》白皮书发表 30 周年座谈会”，标志着人权保障法治化水平不断迈上新台阶。[⑦]

---

① 李亚杰，贾楠 . 31 个省区市已全部建立农村最低生活保障制度 .（2007－07－31）. 新华网 .

② 我国部分城市提高城市居民最低生活保障标准 .（2019－07－08）. http://www.cctv.com/news/china/20190708/271.html.

③ 房宁，杨海蛟 . 中国政治发展报告（2013）. 北京：社会科学文献出版社，2013：290.

④ 政治发展蓝皮书 .（2013－08－07）. 皮书网站 .

⑤ 财政部关于提前下达 2020 年部分中央财政城镇保障性安居工程补助资金预算的通知 .（2019－10－29）. 中华人民共和国财务部网站 .

⑥ 中国人权研究会秘书长：中国共产党为人权事业而生 .（2021－06－25）. 中国人权网站 .

⑦ “纪念《中国的人权状况》白皮书发表 30 周年座谈会”在京召开 .（2021－10－15）. 中国人权网站 .

15.3.2 公民权利的成长形态

改革开放以来，中国公民权利持续发展，但不是直线式的扩展和演进，而是在交叉并进、有先有后的次序中推进，呈现出一种独特的中国式成长形态。

马歇尔基于英国的经验发现，公民权利的三个要素是按照历史的先后顺序、线性地向前演化发展的，“民事权利归于18世纪，政治权利归于19世纪，社会权利则归于20世纪”[①]。然而，改革开放40多年来，中国公民权利发展的三个要素并不是相互独立、线性发展的，而是以民事权利、政治权利和社会权利几乎同时有所扩展的姿态前进，而且三种权利的发展并非互不交集，而是交叉式成长。[②] 其典型例证就是，在城乡一体化的实践中，农民的民事权利、政治权利与社会权利同时在不同程度上得到发展，随着各地户籍制度的改革，农民迁徙自由的权利得到了很大保障，这是农民作为中国公民的民事权利不断扩大的重要体现。在此过程中，不仅农民的政治权利得到突破性的发展，例如，“1/4条款”的废除实现了城乡居民的平等选举权，而且农民社会权利的发展也逐步迈向新的台阶，农村社会保障制度的逐步建立和完善是见证这一进展的标志性事件。农民公民权利的发展从侧面印证了中国公民权利交叉式成长的历史轨迹。

除了交叉式成长之外，中国公民权利的扩展也呈现出选择性演进的特征。[③] 从发展先后的时间来看，民事权利的发展时间稍早一些，始于20世纪80年代初期；政治权利紧随其后，大约肇始于20世纪80年代后期；而社会权利发展则相对更晚，进入21世纪后才开始受到重视。就公民权利各要素中的具体内容而言，民事权利中涉及经济自由的财产权利、职业选择权、公司组织权等得到了大力发展[④]；基本实现经济自由之后，社会权利中的受教育权、社会救济、社会保障等权利得到了很大重视；相对于经济自由与社会权利发展，公民政治权利的进展稍显滞后。

交叉式成长和选择性演进的权利扩展方式形成的是一种参差不齐的、非均衡的权利结构。[⑤] 首先，民事权利持续发展，但残缺不全。在民事权利中，经济自由、财产权等成长较快，“国家尊重和保障人权”与“公民的合法的私有财产不受侵犯”等内容写入宪法，对于民事权利的发展影响深远。[⑥] 比较而言，结社权的成长空间相对受限。其次，政治权利在不同领域冷热不均，滞后很明显。公民政治权利蓬勃发展主要集中在基层政治领域，中高层政治领域的民主化程度与基层政治领域形成鲜明对比，县级以上政府的决策民主化与透明度都比较欠缺。最后，社会权利发展不均衡主要体现为不同人群享有差异性的社会权利。长期以来，国家保障城市市民社会权利所投入的资源远远超过农村地

---

① 马歇尔，吉登斯．公民身份与社会阶级．南京：江苏人民出版社，2008：9.

② 肖滨．改革开放以来中国公民权利成长的历史轨迹与结构形态．广东社会科学，2014（1）.

③ 同②.

④ 褚松燕．权利发展与公民参与：我国公民资格权利发展与有序参与研究．北京：中国法制出版社，2007：162.

⑤ 同②75.

⑥ 全国人大2004年热点事件回放：通过宪法修正案．(2005-01-13). 人民网．

区，农民的社会保障权在比较长的时期内处于被忽视的状态。进入 21 世纪以来，国家已经开始推行城乡统筹发展、新型城市化发展战略，致力于破解不平等的城乡二元结构，在保障农民与市民在权利规则面前的平等性的同时，也致力于使社会权利在不同人群中的均衡性分布。

15.3.3 公民权利成长形态的动力机制

改革开放 40 多年来，中国公民权利成长呈现出比较独特的形态，其历史的驱动力具有极为深刻的政治、经济和社会根源。党政体制主导、市场经济推动和改革进程约束共同促成了中国公民权利交叉式成长、选择性演进与非均衡发展的成长形态。[①]

党政体制主导是指中国公民权利发展始终在执政党和国家的顶层设计和总体把控的战略框架内。1978 年党的十一届三中全会果断放弃“以阶级斗争为纲”，转向以经济建设为中心的发展战略。围绕经济建设的中心，国家着力推动公民民事权利中经济自由方面的权利，以促进市场经济发展；为了维护稳定的政治秩序，同时又适度开放一定的政治参与空间，国家选择发展低度的政治权利，确保公民对于公共事务和公共政策的有序参与；为了化解经济市场改革带来的负面影响，国家加速推进公民的社会权利发展，建设一个有保障的社会。由此可见，中国公民权利发展存在着一个明显的国家主导战略，中国政府连续出台的《国家人权行动计划（2009—2010 年）》《国家人权行动计划（2012—2015 年）》《国家人权行动计划（2016—2020 年）》《国家人权行动计划（2021—2025 年）》便是证明。

市场经济发展为公民权利成长提供了巨大的动力和空前的机遇。首先，市场经济内在地要求公民获得自由流动、签订契约的自由以及合法的财产权等权利，这不仅直接带动了公民的人身自由权、财产权等民事权利的发展，而且培养了推动公民权利成长的主体力量，如私营企业主就非常珍视自身合法的私人财产权利。其次，市场经济蕴含着法治以及公共权力开放性等内在要求。在法治框架下的市场经济发展对于政府封闭、专断的权力运行机制提出了挑战，这有利于公民的监督权、表达权、知情权以及参与权等政治权利的成长。最后，市场经济的天然弊端催生了公民社会权利的快速发展。不断深化的市场化不仅形成社会的多元分化，带来社会阶层断裂的危机和社会冲突压力，而且随着蛋糕进一步做大，在一部分人和一部分地区先富起来之后，如何实现共同富裕、公平分配的问题也逐步显露出来。面对弱势群体处境艰难的社会现实，发展公民的社会权利，让所有的公民按照社会通行标准享受某种程度的文明生活及经济福利，能够维护政治秩序。总之，市场经济是形成中国公民权利成长形态的重要推手。

40 多年来，中国公民权利成长的历史与改革开放的进程是完全同步的。从中国公民权利发展的实践来看，公民权利的扩展在很大程度上是国家自我约束其权力的结果，是国家自上而下放权，向社会和公民还权、分权的产物。在此意义上，正是改革驱动了公民权利的成长。中国的改革开放同样是在党政体制主导下进行的。在推动和主导改革开

① 肖滨．改革开放以来中国公民权利成长的历史轨迹与结构形态．广东社会科学，2014（1）：76－77.

放的过程中，执政党和国家的战略选择是：以保持党政体制核心结构稳定为前提，不断通过改革和开放适应市场经济发展的要求，由此增加了政权的开放度，提升了体制的调适能力。在一定程度上，执政党和国家的战略选择决定了其发展公民权利的基本策略：在积极扩展公民人身自由与法律平等权利的同时，对于公民的结社权等进行适当限制；通过政治吸纳、有序参与等政策措施将公民的政治权利发展限定在较低的层面上，选择性地抑制或延迟某些政治权利；大力建设和完善社会保障制度以促进公民社会权利的实现，从而增强国家对于社会抗争的制度化的整合能力。

本章小结

“群众”与“群众路线”的概念几乎贯穿了中国共产党革命、建设和改革的全部时期。理解“群众”与“群众路线”的政治内涵，是我们理解中国党政体制下政党与社会联结的关键。在此前提下，大量的群团组织把分散的群众组织起来，它们既是中国共产党联系不同类别的群众的桥梁，也是组织群众的重要纽带。在国家与公民的维度上，改革开放以后，中国社会也发生了变化，公民权利得到进一步的扩展。本章第一节分析了中国共产党与群众路线的联系，指出群众与群众路线的演变、群众路线的基本内涵及面临的挑战与实践创新；第二节讨论了群团组织在实践中的定位与改革，重点阐述群团组织居于党与群众之间，同时具备政治性与社会性双重属性；第三节勾画了改革开放以来公民权利的发展轨迹，揭示了中国公民权利发展形态呈现交叉式成长、选择性演进与非均衡发展的特点。当前，执政党和国家亟须为群众路线注入新动力、新内涵，强化党对群团组织的全面领导，从各个层面重塑群团组织的活力和核心竞争力，实现秩序与活力的平衡。同时，还要扩大公民权利的制度空间，这不仅有利于实现社会整合与政权巩固，而且有助于推动中国社会的现代转型。

关键术语

群众　群众路线　群团组织　公民权利　民事权利　政治权利　社会权利

复习思考题

1. 如何理解和把握群众路线的理论内涵和精神实质？
2. 群团组织在党与群众之间扮演着怎样的角色？
3. 改革开放以来，中国公民权利发展的顺序是什么？如何解释中国独特的发展顺序？

推荐阅读书目

马克思，恩格斯．马克思恩格斯选集：第 1 卷．3 版．北京：人民出版社，2012.
马克思，恩格斯．马克思恩格斯选集：第 4 卷．3 版．北京：人民出版社，2012.
毛泽东选集：第 1 卷．2 版．北京：人民出版社，2006.
毛泽东选集：第 2 卷．2 版．北京：人民出版社，2006.
毛泽东选集：第 3 卷．2 版．北京：人民出版社，2006.
毛泽东选集：第 4 卷．2 版．北京：人民出版社，2006.
邓小平．邓小平文选：第 1 卷．2 版．北京：人民出版社，1994.
邓小平．邓小平文选：第 2 卷．2 版．北京：人民出版社，1994.
邓小平．邓小平文选：第 3 卷．北京：人民出版社，1993.
江泽民．江泽民文选：第 1 卷．北京：人民出版社，2006.
江泽民．江泽民文选：第 2 卷．北京：人民出版社，2006.
江泽民．江泽民文选：第 3 卷．北京：人民出版社，2006.
习近平．习近平著作选读：第 1 卷．北京：人民出版社，2023.
习近平．习近平著作选读：第 2 卷．北京：人民出版社，2023.
习近平．论党的宣传思想工作．北京：中央文献出版社，2020.
中共中央党史和文献研究院．习近平关于网络强国论述摘编．北京：中央文献出版社，2021.
中共中央宣传部干部局．新时代宣传思想工作．北京：学习出版社，2020.
中共中央文献研究室．建国以来重要文献选编：第 4 册．北京：中央文献出版社，1993.
中共中央文献研室．十三大以来重要文献选编：上．北京：人民出版社，1991.
本书编委会．中国共产党历次党章汇编（1921—2012）．北京：中国方正出版社，2012.

金冲及．二十世纪中国史纲．北京：社会科学文献出版社，2009.

萨托利．政党与政党体制．北京：商务印书馆，2006.

李侃如．治理中国：从革命到改革．北京：中国社会科学出版社，2010.

邹谠．二十世纪中国政治．香港：牛津大学出版社，1994.

邹谠．中国革命再阐释．香港：牛津大学出版社，2002.

林尚立．当代中国政治：基础与发展．北京：中国大百科全书出版社，2017.

王绍光．中国·政道．北京：中国人民大学出版社，2014.

李怀印．现代中国的形成．南宁：广西师范大学出版社，2022.

王浦劬．政治学基础．北京：北京大学出版社，2018.

徐勇．关系中的国家．北京：社会科学文献出版社，2020.

石川祯浩．中国共产党成立史．北京：中国社会科学出版社，2006.

唐亮．当代中国政治．上海：复旦大学出版社，2014.

朱光磊．当代中国政府过程．3版．天津：天津人民出版社，2008.

周望．中国“小组机制”研究．天津：天津人民出版社，2010.

杨光斌．中国政府与政治导论．北京：中国人民大学出版社，2003.

汤森，沃玛克．中国政治．南京：江苏人民出版社，1995.

萧冬连．筚路维艰：中国社会主义路径的五次选择．北京：中国社会科学出版社，2014.

王文惠．当代中国政治法律制度．北京：中国社会科学出版社，2018.

景跃进，张小劲，余逊达．理解中国政治：关键词的方法．北京：中国社会科学出版社，2012.

蔡定剑．中国人民代表大会制度．4版．北京：法律出版社，2003.

蔡定剑，王晨光．人民代表大会二十年改革与发展．北京：中国检察出版社，2001.

陈明明，何俊志．中国民主的制度结构．上海：上海人民出版社，2008.

何俊志．从苏维埃到人民代表大会制．上海：复旦大学出版社，2011.

李鹏．立法与监督：李鹏人大日记．北京：新华出版社，2006.

刘政，程湘清．人民代表大会制度的理论与实践．北京：中国民主法制出版社，2003.

刘建军，何俊志，杨建党．新中国根本政治制度研究．上海：上海人民出版社，2009.

浦兴祖．权力与制约：地方人大法律监督的实践研究．北京：中国社会出版社，2003.

人民代表大会制度研究所．地方人大常委会30年：重大事件回放与点评．北京：人民日报出版社，2010.

孙莹．中国人大议事规则：原理与制度．北京：法律出版社，2020.

戴激涛．协商民主研究：宪政主义视角．北京：法律出版社，2012.

黄福寿．中国协商政治发生和演变的逻辑．上海：上海人民出版社，2009.

胡筱秀．人民政协制度功能变迁研究．上海：上海人民出版社，2010.

林尚立．中国共产党与人民政协．上海：东方出版中心，2011.

李君如．协商民主在中国．北京：人民出版社，2014.

李允熙．从政治协商走向协商民主．北京：社会科学文献出版社，2012.

肖存良．中国政治协商制度研究．上海：上海人民出版社，2013.

谈火生．协商治理的当代发展．广州：广东人民出版社，2018.

朱训，郑万通．中国人民政协全书．北京：中国文史出版社，1999.

李红梅．百年中国协商史话．北京：中国文史出版社，2024.

戚义明．党的纪律建设简史．北京：中国方正出版社，2019.

中央纪委国家监委研究室．改革开放40年纪检监察工作纪事．北京：中国方正出版社，2018.

秦前红．监察法学教程．北京：法律出版社，2023.

王海峰．干部国家．上海：复旦大学出版社，2012.

许翾．中国共产党组织部运行研究．杭州：浙江大学，2018.

桑玉成，丁斌．我们怎么选干部？．天津：天津人民出版社，2020.

袁超．“淘汰”与“逆淘汰”：干部结构转换机制研究．北京：光明日报出版社，2023.

本书编写组．党管干部原则如何落到实处：以宣传思想文化系统事业单位改革为例．北京：中国社会科学出版社，2016.

李春．当代中国传媒史．桂林：漓江出版社，2014.

刘海龙．宣传：观念、话语及其正当化．北京：中国大百科出版社，2020.

季广茂．意识形态．南宁：广西师范大学，2005.

赫尔曼，乔姆斯基．制造共识：大众传媒的政治经济学．北京：北京大学出版社，2011.

中共中央统一战线工作部，中共中央文献研究室．统一战线文献选编．北京：中共中央党校出版社，1985.

中共中央统战部．中国共产党统一战线史．北京：华文出版社，2017.

林尚立．统一战线与国家建设．上海：上海人民出版社，2008.

魏晓东．统一战线与党的领导．北京：中国言实出版社，2016.

萧超然．当代中国政党制度论纲．哈尔滨：黑龙江人民出版社，2000.

陈明明，肖存良．统一战线与协商民主．上海：复旦大学出版社，2017.

黄东娅．在体制内游说：政策过程中的政商关系研究．香港：三联书店（香港）有限公司，2023.

宋林飞，周和平．新的社会阶层与统一战线．北京：华文出版社，2006.

朱苏力．送法下乡：中国基层司法制度研究．北京：中国政法大学出版社，2000.

何帆．积厚成势：中国司法的制度逻辑．北京：中国民主法制出版社，2023.

强世功．惩罚与法治：当代法治的兴起（1976—1981）．北京：法律出版社，2009.

何永军．断裂与延续：人民法院建设（1978—2005）．北京：中国社会科学出版社，2008.

谢佑平．中国检察监督的政治性与司法性研究．北京：中国检察出版社，2010.

亨廷顿．军人与国家．北京：中国政法大学出版，2017.

尼尔森，施耐德．文武之道：新时代的军人与国家．哈尔滨：哈尔滨工程大学出版社，2020.

费弗，科恩．士兵与平民．哈尔滨：哈尔滨工程大学出版社，2020.

方震华．权力结构与文化认同：唐宋之际的文武关系（875—1063）．北京：社会科学文献出版社，2019.

郑永年．中国的“行为联邦制”：中央—地方关系的变革与动力．北京：东方出版社，2013.

周黎安．转型中的地方政府：官员激励与治理．上海：格致出版社，2008.

周振超．当代中国政府“条块关系”研究．天津：天津人民出版社，2009.

荣敬本，等．从压力型体制向民主合作体制的转变：县乡两级政治体制改革．北京：中央编译出版社，1998.

本书编写组．中华民族共同体概论．北京：高等教育出版社，民族出版社，2023.

江平，黄铸．中国民族问题的理论与实践．北京：中共中央党校出版社，1994.

费孝通．中华民族多元一体格局．北京：中央民族大学出版社，1999.

赵汀阳．惠此中国．北京：中信出版社，2016.

徐杰舜，罗树杰，许立坤．中国民族政策简史．银川：宁夏人民出版社，2011.

谢立中．理解民族关系的新思路．北京：社会科学文献出版社，2010.

费孝通．江村经济．上海：上海人民出版社，2007.

赵树凯．乡镇治理与政府制度化．北京：商务印书馆，2010.

项继权．中国农村社区建设研究．北京：经济科学出版社，2016.

周其仁．城乡中国．北京：中信出版社，2017.

杜赞奇．文化、权力与国家：1900—1942年的华北农村．南京：江苏人民出版社，2018.

张静．基层政权：乡村制度诸问题．修订版．北京：社会科学文献出版社，2019.

戴慕珍．中国乡村起飞：经济改革的制度基础．北京：中国社会科学出版社，2021.

袁方成．国家治理与社会成长：中国城市社区治理40年．上海：上海交通大学出版社，2018.

斯塔尔．毛泽东的政治哲学．北京：中国人民大学出版社，2013.

冯仕政．当代中国的社会治理与政治秩序．北京：中国人民大学出版社，2013.

王绍光．安邦之道：国家转型的目标和途径．上海：三联书店，2007.

马歇尔，吉登斯．公民身份与社会阶级．南京：江苏人民出版社，2008.

亨廷顿，纳尔逊．难以抉择：发展中国家的政治参与．北京：华夏出版社，1989.

人大版公共管理类教材

公共管理类专业教材——学科基础课教材

书名	作者
现代管理学原理（第三版）（“十一五”国家级规划教材）	娄成武　魏淑艳
一般管理学原理（第四版）	张康之　周　军
管理学基础（第三版）	方振邦
政治学原理（第三版）	景跃进　张小劲
现代政治学原理（第四版）	石永义　刘玉萼　张　璋
公共管理学（第二版）	陈振明
公共管理学——一种不同于传统行政学的研究途径（第二版）	陈振明
公共管理学（第三版）（数字教材版）（“十二五”国家级规划教材）	蔡立辉　王乐夫
公共管理学（精编版）	王乐夫　蔡立辉
公共管理学（第三版）	张康之　郑家昊
公共管理概论（第二版）	朱立言　谢　明
公共政策导论（第六版）（数字教材版）	谢　明
公共政策概论（第二版）	谢　明
公共政策学——政策分析的理论、方法和技术（“十一五”国家级规划教材）	陈振明
公共政策学（第二版）	杨宏山
政策科学——公共政策分析导论（第二版）	陈振明
公共经济学（第三版）（“十二五”国家级规划教材）	高培勇
公共经济学教程	秦立建
政府经济学（第四版）（“十一五”国家级规划教材）	郭小聪
政府经济学（第四版）	潘明星　韩丽华

公共管理类专业教材——方法课教材

书名	作者
公共管理研究方法	何兰萍　张俊艳
行政学研究方法与应用案例	萧鸣政　等
管理定量分析：方法与技术（第三版）	刘兰剑

公共管理类专业教材——行政管理、公共事业管理专业教材

书名	作者
行政法学导论（第二版）	姜晓萍
公共部门人力资源管理（第四版）	孙柏瑛　祁凡骅
公共部门人力资源开发与管理（第五版）（“十二五”国家级规划教材）	孙柏瑛　祁凡骅
公共部门人力资源管理（第三版）	滕玉成　于　萍
公共部门人力资源管理概论（第二版）	方振邦
公共部门人力资源管理案例	周均旭
行政管理学（第五版）（数字教材版）	郭小聪
公共行政学（第五版）	彭和平
公共行政学（第二版）	张康之　张乾友
行政学导论（第三版）	齐明山

书名	作者
行政管理学导引与案例	陈季修
管理心理学（第三版）	范逢春
公共组织行为学（第三版）（“十一五”国家级规划教材）	孙　萍　张　平
公共组织学（第四版）	李传军
行政组织学（第二版）	张　昕　李　泉
公共组织理论	陆明远　冯　楠
公共事业管理概论（第三版）	朱仁显
公共组织财务管理（第三版）（“十一五”国家级规划教材）	王为民
国家公务员制度（第五版）（数字教材版）（“十二五”国家级规划教材）	舒　放　贾自欣
国家公务员制度概论（第二版）	刘碧强　郗永勤
公务员制度概论	李如海
公务员制度	温志强　王彦平　郝雅立
当代国家公务员制度：理论与实践	胡春艳
行政领导学（第三版）	朱立言　李国梁
领导学（第五版）	邱霈恩
领导学	孙　健
现代市政学（第五版）（数字教材版）	王佃利
市政管理学（第五版）（“十一五”国家级规划教材）	杨宏山
社区管理（第四版）	汪大海　魏　娜　郇建立
社区管理原理与案例	魏　娜
电子政务教程（第三版）（“十一五”国家级规划教材）	赵国俊
电子政府与电子政务（第二版）（“十一五”国家级规划教材）	张锐昕
行政伦理学教程（第四版）（“十二五”国家级规划教材）	张康之　李传军
公共危机管理概论（第二版）	王宏伟
公共危机管理	唐　钧
当代中国政府与政治（第二版）	景跃进　陈明明　肖　滨
当代中国政府与行政（第三版）	魏　娜　吴爱明
地方政府学概论（第二版）	方　雷
地方政府管理（第二版）	陈瑞莲　张紧跟
管理秘书实务（第三版）	赵锁龙
行政秘书学	唐　钧
公文写作与处理	赵国俊
机关管理的原理与方法（第三版）	赵国俊　陈幽泓
公共部门绩效管理（第二版）	方振邦
政府绩效管理（第二版）	方振邦　葛蕾蕾
政府绩效评估	蔡立辉
政府公共关系（第二版）（“十一五”国家级规划教材）	廖为建　张　宁
西方行政学理论概要（第二版）（“十一五”国家级规划教材）	丁　煌
公共行政学史（第二版）	何艳玲
西方公共管理名著导读	汪大海
文化管理学（第三版）（“十二五”国家级规划教材）	孙　萍
文化创意产业导论	魏鹏举
卫生事业管理（第二版）（“十一五”国家级规划教材）	李　鲁
现代公用事业管理	崔运武

公共管理类专业教材——劳动与社会保障专业教材

书名	作者
社会保障概论（第七版）	孙光德　董克用
社会保障学	戴卫东
劳动经济学（“十一五”国家级规划教材）	董克用　刘　昕
劳动法与社会保障法	黎建飞
社会保险学（第四版）	孙树菡　朱丽敏
社会保障基金管理	李春根
社会保障国际比较	仇雨临

公共管理类专业教材——土地资源管理专业教材

书名	作者
土地经济学（第八版）（“十一五”国家级规划教材）	毕宝德
土地法学（第二版）	严金明
土地资源学	张正峰　赵文武
土地资源管理学（第二版）	张正峰
国土空间规划学	张占录　张正峰
国土空间规划学导论	刘润秋　唐　鹏
不动产估价（第二版）（“十一五”国家级规划教材）	叶剑平　曲卫东
土地信息系统	曲卫东　韩　琼
地籍管理（第五版）（“十一五”国家级规划教材）	谭　峻　林增杰

公共管理类专业教材——城市管理专业教材

书名	作者
城市管理学（第四版）	杨宏山
城市管理学：公共视角	陆　军 等
城市经济学（第二版）	叶裕民　周　麟
城市总体规划原理	郐艳丽　田　莉
中国城市管理史概论	郑　国

公共管理类专业教材——应急管理专业教材

书名	作者
应急管理导论：原理与案例	李燕凌　朱正威 张海波　章文光
应急管理概论	王宏伟
应急管理理论与实践	唐　钧
突发事件风险管理	张小明
应急管理新论	王宏伟
新媒体时代的应急管理与危机公关	唐　钧
公共安全风险治理	唐　钧

公共管理硕士（MPA）教材——核心课教材

书名	作者
全国公共管理硕士（MPA）核心课程教学指导纲要	全国公共管理专业学位研究生教育指导委员会
社会主义建设理论与实践（第三版）	李景治　蒲国良
公共管理英语（修订版）	顾建光
学术规范和论文写作	胡宏伟
公共管理学（第三版）（全国优秀教材二等奖）	张成福　党秀云
公共管理学原理（修订版）	陈振明
公共管理导论	竺乾威　朱春奎　李瑞昌
公共政策分析	陈振明
公共政策分析导论	陈振明
公共政策分析概论（修订版）	谢　明
公共部门经济学（第三版）	高培勇　崔　军
公共经济学	唐任伍
行政法学（修订版）	皮纯协　张成福
行政法学概论（第三版）	胡锦光
非营利组织管理概论（修订版）	王　名
非营利组织管理	王　名　王　超
公共管理伦理学（修订版）	张康之
社会研究方法	陈振明
电子政务理论与方法（第五版）	金江军
公文写作概论	高永贵

公共管理硕士（MPA）教材——专业方向必修课、选修课教材

书名	作者
公务员制度教程（第六版）	舒　放　王克良
比较政府与政治（修订版）	卓　越
当代中国政府与政治（第三版）	吴爱明　朱国斌　林　震
公共部门人力资源管理及案例教程（第三版）	陈天祥
公共部门绩效评估（修订版）	卓　越
公共部门危机管理（第三版）	张小明
应急管理通论（第二版）	李雪峰
公共部门战略管理（修订版）	陈振明
MPA 学位论文写作指南	汪大海

图书在版编目（CIP）数据

当代中国政府与政治/景跃进，陈明明，肖滨主编；谈火生，于晓虹副主编. -- 2 版. -- 北京：中国人民大学出版社，2024.6

新编 21 世纪公共管理系列教材

ISBN 978-7-300-32847-8

Ⅰ. ①当… Ⅱ. ①景… ②陈… ③肖… ④谈… ⑤于…Ⅲ. ①政治-中国-现代-高等学校-教材 Ⅳ. ①D6

中国国家版本馆 CIP 数据核字（2024）第 101254 号

新编 21 世纪公共管理系列教材

当代中国政府与政治（第二版）

主　编　景跃进　陈明明　肖　滨

副主编　谈火生　于晓虹

Dangdai Zhongguo Zhengfu yu Zhengzhi

出版发行	中国人民大学出版社		
社　　址	北京中关村大街 31 号	**邮政编码**	100080
电　　话	010－62511242（总编室）		010－62511770（质管部）
	010－82501766（邮购部）		010－62514148（门市部）
	010－62511173（发行公司）		010－62515275（盗版举报）
网　　址	http://www.crup.com.cn		
经　　销	新华书店		
印　　刷	中煤（北京）印务有限公司	**版　　次**	2016 年 1 月第 1 版
开　　本	787 mm×1092 mm　1/16		2024 年 6 月第 2 版
印　　张	23 插页 1	**印　　次**	2025 年 7 月第 5 次印刷
字　　数	520 000	**定　　价**	68.00 元

中国人民大学出版社　管理分社

教师教学服务说明

中国人民大学出版社管理分社以出版工商管理和公共管理类精品图书为宗旨。为更好地服务一线教师，我们着力建设了一批数字化、立体化的网络教学资源。教师可以通过以下方式获得免费下载教学资源的权限：

★ 在中国人民大学出版社网站 www.crup.com.cn 进行注册，注册后进入“会员中心”，在左侧点击“我的教师认证”，填写相关信息，提交后等待审核。我们将在一个工作日内为您开通相关资源的下载权限。

★ 如您急需教学资源或需要其他帮助，请加入教师 QQ 群或在工作时间与我们联络。

中国人民大学出版社　管理分社

教师 QQ 群： 648333426(工商管理)　114970332(财会)　648117133(公共管理)
教师群仅限教师加入，入群请备注（学校＋姓名）

联系电话： 010-62515782，82501868，82501048，62514760

电子邮箱： glcbfs@crup.com.cn

通讯地址： 北京市海淀区中关村大街甲 59 号文化大厦 1501 室（100872）

管理书社　　人大社财会　　公共管理与政治学悦读坊